JOHN LAND

JOHN TOLAND

Adolf Hitler

BAND 2

Aus dem Amerikanischen
von Uwe Bahnsen

BASTEI-LÜBBE-TASCHENBUCH
Band 61 064

Titel der Originalausgabe:
ADOLF HITLER,
erschienen bei Doubleday, Garden City, New York

1. Auflage 1981
2. Auflage 1983
3. Auflage 1990
4. Auflage 1992

© 1976 by John Toland
© 1977 für die deutsche Ausgabe
Gustav Lübbe Verlag GmbH, Bergisch Gladbach
By arrangement with Paul R. Reynolds Inc., New York
Printed in Germany
Einbandgestaltung: Roland Winkler
Titelfoto: Ullstein
Gesamtherstellung: Ebner Ulm
ISBN 3-404-61064-4

Der Preis dieses Bandes versteht sich einschließlich
der gesetzlichen Mehrwertsteuer

Inhalt

BAND 1

Vorwort — 9

Prolog: Der ›Dolchstoß‹ — 11

Erster Teil: Der Visionär

1. Die Wurzeln reichen tief
(1889 – 1907) — 19

2. ›Die Schule meines Lebens‹
(Dezember 1907 – Mai 1913) — 51

3. ›Überwältigt von stürmischer Begeisterung‹
(Mai 1913 – November 1918) — 79

Zweiter Teil: Am Anfang war das Wort

4. Geburt einer Partei
(1919 – 1922) — 125

5. ›Dieser konsequente und fanatische Mann‹
(1922 – 1923) — 169

6. Der Putsch
(1923) — 198

Dritter Teil: Ein Wille im Werden

7. In der Festung Landsberg
(1923 – 1924) _____ 249

8. Das geheime Buch Hitlers
(1925 – 1928) _____ 280

9. Ein Todesfall in der Familie
(1928 – 1931) _____ 315

Vierter Teil: Die braune Revolution

10. ›Es ist fast wie ein Traum‹
(1931 – 30. Januar 1933) _____ 355

11. Eine unbewachte Stunde
(1933 – Juni 1934) _____ 397

12. Die zweite ›Revolution‹
(Februar – August 1934) _____ 442

13. Triumph des Willens
(1934 – 1935) _____ 484

Fünfter Teil: Krieg in der Maske des Friedens

14. Mit der Sicherheit eines Schlafwandlers
(März 1936 – Januar 1937) _____ 519

15. ›So ein kleiner menschlicher Wurm‹
(1937 – Februar 1938) _____ 547

16. ›In meiner Heimat Ordnung und Ruhe‹
(Februar – April 1938) _____ 571

17. ›Auf Messers Schneide‹
(Mai – Oktober 1938) _____ 602

BAND 2

Sechster Teil: Den Frieden gebrochen

18. Kristallnacht
(November 1938 – März 1939) ———————————— 659

19. Fuchs und Bär
(Januar – 24. August 1939) ———————————— 680

20. ›Ein Unglück ohne Beispiel‹
(24. August – 3. September 1939) ———————————— 710

Siebenter Teil: Mit Waffengewalt

21. Sieg im Westen
(3. September 1939 – 25. Juni 1940) ———————————— 743

22. Vom Siege werden auch Sieger verwirrt
(Juni – 28. Oktober 1940) ———————————— 791

23. Die Welt wird den Atem anhalten
(12. November 1940 – 22. Juni 1941) ———————————— 814

24. ›. . . was hinter dem Dunkel verborgen ist‹
(22. Juni – 19. Dezember 1941) ———————————— 844

Achter Teil: Die Apokalypse

25. Und die Hölle folgte ihm nach
(1941 – 1943) ———————————— 879

26. Der Familienkreis
(1943) ———————————— 913

27. Die ›Endlösung‹
(April 1943 – April 1944) ———————————— 938

Neunter Teil: Sturz in den Abgrund

28. Das Attentat
(November 1943 – 21. Juli 1944) _____ 959

29. Ardennenoffensive
(September 1944 – 17. Januar 1945) _____ 1022

30. ›Nicht fünf Minuten vor Mitternacht aufgeben‹
(17. Januar – 20. April 1945) _____ 1047

31. Fünf Minuten nach Mitternacht
(20. – 30. April 1945) _____ 1072

Epilog _____ 1107

Anhang

Vorbemerkung _____ 1117

Bibliographie _____ 1119

Anmerkungen _____ 1133

Namenregister _____ 1185

Namenregister der Abbildungen _____ 1201

SECHSTER TEIL

DEN FRIEDEN GEBROCHEN

SECHSTER TEIL

Frankreich
(November 1938 – März 1939)

DEN FRIEDEN GEBROCHEN

18. Kapitel
Kristallnacht
(November 1938 – März 1939)

1

Der Antisemitismus ging im Hitlerdeutschland verschlungene Pfade. Die ersten Beschränkungen, denen Juden ab 1933 unterworfen wurden, waren so wenig eindrucksvoll, daß es manchen Anhängern schien, ihr Führer verrate bewußt seine Grundsätze. War das etwa der Versuch, die Judenfrage mit vernünftigen Maßnahmen zu lösen, die von jenen Deutschen gebilligt werden konnten, die zwar eine Kontrolle über die Juden befürworteten, nicht aber deren Verfolgung? Es folgte eine Periode des Streits zwischen den radikalen Rassisten in der Partei und den gemäßigteren Elementen in der Regierung und der Beamtenschaft; seinen Höhepunkt erreichte er im Sommer 1935. Zu diesem Zeitpunkt gingen die Gemäßigten in die Offensive. Sie protestierten ganz offen gegen die Mißhandlung von Juden mit der Begründung, dies schade den Geschäften. Reichsbankpräsident Schacht sagte vor einem kleinen Kreis einflußreicher Personen, darunter Innenminister Frick, Finanzminister Schwerin von Krosigk, Justizminister Gürtner und Erziehungsminister Rust, das »ungesetzliche« Vorgehen gegen die Juden müsse ein Ende haben, anders sei er nicht in der Lage, die wirtschaftliche Aufrüstung zu bewerkstelligen. Der jüdische Generalvertreter der Allianzversicherung in Kairo sei beispielsweise so sekkiert worden, daß er seine Sache hingeworfen und das Geschäft den Engländern überlassen habe. Viele jüdische Importeure stornierten ihre Orders, und es sei einfach lächerlich anzunehmen ohne jüdische Geschäftsleute könne die Volkswirtschaft sich erholen. Schacht hatte nichts gegen Schilder mit der Aufschrift »Juden unerwünscht«, die man sogar in den USA antreffen konnte, doch verdammte er erbittert Schilder mit Aufschriften wie »Nur Volksverräter kaufen beim Juden«, die Streicher anbringen ließ. Die versammelten Herren stimmten darin überein, daß »wilde Einzelaktionen« aufzuhören hätten; die Judenfrage müsse auf gesetzlichem Wege geregelt werden.[1]

Schon wenige Wochen später unternahm Hitler erste Schritte in dieser Richtung, als er in Nürnberg allen Juden die deutsche Staatsbürgerschaft

aberkannte und das »Gesetz zum Schutz des deutschen Blutes und der deutschen Ehre« proklamierte, mit denen gewisse Diskriminierungsmaßnahmen
legalisiert und auch sogleich vom offiziellen katholischen *Klerusblatt* als
»zweifellos berechtigte Schutzmaßnahmen für den Bestand des deutschen
Volkes« gerechtfertigt wurden. Selbst Streicher schien es zu freuen, daß die
Angelegenheit nach bester deutscher Justiztradition Schritt für Schritt in
Angriff genommen wurde. »Wir schmeißen keine Fenster ein und schlagen
keine Juden tot«, prahlte er. »Wer sich zu unerlaubten Handlungen dieser
Art hinreißen läßt, ist ein Staatsfeind, ein Provokateur, vielleicht gar ein
Jude.«[2]

Waren die Nürnberger Gesetze wirklich der Versuch Hitlers, die Judenfrage mit weniger schroffen, mit »akzeptablen« Mitteln zu lösen? Oder
spielte er nur auf Zeitgewinn, bevor er seinen Traum, die Juden auszurotten
verwirklichte? Wie dem auch sei, vorerst war die Angelegenheit der Partei
aus den Händen genommen und den Justizbehörden übergeben worden. Die
radikalen Rassisten waren entsprechend wütend. Zunächst wurden sie noch
durch Hitlers Expansionsprogramm bei der Stange gehalten, doch drei Jahre
später, 1938, kochte der Topf über und die Synagogen brannten in München,
Nürnberg und Dortmund. Eine Welle der Judenhetze ging über das Land.
Bella Fromm, als diplomatische Korrespondentin in Berlin akkreditiert,
schrieb: »Der ganze Kurfürstendamm war mit Hetzparolen und Karikaturen
beschmiert. Auf Türen, Schaufenstern und Mauern las man das Wort »Jude«
in wasserbeständiger Farbe. Als wir uns einem Viertel näherten, wo es viele
kleine jüdische Ladengeschäfte gibt, wurde es noch schlimmer. Hier hatte
die SA gehaust. Überall sah man ekelhafte und blutrünstige Abbildungen
von enthaupteten, verstümmelten und gefolterten Juden, samt obszöner
Texte. Schaufenster waren eingeschlagen, und die aus den jammervoll ärm-
lichen Läden stammenden Waren lagen auf dem Bürgersteig verstreut oder
in der Gosse.«[3]

Als am 7. November der Legationsrat vom Rath in der deutschen Botschaft in Paris von dem jungen Juden Herschel Grynszpan erschossen
wurde, erhielt die Pogromstimmung neuen Auftrieb. Grynszpan, dessen
Eltern nach Polen deportiert worden waren, wollte eigentlich den deutschen
Botschafter erschießen, wurde aber von vom Rath aufgehalten. Dieser
wurde von der Gestapo als ausgesprochener Gegner aller antisemitischen
Ausschreitungen verdächtigt, und ausgerechnet er empfing die seinem Vorgesetzten zugedachten Kugeln.

»Jude sein ist kein Verbrechen,« sagte Grynszpan vor der Polizei. »Ich bin
kein Hund. Ich habe ein Recht auf Leben, und auch das jüdische Volk hat ein
Recht, auf dieser Erde zu leben. Doch egal wo ich war, man hat mich fort-
gejagt wie ein Tier.«[4]

Rath starb am Nachmittag des 9. November. Hitler erfuhr die Neuigkeit
im Münchner Rathaus, wo er mit Parteifunktionären beriet. Er ging mit

November 1938 – März 1939 661

seinem Gefolgte aus dem Saal, besprach sich kurz mit Goebbels und bestieg dann seinen Sonderzug. Goebbels verkündete den versammelten Parteigrößen, in Kurhessen und Magdeburg-Anhalt sei es aus Anlaß des Anschlages auf vom Rath zu antisemitischen Ausschreitungen gekommen. Der Führer habe angeordnet nicht einzugreifen, falls sich ähnliches spontan in ganz Deutschland ereigne.

Die Parteifunktionäre verstanden: sie sollten Demonstrationen organisieren, aber den Anschein wahren, als hätten sie nichts damit zu tun. Lutze, der Chef der SA, verstand Goebbels entweder nicht oder wollte nicht glauben, daß der Führer eine solche Weisung gegeben habe, jedenfalls befahl er den zusammengerufenen SA-Gruppenführern, sich an Aktionen gegen Juden keinesfalls zu beteiligen. Diese Gruppenführer gaben Lutzes Befehl an ihre Untergebenen weiter (wo er nicht überall befolgt wurde), während die höheren Parteiführer entgegengesetzte Anweisungen gaben.

Die SS beteiligte sich anfangs am Abbrennen der Synagogen und am Plündern jüdischer Geschäfte nicht. Als Himmler erfuhr, daß Goebbels ein Pogrom angeordnet hatte, befahl er seinen Leuten, bei exzessiven Plünderungen einzuschreiten und notierte folgenden Aktenvermerk: »Der Befehl kommt von der Reichspropaganda-Leitung und ich vermute, daß Goebbels in seinem mir schon lange aufgefallenem Machtstreben und in seiner Hohlköpfigkeit gerade jetzt in der außenpolitisch schwersten Zeit diese Aktion gestartet hat.«[5] Dieser Tadel war aber wohl vor allem von der Eifersucht Himmlers diktiert, denn noch Stunden zuvor hatte Himmler in einer geheimen Ansprache vor höheren SS-Führern selbst die Juden aufs schwerste angegriffen. Die Juden seien darauf aus, Deutschland zu ruinieren und müßten daher aus dem Reich ausgetrieben werden »mit beispielloser Rücksichtslosigkeit«. Gewinne Deutschland diesen gnadenlosen Kampf gegen das Judentum nicht, »würde nicht einmal mehr eine Reservation der Germanen übrig bleiben, sondern dann würde alles ausgehungert und abgeschlachtet werden.«[6]

Himmler mag Einwände gegen die Terrormaßnahmen gehabt haben, die im ganzen Lande ergriffen wurden, beteiligte sich aber letzten Endes dann doch. Kurz nach Mitternacht befahl Heydrich dem SD und der Polizei in dringenden Fernschreiben, sich an der Organisierung von Demonstrationen seitens der SS und der Parteiführung zu beteiligen. Es sollten so viele, und vornehmlich vermögende Juden festgenommen werden, »als in den vorhandenen Haftäumen untergebracht werden können. Es sind zunächst nur gesunde männliche Juden nicht zu hohen Alters festzunehmen. Nach Durchführung der Festnahme ist unverzüglich mit den zuständigen Konzentrationslagern wegen schnellster Unterbringung der Juden in den Lagern Verbindung aufzunehmen.«[7]

Für die deutschen Juden wurde es eine grausige Nacht. Die Polizei sah Plünderungen und Tätlichkeiten tatenlos zu. Der stellvertretende Berliner

Polizeipräsident traf einen seiner Leute weinend vor einem geplünderten Schuhgeschäft an. Es wäre seine Pflicht gewesen, hier ordnungsstiftend einzuschreiten, er aber war untätig geblieben und hatte damit alle seine Ideale verraten. Nach amtlichen Angaben wurden 814 Ladengeschäfte geplündert, 171 Wohnhäuser zerstört, 191 Synagogen in Brand gesteckt; 36 Juden waren ermordet und weitere 36 schwer verletzt worden. Heydrich war der Ansicht, daß es »in Wahrheit wesentlich mehr« gewesen sein müßten.[8]

Otto Tolischus kabelte an die New York Times, er sei zum Zeugen einer Terroraktion geworden, wie Deutschland sie seit dem 30jährigen Kriege nicht mehr gesehen habe. »Die in fast allen Städten des Landes in den frühen Morgenstunden systematisch einsetzende Brandschatzung, Plünderung und Zerstörung hat den ganzen Tag angedauert. Große, aber fast schweigende Menschenmengen sahen zu, und die Polizei beschränkte sich auf die Umleitung des Verkehrs und darauf, massenhaft Juden in »Schutzhaft« zu nehmen.«[9]

Das Ausland reagierte heftig, und angeregt durch die zahllosen zertrümmerten Scheiben, taufte der »Volksmund« die Terrorakte zusammenfassend die »Kristallnacht«, ein unvergeßlicher Name. Von allen Seiten wurden die Deutschen als Barbaren beschimpft. Dem stimmten viele Deutsche zu, und in der Partei war es nicht nur Himmler, der Goebbels kritisierte. Die Frau des Wirtschaftsministers Funk hörte ihren Mann am Telefon sagen: »Sie sind wohl verrückt, Goebbels! Wie können Sie nur solchen Mist machen? Man schämt sich ja, Deutscher zu sein. Wir verlieren jegliches Ansehen im Ausland. Ich quäle mich Tag und Nacht, damit wir wirtschaftlich auf die Füße kommen, und Sie werfen alles mit vollen Händen zum Fenster hinaus. Wenn das nicht sofort aufhört, schmeiße ich den Dreck hin!«[10]

Göring beklagte sich beim Führer, es sei ihm unmöglich, unter solchen Umständen seinen Auftrag auszuführen. »Ich gebe mir die größte Mühe im Vierjahresplan, die gesamte Wirtschaft aufs äußerste zu konzentrieren. Ich habe in Ansprachen an das Volk aufgefordert, jede alte Zahnpastatube, jeden rostigen Nagel, jedes Altmaterial zu sammeln und zu verwenden.« Da sei es einfach unmöglich, wenn jemand, der für diese Dinge gar nicht verantwortlich sei, so viele wirtschaftliche Werte vernichte und Unruhe in das Wirtschaftsleben hineinbringe. Hitler habe dann einige Entschuldigungen für Goebbels vorgebracht. Im großen und ganzen aber habe er Görings Ansicht bestätigt, daß so etwas nicht vorkommen sollte und sich keinesfalls wiederholen dürfte.[11]

Schon verbreitete Hitler den Anschein, als habe er von der Kristallnacht gar nichts gewußt und brachte zu diesem Zweck seine eigenen Beschwerden vor. Zu Frau Troost sagte er: »Es ist fürchterlich ... die haben alles für mich zerstört wie ein Elefant im Porzellanladen ... und noch viel schlimmer ... Ich hatte die große Hoffnung, daß ich soweit war, um zu einer Verständigung mit Frankreich zu kommen. Und nun dieses!«[12] Fritz Hesse jedoch, der

November 1938 – März 1939   663

eigens von London nach München zu einer Pressekonferenz zitiert worden
war, behauptet, aus Hitlers eigenem Munde in der Kristallnacht ganz etwas
anderes gehört zu haben. Hitler prahlte gerade beim Abendbrot damit, wie
er in München Engländer und Franzosen an der Nase herumgeführt habe,
als ein Adjutant ihm etwas zuflüsterte. Anfangs verstand Hesse nichts, doch
dann trat ein Schweigen am Tische ein und man hörte, daß es sich um eine
Meldung aus dem Propagandaministerium handelte: In wenigen Stunden
sollten die jüdischen Geschäfte und die Synagogen von der SA überfallen
werden. Hitler sei augenscheinlich einverstanden gewesen. »Er quietschte
förmlich vor Vergnügen, schlug ab und zu mit der flachen Hand auf den
Tisch oder gelegentlich auf die Schenkel.«[*13]

Tags darauf meldete sich Hesse bei Ribbentrop, der wütend war, weil man
ihn nicht zu der Pressekonferenz am Vortag gebeten hatte. Er eröffnete das
Gespräch damit, daß er das Münchner Abkommen eine erstklassige Dummheit nannte. Man verschiebe damit den Kriegsausbruch bloß um ein Jahr,
und dann seien die Engländer besser gerüstet. »Glauben Sie mir, es wäre
viel besser, es wäre jetzt zum Kriege gekommen, da wir jetzt alle militärischen Trümpfe in der Hand hatten. Wer weiß, wie das in einem Jahr ist.« Am
schlimmsten aber sei, daß der Führer glaube, er habe die Engländer gezwungen, ihre Karten aufzudecken. »Da habe ich mich jahrelang bemüht, ihm
klarzumachen, daß er sich vor den Engländern in acht nehmen muß und daß
sie gefährlich sind. Jetzt glaubt er das alles nicht … Statt dessen tändelt er
herum und hält bombastische Reden … Und dann dieser Mistkerl, der
Goebbels. Haben Sie schon gehört, was seine Horden überall angerichtet
haben? Da haben diese Dummköpfe überall die jüdischen Läden zer-
schmissen, die längst schon Ariern gehören, und haben mir das ganze außen-
politische Porzellan zerschlagen. Ja, Goebbels schmeißt die Fensterscheiben
ein, und ich, Ribbentrop, darf das nachher ausbaden…«[**15]

Hitler gab zwar den Gemäßigten recht, das Pogrom aber ging weiter, und
am 12. November schätzte man, daß 20 000 Juden in Konzentrationslager
verbracht worden waren. An diesem Tage berief Göring, der gegen die Ausschreitungen protestiert hatte, weil er darin eine Vernichtung von Volksver-

---

* Der preußische Finanzminister Popitz hörte ähnliches von Göring. Als er sagte, die Verantwortlichen für diese Ausschreitungen sollten bestraft werden, bemerkte der Feldmarschall kühl: »Lieber Popitz, wollen Sie den Führer bestrafen?«[14]

** Als nach dem Kriege behauptet wurde, Goebbels habe mit der Kristallnacht nichts zu tun
gehabt, gab sein persönlicher Referent Leopold Gutterer eine eidesstattliche Erklärung des
Inhalts ab, Goebbels habe in kleinem Kreise 1942 offen zugegeben, daß er daran beteiligt
gewesen sei. Angeblich sagte er damals: »Maßgebende Kreise der nationalsozialistischen
Wirtschaftsführung vertraten immer betonter den Standpunkt, man könne die Juden nicht
noch mehr, als bisher geschehen, aus dem Wirtschaftsleben Deutschlands entfernen. Darauf
beschlossen *wir*: Gut, dann mobilisieren wir die Straße, und damit lösen wir das Problem
in 24 Stunden.«[15a]

mögen erblickte, einen Ministerrat ein, auf dem entschieden werden sollte, wer für den Schaden aufkommen würde. Er eröffnete die Sitzung mit der Bemerkung, man stehe vor wichtigen Entscheidungen, und schon seinen ersten Sätzen kam eine Bedeutung zu, die seine Zuhörer damals noch nicht erkennen konnten. Bormann habe ihm eine Weisung des Führers übermittelt, derzufolge die Judenfrage jetzt ein für allemal und endgültig auf die eine oder andere Weise geregelt werden müsse, und gestern habe der Führer telefonisch wiederholt, daß es Görings Aufgabe sei »jetzt die entscheidenden Schritte zentral zusammenzufassen«. Diese Weisung gab den versammelten Herren den Gedanken ein, die Juden selbst für den Schaden aufkommen zu lassen, indem man eine Geldbuße in Höhe von 1 Millarde Mark über sie verhängte.

»Ich möchte jetzt kein Jude sein« bemerkte Göring und schloß die Sitzung mit der düsteren Vorhersage: »Sollte das deutsche Reich in naher Zukunft in einen Konflikt mit fremden Mächten geraten, dann versteht es sich wohl von selbst, daß im Inland zunächst einmal eine Abrechnung mit den Juden erfolgt.« Im übrigen wolle der Führer jenen Mächten, die sich am Wohl der Juden so interessiert zeigten, vorschlagen, sie allesamt nach Madagaskar zu deportieren.[16]

Während dergestalt die endgültige Entfernung der Juden aus dem Wirtschaftsleben des Reiches geplant wurde, konnte man von anderen Deutschen, darunter auch Parteimitglieder, betroffene Äußerungen über die Ausschreitungen in der Kristallnacht hören. Verschiedene Bürokraten und Parteifunktionäre erklärten, ein Pogrom sei zu kostspielig und bringe im Kampf gegen das Judentum gar nichts ein. Andere wieder waren zwar entsetzt von diesen unmenschlichen Aktionen, begnügten sich aber damit, hinter der vorgehaltenen Hand zu murren. »Dieser elende österreichische Anstreichergehilfe hat Deutschland ruiniert«, beklagte sich Gerhart Hauptmann bei einem Freund. »Dieser Dreckhund hat den Deutschen alles genommen, was wir an Werten hatten, er hat uns zum Dienervolk erniedrigt! Aber das genügt ihm noch nicht. Dieser Hundedreck wird die ganze Welt mit Krieg überziehen, dieser elende braune Komödiant, dieser Nazihenker stürzt uns in einen Weltbrand, in den Untergang.« Auf die Frage, warum er denn in Deutschland bleibe und nicht emigriere wie Heinrich und Thomas Mann oder Stefan Zweig, stieß Hauptmann hervor: »Weil ich feige bin, verstehen Sie? Ich bin feige, verstehen Sie? Ich bin feige!«[17]

Wer mit Repressalien nicht rechnen mußte, überhäufte Hitler mit Schmähungen. In den USA gab es so gut wie keinen Kommentator am Rundfunk oder in der Presse, der nicht die Kristallnacht scharf verurteilt hätte. Botschafter Dieckhoff berichtete aus Washington, bis zur Kristallnacht habe die antideutsche Propaganda in Amerika wenig Eindruck gemacht, jetzt aber seien sogar die Deutschamerikaner aufgebracht. »Insbesondere fällt auf, daß mit wenig Ausnahmen die geachteten patriotischen Kreise, die durch und

November 1938 – März 1939 665

durch antikommunistisch sind und in der Mehrzahl ebenso antisemitisch, sich jetzt von uns abwenden.« Daß die jüdische Presse immer aufgeregter berichte, verwundere niemanden, daß aber Männer wie Dewey, Hoover, Hearst und viele andere, die bislang wohlwollende Zurückhaltung gewahrt und bis zu einem gewissen Grade sogar Sympathie für Deutschland bekundet hätten, sich jetzt ganz offen so heftig gegen uns stellen, sei doch ernstzunehmen.[18]

Der öffentliche Zorn in den USA fand seinen stärksten Ausdruck in einer der sehr seltenen demonstrativen Handlungen des Präsidenten. Auf seiner Pressekonferenz am 15. November verlas er eine vorbereitete Erklärung: Die Nachrichten aus Deutschland hätten die öffentliche Meinung hierzulande zutiefst betroffen gemacht. »Ich selbst konnte nicht glauben, daß sich solche Dinge im zivilisierten 20. Jahrhundert ereignet haben sollten, und um mir ein klares Bild der Lage in Deutschland zu verschaffen, habe ich unseren Botschafter in Berlin zur Berichterstattung hergebeten.«[19] Die amtliche Mißfallensbekundung erschöpfte sich aber in solchen Worten, und die USA brachen die Handelsbeziehungen zum »Dritten Reich« nicht ab.

Die Proteste des Auslands blieben auf Hitler nicht ohne Wirkung, jedenfalls schlug er sich eine Woche nach der Kristallnacht auf die Seite jener Beamten, die »den deutschen Teil im Juden« schützen wollten, während die Partei gerade im »Halb- oder Vierteljuden« den Träger des »jüdischen Einflusses« erblickte. Hitler veranlaßte eine erste Ergänzung des Gesetzes über die Staatsbürgerschaft, in dem sogenannte Nichtarier in Kategorien unterteilt wurden. Jude war demzufolge, wer mindestens drei jüdische Großeltern hatte, oder aber, wer mindestens zwei jüdische Großeltern hatte und mit einem Juden verheiratet war oder der jüdischen Religionsgemeinschaft angehörte.

Ferner gab es eine Kategorie der Mischlinge, zu denen alle zählten, die einen jüdischen Großelternteil hatten oder aber zwei, ohne den jüdischen Glauben zu bekennen oder mit einem Juden verheiratet zu sein. Praktisch bedeutete das die Teilung der Nichtarier in zwei deutlich geschiedene Gruppen; die Mischlinge waren jetzt nicht mehr Objekt der Repressionsmaßnahmen. Mit einem Federstrich entließ Hitler Tausende der verhaßten »Feinde« aus dem Bereich seiner »Rache«. War sein Vorsatz, die Juden auszurotten, wankend geworden, verschob er das Projekt wieder einmal auf einen günstigeren Zeitpunkt? Oder war es ein bewußter oder unbewußter Versuch, sich selbst zu retten, denn immer noch war nicht widerlegt, daß einer seiner Großväter Jude gewesen sein könnte? Auch Jesus fiel unter die Mischlinge, denn Hitler zufolge hatte er als Sohn Gottes zwar zwei jüdische Großeltern, bekannte aber nicht den jüdischen Glauben und war auch nicht mit einer Jüdin verheiratet.

2

Schon seit je dachte Hitler abfällig über die Demokratien, deren Politiker dies sagten und jenes taten. Er war also, anders als viele seiner Gefolgsleute, von den zahllosen Protesten, die Ende 1938 aus den westlichen Ländern zu vernehmen waren, weit weniger beeindruckt als seine Gefolgschaft. Rudolf Heß zum Beispiel war sehr deprimiert. Am 23. Dezember war er zwei Stunden bei Bruckmanns zu Besuch, die Hitler schon seit den Anfängen unterstützten, und berichtete ihnen, wie er Hitler vergeblich angefleht habe, dem Pogrom ein Ende zu machen.[20]

Hitler dürfte nicht entgangen sein, daß manche seiner alten Getreuen nicht mit ihm einverstanden waren, doch war seine Stimmung so glänzend, daß er sich überreden ließ, zum Sylvesterabend auf dem Berghof den Frack anzulegen. Ilse Braun erinnerte sich: »Meine Schwester Eva hatte große Mühe gehabt, ihn zu überreden, sich geschmackvoller zu kleiden. ›Schau Dir Mussolini an‹, sagte sie, ›er hat schon wieder eine neue Uniform. Und du mit deinen Briefträgermützen!« Hitler küßte Ilse die Hand und bemerkte dabei, die Schwestern Braun seien ja alle Schönheiten. »Als er mich anschaute, spürte ich, wie mir der Schweiß ausbrach. Ich wagte nicht einmal ›Danke schön‹ zu sagen.«

Hitler nahm die Neujahrswünsche seiner Gäste und des Personals sehr förmlich entgegen und nahm auch am Bleigießen teil, »schien aber mit den von ihm gegossenen Figuren nicht zufrieden zu sein, denn er saß bald danach einsilbig in einem Sessel am Kamin und blickte melancholisch ins Feuer. Eva war darüber höchst beunruhigt.«[21]

Seine Stimmung verdüsterte sich noch, als wenige Tage später die führenden Bankiers gegen das riesige Rüstungsprogramm aufbegehrten. In einer von Reichsbankpräsident Schacht verfaßten Denkschrift, die alle Direktoren der Bank unterzeichnet hatten, hieß es, die waghalsige Ausgabenpolitik des Reiches sei eine schwere Bedrohung der Währung. Trotz starker Steuererhöhungen drohe dem Staat der Ruin. Schacht meinte, es sei an der Zeit, der inflationären Ausgabenpolitik ein Ende zu machen und wieder einen Haushaltsplan aufzustellen.

Daß Hitler erbost sein würde, wußte Schacht, denn in seiner Denkschrift verlangte er das Ende der militärischen Abenteuerei. Als er Schwerin von Krosigk erzählte, was er verlangt hatte, fügte er an, nun werde er gewiß davongejagt werden. (Das Wirtschaftsministerium hatte er bereits an Funk abgeben müssen, dem allerdings Göring, als Beauftragter für den Vierjahresplan, gleich die Kompetenzen nahm.) Krosigk meinte, wenn Schacht gehen müsse, wolle auch er nicht bleiben und verfaßte sogleich eine Denkschrift ähnlichen Inhalts.

Tage vergingen, ohne daß etwas geschah. Dann, am 19. Januar 1939, wurde Schacht um Mitternacht für den folgenden Morgen neun Uhr zum

November 1938 – März 1939 667

Führer befohlen. Das war ein ungewöhnlicher Termin für eine Besprechung bei Hitler, denn der ging kaum je vor drei Uhr morgens zu Bett. Schacht berichtet, der Führer habe ohne jede Einleitung gesagt: »Ich habe Sie kommen lassen, um Ihnen Ihre Entlassungsurkunde als Reichsbankpräsident auszuhändigen.« Schacht nahm die Urkunde entgegen. »Sie passen in das ganze nationalsozialistische Bild nicht hinein.« Hitler wartete auf eine Antwort Schachts, und als keine kam, tadelte er ihn dafür, daß er sich auf der Weihnachtsfeier für die Boten der Reichsbank abfällig über die Kristallnacht geäußert hatte. »Hätte ich gewußt, daß diese Vorgänge Ihre Billigung haben, mein Führer, hätte ich geschwiegen,« sagte Schacht angeblich dazu.[22]

Das verschlug Hitler den Atem. (Immer Schacht zufolge.) Er sei zu erregt, um das Gespräch fortzusetzen, beschied er ihn. Man kam überein, daß Schacht eine lange Auslandsreise antreten solle, und wirklich machte der sich in kurzem nach Indien auf den Weg. Hitler war erleichtert, ihn loszusein. Im kleinen Kreis sagte er: »Als Gauner ist Schacht eine Perle,« doch Charakterstärke besitze er nun mal nicht.

Unmittelbar nach Schachts Entlassung wurde Hauptmann Wiedemann zu Hitler befohlen, der ihn seit Monaten kühl behandelte, und Wiedemann erwartete darum ebenfalls seine Entlassung. Seit der Kristallnacht schien Hitler in einer Phantasiewelt zu leben, und wenn Wiedemann mit ihm über diesen oder jenen Mangel im System sprechen wollte, hörte Hitler einfach nicht zu.

»Ich kann Leute in hoher Stellung ... und in meiner nächsten Umgebung ... nicht brauchen, die mit meiner Politik nicht einverstanden sind,« eröffnete er Wiedemann kurz. »Ich entlasse Sie als Adjutant und ernenne Sie zum Generalkonsul in San Franzisko. Sie können die Stelle annehmen oder ablehnen.« Wiedemann nahm sogleich an und sagte nur, er hoffe, sein Gehalt werde nicht herabgesetzt. Da wurde Hitlers Ton milder und er versicherte, »daß er in finanziellen Dingen immer für mich da wäre«. Nach vier Jahren enger Gemeinsamkeit trennten sich die alten Kriegskameraden ohne Bitterkeit.[23]

Das Ausscheiden von Schacht und Wiedemann war ein Zeichen dafür, daß Goebbels wieder die Gunst seines Führers genoß, die er sich durch seine außereheliche Eskapaden verscherzt hatte. Als Zwanzigjähriger hatte er geschrieben: »Jede Frau entflammt mein Blut. Ich streife ruhelos umher wie ein Wolf.« Die Ehe mit Magda hatte ihn nicht gezähmt. Immerhin behielt er die Übersicht über seine zahllosen Affären und kompromittierte sich nicht öffentlich, bis er sich im Sommer zur Zeit der Olympiade in die tschechische Schauspielerin Lida Baarova verliebte. Magda nahm das anfangs für eine seiner üblichen Affären, doch 1938 verlor sie die Geduld und verlangte die Scheidung. Hitler zeigte bemerkenswerte Nachsicht mit Homosexuellen, doch wenn die alten Mitkämpfer ihre Ehefrauen im Stiche ließen, die beim Kampf um die Macht mitgeholfen hatten, dann wurde er böse. Er verlangte von

Goebbels, die Schauspielerin aufzugeben. Goebbels wollte lieber sein Ministerium aufgeben, er wollte Botschafter im Fernen Osten oder sonstwo werden, beugte sich aber schließlich dem Druck und entsagte seiner großen Liebe. Kaum war die Baarova, dem »Rat« der Gestapo folgend, in die Tschechoslowakei abgereist, lud Hitler die ganze Familie Goebbels auf den Berghof ein. In den Illustrierten sah man das Ehepaar mit drei Kindern vor dem Teehaus auf dem Kehlstein, sichtbarer Beweis dafür, das alles zum besten stand.

Diese bühnenmäßige Versöhnung hatte erst wenige Wochen vor der Kristallnacht stattgefunden, und es ist denkbar, daß Goebbels sich darum in jener Novembernacht so austobte, weil er den Verlust der Baarova nicht verschmerzt hatte und sich in den Augen von Leuten wie Himmler und Rosenberg zu rehabilitieren versuchte.

Die neuerliche Begünstigung von Goebbels fiel zusammen mit Hitlers veränderter Handhabung der Judenfrage. Erst kürzlich hatte Frau Troost auf der Fahrt ins Atelier Hitler gebeten, den jüdischen Komponisten Arthur Piechler wieder in sein Lehramt an der Musikhochschule in Augsburg einzusetzen; man könne doch auch über Juden individuell urteilen, meinte sie. Die wenigen ihr bekannten Juden seien nicht nur ausgezeichnete Fachleute auf ihrem Gebiet, sondern auch wertvolle Menschen.

»Dies sind Ihre persönlichen Erfahrungen«, sagte Hitler nach einigem Besinnen. »Wenn ich ähnliche Erlebnisse gehabt hätte, dann würde ich niemals meinen Weg gehen können. Aber ich hatte ganz andere Erfahrungen – so wie diese in Wien.« Allem anderen voran gehe das Schicksal Deutschlands. »Der Jude lebt und dient seinem eigenen Gesetz, aber niemals nach den Gesetzen von dem Volk oder der Nation, wo er Bürger geworden ist. Er gehört nicht zum deutschen Volk und kann darum unter uns nur als Gast sein, aber nicht wie es war während der Zeit zwischen 1918–1933, wo er all die wichtigsten Stellungen in der Kunst, Kultur und der Presse einnahm, sowie auch im Handel und bei den Banken. Es ist meine Verantwortung zu sehen, daß unserer Nation Zukunft wieder eine gesunde und starke Grundlage hat, die auf nationalem Charakter beruht. Ich habe es zu meiner Lebensaufgabe gemacht, eine sichere Existenz und Zukunft für das deutsche Volk zu bilden und ganz besonders für den deutschen Arbeiter.« Sonderbarerweise stieß er seinen Beschluß über Professor Piechler aber beim nächsten Besuch in München wieder um. Piechler kam wieder ins Amt.[24]

Die falschen Berichte über Truppenkonzentrationen an der tschechischen Grenze hatten Hitler 1938 zu vorschnellen Reaktionen veranlaßt, und so mag denn auch die Reaktion des Auslandes auf die Kristallnacht seinen Haß gegen die Juden noch vertieft und ein Suchen nach neuen Repressalien ausgelöst haben. Daß er in dieser Angelegenheit allen Wirklichkeitssinn verloren hatte, wurde deutlich, als er am 21. Januar 1939 dem tschechischen

November 1938 – März 1939 669

Außenminister Chvalkovsky eröffnete, Deutschland könne den Bestand keines Landes garantieren, das nicht seine Juden eliminiere. »Unsere Gutmütigkeit war nichts als Schwäche,« sagte er, »und wir bedauern das heute. Das Ungeziefer muß ausgerottet werden. Die Juden sind unsere geschworenen Feinde, und am Ende dieses Jahres wird in Deutschland keiner mehr übrig sein.« Der November 1918 solle den Juden nicht vergeben werden. »Dieser Tag wird gerächt werden. Die Juden werden bei uns vernichtet.«[25]

In einem Rundschreiben des Außenministeriums an alle diplomatischen Missionen und Konsulate heißt es wenige Tage später zur Judenfrage: »Das Endziel der deutschen Judenpolitik muß die Emigration aller Juden von deutschem Boden sein.« Seit der Machtergreifung hatten nur etwa 100 000 Juden legal oder illegal das Land verlassen, um anderswo eine neue Heimat zu finden, aber schon dieses bescheidene Rinnsal jüdischer Flüchtlinge löste Abwehr bei der Bevölkerung Amerikas, Frankreichs, Hollands und Norwegens aus. Die westlichen Länder hielten Hitler zwar Moralpredigten, doch riegelten sie ihre Grenzen gleichzeitig gegen Hitlers Juden ab. Diese antisemitische Grundströmung machte es nur desto sinnvoller, die Juden in einem großen Schub alle auf einmal hinauszubefördern.

Ziel der deutschen Politik, heißt es in dem Rundschreiben weiter, sei »eine internationale Lösung der Judenfrage in naher Zukunft, die sich nicht orientiert an dem vorgeblichen Mitgefühl mit der ausgewiesenen religiösen Minderheit, sondern getragen ist von der reifen Einsicht aller Bevölkerungen in die Gefahren, welche das Judentum für die Erhaltung des rassischen Bestandes aller Völker darstellt.«[26]

Am 30. Januar erläuterte Hitler seine plötzlich geänderte Taktik noch deutlicher. In seiner Reichstagsrede anläßlich des sechsten Jahrestages der Machtergreifung erklärte er dem Weltjudentum den Krieg. Bezeichnend ist, daß er nur Stunden zuvor den Befehl gegeben hatte, mit einem U-Boot-Bauprogramm zu beginnen, das 5 Jahre dauern sollte. Jetzt behauptete er, England, Amerika und Frankreich würden von jüdischen und nichtjüdischen Agitatoren unentwegt zum Haß gegen Deutschland angestachelt, obschon alle Welt sich nach Frieden und Ruhe sehne. Diese verlogenen Versuche, einen Krieg zu provozieren, könnten Deutschland nicht im mindesten davon abbringen, seine Judenfrage auf eigene Weise zu lösen; und zum ersten Mal seit der Machtergreifung zog er den Schleier von seinem Vorhaben: »Ich bin in meinem Leben sehr oft Prophet gewesen und wurde meistens ausgelacht ... Ich will heute wieder ein Prophet sein: ›Wenn es dem internationalen Finanzjudentum in und außerhalb Europas gelingen sollte, die Völker noch einmal in einen Weltkrieg zu stürzen, dann wird das Ergebnis nicht die Bolschewisierung der Erde und damit der Sieg des Judentums sein, sondern die Vernichtung der jüdischen Rasse in Europa!‹«[27] Er schrie den Juden also die Warnung eines Paranoikers zu: »Haltet ein, bevor ihr mich zwingt, euch umzubringen!«

3

Im vergangenen Jahr hatte Hitler einen souveränen Staat vernichtet, er hatte einen anderen verstümmelt und gelähmt, und die westlichen Länder gedemütigt. 1939 schien noch größere politische Beute zu winken. Am 1. Januar rang Mussolini sich endlich dazu durch, auf das deutsche Angebot vom vergangenen Herbst einzugehen und aus dem nur Propagandazwecken dienenden Antikominternpakt ein umfassendes Militärbündnis zu machen. Ciano schreibt in sein Tagebuch: Mussolini »wünscht, daß der Pakt in den letzten zehn Tagen des Januars unterzeichnet wird. Mehr und mehr hält er einen Zusammenstoß mit den westlichen Demokratien für unvermeidlich ... In diesem Monat will er die öffentliche Meinung, ›auf die er im übrigen pfeift‹, vorbereiten.«[28] Hitler sagte in seinem Neujahrsaufruf, die deutsche Regierung habe nur einen Wunsch: »daß es auch im kommenden Jahr gelingen möge, zur allgemeinen Befriedung der Welt beizutragen.« Der erste Schritt auf dem Wege zu dieser »Befriedung« war die totale Zerschlagung der Tschechoslowakei. Er bedauerte seit längerem, in München nicht die gesamte Tschechoslowakei verlangt zu haben, die er hätte haben können, ohne Vergeltung befürchten zu müssen. Jetzt mußte er für die Liqidierung der Rest-Tschechoslowakei eine Rechtfertigung finden.

Im Februar befahl er Goebbels, mit einer massiven Propagandakampagne gegen die tschechische Regierung zu beginnen: angeblich schikaniere sie immer noch die Sudetendeutschen, sie konzentriere Truppen an der Grenze zum Sudetenland, habe ein Geheimabkommen mit den Russen geschlossen und unterdrücke ihre slowakischen Mitbürger. Letztere Behauptung trug die meisten Früchte, denn radikale slowakische Nationalisten schnappten gierig nach dem Köder und verlangten jetzt völlige Unabhängigkeit. Die Lage wurde explosiv, es bedurfte nur eines einzigen falschen Schrittes seitens eines hochgestellten Tschechoslowaken und schon mußte die Krise ausbrechen, die Hitler als Rechtfertigung dienen sollte.

In London wuchs unterdessen die Anti-Appeasementbewegung, gestärkt durch einen Bericht von Erich Kordt aus dem Auswärtigen Amt. Kordt gab die Geheiminformation an die Engländer, Hitler wolle in naher Zukunft London bombardieren. (Es handelte sich um den Versuch einer deutschen Widerstandsgruppe, England in den Krieg gegen Deutschland zu manövrieren, den ersten von mehreren derartigen Versuchen, die Kordt und andere Verschwörer aus dem Auswärtigen Amt unternahmen.) Chamberlain nahm diese Warnung so ernst, daß er eine Kabinettssitzung einberief. Das allgemeine Mißtrauen wuchs, obschon die deutschen Bomber ausblieben. Botschafter Henderson wurde aus Berlin herbeizitiert, um über militärische Vorhaben der Deutschen zu berichten. Henderson suchte dem Ständigen Unterstaatssekretär für Auswärtige Angelegenheiten Cadogan nach Kräften einzureden, die Deutschen dächten gar nicht an irgendwelche wilden Aben-

November 1938 – März 1939   671

teuer in nächster Zukunft, vielmehr zeigte ihr Kompaß unzweideutig auf
Frieden. Der gewitzte Cadogan war weniger zuversichtlich. Er fand Hitlers
Absichten »schlichtweg unehrenhaft«, wollte aber ebenfalls nicht glauben,
daß Hitler vorhabe, die Tschechoslowakei ganz zu schlucken.[29]

Henderson reiste wieder nach Berlin und fuhr fort, von hier aus optimistische Lagebeurteilungen zu geben. Es werde nicht mehr darüber geredet, daß
die Deutschen in der Ukraine und in Holland Umtriebe organisierten.
»Mancherorts heißt es zwar, dies sei nur die Ruhe vor dem Sturm, doch
neige ich derzeit nicht zu einer so pessimistischen Einschätzung.«[30]

Immerhin war er bereits am Abend des folgenden Tages beunruhigt von
Hitlers Verhalten auf dem alljährlichen Bankett für das diplomatische Corps.
»Die auffallende Freundschaftlichkeit, die er auf der Automobilausstellung
noch gezeigt hatte, fehlte bei diesem Essen merklich. Er blickte ständig über
meine rechte Schulter und beschränkte sich auf Allgemeinplätze, wobei er
einfließen ließ, es sei nicht die Aufgabe Englands, Deutschland sein Vorgehen in Mitteleuropa vorzuschreiben.« Hitlers Verhalten erzeugte in
Henderson »ein gewisses Unbehagen«, doch er hielt es nicht für nötig,
das in seinem nächsten Bericht nach London zu erwähnen.[31]

Allmählich waren die Beweise für Deutschlands Umtriebe nicht mehr zu
übersehen. Am 6. März berichtete der englische Botschafter Newton aus
Prag: »In den Beziehungen zwischen Tschechen und Slowaken bereitet sich
eine Krise vor.« Grund dafür seien bedeutende Forderungen finanzieller Art
von seiten der Slowaken. »Ob Deutschland dabei eine Rolle spielt und
welche, kann man nur raten, immerhin fällt auf, daß der slowakische Han-
dels- und Transportminister vergangene Woche in Berlin war.«[32]

Aus ungeklärten Gründen verzögerte sich die Vorlage dieses Kabels um
48 Stunden, und unterdessen hatte Henderson sich von seinem »gewissen
Unbehagen« wieder erholt. Er schrieb am 9. März ausführlich an Halifax;
das deutsche Volk, so sagte er, verlange ebenso nach Frieden wie das englische. »Hitler hat selbst am Weltkrieg teilgenommen und eine starke Abneigung gegen Blutvergießen, oder sagen wir, gegen tote Deutsche.« Zwar
möge es extreme Nazis geben, die immer noch Aggressionskrieg forderten,
doch neige Hitler als geborener Demagoge eher dazu, der Mehrheit gefallen
zu wollen als einer fanatisierten Minderheit. »Ich weiß keine Rechtfertigung
für die Theorie, derzufolge er verrückt sei oder wenigstens dem Wahnsinn
nahe, und dann sehe ich in den oben genannten Umständen einen Grund für
die Annahme, daß Hitler heute nicht an Krieg denkt.«[33]

4

Am gleichen Abend beging der tschechoslowakische Staatspräsident Hacha,
der nach eigenem Eingeständnis von Politik nicht viel verstand, eben jene
Ungeschicklichkeit, auf die Hitler wartete. Er löste die slowakische Regie-

rung auf und befahl, die militärische Besetzung der slowakischen Landesteile vorzubereiten. Tags darauf verhängte er das Kriegsrecht.

Hitler reagierte blitzschnell. Er sagte seine Fahrt nach Wien zur Feier des Jahrestages des Anschlusses ab, um den nächsten Einmarsch vorzubereiten. Die Angst, die Sowjetunion könnte Prag zu Hilfe kommen, wurde fast sogleich beschwichtigt, denn als Hacha das Kriegsrecht verhängte, erklärte Stalin vor dem XVIII. Parteitag, man müsse vorsichtig sein und dürfe sich nicht vom Westen dazu mißbrauchen lassen, ihm die Kastanien aus dem Feuer zu holen. Die Politik der Sowjets bestand darin, sich öffentlich als getreue Verbündete der Tschechoslowakei aufzuspielen, zugleich aber jedes Risiko zu vermeiden. Als Rechtfertigung diente die zutreffende Behauptung, der Bündnisvertrag mit der Tschechoslowakei sähe ein sowjetisches Eingreifen erst vor, nachdem die Franzosen aktiv geworden seien.

Am Samstag, seinem Lieblingstag für derartige Unternehmungen, legte Hitler dann los, und improvisierte mit der bekannten Geschicklichkeit. Zunächst ließ er von Keitel ein Ultimatum aufsetzen, in dem er verlangte, die Tschechen müßten die militärische Besetzung von Böhmen und Mähren widerstandslos dulden, dann wies er seine Agenten im tschechischen und im slowakischen Landesteil an, die Zahl der Sabotageakte und Demonstrationen zu steigern. Um diese Zeit telefonierte Henderson mit Außenminister Halifax und riet zum Abwarten. Er zweifelte daran, »daß Herr Hitler schon eine Entscheidung getroffen hat, und ich halte es für äußerst wünschenswert, daß im Ausland über das Wochenende nichts veröffentlicht wird, was ihn zu einer vorschnellen Reaktion veranlassen könnte.«[34]

Das war schon nicht mehr erforderlich. Am Abend setzten Seyß-Inquart und Bürckel, begleitet von fünf deutschen Generälen über die Donau und verschafften sich Zugang zu einer Sitzung des slowakischen Kabinetts in Bratislava. Man befahl den Anwesenden, eine unabhängige Slowakei auszurufen, der neue Ministerpräsident aber versuchte Zeit zu gewinnen, indem er sagte, erst müsse er sich mit Prag besprechen. Sein Vorgänger, Josef Tiso, ein katholischer Priester und ein großer Esser vor dem Herrn, sollte eigentlich in Hausarrest sitzen, machte jetzt aber seinen dramatischen Auftritt. Er verlangte, das neue slowakische Kabinett möge am Sonntagmorgen (12. März) zusammentreten.

Bei dieser geheimen Zusammenkunft eröffnete Tiso den Anwesenden, Hitler habe ihn nach Berlin »eingeladen«, und da der Einmarsch deutscher und ungarischer Truppen drohe, habe er angenommen. Am 13. März um 19.40 Uhr wurde er von Ribbentrop in Hitlers Arbeitszimmer geführt. Der »Führer« stand grimmig zwischen seinen Kommandeuren Brauchitsch und Keitel; Heer und Luftwaffe hatten jetzt schon Befehl, sich für den Einmarsch in die Tschechoslowakei bereitzuhalten: um 6 Uhr früh am 15. März.

Die Tschechoslowakei habe es einzig Deutschland zu danken, daß sie nicht noch mehr verstümmelt worden sei, behauptete Hitler. Die Tschechen

November 1938 – März 1939 673

wüßten die große Selbstbeherrschung offenbar nicht zu würdigen, die von den Deutschen an den Tag gelegt worden sei. Er wurde lauter – entweder weil er gereizt war oder so tat. »Die Frage sei die, wolle die Slowakei ihr Eigenleben leben oder nicht ... Es handle sich nicht um Tage oder um Stunden ...« Bisher habe er, Hitler, die Ungarn daran gehindert, die Slowakei zu besetzen. Aber: »Morgen mittag werde ich militärische Maßnahmen gegen die Tschechoslowakei ergreifen. General von Brauchitsch ist der Befehlshaber.« Und er deutete auf den Oberbefehlshaber des Heeres. Wenn die Slowakei sich selbständig machen wolle, würde er dieses Bestreben unterstützen, sogar garantieren. Würde sie zögern, so überlasse er das Schicksal der Slowakei den Ereignissen, für die er nicht mehr verantwortlich sei.« Dann gab er Tiso Bedenkzeit bis zum nächsten Tag.[35]

Nach kurzem Zögern ließ Tiso sich mit dem slowakischen Kabinett in Bratislawa verbinden und sagte, er spreche aus dem Arbeitszimmer des Führers. Man möge das slowakische Parlament auf den folgenden Vormittag einberufen. Als er sich überzeugt hatte, daß seine verblüfften Gesprächspartner ihn verstanden hatten, legte er auf. Er kam noch rechtzeitig nach Bratislawa, um den Abgeordneten eine von Ribbentrop aufgesetzte slowakische Unabhängigkeitserklärung zu verlesen. Die Opposition wurde niedergestimmt, und eine dem Namen nach unabhängige Slowakei war geboren.

Am gleichen Nachmittag mußte Chamberlain im Unterhaus wütende Fragen beantworten. Ob denn die Regierung nicht die Integrität der Tschechoslowakei garantiert habe, wollte man wissen. Aber Chamberlain meinte, die Garantie gelte nur für den Fall eines unprovozierten Angriffs. »Und ein solcher Angriff hat nicht stattgefunden,« sagte er.[36]

Während Chamberlain Ausreden vorbrachte, handelte Hitler, und wie gewöhnlich gab er seinen Aktionen den Anschein, als wären es nur Reaktionen. Das Werkzeug, das er im letzten Akt des Dramas benutzte, war Präsident Hacha. Dieser war von den jüngsten Vorgängen so verwirrt, daß er dringend um eine Unterredung mit Hitler nachsuchte – gewissermaßen eine Fliege, die um die Erlaubnis bittet, das Netz der Spinne betreten zu dürfen.

Hitler ließ Hacha stundenlang warten, dann endlich geruhte er zu empfangen. Der tschechoslowakische Staatspräsident, psychisch bereits völlig zermürbt, bestieg in Begleitung seiner Tochter und seines Außenministers den Zug nach Berlin. Fliegen konnte er nicht, seines schwachen Herzens wegen.

Als Hacha abfuhr, kam in Prag ein englischer Journalist an, der Hitler schon kannte. Sefton Delmer fiel auf, daß die Caféhausbesucher auf dem Wenzelsplatz ihren Kaffee so unbeteiligt schlürften wie eh und je, offenbar völlig ahnungslos. Als es dämmerte, marschierten plötzlich Sudetendeutsche in weißen Kniestrümpfen mit Hakenkreuzfahnen in Sechserreihe über den Platz und brüllten »Sieg Heil! Sieg Heil!« Ihnen folgten faschistische Kollaborateure mit der tschechischen Trikolore. Anfangs gehorchten die Passanten der Aufforderung die Nazifahne zu grüßen, doch als die Fabriken schlossen und Arbeiter auf den Platz strömten, schlug die Stimmung um. Die Arbeiter weigerten sich, den Marschkolonnen Platz zu machen und es kam zu Schlägereien. Die Polizei schützte die Demonstranten, die unentwegt brüllten: »Ein Reich, ein Volk, ein Führer!« Prag war jetzt symbolisch eine deutsche Stadt, Mährisch Ostrau jedoch, eine Industriestadt an der polnischen Grenze, war es bereits in Wirklichkeit. Truppen der Leibstandarte Adolf Hitler besetzten bei Dunkelwerden den ganzen Bezirk, um die modernen Stahlwerke vor einem polnischen Zugriff zu bewahren.

In Berlin begab sich Hitler mit einigen Gästen in den Salon der Reichskanzlei, um einen Film mit dem Titel *Ein Hoffnungsloser Fall* anzusehen. Neben ihm saß Keitel bereit, um den Befehl zum Einmarsch zu geben. Um 22.40 Uhr hielt der Prager Schnellzug am Anhalter-Bahnhof, Hacha wurde aber erst eine Stunde nach Mitternacht aufgefordert, vor Hitler zu erscheinen. Er habe, so sagte Hitler zu Keitel, so lange gewartet, damit der alte Herr sich von der Bahnfahrt erholen könne, doch der Aufschub vergrößerte nur Hachas Ängste, und als er endlich, begleitet von Außenminister Chvalkovsky das Ehrenspalier der SS-Wachen durchschritt und Hitlers Arbeitszimmer betrat, war sein Gesicht »vor Erregung gerötet«.

Hacha appellierte an den Führer, zu bedenken, daß er, Hacha, sich in die Politik nie eingemischt habe. Er erniedrigte sich soweit, sich der Gnade des Führers auszuliefern. »Er sei ein alter Mann«, stellte er nach den Angaben des deutschen Protokolls fest, »und er glaube, daß das Schicksal (der Tschechoslowakei) in den Händen des Führers gut aufgehoben sei.«

Doch alle Demut Hachas konnte nicht verhindern, daß Hitler das in ihm angestaute Gift verspritzte. Nachdem er wieder einmal die angeblichen Missetaten von Masaryk und Beneš aufgezählt hatte, behauptete er: »der Beneš-Geist« habe in der neuen Tschechoslowakei unter der Oberfläche weitergeschwelt. Der gebrechliche alte Hacha bot einen bejammernswerten Anblick unter diesen Angriffen. Hitler fügte an, er wolle damit kein Mißtrauen gegen Hacha ausgedrückt haben, er sei vielmehr »zu der Überzeugung gekommen«, die Reise, die der Präsident »trotz seiner hohen Jahre« unternommen, könne für sein Land segensreich sein, »denn jetzt dauert es nur noch Stunden bis Deutschland eingreift.«

Hacha und sein Außenminister saßen wie versteinert, als Hitler ihnen erklärte, die Wehrmacht werde um 6 Uhr früh von allen Seiten ins Land eindringen, die Luftwaffe die tschechischen Flugplätze besetzen.

Auf diese Drohung folgte wieder eine Verheißung. Hacha könne seinem Lande bei »der Neugestaltung des tschechischen Lebens« eine gewisse »Autonomie« sichern, wenn er dem Einmarsch zustimme. Allerdings müsse er rasch handeln, denn um 6 Uhr früh würden Heer und Luftwaffe zuschlagen. Etliche Jahre später sagte Hitler:»Hätte ich diese Drohung wahr-

November 1938 – März 1939 675

machen müssen, ich hätte das Gesicht verloren, denn zu der genannten Stunde lag so dichter Nebel über unseren Flughäfen, daß kein einziges Flugzeug hätte aufsteigen können.«

Er schlug vor, Hacha möge sich zu einer Beratung mit seinem Außenminister zurückziehen, zu Hitlers Erleichterung sagte Hacha aber: »Die Lage ist ganz klar.« Er gab zu, Widerstand sei Wahnsinn, wie aber solle er in weniger als vier Stunden sein Volk zur Zurückhaltung überreden? Hitler entgegnete, »die nun rollende Militärmaschinerie lasse sich nicht aufhalten ... Es sei ein großer Entschluß, aber er sähe die Möglichkeit für eine lange Friedensperiode zwischen den beiden Völkern dämmern. Würde der Entschluß anders sein, so sähe er die Vernichtung der Tschechoslowakei ...«

Mit diesen bedrohlichen Worten beendete Hitler die Unterredung. Als man die beiden niedergeschlagenen Tschechen ins Nebenzimmer führte, versuchte Ribbentrop telefonisch Prag zu erreichen. Die Verbindung klappte nicht, und man forderte Schmidt auf, es weiter zu probieren. Als Schmidt damit beschäftigt war, hörte er Göring im Nebenzimmer rufen, Hacha habe einen Schwächeanfall erlitten. Man rief Dr. Morell, der für eben einen solchen Fall in Bereitschaft stand. Schmidt dachte: falls Hacha was zustößt, wird alle Welt behaupten, er wäre hier ermordet worden. Nun kam seine Verbindung mit Prag. Schmidt ging zu Hacha und fand ihn bei Bewußtsein; Morell hatte ihm Vitamine gespritzt. Hacha ging also an den Apparat, er schilderte dem Kabinett die Lage und empfahl zu kapitulieren.

Schmidt fertigte unterdessen eine Reinschrift des kurzen amtlichen Kommuniqués an, das bereits fertig vorlag. Darin hieß es, der tschechische Staatspräsident lege das Schicksal des tschechischen Volkes und des Landes vertrauensvoll in die Hände des Führers des deutschen Reiches. Hacha verlangte von Morell eine weitere Spritze. Diese belebte ihn so sehr, daß er sich weigerte, zu unterzeichnen, trotz des Drängens von Göring und Ribbentrop. Dem amtlichen französischen Bericht zufolge, setzten die beiden Minister den Tschechen erbarmungslos zu. »Sie jagten Dr. Hacha und Herrn Chvalkovsky buchstäblich um den Tisch, auf dem die Dokumente lagen, schoben sie ihnen immer wieder hin, drückten ihnen Federhalter in die Hand und wiederholten unablässig, wenn die Unterschriften nicht gegeben würden, läge halb Prag in zwei Stunden in Trümmern, und das wäre erst der Anfang. Hunderte von Bombern warteten auf den Startbefehl, und der würde um 6 Uhr früh gegeben, wenn nicht unterzeichnet wäre.«[*37]

Hacha gab schließlich nach und unterzeichnete, hochroten Gesichtes, mit zitternder Hand um 3.55 Uhr. Dann bedankte er sich bei Dr. Morell für

---

* Göring gestand in Nürnberg, er habe zu Hacha gesagt: »Es würde mir leid tun, das schöne Prag bombardieren zu lassen.« Er habe aber nicht die Absicht gehabt, das zu tun, denn »Widerstand ist jederzeit leichter ohne dieses Bombardement zu brechen. Aber ein solcher Hinweis, glaubte ich, daß er als Argument mitwirken würde, die Sache zu beschleunigen.«[38]

dessen Beistand. Kaum war die Feder Hachas kraftlosen Fingern entfallen, stürmte Hitler aus dem Konferenzraum in das Arbeitszimmer, wo seine beiden Sekretärinnen ihn erwarteten. Christa Schröder erinnert sich: »Plötzlich öffnet sich die Tür, Hitler stürzt heraus, das Gesicht wie verwandelt, und ruft: ›Kinder, jetzt gebt mir mal jede da und da (auf seine Wangen zeigend) einen Kuß!‹« Frau Schröder und Frau Wolf küßten ihn auf die Wangen. »Hacha hat unterschrieben«, jubelte er. »Das ist der größte Triumph meines Lebens. Ich werde als der größte Deutsche in die Geschichte eingehen.«[39]

Es war zwar spät, doch Hitler blieb auf, um seinen Triumph auszukosten. Zu Hoffmann und anderen Vertrauten sagte er: »Der alte Herr hat mir leid getan, aber in einem solchen Fall ist Sentimentalität falsch am Platz, sie stellt nur den Erfolg in Frage.«

Dr. Morell warf ein, wenn er nicht gewesen wäre, wäre das Dokument nicht unterzeichnet worden. »Gott sei Dank war ich rechtzeitig mit der Spritze zur Stelle.«

»Scheren Sie sich mit Ihren verfluchten Spritzen zum Teufel!« rief Hitler. »Sie haben den alten Herrn so munter gemacht, daß ich schon dachte, der unterzeichnet nicht mehr!«

Nun unterbrach Keitel die Feier um zu melden, daß die Angriffsbefehle mit der Einschränkung versehen seien, das Feuer nur bei Widerstand zu eröffnen und auch dann noch Verhandlungen zu suchen, ehe mit Waffengewalt vorgegangen würde. Er bat um Erlaubnis, sich zurückziehen zu dürfen und erhielt Befehl, sich in wenigen Stunden zurückzumelden und den Führer in seinem Sonderzug an die tschechische Grenze zu begleiten.[40]

5

Bei Tagesanbruch am 15. März erschienen zwei angstbleiche, heruntergekommene Männer vor der amerikanischen Gesandtschaft in Prag und baten um Asyl. Sie gaben sich als tschechische Spione zu erkennen, die in Deutschland eingesetzt und der Gestapo bekannt waren. George Kennan erinnert sich: »Ihre Gesichter zuckten, und ihre Lippen zitterten, als ich sie wegschickte.« Kurz darauf mußte er weisungsgemäß auch zwei deutsche Sozialdemokraten auf die verschneite Straße weisen, »wo sie Freiwild waren«. Der nächste Besucher war ein jüdischer Bekannter, dem er nur erlaubte zu bleiben, bis seine Nerven sich etwas beruhigt hätten. »Den ganzen langen Morgen wanderte er im Vorzimmer unglücklich auf und ab.«[41]

Lord Halifax erfuhr vom deutschen Einmarsch durch seinen Botschafter in Prag. Erst Stunden später rief Henderson aus Berlin an und meinte, den Besuch des Handelsministers in Deutschland solle man doch besser verschieben. »Ich halte es für ausgeschlossen, die Deutschen daran zu hindern,

November 1938 – März 1939   677

›Ordnung zu schaffen‹, der Besuch eines Kabinettsmitgliedes in diesem Augenblick scheint mir aber unpassend.«

Keine Stunde später übermittelte er telefonisch das zwischen Hitler und Hacha geschlossene Abkommen, und um 11 Uhr diktierte er den Wortlaut einer Proklamation des Führers an das deutsche Volk. Es hieß darin, seit Sonntag hätten schwere Übergriffe gegen Deutsche in vielen Ortschaften der Tschechoslowakei stattgefunden und die Hilferufe der Opfer seien von Stunde zu Stunde dringlicher geworden.[42]

Der benommene Henderson begriff endlich, daß seine Mission in Berlin »endgültig gescheitert war«. »Es wird Sie nicht erstaunen, daß ich den Berliner Posten nur mit Selbstüberwindung ausgefüllt habe«, kritzelte er hastig an Halifax. »Hitler hat sich wieder einmal Hals über Kopf ins Abenteuer gestürzt.«[43]

Hitler verschlief den größten Teil der Bahnfahrt und wachte an diesem denkwürdigen Märztag erst gegen Mittag auf. »Ich muß als erster in Prag sein«, erklärte er beim Ankleiden seinem Diener.[44] Je näher man der Grenze kam, desto aufgeregter wurde er. Mitte des Nachmittags verließ man den Zug nahe der Grenze und stieg in einen Konvoi aus 10 Kraftfahrzeugen um. Hitler saß neben Kempka im ersten Wagen, als die Kolonne langsam in das dichte Schneetreiben hinausfuhr. Die Zollschranken waren beiderseitig geöffnet. Bald stieß man auf deutsche Marschkolonnen, die sich gegen Schnee und Eis vorwärtskämpften. Kempka wich auf gewundene Nebenstraßen aus, und es dämmerte, ehe man Prag erreicht hatte. Niemand beachtete die Kolonne, die dem Hradschin zustrebte. Die Herren kamen auf der Burg unter und ließen sich aus der Stadt Prager Schinken, Brötchen, Butter, Käse, Obst und Pilsener Bier kommen. Zum ersten Mal sah Keitel, daß Hitler ein Bier trank.[45]

Die Reaktion auf diese neueste Aggression der Deutschen erfolgte unverzüglich und heftig. Um die öffentliche Empörung zu beschwichtigen, gaben die englische und die französische Regierung Garantieerklärungen für Polen, Rumänien, Griechenland und die Türkei ab und vereinbarten militärische Beratungen mit der Sowjetunion. Zornig reagierte auch Hitlers Verbündeter Italien, und Ciano trug an diesem Abend bitter in sein Tagebuch ein, der Einmarsch habe nicht mehr die Tschechoslowakei von Versailles, sondern die von *München* zerstört.

Hitler schickte Prinz Philipp von Hessen mit einem erklärenden Schreiben nach Rom. Er hoffe, der Duce verstünde ihn und betrachte sein Vorgehen im rechten Licht. Mussolini war gar nicht begeistert und mochte der Presse keinerlei Erklärung abgeben: »Die Italiener würden mich ja auslachen. Jedesmal, wenn Hitler ein Land besetzt, sendet er mir eine Botschaft.« Andererseits meinte er aber, es sei jetzt wichtiger denn je, mit einem Gewinner verbündet zu sein. »Wir können unsere Politik jetzt nicht ändern. Wir sind doch schließlich keine politischen Huren.« Er empfand die Unterordnung unter seinen Juniorpartner aber doch als demütigend, und Ciano hatte seinen Schwiegervater noch nie so trübselig gesehen.[46]

Hitler achtete auf die Kritik im In- und Ausland nicht, und am 16. März wirkte das durchaus gerechtfertigt. Als er seine neueste Eroberung von der Burg der Böhmenkönige überschaute, auf der die Hakenkreuzfahne wehte, schwelgte er im Besitz dieser uralten Stadt. 1621 hatte man den 27 protestantischen Anführern eines Aufstandes gegen die Habsburger vor dem Rathaus den Kopf abgeschlagen; und während des Krieges von 1866 hatten Bismarck und Kaiser Wilhelm I. in dem berühmten Hotel zum »Blauen Stern« auf dem Republikplatz gewohnt. Hitler meinte, viele der prächtigen Bauten Prags, deren manche von deutschen Baumeistern errichtet waren, seien Zeugen deutscher Kultur. Einzig Deutsche verstünden es, solche Brücken, Türme und Gebäude zu errichten!

Hitlers Träume wurden durch die Meldung unterbrochen, weder Frankreich noch England hätten mobilgemacht. »Ich habe es gewußt.« Und er machte die Voraussage: »In vierzehn Tagen spricht kein Mensch mehr davon.« Ihn interessierte auch mehr eine weitere Meldung, derzufolge tschechische Nazis die Runde in der Stadt machten und an alle jüdischen Läden mit Kreide das Wort JID oder JUDE schmierten.[47]

Die faktische Auflösung der Tschechoslowakei erfolgte etwas später am Tage, als Monsignor Tiso telegrafisch die Unabhängigkeit der Slowakei nach Berlin meldete und um deutschen Schutz bat. Hitlers Truppen rückten unverzüglich in die Slowakei ein. Auch Ruthenien wünschte, Satellit Hitlers zu werden, doch dem lag mehr daran, die Ungarn bei guter Laune zu halten, deshalb ließ er es zu, daß Ruthenien bis zur polnischen Grenze von ungarischen Truppen besetzt wurde. Nach kaum 20 Jahren Unabhängigkeit lag die Tschechoslowakei wieder in Ketten.

Die Engländer hatten zwar nicht mobilgemacht, aber die Empörung war groß. Halifax warnte den deutschen Botschafter: »Ich verstehe, daß Herrn Hitlers Appetit auf unblutige Siege wächst, aber es kommt der Tag, da er sich irrt, und da es nicht ohne Blutvergießen gehen wird.«[48]

Halifax wie auch Cadogan, der kein Blatt vor den Mund zu nehmen pflegte, hatten Chamberlain bislang loyal gedeckt, auch wenn sie mit seiner Beschwichtigungspolitik nicht einverstanden gewesen waren. Jetzt aber wurde es Zeit, Farbe zu bekennen. Der Außenminister machte Chamberlain also klar, das Volk, die Partei und das Unterhaus erwarteten, daß er Hitlers Aggressionsakte öffentlich und entschieden verurteile.

Chamberlain folgte diesem Rat. Am 18. März wurde Botschafter Henderson vorübergehend aus Berlin abgerufen, und am gleichen Abend, es war der Vorabend seines 70. Geburtstages, hielt der Ministerpräsident in Birmingham eine Rede, welche die Richtung der englischen Außenpolitik änderte. Es sei, so warnte er, ein Irrtum zu glauben, Großbritannien verabscheue den Krieg in solchem Maße, »daß es eine Herausforderung nicht

November 1938 – März 1939 679

mehr annehmen und nicht mit äußerster Kraftanstrengung erwidern würde.« Das war zwar kein befeuernder Ruf zu den Waffen, aber weil Chamberlain, der verkörperte Versöhnungswille, diesen Satz sprach, rief er Beifall hervor. Es war das Ende der Beschwichtigungspolitik.[49]

Hitler hatte seinen ersten schweren Fehler gemacht. Er eignete sich die Tschechoslowakei durch Drohung mit Gewalt an, obschon sie im Laufe der Zeit unvermeidlich in seinen Einflußbereich geraten wäre. Und indem er einen völkerrechtlich gültigen Vertrag mißachtete, den die Regierung seines Landes aus freiem Willen geschlossen hatte, bewirkte er in Frankreich und England einen totalen Umschwung in der öffentlichen Meinung. Chamberlain und dessen Anhänger würden Hitler nie wieder glauben. Er hatte die Spielregeln verletzt, noch dazu ohne hinreichenden Grund.

Wie kam es zu diesem Irrtum? Hitler hatte nicht erwartet, mit seinem Vorgehen eine so heftige Reaktion auszulösen. Hatte der Westen denn nicht auch im Falle Österreich akzeptiert, daß Hitler nur Ruhe und Ordnung herstellen wollte? Hatte man sich in München nicht mit ebenso dürftigen Vorwänden abspeisen lassen? Er war der Meinung, er müsse den für das Überleben der Rasse notwendigen Lebensraum beschaffen, solange er selbst bei guter Gesundheit und die deutsche Wehrmacht ihren Gegnern überlegen war.

Als er in die Tschechoslowakei einmarschierte, wußte er noch nicht, wo und gegen wen er den nächsten Schlag führen wollte, nur daß er Böhmen und Mähren haben müsse, bevor er die nächsten kriegerischen Unternehmen ausführen (oder damit drohen) konnte. Hitler glaubte auch nicht, daß er einen Fehler gemacht hätte, sondern meinte, nur vorübergehend einen Verlust an Ansehen erlitten zu haben. Seine ganze Aufmerksamkeit war bereits auf den nächsten Schritt gerichtet.

19. Kapitel
Fuchs und Bär
(Januar – 24. August 1939)

1

Als Hitler vom Hradschin aus das Reichsprotektorat Böhmen und Mähren proklamierte, erhielt das englische Außenamt einen Hinweis des rumänischen Botschafters. Aus geheimen Quellen sei zu hören, daß Hitler in den kommenden Monaten Ungarn und Rumänien annektieren wolle. Die Herren, die in London damit beschäftigt waren, den neuen Kurs in der Außenpolitik abzustecken, wurden auch von ihrem eigenen Botschafter in Paris in die Irre geführt. Sir Eric Phipps hatte seine Meldung selbst getippt, so geheim war der Inhalt: »Hitler wünscht vor Juni oder Juli England anzugreifen und wird darin von Göring, Himmler, Goebbels, Ribbentrop und Reichenau unterstützt.«[1] Vermutlich stammte die Information von deutschen Widerständlern, die nach wie vor versuchten, endlich einen bewaffneten Konflikt in die Wege zu leiten. In Wahrheit hatte Hitler überhaupt nicht den Wunsch, Krieg gegen England zu führen, und die erwähnte Annexion von Ungarn und Rumänien war in Wahrheit eine wirtschaftliche Beherrschung. Hitler hatte jetzt vielmehr jene Reibungsflächen mit Polen ins Auge gefaßt, die von den Alliierten nach dem Weltkrieg mit Vorbedacht eingerichtet worden waren, um deutschen Aggressionsgelüsten einen Riegel vorzuschieben. Das Reich hatte nicht nur große Teile von Westpreußen und Posen verloren, sondern man hatte für die Polen längs der Weichsel einen Zugang zur Ostsee geschaffen, den sogenannten polnischen Korridor, mit dem an der Weichselmündung liegenden Danzig als Freistadt, die Polen als Seehafen dienen konnte. Der patriotische Deutsche geriet über nichts so sehr außer sich als über diesen Korridor, der die Provinz Ostpreußen vom übrigen Vaterland trennte. Danzig bildete dabei den Brennpunkt des Hasses, denn es war so gut wie ausschließlich von Deutschen bewohnt.

Erstaunlicherweise hatte sich Hitler in *Mein Kampf* und den frühen Reden nur wenig mit der »polnischen Frage« beschäftigt. Dies lag nicht daran, daß er für die Polen etwas übrig gehabt hätte. Nach seinen Maßstäben waren sie nicht arisch und daher minderwertig. Aber er war besessen vom Gedanken

Januar – 24. August 1939 681

an die Sowjetunion, jenem Land, das einzig groß genug war, Deutschland den Lebensraum zu liefern, den es angeblich brauchte. Hitler hatte seit den ersten Tagen seiner Herrschaft die polnische Frage auf kleinster Flamme kochen lassen, er hatte 1934 sogar einen Nichtangriffspakt mit Polen für zehn Jahre unterzeichnet. Für die Öffentlichkeit wurde Freundschaft mit Polen demonstriert, und man erinnert sich vielleicht, daß er die Polen nach München einlud, um den Leichnam der Tschechoslowakei zu zerlegen. Das taten sie denn auch mit Eifer, ohne zu bedenken, daß Gäste, die an solch einem Festmahl teilnehmen, letzten Endes auch die Zeche bezahlen müssen. Die Rechnung wurde denn auch dem polnischen Botschafter Lipski 4 Wochen später von Ribbentrop überreicht, – wieder bei einem Essen, diesmal im Grandhotel in Berchtesgaden. Es sei jetzt an der Zeit, so Ribbentrop, die zwischen beiden Ländern bestehenden Streitpunkte aus der Welt zu schaffen. Er machte in aller Freundschaft den Vorschlag, Polen möge Danzig zurückgeben und den Deutschen gestatten, eine exterritoriale Autobahn und Eisenbahn nach Ostpreußen einzurichten. Deutschland wolle im Gegenzug Polen die Nutzung des Freihafens Danzig einräumen, seine derzeitigen Grenzen garantieren und den Nichtangriffspakt verlängern. Ferner könnte man gemeinsam die Juden austreiben »und eine gemeinsame Politik gegen Rußland auf der Basis des Antikomintern-Paktes« durchführen.[2]

Die Aussichten für eine solche Vereinbarung schienen nicht schlecht, denn viele einflußreiche Polen teilten mit Hitler die Furcht vor der Sowjetunion und den Haß auf die Juden. Indessen, Oberst Beck, der polnische Außenminister, schob es immer wieder auf, einer Einladung Hitlers nach Berlin Folge zu leisten und suchte derweil die Bindung an die Sowjetunion zu stärken. Ende 1938 wurden der russisch-polnische Freundschaftsvertrag geschlossen und Handelsgespräche begonnen.

Mit einem Mann wie Hitler konnte man ein solches Doppelspiel nicht lange treiben, und Beck sah sich schließlich gezwungen, Anfang Januar auf den Berghof zu kommen. Sollte er gefürchtet haben unter Druck gesetzt zu werden wie Schuschnigg, Tiso und Hacha, so erlebte er eine angenehme Überraschung. Drohungen bekam er überhaupt nicht zu hören, sondern Hitler deutete vielmehr an, die Rest-Tschechoslowakei könnte ausgewaidet werden und für Polen dabei noch was abfallen. Damit kam er aber bei Beck nicht an. So diplomatisch wie möglich gab dieser dem Führer zu verstehen, eine Rückgabe Danzigs an Deutschland sei absolut undenkbar.

Ribbentrop begab sich etliche Wochen später persönlich nach Warschau, um dort sein Angebot zu wiederholen. Man traktierte ihn mit Bällen, Theateraufführungen, Jagdpartien, Kaviar und grünem Wodka, doch am Verhandlungstisch war polnischer Charme das einzige, was man ihm bot. Gerüchte besagten, Hitler sei empört, weil Beck sein großmütiges Angebot hartnäckig ablehnte. Er habe gebrüllt, mit den Polen werde man nur durch Drohungen fertig. Dieselbe Taktik, die gegen Österreich und die Tschechoslowakei so viel Erfolg gehabt hatte, wurde nun im März 1939 auch hier angewandt. Ribbentrop sagte seinen Gastgebern, die polnischen Übergriffe gegen Volksdeutsche in Polen würden nachgerade unerträglich. In Görings Hausblatt *Die Zeitung* folgte eine Kampagne, in deren Mittelpunkt die Behauptung stand, deutsche Frauen und Kinder würden in Polen auf der Straße belästigt, die Häuser und Läden von Deutschen mit Teer beschmiert. Beck ließ sich dadurch nicht einschüchtern, er rief vielmehr den deutschen Botschafter zu sich und drohte seinerseits: jeder Versuch den status quo in Danzig zu ändern, würde von Polen als Aggression angesehen.

»Sie wollen auf der Spitze des Bajonetts verhandeln!« wehrte sich der deutsche Botschafter.

»Das tun Sie ja!« stellte Beck fest.[3]

Dies und andere Proben der Beherztheit wurden belohnt: London bot Polen im Fall eines deutschen Angriffs militärischen Beistand an. Beck nahm das Angebot an, »ohne zu zögern«. Chamberlain betrat am letzten Märztag das Unterhaus »hager und krank aussehend« und ließ sich matt auf seinem Platz nieder. Minuten später erhob er sich und verlas langsam und mit geneigtem Kopf, als könnte er seinen Text nicht entziffern: »Um die Haltung der britischen Regierung ... völlig klarzustellen..., fühle ich mich veranlaßt, dem Hause mitzuteilen, daß ... für den Fall irgendeiner Aktion, die klarerweise die polnische Unabhängigkeit bedroht und die die polnische Regierung daher für so lebenswichtig hält, daß sie ihr mit ihren nationalen Streitkräften Widerstand leistet, die britische Regierung sich verpflichtet fühlen würde, der polnischen Regierung alle in ihrer Macht stehende Hilfe sofort zu gewähren.«[4] Er fügte an, die Polen seien entsprechend unterrichtet worden, und die Franzosen hätten ihn ermächtigt zu erklären, daß sie dem englischen Garantieversprechen beiträten. Als er sich setzte, wurde spontan geklatscht, der erste echte Beifall, der ihm seit der Rückkehr aus München zuteil wurde. Diese von keinen Bedingungen abhängige Garantieerklärung zeigte erstmals unmißverständlich, daß Chamberlain von der Politik des Appeasement abgerückt war. England war geeint und der Kurs lag fest.

Tags darauf, es war der 1. April, antwortete Hitler auf diese Demonstration der Eintracht unter den Westmächten mit einer hohntriefenden Ansprache. Mit welchem Recht, so fragte er, mischten die Engländer sich in Lebensfragen des deutschen Volkes ein? »Wenn heute ein britischer Staatsmann fordert, daß jedes Problem, das inmitten der deutschen Lebensinteressen liegt, erst mit England besprochen werden müßte, dann könnte ich genausogut verlangen, daß jedes britische Problem erst mit uns zu besprechen sei. Gewiß, diese Engländer mögen mir zur Antwort geben: ›In Palästina haben die Deutschen nichts zu suchen!‹ – Wir wollen auch gar nichts in Palästina suchen. Allein, so wenig wir Deutsche in Palästina etwas zu suchen haben, so wenig hat England in unserem deutschen Lebensraum etwas zu suchen!«

Januar — 24. August 1939　　　　　　　　　　683

Und von Spott ging er nun zu Drohungen über. »Das Deutsche Reich ist aber jedenfalls nicht bereit, eine Einschüchterung oder auch nur Einkreisungspolitik auf die Dauer hinzunehmen.«[5] Das war noch recht milde, und es dürfte ihn große Beherrschung gekostet haben, nicht zu explodieren. Insgeheim aber kochte er, und als Admiral Canaris ihm am gleichen Nachmittag bestätigte, daß es mit der englischen Garantie an Polen seine Richtigkeit habe, da war es um seine Fassung geschehen. Mit wutverzerrtem Gesicht stürmte er hin und her, er schlug mit der Faust auf die Marmorplatte des Tisches und fluchte unflätig. »Denen werde ich einen Teufelstrank brauen.«[6] Dachte er da schon an ein Bündnis mit Stalin?

Daß Hitler sich bei der Rede an jenem Abend so beherrschte, mag darauf zurückzuführen sein, daß er aus einer starken Position sprach. Madrid war an Franco gefallen, der Bürgerkrieg in Spanien offiziell zu Ende. Englands Aufmerksamkeit war abgelenkt durch »neue Gerüchte, die vom Druck der Italiener auf Albanien wissen wollten«, ein Manöver, das sich gut in Hitlers Pläne einfügte. Er ließ Keitel kommen und sagte, die polnische Frage müsse dringend gelöst werden. Es sei ein Unglück, daß der kluge Marschall Pilsudski, mit dem er den Nichtangriffspakt geschlossen hatte, verstorben sei. Allein, ihm könne täglich das gleiche widerfahren, und »deshalb müsse er auch diese, für Deutschlands Zukunft unerträgliche Lage der Trennung Ostpreußens vom Reich sobald als möglich bereinigen und (könne) diese Aufgabe nicht der Zukunft oder einem Nachfolger überlassen«. Sähen die Engländer, daß Deutschland zum Handeln entschlossen sei, so fügte er an, würden sie ihre Hand schon von Polen zurückziehen.[7]

Hitler schien nicht zu begreifen, daß die Engländer nicht nur verbal, sondern tatsächlich von der Politik des Appeasement abgerückt waren. Am 3. April erließ er für die Wehrmacht die Weisung für den »Fall Weiß«. Das streng geheime Dokument ging durch Boten an die oberste Wehrmachtsführung. Unter anderem heißt es darin: »Die gegenwärtige Haltung Polens erfordert es, ... die militärischen Vorbereitungen zu treffen, um nötigenfalls jede Bedrohung von dieser Seite für alle Zukunft auszuschließen.« Die »Bearbeitung« dieser Weisung hatte nach den Wünschen Hitlers so zu erfolgen, daß der Angriff auf Polen »ab 1. 9. 39« jederzeit möglich sei.[8]

Die Verantwortung für die Eröffnung der Feindseligkeiten im Westen sollte England und Frankreich zugeschoben werden. Sollten diese Staaten zwecks Vergeltung Deutschland angreifen, war es Aufgabe der Wehrmacht, ihre Kräfte in dieser Front so weit wie möglich zu schonen. Das Recht, Angriffsoperationen zu befehlen, behielt Hitler ausschließlich sich selbst vor. Gleiches galt für einen Luftangriff auf London.

Die englisch-französischen Garantieversprechen für Polen nahm er also offensichtlich nicht ernst. Schlimmstenfalls, so dachte er, werden die Alliierten uns den Krieg erklären, doch das geschieht nur, um das Gesicht zu wahren, und wenn wir uns zurückhalten, kann man sich einigen.

Mit solchen Fehlberechnungen wird das Schicksal der Völker entschieden. Keitel, der wie alle anderen Kommandeure, mit denen er sich beriet, gegen einen Krieg mit Polen war, zeichnete gegen. Die Militärs meinten, Deutschland sei zum Krieg noch nicht bereit.

Hitlers Vermutung, alle Versuche, eine politische Regelung herbeizuführen seien ausgeschöpft, war nicht unbegründet. Nicht nur ging Beck allen Gesprächen mit Hitler aus dem Wege, er reiste auch nach England, um das Bündnis zu unterzeichnen. Die Öffentlichkeit und das amtliche England hießen ihn herzlich willkommen. Beck wurde gefeiert, er speiste mit dem Königspaar, doch als es zu den eigentlichen Verhandlungen kam, zeigte sich, daß er kühl, verschlossen und mißtrauisch war. Als Chamberlain, der mit Mühe sein Mißtrauen gegen die Sowjets überwunden hatte, vorschlug, England und Polen sollten zusammen mit den Russen eine Front gegen Hitler bilden, wehrte Beck entschieden ab. Er fürchtete einen Angriff der Russen viel mehr als einen der Deutschen, und er wollte nichts tun, was einen Krieg mit Hitler heraufbeschwören konnte. Er war in diesem Punkt unerschütterlich, und der zwischen Polen und England am 6. April unterzeichnete gegenseitige Beistandspakt schloß eine Teilnahme der Sowjetunion aus.

Die meisten Staaten gehen in der Außenpolitik davon aus, daß zwei Eisen im Feuer besser sind als eines. Die Sowjetunion machte da keine Ausnahme und verhandelte deshalb mit England und Deutschland gleichzeitig. Daß man so eifrig auf der Suche nach Verbündeten war, hatte seinen Grund nicht zuletzt darin, daß Stalins blutige Säuberung der Roten Armee (zu der ihn, nebenbei bemerkt, Hitlers Vorgehen beim sogenannten Röhmputsch anregte) diese stark geschwächt hatte. Marschall Tuchatschewski und viele andere waren ihr zum Opfer gefallen.* Es war zwar nicht allgemein bekannt, doch die Deutschen hatten seit fast zwanzig Jahren beim Aufbau der Roten Armee mitgewirkt. Sowohl Deutschland als auch Rußland waren von den Friedensverhandlungen ausgeschlossen worden, und weil ausgestoßene Nationen sich in ihrem gemeinsamen Kummer leicht finden, war es zu dieser umfassenden militärischen Zusammenarbeit gekommen. Der Initiator war General von Seeckt, Oberkommandierender des winzigen deutschen Nachkriegsheeres, gewesen. Ende der zwanziger Jahre richtete er im Kriegsministerium eine Verwaltung ein, die in Berlin und in Moskau über Büros verfügte. Bald darauf bekam Junkers die Erlaubnis, in einem

---

* Heydrich hat sich gerühmt, die Schwächung der Roten Armee sei sein Werk gewesen. Als ihm zugetragen wurde, der Kreis um Tuchatschewski plane die Beseitigung Stalins, habe er diese Information über Beneš an Stalin weitergegeben. Für das gefälschte Belastungsmaterial erhielt Heydrich 3 Millionen Goldrubel, die aber ebenso falsch waren wie Heydrichs Papiere. Das war nicht die einzige List der Russen: Stalin selbst hatte dem nichtsahnenden Heydrich die angeblichen »Informationen« zugespielt: Tuchatschewski war ihm zu mächtig geworden.[9]

Januar – 24. August 1939 685

Moskauer Vorort Flugzeugmotoren zu bauen, und Bersol, eine Aktiengesellschaft, begann mit der Herstellung von Giftgasen in der Provinz Samara. Noch bezeichnender ist, daß deutsche Techniker den Russen bei der Errichtung dreier Munitionsfabriken halfen, während 60 deutsche Militärberater und Zivilisten ein Geschwader »Rote Flieger« ausbildeten, das ausschließlich aus Deutschen bestand. Deutsche Panzeroffiziere wurden von deutschen Experten in der Nähe von Kazan ausgebildet, in der »Versuchsanstalt für schwere Fahrzeuge«.

Man erinnert sich, daß dieses geheime Arrangement zu einer außenpolitischen Annäherung führte, die am Ostersonntag 1922 in Rapallo Vertragsform annahm. Es entstand ein wirkungsvolles Bündnis gegen die Mächte von Versailles; die Sowjets verließen sich darauf, daß Deutschland sich nicht an wirtschaftlichen Maßnahmen zum Schaden der Sowjetunion beteiligen würde und bewahrten dafür die Deutschen vor dem Alptraum der kompletten Einkreisung. Aber Hitlers Machtübernahme stellte in den deutschrussischen Beziehungen einen fatalen Wendepunkt dar, und gegen 1938 konnte man von Beziehungen kaum noch reden. Die Strömung kehrte sich erst wieder um, als England und Frankreich das Münchener Abkommen unterzeichneten, ohne die Russen zu konsultieren.

Die Sowjetunion, solcherart vom Westen brüskiert, tastete sich neuerlich an Deutschland heran. Anfang 1939 wurde das Angebot Hitlers, einen neuen Handelsvertrag zu beraten, durch die Einladung eines Mitarbeiters von Ribbentrop nach Moskau beantwortet, und wenige Tage später verlieh Stalin der im Londoner *News Chronicle* erschienenen Sensationsmeldung einige Glaubhaftigkeit, die behauptete, er sei im Begriffe, mit den Nazis einen Nichtangriffspakt abzuschließen. Vor dem XVIII. Parteitag der KPdSU (B) erklärte er nämlich, die Sowjetunion werde sich von den Westmächten nicht in einen Krieg gegen Hitler hineinziehen lassen. »Wir streben den Frieden und die Festigung unserer wirtschaftlichen Beziehungen zu allen Ländern an.« Die deutschen Journalisten stürzten sich auf dieses »alle«, sie sahen darin ein Angebot an das Reich, und ihre sowjetischen Kollegen beglückwünschten sie zu ihrem Scharfsinn.

Peter Kleist, Ribbentrops Experte für Polen und die baltischen Staaten, erhielt Befehl, sich mit dem Personal der sowjetischen Botschaft in Berlin anzufreunden. Kleist fragte sich, ob das auf eine dramatische Schwenkung in der deutschen Außenpolitik hindeute, und betrat mit gemischten Gefühlen einige Tage später das stattliche Gebäude der sowjetischen Botschaft Unter den Linden. Der milde, asketisch aussehende sowjetische Geschäftsträger Georgi Astachow hatte zum Tee eingeladen. Kein anderer Russe war zugegen, etwas ganz Ungewöhnliches. Nach einem Gespräch über französische Impressionisten kam Astachow zur Sache. Daß Deutschland und die Sowjetunion aus ideologischen Gründen miteinander verfeindet seien, wäre absurd. Warum betreibe man nicht eine gemeinsame Politik? Kleist meinte, aus ideologischen Feinheiten seien bedeutende Realitäten geworden, Astachow wischte das aber lässig beiseite. Stalin und Hitler, so sagte er, seien beide Männer, die die Realität schaffen, nicht aber von ihr beherrscht werden.

Kleist verließ die Botschaft nachdenklich. Astachow wollte offenbar Ribbentrop ein Signal des Kreml übermitteln. Er war daher überrascht, als Ribbentrop, der ihn doch aufgefordert hatte, den Russen Avancen zu machen, ihm jetzt befahl, jeden weiteren Kontakt mit Astachow zu vermeiden. »Ich glaube nicht, daß dem Führer die Fortführung dieser Unterhaltung erwünscht ist.«[10]

Den nächsten Schritt tat Stalin. Am 17. April sprach der sowjetische Botschafter Merekalow bei Weizsäcker vor, Ribbentrops unmittelbarem Untergebenen. Es war der erste Besuch des Russen seit 10 Monaten, und als Vorwand diente ihm eine Lappalie, die normalerweise von untergeordneten Funktionären erledigt wird. Gegen Ende des Gespräches fragte Merekalow, was denn Weizsäcker von den deutsch-russischen Beziehungen halte? Die Antwort lautete: Deutschland sei stets um beiderseitig zufriedenstellende Handelsbeziehungen bemüht. Merekalow erwiderte hierauf mit einer unmißverständlichen Einladung zu einer Annäherung: Seines Wissens gebe es keinen Grund, warum das Verhältnis zwischen beiden Staaten nicht völlig normal sein sollte, aber »aus normalen Beziehungen könnten auch wachsend bessere werden«.[11]

Unterdessen warben die Sowjets aber auch um die andere Seite. Chamberlain wollte sich jedoch nicht zu engeren diplomatischen Beziehungen mit der Sowjetunion bereitfinden. Er mochte einfach nicht glauben, daß deren Ziele und Zwecke mit denen Großbritanniens auch nur annähernd übereinstimmen könnten. Der Premier glaubte fest, ein Bündnis mit Rußland müsse den Widerstand der Balkanstaaten gegen Deutschland schwächen, aber während er sich gegenüber den Russen als spröde erwies, befestigte er die Garantie an Polen, indem er den Rumänen ebenfalls eine anbot.

Als der rumänische Außenminister Gafencu am 19. April in der Reichskanzlei vorsprach, bekam er aus erster Hand einen Eindruck davon, wie dieses Garantieangebot auf Hitler wirkte. Kaum fiel das Wort England, da sprang Hitler auf und ging rastlos hin und her. Warum begriffen die Engländer nicht endlich, daß er nichts weiter wollte als sich mit ihnen einigen? »Wenn England den Krieg will, soll es ihn haben ... Und es wird ein Zerstörungskrieg werden, wie keine Phantasie ihn sich ausmalen kann. Wie könnte übrigens England sich einbilden, einen modernen Krieg zu führen, da es nicht einmal fähig ist, an irgendeiner Front zwei bewaffnete Divisionen aufzustellen?«[12]

Der folgende Tag war der 20. April und Hitlers 50. Geburtstag. Vielleicht war die am Vortag gezeigte Wut nur ein Ausfluß seiner Ungeduld? Die Zeit verrann, und er glaubte, nur noch wenige gesunde Jahre vor sich zu haben,

Januar – 24. August 1939 687

in denen seine Mission beendet werden mußte. Den Geburtstag im Jahre 1939 beging man wie üblich mit einer riesigen Militärparade. Das Schauspiel, an dem außer den drei Wehrmachtsteilen auch die Waffen-SS teilnahm, sollte die Gegner beeindrucken. Auf Hitlers ausdrückliche Weisung wurden die neuesten Geschütze mittleren Kalibers, Sturmgeschütze und die schwere Flak samt fahrbaren Scheinwerferbatterien gezeigt. Am Himmel dröhnten Geschwader von Jägern und Bombern. Die anwesenden Diplomaten waren von dieser größten Parade in der deutschen Geschichte beeindruckt, und es entging ihnen auch nicht, daß als Hitlers Ehrengast Präsident Hacha auf der Tribüne stand.

Die Mehrheit der Deutschen war stolz und begeistert über diese Demonstration militärischer Macht, doch galt dies nicht für alle. Natürlich bot der 50. Geburtstag auch einen passenden Anlaß, die Öffentlichkeit mit einem Schwall von Lobhudeleien auf Hitler zu überfluten.

Für die Menge seiner Anbeter war er der Retter Deutschlands: »Der Führer ist der einzige Mensch des Jahrhunderts, der die Kraft hat, den Blitz der Gottheit in die Hände zu nehmen und ihn der Menschheit dienstbar zu machen.« Andere sahen mehr als nur den Messias in ihm: »Meine Kinder sehen im Führer den, der alles befiehlt, alles anordnet. Für sie ist der Führer der Schöpfer der Welt.«

Hitler wollte nicht, daß von einem Dritten Reich gesprochen wurde und beklagte sich bei seiner nächsten Umgebung darüber, daß man einen Kult mit ihm treibe, der gelegentlich lächerlich wirke. Auf einem von der Partei eingerichteten Studienkurs hatte eine Referentin allen Ernstes behauptet, ein sprechender Hund, den sie gefragt habe: »Wer ist Adolf Hitler?« habe darauf geantwortet: »Mein Führer!« Ein empörter Parteigenosse unterbrach ihren Vortrag mit der Bemerkung, solche albernen Geschichten zu erzählen sei geschmacklos, woraufhin die Dame in Tränen ausbrach und sagte: »Dieses kluge Tier weiß, daß Adolf Hitler Gesetze gegen die Vivisektion und die Ritualschlachtung von Tieren durch Juden hat ergehen lassen, und aus Dankbarkeit erkennt sein kleines Hundegehirn Adolf Hitler als seinen Führer an.«[13]

Die Kirche sah in Hitler zwar weder Gott noch Messias, ehrte ihn aber gleichwohl. In allen deutschen Kirchen fanden zu seinem Geburtstag Dankgottesdienste statt, »um Gottes Segen auf Führer und Volk« herabzuflehen, und der Bischof von Mainz forderte alle Katholiken seiner Diözese auf, »für den Führer und Reichskanzler, den Mehrer und Wahrer des Reiches« zu beten.[14] Auch der Papst unterließ nicht, Glückwünsche zu senden.

Diese Ehrungen milderten den Zorn nicht, den Hitler vor dem rumänischen Botschafter gezeigt hatte, und der sich keineswegs auf England beschränkte. Er war besonders wütend, weil kürzlich in den USA eine unautorisierte gekürzte Fassung von *Mein Kampf* erschienen war, die nicht nur Passagen enthielt, die in der autorisierten amerikanischen Fassung fehlten, sondern auch Anmerkungen des Herausgebers Alan Cranston, der auf Hitlers Entstellungen der Wahrheit aufmerksam machte. Das Produkt erschien in Form einer Zeitschrift zum Preis von zehn Cent, und in nur zehn Tagen wurde eine halbe Million Exemplare verkauft. Auf dem Titelblatt las man: »Kein Cent Tantieme für Adolf Hitler«.*

Auf diese Kränkung folgte bald eine weitere durch Präsident Roosevelt, der Hitler und Mussolini (welcher soeben in Albanien eingefallen war) dringend ersuchte, öffentlich zu erklären, daß sie von weiteren Aggressionen Abstand nehmen wollten. »Ich nehme an, daß Sie den Geist der Offenheit, in dem ich diese Botschaft sende, nicht mißverstehen werden«, heißt es in der Botschaft an Hitler. »Die Geschichte wird die Staatsmänner zur Rechenschaft ziehen für das Glück und das Leben aller, auch der Geringsten.«[16]

Der erboste Hitler gab am 28. April seine Antwort. Nie zuvor hatte er bei einer Rede so viele Zuhörer gehabt, denn nicht nur wurde sie in Deutschland und Teilen Europas übertragen, sondern auch von den großen Rundfunkstationen Amerikas. Hitler, der in seinen Wiener Tagen allen seine Vorträge hielt, die bereit waren zuzuhören, hatte endlich ein Millionenpublikum in allen Kontinenten gefunden.

Diese immense Zuhörerschaft regte ihn an. William Shirer beispielsweise hatte Hitler nie so beredt sprechen hören. Er begann mit einer Rechtfertigung seiner Außenpolitik, die zugleich eine Verdammung der neuen Außenpolitik Englands darstellte. Die Grundlagen des Flottenvertrages von 1935 seien hinfällig geworden, stellte er fest. Auf diese unerwartete Kündigung eines Vertrages, den er selbst eifrig angestrebt hatte, folgte eine ebenso vernichtende Attacke auf Polen zugleich mit der Aufkündigung des deutschpolnischen Nichtangriffspaktes: dieser sei von den Polen »einseitig verletzt« worden. Nachdem er dergestalt zwei Verträge in Fetzen gerissen hatte, forderte er zu neuen Verhandlungen auf, vorausgesetzt, sie fänden unter Ebenbürtigen statt. »Sollte die britische Regierung ... Wert darauf legen, ... noch einmal in Verhandlungen einzutreten, dann würde sich niemand glücklicher schätzen als ich.«

Diese erstaunliche Geistesakrobatik wurde noch übertroffen von Anwürfen gegen Roosevelt, die mindestens seinen deutschen Zuhörern als ein Meisterwerk von Ironie und Spott erscheinen mußten. Hier war der alte Hitler, der Redner aus den Bierkellern und den Debatten der Kampfzeit. Er nahm sich die Note des Präsidenten Punkt für Punkt vor und teilte wie ein

---

* Die Agenten des Führers erhoben sogleich Klage wegen Verletzung des Urheberrechtes. Das Gericht entschied zugunsten Hitlers und verbot Druck und Vertrieb der Cranstonschen Fassung. Cranston, heute Senator von Kalifornien, bemerkte 1974 dazu: »Ein schönes Beispiel für Demokratie in Aktion.« Juristisch gesehen habe Hitler Recht und er Unrecht gehabt, »die 500 000 verkauften Exemplare haben aber dazu beigetragen, vielen Amerikanern vor Augen zu führen, wie verrückt Hitlers Politik war, die uns bald darauf in einen Weltkrieg stürzte.«[15]

Januar – 24. August 1939   689

Lehrer vernichtende Zensuren aus. Im Reichstag traf sein Hohn auf ent-
zückte Ohren, und mit jeder Erwiderung wurden das Lachen und der Beifall
lauter. Göring, der die Sitzung leitete, hielt sich den Bauch vor Lachen.*
Als Hitler schließlich zu Roosevelts Forderung kam, Deutschland möge sich
weiterer Aggressionsakte enthalten, rief seine spöttische Erwiderung noch
größere Lachsalven hervor, doch blieb er die Antwort auf die Frage schuldig,
ob er Polen angreifen werde.[17]

Diese Rede war mehr auf die deutsche Bevölkerung zugeschnitten als
darauf, seine Gegner zu überzeugen. Er brauchte Zeit, um die polnische
Frage in seinem Sinne zu lösen, und in dem Gefühl, seinen Zweck erreicht zu
haben, zog er sich in sein halbamtliches Feriendomizil, den Berghof, zurück.
Er weigerte sich, in dem nun folgenden heißen Sommer überhaupt mit den
Polen in Verbindung zu treten, war jedoch für die Russen stets verfügbar.
Die eher schüchterne Freundschaftsofferte, die Kleist beim Tee gemacht
worden war, erblühte zu einer echten Romanze. Kurz nach der explosiven
Reichstagsrede erschien im hinteren Teil russischer Zeitungen eine offenbar
unwichtige Meldung: Maxim Litwinow war durch W. M. Molotow abgelöst
worden. Das war eine sensationelle Nachricht, die niemand besser zu
schätzen wußte als die deutsche Botschaft. Der deutsche Geschäftsträger
kabelte noch am gleichen Abend in die Wilhelmstraße, das Kommissariat
für auswärtige Angelegenheiten gäbe weiter keine Erklärung ab, doch
Grund für diesen Wechsel schienen Meinungsverschiedenheiten zwischen
Stalin und Litwinow zu sein, der eine englische Frau hatte. Litwinow selbst
war ein Symbol für die Politik der kollektiven Sicherheit gegenüber der
Achse, und sein Abtreten bedeutete, daß Stalin diesen Kurs aufgab. Die
Ersetzung des Juden Litwinow durch einen Nichtjuden deutete übrigens
darauf hin, daß Stalin, der den zögernden Angeboten Englands mißtraute,
Hitler einen weiteren Schritt entgegenkam. Der Umstand, daß Molotow mit
einer Jüdin verheiratet war, wurde Hitler nicht nur von den Russen verschwiegen, sondern auch von seinen eigenen Diplomaten.

Die Nachricht von der Ablösung Litwinows durch Molotow traf den
Führer »wie eine Granate«. Nicht nur teilte er Stalins Haß und Angst vor
den Juden, sondern er bewunderte ihn auch wegen seiner brutalen Methoden.
Gleichwohl war er noch nicht davon überzeugt, daß es klug wäre, mit den
Sowjets zusammenzugehen. Am 10. Mai ließ er einen Rußlandexperten nach
Berchtesgaden kommen, von dem er hören wollte, ob Stalin zu einem echten
Einverständnis mit Deutschland bereit sei. Gustav Hilger, Wirtschafts-
attaché an der deutschen Botschaft in Moskau mit zwanzigjähriger Ruß-
landerfahrung, war von dieser Frage einigermaßen verblüfft. Er war ver-
sucht, Hitler ein Resumée der deutsch-sowjetischen Beziehungen seit 1933

---

* Als Göring während des Nürnberger Prozesses einen Film dieser Rede vorgeführt bekam, konnte er sich vor Lachen wieder nicht halten.

zu geben, und ihn daran zu erinnern, wie häufig die sowjetische Regierung in den ersten Jahren seiner Herrschaft den Wunsch geäußert hatte, die traditionelle Freundschaft fortzuführen, untersagte sich das aber und wies Hitler nur auf die Erklärung hin, die Stalin vor genau zwei Monaten auf dem Parteitag gegeben hatte und die besagte, daß er keinen Grund sähe, Krieg gegen Deutschland zu führen. Überrascht mußte er bemerken, daß weder Hitler noch Ribbentrop das Wesentliche dieser Stalinrede im Gedächtnis hatten.

Hitler hörte sich Hilgers langwierige Ausführungen an, die besagten, die Sowjetunion stelle keine militärische Bedrohung dar, denn sie benötige den Frieden zum Aufbau ihrer Wirtschaft. Er bemerkte nach Hilgers Abgang: »Der ist ja ein halber Russe.« Hilger sei wohl der sowjetischen Propaganda aufgesessen. »Oder aber seine Darstellung ist richtig, dann gilt es für mich, nicht auf die Stalinschen Friedenstöne einzugehen, sondern so schnell wie möglich die innere Konsolidierung dieses Kolosses zu unterbrechen.« Er befahl Ribbentrop, die Sowjets hinzuhalten.[18]

Stalin seinerseits wies Astachow an, die Handelsgespräche mit den Deutschen fortzusetzen. Am 20. Mai griff Molotow selbst in die Verhandlung ein, indem er Botschafter von der Schulenburg in den Kreml bat. Der für gewöhnlich mürrische Molotow spielte den liebenswürdigen Gastgeber, doch unter der freundlichen Oberfläche spürte man eiserne Hartnäckigkeit, und als das Gespräch ernst wurde, klagte er gleich darüber, daß Hitler es offenbar nicht ernst meine und nur aus politischen Erwägungen Verhandlungen mit den Sowjets führe; das sähe man daran, daß die Handelsbesprechungen nicht von der Stelle kämen.

Im Augenblick war Hitler denn auch mehr darauf bedacht, Mussolini enger an die Leine zu legen. Der überraschende Einmarsch nach Albanien (Hitler hatte keinen Krieg gewünscht, sondern nur ein Ablenkungsmanöver) beunruhigte ihn stark, und er strebte ein engeres Bündnis zwischen den Achsenmächten an, das eine Konsultationspflicht vorsah. Der sogenannte Stahlpakt wurde denn auch feierlich am 22. Mai in Berlin unterzeichnet und verband das Geschick Italiens unauflöslich mit dem Deutschlands. Hitler sah darin einen diplomatischen Sieg, denn der Pakt verpflichtete die Unterzeichner, einander im Kriegsfall »mit allen Streitkräften zu Lande, zu Wasser und in der Luft« beizustehen. Es ist nicht zu glauben, doch in seinem Wunsch, Hitler gefällig zu sein, hatte es Mussolini unterlassen, den Wortlaut des Vertrages prüfen zu lassen; so war nicht einmal jene Klausel enthalten, die üblicherweise den Bündnisfall nur bei einem feindlichen *Angriff* für gegeben erklärt. Der Duce hatte das Schicksal Italiens in die Hände seines Partners gelegt.

Es war beinahe so, als hätte Hitler die Erlaubnis erhalten, den Krieg zu riskieren, und schon tags darauf versammelte ein von Selbstvertrauen erfüllter Kanzler die Wehrmachtsführung in seinem Arbeitszimmer in der Reichskanzlei. Er erklärte, Deutschlands wirtschaftliche Schwierigkeiten könnten

Januar – 24. August 1939

nur gelöst werden, wenn die Meinungsverschiedenheiten mit Polen beigelegt würden. »Danzig ist nicht das Objekt, um das es geht. Es handelt sich für uns um die Erweiterung des Lebensraumes im Osten und Sicherstellung der Ernährung, sowie die Lösung des Baltikum-Problems.«

Polen müsse daher vernichtet werden, denn es werde sich stets ungeachtet aller Freundschaftsverträge auf die Seite der Feinde Deutschlands stellen. »An eine Wiederholung der Tschechei ist nicht zu glauben. Es wird zum Kampf kommen. Aufgabe ist es, Polen zu isolieren. Das Gelingen der Isolierung ist entscheidend.« Er behielt sich vor, den Angriffsbefehl selbst zu geben; Polen könne nur besiegt werden, wenn der Westen nicht eingreife. »Ist es nicht sicher, daß im Zuge einer deutsch-polnischen Auseinandersetzung ein Krieg mit dem Westen ausgeschlossen bleibt, dann gilt der Kampf in erster Linie England und Frankreich.«

Dieser Widerspruch blieb seinen Zuhörern rätselhaft, doch während die meisten von Hitlers Ausführung total verdutzt waren, redete sich der getreue Keitel ein, der Führer wolle den Kommandeuren nur zeigen, daß ihre Bedenken unbegründet waren, und daß es nicht wirklich zum Krieg kommen werde. Und dies, obwohl Hitler gleich darauf einen Kampf »auf Leben und Tod« gegen England und Frankreich vorhersagte. »Die Ansicht, sich billig loskaufen zu können, ist gefährlich; diese Möglichkeit gibt es nicht. Die Brücken sind dann abzubrechen, und es handelt sich nicht mehr um Recht oder Unrecht, sondern um Sein oder Nichtsein von 80 Millionen Menschen.« Das eigentliche Ziel sei es, England in die Knie zu zwingen. »Wir werden nicht in einen Krieg hineingezogen werden, aber um ihn herum kommen wir nicht.«[19]

Das war nun nicht das irrwitzige Gestammel eines vom Eroberungswillen Besessenen, sondern das Eingeständnis, daß Deutschland ohne Krieg zu führen keine Großmacht bleiben konnte. Retten würden das Reich nur die unerschöpflichen Rohstoffe des Ostens; eine Übereinkunft mit dem Westen bedeutete ein unannehmbares Risiko. Ließ er die Welt erkennen, daß er geblufft hatte und die Probe des Krieges scheute, würde das deutsche Ansehen und die deutsche Macht in sich zusammensinken wie ein angestochener Luftballon.

Ausgenommen Keitel und Raeder verließen die Zuhörer den Wintergarten völlig benommen. Hitler hingegen begab sich in bester Stimmung auf die Fahrt zu seinem Refugium auf dem Obersalzberg und sah sich unterwegs in Augsburg den »Lohengrin« an. Während er sich auf dem Berghof erholte, verlor Hitler keinen Moment die Möglichkeit mit dem Osten handelseins zu werden aus den Augen. Zwar hatte er Schulenburg befohlen, sich zurückzuhalten, doch jetzt wurde er unruhig bei der Vorstellung, die Engländer könnten in Moskau zu einer Einigung mit den Russen kommen. Was, wenn sie ihm zuvorkamen? Und was würde dann Stalin machen, wenn Hitler Polen überfiele? Das mußte er herausbekommen. Am 26. Mai wies er Ribbentrop an, Molotow durch Schulenburg darüber zu informieren, daß Deutschland seine feindselige Haltung gegenüber der Komintern aufgeben würde, falls die Sowjets wirklich, wie Stalin angedeutet habe, ihre Machenschaften gegen Deutschland einstellten. Sei dies der Fall, so wäre es an der Zeit, »eine Beruhigung und Normalisierung der deutsch-russischen Beziehungen ins Auge zu fassen«.[20]

Hitler war bereit, die Erfüllung seines Traumes vom deutschen Lebensraum zurückzustellen. Schulenburg sollte Molotow davon überzeugen, daß die Deutschen nicht beabsichtigten, sich bis in die Ukraine auszudehnen. Auch hätten die Russen keinen Grund, den Stahlpakt zu fürchten, der sich ausschließlich gegen das englisch-französische Bündnis richte. Ferner möge er Molotow versichern, daß die Sowjetunion nicht geschädigt würde, falls Hitler es für notwendig halten sollte, militärisch gegen Polen vorzugehen. Im übrigen sei ein Bündnis mit Deutschland für die Russen vorteilhafter als eines mit dem perfiden Albion, denn die Engländer suchten wie gewöhnlich nur nach einem Dummen, der die Dreckarbeit für sie übernehmen sollte. Dieses Angebot war verlockend, denn hinter der diplomatischen Sprache verbarg sich die Aufforderung, von einer Teilung Polens zu profitieren. Und der Hinweis, England und Frankreich könnten Polen nicht rechtzeitig zu Hilfe kommen, mußte einem Pragmatiker wie Stalin einleuchten.

Hitlers Angebot kam so spontan, daß das Auswärtige Amt durcheinander geriet. Ribbentrop unterrichtete zunächst den japanischen Botschafter von Hitlers Angebot und drängte ihn, die Zustimmung Tokios einzuholen. Zwar galt der japanische General Oshima bei seinen Kritikern daheim als Geschöpf Hitlers, doch konnte er, wenn es darauf ankam, sehr starrsinnig sein. Er weigerte sich denn auch, eine derartige Anfrage nach Japan zu kabeln mit der Begründung, eine Übereinkunft der Achsenmächte mit der Sowjetunion (die mit Infanterie und Panzern an der Grenze zwischen der Äußeren Mongolei und Mandschurien einen erbitterten wenn auch unerklärten Krieg gegen Japan führte) müsse alle Aussichten dafür zunichte machen, daß Japan den von Hitler gewünschten Dreibund mit Deutschland und Italien schließen würde, dem es bislang immer ausgewichen war.

Ribbentrop war über diese Antwort entsetzt und erkundigte sich beim Botschafter Attolico nach dessen Meinung darüber, – nicht nach der Meinung des Botschafters, wie er sagte, sondern nach der des Rußlandkenners. Attolico war wie Oshima der Ansicht, ein Angebot der Achse an den Kreml würde es diesem ermöglichen, »sich teurer in Paris und London zu verkaufen«.[21] Ribbentrop dürfte in seiner Ratlosigkeit die Angelegenheit noch einmal telefonisch mit Hitler besprochen haben, denn er erhielt neue Instruktionen. In einem Telegramm vom Abend des gleichen Tages an die Botschaft in Moskau wurde das Angebot an die Russen widerrufen. Schulenburg solle auf weitere Befehle warten und nichts unternehmen.

Hitler kam zu dem Resultat, daß sein Erkundungsvorstoß auf zu hoher

Januar – 24. August 1939

Ebene erfolgt sei, und er wies Weizsäcker an, bei Astachow vorzufühlen. Dies geschah am 30. Mai, und Ton und Inhalt des Gespräches waren so ermutigend, daß Hitler noch am gleichen Tag Schulenburg anwies, »jetzt doch gewisse Fühlung mit der Sowjetunion aufzunehmen«.[22] Kurz darauf erfolgte eine weitere Anordnung, auch die Handelsgespräche wieder aufzunehmen. Stalin war aber noch mißtrauischer als Hitler, und als Ende Juni immer noch keine konkreten Ergebnisse vorlagen, befahl der Führer, die Verhandlungen abzubrechen. Die Flitterwochen, die beide Seiten anscheinend so eifrig herbeigesehnt hatten, waren erst einmal wieder abgesagt worden.

2

Stalins westliche Brautwerber waren einem Bündnis noch ebenso fern wie Hitler. Lord Halifax bekam es satt, länger darauf zu warten, daß die Russen endlich Nägel mit Köpfen machten. Gegenüber dem Botschafter Maisky klagte er, auf alle Vorschläge nur mit Nein zu antworten, halte er nicht für eine faire Verhandlungsmethode, sie erinnere ihn vielmehr »fatal an die Art und Weise, wie die Nazis Fragen der Außenpolitik behandeln«.[23] Die Sowjets erwiderten mit einem bösartigen Artikel in der *Prawda* vom 29. Juni unter der Schlagzeile: England und Frankreich wünschen keinen Vertrag auf der Grundlage der Gleichberechtigung mit der UdSSR. Hinter dem Zögern der sowjetischen Führung verbarg sich der Verdacht, England wolle die Sowjetunion in einen Krieg mit Hitler verwickeln, und seinen eigenen militärischen Beitrag dazu so klein wie möglich ansetzen. Der japanische Botschafter in London war ebenfalls mißtrauisch und berichtete, die Engländer spielten ihr übliches Doppelspiel: die Verhandlungen mit der Sowjetunion sollten Hitler Angst machen, gleichzeitig solle Stalin mit einem an Deutschland orientierten Friedensplan unter Druck gesetzt werden.

Hitler verbrachte den größten Teil des Sommers auf dem Berghof, er war für Diplomaten unerreichbar und gab keine wichtigen Erklärungen ab. Vielleicht war der Grund für sein Schweigen seine eigene Unsicherheit, vielleicht war es von seiner Überzeugung verursacht, daß die meisten Dinge sich von selbst erledigen, wenn man nichts unternimmt. Wie auch immer, er hätte seine Gegenspieler auf keine Weise stärker beunruhigen können. Jetzt war die Zeit des Nichtstuns. Geduldig hörte er sich eine ernste Warnung Mussolinis an, die ein italienischer General überbrachte. Der Krieg, so der Duce, sei unvermeidlich, doch brauchten beide Länder vorerst noch Frieden. »Erst vom Jahre 1943 an bestehen wirklich gute Siegesaussichten.« Hitler ließ sich nicht herbei zu widersprechen als der General fortfuhr, einen Text zu verlesen, der deutlich machte, daß Mussolini keinesfalls einen europäischen Krieg ins Auge fassen wollte. Es war Hitlers Absicht, den Krieg zu begrenzen, indem er Polen isolierte und dafür, wie er das anstellen sollte, brauchte er keine guten Ratschläge von den Italienern.[24]

Seine Adjutanten fanden ihn bemerkenswert gelockert. Mitte Juli verließ er seine Bergfestung zu einem kurzen Aufenthalt in München, wo er einer Aufführung des »Tannhäuser« in der Staatsoper beiwohnte. Der Regisseur hatte, um dem Künstler und Bohemien Hitler gefällig zu sein, zwei nackte Mädchen auf die Bühne gebracht, von denen eines als Europa auf dem Stier posierte, während das andere als Leda mit dem Schwan auftrat.

Eine Woche später erfreute er sich an den Bayreuther Festspielen, wo in diesem Jahr nicht nur der »Ring« gegeben wurde, sondern sehr eindrucksvolle Aufführungen von »Tristan« und »Parsifal«. Er hatte seinen alten Schulfreund Kubizek zu jeder Vorstellung eingeladen, kam aber erst am 3. August mit ihm zusammen, nach der letzten Aufführung der »Götterdämmerung«. Kubizek wurde nachmittags von einem SS-Führer nach Haus Wahnfried gebracht, wo Hitler die rechte Hand des alten Freundes in beide Hände nahm; Kubizek konnte kaum ein Wort hervorbringen.

Später fragte er schüchtern, ob der Führer einen Stoß Bildpostkarten von sich für Freunde in Österreich mit einem Autogramm versehen wolle? Hitler setzte die Lesebrille auf — fotografieren ließ er sich nicht damit — und unterschrieb Postkarte um Postkarte, während Kubizek methodisch mit dem Löscher hantierte. Anschließend führte Hitler ihn in den Garten an Wagners Grab und sagte: »Ich bin glücklich, daß wir uns an dieser Stätte, die für uns immer die heiligste war, wiedersehen können«.[25]

Dies war einer der wenigen Augenblicke in Hitlers Dasein, die er ganz als Privatmann verbrachte, ohne von seinen Pflichten in Anspruch genommen zu sein. Für Eva Braun fand er wenig Zeit, erst zu Beginn des Jahres 1939 bekam sie Räume in der Reichskanzlei zugewiesen. Sie schlief in Hindenburgs ehemaligem Schlafzimmer, dessen fast einziger Schmuck ein großes Bild von Bismarck war, und hatte Anweisung von Hitler, die Vorhänge des Schlafzimmers niemals aufzuziehen. Von diesem trostlosen Zimmer und dem anschließenden Boudoir hätte man unmittelbar in die Bibliothek Hitlers gehen können, sie durfte seine Räume aber nur durch den Personaleingang betreten, offiziell galt sie als »Sekretärin«. Zwar lebten die beiden wie Mann und Frau, taten aber alles, um dem Gefolge vorzuspielen, daß sie nur gute Freunde seien. Morgens redete sie ihn mit »Mein Führer« an, und das wurde ihr so zur Gewohnheit, daß sie diese Anrede, wie sie gestand, auch benutzte, wenn sie mit ihm unter vier Augen war.

Wurden wichtige Gäste in der Reichskanzlei oder in Berchtesgaden erwartet, wo Eva hübsche Räume unmittelbar neben denen Hitlers bewohnte, erhielt sie Zimmerarrest, und das war schwer zu ertragen. Wie gern hätte sie nicht Admiral Horty, Präsident Hoover, König Carol von Rumänien, den Aga Khan und andere bedeutende Persönlichkeiten kennengelernt, und wurde doch gezwungen, wie ein Kind auf ihrem Zimmer zu bleiben. Besonders betrübte sie, wie sie Freunden anvertraute, daß Hitler ihr nicht erlauben wollte, die Herzogin von Windsor kennenzulernen, denn die beiden Frauen

Januar – 24. August 1939 695

hatten ihrer Meinung nach doch so viel gemein. So tröstete sie sich mit dem Gedanken, daß die Großen der Welt aus allen Himmelsrichtungen herbeiströmten, um ihrem Geliebten Ehre zu erweisen. Dies machte ihr Dasein erträglich. Übrigens war alles besser als die frühere Einsamkeit und ihre Zweifel, die sie bewogen hatten, zwei Selbstmordversuche zu unternehmen.

In der politischen Arena autorisierte unterdessen Ribbentrop die Fortführung der Gespräche mit Astachow; dies an dem Tag, als Hitler in Bayreuth den »Tristan« hörte. Das Resultat erfüllte den Außenminister mit Entzücken, aber Kleist schärfte ihm ein, er dürfe Stalin nicht merken lassen, daß Deutschland es eilig hatte. Vor allem dürfe er ihm kein allzu günstiges Angebot machen, nur um zum Abschluß zu kommen. Man müsse warten, und werde in etwa sechs Monaten zu einem beiderseitig befriedigenden Ergebnis kommen. Ribbentrop lachte nur. Man könne innerhalb von vierzehn Tagen unterschreiben! Getrieben von dem Wunsch, einen Vertrag zu schließen, der England außer Gefecht setzen würde, wies er Botschafter Schulenburg an, Molotow neuerlich ein Gespräch vorzuschlagen. Bei einer Zusammenkunft am 3. August mit Molotow hatte Schulenburg den Eindruck, die Sowjets wären entschlossen, mit England und Frankreich handelseins zu werden, »falls diese sämtliche sowjetischen Wünsche erfüllen«. Genau diesen Eindruck wollte Molotow bei seinem Partner erwecken. Ihm und Stalin war nicht entgangen, wie sehr die Wilhelmstraße drängte.[26]

Hitler war unterdessen noch ungeduldiger geworden als Ribbentrop. Der Einmarsch nach Polen sollte in weniger als einem Monat stattfinden, und er wollte von Stalin hören, daß die Rote Armee nicht eingreifen würde. In diesem Augenblick entschloß er sich entweder der Entwicklung nachzuhelfen, oder er hatte Glück, jedenfalls ereignete sich am Tag nach Schulenburgs ergebnislosem Gespräch mit Molotow eine Krise in Polen. Die Danziger Nazis erklärten den polnischen Zollbeamten, sie dürften nicht mehr wie üblich ihren Dienst tun, worauf Polen verlangte, diese Anordnung müsse zurückgezogen werden. Der Senatspräsident der Freistadt Danzig bestritt empört eine derartige Anweisung gegeben zu haben und behauptete, die Polen suchten nach einem Vorwand, mit dem sie Danzig unter Druck setzen könnten.

Daß der Zwischenfall in Berlin geplant worden sein dürfte, zeigte sich am 9. August. Berlin ließ in Warschau wissen, eine Wiederholung des Ultimatums an Danzig müsse zu einer Verschlechterung der Beziehungen zwischen Deutschland und Polen führen. Als die Polen darauf erwiderten, ein Eingreifen Deutschlands würde als Aggressionshandlung angesehen, verwandelte dieser Sturm im Wasserglas sich zur Krise.

Die gleichgeschaltete deutsche Presse brachte schon wütende Schlagzeilen. POLEN! NEHMT EUCH IN ACHT hieß es. WARSCHAU DROHT MIT BOMBARDIERUNG DANZIGS – UNGLAUBLICHE AGITATION

UND POLNISCHER GRÖSSENWAHN! Während Goebbels brüllte, führte das Auswärtige Amt die Kampagne etwas gedämpfter; Ribbentrops Wirtschaftsexperte Julius Schnurre versicherte Astachow, Deutschland habe in Polen nur sehr begrenzte Interessen. Diese brauchten die sowjetischen Interessen in keiner Weise zu berühren. Man müsse aber die sowjetischen Interessen kennen.

Hitler, immer noch auf dem Berghof, wurde nun selbst tätig. Er schickte dem Hochkommissar für Danzig, Carl Burckhardt, sein Privatflugzeug für einen geheimen Besuch. Am 11. August kam Burckhardt auf dem Obersalzberg an und wurde ins Teehaus auf dem Kehlstein geleitet.

Hitler hatte indessen andere Dinge im Kopf. Zu Speer bemerkte er im Aufzug: »Vielleicht ereignet sich bald etwas ganz Großes.« Wie im Selbstgespräch äußerte er noch, er müsse wohl Göring mit einem Auftrag betrauen. »Notfalls würde ich aber auch selbst fahren. Ich setze alles auf diese Karte.«[27] Er bezog sich auf den Vertrag mit Stalin. Als Burckhardt endlich in den Raum geführt wurde, versetzte Hitler sich rasch in einen Zustand rasender Wut über Polen. »Wenn der kleinste Zwischenfall sich ereignet, werde ich die Polen ohne Warnung zerschmettern, so daß nicht eine Spur von Polen nachher zu finden ist. Ich werde wie ein Blitz mit der vollen Macht einer mechanisierten Armee zuschlagen, von der die Polen keine Ahnung haben. Hören Sie zu«, brüllte Hitler.

»Ich höre«, gab Burckhardt zur Antwort. »Ich weiß, daß dies einen allgemeinen Krieg bedeuten wird.«

Hitlers Gesicht zuckte vor Zorn und Betroffenheit. »Dann soll es eben sein. Wenn ich Krieg zu führen habe, würde ich lieber heute als morgen Krieg führen. Ich würde ihn nicht wie das Deutschland Wilhelms II. führen, das ständig Gewissensqualen wegen der vollständigen Anwendung seiner Waffengewalt hatte. Ich werde bis zum letzten rücksichtslos kämpfen.«

Nun beruhigte er sich, als hätte er genügend Dampf abgelassen und versicherte seinem Gast, er wolle keineswegs gegen Frankreich und England Krieg führen. »Ich habe keine romantischen Ziele. Ich habe keinen Wunsch, zu herrschen. Vor allem will ich vom Westen nichts, heute nicht und nicht morgen.« Aber im Osten müsse man ihm freie Hand lassen, »des Getreides wegen«. Und »des Holzes wegen« brauche er eine Kolonie. »Nur eine«, wie er treuherzig meinte. Immer wieder versicherte Hitler, er sei bereit, zu verhandeln, über alles zu reden. Offenbar in der Hoffnung, daß seine Worte über Burckhardt auch nach London gelangten, sprach er von seiner Bewunderung für Lord Halifax, den britischen Außenminister und von seiner Bereitschaft, das britische Empire zu respektieren. Erst sehr viel später sollte sich Burckhardt an eine letzte Drohung Hitlers erinnern: »Alles, was ich unternehme, ist gegen Rußland gerichtet; wenn der Westen zu dumm und zu blind ist, um dies zu begreifen, werde ich gezwungen sein, mich mit den Russen zu verständigen, den Westen zu schlagen, und dann nach seiner

Januar – 24. August 1939 697

Niederlage mich mit meinen versammelten Kräften gegen die Sowjetunion zu wenden. Ich brauche die Ukraine, damit man uns nicht wieder wie im letzten Krieg aushungern kann.«[28]

3

Burckhardt wußte nicht, daß die Engländer erst kürzlich durch einen Berater Chamberlains Hitler heimlich ein Angebot gemacht hatten. Bei einem Privatgespräch in seinem Haus in West Kensington hatte Sir Horace Wilson Ribbentrops inoffiziellem Beauftragten Fritz Hesse versichert, der Premierminister sei bereit, Hitler einen auf 25 Jahre befristeten Beistandspakt vorzuschlagen, der dem Reich zudem wirtschaftliche Vorteile einräumen sollte und auch die Rückgabe der deutschen Kolonien nach und nach »zu gegebener Zeit« vorsah. Hitler seinerseits solle sich dafür verpflichten, in Europa keine Aggression mehr zu unternehmen.

Hesse traute seinen Ohren nicht und bat Sir Horace, er möge das noch einmal im einzelnen darlegen, was dieser auch tat. Der verblüffte Hesse erwiderte darauf: »Wenn ich an Hitlers Stelle wäre, würde ich auf Ihren Vorschlag eingehen. Ob aber Hitler das tun wird, weiß kein Mensch.« Hesse übermittelte den Vorschlag ans Auswärtige Amt und saß kurz darauf in einem Sonderflugzeug Richtung Berlin, in der Tasche eine schriftliche Zusammenfassung des Vorschlags, die Wilson ihm mitgegeben hatte. Ribbentrop war davon beeindruckt, wußte aber nicht, wie er Hitler davon überzeugen könnte, daß man das Angebot ernst nehmen müsse. Ob Hesse wirklich glaube, daß die Engländer an der Seite Hitlers kämpfen würden, falls die Russen Deutschland angriffen? Würden sie die Gespräche mit Moskau abbrechen, bevor sie Verhandlungen mit Deutschland aufnahmen? Hesse meinte, dies wäre wohl der Fall.

Von einem Augenzeugen erfuhr Hesse, daß Hitler außer sich vor Wonne war, als er von diesen Vorschlägen erfuhr. »Das sei die großartigste Nachricht, die er seit langem bekommen habe«, stellte er fest und begann auch schon zu phantasieren wie ein Kind. Der Wunschtraum seines Lebens, das Bündnis mit dem mächtigen England, war in Reichweite! Gleich aber wurde er wieder mißtrauisch und beschuldigte Wilson, ihm eine Falle zu stellen, um den Polen ihre wohlverdienten Prügel zu ersparen. »Was will Hitler eigentlich?« fragte Hesse seinen Informanten, Ribbentrops Verbindungsmann in der Reichskanzlei, Walther Hewel. Der Führer habe sich darauf versteift, die Polen zum Nachgeben zu zwingen, war die Antwort.

Ribbentrop fragte in der gleichen Woche Hesse, ob er »hundertprozentig davon überzeugt sei«, daß England Danzigs wegen den Krieg erklären würde. Hesse antwortete, alle ihm bekannten Anzeichen sprächen dafür, daß Chamberlain nichts anderes übrig bleibe. Eine Besetzung polnischen Territoriums müsse zum Krieg führen. Ribbentrop erwiderte: »Der Führer glaubt dies einfach nicht! Irgendwelche Esel haben ihm eingeredet, daß die Engländer lediglich bluffen und es nur darauf ankomme, den deutschen Gegenbluff so stark zu machen, daß sie in die Knie gehen.« Von dem Widerspruch zwischen Ribbentrops persönlicher Überzeugung und seinen öffentlichen Äußerungen verwundert, fragte Hesse, ob Ribbentrop wirklich glaube, daß die Engländer blufften. Der Außenminister antwortete, er habe dem Führer immer wieder gesagt, die Engländer seien nicht schlapp und degeneriert, und sie würden kämpfen, falls sie glaubten, das europäische Gleichgewicht und ihr Empire wären ernsthaft bedroht.

Zwei Tage später hörte Hesse von Ribbentrop, er habe Hesses Argumente vorgetragen, aber der Führer habe völlig andere Schlüsse als Hesse gezogen. »Wenn sie tatsächlich wegen dieser Bagatelle, diesem Nichts, Danzig, uns mit Krieg überziehen . . ., dann überzeugt mich das davon, daß der Krieg mit England absolut unvermeidlich ist«, habe Hitler gesagt.[29]

Ribbentrop versprach noch einmal, mit Hitler zu reden, und drückte sein Erstaunen darüber aus, daß Hitler Hesses Vorschläge »durchaus ruhig« erwogen habe. Er fürchte aber immer noch, das Ganze sei ein Täuschungsmanöver. Welche Garantien gäbe es denn, daß die Engländer ihr Wort hielten? »Der Führer wird nur auf handfeste Garantien eingehen.« Diese verhärtete Haltung zeigte sich in Ribbentrops eigenem Auftreten, als er am 11. August in Salzburg Mussolinis Schwiegersohn traf. Ciano brachte eine Warnung des Duce. Mussolini hatte ihm eingeschärft, der Einfall nach Polen müsse unbedingt verschoben, die ganze Angelegenheit solle auf einer Konferenz behandelt werden.

Ribbentrop mißbilligte ebenso wie Hitler den Umstand, daß der Duce nicht selbst kam, sondern einen Beauftragten schickte. Im übrigen verabscheuten beide Ciano, weil er angeblich bei jedem Besuch im Reich Trinkgelage veranstaltete und sich sexuellen Ausschweifungen hingab. Bei der Zusammenkunft mit Ciano brachte Ribbentrop pflichtgemäß die Gedanken seines Herrn zu Gehör, und denkbar ist, daß der Außenminister sie unterdessen teilte. Jedenfalls führte er sich auf wie ein zweiter Hitler und fegte Cianos beredte Bitten um eine friedliche Lösung einfach vom Tisch. Als Ciano schließlich fragte, was Ribbentrop eigentlich wolle, den Korridor oder Danzig, hieß die Antwort: »Den Krieg.«

Die zwischen Ciano und Ribbentrop herrschende Kühle griff auch auf ihre Mitarbeiter über, und beim Essen wurde kaum gesprochen. Der bleiche und angeschlagene Ciano flüsterte einem Landsmann zu: »Demnächst prügeln wir uns«.[30]

Ciano, der sich von Ribbentrop hatte abkanzeln lassen, blieb erstaunlicherweise tags darauf im Berghof gegenüber Hitler sehr fest. Beim Essen machte er sich über den Blumenschmuck lustig, der von Eva Braun stammte, wie der Dolmetscher Dollmann vermutete, und als das Gespräch ernst wurde, widersprach er Hitler nachhaltig und geistesgegenwärtig. Er sagte,

Januar – 24. August 1939 699

ein Krieg gegen Polen könne nicht auf dieses Land beschränkt bleiben, denn der Westen würde gewiß eingreifen. Mit aller Deutlichkeit gab er zu erkennen, daß Italien auf einen allgemeinen Krieg nicht gerüstet sei, wegen des fehlenden Materials könne man nicht länger als ein, zwei Monate Krieg führen. Nun schlug Hitler liebenswürdig vor, man solle das Gespräch bis zum nächsten Vormittag verschieben und auf den Kehlstein fahren, solange das Licht noch gut sei. Ciano stimmte ohne Begeisterung zu, und als Hitler ihn ans Fenster führte und mit schwülstigen Worten die Aussicht pries, schauderte er unbehaglich. Sodann trank er eine Tasse Tee nach der anderen, obwohl er Tee nicht mochte. Die Fahrt auf den Gipfel fand er trostlos, und am Abend sagte er am Telefon zu seinem Schwiegervater: »Die Lage ist ernst.«

Am nächsten Morgen war Ciano ein geschlagener Mann. Bei dem zweiten Gespräch mit Hitler sagte er nichts mehr davon, daß Italien an einem Krieg nicht teilnehmen könnte. Seine glänzende Redegabe hatte ihn plötzlich verlassen, und Schmidt sah erstaunt, daß er »zusammenklappte wie ein Taschenmesser«. Nichts war von der kühlen Entschiedenheit und dem staatsmännischem Gebaren vom Vortag geblieben, als er lustlos den Führer versichern hörte, weder England noch Frankreich würden Polens wegen in den Krieg ziehen. »Sie haben schon so oft recht behalten, wenn wir anderen gegenteiliger Meinung waren«, sagte Ciano, »daß ich es für sehr gut möglich halte, daß Sie auch dieses Mal die Dinge richtiger sehen als wir.«

Wenige Stunden später saß der total entmutigte Ciano im Flugzeug nach Rom. »Ich kehre nach Rom zurück, angeekelt von Deutschland, von seinen Führern, von seiner Handlungsweise. Sie haben uns betrogen und belogen. Und heute sind sie im Begriff, uns in ein Abenteuer hineinzureißen, das wir nicht gewollt haben und das das Regime und das Land gefährdet.«[31]

Bald nach Cianos Abreise wurde Hesse zu Ribbentrop in ein Hotel nach Salzburg bestellt. Nachdem der Minister geschlagene zehn Minuten schweigend vor sich auf den Tisch gestarrt hatte, blickte er düster auf. »Ich komme eben vom Führer. Er sieht sich leider nicht in der Lage, auf das Angebot Chamberlains einzugehen.« Damit bezog er sich auf Wilsons Vorschläge. »Er hat etwas ganz anderes vor. Chamberlains Vorschlag soll nicht zu den Akten gelegt werden, wir werden ihn wieder aufgreifen, wenn es an der Zeit ist.« Hesse möge sofort nach London zurückfliegen. »Halten Sie die Ohren steif. Der Führer hat ein sehr gefährliches Spiel vor, bei dem ich nicht weiß, ob das gutgeht. Wir wollen aber auf keinen Fall, daß es zum Kriege mit England kommt. Geben Sie daher rechtzeitig Laut, wenn die Gefahr wirklich da ist.«[32]

Die Zuversicht, die Hitler gegenüber Ciano an den Tag gelegt hatte, war großenteils gespielt. Daß Stalin immer noch zögerte, mit ihm zu paktieren, beunruhigte ihn. Seine Angst wurde noch vermehrt, als er hörte, eine britisch-französische Delegation sei in Moskau eingetroffen und kurz vor dem Abschluß eines Bündnisses. In Wahrheit waren die Russen nicht in der Stimmung zu verhandeln, weil sie den Eindruck hatten, die Alliierten hielten sie zum besten. So war die britisch-französische Delegation sechs Tage mit einem Frachtschiff und der Eisenbahn unterwegs gewesen, statt an einem einzigen Tag mit dem Flugzeug zu reisen. Dann fehlten dem britischen Verhandlungsführer die notwendigen Vollmachten, und als die Besprechungen endlich anfingen, hatten die Russen den Eindruck, daß man sie nicht ernst nahm: Auf das sowjetische Angebot, gegen die Nazis 136 Divisionen aufzubieten, teilten die Engländer mit, daß sie ihrerseits bereit seien, eine motorisierte Division und fünf Infanteriedivisionen beizusteuern.

Aber Hitler wußte das nicht und befahl Ribbentrop, Druck auf den Kreml auszuüben; man vereinbarte in Eile eine Besprechung zwischen Molotow und Schulenburg. Am Abend des 15. August hörte sich der Volkskommissar für Auswärtige Angelegenheiten aufmerksam an, was der deutsche Botschafter zu sagen hatte, stellte aber keine rasche Antwort in Aussicht. Zunächst einmal müsse man über mehrere Punkte Einigung erzielen. Wären die Deutschen bereit, die Japaner zu einem Wechsel ihrer Haltung gegenüber den Sowjets zu veranlassen? Wollten die Deutschen einen Nichtangriffspakt schließen, und wenn ja, unter welchen Bedingungen?

Hitler war für solche Verhandlungen zu ungeduldig und befahl Ribbentrop, unverzüglich mit Molotow ein Einverständnis herbeizuführen, und damit überließ er es seinem Gegenspieler, das Tempo zu bestimmen. Stalin machte sich das sogleich zunutze. Er ließ durch Molotow erwidern, ein politisches Abkommen könne nur geschlossen werden, wenn zuvor ein Handelsabkommen vereinbart würde. Ribbentrop antwortete darauf, indem er Schulenburg mit dem Hinweis zur Eile trieb, das erste Stadium eines Handelsabkommens sei schon erreicht. Seine Anweisungen wurden hysterisch. Bei dem nächsten Gespräch mit Molotow müsse Schulenburg auf eine schnelle Realisierung (von Ribbentrops) Reise drängen und etwaige neue Einwände der Russen zurückweisen. Der Botschafter müsse sich ... vergegenwärtigen, daß ein »baldiger Ausbruch eines offenen deutsch-polnischen Konflikts wahrscheinlich ist«.[33]

Stalin erkannte, daß jede Stunde der Verzögerung für Hitler äußerst peinlich war (seine Agenten wußten möglicherweise, daß der 1. September Hitlers Termin war), und er befahl Molotow daher, bei seinem nächsten Gespräch mit Schulenburg am 19. August wie gewöhnlich hinhaltend zu taktieren. Der Volkskommissar diskutierte denn auch endlos jeden einzelnen Punkt der Agenda, obwohl sein Partner wiederholt auf den Abschluß der Verhandlungen drängte. Eine halbe Stunde nach Schulenburgs Abgang änderten die Sowjets jedoch überraschend ihre Taktik. Molotow bat den Deutschen noch einmal in den Kreml. Dieser kam am späten Nachmittag und sah gleich, daß Molotow gute Nachrichten für ihn hatte. Der Volkskommissar entschuldigte sich dafür, daß er Schulenburg noch einmal belästige, doch sei er so-

Januar – 24. August 1939 701

eben ermächtigt worden, ihm den Entwurf eines Nichtangriffspaktes zu überreichen und Herrn von Ribbentrop nach Moskau zu bitten. Er sagte selbstverständlich nicht, daß die militärischen Besprechungen mit den Engländern und Franzosen in eine Sackgasse geraten waren, worauf Stalin endgültig die Geduld verloren hatte. Möglich ist, daß Stalin von Anfang an mit Hitler zusammengehen wollte und die Besprechungen mit Engländern und Franzosen nur benutzte, um bessere Bedingungen herauszuschlagen.

Doch auch jetzt noch gingen die Russen mit Bedacht vor. Molotow sagte zu Schulenburg, er könne Ribbentrop erst eine Woche *nach* Unterzeichnung des Handelsabkommens empfangen. Fand die Unterzeichnung am gleichen Tag statt, konnte das am 26. August sein. Hitler dürfte Schulenburgs Bericht mit gemischten Gefühlen gelesen haben, einerseits entzückt, weil der Abschluß des Vertrages bevorstand, andererseits verärgert darüber, daß Stalin darauf beharrte, erst das Handelsabkommen zu unterzeichnen. Dieses wurde in aller Eile um zwei Uhr früh in Berlin unterschrieben. Der Sowjetunion wurde ein Warenkredit in Höhe von 200 Millionen Reichsmark zu einem Zinssatz von mäßigen 5% eingeräumt; die Sowjets sollten dafür Werkzeugmaschinen und Industrieanlagen beziehen. Rüstungsgüter »im weiteren Sinne«, optische Ausrüstungen und Panzerplatten etwa sollten in verhältnismäßig kleinen Mengen geliefert werden. Den Kredit sollten die Sowjets durch die Lieferung von Rohstoffen abdecken.

Hitler, von Stalin ausmanövriert, wie er seinerzeit Österreicher und Tschechen ausmanövriert hatte, konnte unmöglich die von Molotow ausbedungene Woche abwarten. Am 20. August um 16.35 Uhr schickte er eine persönliche Botschaft an Stalin. Hitler begrüßte darin die Unterzeichnung des neuen deutsch-sowjetischen Handelspaktes als einen ersten Schritt zur Normalisierung der beiderseitigen Beziehungen. Er akzeptierte ferner den sowjetischen Entwurf eines Nichtangriffspaktes, obschon es da noch einige offene Fragen gebe, die alsbald beantwortet werden sollten. Sodann kam er zum Kern der Sache: Es sei von höchster Wichtigkeit, den Pakt schnellstens abzuschließen, denn die Spannung zwischen Deutschland und Polen werde unerträglich. Es könne »jeden Tag eine Krise ausbrechen«.

Zwei Stunden, nachdem Schulenburg diese Botschaft im Kreml überreicht hatte, wurde er zu Stalin gebeten, um dessen Antwort entgegenzunehmen. Das Schreiben begann: »Ich danke für den Brief.« Stalin hoffe, der Pakt bezeichne einen Wendepunkt in den politischen Beziehungen zwischen beiden Ländern. »Die Völker unserer Länder bedürfen friedlicher Beziehungen zueinander.« Er war einverstanden, Ribbentrop am 23. August zu empfangen.[34]

Den ganzen 20. August über war Hitler schweigend in der großen Halle des Berghofes hin und her gegangen und hatte ungeduldig auf Neuigkeiten aus Moskau gewartet; seine Miene ließ alle davor zurückschrecken, ihn anzusprechen. Schon hatte er das Schlachtschiff *Graf Spee* auf Warteposition in den Atlantik befohlen, und 21 U-Boote lagen in Angriffsstellung um die Britischen Inseln.

Speer zufolge erhielt Hitler beim Essen ein Telegramm, nach dessen Lektüre sein Gesicht dunkelrot wurde. Er starrte blicklos aus dem Fenster. Plötzlich hämmerte er mit beiden Fäusten auf den Tisch, daß die Gläser klirrten. »Ich hab' sie!« rief er mit vor Erregung fast erstickter Stimme. »Ich hab' sie!«[35] Dann ließ er sich zurückfallen, und da niemand eine Frage zu stellen wagte, nahm das Essen schweigend seinen Fortgang.

Nach dem Kaffee eröffnete ein euphorischer Hitler seinen Gästen, Deutschland sei im Begriff, einen Nichtangriffspakt mit Rußland zu schließen. »Hier, lesen Sie! Ein Telegramm Stalins.« Hoffmann erinnert sich, daß Hitler sich vor Entzücken auf die Schenkel schlug, eine Geste, die Hoffmann bei seinem Führer neu war. Als der Majordomus Kannenberg Champagner brachte, stieg die Stimmung merklich. Man stieß an, und das Gefolge brachte einen Toast auf diese diplomatische Meisterleistung aus.[36] Gleich darauf führte Hitler die Anwesenden in das kleine Kino im Keller und ließ einen Film zeigen, der Stalin bei der Parade der Roten Armee zeigte. Welches Glück, bemerkte Hitler, daß diese eindrucksvolle Militärmacht nun neutralisiert sei.

Hoffmann gab zu bedenken, daß die gläubigen Nationalsozialisten, die seit Jahrzehnten gegen die Roten kämpften, nicht damit einverstanden sein würden. »Die Partei wird ebenso staunen wie die übrige Welt«, soll Hitler erwidert haben, »meine Parteigenossen kennen mich aber und vertrauen mir; sie werden wissen, daß ich meine Grundsätze nie aufgebe, und begreifen, daß das letzte Ziel dieses Spiels darin besteht, die Gefahr im Osten zu bannen und, selbstverständlich unter meiner Führung, eine schnelle Einigung Europas herbeizuführen.«

Stalin und Hitler schienen auf den ersten Blick wirklich schlecht zueinander zu passen. Was hatten sie schon miteinander gemein? Tatsächlich aber gab es zahlreiche Ähnlichkeiten. Der eine bewunderte Peter den Großen, der andere sah sich als den Erben Friedrichs des Großen. Beide setzten auf brutale Gewalt und folgten Ideologien, die sich nicht wesentlich voneinander unterschieden. Beide waren selbstgerecht und dogmatisch; beide waren totalitär, beide glaubten, daß der Zweck die Mittel heiligt, daß man im Namen des Staates und des Fortschrittes Rechtsbrüche begehen darf.

Hitler bewunderte Stalin schon lange als »eine der außergewöhnlichen Gestalten der Weltgeschichte« und schockierte einmal seine Vertrauten mit der Bemerkung, er und der sowjetische Führer hätten viel gemeinsam, denn beide stammten aus den untersten Volksschichten.[37] Als ein Zuhörer protestierte, er könne sich doch nicht mit einem Bankräuber vergleichen, versetzte Hitler: »Wenn Stalin einen Bankraub gemacht hat, dann nicht für seine eigene Tasche, sondern um seine Partei, seine Bewegung zu retten. Das kann man nicht als Bankraub ansehen oder bewerten.«[38]

Januar – 24. August 1939

Stalin, glaubte Hitler zu wissen, war auch kein Kommunist. »In Wahrheit identifiziert er sich mit dem Rußland der Zaren und hat nur die Tradition des Panslawismus neu belebt. (Unbewußt sprach Hitler hier vielleicht von sich selbst und Deutschland.) Der Bolschewismus dient ihm nur als Mittel, als eine Verkleidung, um die germanischen und romanischen Völker zu täuschen.«[39]

Hitler wie Stalin glaubten, den anderen benutzen zu können. Darin irrten beide, doch in dem hektischen Sommer des Jahres 1939 wurden alle großen Nationen von falschen Vorstellungen geleitet. Europa war ein Kessel, in dem es von Mißtrauen, Betrug und Irreführung brodelte. Noch als Ribbentrop sich anschickte, nach Moskau zu reisen, hatte Stalin nicht alle Hoffnung aufgegeben, ein Militärbündnis mit England und Frankreich gegen Deutschland zustande zu bringen, und während die Engländer mit halbem Herzen auf das gleiche hinarbeiteten, luden sie heimlich Göring nach England ein. Jede Nation verfolgte ihre eigenen Interessen hinter dem Rücken der anderen, jede stieß Drohungen aus und beteuerte ihre Aufrichtigkeit.

4

Hitler war augenscheinlich der Gewinner. Am Morgen des 22. August erwachte er voller Zuversicht. Nachdem Ribbentrop mit letzten Anweisungen für seine Moskauer Mission den Berghof verlassen hatte, berief der Führer die Oberbefehlshaber und ihre Stabschefs zu einer Besprechung in der geräumigen Empfangshalle. Das wurde nun keine Besprechung, sondern Hitler hielt, an seinem großen Schreibtisch sitzend, einen Vortrag. »Ich habe Sie zusammengerufen, um Ihnen ein Bild der politischen Lage zu geben, damit Sie Einblick tun in die einzelnen Elemente, auf die sich mein Entschluß zu handeln aufbaut, und um Ihr Vertrauen zu stärken.« Der Konflikt mit Polen müsse früher oder später kommen, und mehrere Gründe ließen es geraten scheinen, unverzüglich zu handeln. »Zunächst zwei persönliche Bedingungen: meine eigene Persönlichkeit und die Mussolinis. Wesentlich hängt es von mir ab, von meinem Dasein, wegen meiner politischen Fähigkeiten. Dann die Tatsache, daß wohl niemand wieder so wie ich das Vertrauen des ganzen deutschen Volkes hat. In der Zukunft wird es wohl niemals wieder einen Mann geben, der mehr Autorität hat als ich. Mein Dasein ist also ein großer Wert-Faktor. Ich kann aber jederzeit von einem Verbrecher, von einem Idioten beseitigt werden.« Der zweite persönliche Faktor sei der Duce. Geschähe dem etwas, würde die italienische Bündnistreue zweifelhaft.

In England oder Frankreich hingegen gäbe es keine hervorragende Persönlichkeit. »Unsere Gegner haben Führer, die unter dem Durchschnitt stehen. Keine Persönlichkeiten. Keine Herren, keine Tatmenschen.« Überdies sei die politische Lage günstig, der Rivalitäten im Mittelmeerraum und der Spannungen im Nahen Osten wegen. In zwei oder drei Jahren könne man mit so vorteilhaften Umständen nicht mehr rechnen. »Niemand weiß, wie lange ich noch lebe. Deshalb Auseinandersetzung besser jetzt.«

Sodann ging er in Einzelheiten. Die Beziehungen zu Polen seien unerträglich schlecht. »Wir stehen vor der harten Alternative zuzuschlagen oder früher oder später mit Sicherheit vernichtet zu werden.« Was könne der Westen tun? Entweder aus der Maginotlinie heraus angreifen oder eine Blockade über das Reich verhängen. Ersteres sei unwahrscheinlich, letzteres wirkungslos, denn die Sowjetunion würde Deutschland nun mit Getreide, Vieh, Kohle, Blei und Zink beliefern. »Ich habe nur Angst, daß mir noch im letzten Moment irgendein Schweinehund einen Vermittlungsplan vorlegt!«[40]

Von Göring angeführt klatschten die Kommandeure Beifall.* Göring sagte: »Die Wehrmacht wird ihre Pflicht tun!« Trotz des Beifalls waren Göring und sämtliche Kommandeure einhellig gegen Krieg, denn alle waren überzeugt, Deutschland sei nicht genügend vorbereitet. Die Munitionsvorräte reichten nur für sechs Wochen, es herrschte ein erschreckender Mangel an Stahl, Öl und anderen unverzichtbaren Rohstoffen.

Hitler wußte dies ebensogut wie seine Generäle, doch sah er einen anderen Krieg voraus, den Blitzkrieg, den Überraschungsangriff, der mit solcher Stärke und Intensität geführt wurde, daß der Sieg schnell zu erringen war. Dies war sowohl ein strategisches als auch ein taktisches Konzept. Die Erinnerung an die Jahre in den Schützengräben des Weltkrieges, gar nicht zu reden von den Entbehrungen der Menschen in der Heimat, schmerzte Hitler noch immer. Er hatte geschworen, Deutschland nie wieder dem Elend eines langen Krieges auszusetzen. Deshalb hatte er die Wehrmacht mehr in die Breite aufgerüstet als in die Tiefe. Die deutsche Wirtschaft war bewußt für die Produktion von Waffen ausgelegt, aber nicht auf eine jahrelange Kriegführung gegen Industrieländer mit Massenproduktion. Sein Ziel war, schnell Waffen zu produzieren, nicht aber die deutsche Rüstungsindustrie auszudehnen oder umzustellen.

Eine Folge von Blitzkriegen, gestützt auf kurze, intensive Produktionsausstöße, sollte Hitler erlauben, so zu handeln, als wäre Deutschland stärker als es wirklich war, indem er die Großproduktion vermied, die ein herkömmlicher Krieg erforderte, und die den wirtschaftlichen Ruin bedeutet hätte. Seine Philosophie war die des armen Mannes, und zum Erfolg konnte nur Unverfrorenheit führen. Schon hatte er mehrere billige Siege errungen, indem er Konflikte riskierte, die seine wohlhabenderen Gegner um beinahe jeden Preis zu vermeiden versuchten.

Der Blitzkrieg sagte nicht nur Hitlers Spielerinstinkt zu, sondern paßte auch hervorragend zu seiner Stellung als Diktator. Eine Demokratie hätte

---

* Ein anschaulicher aber unglaubhafter Bericht besagt, Göring sei auf den Tisch gesprungen und habe einen Kriegstanz aufgeführt, was wirklich sehenswert gewesen wäre.[41]

Januar – 24. August 1939 705

die ruckartige Umstellung der Wirtschaft, die Konzentration etwa auf die Produktion von Panzern, der dann wieder die schlagartige Umstellung auf Verbrauchsgüter folgte, schlecht verkraftet. Doch was einer Demokratie zum Verhängnis geworden wäre, schien für den Führer-Staat mit seinen eigentümlichen Schwächen und Stärken keine Geltung zu haben.

Indem er sich für den Blitzkrieg entschied, verwirrte er einige seiner eigenen Generäle, die noch an althergebrachten Theorien hingen. Die begriffen nicht, daß Deutschland viel kriegsbereiter war als England und Frankreich. Es war riskant, doch glaubte Hitler, Polen so schnell besiegen zu können, daß es zu einem Waffengang mit England oder Frankreich gar nicht kam. Die Wahrscheinlichkeit sprach dafür, daß diese dann einsehen würden, daß es keinen Sinn habe zurückzuschlagen. Irgendwie mußte er den Westen durch Drohung oder mit Gewalt neutralisieren, damit er etwa 1943 sein wahres Ziel in Angriff nehmen konnte, die Eroberung Rußlands. Hitler war bereit, offenen Auges sein Schicksal herauszufordern.

Am Vormittag des 22. August äußerte keiner der Offiziere, die Hitlers Plan für den Einfall in Polen anhörten, ein Wort der Kritik, und auch die Truppenführer, die nach dem Mittagessen seine befeuernde Ansprache anhören durften, protestierten nicht. Hitler forderte sie auf, Härte zu zeigen. »Der Stärkere hat das Recht«, sagte er und kündigte an, daß der Einmarsch vermutlich in den Frühstunden des 26. August, einem Sonnabend, beginnen würde.

Am Spätnachmittag dieses Tages bestiegen Ribbentrop und seine Begleiter zwei Condormaschinen zum Flug nach Moskau. Es herrschte größte Spannung. Kleist erinnert sich: »Niemand konnte eine Garantie geben, daß uns die Sowjets in Moskau nicht mit einem perfekten englisch-französischen Abkommen überraschten; niemand konnte voraussagen, ob Ribbentrop nicht zu langen zermürbenden Verhandlungen gezwungen werden würde, wie sie die Praktiker der östlichen Diplomatie gewohnt sind.«[42]

Der japanische Botschafter Oshima wurde von Ribbentrops Reise völlig überrascht und suchte um Mitternacht Weizsäcker in dessen Wohnung in Berlin auf, um seine Mißbilligung auszudrücken. Für gewöhnlich ein Mann von Haltung, zeigte Oshima diesmal ein starres, totenbleiches Gesicht. Wie solle er Tokio eine solche Kursänderung erklären?

Am frühen Nachmittag des 23. August überreichte Henderson einen Brief Chamberlains an den Reichskanzler. Darin hieß es kategorisch, England werde seine Verpflichtungen gegenüber Polen erfüllen. Chamberlain machte aber auch noch einmal einen Friedensvorschlag. Es müsse doch möglich sein, daß Deutschland und Polen sich über ihre Meinungsverschiedenheiten direkt miteinander verständigen könnten? »In diesem Augenblick gestehe ich, daß ich keinen anderen Weg sehe, eine Katastrophe zu vermeiden, die Europa in den Krieg führen wird.«[43]

Hitler erwiderte erregt mit heftigen Ausdrücken, und Henderson sagte dazu, er hoffe, falls England und Deutschland sich darum bemühten, könnte man noch eine Lösung finden. Darauf versetzte Hitler, das hätte früher geschehen müssen. Henderson gab zu bedenken, die englische Regierung habe Garantien gegeben, denen sie nachkommen müsse. »Dann kommen Sie nach«, sagte Hitler barsch. »Wenn Sie einen Blanko-Scheck gegeben haben, dann müssen Sie ihn auch einwechseln.«

Henderson vertrat mannhaft die Position Englands, doch leider tat er das auf deutsch, eine Sprache, deren Feinheiten er nicht beherrschte. Hitler wischte seine Argumente weg und ging zu Drohungen über. Der geringste Versuch Polens, Deutschland oder Danzig zu nahezutreten, bedeute unverzügliches Eingreifen, und auf eine Mobilmachung der Westmächte würde Deutschland mit Mobilmachung antworten.

»Ist das eine Drohung?« fragte Henderson.

»Nein, eine Schutzmaßnahme!« Henderson suchte vergeblich, Hitler zu überzeugen, daß Chamberlain immer die deutsche Sache vertreten habe. »Das habe ich bis zum Frühjahr auch geglaubt«, erwiderte Hitler beinahe betrübt. Henderson ließ sich nun hinreißen zu sagen, er persönlich halte nichts von einem englisch-französisch-russischen Pakt, er sähe es lieber, daß Deutschland ein Bündnis mit Rußland schließe. Hitlers bedrohliche Antwort lautete: »Irren Sie sich nicht. Es wird ein langer Vertrag werden.« Henderson konnte sich von diesem Thema nicht trennen. Er brachte vor, der Führer wisse ebensogut wie er, daß die Russen stets Schwierigkeiten machten, und er sei im übrigen überzeugt, Chamberlains Haltung gegenüber Deutschland sei noch die gleiche.

»Ich muß dabei nach Taten urteilen«, sagte Hitler und erging sich wiederum in Vorwürfen. Henderson drohte nun, jedes direkte Eingreifen Deutschlands bedeute Krieg, was bei Hitler wiederum einen fast hysterischen Ausbruch hervorrief. In solch einem Krieg habe Deutschland nichts, England aber viel zu verlieren. Er wünsche keinen Krieg, werde ihm aber nicht ausweichen, und das Volk stehe dabei geschlossener hinter ihm als im vergangenen September. Dann beendete er abrupt das Gespräch mit der Bemerkung, Henderson werde am Nachmittag eine schriftliche Antwort für Chamberlain erhalten.

Weizsäcker, der diesem ungleichen Duell schweigend beiwohnte, war ebenso wie Henderson überzeugt, Hitlers Erregung sei echt. Doch kaum war die Tür hinter dem Engländer zugefallen, als der Führer sich auf die Schenkel schlug (das wurde nun schon zur Gewohnheit) und laut lachte. »Dieses Gespräch überlebt Chamberlain nicht, sein Kabinett wird heute abend stürzen«, sagte er siegesgewiß.[44]

Henderson wartete die schriftliche Antwort Hitlers in Salzburg ab und wies seine Leute in Berlin telefonisch an, in London mitzuteilen, daß Hitler »absolut unzugänglich und nicht kompromißbereit ist, weiteres kann

Januar – 24. August 1939 707

ich aber erst sagen, wenn die schriftliche Antwort vorliegt«. Wenig später wurde er erneut auf den Berghof zitiert. Henderson zufolge hatte Hitler die Fassung zurückgewonnen »und sprach kein lautes Wort«. Er war aber nicht weniger starrsinnig und behauptete, »England ist entschlossen, Deutschland zu vernichten und auszurotten«.

Henderson gab zu bedenken, ein Krieg zwischen beiden Ländern würde nur den minderwertigen Rassen nutzen. Hitler erwiderte, England kämpfe für die minderwertigen Rassen, er aber nur für Deutschland, und die Deutschen würden diesmal bis zum letzten Mann kämpfen. Wäre er 1914 Reichskanzler gewesen, wäre alles anders gekommen. »Bei der nächsten polnischen Provokation werde ich handeln.« Er wiederholte seine Drohung vom Vormittag, diesmal ohne alle Theatralik. »Die Fragen Danzigs und des Korridors werden liquidiert, so oder so. Ich bitte Sie, das zur Kenntnis zu nehmen. Glauben Sie mir, voriges Jahr – am 2. Oktober – wäre ich marschiert, so oder so! Darauf gebe ich Ihnen mein Ehrenwort!«[45]

Die beiden deutschen Maschinen landeten nachmittags in Moskau, und Ribbentrop sah entzückt das Hakenkreuz neben Hammer und Sichel. Nach Abschreiten einer Ehrenkompanie der sowjetischen Luftwaffe wurde der Außenminister in sein Quartier gefahren, die ehemalige österreichische Botschaft. (War das tatarische Ironie?) Schulenburg sagte ihm, man erwarte ihn um 18 Uhr im Kreml, doch wisse er nicht, ob Molotow oder Stalin mit ihm verhandeln würden. »Merkwürdige Moskauer Gebräuche«, dachte Ribbentrop bei sich.[46]

Schulenburg und Hilger erstatteten Bericht und rieten Ribbentrop, sich Zeit zu nehmen und den Eindruck zu vermeiden, daß er es eilig habe. Ribbentrop unterbrach mit einer ungeduldigen Handbewegung; der Botschafter möge den Russen mitteilen, daß er, Ribbentrop, in 24 Stunden in Berlin zurückerwartet werde. Dann aß er hastig etwas und begab sich zum Kreml.

Um 18 Uhr wurde Ribbentrop von einem umgänglichen, gutgelaunten Stalin empfangen. Molotow wirkte teilnahmslos. Als erster sprach Ribbentrop: Sein Volk habe den Wunsch, die deutsch-sowjetischen Beziehungen auf eine andere Grundlage zu stellen. Er entnehme Stalins Rede vom März, daß dieser ebenso denke. Stalin sah Molotow fragend an – wollte er als erster sprechen? Der Volkskommissar sagte pflichtschuldigst, die Antwort darauf komme Stalin zu.

Stalin antwortete in einer Art, die Ribbentrop völlig neu war. Man habe sich zwar »seit Jahren mit Kübeln von Jauche übergossen«, aber das sei kein Grund, daß man sich »nicht auch wieder vertragen« könne. »Er habe seine Rede am 10. 3. 1939 bewußt gehalten , um seinen Verständigungswillen gegenüber Deutschland anzudeuten. Anscheinend habe man das bei uns richtig verstanden.« Vor ihm lag ein offenes Notizbuch, das er konsultierte, und er wandte sich ohne Übergang praktischen Dingen zu: Die Einflußsphären in den zwischen Deutschland und der UdSSR liegenden Ländern wurden genau definiert, wobei Finnland, der größte Teil der baltischen Staaten und Bessarabien dem russischen Bereich zugeschlagen werden sollten; im Falle eines Krieges zwischen Deutschland und Polen würde man sich an einer festgelegten »Demarkationslinie« treffen.[47]

Es war klar, Stalin war in der Absicht gekommen, Nägel mit Köpfen zu machen, und nach Ablauf von drei Stunden hatte Ribbentrop allem zugestimmt, nur die beiden baltischen Häfen Libau und Windau, die Stalin beanspruchte, wollte er nicht hergeben. Ribbentrop sagte, er müsse erst beim Führer anfragen, und zu diesem Zweck wurde die Sitzung unterbrochen.

Hitler lag ebenso daran zu einem Ergebnis zu kommen wie Stalin. Es verging keine Stunde, und aus der Wilhelmstraße kam die kurze Antwort: »Antwort lautet: Ja, einverstanden.« Ribbentrop nahm unterdessen in seinem Quartier schnell einen Imbiß und konnte sich dabei vor Begeisterung über Stalin und Molotow kaum lassen.

Der Außenminister war bester Laune, als er mit Hitlers Antwort in der Tasche in den Kreml zurückfuhr, diesmal mit größerer Begleitung, darunter zwei Photographen. Als die deutschen Wagen langsam durch die Festung rollten, vorüber an einer alten Kanone, die so groß war, daß man nie gewagt hatte, sie abzufeuern, vorüber an kleinen Holzhäusern und Kathedralen, traten überall Geheimpolizisten aus der Dunkelheit. Endlich gelangte man zu dem modernen Verwaltungsgebäude, wo Stalin schon wartete. Nun kam man rasch zur endgültigen Einigung über einen knappen, eindeutigen Text. Die Partner verpflichteten sich, einander nicht anzugreifen und keinen Dritten zu unterstützen, der einen der Partner angriff. Der Pakt sollte eine Laufzeit von zehn Jahren haben und sich um weitere fünf Jahre verlängern, wenn er nicht von einem der Unterzeichner ein Jahr vor Ablauf gekündigt wurde.

Es handelte sich also um ein ganz gewöhnliches Abkommen, was aber nicht für das geheime Zusatzprotokoll gilt, in dem Osteuropa aufgeteilt wurde. Erstaunlich war auch, daß Stalin sich bei der Unterzeichnung des Dokumentes fotografieren ließ. Er fand Gefallen an diesem Theater, und seinen Regiekünsten verdanken wir das beste Bild von der Unterzeichnung. Er bedeutete Ribbentrops SS-Adjutant Richard Schulze, sich der Gruppe zuzugesellen, der junge Mann konnte aber einfach nicht fassen, daß er gemeint war. Stalin nahm schließlich den ungewöhnlich großen Schulze am Arm und stellte ihn neben Ribbentrop. Vielleicht lag ihm daran, die Gruppe durch das jugendliche Element zu verschönen, vielleicht wußte er auch, daß Schulzes jüngerer Bruder Hitlers Ordonnanzoffizier war.

Nun folgte ein Trinkspruch dem anderen, doch der bemerkenswerteste wurde dem russischen Volk nie bekannt. Stalin sagte: »Ich weiß, wie sehr das deutsche Volk seinen Führer liebt, ich möchte deshalb auf seine Gesundheit trinken.« Einer der folgenreichsten Pakte der Weltgeschichte war inner-

Januar – 24. August 1939 709

halb weniger Stunden unter Dach und Fach gebracht worden, Beweis dafür, daß sowohl Hitler als auch Stalin ihn wollten, daß beide genau wußten, welchen Preis sie für das zahlten, was sie sich wünschten, und daß beide die Tat so schnell wie möglich hinter sich bringen wollten.

Hitler sah in dem Pakt nicht Stalins Triumph, sondern seinen. Offensichtlich hatte er die in *Mein Kampf* gemachte Prophezeiung vergessen, der zufolge jedes deutsch-russische Bündnis unvermeidlich zu einem Krieg führen müsse, »der das Ende Deutschlands bedeutet«. Bormann vertraute er an, er habe seine Ansicht geändert und hoffe, ein Bündnis mit den Sowjets könne »aufrichtig gemeint, wenn schon nicht geradezu freundschaftlich« sein. Er stellte sich vor, der Realist Stalin hielte sich nach so vielen Jahren an der Macht nicht mehr an die nebulose marxistische Ideologie gebunden, sondern benutze sie nur noch als Vorwand. Die brutale Behandlung der jüdischen Intelligenz durch Stalin bestärkte Hitler in solchem Glauben. »Im Geiste unbeirrbaren Realismus' auf beiden Seiten hätten wir eine Lage schaffen können, die ein dauerhaftes Bündnis erlaubt hätte . . , ein Bündnis, über das man mit Adleraugen wacht, den Finger am Abzug.«[48]

Als Hitler gemeldet wurde, daß der Vertrag unterzeichnet war, sprang er vom Tisch auf und rief: »Wir haben gewonnen!«[49] Er hatte darauf verzichtet, ganz Polen zu fordern, aber die Russen damit neutralisiert. Jetzt konnte er gegen Polen losschlagen. Wenn England und Frankreich die Sowjetunion nicht mehr auf ihrer Seite hatten, würden sie sich mit Drohungen begnügen müssen. Und nun wußte er auch, daß er aus dem Osten alle Rohstoffe geliefert bekommen würde, welche ihm die Engländer sonst durch eine Blockade hätten vorenthalten können.

Hitler zahlte für etwas, was Stalin auch ohne Bezahlung getan hätte. Die Wirtschaft der Sowjetunion war ebenso wie die Rote Armee nach Stalins Säuberungen in einem so beklagenswerten Zustand, daß Stalin an einen Krieg mit Deutschland überhaupt nicht denken durfte. Ein Schutzbündnis gegen Deutschland hatte er aber auch nicht gefunden. Er und seine Mitarbeiter im Kreml wünschten vor allem, neutral zu bleiben; der Pakt mit Deutschland ermöglichte das und erfüllte ihnen gleichzeitig den Wunsch, die kapitalistischen Länder gegeneinander Krieg führen zu lassen. Stalin sah im Nazideutschland nichts weiter als einen von vielen kapitalistischen Feinden.

Am 24. August um 3 Uhr morgens führte Hitler sein Gefolge auf die Terrasse des Berghofes. Im Norden und Nordwesten erstrahlte der Horizont in den Farben des Regenbogens. Jenseits des Tales glühte im Widerschein dieser Nordlichter der Untersberg dunkelrot. »Der Schlußakt der Götterdämmerung hätte nicht effektvoller inszeniert werden können. Gesichter und Hände eines jeden von uns waren unnatürlich rot gefärbt«, erinnerte sich Speer.[50]

Hitler wandte sich ruckartig zu seinem Luftwaffenadjutanten Below: »Das sieht nach viel Blut aus. Dieses Mal wird es nicht ohne Gewalt abgehen.«

20. Kapitel
›Ein Unglück ohne Beispiel‹
(24. August–3. September 1939)

1

Am 24. August wurden die Zeitungsleser von Schlagzeilen geweckt, die von einem Pakt berichteten, der nicht nur den einfachen Bürger schreckte, sondern auch die Diplomaten. »Ich erwarte ein deutsches Ultimatum an Polen«, berichtete Henderson aus Berlin. »Ob ein Versuch der polnischen Regierung, in elfter Stunde Kontakt aufzunehmen, Erfolg haben kann, bezweifle ich stark. Ich halte das aber für die letzte Hoffnung, wenn es denn überhaupt noch Hoffnung gibt, den Frieden zu erhalten.«[1]

Zwar versuchten die polnischen Zeitungen den Stalin-Hitler-Pakt als Beweis der deutschen Schwäche hinzustellen, doch waren die Polen ungeheuer erschrocken. Die Regierung ließ verlauten, man vertraue darauf, daß im Falle des Krieges mit Deutschland die Hilfe Englands und Frankreichs das Blatt wenden werde. Die französischen Arbeiter schienen zwischen Vaterlandsliebe und Loyalität gegenüber dem Vaterland der Werktätigen hin und her gerissen, und ihren amerikanischen Genossen erging es gar noch schlimmer. Der *Daily Worker* erwähnte den Pakt anfangs mit keinem Wort, weil offenbar Anweisungen aus Moskau fehlten. Earl Browder, der Parteiführer, ließ schließlich verlautbaren, der Pakt schwäche Hitler. Fast ohne mit der Wimper zu zucken, machten sich die »Progressiven« auf der äußersten Linken die neue Parteilinie zu eigen: Stalin hatte mit Hitler ein Bündnis geschlossen, um Zeit zu finden, den Entscheidungskampf gegen den Faschismus vorzubereiten. Roosevelt beschränkte sich darauf, Hitler wiederum telegrafisch Moral zu predigen; er möge für einen angemessenen und genau festzulegenden Zeitraum von allen feindseligen Handlungen Abstand nehmen, doch wie schon frühere Telegramme des Präsidenten verschwand auch dieses in der Ablage.

Stalin beglückwünschte sich unterdessen zu seinem Erfolg. Überzeugt, daß die Engländer vor der politischen Realität kapitulieren würden, glaubte er, die ihm zugestandenen Einflußsphären unblutig in Besitz nehmen zu können. Die anderen Verbündeten Hitlers waren weniger zuversichtlich. Die

24. August – 3. September 1939 711

Italiener gaben zwar zu, Hitler habe einen Meisterstreich vollführt, hatten aber doch Bedenken, während die Japaner fürchteten, Stalin könnte durch das Bündnis bewogen werden, den Druck auf die Mandschurei zu verstärken. Ministerpräsident Hiranuma, dessen Kabinett auf mehr als 70 Sitzungen immer noch keine Einigung über ein Zusammengehen mit Deutschland und Italien erreicht hatte, war von den Ereignissen so in Verlegenheit gebracht und niedergeschlagen, daß er erklärte: »Das Kabinett tritt wegen der komplizierten und undurchsichtigen Lage in Europa zurück.«[2]

Die deutsche Öffentlichkeit atmete zum größten Teil erleichtert auf. Der Führer hatte es fertiggebracht, die Gefahr der Einkreisung, des Zweifrontenkrieges durch ein Wunder abzuwenden. Am schwersten fiel es seinen Mitkämpfern, den Pakt zu schlucken, doch redeten sich die meisten ein, der Chef wisse genau was er tue.

Hitler flog nach Berlin, um den heimkehrenden Helden Ribbentrop zu begrüßen, und verbrachte den Abend in der Reichskanzlei, wo sein Außenminister ihm von den Herrschern im Kreml vorschwärmte, in deren Gesellschaft er sich gefühlt habe »wie unter alten Parteigenossen«. Ribbentrop war durch den Anblick eines Porträts, das den Zaren Nikolaus im Winterpalast darstellte, davon überzeugt worden, daß man mit Rußland ins Geschäft kommen könne, denn er ersah daraus, daß die Kommunisten einen Zaren verehrten, der für das Volk tätig gewesen war. Hitler hörte zwar mit halbem Ohr zu, denn die von Hoffmann aufgenommenen Fotos interessierten ihn wesentlich mehr. Es scheint, daß Hitler eine Nahaufnahme von Stalin verlangt hatte, weil er sehen wollte, »ob Stalins Ohrläppchen angewachsen, also jüdisch, sind oder frei und arisch«.[3] Besonders beruhigend fand er eine Profilaufnahme: Sein neuer Waffenkamerad war kein Jude, wenn man nach dem Ohrläppchen urteilen konnte.

Die Aufnahmen von der anschließenden Unterzeichnungszeremonie fanden hingegen nicht seinen Beifall. Stalin rauchte auf jedem Bild Zigaretten. »Ein Pakt ist ein feierliches Ereignis, man schließt ihn nicht mit einer Zigarette zwischen den Fingern! Ein derartiges Bild wirkt nicht seriös«, bemerkte er dazu und befahl dem Fotografen, die Zigaretten wegzuretuschieren, ehe er das Bild für die Presse freigab.[4]

Auch den Ordonnanzoffizier, der Ribbentrop begleitet hatte, befragte Hitler eingehend. Von ihm vernahm er, daß Stalin, bevor er seine Gäste bat, an der Tafel Platz zu nehmen, sich persönlich davon überzeugte, daß alles seine Ordnung habe. Fräulein Schröder mußte dabei an ihren Chef denken, und sie zog unvorsichtigerweise einen Vergleich. Hitler mißfiel das. »*Meine* Diener und *mein* Haus sind in Ordnung«, sagte er gereizt.[5]

Freitag, der 25. August, war ein wichtiger und ereignisreicher Tag. Er begann mit einem Schreiben an Mussolini, das eine etwas gequälte Erklärung der Vorgänge in Moskau enthielt. Nach der Beteuerung, der Pakt

712 *Ein Unglück ohne Beispiel*

stärke die Achse, gab Hitler der Erwartung Ausdruck, der Duce verstehe gewiß, was ihn zu einem so dramatischen Schritt bewogen habe. Sodann verlangte Hitler von Schmidt die wesentlichen Teile der Rede zu übersetzen, die Chamberlain tags zuvor im Unterhaus gehalten hatte. Er hörte aufmerksam, daß der Premier eingestand, der Moskauer Pakt sei für ihn »eine sehr unangenehme Überraschung«, die Deutschen gäben sich aber »einer gefährlichen Illusion« hin, wenn sie glaubten, England und Frankreich würden ihre Verpflichtungen gegenüber Polen nicht erfüllen.

Schmidt erinnert sich: »Hitler war bei diesen Worten nachdenklich geworden, sagte aber nichts weiter.«[6] Die an ihm nagenden Zweifel wurden dadurch noch verstärkt. Der Angriff auf Polen war für die frühen Morgenstunden des nächsten Tages angesetzt, Hitler war aber so unsicher geworden, daß er kurz vor 12 Uhr das Oberkommando anwies, den Angriffsbefehl erst eine Stunde später hinausgehen zu lassen, um 15 Uhr. Sodann ließ er den englischen Botschafter kommen. Henderson traf Hitler um 13.30 Uhr in versöhnlicher Stimmung an; nach der letzten Unterredung habe er sich die Dinge noch einmal durch den Kopf gehen lassen und wolle heute England gegenüber einen Schritt unternehmen, der genauso entscheidend sei wie der Schritt Rußland gegenüber, der zu der kürzlichen Vereinbarung geführt habe.[7] Hitler sagte, sein Gewissen nötige ihn, noch einen Versuch zur Herstellung guter Beziehungen zu machen, das sei nun aber auch der letzte.

Henderson fand ihn gefaßt und normal, doch kaum begann er mit einer Aufzählung seiner Vorwürfe gegen Polen, etwa daß Zivilflugzeuge beschossen worden wären, da verlor er auch schon die Beherrschung. »Die mazedonischen Zustände an unserer Ostgrenze müssen aufhören«, rief er dem englischen Botschafter zu. Das Problem Danzig und die Korridorfrage müßten unverzüglich gelöst werden. Das Resultat von Chamberlains letzter Rede könne nur »ein blutiger und unberechenbarer Krieg zwischen England und Deutschland sein«. Deutschland müsse diesmal aber nicht an zwei Fronten kämpfen. »Rußland und Deutschland werden niemals wieder die Waffen gegeneinander ergreifen.«

Als Henderson immer nur stur wiederholte, England könne das Polen gegebene Wort nicht brechen, wurde Hitler wieder beherrschter. Und nun kam der berühmt gewordene Vorschlag einer Garantie der Existenz des britischen Weltreiches und sogar ein Hilfsangebot »an jedem Punkt der Welt, wo solche Hilfe notwendig werden könnte«. Über die polnische Frage wurde nicht ein Wort gesagt, außer daß Hitler erklärte, »das deutschpolnische Problem muß und wird gelöst werden«.[8]

Eine halbe Stunde später, um 15.02 Uhr bestätigte er den Angriffsbefehl für den nächsten Tag. Auf den ersten Blick erscheint dieser Entschluß als purer Opportunismus. Als Meister des politischen Taktierens verstand er es, auch die Außenpolitik wirkungsvoll zu handhaben; er näherte sich Schritt

24. *August – 3. September 1939* 713

um Schritt der Herrschaft über das europäische Festland und verband damit sein radikales antisemitisches Programm. Von Ciano begleitet, betrat der deutsche Botschafter in Rom mit Hitlers Brief gerade den Palazzo Venezia, und um 15.20 Uhr überreichte er ihn dem Duce. Der Pakt beeindruckte Mussolini tief, denn wie alle Politiker bewunderte er einen meisterhaften Coup. Er hatte aber auch genügend Wirklichkeitssinn, um zu wissen, daß seine eigene Armee, die sich in Albanien so jämmerlich schlug, weder die Moral noch die Ausbildung besaß, an einem echten Krieg teilzunehmen. Das sagte er Mackensen nicht, er beteuerte nur sein Einverständnis. Er sei mit dem Moskauer Pakt sehr zufrieden. »Trotz dieser Anregung sei und bleibe er selbst natürlich unbeirrbarer Antikommunist.« Er stehe hinter dem Führer, komme, was da wolle, »ohne jeden Vorbehalt und mit allem, was ich habe«. (Dies betonte er besonders.)[9]

Mackensen war kaum gegangen, als der Duce seine Meinung änderte oder sich jedenfalls eine andere Meinung aufreden ließ. Ciano behauptet, er habe Mussolini dazu gebracht, Hitler eine offene Antwort zu geben, rundheraus einzugestehen, daß Italien zum Krieg nicht bereit sei und nur teilnehmen könnte, »wenn Deutschland uns sofort das Kriegsmaterial und die Rohstoffe liefert, um den Ansturm auszuhalten, den die Franzosen und Engländer vorwiegend gegen uns richten werden«.[10]

Der italienische Botschafter in Berlin ließ Hitler wissen, daß die Antwort des Duce unterwegs sei. Während Hitler auf seinen nächsten Besucher wartete, den französischen Botschafter Coulondre, kam aus der Presseabteilung eine Meldung aus England, in der es hieß, England und Polen hätten soeben in London einen gegenseitigen Beistandspakt geschlossen. Hitler reagierte darauf sichtlich betroffen. Monatelang war die Unterzeichnung dieses Paktes immer wieder verschoben worden, und daß sie gerade jetzt stattfand, nachdem er England ein »allerletztes« Angebot gemacht hatte, konnte kein Zufall sein. Dieses militärische Beistandsversprechen (das unmöglich erfüllt werden konnte) mochte die Polen so zuversichtlich stimmen, daß sie sich weigern würden, mit Deutschland zu verhandeln.

Coulondre wurde schließlich um 17.30 Uhr vorgelassen. Hitler wütete erst gegen die Polen, dann äußerte er sein Bedauern darüber, daß es zwischen Deutschland und Frankreich womöglich zum Krieg kommen könnte. »Im übrigen hatte ich den Eindruck, daß er zeitweilig wie geistesabwesend seine Argumente nach einer vorgefaßten, bereits in der Unterhaltung mit Henderson durchexerzierten Ordnung mechanisch hersagte. Seine Gedanken schienen bei anderen Dingen zu weilen, und er hatte es offensichtlich eilig, die Unterredung zu beenden«, berichtet Schmidt. Hitler erhob sich halb, um anzudeuten, der Botschafter könne gehen, der elegante Coulondre ließ es sich aber nicht nehmen, Hitler eine klare Antwort zu geben. Seine entschlossenen Worte hat Schmidt nicht vergessen: »In einer so kritischen Lage wie der heutigen, Herr Reichskanzler, sind Mißverständnisse das allergefährlichste. Um daher volle Klarheit zu schaffen, gebe ich ihnen mein Ehrenwort als französischer Offizier, daß die französische Armee auf seiten Polens kämpfen wird, wenn dieses Land angegriffen werden sollte.« Dann wiederholte er, seine Regierung sei bereit, alles nur Erdenkliche für die Erhaltung des Friedens zu tun.

»Warum haben Sie dann Polen eine Blankovollmacht erteilt!« rief Hitler gereizt, und bevor der Franzose noch antworten konnte, war er aufgesprungen und ließ wieder eine Tirade gegen die Polen los. »Es ist mir schmerzlich, gegen Frankreich Krieg führen zu müssen, aber die Entscheidung darüber hängt nicht von mir ab.« Und er reichte dem Botschafter unvermittelt die Hand, um ihn auf diese Weise am Weiterreden zu hindern und ihn hinauszukomplimentieren.

Eine Minute später, um 18 Uhr, trat Attolico ein, Mussolinis Antwort in der Hand, die Ciano ihm telefonisch durchgegeben hatte. Die Nachricht, daß auf den britisch-polnischen Beistandspakt und Coulondres unmißverständliche Darlegung der französischen Haltung nun auch noch die Eröffnung folgte, Italien sei nicht auf einen Krieg vorbereitet, schlug wie eine Bombe ein. Hitler sah darin nur, daß sein Alliierter ihn unerwartet im Stich ließ. Er beherrschte sich jedoch und bemerkte nur kurz, er werde sogleich antworten. Als Attolico hinausging, hörte Schmidt Hitler murmeln: »Die Italiener machen es genauso wie 1914.«[11]

In den Vorzimmern schwirrte es von Gerüchten, und die Wartenden trugen einander Informationen zu. Der Krieg schien unvermeidlich. Weizsäcker zum Beispiel hielt es zu 98 Prozent für gewiß, daß es zu einem Weltkrieg kam, in dessen Verlauf Italien Deutschland im Stich lassen würde, und Hitler sagte in seinem Arbeitszimmer zu Keitel: »Sofort alles anhalten, holen Sie Brauchitsch sofort her, ich brauche Zeit zu Verhandlungen.«[12]

Keitel rannte hinaus. Er sagte aufgeregt zu seinem Adjutanten, der Angriffsbefehl müsse noch einmal verschoben werden. Gerüchte gingen um, der Krieg sei in letzter Minute verhindert worden, der Führer verlege sich noch einmal aufs Verhandeln. Es herrschte allgemeine Erleichterung, von der nur Hitlers Adjutant Schmundt ausgenommen blieb. »Freuen Sie sich nicht zu früh, es handelt sich nur um einen Aufschub von wenigen Tagen!« sagte er zu Warlimont.[13] Major Engel teilte Schmundts Sorgen. Der Heeresadjutant hatte den Reichskanzler nie so »total kopflos erlebt«. Hitler stritt sogar erbittert mit Hewel, dessen Meinung er sonst sehr schätzte. Die Engländer würden auf gar keinen Fall auf polnischer Seite in den Krieg eintreten, versicherte er, doch Hewel widersprach: »Mein Führer, unterschätzen Sie die Briten nicht. Wenn die merken, daß es einen anderen Weg nicht mehr gibt, dann sind die stur und gehen ihren Weg.«[14] Hitler war zu wütend, um zu streiten, er wandte sich weg.

Auch Göring war überzeugt, daß die Engländer keine leeren Worte machten, und verhandelte insgeheim mit ihnen. Als Mann der Tat hatte er

24. August – 3. September 1939 715

solche Gespräche bereits eingeleitet, ohne Ribbentrop zu unterrichten, dem er mißtraute. Das war weniger gewagt, als es erscheinen mag, denn er beabsichtigte, seinen Führer stets auf dem laufenden zu halten. Sein Friedensverlangen beruhte nicht auf Menschenliebe. Als geborener Freibeuter sah er den Zweck seines Lebens darin, sich an der Beute zu laben, die er dank seiner bevorzugten Stellung in Menge machen konnte, und ein Krieg mußte diesem Sybaritendasein ein Ende setzen. Hitler seinerseits handelte aber nach wenn auch noch so makabren Grundsätzen und war deshalb unbestechlich. Er schloß Kompromisse, doch nur, wenn sie ihn dem Ziel näherbrachten. Göring wußte dies und streckte daher seine geheimen Fühler nur sehr behutsam aus. Zum nichtamtlichen Mittelsmann erwählte er einen wohlhabenden schwedischen Kaufmann namens Birger Dahlerus. Dieser war mit einer Deutschen verheiratet, hatte auch geschäftliche Interessen im Reich und wünschte ebenso wie Göring einen Krieg zwischen England und Deutschland zu verhindern, und weil er einflußreiche englische Freunde besaß, die ebenfalls bereit waren, heimlich an solch einem Plan mitzuwirken, konnte er nützlich sein.

Anfang August hatte Dahlerus ein heimliches Treffen zwischen Göring und sieben Engländern in einem Haus nahe der dänischen Grenze vorbereitet. Und hier legte der Reichsmarschall erstmals vor ausländischen Geschäftsleuten seine Ansichten und seine Friedenshoffnungen dar. Bis zu der denkwürdigen strategischen Besprechung zwei Wochen später auf dem Berghof blieb es bei Worten, doch nun sah Göring sich gedrängt, Dahlerus in Stockholm anzurufen und ihn schnellstens zu sich zu bitten. Er ließ durchblicken, daß die Lage sich verschlimmert und die Aussicht auf eine friedliche Lösung sich verringert habe. Er veranlaßte Dahlerus, unverzüglich der Regierung Chamberlain eine nichtamtliche Botschaft zu überbringen, in der empfohlen wurde, so schnell wie möglich Verhandlungen mit Deutschland aufzunehmen. Dies geschah mit dem Einverständnis Hitlers.

So war denn Dahlerus am Morgen jenes ereignisreichen 25. August mit einer gewöhnlichen Linienmaschine nach London geflogen, wurde aber erst am frühen Abend von Halifax empfangen. Der Außenminister war optimistisch gestimmt, und offenbar nicht der Meinung, die Dienste eines Neutralen weiterhin zu benötigen. Hatte Hitler den Angriff auf Polen nicht gerade eben abgeblasen? Dahlerus war weniger optimistisch und fragte telefonisch bei Göring um dessen Meinung an. Die Antwort war erschreckend. Göring erklärte, »daß er einen Kriegsausbruch jeden Augenblick befürchtete«.[15]

Diese Worte wiederholte Dahlerus am nächsten Vormittag vor Halifax und erbot sich, eine persönliche Botschaft von Halifax an Göring zu überbringen (den er für den einzigen Deutschen hielt, der den Krieg noch verhindern konnte), worin England noch einmal den Wunsch nach einer friedlichen Lösung ausdrückte. Halifax sagte, er müsse das mit Chamberlain besprechen, und kam nach einer halben Stunde mit dessen Einverständnis zurück. Der Brief wurde abgefaßt, und Dahlerus eilte zum Flugplatz Croydon.

In Berlin war unterdessen Botschafter Attolico mit einer weiteren Botschaft des Duce auf dem Weg in die Reichskanzlei.

Die Italiener hatten eine imponierende Wunschliste aufgestellt, die sie zur Vorbedingung für die Teilnahme am Kriege machten: Sie verlangten sechs Millionen Tonnen Kohle, sieben Millionen Tonnen Rohöl, zwei Millionen Tonnen Stahl und eine Million Tonnen Holz. Attolico selbst war gegen den Krieg, und er formulierte Mussolinis Forderungen so, daß sie unerfüllbar schienen. Als Ribbentrop kühl fragte, wann denn diese Riesenmengen geliefert werden sollten, antwortete Attolico gespielt naiv, daß diese selbstverständlich vor Beginn der Feindseligkeiten geliefert werden müßten.

Das war wirklich eine unsinnige Forderung, und wenn man bedenkt, welchem Druck Hitler ausgesetzt war, so muß man seine um 15.08 Uhr telefonisch an Mussolini durchgegebene Antwort gemäßigt nennen. Er könne den Italienern bei den meisten ihrer Wünsche entgegenkommen, aus technischen Gründen sei es aber unmöglich, vor Ausbruch der Feindseligkeiten zu liefern. »Unter diesen Umständen, Duce, begreife ich Ihre Lage und bitte Sie nur, die mir in Aussicht gestellte Bindung englisch-französischer Kräfte durch eine aktive Propaganda und geeignete militärische Demonstrationen herbeiführen zu wollen.« Angesichts des mit Stalin geschlossenen Paktes »scheue ich mich nicht, auf die Gefahr einer Verwicklung im Westen hin die Frage im Osten zu lösen«.[16]

Das war keine leere Drohung. Die Wehrmacht war jetzt für den Angriff am 1. September bereit, und es fehlte nur noch die letzte Bestätigung durch Hitler. An jenem Samstagnachmittag lag über Berlin drückende Hitze. Trotz der Schlagzeilen – DEUTSCHE BAUERNHÖFE IM KORRIDOR IN BRAND GESETZT! POLNISCHE SOLDATEN UNMITTELBAR AN DER DEUTSCHEN GRENZE! – erholten sich viele Berliner an den umliegenden Gewässern, und wer das nicht konnte, den bedrückte die Hitze mehr als die Politik.

Um 18.42 Uhr erhielt Attolico noch einen Anruf aus Rom. Ciano hatte eine dringende Botschaft an Hitler. Mussolini entschuldigte sich darin, daß Attolico den Liefertermin mißverstanden habe, selbstverständlich würden die Rohstoffe erst im nächsten Jahr erwartet. Er bedaure, seinem Bundesgenossen in so schwerer Zeit keine größere Hilfe leisten zu können, und schloß daran überraschend die Aufforderung, Frieden zu halten. Noch, so behauptete er, sei eine akzeptable politische Lösung zu finden. Als Hitler das las, kam er zu dem Resultat, sein Verbündeter lasse ihn im Stich. Er beherrschte sich noch einmal genug, um wieder eine versöhnliche Antwort zu geben: »Ich würdige die Gründe und Kräfte, die Sie diesen Entschluß fassen ließen«,[17] diktierte er und versuchte, seinen eigenen Optimismus auf seinen Verbündeten zu übertragen.

24. August – 3. September 1939   717

Hitler zog sich enttäuscht und erschöpft früher als gewöhnlich zurück, wurde aber bald nach Mitternacht geweckt. Göring mußte ihn dringend sprechen: Der schwedische Vermittler, von dem er ihm erzählt hatte, sei mit einem wichtigen Brief von Lord Halifax eingetroffen. Gegen halb ein Uhr früh am 27. August wurde Dahlerus ins Arbeitszimmer des Führers geleitet, wo Hitler ihn erwartete, den Blick fest und ernst auf den neutralen Amateurdiplomaten gerichtet, der sich um Frieden bemühte. Neben ihm stand Göring mit selbstzufriedener Miene. Nach einer kurzen, freundlichen Begrüßung ließ Hitler eine Tirade los, die von dem Wunsch Deutschlands handelte, mit England zum Einverständnis zu kommen, dann aber zu einer Schimpfkanonade ausartete. Nachdem er seine letzten an Henderson gerichteten Vorschläge erwähnt hatte, rief er: »Dies ist mein letztes großzügiges Angebot an England.« Sein Gesicht wurde starr und seine Gebärden »höchst sonderbar«, als er mit der überlegenen Militärmacht des Reiches prahlte.

Dahlerus gab zu bedenken, England und Frankreich hätten ebenfalls merklich aufgerüstet und seien in der Lage, eine Blockade über Deutschland zu verhängen. Hitler, der schweigend hin und her gegangen war, blieb plötzlich stehen, stierte vor sich hin und fing an, wie in Trance zu reden (erinnert sich Dahlerus). »Gibt es Krieg, dann werde ich U-Boote bauen, U-Boote, U-Boote, U-Boote.« Es klang wie eine steckengebliebene Grammophonplatte, und seine Stimme wurde zunehmend undeutlicher.

Dann plötzlich sprach er wie zu einem großen Publikum und wiederholte sich gleichwohl immer wieder: »Ich werde Flugzeuge bauen, Flugzeuge bauen, Flugzeuge, Flugzeuge, und ich werde meine Feinde vernichten.« Dahlerus schaute verblüfft Göring an, um zu sehen, wie dieser reagierte, der Feldmarschall war aber ganz unbeeindruckt. Dahlerus war entsetzt: Dies also war der Mann, dessen Handlungen die ganze Welt zu spüren bekam!

Hitler fuhr fort: »Ein Krieg schreckt mich nicht, eine Einkreisung Deutschlands ist unmöglich, mein Volk bewundert mich und folgt mir treu.« Er werde es zu übermenschlichen Anstrengungen antreiben. Jetzt wurde sein Blick glasig. »Wenn es keine Butter gibt, dann bin ich der erste, der aufhört Butter zu essen, Butter zu essen.« Pause. »Wenn der Feind mehrere Jahre aushalten kann, werde ich dank der Macht, die ich über das deutsche Volk habe, ein Jahr länger aushalten. Dadurch weiß ich, daß ich allen anderen überlegen bin.« Dann fragte er plötzlich, warum die Engländer sich so halsstarrig weigerten, zu einer Übereinkunft mit ihm zu kommen.

Dahlerus zögerte, eine offene Antwort zu geben, sagte aber schließlich doch, die Engländer hätten kein Vertrauen zu Hitler. Dieser schlug sich daraufhin an die Brust und rief: »Idioten, habe ich je in meinem Leben die Unwahrheit gesagt?« Wieder ging er hin und her, wieder hielt er inne. Dahlerus kenne nun seine Auffassung, er müsse sogleich nach England fahren und sie der Regierung Chamberlain vortragen. »Ich glaube nicht, daß

718   *Ein Unglück ohne Beispiel*

Henderson mich verstanden hat, und ich wünsche aufrichtig, daß eine Verständigung zustande kommt.«

Dahlerus wandte ein, er sei ein Privatmann und könne nur etwas tun, wenn die englische Regierung ihn darum bitte. Auch müsse er zuvor genau wissen, in welchen Fragen man sich einigen könnte. Was sei eigentlich unter dem Korridor nach Danzig zu verstehen? Hitler sagte schmunzelnd zu Göring: »Ja, danach hat mich Henderson nicht gefragt:« Der Feldmarschall riß ein Seite aus einem Atlas und zeichnete mit Rotstift ein, welche Gebiete Deutschland beanspruchte. Nun folgte eine klärende Erörterung der wesentlichen Punkte von Hitlers Angebot an Halifax: Deutschland wollte einen Vertrag mit England, der alle Streitigkeiten politischer und wirtschaftlicher Natur beilegte; England müsse Deutschland behilflich sein, Danzig und den Korridor zu bekommen; Deutschland seinerseits wolle sodann Polens Grenzen garantieren und den Polen Zugang nach Gdingen gestatten; die deutsche Minderheit in Polen solle geschützt werden, und endlich würde Deutschland militärische Hilfe leisten, falls das englische Empire angegriffen würde.[18]

Dahlerus war arglos genug, Göring die besten Absichten zuzutrauen und Hitler ebenfalls. Er war ja auch kein Berufsdiplomat. Für ihn spricht sein aufrichtiger Wunsch nach Frieden, sein Mut und seine bewundernswerte Ausdauer. Kaum im Hotel, setzte er sich telefonisch mit englischen Freunden in Verbindung und erhielt bald den Bescheid, die englische Regierung würde seine Botendienste zu schätzen wissen. Um acht Uhr früh bestieg er in Tempelhof an diesem friedlichen Sonntagmorgen eine deutsche Maschine. Als sie zum Anflug auf London ansetzte, fragte Dahlerus sich, ob er vielleicht nur ein Bauer auf dem Schachbrett sei? Daß Göring sehr an einer friedlichen Lösung gelegen war, glaubte er zu wissen. Aber Hitler?

Hitler verbrachte jenen Sonntag wie einen gewöhnlichen Wochentag. Nachdem er den kurz bevorstehenden »Parteitag des Friedens« in Nürnberg abgesagt hatte, ordnete er die kriegsmäßige Bewirtschaftung von Textilien und Nahrungsmitteln an. Die Wehrmachtsteile wurden in Teilalarmbereitschaft versetzt; die Attachés von Marine, Heer und Luftwaffe hatten bis auf weiteres in Berlin zu bleiben.

In dieser drückend kriegerischen Atmosphäre wandten sich zwei bedeutende polnische Diplomaten an Peter Kleist mit einem Vermittlungsvorschlag. Sie ließen durchblicken, Außenminister Beck gebärde sich nur darum so kriegerisch, weil er einer Gruppe von Nationalisten gefällig sein müsse. Beck brauche Zeit, um die Wellen zu glätten. Kleist berichtete Ribbentrop und wurde auch zu Hitler zitiert. Dieser hörte ihn mit kaum verhehlter Ungeduld an und erklärte dann barsch, wenn Beck sich nicht einmal in Polen durchsetzen könne, sei ihm eben nicht zu helfen. Im übrigen untersagte er Kleist jeden halbamtlichen Umgang mit Polen. Dieser Befehl

24. August – 3. September 1939   719

erging in ätzendem Ton, und er fügte hinzu, Herr von Ribbentrop hätte dies längst anordnen müssen. Kleist verließ die Reichskanzlei sehr nachdenklich. Die Entscheidung war wohl gefallen und lautete Krieg.

Hitler nahm sich an diesem schwülen Sonntag auch Zeit, einen Friedensappell Daladiers zu beantworten: »Als alter Frontsoldat kenne ich wie Sie die Schrecken des Krieges«, schrieb er. Zwischen den beiden Ländern gebe es keinen Streitpunkt mehr; die Rückkehr des Saargebietes sei Deutschlands letzte Forderung an Frankreich gewesen. Der Unruhestifter sei England. »Ich bin nun zutiefst überzeugt, daß, wenn besonders von England aus damals, statt in der Presse gegen Deutschland eine wilde Kampagne loszulassen, Gerüchte von einer Mobilmachung zu lancieren, Polen irgendwie zugeredet worden wäre, vernünftig zu sein, Europa heute und auf 25 Jahre den Zustand tiefsten Friedens genießen könnte.« Daladier sei doch Patriot, und er möge sich doch bitte an Hitlers Stelle versetzen. Angenommen, eine französische Stadt, sagen wir Marseille, werde nach einem verlorenen Kriege von Frankreich getrennt; angenommen, die in diesem Gebiet lebenden Franzosen würden verfolgt, geprügelt, ja bestialisch ermordet? »Ich kann mir jedenfalls nicht vorstellen, Herr Daladier, daß Deutschland aus diesem Grunde gegen Sie kämpfen würde.« Er stimmte Daladier in allem zu und appellierte neuerlich an ihn als alten Frontsoldaten. Er müsse doch verstehen, daß ein seiner Ehre bewußtes Volk unmöglich auf fast zwei Millionen Volksgenossen verzichten und zusehen könne, wie diese praktisch vor der eigenen Haustür mißhandelt würden. Danzig und der Korridor müßten an Deutschland zurückgegeben werden, das verlange die Ehre.[19]

Kurz nach Mittag verließ Dahlerus in Croydon das Flugzeug. Der Flugverkehr zwischen den Inseln und dem Festland war unterdessen eingestellt worden, und alles wirkte tot. Auf der Fahrt ins Außenministerium kam er an Luftschutzwarten vorbei, an vorsichtshalber überklebten Schaufensterscheiben. Man benutzte Nebenstraßen. Chamberlain, Halifax und Cadogan erwarteten ihn ernst, »aber völlig gefaßt«. Als Dahlerus von dem langen Gespräch mit Hitler berichtete, spürte er, daß man ihm nicht glaubte. Sein Bericht wich in einigen Punkten von Hendersons Darstellung ab, und Chamberlain fragte, ob er Hitler wirklich ganz genau verstanden habe? Dahlerus sprach Deutsch besser als Henderson, und er sagte nachdrücklich, ein Mißverständnis sei ausgeschlossen.

Alles, was Chamberlain bei dieser Gelegenheit sagte, zeugte von seinem Mißtrauen gegen Hitler. Er fragte, was Dahlerus für einen Eindruck von Hitler gewonnen habe. Die Antwort: »Ich möchte ihn nicht zum Verhandlungspartner haben«, nötigte ihm das einzige Schmunzeln des Tages ab. Als er sah, daß die Engländer seine Auslegung von Hitlers Forderungen nicht glauben wollten, bot Dahlerus an, über die englische Reaktion in Berlin zu berichten. Chamberlain zögerte. Henderson sollte noch am gleichen Tage mit der Antwort auf Hitlers Vorschläge nach Berlin zurückfliegen. Dahlerus

720 *Ein Unglück ohne Beispiel*

schlug vor, man möge den Rückflug um einen Tag verschieben, er könnte ihnen über Hitlers Haltung dann berichten, bevor eine auf Hendersons Lagebeurteilung basierende amtliche Antwort ergehe.

Er wollte bei Göring anfragen, ob die deutsche Regierung einverstanden sei, einen Tag länger auf Hendersons Antwort zu warten. »Chamberlain fragte mich in seiner ruhigen Art, ob es meine Absicht sei, Berlin vom Foreign Office aus anzurufen«, berichtete Dahlerus. Kurz darauf erfuhr Dahlerus am Telefon in Cadogans Büro von Göring, ohne Rücksprache mit dem Führer könne er keinen Bescheid geben. Als Dahlerus nach einer halben Stunde erneut anrief, sagte Göring, »Hitler nehme den Vorschlag unter der Voraussetzung an, daß mein Bericht zutreffe«. Cadogan riet, Dahlerus möge unauffällig nach Berlin zurückfliegen. Dies geschah denn auch nicht von Croydon aus, sondern von dem kleinen Flugplatz Heston.

Dahlerus kam um 23.00 Uhr in Görings Berliner Palais an. Er versicherte dem Feldmarschall vorab, sowohl die englische Regierung als auch das englische Volk wünschten den Frieden zu bewahren und handelten aufrichtig. Dann umriß er die englische Haltung gegenüber den Vorschlägen Hitlers. Göring rieb sich die Nase. Die englische Antwort fand er recht unbefriedigend und die Situation insgesamt höchst gefährlich. Er wollte erst mit Hitler unter vier Augen sprechen. Dahlerus ging unruhig in seinem Hotelzimmer auf und ab und erwartete das Resultat. Um 1.30 Uhr rief Göring endlich an. Hitler, so erklärte er mit starker Stimme, achte Englands Haltung und begrüße dessen Wunsch, eine friedliche Einigung zu finden. Er achte auch Englands Entschlossenheit, zu der Polen gegebenen Garantie zu stehen, und billige die Absicht, die polnischen Grenzen durch fünf Mächte garantieren zu lassen. Besonders letzteres Zugeständnis vernahm Dahlerus erleichtert, denn das bedeutete doch wohl, daß Hitler andere Vorhaben hinsichtlich Polens aufgegeben haben mußte.[20]

2

Amateurdiplomaten richten häufig bloß Verwirrung an, Dahlerus aber war es gelungen, einen Knoten zu entwirren. Als Hendersons Maschine um 21.00 Uhr in Berlin landete, hatte man merkliche Fortschritte gemacht. Der Botschafter brachte eine amtliche Fassung des Angebotes mit, das Dahlerus inoffiziell übermittelt hatte. Darin hieß es übrigens auch, Oberst Beck sei bereit, sofort Verhandlungen mit Deutschland aufzunehmen.

Dank der angeordneten Verdunkelung waren die Straßen der Hauptstadt rabenschwarz, und die wenigen Personen, denen Henderson unterwegs begegnete, dünkten ihn Gespenster. Die Strapazen der vergangenen Monate hatten den Botschafter schwer mitgenommen, und eine kürzlich ausgeführte Operation hatte ergeben, daß er unheilbar krebskrank war. Er behielt das aber für sich und klagte nie über seine Arbeitslast. Kaum hatte er sich in der

24. August – 3. September 1939   721

Botschaft zum Essen gesetzt, kam auch schon die Mitteilung, Hitler
wünsche ihn unverzüglich in der Reichskanzlei zu sehen. Von einer halben
Flasche Champagner gestärkt, ließ Henderson sich aus der Botschaft fahren,
vor der eine große Menschenmenge völlig schweigend, doch wie er feststellen konnte nicht feindselig wartete.

Als Hitler die Übersetzung der englischen Note las, ließ er sich nichts
anmerken. Diesmal hatten die Engländer geschrieben, wie man es sonst von
Hitler gewohnt war: mit einem halben Versprechen und einer Drohung.
Eine gerechte Erledigung des Streites zwischen Deutschland und Polen
könnte den Weg zum Weltfrieden erleichtern, »ein Fehlschlag würde die
Hoffnungen auf eine Verständigung zwischen Deutschland und Großbritan-
nien zunichte machen und die beiden Länder sowie die ganze Welt in einen
Krieg stürzen. Das aber wäre ein Unglück, für das es in der Geschichte keine
Parallele gibt.«

Hitler reichte die Note kommentarlos an Ribbentrop weiter, und Schmidt
war von seiner Fassung überrascht. Henderson tat nun etwas ganz Erstaun-
liches. Zum ersten Mal, seit man sich erinnern konnte, ging er zur Offensive
über und redete mehr als Hitler. Dies hätte normalerweise einen Ausbruch
verursacht, Hitler aber blieb völlig ruhig, er starrte gelegentlich hinaus in
den dunklen Garten, wo sein berühmter Vorgänger Bismarck sich so oft
ergangen hatte.

Henderson erklärte derweil nachdrücklich, Englands Wort bedeute eine
Bürgschaft, die es niemals zurückgenommen habe und auch niemals zurück-
nehmen werde. Früher einmal sei das Wort Deutschlands von gleichem
Wert gewesen, und er zitierte Marschall Blücher, der seine Truppen, die
Wellington bei Waterloo zu Hilfe eilten, mit den Worten angefeuert hatte,
daß er Wellington sein Wort verpfändet habe. Hitler bemerkte dazu ohne
Schärfe, vor 125 Jahren hätten die Dinge noch anders ausgesehen und fügte
hinzu, er selbst sei durchaus bereit, vernünftig mit den Polen zu reden, die
Polen jedoch setzten ihre Gewalthandlungen gegen Deutsche fort. Offenbar
sei das den Engländern einerlei.

Henderson nahm dies – das war vielleicht die Wirkung des Champagners
– als persönliche Beleidigung und versetzte heftig, er habe alles ihm Mögliche getan, um Krieg und Blutvergießen zu verhindern. Herr Hitler müsse
nun wählen zwischen Freundschaft mit England und übertriebenen Forderungen an Polen. Bei ihm liege die Wahl zwischen Krieg und Frieden. Hitler
antwortete immer noch gefaßt, dies sei keine zutreffende Darstellung der
Lage. Er stehe vor der Alternative, entweder für die Rechte des deutschen
Volkes einzutreten oder diese für ein Übereinkommen mit England zu
opfern. Das lasse ihm keine andere Möglichkeit, als die Rechte aller Deutschen zu wahren.

Abschließend wiederholte Hitler noch einmal, er wünsche eine Verständigung mit England, und das ließ Henderson noch einigen Optimismus.[21]

In der Reichskanzlei breitete sich Pessimismus aus. Engel schrieb in sein Tagebuch: »Führer ist unerhört gereizt, verbissen und scharf.« Hitler machte seinen Adjutanten klar, daß er im Hinblick auf Frieden oder Krieg vom Militär keinen Rat annehmen werde. »Er verstünde einfach die deutschen Soldaten nicht, die einen Waffengang fürchteten. Friedrich der Große würde sich im Grabe herumdrehen, wenn er die heutigen Generäle sähe.« Hitler sagte, er wolle weiter nichts, als die ungerechtfertigten Forderungen der Polen zurückweisen, aber keinen Krieg mit den westlichen Alliierten. »Wenn sie so dumm wären und mitmachten, wäre es ihre Schuld, und sie müßten vernichtet werden!«[22] Als Hitler seine Antwort an die Engländer entwarf, vertiefte sich noch die Depression im Wintergarten, und als die Mittagszeitungen in Schlagzeilen berichteten, mindestens sechs Volksdeutsche seien in Polen ermordet worden, herrschte geradezu Schrecken. Ob dieser Bericht zutraf oder nicht, Hitler jedenfalls glaubte ihn und geriet in Zorn. Als Henderson gegen Abend eintraf, herrschte in den Vorzimmern und auf den Korridoren der Reichskanzlei die Überzeugung vor, nur noch ein Wunder könnte den Ausbruch des Krieges verhindern. Der Botschafter war immer noch voller Hoffnung und trug wie schon am Vortag eine rote Nelke im Knopfloch, womit er den Eingeweihten zu erkennen gab, daß noch nicht alles verloren war. Als er dann aber ein Exemplar der deutschen Antwort überreicht bekam, fühlte er, daß die Stimmung sich gegenüber dem Vorabend verhärtet hatte. Er las unter den aufmerksamen Blicken Hitlers und Ribbentrops die deutsche Note. Der Anfang klang vernünftig. Deutschland war mit der von den Engländern vorgeschlagenen Vermittlungsaktion einverstanden; Hitler wolle gern einen bevollmächtigten polnischen Abgesandten in Berlin empfangen. Dann aber folgte eine unannehmbare Formulierung: Die deutsche Regierung rechne »mit dem Eintreffen dieses polnischen Abgesandten am Mittwoch, dem 30. August 1939, und wird sofort Vorschläge ausarbeiten«.

»Es klingt wie ein Ultimatum«, kommentierte Henderson. »Den Polen wird eine Frist von kaum 24 Stunden gewährt.« Von Ribbentrop unterstützt, bestritt Hitler dies heftig. »Die Zeit ist kurz, weil die Gefahr besteht, daß durch neue Provokationen kriegerische Auseinandersetzungen ins Rollen gebracht werden.«

Das beeindruckte Henderson nicht. Eine solche Limitierung konnte er nicht hinnehmen, das war ein zweites Diktat von Godesberg. Hitler behauptete, er stünde unter dem Druck des Generalstabs, seine Soldaten wollten ein Ja oder Nein hören. Die Wehrmacht sei bereit loszuschlagen, und die Kommandeure beklagten sich darüber, daß schon eine ganze Woche verloren worden sei. Eine weitere Woche würde sie den Herbstregen aussetzen.

Der Botschafter wollte sich nicht erweichen lassen, und nun verlor Hitler die Beherrschung. Er erhob Gegenvorwürfe: Weder Henderson noch seine Regierung scherten sich einen Dreck darum, daß Deutsche in Polen abge-

24. August – 3. September 1939 723

schlachtet würden. Henderson brüllte zurück, eine solche Sprache lasse er sich weder von Hitler noch sonstwem bieten. Offenbar hatte der Botschafter jetzt ebenfalls die Beherrschung verloren, er stellte dies in seinem Bericht aber als einen Kunstgriff dar; es sei Zeit geworden, Hitler auf dessen eigene Manier zu erwidern. Er sah ihn wütend an und brüllte aus Leibeskräften, wenn denn Hitler den Krieg wolle, könne er ihn haben! England sei ebenso entschlossen wie Deutschland und werde etwas länger aushalten können als das Reich.

Hitler nahm diese neue Form englischer Diplomatie verhältnismäßig gelassen auf, und nachdem sich beide wieder beruhigt hatten, beteuerte er seinen unerschütterlichen Wunsch, Englands Freundschaft zu gewinnen, seine Achtung vor dem Empire, seine Neigung für die Engländer im allgemeinen. Diese Ausdrücke der Bewunderung klangen ziemlich aufrichtig, Henderson konnte aber nicht verkennen, daß man in einer Sackgasse war. Beim Verlassen der Reichskanzlei war er »von den düstersten Vorahnungen erfüllt.« Als er sich von seiner deutschen Begleitung verabschiedete, bemerkte er bekümmert, er befürchte, daß er in Deutschland nie wieder eine rote Nelke tragen werde.[23]

Nach Absprache mit Hitler bestellte Göring daraufhin im Laufe des Abends Dahlerus zu sich und eröffnete ihm ein Geheimnis: Hitler bereite ein großzügiges Angebot an Polen vor, das am nächsten Morgen überreicht werden sollte und eine dauernde und gerechte Lösung der Frage des Korridors mittels Volksabstimmung vorsehe. Wiederum riß Göring ein Blatt aus einem Atlas und zeichnete hastig mit Grünstift ein, welche Gebiete von der Volksabstimmung betroffen sein würden, und mit Rotstift diejenigen Landesteile, die von Hitler als rein polnisch angesehen wurden.

Dahlerus möge sogleich nach London fliegen, dort ausrichten, daß Deutschland entschlossen sei, zu verhandeln, und er solle »streng vertraulich« zu verstehen geben,[24] Hitler werde den Polen ein Angebot machen, welches so großzügig sei, daß sie annehmen müßten.

Am nächsten Morgen sah Chamberlain seine Befürchtungen bestätigt. Der eiligste Punkt auf der Tagesordnung war Hitlers Aufforderung an die Polen, einen Unterhändler zu schicken, und der Außenminister meinte, »man kann selbstverständlich von uns nicht erwarten, daß wir heute noch einen polnischen Unterhändler nach Berlin beordern«, und die Deutschen dürften darauf nicht rechnen. Sein Botschafter in Warschau meldete telefonisch, er halte es für ausgeschlossen, die Polen dazu zu bringen, daß sie unverzüglich Beck oder einen anderen Bevollmächtigten nach Berlin in Marsch setzten. »Lieber werden sie kämpfen und untergehen als sich so zu erniedrigen, insbesondere mit dem Beispiel der Tschechoslowakei, Litauens und Österreichs vor Augen.«[25]

Chamberlain war jetzt so fest entschlossen, Hitler nicht nachzugeben, daß

724 _Ein Unglück ohne Beispiel_

er nicht einmal bei den Polen anfragte, ob sie der deutschen Forderung nachkommen wollten, und als Dahlerus in der Downing Street eintraf, schienen Verhandlungen bereits ausgeschlossen. Chamberlain, Wilson und Cadogan hörten den Schweden an, bemerkten aber zu Hitlers »großzügigem Angebot«, das sei alles nur leeres Gerede und auf Zeitgewinn angelegt. Man könne doch telefonisch bei Göring anfragen und hören, ob das Angebot schon schriftlich vorliege, schlug Dahlerus vor und hörte gleich darauf vom Feldmarschall, nicht nur liege die Note an Polen fertig vor, sie sei auch noch großzügiger als angenommen.

Dahlerus versuchte nun nach Kräften, den Engländern ihr Mißtrauen auszureden und zeigte ihnen an Hand der von Göring markierten Karte, um was es sich handeln sollte. Die Engländer fanden das deutsche Angebot erträglich, konnten sich aber nicht darüber beruhigen, daß Hitler darauf bestand, schon am gleichen Tage, also am 30., den polnischen Abgesandten in Berlin zu empfangen. Nicht nur dieser Termin mißfiel Chamberlain und seinen Mitarbeitern, sie mißbilligten auch den Ort, Berlin. Man erinnerte sich zu deutlich daran, was Tiso und Hacha dort zugestoßen war!

Dahlerus rief wieder bei Göring an und schlug ihm vor, die Verhandlungen mit Polen nicht in Berlin, sondern möglichst in einem neutralen Land zu führen. Die gereizte Erwiderung lautete: »Nonsens, die Verhandlungen müssen in Berlin stattfinden, wo Reichskanzler Hitler sich aufhält, und ich vermag im übrigen keine Schwierigkeiten für die Polen zu erkennen, bevollmächtigte Vertreter nach Berlin zu senden.«[26] Trotz dieser Zurückweisung und ihres immer noch wachen Mißtrauens wollten die Engländer die Tür zum Frieden doch offenhalten, und sie baten Dahlerus nach Berlin zu fliegen und Hitler der englischen Verhandlungsbereitschaft zu versichern. Als Zeichen seines guten Willens telefonierte Halifax mit Warschau und warnte die Polen davor, auf störende Elemente der deutschen Minderheit zu schießen, und riet, aufreizende Rundfunkpropaganda zu unterlassen.

Die Polen erwiderten darauf mit der allgemeinen Mobilmachung. Hitler war empört, denn das Auswärtige Amt hatte einen ganzen Tag darauf verwendet, ein Angebot an die Polen auszuarbeiten, so großzügig, daß sogar der Dolmetscher Schmidt seinen Augen nicht traute. Nicht nur wurde eine Volksabstimmung im Korridor unter internationaler Kontrolle vorgeschlagen, man bot den Polen auch eine exterritoriale Straße und Eisenbahnlinie durch das Gebiet an, das deutsch werden sollte. »Ich glaubte, wieder nach Genf zurückversetzt zu sein ... Es war ein richtiggehender Völkerbundvorschlag«,[27] bemerkte Schmidt dazu. Trotz seines Zornes angesichts der polnischen Mobilisierung gab Hitler an Brauchitsch und Keitel Befehl, den Einmarsch nach Polen ein weiteres Mal um 24 Stunden zu verschieben, dies sei aber der letzte Aufschub. Lehnte Warschau seine Vorschläge ab, sollte der Angriff am 1. September um 4.30 Uhr beginnen. Am 30. abends war noch keine Antwort da, und aus London verlautete nichts

24. August – 3. September 1939

Definitives. Die Engländer erörterten Hitlers Vorschläge »mit aller gebotenen Eile«, würden aber erst später antworten. Unterdessen rieten sie Oberst Beck, »unverzüglich« mit den Deutschen zu verhandeln. Wenn man bedenkt, wie lange sie damit zögerten, wirkte das recht sonderbar. Die englische Unentschlossenheit wurde, wenn auch nicht dadurch verursacht, so doch möglicherweise verstärkt, weil an diesem Tag gewisse Informationen von einem deutschen Zivilisten einliefen, der in enger Verbindung zur Wehrmacht stand. Ewald von Kleist-Schmenzin offenbarte dem englischen Militärattaché mehrere militärische Geheimnisse und versicherte ihm, der Generalstab plane einen Militärputsch; man wolle sich einen Nervenzusammenbruch zunutze machen, den Hitler kürzlich erlitten habe.[28]

Unterdessen war es in Berlin 22.00 Uhr, und jetzt erst erhielt Henderson die Genehmigung, den Deutschen die englische Antwort zu übermitteln. Er schlug Ribbentrop telefonisch vor, ihn um Mitternacht zu empfangen, weil die den Polen gesetzte Frist um diese Zeit ablief. Ribbentrop witterte dahinter eine besondere Absicht, doch geschah dies ganz arglos, denn man brauchte Zeit, um die Mitteilung aus London zu entschlüsseln. Gleichwohl wurde dadurch die Atmosphäre, in welcher die Besprechung stattfand, mit Mißtrauen aufgeladen. Als Henderson anregte, die Deutschen sollten doch wie üblich ihre Vorschläge über die polnische Botschaft in Berlin nach Warschau übermitteln, sprang Ribbentrop auf. »Das kommt jetzt, nach dem, was vorgefallen ist, überhaupt nicht mehr in Frage«, brüllte er völlig unbeherrscht. »Wir verlangen, daß ein Bevollmächtigter hier nach Berlin kommt, der verantwortlich im Namen seiner Regierung mit uns verhandeln kann.«

Henderson stieg das Blut zu Kopfe. London hatte ihn ermahnt, diesmal ruhig zu bleiben, doch seine Hände zitterten, als er die amtliche Antwort auf Hitlers letztes Memorandum verlas. Ribbentrop hielt mit Mühe an sich. Er kannte zweifellos bereits den Inhalt, denn die meisten Telefongespräche der englischen Botschaft, besonders solche von und nach London, wurden von der deutschen Abwehr abgehört. Die Antwort selbst war zwar in verbindlichem Ton gehalten, enthielt aber kaum mehr als die bereits telefonisch übermittelten Auskünfte vom gleichen Tag.

»Das ist eine unerhörte Zumutung«, unterbrach Ribbentrop wütend, als er hörte, daß während der Verhandlungen keine militärischen Angriffshandlungen stattfinden dürften. Er kreuzte kampflustig die Arme vor der Brust und funkelte Henderson an. »Haben Sie sonst noch etwas zu sagen?« Er wollte sich wohl an dem Botschafter dafür rächen, daß dieser tags zuvor seinen Führer angebrüllt hatte. Der Engländer erwiderte diese Grobheit mit der Bemerkung, die Regierung Seiner Majestät sei darüber unterrichtet, daß die Deutschen in Polen Sabotage verübten.

Jetzt wurde Ribbentrop richtig wütend. »Das ist eine unverschämte Lüge der polnischen Regierung! Ich kann Ihnen nur sagen, Herr Henderson, die Lage ist verdammt ernst!«

Henderson erhob sich halb aus dem Sessel und brüllte seinerseits mit tadelnd erhobenem Zeigefinger: »Sie haben soeben ›verdammt‹ gesagt! Das ist nicht die Sprache eines Staatsmannes in einer so ernsten Situation!!«

Ribbentrop sah drein, als hätte man ihm kaltes Wasser ins Gesicht geschüttet, und war sekundenlang die verkörperte Empörung. Dieser arrogante Engländer wagte doch, ihn zu tadeln! Er sprang auf. »Was haben Sie da eben gesagt?« Henderson erhob sich ebenfalls, und die Herren standen einander wie Kampfhähne gegenüber. »Eigentlich hätte ich mich nach den diplomatischen Gepflogenheiten nun auch erheben müssen. Ich wußte aber offengestanden nicht, wie sich ein Dolmetscher zu verhalten hat, wenn die Gesprächspartner von Worten zu Taten übergehen, wie ich es hier fast befürchten mußte«, sagte Schmidt. Er blieb also sitzen und tat so, als mache er Notizen. Als er über sich schwer schnaufen hörte, fürchtete er, der deutsche Außenminister sei im Begriff, den Botschafter Seiner Majestät zur Tür hinauszuwerfen. Im Lauf seiner jahrelangen Tätigkeit als Dolmetscher hatte er sich über manche grotesken Situationen amüsiert, diese war jedoch höchst peinlich. Jetzt hörte er rechts und links schnaufen, und dann setzte sich erst Ribbentrop, danach Henderson. Der Dolmetscher blickte vorsichtig auf. Der Sturm hatte sich gelegt.[29]

Nun verlief das Gespräch minutenlang verhältnismäßig ruhig. Dann zog Ribbentrop ein Papier aus der Tasche. Dies enthielt Hitlers Angebot an Polen, das Schmidt so überrascht hatte. Ribbentrop verlas die darin enthaltenen sechzehn Punkte auf deutsch. Henderson beklagte sich später (im Gegensatz zu Schmidt), er habe Ribbentrop schlecht verstehen können, weil dieser das Dokument im Eiltempo verlas, und er verlangte deshalb die Überreichung des Wortlauts zwecks Weitergabe an seine Regierung. Dies entsprach so sehr dem üblichen Verfahren, daß Schmidt sich darüber wunderte, daß der Botschafter diese Forderung überhaupt stellte, und er traute denn auch seinen Ohren nicht, als Ribbentrop gequält leise sagte: »Nein, diese Vorschläge kann ich Ihnen nicht übergeben.« Er konnte ja nicht sagen, daß Hitler ihm ausdrücklich verboten hatte, das Dokument aus der Hand zu geben.

Henderson glaubte, ebenfalls nicht recht gehört zu haben, und wiederholte sein Ersuchen. Wieder lehnte Ribbentrop ab, wobei er das Dokument wütend auf den Tisch knallte. »Es ist ja sowieso überholt, da der polnische Unterhändler nicht erschienen ist«, sagte er dabei.

Schmidt, der dies erregt beobachtete, begriff nun, was hier gespielt wurde: Hitler fürchtete, die Polen könnten sein Angebot annehmen, falls die Engländer es an sie weiterreichten. Für einen Dolmetscher war es eine Todsünde, sich ins Gespräch zu mischen, doch blickte er Henderson »auffordernd« an, um ihm den Gedanken einzugeben, eine englische Übersetzung zu verlangen. Das hätte Ribbentrop nicht ablehnen können, und Schmidt nahm sich vor, so langsam zu übersetzen, daß der Botschafter alles hätte

24. August – 3. September 1939 727

mitschreiben können. Henderson verstand diesen Wink aber nicht, und dem Dolmetscher blieb nichts anderes übrig als unter seinen Notizen einen dicken roten Punkt zu setzen, eine persönliche Notiz, die bedeutete, daß die Würfel für Krieg gefallen waren.

So endete diese stürmische Unterredung, von der Ribbentrop sagte: »Die Unterredung wurde von Henderson unhöflich geführt, von mir kühl.« Trotz der späten Stunde berichtete der Außenminister sogleich in der Reichskanzlei und schlug vor, die deutschen Vorschläge Henderson schriftlich auszuhändigen. Hitler lehnte ab.

3

Zeitig am frühen Morgen des nächsten Tages rief Henderson den polnischen Botschaftssekretär an. Er wisse aus sicherer Quelle, daß es zum Krieg kommt, wenn Polen sich nicht bereit erklärt, innerhalb der nächsten zwei oder drei Stunden etwas zu unternehmen.[30]

Jedes seiner Worte wurde ebenso abgehört wie sein fünfzehn Minuten später erfolgendes Gespräch mit London, in dem er die gleiche Information wiederholte und hinzufügte, dies könnte zwar ein Bluff sein, ebensowohl aber nicht. Die Deutschen kannten zwar noch nicht alle Schlüssel der Engländer, doch Hendersons unvorsichtige Telefoniererei erleichterte ihnen die Arbeit. (In der englischen Botschaft in Rom verfuhr man noch nachlässiger. Lord Perths Safe wurde regelmäßig einmal in der Woche von einem Berufsverbrecher im Auftrag des italienischen Geheimdienstes durchsucht. Nicht nur kopierte der die Codebücher, sondern er stahl auch den Schmuck von Lady Perth. Doch selbst dieser Verlust führte nicht zu einer Verbesserung der Sicherheitsvorkehrungen. Zum Glück für England übermittelte Mussolini noch nicht die Codebücher fremder Mächte an seinen Alliierten.)

Der letzte Tag im August wurde für alle Menschen guten Willens turbulent. Dahlerus erhielt von Henderson die Erlaubnis, gegen Mittag Sir Horace Wilson telefonisch auszurichten, Hitlers Vorschläge seien »ungewöhnlich liberal«. Göring zufolge habe der Führer sie einzig gemacht, um den Engländern zu zeigen, wie sehr ihm daran liege, mit ihnen zu einem Einverständnis zu kommen. Während Dahlerus telefonierte, hörte Wilson einen Deutschen dessen Worte wiederholen. Ihm war klar, daß das Gespräch abgehört wurde, und er sagte, Dahlerus möge seine Information Henderson geben, der Amateurdiplomat verstand diesen Wink aber nicht. Als er auch eine weitere Andeutung nicht beachtete, sagte Wilson rundheraus, er solle den Mund halten, und als Dahlerus das nicht tat, legte er auf.[31]

Während Berufs- und Amateurdiplomaten nach einer friedlichen Lösung suchten, lief die Kriegsmaschinerie unbeirrbar an. Mittags erließ Hitler die zweite Weisung für den Einmarsch, provoziert von einer groben Falschmeldung, wie A.I. Berndt, sein Verbindungsmann zum DNB, ausgesagt hat.

728   *Ein Unglück ohne Beispiel*

Berndt fand die Zahl der als von den Polen ermordet gemeldeten Deutschen
zu klein und fügte einfach eine Null an. Hitler wollte diese große Zahl
anfangs nicht glauben, doch als Berndt antwortete, die Zahl sei vielleicht
etwas übertrieben, es müßten sich aber schon fürchterliche Dinge abgespielt
haben, wenn solche Meldungen eingingen, brüllte Hitler: »Das werden sie
mir büßen, jetzt kann mich niemand mehr daran hindern, den Brüdern eine
Lektion zu erteilen, die sie nicht mehr vergessen werden! Ich kann es nicht
zulassen, daß man meine Deutschen wie das Vieh abschlachtet.«[32] In
Berndts Gegenwart befahl er Keitel telefonisch, die Weisung Nr. 1 für die
Kriegführung herauszugeben. »Nachdem alle politischen Möglichkeiten er-
schöpft sind, um auf friedlichem Wege eine für Deutschland unerträgliche
Lage an seiner Ostgrenze zu beseitigen, habe ich mich zur gewaltsamen
Lösung entschlossen.«[33]

Der Angriff auf Polen wurde definitiv für Freitag, den 1. September, angesetzt, während im Westen nichts unternommen werden sollte. Die Oberste
Wehrmachtsführung erhielt die Weisung durch Kuriere zugestellt und gab
unter größter Geheimhaltung ihre Anordnungen an die Truppenbefehls-
haber. Um 16.00 Uhr wurde der Einmarschbefehl bestätigt; Mannschaften
und Gerät rückten in die Bereitstellungsräume nahe der Grenze. Gleichzeitig
gab der Chef des Sicherheitsdienstes einer Abteilung nahe der polnischen
Grenze einen Sonderbefehl. Heydrich hatte einen teuflischen Plan erdacht,
der Hitler einen guten Vorwand für seinen Angriff liefern sollte. Abteilungen des SD, verkleidet als polnische Soldaten und Partisanen, sollten in
der Nacht vor dem Angriff Zwischenfälle längs der Grenze provozieren.
Nach genau vier Stunden sollten sie ein Forsthaus angreifen, ein deutsches
Zollgebäude zerstören und, dies war die Hauptaufgabe, den deutschen
Rundfunksender Gleiwitz besetzen. Nachdem sie deutschfeindliche Parolen
ins Mikrofon gebrüllt hatten, sollten die »Polen« sich zurückziehen unter
Hinterlassung einiger Leichen, zum Beweis, daß wirklich ein Kampf statt-
gefunden hatte. Die Leichen waren Häftlinge aus Konzentrationslagern.[34]

Nach fünfeinhalb Stunden Wartezeit wurde Botschafter Lipski endlich
um 18.30 Uhr bei Ribbentrop vorgelassen. Müde und nervös verlas Lipski
eine kurze Note, in der es hieß, seine Regierung »prüft wohlwollend« die
englischen Vorschläge für direkte Verhandlungen mit Deutschland und
»wird innerhalb der nächsten Stunden in aller Form darauf antworten«. Er
fügte hinzu, er habe die Note bereits um 13.00 Uhr übergeben wollen.

Ribbentrop fragte kühl, ob Lipski als bevollmächtigter Unterhändler
gekommen sei, worauf dieser erwiderte, er habe nur den Auftrag, die Note
zu übergeben, die er gerade verlesen hatte. Ribbentrop sagte, er habe angenommen, Lipski sei zu Verhandlungen bevollmächtigt. »Haben Sie eine
Vollmacht, mit uns sofort über die deutschen Vorschläge zu verhandeln?«
Die hatte Lipski nicht. »Dann hat es keinen Zweck, daß wir uns weiter
unterhalten.«[35]

24. August – 3. September 1939   729

Damit endete eine der kürzesten Unterredungen, die Schmidt je erlebt hatte. Lipski wünschte Hitlers sechzehn Punkte umfassenden Vorschlag nicht zu sehen, und auch wenn Ribbentrop ihm diesen vorgelegt hätte, wäre Lipski nicht befugt gewesen, ihn anzunehmen. Er hatte Weisung, »nicht in konkrete Verhandlungen einzutreten«. Die Polen glaubten offenbar so fest daran, die Deutschen besiegen zu können (mit Hilfe ihrer Alliierten), daß sie keine Lust hatten, Hitlers Vorschlag zu erörtern. England und Frankreich drängten die Polen auch nicht zu Verhandlungen. Von der Botschaft aus versuchte Lipski mit Warschau zu telefonieren, die Telefonleitung war jedoch stillgelegt. Die Deutschen hatten sie unterbrochen. Sie wußten jetzt, was sie wissen wollten.

Hitler besprach sich unterdessen in der Reichskanzlei mit dem italienischen Botschafter, der um 19.00 Uhr eingetroffen war. Attolico riet wieder einmal zum Frieden. Ob Hitler einverstanden sei, daß der Duce in letzter Minute einen Vermittlungsversuch mache? Man müsse den Gang der Ereignisse abwarten, antwortete Hitler darauf.[36] Die Ereignisse fanden planmäßig statt. Genau um 20.00 Uhr erfolgte der »polnische« Überfall auf den Gleiwitzer Sender. Eine Stunde später unterbrachen alle deutschen Sender das Programm, und eine amtliche Bekanntmachung wurde verlesen. Hitlers Vorschlag an die Polen wurde mit allen 16 Punkten vorgetragen und auch von Auslandskorrespondenten, die dem Regime unfreundlich gegenüberstanden, für vernünftig erklärt.

Die Polen dachten keinen Augenblick daran, den deutschen Vorschlag anzunehmen. Statt sogleich die Aufnahme von Verhandlungen zu verlangen und damit möglicherweise Hitler noch aus dem Konzept zu bringen, erwiderten sie ihrerseits um 23.00 Uhr mit einer schroffen Verlautbarung. Es hieß darin, die deutsche Rundfunksendung entlarve Hitlers wahre Ziele. »Mit Worten können die aggressiven Pläne der neuen Hunnen nicht mehr verschleiert werden. Deutschland strebt die Herrschaft in Europa an und mißachtet die Rechte der Völker mit nie dagewesenem Zynismus. Dieser unverfrorene Vorschlag zeigt deutlich, wie notwendig es war, daß die polnische Regierung die Mobilmachung befohlen hat.«[37]

Ribbentrop ging in die Reichskanzlei, um zu sehen, wie Hitler auf die polnische Sendung reagierte. Man könne jetzt nichts mehr tun, sagte er, die Dinge nähmen ihren Lauf. Er war erstaunlich gefaßt. Nach wochenlangem Hin und Her lag der Kurs nun fest. Er legte sich in der Überzeugung schlafen, daß England und Frankreich nichts unternehmen würden. Am meisten beruhigte ihn wohl an diesem Abend eine kurze Mitteilung aus Moskau, derzufolge der Oberste Sowjet nach einer »brillanten« Rede Molotows den Pakt mit Deutschland ratifiziert hatte. (Erst kürzlich hatte er seinen Kommandeuren noch gesagt, der Vertrag mit Stalin ist »ein Pakt mit Satan, um den Teufel auszutreiben.«)[38]

Hitler sah in dem Einmarsch nach Polen keine Kriegshandlung, sondern

730   *Ein Unglück ohne Beispiel*

nur eine Polizeiaktion, mit der er nehmen wollte, was Deutschland rechtmäßig gehörte, eine streng umgrenzte Aktion, die England und Frankreich
als ›fait accompli‹ hinnehmen würden, nachdem sie einige nutzlose Gesten
zwecks Wahrung des Gesichtes gemacht hatten. Wieder und wieder hörten
seine Adjutanten ihn beim Essen sagen: »Die Engländer lassen die Polen
ebenso im Stich wie zuvor die Tschechen.«[39]

Die abgehörten Telefongespräche deuteten zwar unmißverständlich
darauf hin, daß England wie Frankreich im Fall eines deutsch-polnischen
Krieges höchstwahrscheinlich intervenieren würden, doch konnte Hitler sich
nicht dazu durchringen, das zu glauben, denn das paßte nicht zu seiner
Intuition, wie sein persönlicher Adjutant Schaub berichtet. Lieber glaubte er
seiner eigenen Überzeugung, daß weder England noch Frankreich handeln
würden. England bluffe, hatte er kürzlich seinem Hoffotografen gesagt und
mit einem bei ihm seltenen Schmunzeln angefügt, er selbst ebenfalls.

Göring befand sich in seinem Sonderzug, als er hörte, daß Hitler sich
endgültig für den Krieg entschieden hatte. Außer sich vor Wut ließ er
Ribbentrop ans Telefon kommen. »Jetzt haben Sie Ihren Krieg! Sie sind der
einzig Schuldige!«[40] brüllte er und knallte den Hörer auf. Das war nun
höchst kurios, denn niemand hatte Hitler häufiger gewarnt als Ribbentrop,
daß England gewiß kämpfen würde, wenn man die Dinge zu weit trieb.

                                            4

Um 4.45 Uhr am 1. September eröffnete der deutsche Panzerkreuzer
»Schleswig-Holstein«, auf Höflichkeitsbesuch im Hafen von Danzig, das
Feuer auf die Westernplatte, wo die Polen ein Depot und 88 Soldaten statio-
niert hatten. Gleichzeitig begann entlang der deutsch-polnischen Grenze die
Artillerie zu schießen, während Infanterie und Panzer ostwärts vordrangen.
Eine förmliche Kriegserklärung wurde nicht abgegeben, Hitler ließ aber eine
Stunde später eine Proklamation an seine Truppen ergehen:[41]

» An die Wehrmacht!

*Der polnische Staat hat die von mir erstrebte friedliche Regelung nachbar-
licher Beziehungen verweigert, er hat statt dessen an die Waffen appelliert.*

*Die Deutschen in Polen werden mit blutigem Terror verfolgt, von Haus
und Hof vertrieben. Eine Reihe von für eine Großmacht unerträglichen
Grenzverletzungen beweist, daß die Polen nicht mehr gewillt sind, die
deutsche Reichsgrenze zu achten. Um diesem wahnwitzigen Treiben ein
Ende zu bereiten, bleibt mir kein anderes Mittel, als von jetzt ab Gewalt
gegen Gewalt zu setzen.«*

Der Duce reagierte in Rom äußerst gelassen. Stunden zuvor war er,
angetrieben von seiner eigenen Angst und einer wahren Sturzflut warnender
Ratschläge, zu einer zwar peinlichen, aber klugen Einsicht gekommen:
Italien würde neutral bleiben. Er telefonierte persönlich mit Attolico, er

24. August – 3. September 1939 731

verlangte, Hitler möge ihn persönlich durch Telegramm von seiner Bei-
standspflicht entbinden. Hitler entwarf sogleich eine Antwort, die seinen
Ärger nicht erkennen ließ. »Ich bin der Überzeugung, die uns gestellte
Aufgabe mit den militärischen Kräften Deutschlands lösen zu können«,
heißt es darin, und er dankte Mussolini für alles, was dieser in Zukunft noch
»für die gemeinsame Sache des Faschismus und Nationalsozialismus tun«
werde.[42] Er unterzeichnete es um 9.40 Uhr und begab sich anschließend in
die Krolloper, wo der Reichstag zusammengetreten war. Die Gaffer sahen
erstaunt, daß Hitler forsch in maßgeschneidertem Feldgrau dem Wagen
entstieg; auf den ersten Blick sah das nach Wehrmachtsuniform aus, in
Wahrheit aber war es die Parteiuniform, nur die Farbe war anders. Die
Zuhörer lauschten gespannt, als er mit verhaltener, heiserer Stimme seine
Vorwürfe gegen Polen, einen um den anderen vorbrachte und sich dabei
nach und nach in einen Zustand der Empörung steigerte. Er bedauerte, daß
die Westmächte sich in ihren Interessen berührt sähen. »Ich habe England
immer wieder eine Freundschaft und wenn notwendig, das engste Zusammengehen angeboten. Aber Liebe kann nicht nur von einer Seite geboten
werden, sie muß von der anderen ihre Erwiderung finden.«

Eva Braun, die unter den Zuhörern saß, flüsterte ihrer Schwester zu: »Das
bedeutet Krieg, Ilse, und er wird mich verlassen ... was soll aus mir
werden?«

Diese Rede Hitlers gehörte nicht zu seinen besten, mag sein, weil er
improvisieren mußte, und Hellmut Sündermann redigierte in größter Eile
mit seinen Kollegen vom Reichspresseamt daran herum, bis eine druckreife
Fassung vorlag. Hitler versprach darin, er wolle niemals gegen Frauen und
Kinder Krieg führen, und behauptete, die ersten Schüsse wären von polnischen Soldaten auf deutsches Gebiet abgegeben worden. Die Wehrmacht
erwidere nur das Feuer. »Wer mit Gift kämpft, wird mit Giftgas bekämpft.
Wer sich selbst von den Regeln einer humanen Kriegführung entfernt, kann
von uns nichts anderes erwarten, als daß wir den gleichen Schritt tun. Ich
werde diesen Kampf, ganz gleich gegen wen, so lange führen, bis die Sicherheit des Reiches und seine Rechte gewährleistet sind! ... Mein ganzes Leben
gehört von jetzt ab erst recht meinem Volk. Ich will nichts anderes jetzt sein,
als der erste Soldat des deutschen Reiches! Ich habe damit wieder jenen
Rock angezogen, der mir selbst der heiligste und teuerste war. Ich werde ihn
nur ausziehen nach dem Sieg – oder – ich werde dieses Ende nicht mehr
erleben!«

Die Abgeordneten klatschten mäßig Beifall, wie Halder notierte, und
niemand nahm wahr, daß Eva Braun die Hände vor das Gesicht hielt und
weinte. »Wenn ihm etwas zustößt, sterbe ich auch«, sagte sie zu ihrer
Schwester. Hitler kündigte unterdessen an, falls ihm wirklich etwas zustoße,
solle der Reichsmarschall sein Nachfolger werden und nach diesem Heß.
Das war eine einsame Entscheidung, vielleicht eine momentane Eingebung,

732   *Ein Unglück ohne Beispiel*

doch ließ sich daraus entnehmen, daß es eine deutsche Regierung nicht gab. Der Führer verkörperte Deutschland.[43]

Auf den Straßen fast Friedhofsstille. Die wenigen vereinzelten Passanten wirkten bedrückt und sorgenvoll. Nirgendwo gab es den Jubel vom August 1914, als der Kaiser den Krieg verkündet hatte. Heute stand kein eifriger junger Adolf Hitler mit freudig blitzenden Augen auf der Straße. 1914 war der Krieg von den meisten Europäern als Erlösung empfunden worden. D. H. Lawrence, der den Krieg heftig ablehnte, schreibt dazu: »Man darf nie vergessen, daß die Menschheit von einem Motiv mit Doppelnatur getrieben wird, nämlich dem Wunsch nach Frieden und Vermehrung und dem nach Konflikt und Sieg in der Schlacht. Sobald letzterer befriedigt ist, nimmt ersterer zu und umgekehrt. Das ist wohl ein Naturgesetz.«[44] Zwischen dem Waffenstillstand und dem 1. September 1939 war von Frieden und Vermehrung wenig zu spüren gewesen; diese Generation hatte kein langweiliges Leben hinter sich, keine Sehnsucht nach Abenteuern oder Flucht aus dem Alltag. Diese Deutschen wußten nur zu gut, daß mit dem letzten Krieg nichts erreicht worden war, daß der Krieg eine lange, tragische, ruhmlose Angelegenheit ist.

Dr. Brandt begleitete Eva Braun aus der Oper und suchte sie aufzumuntern. »Machen Sie sich keine Sorgen, Fräulein Braun, der Führer hat mir gesagt, daß in drei Wochen Frieden ist.«[45] Sie quälte sich ein Lächeln ab.

Henderson berichtete nach London, Hitler sei unmittelbar nach der Rede in der Reichskanzlei vor seine Generäle getreten und habe gesagt, »daß die Politik versagt habe und jetzt die Waffen sprechen würden«. Danach sei er völlig zusammengebrochen und habe das Arbeitszimmer verlassen, ohne seine Ansprache zu beenden. Das könnte zutreffen.[46] Göring bestellte Dahlerus auf Hitlers Wunsch am frühen Nachmittag in die Reichskanzlei. Hitler dankte ihm für seine Bemühungen und schob die Schuld ihres Mißlingens England zu. Es bestehe nun keine Hoffnung mehr auf eine Einigung. Als Göring zu einer gegenteiligen Erklärung ansetzte, fiel er ihm ins Wort; er sei entschlossen, den polnischen Widerstand zu brechen und Polen als Nation auszulöschen. Sei England aber noch willens zu verhandeln, wolle er auf halbem Wege entgegenkommen. Und schon fing er wieder an zu schreien und zu gestikulieren. Göring sah verlegen beiseite. »Wenn England ein Jahr kämpfen will, so werde ich ein Jahr kämpfen; wenn England zwei Jahre kämpfen will, so werde ich zwei Jahre kämpfen.« Er unterbrach sich, dann brüllte er noch lauter und fuchtelte wild mit den Armen. »Wenn England drei Jahre kämpfen will, werde ich drei Jahre kämpfen!« Dann ballte er die Hände und brüllte: »Und wenn es erforderlich ist, will ich zehn Jahre kämpfen!« Dabei stieß er die geballte Faust nieder, daß er beinahe den Boden damit berührte.[47]

Als er sich kurz darauf im Vorzimmer blicken ließ, wirkte er jedoch »freudig erregt«. Zu Ribbentrop und zwei seiner Adjutanten bemerkte er,

24. August – 3. September 1939   733

das Tempo des Vormarsches übersteige seine wildesten Hoffnungen, der ganze Feldzug werde vorüber sein, bevor noch die Westmächte Zeit fänden, ihre Protestnoten zu formulieren. Otto Abetz, ein Frankreichkenner, warf ungefragt ein, Frankreich werde den Krieg erklären, worauf Hitler sich Ribbentrop zuwandte und mit gespieltem Entsetzen die Arme hochwarf. »Verschonen Sie mich bitte mit den Urteilen Ihrer Fachleute«, sagte er und übergoß die deutschen Diplomaten, die glänzend bezahlt würden, über die modernsten Kommunikationsmittel verfügten und trotzdem immer falsche Auskünfte gäben, mit Hohn. Sie hätten der Wehrpflicht, des Rheinlands, des Anschlusses, der Sudetenkrise und der Besetzung Prags wegen den Krieg vorhergesagt. Die Militärattachés taugten ebensowenig. »Entweder sind diese Herren in ihrem ermüdenden Frühstücksdienst so vertrottelt, daß sie nicht mehr imstande sind, die Situation in ihren Ländern besser zu überschauen, als ich es hier von Berlin aus getan habe, oder aber ihnen paßt meine Politik nicht, und sie fälschen die wahre Situation in ihren Berichten, um mich auf meinem Wege zu hindern. Sie müssen verstehen, Ribbentrop, daß ich auf das Urteil von Leuten, die mich ein Dutzend Mal falsch informiert, um nicht zu sagen belogen haben, schließlich verzichte und mich an mein eigenes Urteil halte, das mich in all diesen Fällen besser beraten hat als die zuständigen Fachleute.«[48]

In London war unterdessen der polnische Botschafter Edward Raczynski aus eigenem Antrieb in der Downing Street bei Halifax erschienen und hatte auf eigene Verantwortung erklärt, seine Regierung sähe in Anbetracht des deutschen Einmarsches den Bündnisfall nach Artikel eins des anglo-polnischen Beistandspaktes für gegeben an.

»Daran ist wohl kein Zweifel«, stimmte Halifax zu. Auf dem Korridor trafen die beiden Herren bereits die Minister, die zu einer Sondersitzung des Kabinetts eilten. Sir John Simon, der Schatzkanzler, schüttelte herzlich Raczynskis Hand. »Jetzt dürfen wir uns die Hände schütteln, wir sitzen alle im gleichen Boot... England verläßt seine Freunde nicht.« Chamberlain schlug dem Kabinett sogleich vor, Hitler eine letzte Warnung zukommen zu lassen: England würde sein Garantieversprechen an Polen erfüllen, falls die Feindseligkeiten nicht sofort eingestellt würden. Das müsse allerdings behutsam formuliert werden, keineswegs als Ultimatum, sonst würden die Deutschen unverzüglich englische Schiffe angreifen.[49]

Die Weltöffentlichkeit hatte einen Angriff Hitlers erwartet und war doch schockiert. Der Vatikan, der insgeheim durch Kardinal Hlond die polnische Regierung zu Verhandlungen mit Hitler gedrängt hatte, unterließ allerdings eine Verurteilung. Roosevelt reagierte, indem er von beiden Krieg führenden Parteien verlangte, weder Zivilisten noch offene Städte zu bombardieren, was Hitler ärgerte, weil er das ja bereits öffentlich gelobt hatte. Als sein Geschäftsträger in Washington berichtete, der stellvertretende Pressechef des US-Außenministeriums habe dem Vertreter der DNB gesagt, »wir

734 *Ein Unglück ohne Beispiel*

bemitleiden nur Ihr Volk, Ihre Regierung ist bereits gerichtet, sie wird von dem einen Ende der Welt bis zum anderen verurteilt, denn dieses Blutbad, wenn es jetzt zum Krieg England/Frankreich – Deutschland kommt, war völlig unnötig. Die ganze Art der Verhandlungsführung war so dumm wie möglich.«⁵⁰ Da verwandelte sich seine Gereiztheit in Empörung. Die Feindseligkeit der Amerikaner kreidete er der von Juden kontrollierten Presse und den Juden in der Umgebung von Präsident »Rosenfeld« an. Er rächte sich, indem er allen deutschen Juden als Staatsfeinden verbot, abends nach 20.00 Uhr im Winter und nach 21.00 Uhr im Sommer auf der Straße zu sein. Bald darauf wurden ihnen auch die Radioapparate weggenommen.

Am späten Nachmittag erhielt Henderson den Auftrag, eine englische Note zu überbringen, und zwar gemeinsam mit seinem französischen Kollegen. Er möge Ribbentrop klarmachen, daß es sich nicht um ein Ultimatum handele, sondern um eine Warnung, er selbst dürfe aber wissen (und damit wußte es auch die deutsche Telefonüberwachung), daß auf eine unbefriedigende deutsche Antwort entweder ein zeitlich begrenztes Ultimatum oder die Kriegserklärung folgen würde. Henderson und Coulondre kamen kurz vor 21.30 Uhr in die Wilhelmstraße, wo Ribbentrop es ablehnte, sie gemeinsam zu empfangen. Als ersten bat er den Engländer mit betonter Höflichkeit herein. Er sagte sodann, Polen habe Deutschland provoziert und begann einen allerdings gedämpften Streit. Diesmal stand man sich nicht wie beim Hahnenkampf gegenüber, sondern blieb korrekt sitzen. Kaum war Henderson gegangen, überbrachte Coulondre eine fast gleichlautende Note Frankreichs. Ribbentrop wiederholte, Schuld sei nicht Deutschland, sondern Polen, und versprach, die Note an Hitler weiterzugeben.

Chamberlain informierte das Unterhaus über die an Hitler gesandte Note und sagte, England werfe Deutschland weiter nichts vor, als daß es die Regierung der Nazis dulde. »Solange diese Regierung weiterbesteht«, fuhr er fort, »und die seit zwei Jahren befolgte Methode anwendet, kann es in Europa keinen Frieden geben. Wir sind entschlossen, diesen Methoden ein Ende zu setzen. Wenn wir die Grundsätze des Vertrauens und des guten Glaubens wiederherstellen können, dann werden alle unsere Opfer hinreichend gerechtfertigt sein.«⁵¹ Dafür erhielt er von allen Plätzen Beifall.

5

Mussolini ahnte zwar, daß Hitler jeden weiteren Versuch einer italienischen Vermittlung mißbilligte, wollte es aber doch noch ein letztes Mal wagen und schlug am folgenden Morgen vor, den Konflikt einer Konferenz der Großmächte zu unterbreiten. Hitler war nicht davon begeistert, Frankreich und England zögerten ebenfalls. Hesse sagte telefonisch aus London zu Hewel: »Nur eine Chance gibt es, nämlich die, daß wir sofort aus Polen wieder herausgehen und Reparationen für den angerichteten Schaden

24. August – 3. September 1939   735

anbieten. Wenn Hitler das tut, dann wäre vielleicht eine Chance in einer
Million gegeben, die Katastrophe noch zu vermeiden.« Nach zwei Stunden
rief Hewel zurück, und gleich darauf hörte Hesse die tiefe Stimme von
Ribbentrop: »Sie wissen doch, wer hier spricht; bitte nennen Sie mich nicht
beim Namen. Bitte gehen Sie sofort zu Ihrem Vertrauensmann – Sie wissen
ja, wen ich damit meine –, und erklären Sie ihm folgendes: Der Führer ist
bereit, aus Polen wieder herauszugehen und Schadensersatz für den bereits
angerichteten Schaden anzubieten unter der Voraussetzung, daß wir Danzig
und die Straße durch den Korridor erhalten, wenn England im deutsch-
polnischen Konflikt die Vermittlung übernimmt. Sie sind vom Führer
ermächtigt, diesen Vorschlag dem englischen Kabinett zu unterbreiten und
sofort Verhandlungen hierüber aufzunehmen.«

Hesse war sprachlos. Hatte der Führer etwa im letzten Moment gesehen,
welches Unheil er heraufbeschwor, oder wollte er nur prüfen, wie kompromißbereit die Engländer waren, wenn das Schwert des Krieges über ihrem
Haupte schwebte? Hesse bat, Ribbentrop solle wiederholen, was er gesagt
hatte. Ribbentrop tat es und setzte hinzu: »Betonen Sie noch einmal, daß Sie
im ausdrücklichen Auftrag Hitlers handeln und daß dies nicht etwa eine
Privataktion von mir ist, damit es kein Mißverständnis in der Angelegenheit
gibt.«[52]

Ein Anruf in der Downing Street ergab, daß Wilson, Hesses Gesprächspartner in London, vorerst nicht zu sprechen sei. Gleich darauf, genau um
19.44 Uhr, betrat Chamberlain das Unterhaus, um eine Erklärung abzugeben. Harold Nicolson erinnert sich: »Wir warteten wie der Gerichtshof
auf den Spruch der Geschworenen. Die Rede des Premiers war aber von
Anfang an enttäuschend. Seine Stimme klang, als habe er sich erkältet. Er
ist ein sonderbarer Mensch. Wir erwarteten eine seiner dramatischen
Ansprachen, es kam jedoch keine.«[53] Chamberlain belehrte seine Zuhörer
darüber, daß die Regierung Seiner Majestät eingreifen müsse, falls Hitler
seine Streitkräfte nicht aus Polen abzöge, und verblüffte sie sodann mit der
Behauptung, falls dies geschähe, sei der alte Status als wiederhergestellt
anzusehen – »mit anderen Worten, wir würden dann Gespräche zwischen
der deutschen und der polnischen Regierung über diese Streitpunkte befür-
worten, vorausgesetzt, ein allfälliges Abkommen schützt die Lebensinteressen Polens und ist von einer internationalen Garantie begleitet«.[54]

Anders ausgedrückt, Chamberlain zögerte noch. (Botschafter Kennedy
zufolge hat er später gesagt: »Die Amerikaner und das Weltjudentum haben
mich in den Krieg getrieben.«) Der amtierende Führer der Labourparty,
Arthur Greenwood, sprang auf, angefeuert durch Zurufe: »Sprich für England, Arthur!« und rief: »Wie lange wollen wir noch zögern, da doch England und alles, was uns teuer ist und die gesamte menschliche Zivilisation
auf dem Spiele stehen?«[55]

Die Parlamentarier waren in aufrührerischer Stimmung, viele verlangten

736 *Ein Unglück ohne Beispiel*

es solle auch ohne die Franzosen sofort ein Ultimatum gestellt werden, aber Chamberlain lehnte das ab. Um 21.50 Uhr schlug er Daladier am Telefon einen Kompromiß vor, doch dieser wich aus: Sein Kabinett verlange, daß er Hitler bis zum Mittag des folgenden Tages Zeit gäbe, aus Polen abzuziehen. Gerade als Chamberlain auflegte, kam Hesse, um mit Sir Horace Wilson zu sprechen. Dieser zeigte sich von Hitlers Vorschlag, Polen zu räumen, »sichtlich beeindruckt«, wollte ihn aber dem Kabinett nicht unterbreiten. Seit ihrer letzten Zusammenkunft sei die Lage total verändert, denn Roosevelt habe versprochen, Chamberlain zu unterstützen, falls dieser den Krieg erklärte, und die Sowjetunion werde gewiß nicht an der Seite Deutschlands kämpfen.

Hesse gab nicht nach. »Ich sehe in diesem Vorschlag die letzte und einzige Chance, den Krieg zu vermeiden, und sehe in ihm auch ein Zeichen, daß Hitler eingesehen hat, daß er einen Fehler begangen hat, sonst würde ich diesen Vorschlag wohl kaum in Händen haben.«

Sir Horace wollte nicht glauben, daß Hitler sich eines anderen besonnen hatte. Ob er bereit wäre, sich in aller Öffentlichkeit für seine Gewaltmaßnahmen zu entschuldigen? Hesse sagte, ein solcher Vorschlag sei psychologisch verfehlt, denn Hitler sähe die Verantwortung für die derzeitige Krise nicht nur bei sich. Darauf erwiderte Wilson ungewöhnlich heftig, Hitler und niemand sonst sei für die Lage verantwortlich!

»Wenn Sie diesen Vorschlag an der Frage einer Entschuldigung Hitlers scheitern lassen, so wird die Welt Ihnen die Schuld dafür geben; es wird dann heißen, Chamberlain habe den Krieg gewollt, obwohl er die Möglichkeit gehabt habe, ihn zu verhindern«, sagte Hesse verzweifelt.

»Gut, dann wiederholen Sie Ihren Vorschlag noch einmal, vielleicht kann ich ihn doch dem Kabinett unterbreiten«, sagte Wilson nach langem Nachdenken. Hesse wiederholte, und Sir Horace ging derweil hin und her, die Hände auf dem Rücken. Es klopfte, und Wilson erhielt einen Bogen Papier hereingereicht. Er las, hielt es an eine Kerzenflamme und nahm seine Promenade wieder auf. Schließlich sagte er zu Hesse: »Ich kann Ihren Vorschlag dem Kabinett nicht mehr unterbreiten.«[56] Ohne Zweifel hatte er die Mitteilung bekommen, daß Chamberlain soeben entschieden hatte, auch ohne Frankreich tätig zu werden. Um 23.30 Uhr fand eine weitere Sondersitzung des Kabinetts statt, und Chamberlain sagte, er werde am folgenden Mittag eine Erklärung an die Nation abgeben. »Ich schlage darum vor, daß Sir Nevile Henderson beauftragt wird, morgen früh um neun Herrn von Ribbentrop mitzuteilen, daß ab morgen mittag 12.00 Uhr zwischen England und Deutschland der Kriegszustand herrscht, wenn bis dahin keine befriedigende Antwort eingegangen ist.« Er fügte noch an, sein Entschluß würde die Franzosen womöglich anspornen, früher zu handeln, er bezweifele das aber.

Simon warf ein, ein auf Mittag befristetes Ultimatum lasse Chamberlain

24. August – 3. September 1939　　　　　　　　　　　737

nicht Zeit zu einer Erklärung an die Nation, man müsse es auf 11.00 Uhr befristen. Darüber wurde Einigkeit erzielt und die Sitzung geschlossen.[57]

Seinem Kammerdiener zufolge verbrachte Hitler einen ruhigen Abend in der Reichskanzlei mit der Erörterung des polnischen Feldzuges. Doch als er erfuhr, daß Hesse bei Wilson nichts ausgerichtet hatte – die Meldung traf um 2.00 Uhr früh ein –, soll er die Beherrschung verloren und Ribbentrop die Schuld daran gegeben haben, daß Italien sich sträubte, am Krieg teilzunehmen. Damit war sein geplagter Außenminister aber noch keineswegs erlöst, denn um 4.00 Uhr früh ließ die englische Botschaft wissen, daß Henderson um 9.00 Uhr morgens Ribbentrop eine wichtige Note zu übermitteln habe. Das konnte nur etwas Unangenehmes sein, vermutlich ein Ultimatum, und Ribbentrop hatte keine Lust, sich das anzuhören. Also forderte er Schmidt auf, Henderson an seiner Stelle zu empfangen.

6

Sonntag, der 3. September, zog milde und wolkenlos herauf. Es war ein herrlicher Tag, den die Berliner andernfalls in den umliegenden Wäldern und an den Seen genossen hätten, heute aber waren sie deprimiert und verwirrt, weil sie sich an der Schwelle eines großen Krieges wußten.

Ausgerechnet an diesem Morgen mußte Schmidt verschlafen; er hatte nur wenige Stunden Ruhe gefunden. Als er im Taxi beim Außenministerium vorfuhr, sah er Henderson die Treppe hinaufgehen und rannte selbst in einen Seiteneingang. Als mit dem Glockenschlag neun Henderson gemeldet wurde, stand Schmidt, noch ganz außer Atem, in Ribbentrops Büro. Die Herren tauschten einen Händedruck, Henderson wollte aber nicht Platz nehmen. Mit bekümmerter Stimme sagte er: »Ich muß Ihnen leider im Auftrag meiner Regierung ein Ultimatum an die deutsche Regierung überreichen.« Er verlas den Wortlaut, der die Kriegserklärung enthielt, es sei denn, Deutschland versichere bis um 11.00 Uhr englischer Sommerzeit, alle Truppen aus Polen abziehen zu wollen.

Henderson überreichte das Dokument an Schmidt und sagte dabei: »Es tut mir aufrichtig leid, daß ich gerade Ihnen ein solches Dokument übergeben muß, denn Sie sind stets sehr hilfsbereit gewesen.« Man wird Henderson zwar nicht als einen blitzgescheiten Mann in Erinnerung behalten, denn er hat sich bis zum Ende ein recht naives Bild von Hitler gemacht, muß aber doch zugeben, daß er ihn gelegentlich überbrüllte und auch Ribbentrop, bildlich gesprochen, in die Knie zwang.

Schmidt eilte in die Reichskanzlei, drängte sich mit Mühe durch die vor dem Arbeitszimmer des Führers Wartenden und antwortete auf neugierige Fragen nur kurz: »Die Schule fällt aus.« Hitler saß an seinem Schreibtisch,

738   *Ein Unglück ohne Beispiel*

Ribbentrop stand am Fenster. Beide wandten sich Schmidt erwartungsvoll zu, und er übersetzte langsam das englische Ultimatum. Hitler sah Ribbentrop an und fragte: »Was nun?«

Ribbentrop erwiderte ruhig: »Ich nehme an, daß die Franzosen uns in der nächsten Stunde ein gleichlautendes Ultimatum überreichen werden.«

Im Vorzimmer bestürmte man Schmidt mit Fragen, als er aber sagte, England werde bis 11.00 Uhr den Krieg erklären, trat völlige Stille ein. Schließlich sagte Göring: »Wenn wir diesen Krieg verlieren, dann möge uns der Himmel gnädig sein.« Schmidt sah nur ernste Gesichter, und selbst der sonst so redselige Goebbels stand betreten in einer Ecke.[58]

Ein Mann jedoch wollte die Hoffnung nicht aufgeben. Dahlerus suchte Göring in seinem Sonderzug auf. Warum er nicht nach London fliege und selber verhandele? Göring ließ sich bereden, mit Hitler zu telefonieren, und berichtete, der Führer finde den Einfall gut, wolle aber erst der Bereitschaft der Engländer versichert sein. Dahlerus rief in der englischen Botschaft an und bekam die Auskunft, erst müsse Deutschland auf das Ultimatum antworten. Ein Anruf im englischen Außenamt brachte das gleiche Ergebnis. Trotzdem gab Dahlerus nicht auf. Er überredete Göring, Hitler vorzuschlagen, versöhnlich auf das englische Ultimatum zu antworten, und wartete vor dem Zug, während Göring mit Hitler sprach. Göring kam schließlich heraus und setzte sich an einen großen Klapptisch unter eine Birkengruppe. Ein Flugzeug sei bereit, ihn nach England zu bringen. Dahlerus schloß aber aus seiner enttäuschten Miene, daß Hitler abgelehnt hatte. Der Schwede war allerdings nicht sehr scharfsinnig (er gab in Nürnberg bedauernd zu, sowohl von Hitler wie von Göring immer wieder getäuscht worden zu sein) und mag auf Görings Theater hereingefallen sein. Das Maß seiner Naivität läßt sich daran ermessen, wie er selbst seine Reaktion in diesem Augenblick schildert: »Es kochte in mir, als ich den sonst so mächtigen Mann völlig hilflos dasitzen sah, und mir war es unbegreiflich, daß er nicht bei diesen Nachrichten sofort in sein Auto stieg, zur Reichskanzlei fuhr und dort seine wirkliche Meinung ehrlich und aufrichtig heraussagte – falls er wirklich das dachte, was er in den zwei Monaten gesagte hatte.«[59]

Damit endete der wackere, wenn auch amateurhafte Versuch von Dahlerus, den Krieg zu verhindern.

Botschafter Henderson wurde um 11.15 Uhr zu Ribbentrop gebeten und erhielt die deutsche Antwort auf das englische Ultimatum, eine glatte Ablehnung. Henderson bemerkte aufblickend: »Es wird der Geschichte überlassen bleiben, darüber zu urteilen, wem die Schuld daran zu geben ist.« Ribbentrop erwiderte: »Niemand hat sich mehr um den Frieden und um gute Beziehungen zu England bemüht als Herr Hitler«, und wünschte Henderson alles Gute.[60]

24. August – 3. September 1939 739

In der Mittagsstunde gab der Rundfunk seinen erschreckten Hörern bekannt, daß Deutschland sich mit England im Krieg befand.

In England war es jetzt 11.00 Uhr, heißes, sommerliches Wetter, und Chamberlain bereitete sich auf die Erklärung an die Nation vor. Um Viertel nach elf gab er bekannt, daß England sich im Kriegszustand befinde. Die englische Regierung habe alles Erdenkliche getan, um den Frieden zu wahren, und ein reines Gewissen. »Gott schütze euch alle und alle, die das Rechte wollen.«[61]

Zur gleichen Zeit überreichte Coulondre Frankreichs Ultimatum an Ribbentrop und durfte hören, daß Frankreich sich damit der Aggression schuldig mache. Der wahre Haß Hitlers richtete sich aber gegen England. Er, dem keine Schwäche der Engländer entging, hatte sich bei der Beurteilung von Englands Tugenden völlig geirrt, und dieser Irrtum verwandelte einen lokalen Krieg in einen allgemeinen Weltbrand. Dies ließ sich auf seinen ersten bedeutenden Irrtum zurückführen: den Entschluß, sich die gesamte Tschechoslowakei einzuverleiben. Hätte er dies unterlassen und abgewartet, bis das Land ihm von allein zufiel, hätten die Engländer wohl weniger entschieden auf die Forderungen reagiert, die er Polen stellte. Hitler wollte einfach nicht einsehen – obwohl er es vielleicht geahnt hat –, daß man einen Engländer bis an einen bestimmten Punkt treiben kann, dann aber keinen Zentimeter weiter. Trotz gegenteiliger Informationen durch Hesse und die Abwehr ließ Hitler sich irreführen durch seine falsche Vorstellung vom Charakter der Engländer. Er war daher erstmals recht verlegen, als er Admiral Raeder von dem Ultimatum der Westmächte in Kenntnis setzen mußte.

Im Kreml war man von der englischen Kriegserklärung zweifellos überrascht. Der Korrespondent des *Daily Telegraph* berichtete aus Moskau: »Die Nachricht vom Kriegsausbruch hat die Russen überrascht. Sie rechneten mit einem Kompromiß.« Im folgenden zeigten die Sowjets so wenig Neigung, sich am Angriff auf Polen zu beteiligen, daß Ribbentrop sie eigens in einem Telegramm dazu aufforderte, das noch abends an Schulenburg abging. »Nach unserer Auffassung würde das nicht nur Entlastung für uns sein, sondern auch im Sinne der Moskauer Abmachungen sowie im sowjetischen Interesse liegen.«[62]

Schon war Hitler im Begriffe, mit seinem Gefolge den Sonderzug zu besteigen, der ihn an die Front bringen sollte. Neun Minuten vor der Abfahrt sandte er eine Botschaft an seinen italienischen Alliierten, der ihn in der großen Krise im Stich gelassen hatte. Anders als das Telegramm nach Moskau wurde dies im Klartext abgeschickt und strotzte von dramatischen Phrasen. Es hieß darin, Hitler sei sich bewußt, daß »der Kampf, in den ich gehe, ein Kampf auf Leben und Tod« sei, er habe sich aber mit voller Absicht für Krieg entschieden, und sein Glaube an den Sieg sei »felsenfest«.[63] Als der Führerzug Punkt 21 Uhr anrollte, verspürte Hitler nichts von der Zuversicht,

740   *Ein Unglück ohne Beispiel*

die sein Telegramm an Mussolini auszeichnete. Gerda Daranowsky, einer
seiner Sekretärinnen, fiel auf, wie still und blaß und nachdenklich er war; so
kannte sie ihn nicht. Christa Schröder hörte ihn zu Heß sagen: »Mein
ganzes Werk zerfällt nun. Mein Buch ist für nichts geschrieben worden.«[64]
Seinem Kammerdiener jedoch kam er vor wie die verkörperte Selbstgewiß-
heit; des Westens wegen, so sagte er, brauche man nicht in Sorge zu sein,
England und Frankreich würden sich am Westwall »die Zähne ausbrechen«.
Als der Zug ostwärts rollte, ließ Hitler Linge in den Speisewagen kommen
und befahl, von jetzt an noch kärglichere Mahlzeiten zu servieren. »Sie
sorgen dafür, daß ich nur bekomme, was meine Volksgenossen essen. Ich
habe die Pflicht, mit gutem Beispiel voranzugehen.«[65]

SIEBENTER TEIL

MIT WAFFEN-
GEWALT

21. Kapitel
Sieg im Westen
(3. September 1939–25. Juni 1940)

1

In Polen kam man schnell voran. Polnische Kavallerie war trotz langer Lanzen deutschen Panzern nicht gewachsen, und die Verteidiger Polens wurden in einer zusammengefaßten Operation von Luft- und Landstreitkräften überwältigt. Aus der Luft von Jägern, Bombern und heulenden Stukas angegriffen, am Boden von anderthalb Millionen Soldaten mit der Unterstützung von Panzern und Sturmgeschützen, befanden die polnischen Truppen sich bald in Auflösung. Besonders die einmalige Massierung von Panzern richtete Unheil an. Die Panzer durchbrachen die Stellungen und erzeugten im Hinterland ein Chaos. Die ausländischen Beobachter fanden den Blitzkrieg fast ebenso erschreckend wie dessen Opfer, denn sie erkannten ihn als einen Wendepunkt in der Kriegskunst. Am Morgen des 5. September war die polnische Luftwaffe vernichtet, der Kampf um den Korridor beendet. Zwei Tage darauf waren Polens 35 Divisionen entweder eingekesselt oder in Auflösung begriffen.

Hitler verfolgte die Ereignisse aufmerksam in seinem Sonderzug, den er zum Führerhauptquartier erklärt hatte, obschon Jodl und der Wehrmachtführungsstab in Berlin geblieben waren. Seit er Feldgrau trug, war sein Leben ganz anders geworden; er spielte den Frontsoldaten und verlangte von seiner Umgebung äußerste Anspruchslosigkeit. Das Motto hieß: »Die Soldaten müssen wissen, daß ihre Vorgesetzten alle Entbehrungen mit ihnen teilen.«[1] Wenn er morgens Fräulein Schröder den Tagesbefehl diktiert hatte, begab er sich mit Pistole und Ochsenziemer bewaffnet auf das Schlachtfeld, bei gutem Wetter im offenen Wagen, damit die Soldaten ihn erkannten; sein Diener und der Adjutant verteilten Zigaretten unters Volk. Zum Erstaunen des Gefolges befaßte er sich mit den kleinsten Details der Operationen und verbrachte ganze Stunden mit der Inspektion von Feldküchen und Speiseräumen. Er bestand darauf, daß Offizieren nichts anderes vorgesetzt wurde als Mannschaften. Das ließ er allerdings bald wieder, doch an der eigentlichen Kriegführung blieb er interessiert – mit einer Ausnahme allerdings.

744   *Sieg im Westen*

Der Anblick von Verwundeten war ihm unerträglich, und als Schmundt ihn ersuchte, den ersten Lazarettzug zu besichtigen, lehnte er ab.

Als der Polenfeldzug sich dem Ende näherte, erschien Fritz Hesse überraschend im Führerhauptquartier und berichtete, man habe das Personal der deutschen Botschaft in London sehr freundlich verabschiedet, und zwar nicht nur seine hochgestellten Freunde, sondern auch die Bevölkerung. »Auf baldiges Wiedersehen zu Weihnachten...«[2] hatte es geheißen. Hesse war aber auch gekommen um ausfindig zu machen, ob er seiner hartnäckigen Friedensbemühungen wegen bei Hitler in Ungnade gefallen war. Hewel, derzeit Hitlers enger Vertrauter, versicherte ihm aber, der Führer habe aufrichtig eine Verständigung mit den Engländern gesucht. Zum Eingreifen in Polen sei er durch Berichte von Grausamkeiten an Deutschen provoziert worden. Hesse wollte nicht glauben, daß der Angriffsbefehl in einer plötzlichen Aufwallung des Zornes gegeben worden sei, doch Hewel insistierte: »Jawohl, das ist ganz zweifellos der Fall gewesen. Deswegen hat es ihm ja auch so schnell leid getan, daß er sich dazu hat hinreißen lassen.« Und auf Hesses Frage, ob diese Haltung die Ursache des an ihn gerichteten Auftrags zur Verhandlung mit Sir Horace Wilson gewesen sei, erklärte Hewel ihm: »Jawohl! Hitler hätte am liebsten ›Alles zurück, marsch, marsch!‹ befohlen.« Hesse bemerkte verbittert: »Ja, mein Gott, hat ihm denn das niemand klarmachen können, daß man zwar in Diktaturen dieses ›Zurück, marsch, marsch!‹ befehlen kann, daß aber in einem parlamentarisch regierten Lande wie in England, wenn nun schon einmal der Entschluß zum Kriege gefaßt ist, dies nach so langer und gründlicher Vorbereitung geschieht, daß dann keinerlei Rückgängigmachung mehr möglich ist. Wie stellt er sich denn das vor? Ich habe doch immer davor gewarnt, daß es in England eine Kriegspartei gibt; wir haben darauf hingewiesen, daß die Zerschlagung der außenpolitischen Position Chamberlains mit absoluter Sicherheit den Sieg der Kriegspartei bringen würde. Hat das niemand gelesen? Wozu haben wir uns denn in England die Finger wund geschrieben?« Hewel schwieg zunächst betreten, erwiderte dann aber: »Nun ja, der Führer hat eben ganz merkwürdige Vorstellungen von dem Funktionieren einer Demokratie. Er hat sich ja auch in der Rückwirkung des Abschlusses des Russenpaktes getäuscht, er hat tatsächlich nicht glauben wollen, daß der Abschluß dieses Paktes den Krieg mit England erst recht bringen würde. Er hat mich geradezu angeschnauzt, als ich ihm Ihre Meldung über die Erklärung Chamberlains im Unterhaus zu erläutern versucht habe. Er wollte das einfach nicht glauben. Aber befürchten Sie nichts, er hat inzwischen eingesehen, daß Sie richtig berichtet haben, aber machen Sie um Gottes willen keinen Gebrauch davon. Nichts verträgt der Führer weniger als Personen, die ihm gegenüber recht behalten haben!«[3]

Mehr als die Haltung Englands — an der Westfront blieb alles ruhig — beunruhigte Hitler, daß die Sowjetunion nicht gegen Polen losschlug. Stalin

Der Sonderzug des Führers

Rechts: Hitler liest die neuen Depeschen
Frentz

Hitler mit Keitel und Engel im Zug *Frentz*

Hitler mit Schäferhund Blondi, inspiziert die Flak-Mannschaft. Rechts: Albert Bormann (der Bruder von Martin), Diener Linge und Ordonnanzoffizier Richard Schulze, *Frentz*

Engel, Puttkamer und Jodl vor dem Sonderzug. *Puttkamer*

Görings Spielzeugeisenbahn im Keller von Karinhall. *Frentz*

Rechts: 15. Februar 1942. Nach den militärischen Rückschlägen in Rußland hält Hitler eine Rede vor Offiziersanwärtern der SS und fordert sie auf, den Vormarsch der Roten Armee zu stoppen. Schulze, rechts, erinnert sich, daß die jungen Männer auf den Stühlen standen und applaudierten. *Schulze*

Unten: Wenige Tage später verliert Hitler seinen Rüstungsminister Fritz Todt bei einem rätselhaften Flugzeugabsturz an der Ostfront. Todt wurde durch Albert Speer ersetzt. *Puttkamer*

Mussolini über den russischen Linien. Unmittelbar nach der Aufnahme bestand er darauf, das Steuer zu übernehmen. Hitler ließ es zu, bedauerte diese Höflichkeit aber sofort: Der Duce flog mit jugendlichem Leichtsinn. *Puttkamer*

Mussolinis Schwiegersohn, Graf Ciano, besucht Hitler in der »Wolfsschanze«. Dahinter: Schmundt, Ribbertrop und Schulze. *Bibliothek für Zeitgeschichte*

Hitler und Speer in der »Wolfsschanze«. Dahinter: SS-Adjutant Günsche. *Günsche*

Im Juli 1942 ging Hitler ins Hauptquartier »Werwolf« in der Ukraine, um den Angriff auf Stalingrad persönlich zu leiten. Geburtstagsfeier für Bormanns Sekretärin Frau Wahlmann. Von links: Schaub, Hawel, Fräulein Wahlmann, Bormann, Engel, Fräulein Fugger (eine weitere Sekretärin Bormanns) und Heinrich Heim, der Hitlers Tischgespräche notierte. *Puttkamer*

Von links: von Bebow, Christa Schröder (Hitlers Sekretärin), Dr. Brandt, Hewel, Albert Bormann, Schaub, Puttkamer, Engel. *Puttkamer*

Weihnachtskarte von Onkel Adolf an seinen Neffen Heinz Hitler (den Sohn von Alois Hitler jr.), der später in Stalingrad in Gefangenschaft kam. *Hans Hitler*

3. September 1939 – 25. Juni 1940   753

wollte offenbar bis zum letzten Moment warten und die Verluste der Roten
Armee möglichst klein halten. Erst am 17. September um 2 Uhr früh teilte
Stalin persönlich dem deutschen Botschafter in Moskau mit, in wenigen
Stunden würde die Rote Armee die polnische Grenze überschreiten. Dies
geschah denn auch um 4.00 Uhr Ortszeit, stellenweise ohne daß ein Schuß
fiel; mancherorts riefen die Rotarmisten den Polen zu, sie kämen ihnen
zuhilfe, andernorts zeigten die vordersten Fahrzeuge der Russen weiße
Fahnen. Das war das Ende Ostpolens.

Ribbentrop hörte erst um 8 Uhr früh davon und beschimpfte Schmidt, der
ihn drei Stunden hatte schlafen lassen. »Jetzt rasen die beiden Armeen, die
deutsche und die russische aufeinander zu ... und es kommt vielleicht zu
Zusammenstößen, nur weil Sie zu bequem waren, mich zu wecken!« Schmidt
beruhigte ihn: man habe schließlich eine Demarkationslinie vereinbart. Der
Außenminister schimpfte aber weiter, das Rasiermesser in der Hand, das
Gesicht voller Seifenschaum. »Sie haben in die Weltgeschichte eingegriffen!
Dazu sind Sie noch zu jung!⁴ In Wahrheit ärgerte er sich nur dar-
über, daß er hier mit wenigen Mitarbeitern sozusagen auf vordersten Posten
stand, während Goebbels unterdessen in Berlin Gelegenheit hatte, mit dieser
Neuigkeit vor der Auslandspresse zu brillieren.

Gekämpft wurde jetzt nur noch zwischen den Siegern. Der erste Tag der
russischen Intervention war noch nicht verstrichen, da stritt man bereits
über den Wortlaut einer Verlautbarung, mit der die Eroberung Polens gerechtfertigt werden sollte. Stalin wies den deutschen Entwurf zurück (der
war zu offen formuliert) und entwarf selbst einen eigenen. Kaum hatte
Hitler diesem zugestimmt, legte Stalin den nächsten und wesentlich wichtigeren vor: Die Beute sollte so restlos geteilt werden, daß nicht einmal ein
dem Namen nach unabhängiges Polen übrigblieb. Auf den ersten Blick war
der Vorschlag für die Deutschen günstig, Hitler mißtraute Stalin aber so
sehr, daß vier Tage vergingen, bevor Ribbentrop paraphieren durfte.

Am 27. September um 17.50 Uhr traf Ribbentrop zu Unterhandlungen
über einen neuen Vertrag in Moskau ein, augenscheinlich ein günstiger
Termin, denn eben hatte Warschau kapituliert. Allerdings stand, wie Ribbentrop aus Berlin hörte, ein russischer Einfall nach Estland und Lettland
unmittelbar bevor, und deshalb begab er sich am Abend mit unguten Vor-
gefühlen in den Kreml. Er erwartete von Stalin ein verlockendes Angebot,
fürchtete aber, der Preis könnte zu hoch sein. Man begann um 22 Uhr zu
verhandeln und Stalin bot wie erwartet das gesamte polnische Territorium
östlich der Weichsel, darunter die am dichtesten besiedelten Landesteile
gegen den dritten baltischen Staat, Litauen an. Nach dreistündigem Hin und
Her berichtete Ribbentrop telefonisch nach Berlin, Stalins Vorschlag sei insofern besonders verlockend, als er die Kontrolle über fast die gesamte
polnische Bevölkerung anbiete »sowie ferner die Möglichkeit, national pol-
nisches Problem nach deutschem Gutdünken zu gestalten.«⁵

Stalin war schlau und kannte seinen Hitler. Dieser brauchte nicht nur weiterhin gute Beziehungen zur Sowjetunion, er konnte auch nicht widerstehen, wenn man ihm die »Brutstätte des Judentums« offerierte. Und richtig, Hitler gab sein Einverständnis und beschenkte Stalin mit dem dritten der baltischen Staaten. Er zahlte teuer für Rückendeckung im Osten, während er sich dem Westen zuwandte. Auf den ersten Blick sah es wieder wie der pure Opportunismus, wie die Aufopferung der Zukunft zugunsten des momentanen Vorteils aus, doch schätzte Hitler die Rote Armee so negativ ein, daß er geglaubt haben dürfte, er könnte sich mit Gewalt zurücknehmen, was er er jetzt auf dem Papier verschenkte. Als am Tage darauf letzte Hand angelegt wurde, veranlaßten die Russen Ribbentrop, wegen jeden möglicherweise unklaren Details beim Führer rückzufragen, und Hitler stimmte zu, wenn auch ungern, wie Ribbentrop zu spüren meinte. »Ich möchte ein ganz enges Verhältnis herstellen«, fügte Hitler hinzu, und als Ribbentrop dies Stalin ausrichtete, sagte dieser nur: »Hitler versteht sein Geschäft.«

Stalin schmunzelte zwar, als Molotow und Ribbentrop um 5 Uhr früh am 29. September den Pakt unterzeichneten, doch als Ribbentrop dann bemerkte, Rußland und Deutschland dürften nie wieder »die Waffen kreuzen«, trat ein peinliches Schweigen ein. Stalin bemerkte schließlich, »Das sollte wohl so sein« und die Kühle seiner Stimme und die sonderbare Formulierung veranlaßten Ribbentrop beim Dolmetscher rückzufragen. Eine weitere Bemerkung Stalins war ebenso unbestimmt: Auf die Frage Ribbentrops, ob die Russen über einen Freundschaftsvertrag hinausgehen und ein Bündnis im Hinblick auf die bevorstehenden Kriegshandlungen im Westen schließen würden, lautete die Antwort: »Ich werde niemals dulden, daß Deutschland schwach wird.« Das kam so spontan, daß Ribbentrop schloß, es sei aufrichtig gemeint.

Auf der Rückreise nach Berlin wollten ihm diese beiden Aussprüche Stalins nicht aus dem Kopfe gehen und Hitler war davon sogar noch mehr betroffen; er hörte heraus, Stalin hielte die Kluft zwischen den beiden Weltanschauungen für unüberbrückbar und rechne fest mit einem Konflikt. Jetzt erklärte Hitler, er habe mit der Hingabe Litauens Stalin beweisen wollen, »daß er alles für einen Dauerausgleich mit dem östlichen Nachbarn tun und von Anfang an ein rechtes Vertrauensverhältnis herstellen wolle«. Ribbentrop nahm das ebenso für bare Münze wie Stalins Bemerkungen und glaubte, Hitler suche eine dauernde Verständigung mit der Sowjetunion.[6]

Während Stalin damit beschäftigt war, Ostpolen und die baltischen Staaten zu verdauen, verwandelte Hitler das übrige Polen bereits in ein Schlachthaus. Schon waren Juden aus dem Reich in polnische Städte mit guter Eisenbahnverbindung umgesiedelt worden. Am 21. September erklärte Heydrich vor hohen SS-Führern[7], die *Endlösung* brauche einige Zeit — er bezog sich damit auf die totale Ausrottung der Juden, die in höchsten Parteikreisen kein Geheimnis mehr war.

3. September 1939 – 25. Juni 1940 755

Diesen grausigen Vorbereitungen ging ein »Großreinemachen« unter der polnischen Intelligenz, dem Adel und der Geistlichkeit voraus; Mordkommandos unter der Bezeichnung Einsatzgruppen waren die Vollstrecker. Hitlers Haß auf die Polen war jüngeren Datums. Er glaubte fest, in den vergangenen Jahren wären an der deutschen Minderheit in Polen zahllose Untaten verübt worden. Am 19. September sagte er vor seinen Anhängern in Danzig: »Zehntausende wurden verschleppt, mißhandelt, in der grausamsten Weise getötet. Sadistische Bestien lassen ihre perversen Instinkte aus und – diese demokratische Welt sieht zu, ohne mit der Wimper zu zucken.« Jetzt also hatte er seine Rache. Mitte des Herbstes zählte man 3500 liquidierte Intelligenzler (in denen Hitler die »Träger des polnischen Nationalismus« sah). Hitler meinte, daß nur auf diese Weise das Territorium, das notwendig gebraucht werde, zu erhalten sei.[8] Diese Schreckenstaten waren begleitet von der brutalen Vertreibung 1 200 000 sonstiger Polen aus ihren Häusern, die nun von Deutschbalten und Volksdeutschen aus entfernten Landesteilen Polens in Besitz genommen wurden. In den folgenden Wintermonaten verloren mehr Polen durch Obdachlosigkeit und Entbehrungen dank dieser Vertreibung ihr Leben, als auf den Hinrichtungslisten standen.

2

Während die SS noch mit der Anwendung Hitlers radikaler Maßnahmen im Osten beschäftigt war, wandte er seine Aufmerksamkeit dem Westen zu.* Nun, da er den größten Teil Polens besaß, wollte er den Krieg mit Frankreich und England auf die eine oder andere Art beenden. Hewel versicherte Hesse: »Hitler will sich mit den Engländern wieder verständigen und will es ihnen so leicht wie möglich machen.« Hesse würde gewiß bald Erlaubnis bekommen, insgeheim weiter mit den Engländern zu verhandeln, vorausgesetzt, diese ließen Hitler im Osten freie Hand. Eine Garantie, Rußland nicht anzugreifen, werde er beispielsweise nicht geben. Hesse hörte das

---

* Die SS bestand aus mehreren Organisationen, die jeweils mit anderen Aufgaben betraut und anders aufgebaut waren. Daher muß man diese auch gesondert beurteilen. So etwa war die Waffen-SS eine militärische Eliteformation und ihre Angehörigen waren auf Hitler und das Reich vereidigt, und nicht auf Himmler. Weil sie stärker motiviert und straffer organisiert war, kämpfte sie besser als das Heer. Zwischen Mannschaften und Offizieren wurden weniger Unterschiede gemacht. Während der Wehrmachtssoldat seinen Kasernenspind stets abschließen mußte, um »Kameradendiebstahl« zu verhindern, betrachteten sich die Männer der Waffen-SS als eine Bruderschaft, der es sogar verboten war, ihre Spinde abzuschließen. Vergehen wie Diebstahl wurden durch Ausschluß aus der Waffen-SS geahndet. Dieser konnte im Einzelfall ohne Rücksicht auf den Dienstgrad von jedem Kameraden beantragt werden. Noch sind viele Märchen über diese Truppe im Umlauf, etwa über die Tätowierung auf dem Arm, die aber kein finsteres Symbol darstellte, sondern die Blutgruppe angab, damit schon auf dem Verbandsplatz Transfusionen gegeben werden konnten. Himmler besaß keine Tätowierung; bei der »Bruderschaft« galt er als Außenseiter.[9]

verwundert, und wenn nicht Hewel das geäußert hätte, der Hitler nahe-stand, hätte er es für einen phantastischen Einfall gehalten. Warum schließe denn, so fragte er, Hitler einen Pakt mit Stalin, wenn er Rußland anzu-greifen gedenke?

Dies sei geschehen, so Hewel, um England zu zwingen, neutral zu bleiben. Das sei mißlungen, und Hitler plane bereits, den Pakt zu brechen. Stalins Gier habe ihn angewidert, die baltischen Provinzen habe er nur »blutenden Herzens« weggegeben. Hesse wandte ein, Ribbentrop sage das genaue Gegenteil.

Hewels überraschende Auskunft lautete: »Ribbentrop spielt in den Augen Hitlers überhaupt keine Rolle. Er betrachtet ihn lediglich als eine Art Sekretär, der seine Befehle auszuführen hat.«[10] Eben darum habe der Führer die englische Karte durch Leute wie Hesse, Dahlerus und Göring spielen lassen. Hitler ermunterte Dahlerus im September zu einer weiteren England-reise. Im Verlauf einer Unterredung mit Dahlerus sagte er, daß die Eng-länder den Frieden haben könnten, wenn sie es wollten, sie müßten sich aber beeilen.[11] Er war jedoch bereits zum Krieg entschlossen, als er so redete, und sagte schon Stunden später vor den Befehlshabern von Heer, Marine und Luftwaffe, er sei zum Angriff im Westen entschlossen, denn die anglo-französische Armee sei nicht vorbereitet. Am 12. November sollte es los-gehen. Oberst Warlimont vermerkte, alle Anwesenden, Göring nicht ausge-nommen, waren »offensichtlich stark betroffen«.[12] Hitler schaute gelegent-lich auf einen Zettel, während er erklärte, was ihn zu dieser Entscheidung veranlaßt hatte, und wie er sich die Operationen in großen Zügen vorstellte. So etwa wollte er sich nicht an den Schlieffenplan von 1914 halten, sondern in west-nordwestlicher Richtung durch Belgien und Luxemburg an den Kanal vorstoßen und die Häfen dort besetzen. Keiner der Anwesenden widersprach, und als Hitler geendet hatte, warf er seine Notizen ins Feuer.

Dahlerus, den beide Seiten frei passieren ließen, war am 28. September wieder in London und sprach am gleichen Vormittag zwei Stunden mit Cadogan. Dieser zeigte sich unbeeindruckt. Er schrieb in sein Tagebuch: »Dahlerus hatte wenig zu sagen. Er ist wie eine Wespe beim Picknick, man kann ihn nicht verscheuchen. Er hat nichts Wesentliches aus Berlin mit-gebracht.«[13] Bei Chamberlain und Halifax hatte Dahlerus auch nicht mehr Glück. Hitler ließ sich nicht entmutigen. Am 6. Oktober sagte er in der Krolloper: »Weshalb soll nun dieser Krieg stattfinden? Für die Wiederher-stellung Polens? Das Polen des Versailler Vertrages wird niemals wieder erstehen.« Die Gestaltung dieses Raumes sei Sache Rußlands und Deutsch-lands, nicht des Westens. Welche Gründe gäbe es sonst noch für einen Krieg? Gewiß, viele bedeutende Fragen müßten früher oder später noch gelöst werden, aber sei es nicht vernünftiger, dies am Konferenztisch zu tun als Millionen von Menschen nutzlos zu opfern und unermeßliche Werte zu zerstören?

3. September 1939 – 25. Juni 1940 757

Auf diese düstere Vorhersage folgten wieder mildere Töne. »Das Schicksal wird entscheiden, wer recht hat. Nur eines ist sicher: es hat in der Weltgeschichte noch niemals zwei Sieger gegeben, aber oft nur Besiegte.« Er bete zum Herrgott, daß er dem Dritten Reich und allen anderen Nationen den richtigen Weg weisen möge. »Sollten aber die Auffassungen der Herren Churchill und ihres Anhangs erfolgreich bleiben, dann wird diese meine Erkärung die letzte gewesen sein. Wir werden dann kämpfen... Ein November 1918 wird sich in der deutschen Geschichte nicht mehr wiederholen!«[14]

Hitler hatte gewiß nicht die Absicht, einen dauerhaften Frieden mit zwei Großmächten einzugehen, deren jede die Sicherheit des Reiches gefährden konnte. Eine Zwischenlösung mochte aber dazu dienen, Frankreich von England zu trennen, auf daß er eins nach dem anderen zerschmettern könnte. Deshalb sprach er sozusagen aufrichtig. In Deutschland wurde dieses Friedensangebot Hitlers erleichtert aufgenommen, man feierte schon voreilig Freudenfeste, auf die Daladiers Antwort aber schon am folgenden Tage kaltes Wasser goß. Frankreich werde die Waffen erst niederlegen, »wenn der Friede und die allgemeine Sicherheit«[15] garantiert seien. Als man aber tagelang aus London kein Echo hörte, nahm die Hoffnung in Berlin wieder zu. Nur Hitler bereitete sich auf das Schlimmste vor. Am 9. Oktober gab er die Weisung Nr. 6 für die Kriegführung heraus, die den Einmarsch nach Luxemburg, Belgien und Holland vorsah.[16]

Am nächsten Vormittag meldeten sich sieben seiner Befehlshaber in der Reichskanzlei. Bevor er ihnen die neue Weisung überreichte, verlas er ein selbsterdachtes Memorandum, das ihn als Kenner der Militär- und Weltgeschichte auswies. Deutschland und der Westen, hieß es da, seien seit dem Untergang des deutschen Reiches 1648 Feinde gewesen, »und dieser Konflikt muß so oder so ausgetragen werden«. Er habe aber nichts dagegen, den Krieg sofort zu beenden, vorausgesetzt die Eroberungen im Osten würden ihm zugestanden. Er bat seine Zuhörer nicht um ihre Meinung dazu und sie äußerten sich auch nicht. Er verlangte von ihnen nur, den deutschen Kriegszielen zuzustimmen: »Die Westmächte müssen so geschwächt werden, daß sie nie wieder in der Lage sind, die Konsolidierung des Staates und die Entwicklung des deutschen Volkes innerhalb Europas zu behindern.«

Sodann gab er zu, man könne einwenden, er wolle zu früh losschlagen. Die Zeit sei aber auf Seiten der Feinde. Dank des Paktes mit den Russen und dem großen Sieg in Polen sei Deutschland erstmals nach langer Zeit in der Lage, einen Einfrontenkrieg zu führen. Die Wehrmacht dürfe mit aller Kraft im Westen losschlagen, denn der Rücken sei gedeckt. Diese Lage könnte sich aber jederzeit ändern, »denn kein Vertrag und kein Pakt garantieren mit Sicherheit die fortdauernde Neutralität der Sowjetunion«. Gegen einen Angriff der Sowjets schütze man sich am besten »durch eine prompte Demonstration der deutschen Stärke«.

Auf den Beistand Italiens könne man nur rechnen, solange Mussolini am Leben bleibe. Die Lage in Rom könne sich blitzschnell ändern. Gleiches gelte für die Neutralität Belgiens, Hollands und der USA. Die Zeit arbeite auf vielerlei Weise gegen Deutschland. Noch sei Deutschland militärisch überlegen, England und Frankreich holten aber schon auf, denn ihrer Rüstungsindustrie stünden Rohstoffe aus aller Welt zur Verfügung. Ein langer Krieg böte große Gefahren. Die Vorräte des Reiches an Nahrungsmitteln und Rohstoffen seien begrenzt, das Zentrum der Rüstungsindustrie, das Ruhrgebiet, Luftangriffen und weitreichender Artillerie ausgesetzt.

Dann ging er zu rein militärischen Dingen über. Ein Grabenkrieg wie 1914–1918 müsse vermieden werden. Die Offensive müsse sich auf zusammengefaßte Operationen von Panzern und Flugzeugen stützen, wie in Polen erprobt. Panzer sollten die feindlichen Stellungen durchbrechen. Man müsse improvisieren und immer wieder improvisieren. »Die Stabilisierung der Fronten wird durch massierte Vorstöße auf erkannte schwache Stellungen verhindert.«

Das war eine glänzende Vorführung, doch fast alle Befehlshaber blieben überzeugt, die Wehrmacht sei weder genügend vorbereitet noch ausgerüstet, um im Westen zu kämpfen. Es erhob sich aber kein Widerspruch, auch nicht als Hitler sagte, die Offensive »kann gar nicht früh genug beginnen. Wenn irgend möglich, muß sie noch unter allen Umständen in diesem Herbst beginnen.«[*17]

Chamberlain erwog derweil in London immer noch die Antwort auf das deutsche Friedensangebot. Am gleichen Tage, als Hitler seine neue Weisung erließ, betrat er das Unterhaus einigermaßen besorgt, weil die Amerikaner ganz begeistert auf die Vorschläge Hitlers reagiert hatten. Er selber glaubte nicht, daß man dem Frieden wirklich näherkommen würde, ginge man darauf ein, und empfahl seinen Ministern, die Antwort möge »hart« ausfallen. Diese waren einverstanden, meinten aber, noch zwei Tage mit der Antwort warten zu sollen.

Am 11. Oktober hieß es in Berlin gerüchtweise, die Regierung Chamberlain sei gestürzt, der Waffenstillstand stehe unmittelbar bevor. Der Korrespondent der *Herald Tribune* berichtete, die Marktfrauen schmissen vor Freude mit Kohlköpfen und würfen ihre Stände um. In Berlin herrschte Feststimmung, bis der Rundfunk das Gerücht für falsch erklärte.

Am folgenden Nachmittag, es war nun eine Woche vergangen, gab Chamberlain im Unterhaus eine Erklärung ab. Er wies die deutschen Vorschläge als ›unbestimmt und verschwommen‹ zurück. Wolle Hitler wirklich den Frieden, müsse er das durch Taten beweisen, nicht durch Worte. Er

---

* Etwa um die gleiche Zeit legalisierte er per Verordnung die Euthanasie für angeblich »Unheilbare«. Er dachte dabei vielleicht daran, wie seine Mutter unter Krebs gelitten hatte, doch wahrscheinlicher ist, daß er sich der Geisteskranken, der unproduktiven älteren Leute und aller derer entledigen wollte, die er als schädlich für die Rasse hielt.

3. September 1939 – 25. Juni 1940 759

müsse überzeugende Proben dafür liefern, daß er wirklich den Frieden wünsche. Mäßiger Beifall.

Die Presseabteilung des Auswärtigen Amtes telegrafierte an alle Auslandsvertretungen im Klartext ein Zirkular, in welchem die Antwort Chamberlains als schwerer Affront bezeichnet wurde. Hitler war enttäuscht aber nicht überrascht. Er ließ Göring und die beiden für die Flugzeugproduktion Verantwortlichen kommen, Feldmarschall Milch und Generaloberst Udet. »Meine Versuche, nach dem Polenfeldzug mit dem Westen zum Frieden zu kommen, sind fehlgeschlagen, der Krieg geht weiter. Jetzt können und müssen die Bomben fabriziert werden.«[18]

3

Als sich herumsprach, daß Hitler im Westen anzugreifen beabsichtigte, schmiedeten einige Widerstandsgruppen im Reich Pläne für einen Staatsstreich oder ein Attentat. Manche wollten Hitler hinrichten, andere ihn nur einsperren und entweder ein Militärregime errichten oder eine demokratische Regierung. Man stellte schon Ministerlisten auf, streckte Friedensfühler nach Amerika und zu den Neutralen aus. Die bedeutendste Widerstandsgruppe saß im OKW selber und ihr führender Geist war der hitzige Kavallerist Oberst Oster, Stellvertreter von Admiral Canaris, dem Chef der *Abwehr*. Dieser ungeduldige, fast leichtsinnige Mann, hätte an keiner besseren Stelle sitzen können. Er hatte Beziehungen zu allen Gruppen der Wehrmacht, zu Privatleuten wie Schacht, zum Außenministerium, sogar zu SS.[19]

Oster fand in dem Münchner Rechtsanwalt Josef Müller, einem frommen Katholiken und geschworenen Feind Hitlers, einen wertvollen Helfer. Anfang Oktober unternahm Müller heimlich eine Reise nach Rom, um für Oster auszukundschaften, ob die Engländer geneigt wären, mit einer regimefeindlichen deutschen Regierung Frieden zu machen. Pius XII. war bereit, zu vermitteln und sein Sekretär bekam vom englischen Botschafter die Auskunft, Großbritannien sei nicht abgeneigt.

Müller bekam die Erlaubnis, dies mündlich in Deutschland zu bestellen, bat aber um etwas Schriftliches, womit er die Abwehr und die Militärs überzeugen könnte, daß der Heilige Vater selbst hinter diesem Friedensvorschlag stünde. Der Vatikan war überraschenderweise einverstanden und der Privatsekretär des Papstes verfaßte ein Schreiben, das die wesentlichen Voraussetzungen für einen möglichen Friedensschluß mit England aufzählte.[20]

Die Gruppe Oster fühlte sich ermutigt. Von allen ihren Versuchen, Kontakt zum Westen herzustellen, war dieser der aussichtsreichste. Daß der Papst sich beteiligen wollte, würde Brauchitsch vielleicht dazu bewegen, mitzumachen. Der Oberbefehlshaber des Heeres war von dem Ergebnis aber wenig beeindruckt. Er glaubte vielmehr, das deutsche Volk sei ›ganz und gar für Hitler‹. General Halder war beinahe ebenso zaghaft, Oster und andere rangen ihm aber schließlich das Versprechen ab, am Putsch mitzuwirken. Es schien plötzlich so, als wären die höchsten Offiziere bereit, etwas zu unternehmen. Man versicherte den Verschwörern sogar, Brauchitsch selbst sei bereit mitzumachen, sollte Hitler sich weigern, die Offensive im Westen abzublasen.

Für Sonntag, den 5. November, für den Tag also, an dem die Truppen ihre Bereitstellungsräume im Westen beziehen sollten, war zwischen Hitler und dem Oberbefehlshaber des Heeres die entscheidende Besprechung angesetzt. Brauchitsch erschien pünktlich in der Reichskanzlei. Er überreichte ein Memorandum und trug noch einmal die Hauptargumente gegen eine Offensive im Westen vor. Es sei unmöglich, ein so großes Angriffsunternehmen während der Herbstregen anlaufen zu lassen. Hitler erwiderte knapp: »Es regnet auch auf den Feind.« Brauchitsch gab nun schon fast verzweifelt zu bedenken, in Polen habe sich gezeigt, daß der Kampfgeist der deutschen Infanterie viel geringer sei als der der Soldaten des Ersten Weltkrieges. Es habe sogar Fälle von Gehorsamsverweigerung gegeben wie 1918.

Hitler hatte bislang kühl, doch höflich zugehört. Diese Bemerkung aber reizte ihn. »In welchen Einheiten hat es Verstöße gegen die Disziplin gegeben?« fragte er. »Was genau ist passiert und wo?« Brauchitsch hatte absichtlich übertrieben, ›um Hitler abzulenken‹, und nun wich er vor dessen Zornesausbruch zurück. »Was hat der Armeebefehlshaber unternommen? Wie viele Todesurteile sind vollstreckt worden?« stieß Hitler nach.

Dann richtete sich seine Wut gegen das Heer. Das Heer sei niemals loyal gewesen, es vertraue nicht auf Hitlers Genie und habe die Aufrüstung systematisch verschleppt. Rundheraus gesagt, das Heer fürchtet sich zu kämpfen![21] Dann machte Hitler plötzlich kehrt und verließ den Raum. Brauchitsch war immer noch ganz benommen, als er sein 25 Kilometer entfernt gelegenes Hauptquartier in Zossen betrat und gab einen ziemlich unzusammenhängenden Bericht über die Vorgänge. Fast gleichzeitig wurde telefonisch aus der Reichskanzlei bestätigt, daß die Offensive am 12. November stattfinden sollte. Sogar die Stunde wurde angegeben, 7.15 Uhr. General Halder verlangte eine schriftliche Bestätigung, die auch umgehend durch Kurier gebracht wurde.

Nun besaßen die Verschwörer des Heeres den dokumentarischen Beweis, den sie als Vorbedingung für den Sturz Hitlers gefordert hatten. Trotzdem wurde nicht zum Aufstand geblasen, nicht das Zeichen für ein Attentat gegeben. Statt dessen verbrannte man heimlich alle belastenden Unterlagen. Einzig Oberst Oster blieb gelassen; durch Graf Albrecht von Bernstorff, dessen Vater während des Weltkrieges Botschafter in Washington gewesen war, warnte er die Belgier und die Holländer davor, daß am 12. November bei Tagesanbruch mit einer Offensive zu rechnen sei. Auf den Sturm vom Sonntag in der Reichskanzlei erfolgte dann überhaupt nichts. Die Luftwaffe

3. September 1939 – 25. Juni 1940   761

verlangte, um die französischen Flugzeuge auszuschalten, fünf Tage hintereinander Flugwetter, und der Wetterbericht von Dienstag, 7. November, war so ungünstig, daß Hitler die Offensive verschob.

Hitler wußte zwar nichts davon, daß die Militärs putschen wollten, Göring hatte ihn aber bereits vor Brauchitsch und Halder gewarnt: »Mein Führer, Sie müssen sich dieser Pechvögel entledigen.«[22] Karl Ernst Krafft, ein Schweizer Astrologe, den Himmlers Geheimdienst als Berater engagiert hatte, sprach eine deutlichere Warnung aus. In einem kürzlich von ihm vorgelegten Horoskop stand zu lesen, daß Hitler zwischen dem 7. und 10. November in Gefahr sei, einem Attentat zum Opfer zu fallen. Das Dokument wurde jedoch eiligst abgelegt, denn astrologische Spekulationen über das Schicksal des »Führers« waren unzulässig.[23]

Als Hitler am Morgen des 8. November in München eintraf, um an der jährlichen Zusammenkunft der alten Kämpfer teilzunehmen, erhielt er auch von der Architektenfrau Troost eine Warnung. Sie fragte, warum er so wenig auf seine persönliche Sicherheit bedacht sei, denn er kam einzig von zwei Leibwächtern begleitet zu ihr ins Atelier. Er antwortete, man müsse in die Vorsehung Vertrauen haben und deutete dann auf seine Hosentasche. »Schauen Sie«, sagte er zu ihr, »da trag ich nur meine Pistole bei mir, aber das nützt gar nichts, wenn mein Ende bestimmt sein soll, dann schützt nur dieses.« Und deutete dabei auf die Stelle seines Herzens. »Eben daß man seiner inneren Stimme folgt und daß man an sein Schicksal glaubt. Und ich glaube zutiefst daran, daß mich das Schicksal für das deutsche Volk bestimmt hat. Und solange ich für dieses Volk notwendig bin und solange ich meine Aufgabe für das Leben meiner Nation trage, solange werde ich leben.« Er sah sich offenbar als eine Art Christus. »Und wenn ich nicht mehr notwenig bin, und wenn meine Aufgabe erfüllt ist, dann wird man mich abberufen.«

Man redete dann zwar von Architektur, Frau Troost entging aber nicht, daß Hitler unruhig war. »Ich muß das Programm für heute ändern«, sagte er plötzlich und fügte noch etwas an, was so klang, als wolle er Schaub Bescheid sagen[24]; er unternahm aber nichts, denn anderes hielt ihn in Atem. Er besuchte Unity Mitford, die sich in die Schläfe geschossen hatte und in einer Münchner Klinik lag.

---

* Während der Festspiele in Bayreuth sagte Unity Mitford zu ihrer Schwester Diana: »Wenn es zum Krieg kommt, bringe ich mich um.« Sie wolle nicht mehr leben, falls die beiden von ihr geliebten Länder zu den Waffen griffen. Als sie im Radio hörte, daß England den Krieg erklärt hatte, ging sie in den Englischen Garten und wollte sich mit einer kleinkalibrigen Pistole töten. Man brachte sie in die Klinik in der Nußbaumstraße, wo auf Hitlers Anordnung der berühmte Chirurg Professor Magnus sie behandelte. Er wollte die Kugel nicht entfernen, die noch in ihrer Schläfe steckte, weil das zu gefährlich sei. Über diesen Selbstmordversuch wurde nicht berichtet; die Eltern wurden durch den deutschen Botschafter in Bern diskret unterrichtet.[25]

762   *Sieg im Westen*

Als sie wieder bei Bewußtsein war, bat sie, heimreisen zu dürfen; Hitler versprach ihr, sie in einem Sonderzug in die Schweiz bringen zu lassen, sobald sie reisefähig sei.

Den größten Teil des Nachmittags arbeitete er an einer Rede, die er abends im Bürgerbräukeller halten wollte. Es sollte wieder eine Attacke auf England werden, im wesentlichen für deutsche Zuhörer aufbereitet. Der Saal des Bierkellers war bereits lustig mit Fähnchen dekoriert, und nachmittags wurden die Mikrofone aufgestellt und geprüft. Gegen Abend kam ein kleiner, bleicher Mann mit hoher Stirn und klaren blauen Augen herein, eine Schachtel unter dem Arm. Dies war der Kunsttischler Georg Elser, seit kurzem aus dem Konzentrationslager Dachau entlassen, wo er inhaftiert gewesen war, weil man ihn verdächtigte, mit den Kommunisten zu sympatisieren. Sein einziges Ziel war der Friede und er war hierhergekommen, um Hitler zu töten. In der Schachtel befand sich ein mit mehreren Stangen Dynamit gekoppelter Zeitzünder. Während Kellner und Parteifunktionäre letzte Vorbereitungen trafen, ging Elser unauffällig auf die Galerie und verbarg sich hinter dem Pfeiler, welcher die Rednertribüne nach hinten begrenzte. Am Tag zuvor hatte er mit einer Spezialsäge die Holzverkleidung des Pfeilers geöffnet, mehrere Scharniere angebracht und das Paneel wie ein Türchen zugeklappt. Schließlich wurde das Licht im Saal gelöscht, die Türen geschlossen. Elser wartete eine weitere halbe Stunde, legte dann die Bombe in den Pfeiler und stellte den Zeitzünder auf 23.20 Uhr.[26] Hitler sollte um 22.00 Uhr mit seiner Rede beginnen, und die Explosion würde etwa in der Mitte seiner Ansprache stattfinden.*

Hitler ließ seinen jungen Ordonnanzoffizier Max Wünsche zu sich in die Wohnung am Prinzregentenplatz kommen. Er fragte ihn, ob man früher als geplant aus München abreisen könne. Wünsche versicherte, dies sei möglich, denn aus Sicherheitsgründen stünden dem Führer stets zwei Sonderzüge zur Verfügung. Er veranlaßte das Erforderliche.

Hitler wurde im Bürgerbräukeller mit solchem Jubel begrüßt, daß er erst zehn Minuten später mit seiner Ansprache beginnen konnte. Seine Zuhörer waren außer sich vor Wonne, als sie hörten, wie er die Engländer mit Beleidigungen und Schmähungen überschüttete. Es brauchte wenig, ihren Beifall zu wecken, und es gab so viele Unterbrechungen, daß der in der ersten Reihe sitzende Wünsche fürchtete, der Führer könnte den ersten Zug verpassen. Um 23.07 Uhr brachte Hitler ganz unerwartet seine Rede zu einem schnel-

---

* Es hatten schon mehrere Attentatsversuche auf Hitler stattgefunden. Einer, von dem er nichts wußte, war von einem enttäuschten SS-Mann geplant worden, der eine Bombe unter der Rednertribüne des Sportpalastes kurz vor Beginn einer Hitlerrede anbrachte. Während der Ansprache überkam den enttäuschten SS-Mann plötzlich ein menschliches Rühren, und er ging auf die Toilette. Dort wurde er unabsichtlich von jemandem eingeschlossen und war daher nicht imstande, die Bombe zu zünden. Ein Freund dieses so kläglich gescheiterten Attentäters sagte: »Das war der Witz des Jahrhunderts. Die Weltgeschichte wäre anders verlaufen, hätte er nicht aufs Klosett gehen müssen.«[27]

3. September 1939 – 25. Juni 1940   763

len Ende. Wenige Meter entfernt, im Pfeiler, tickte Elsers Zeitzünder. Die
Bombe sollte 13 Minuten später explodieren. Normalerweise schwatzte
Hitler nach einer solchen Rede noch eine Weile mit den alten Kameraden,
doch an diesem Abend verließ er eilig den Saal, ohne Hände zu schütteln,
begleitet von Heß und mehreren Adjutanten. Der Wagen wartete bereits
und Kempka fuhr auf schnellstem Wege zum Bahnhof. Kurz vor der
Ankunft, genau 8 Minuten nachdem Hitler den Bürgerbräukeller verlassen
hatte, hörte Wünsche in der Ferne eine Detonation und wunderte sich darüber. Falls Hitler sie auch gehört haben sollte, hat er das nicht erwähnt.

In dem auf die Explosion folgenden Durcheinander, dem Heulen der
Sirenen von Überfallwagen und Krankenautos, kam plötzlich das Gerücht
auf, der Krieg sei zu Ende. Das wäre vielleicht der Fall gewesen, hätte Hitler
auf der Rednertribüne gestanden. Zu Tode gekommen wäre er mit Sicherheit. Die Bombe tötete acht Menschen und verletzte 63, darunter den Vater
von Eva Braun. Seine Tochter kam, begleitet von ihrer besten Freundin
Hertha Schneider, gerade noch zum Bahnhof, als der Zug Hitlers im
Begriff war, abzufahren. An Bord herrschte heitere Stimmung. Niemand
wußte von der Explosion und fast alle tranken Alkohol. Hitler, der einzige
Abstinenzler, war sehr angeregt, doch war es Goebbels, der die Gesellschaft
mit seinem beißenden Witz unterhielt.[28]

Der Propagandaminister stieg in Nürnberg aus dem Zug, um mehrere
Meldungen abzusenden und die neuesten Nachrichten einzusammeln. Er
kehrte in das Abteil Hitlers zurück und berichtete mit bebender Stimme
von der Explosion. Hitler glaubte anfangs, dies sei ein Witz, sah dann aber
Goebbels bleiches Gesicht. Seine Miene wurde düster und maskenhaft.
Schließlich sagte er mit vor Erregung heiserer Stimme: »Jetzt bin ich völlig
ruhig! Daß ich den Bürgerbräukeller früher als sonst verlassen habe, ist eine
Bestätigung, daß die Vorsehung mich mein Ziel erreichen lassen will.«[29]

Er verlangte sodann zu hören, wer verletzt worden sei und beauftragte
Schaub, alles für diese Leute zu tun. Dann stellte er laut Betrachtungen
darüber an, wer wohl die Verschwörer gewesen sein könnten. Das Attentat
müsse, so folgerte er, von zwei bekannten englischen Agenten ausgeführt
worden sein, die insgeheim mit einem Geheimagenten von Heydrich verhandelten, der sich als Angehöriger des OKW und Verschwörer des Wider-
stands ausgegeben hatte. Himmler verließ sofort den Zug und gab Befehl,
die beiden Engländer in Holland festzunehmen.

Stevens und Best, so hießen die Engländer, wurden am nächsten Nachmittag in Venlo in eine Falle gelockt und nach Deutschland zum Verhör
gebracht. Der wirkliche Bombenleger wurde einige Stunden später an der
Schweizer Grenze festgenommen und nach München gebracht. Vor der
Gestapo gestand Elser, die Bombe gelegt zu haben. Komplizen habe er nicht,
seine Absicht sei gewesen, den Krieg zu beenden. Er schilderte, wie er die
Holzverkleidung des Pfeilers angesägt und den Zeitzünder eingestellt hatte.

Hitler las den Bericht der Gestapo und war wütend, denn er fand es lächerlich zu glauben, Elser könne ein Einzelgänger gewesen sein. Es lag doch wohl auf der Hand, daß es hier um eine Verschwörung ging, an der seine schlimmsten Feinde beteiligt sein mußten, die Engländer, die Juden, die Freimaurer und Otto Strasser.

Himmler persönlich versuchte aus dem Festgenommenen die Wahrheit herauszuprügeln. Ein Zeuge schilderte, daß er furchtbar fluchte und den gefesselten Elser mit Stiefeln trat. Der kleine Kunsttischler beharrte aber trotz Prügel auf seiner Aussage, und wiederholte sie auch unter Hypnose. Heydrich war danach überzeugt, Elser habe allein gehandelt, Hitler aber machte Himmler schwere Vorwürfe, weil er die wahren Verbrecher nicht entdeckt habe.*[30]

Die amtliche Sprachregelung hinsichtlich der Verschwörung war grotesk: Elser sei ein kommunistischer Abweichler, den der nationalsozialistische Abweichler Otto Strasser überredet habe, sich dem englischen Geheimdienst zur Verfügung zu stellen. Die Propaganda dichtete dieser Hauptverschwörung noch Unterverschwörungen an. So hieß es, die englischen Agenten hätten nicht nur in München eine Bombe zur Explosion gebracht, sie seien auch verantwortlich für politische Morde und geheimnisvolle Todesfälle, etwa für den Lord Kitcheners, des Erzherzogs Franz Ferdinand und des Königs Alexander von Jugoslawien.[31]

Man benutzte diesen Attentatsversuch nicht nur dazu, den Haß gegen England zu schüren, sondern auch die Beliebtheit Hitlers zu steigern, Deutsche aus allen Gesellschaftsschichten beglückwünschten ihn zu seiner wunderbaren Errettung. Die katholische Presse des Reiches erklärte, der Führer sei durch das wunderbare Wirken der Vorsehung geschützt worden. Kardinal Faulhaber schickte ein Glückwunschtelegramm und ordnete ein Tedeum in der Frauenkirche von München an, »um der göttlichen Vorsehung im Namen der Diözese für die glückliche Errettung des Führers zu danken«.[32] Der Papst, der die Liquidierung Polens durch Deutschland immer noch nicht ausdrücklich verurteilt hatte, schickte seinen Nuntius mit einer persönlichen Botschaft. Hitler glaubte ihm aber nicht. »Der hätte

---

* Vielleicht ist dies der Grund, der Himmler veranlaßte, kein Gerichtsverfahren gegen Elser anzustrengen und ihn auch nicht hinrichten zu lassen. Er kam statt dessen als Vorzugsgefangener in ein Konzentrationslager. Elser konnte nämlich bestätigen, daß der SD tatsächlich den einzigen Täter gefunden hatte. Elser schmuggelte später einem Mitgefangenen, nämlich jenem Hauptmann Best, einen Brief zu, in dem er versicherte, im Oktober 1939 im KZ Dachau von zwei Männern, die er für Agenten Heydrichs hielt, bewogen worden zu sein, im Bürgerbräukeller eine Bombe zu legen, die gleich nach Hitlers Abgang explodieren und eine Gruppe von Verrätern töten sollte, die einen Putsch gegen den Führer planten. Elser erklärte sich bereit und wurde aus dem Lager entlassen, um die Bombe einzubauen. Bei der Berliner Gestapo sagten ihm die gleichen Agenten, er solle bei einem Strafverfahren gegen die englischen Agenten aussagen, daß Otto Strasser ihn mit Stevens und Best bekannt gemacht hätte, die ihn für den Einbau der Bombe bezahlt hätten. Best und Stevens wurden aber nie vor Gericht gestellt.

3. September 1939 – 25. Juni 1940 765

lieber einen Erfolg des Attentats gesehen«, sagte er beim Essen zu seinen Gästen und als Frank dem entgegenhielt, Pius der XII. sei stets ein guter Freund Deutschlands gewesen, fügte Hitler hinzu, »das mag schon sein, aber mein Freund ist er nicht.«[33]

Hitler bedankte sich bei seiner innereren Stimme und der Vorsehung dafür, daß er den Bierkeller vorzeitig verlassen hatte. Zu Hoffmann sagte er: »Ich hatte ein so eigenartiges Gefühl, ich wußte selbst nicht, warum es mich so wegtrieb aus dem Bürgerbräukeller.«[34] Ausländische Beobachter hatten aber andere Theorien. »Die meisten von uns riechen mal wieder einen Reichstagsbrand«,[35] notierte Shirer in seinem Tagebuch.

4

Zwölf Tage nach der Bombenexplosion gab Hitler die Weisung Nr. 8 heraus. Die Offensive im Westen sollte wie geplant anlaufen, er verbot aber, in Holland, Belgien und Luxemburg ›ohne zwingende militärische Notwendigkeit‹ offene Städte zu bombardieren. Dies ist pragmatisch zu sehen und nicht als Akt der Menschenfreundlichkeit, und man erkennt daran, worauf Hitler hinaus wollte. Die wahre Absicht bei der Offensive im Westen war, sich den Rücken für einen Angriff auf Rußland freizukämpfen, nicht aber Territorium in Europa zu erobern oder England zu vernichten, von dem Hitler immer noch glaubte, es könnte ihm bei einem Vorstoß nach Osten später wertvolle Hilfe leisten.

Wenige Tage später setzte er eine Besprechung an, zu der er diesmal nicht nur die Oberbefehlshaber sondern auch die Truppenkommandeure befahl, die an der Offensive teilnehmen sollten. Die Besprechung fand mittags am 23. November in der Reichskanzlei statt und begann etwas gedämpft. Er sagte: »Zweck der Zusammenkunft ist es, Ihnen Einblick zu geben in die Gedankenwelt, die mich angesichts der bevorstehenden Ereignisse beherrscht, und Ihnen meine Entschlüsse zu sagen.« Sodann machte er eine Eröffnung, die seinen Zuhörern nicht überraschend kommen konnte: Das Heer mit seiner stolzen Tradition war nämlich unterdessen zum folgsamen Werkzeug in den Händen eines Diktators geworden. »Ich habe lange gezweifelt, ob ich erst im Osten und dann erst im Westen losschlagen soll«, begann Hitler. »Grundsätzlich habe ich die Wehrmacht nicht aufgestellt, um *nicht* zu schlagen. Der Entschluß war immer in mir. Früher oder später wollte ich das Problem lösen.«

Auf diese brutale Eröffnung erfolgte nicht der geringste Widerspruch. Göring hat später vor Gericht ausgesagt: »Falls wirklich einer der Anwesenden widersprochen hätte, wäre das nicht verstanden worden. Der Oberbefehlshaber hatte entschieden, es gab also für den Soldaten nichts mehr zu diskutieren, und das galt für den Feldmarschall ebenso wie für den einfachen Soldaten.«

766   *Sieg im Westen*

Hitler fuhr fort, er sei, »in aller Bescheidenheit«, nun einmal »unersetzlich«. »Das Schicksal des Reichs hängt nur von mir ab und ich werde danach
handeln.« Er gab zu, sein Plan sei ein Glücksspiel, dieses Eingeständnis
brachte er aber sehr aggresiv vor. »Ich habe zu wählen zwischen Sieg oder
Vernichtung«, sagte er. »Ich wähle den Sieg.« Das sei eine Wahl von
historischer Bedeutung, vergleichbar der, die Friedrich der Große vor dem
ersten schlesischen Krieg zu treffen hatte. »Ich bin entschlossen, mein Leben
so zu führen, daß ich anständig bestehen kann, wenn ich sterben muß.« Er
fügte dann interessanterweise eine düstere Prophezeiung seines eigenen
Endes hinzu. »Ich werde in diesem Kampf stehen oder fallen. Ich werde
die Niederlage meines Volkes nicht überleben.« Das sollte sich bewahr-
heiten. Für Hitler gab es nur schwarz oder weiß, nur totalen Sieg oder
Götterdämmerung.[36]
     An diesem Nachmittag hielt Hitler den Generälen Brauchitsch und Halder
eine Gardinenpredigt über den Defätismus im Oberkommando des Heeres.
Brauchitsch war so betreten, daß er seinen Abschied anbot, Hitler winkte
aber ab und sagte, ein General müsse ebenso seine Pflicht erfüllen wie jeder
andere Soldat. Für die Herren vom Militär war dies ein übler Tag, und
Halder trägt denn auch in sein Tagebuch ein: »Ein Tag der Krisen!« Hitlers
Drohung, mit jedem kurzen Prozeß zu machen, der ihm im Wege stand,
hatte diese Herren so eingeschüchtert, daß sie mit allen Kräften strebten,
sich vom Widerstand zu distanzieren.[37]

     Genau eine Woche später war die Reihe an Stalin, der Welt eine Über-
raschung zu bereiten. Er marschierte am 30. November nach Finnland ein,
das 1918 mit deutscher Hilfe einen kommunistischen Aufstand niedergeschlagen hatte. Für Hitler war dies peinlich, nicht nur weil Deutschland zu
Finnland ungewöhnlich gute Beziehungen unterhielt, sondern auch weil das
ohnehin geschwächte Bündnis mit Mussolini dadurch noch mehr belastet
wurde. Die Italiener, von Anfang an nicht mit dem deutsch-russischen Pakt
einverstanden, reagierten auf den unprovozierten Angriff der Sowjets
ebenso empört wie der Westen. Der *Osservatore Romano*, offizielles Organ
des Papstes, der weder die Übergriffe der Faschisten noch die der Nazis
verurteilt hatte, stimmte nun in den Chor derer ein, die den Angriff der
Russen als eine vorsätzliche Aggression verdammten. Obwohl Kirche und
andere Kräfte einen starken Druck auf Mussolini ausübten, hatte er Ciano
gesagt, daß er »eine deutsche Niederlage niemals zulassen würde«.[38] Trotzdem ließ Ciano am 26. Dezember Belgien und Holland durch ihre diplomatischen Vertretungen davor warnen, daß Hitler plane, sie zu überfallen.*

---

* Der belgische Gesandte in Rom übermittelte die Warnung leichtsinnigerweise telegrafisch nach Brüssel. Das Telegramm wurde von den Deutschen aufgefangen und entschlüsselt.

3. September 1939 – 25. Juni 1940 767

Mussolini war eine Woche lang kopflos, hin- und hergerissen zwischen der Furcht vor einem Erfolg seines Bundesgenossen und der Hoffnung darauf. Am Silvesterabend erwog er, an Hitlers Seite in den Krieg einzutreten, als aber die Anzeichen sich mehrten, daß Deutschland im Begriff war, im Westen loszuschlagen, schrieb er seinem »Juniorpartner« in der Rolle des großen Bruders einen wohlgemeinten Brief. Nie zuvor hatte er sich eine so kühne Sprache erlaubt und diese seine Kühnheit beunruhigte ihn selber so sehr, daß er Ciano erst am 5. Januar 1940 erlaubte, den Brief abzuschicken. Er drängte Hitler darin im Westen nichts zu unternehmen; denn in einem solchen Krieg müßten beide Seiten verlieren. »Verlohnt es sich jetzt, wo Sie die Sicherheit Ihrer Ostgrenzen verwirklicht und Großdeutschland mit 90 Millionen Einwohnern geschaffen haben, alles, einschließlich des Regimes, aufs Spiel zu setzen und die Blüte des deutschen Volkes zu opfern, um den Fall einer Frucht vorwegzunehmen, die schicksalsnotwendig fallen muß und die wir, die Vertreter der neuen Kräfte Europas sowieso ernten werden? Die großen Demokratien tragen die Gründe ihres Verfalls in sich.«

Sodann beanstandete er den Pakt mit Rußland auf eine Weise, die Hitler wütend machen mußte, wie er sehr wohl wußte. »Ich fühle, daß Sie nicht das antisemitische und antibolschewistische Banner aufgeben dürfen, das Sie 20 Jahre hindurch hochgehalten haben und für das so viele Ihrer Kameraden gefallen sind; Sie können nicht Ihr Evangelium verleugnen, an das das deutsche Volk blindlings geglaubt hat.« Noch vor vier Monaten habe ihm die Sowjetunion als der Menschheitsfeind Nr. Eins gegolten, wie also könne sie nun an erster Stelle seiner Freunde rangieren? »An dem Tag, an dem wir den Bolschewismus vernichtet haben, werden wir unseren beiden Revolutionen die Treue gehalten haben.«

Attolico überreichte am Nachmittag des 8. Januar persönlich diesen einzigartigen Brief. Man versteht, daß der Führer keine Lust hatte darauf zu antworten. Dies stellt den Höhepunkt von Mussolinis Bemühungen dar, sich von der Vormundschaft seines Verbündeten zu befreien, doch als er dies getan hatte, setzte die vorhersehbare Reaktion ein und er fiel wieder in seine servile Rolle zurück.[39]

5

Weder Hitler noch Mussolini wußten, daß die Engländer ernstlich erwogen, wegen des Überfalls auf Finnland der UdSSR den Krieg zu erklären, hauptsächlich unter dem Druck kirchlicher Gruppen und der Cliveden-Clique, die meinte, nicht Deutschland sei der wahre Feind, sondern das rote Rußland. Hitlers Forderungen an Polen seien, genau betrachtet, durchaus nicht unmäßig gewesen, nur seine Manieren eben schlecht. Der Krieg gegen Hitler war unterdessen so gut wie eingeschlafen. Als William Shirer mit der Eisenbahn ein Stück an der französischen Grenze entlang fuhr, sagte man ihm, seit Kriegsbeginn sei hier kein einziger Schuß gefallen. Er überzeugte sich davon, daß beide Seiten einen unerklärten Waffenstillstand einhielten. »Eine einzige Artilleriesalve hätte unseren Zug wegpusten können. Die Deutschen beförderten ihren Nachschub auf ihrer Bahnlinie, die Franzosen störten sie dabei aber nicht. Ein sonderbarer Krieg.«[40] Das war tatsächlich so; als ein ehemaliger Erster Lord der Admiralität den Vorschlag machte, die Waldgebiete in Südwestdeutschland bombardieren zu lassen, erwiderte der englische Luftfahrtminister Sir Kingsley Wood: »Aber hören Sie mal, das geht doch nicht. Das ist alles Privatbesitz! Nächstens werden Sie von mir noch verlangen, daß ich die Ruhr bombardieren lasse.«[41] In dieser Zeit der Ungewißheit war Goebbels die Waffe, die Hitler benutzte. Seit Kriegsausbruch war er wieder in Gnaden aufgenommen worden. Er richtete seine Propaganda hauptsächlich gegen die Franzosen, in der Absicht zwischen sie und die Engländer einen Keil zu treiben. Goebbels besuchte in Schnee und Regen den Westwall, weil er einen Eindruck davon haben wollte, was in dem nur wenige hundert Meter entfernt in der Maginotlinie liegenden Poilu vorging. Sein Eindruck war, daß der französische Soldat so jämmerlich, gelangweilt und niedergeschlagen war, daß er mit Leichtigkeit ein Opfer seiner Vorurteile und seiner privaten Sorgen sein würde. Sein Sekretär Werner Naumann sagt dazu: »Goebbels wußte, daß der einfache französische Soldat nichts weiter wollte als ein gutes Bett, eine Frau, ein warmes Zimmer, einen Garten und seine Ruhe.« Die Juden, die Engländer und vor allem dieser alberne Krieg waren ihm zuwider. Auf Anweisung des Propagandaministeriums schickten die Deutschen daher freundliche Grüße über das Niemandsland hinweg und knüpften, wo möglich, brüderliche Gespräche mit dem Feind an. Propagandaabteilungen verbreiteten über Lautsprecher Nachrichten, aus denen hervorgehen sollte, daß Frankreich und Deutschland nicht wirklich Feinde waren. Abends ließ man sentimentale Schlager und französische Lieder erklingen und bei Programmschluß wünschte man dem Feind eine Gute Nacht, nicht ohne ihn zu erinnern: »Uns macht dieser Krieg ebensowenig Spaß wie euch. Wer ist dafür verantwortlich? Ihr nicht und wir nicht, warum also aufeinander schießen?« Das ganze wurde gekrönt durch das Abspielen eines Wiegenliedes. Nebenher überschüttete man die französischen Truppen mit Flugblättern, auf denen ein im Graben frierender Poilu dargestellt war, dessen Frau derweil mit einem englischen Soldaten im Bett lag. Die französische Zivilbevölkerung wurde auf andere Art bearbeitet; der gab man über den Rundfunk Beispiele von Korruption in ihrer Regierung, vom Profitstreben der Juden und der schreckenerregenden Macht von Hitlers Heer und Luftwaffe. Besonders wirksam erwies sich ein Flugblatt, das eine Prophezeiung des Nostradamus enthielt, der die Eroberung Frankreichs durch das Dritte Reich vorhergesagt hatte.[42]

Seinen Mitbürgern verordnete Goebbels derweil, sich auf den kommen-

3. September 1939 — 25. Juni 1940   769

den Kampf vorzubereiten. Es gehe um ihre Existenz, denn der Feind sei
willens, Deutschland ein für alle Mal auszulöschen. Ab Mitte Dezember
durfte die Presse nicht mehr vom Frieden schreiben. In diesem Zusammenhang ordnete er an, auch das Weihnachtsfest in keine sentimentale Verbindung mit dem Frieden zu bringen. Gefeiert werden sollte nur ein einziger
Tag, nämlich der 24. Dezember, und das Weihnachtsprogramm 1939 sollte
im Rundfunk unter dem Motto: »Soldatenweihnachten — Volksweihnach-
ten« ablaufen.[43]

Auf die englischen Soldaten in Frankreich machte Goebbels' Propaganda
keinen Eindruck. Ihnen erschien der Krieg als ein Wettstreit mit flauen
Witzen. Die englische Zivilbevölkerung war ebenso gelangweilt davon wie
die Truppe und sprach von Sitzkrieg. Wenn Chamberlain den wöchentlichen
Kriegsbericht verlas, tat er das vor immer mehr schlafenden Abgeordneten.

Hitler unterdessen wartete auf eine dauerhafte Flugwetterlage, um aus
diesem Scherz eine grausige Schlacht zu machen. Sein eigener Luftwaffen-
befehlshaber saß derweil in einer üblen Klemme. Göring mußte so tun, als
könne er es gar nicht abwarten und betete doch heimlich darum, daß das
schlechte Wetter anhalten möge, weil er seine Luftwaffe noch nicht kampf-
bereit glaubte. Auf den täglichen Lagebesprechungen drängte er den
Metereologen Diesing immer neu um weitere Auskünfte, während Hitler
langfristige Voraussagen von ihm verlangte. Diesing lehnte hartnäckig ab:
»Mein Führer, ich will gern kühn sein und für drei Tage gutes Wetter
ansagen, aber tollkühn will ich nicht sein und sagen, es bleibt für fünf Tage
gut.«[44]

Der verzweifelte Göring engagierte nun für 100 000 Mark Herrn
Schwefler, einen Regenmacher. Man weiß nicht genau, ob der Feldmarschall
von ihm fünf Tage Flugwetter verlangte oder die Fortdauer der schlechten
Wetterlage, das spielt aber auch keine Rolle, denn Herr Schwefler verfügte
einzig über ein defektes Rundfunkgerät als Hilfsmittel. Milch wiederum
hoffte auf gutes Wetter, denn er meinte wie Hitler, die Zeit arbeite für den
Feind. Die Luftwaffe wies Mängel auf, hatte aber noch die Luftüberlegenheit, die jedoch ständig abnahm dank der amerikanischen Flugzeuglieferun-
gen an England und Frankreich.

Am 10. Januar 1940 legte der ungeduldige Hitler ein neues Datum für
die Offensive fest: 15 Minuten vor Sonnenaufgang am 17. Januar. Dies
wurde von der ›Vorsehung‹ verhindert. Eine kleine Transportmaschine der
Luftwaffe verirrte sich über die Grenze nach Belgien, machte hier eine
Bruchlandung und ausgerechnet sie hatte einen Major Rheinberger an Bord,
der befehlswidrig die Operationspläne für die Luftlandung in Belgien mit
sich führte. Er setzte gerade die Papiere in Brand, als er von belgischen
Soldaten festgenommen wurde; von der deutschen Botschaft in Brüssel aus
unterrichtete er den Luftwaffenstab dahingehend, daß er die Unterlagen »zu
unbrauchbaren Schnitzeln von Handtellergröße« zerrissen habe. Der total

770   *Sieg im Westen*

verblüffte Göring ließ Versuche mit einem ebenso großen Stoß Papier anstellen wie ihn Rheinberger mitgehabt hatte, mit so unsicherem Ausgang, daß seine Frau ihm vorschlug, einen Hellseher beizuziehen, kein übler Vorschlag an einen Mann, der schon einen Regenmacher beschäftigte. Tatsächlich kamen denn auch mehrere Hellseher einstimmig zu dem Ergebnis, daß von den Dokumenten nichts übriggeblieben sei.

Ihr Bericht mag Göring erleichtert haben, Hitler aber nicht. Er strich den Einmarschbefehl, ausgehend von der Annahme, daß der Plan dem Feind in die Hand gefallen sei, und damit hatte er recht, die Hellseher unrecht. Die Belgier konnten den Überbleibseln sehr wohl entnehmen, was beabsichtigt war. Sie gaben die Information nach London weiter, wo sie auf größtes Mißtrauen stieß. Halifax zum Beispiel sagte vor dem Kabinett: »Ich zweifle sehr an der Echtheit dieser Dokumente«[45], und auch der Generalstab war der Meinung, die Unterlagen wären dem Feind zugespielt worden. Im übrigen hatte die Generalität alle Hände voll zu tun mit der Planung einer eigenen Offensive, der Landung in Norwegen. Die Vorstellung eines solchen *coup de main* gefiel besonders Churchill, dem neuen Ersten Lord der Admiralität, und obwohl er im vorigen Krieg mit einem ähnlichen Unternehmen einen beklagenswerten Fehlschlag erlitten hatte, drängte er im Kabinett auf Zustimmung.

Auch Hitler bereitete sich auf den Einmarsch nach Norwegen vor, ein Einfall, der ihm erst gekommen war, als sein Bündnispartner Stalin durch den Überfall auf Finnland alle Berechnungen durcheinanderbrachte, denn schließlich waren die Norweger nordische Menschen, mit deren Neutralität man wie schon 1914 rechnen durfte. Stalins Angriff könnte, so fürchtete Hitler, den Alliierten zum Vorwand eines Vorstoßes nach Norwegen dienen, von wo aus sie die deutsche Nordflanke bedroht hätten. Er ordnete an, die Voraussetzungen für eine Invasion prüfen zu lassen, machte die Sache aber nicht dringend. Ende Februar trafen beunruhigende Nachrichten über eine unmittelbar bevorstehende Landung der Engländer in Skandinavien ein und ließen die Sache nun doch eilig erscheinen. Hitler fürchtete nämlich, die Engländer in Norwegen könnten die Nord- und Ostseeausgänge schließen und die U-Boote dort eingesperrt halten. Ebenso bedrohlich waren die wirtschaftlichen Folgen. Mehr als die Hälfte des deutschen Erzes wurde aus Norwegen und Schweden eingeführt, und eine Unterbrechung hätte die Kriegsproduktion lahmgelegt. Er gab daher am 1. März 1940 eine Weisung für die gleichzeitige Besetzung Dänemarks und Norwegens heraus. »Grundsätzlich ist anzustreben, der Unternehmung den Charakter einer friedlichen Besetzung zu geben, die den bewaffneten Schutz der nordischen Staaten zum Ziel hat« Und: »Trotzdem auftretender Widerstand ist unter Einsatz aller militärischen Mittel zu brechen.«[46]

Hitler fühlte sich plötzlich so zur Eile gedrängt, daß er sich innerhalb von zwei Tagen dazu entschloß, erst »das gewagteste und wichtigste Unter-

3. September 1939 – 25. Juni 1940   771

nehmen der Kriegsgeschichte«[47] in die Wege zu leiten, ehe er im Westen offensiv wurde. Es sollte am 15. März beginnen.

Unterdessen war er auch bemüht, die schlechter werdenden Beziehungen zu seinen beiden Verbündeten zu verbessern. Insbesondere die Beziehungen zu Rußland hatten sehr gelitten. Kurz nach der Eroberung Polens war begonnen worden, über einen Handelsvertrag zu beraten, und auf den Besuch einer siebenunddreißigköpfigen Wirtschaftsdelegation in Moskau folgte der einer noch stärkeren russischen Delegation in Berlin, die eine Wunschliste mitbrachte, auf der für mehr als eine halbe Milliarde Reichsmark Industrie- und Rüstungsgüter aufgeführt waren. Die Deutschen sahen das ungern, denn gewünscht wurden hauptsächlich Werkzeugmaschinen und Rüstungsgüter, die sie selbst dringend brauchten, und es kam daher zu einem langen und erbitterten Feilschen, das Stalin persönlich auf die Spitze trieb. Falls Deutschland nicht nachgäbe, käme der Vertrag nicht zustande.[48]
Das nun konnte Hitler nicht zulassen und er forderte Stalin in einem persönlichen Schreiben auf, sich doch einmal in die Lage der Deutschen zu versetzen. Stalin hatte unterdessen wohl schon einige Zugeständnisse aus den Deutschen herausgequetscht und sah ein, daß er es zu weit getrieben hatte. (Trotzki, sein Erzfeind, hatte zwei Monate zuvor bemerkt: »Ehe Hitler unterliegt, werden in Europa unzählige Opfer fallen. Stalin möchte nicht dazugehören und deshalb wagt er nicht, sich zu früh von Hitler zu trennen.«)[49] Stalin machte eine seiner berühmten Kehrtwendungen und verlangte, das Feilschen müsse aufhören. Er war einverstanden, daß die Deutschen ihre Lieferungen auf 27 Monate verteilten und wollte selber die ausbedungenen Rohstoffe innerhalb von 18 Monaten liefern. Drei Tage später war das Handelsabkommen unterzeichnet. Die deutsche Delegation war entzückt. »Das Abkommen bedeutet für uns das weit geöffnete Tor im Osten«, berichtete ihr Vorsitzender.[50]
Hitler war erfreut und erleichtert. Sein Gegenspieler im Kreml faszinierte ihn mehr und mehr, er war der einzige Politiker, den Hitler gern persönlich kennengelernt hätte, und wer aus Rußland kam, wurde von ihm ausführlich nach den banalsten Einzelheiten des Bundesgenossen befragt. Christa Schröder erinnert sich, daß er den Berichtenden oft unterbrach und begeistert ausrief: »Dieser Stalin ist zwar ein Biest, aber ein ganzer Kerl.«[51] Es war dann beinahe, als spräche er von sich selbst.
Seine russischen Sorgen wurden im gleichen Moment beschwichtigt, als ein weiteres Ärgernis sein Ende fand, indem die Finnen sich im März den harten russischen Friedensbedingungen beugten, mit denen ein kurzer, blutiger Krieg beendet wurde. Es erleichterte Hitler sehr, dieses in Deutschland unbeliebte Vorgehen seines Bundesgenossen moralisch nicht mehr abstützen zu müssen, und er wendete sich ergiebigeren Feldern zu. Dazu zählte Italien. Gerade eben hatte er Mussolinis unwillkommene Ratschläge

772   *Sieg im Westen*

damit beantwortet, jeden seiner Schritte minutiös zu rechtfertigen und
Italiens Lob in höchsten Tönen zu singen, wobei er so viele Wörter in
Anführungszeichen setzte wie ein Backfisch in einem Liebesbrief.

Ein so verspätet abgesandter Brief durfte selbstverständlich nur von
einem gewichtigen Briefträger überreicht werden und deshalb verließ denn
auch am 9. März Außenminister von Ribbentrop mit großem Gefolge
Berlin: Berater, Sekretäre, Friseure, ein Arzt, ein Gymnastiklehrer und ein
Masseur. Als Ribbentrop den Duce bei ihrem ersten Zusammentreffen
fragte, ob Italien beabsichtige, am Kriege teilzunehmen, antwortete dieser
vorsichtig: Er habe die Absicht, »an der Seite Deutschlands in den Konflikt
einzugreifen«. Man müsse aber ihm überlassen, das Datum zu wählen.
Ribbentrop hätte ihn gerne auf eine Zusage festgenagelt, Mussolini war aber
nicht zu mehr als einem Treffen mit Hitler bereit. Am 18. März begegneten
sich denn auch die beiden Diktatoren im Schneetreiben auf dem Brennerpaß.
Die Stimmung war herzlich, Hitler beherrschte das Gespräch, doch blieb er
ruhig. Er sei nur gekommen, um dem Duce die Lage zu erläutern, damit
dieser seine eigenen Entscheidungen treffen könne.

Schmidt hörte überrascht, daß Mussolini die geringe ihm eingeräumte
Redezeit dazu benutzte, nachdrücklich zu versichern, er wolle in den Krieg
eintreten. Es gehe nur darum, den geeigneten Termin festzusetzen. Beide
Herren verabschiedeten sich voneinander, erfüllt von Vertrauen und
Freundschaft. Hitler wies Schmidt jedoch an, kein Protokoll der Besprechung an die Italiener zu geben. »Man weiß nie, wer auf italienischer Seite
dann diese Dokumente noch mitliest und welchen alliierten Diplomaten darüber berichtet wird.« Der Duce seinerseits schien das Versprechen, in den
Krieg einzutreten, sogleich vergessen zu haben; auf der Rückfahrt zeigte er
in das dicke Schneetreiben hinaus und bemerkte, wenn aus den Italienern
jemals eine kriegerische Rasse werden solle, dann müsse der Schnee bis
Sizilien liegen. Er ärgerte sich zwar darüber, daß Hitler wieder einmal fast
allein geredet hatte, glaubte aber fest, sein Verbündeter plane zu Lande
keine Offensive.[52]

6

Das Ehepaar Schirach hatte Hitler kürzlich in seiner Bibliothek beim
Lesen mit der Brille überrascht.* Er setzte sie schnell ab (Hoffmann durfte
ihn damit nicht fotografieren) und rieb sich die Augen. »Sie sehen, ich
brauche eine Brille, ich werde alt, und deshalb führe ich auch den Krieg
lieber mit 50 als mit 60.« Er blätterte in dem Buch, einem Bildband von
London, und murmelte dabei: »Wirklich eine Erleichterung, mal keine

---

* Der Wortlaut seiner Reden wurde auf einer Schreibmaschine mit besonders großen
Typen geschrieben, so daß er die Buchstaben ohne Brille erkennen konnte.

3. September 1939 – 25. Juni 1940 773

Barockbauten zu sehen.« Dann schlug er es zu. »Ich darf mir sowas nicht mehr ansehen.«[53]

England sollte den Deutschen in Norwegen nicht zuvorkommen, und darum befahl Hitler den Angriff für 15.15 Uhr am 2. April. Die Verschwörer waren entschlossen, ihm einen Knüppel ins Räderwerk zu werfen und dazu brauchten sie Halder. Er hatte erst kürzlich seine Hilfe zugesagt, schwankte aber wieder, und um ihn zu Taten zu treiben, zeigte man ihm Müllers Memorandum, aus dem hervorging, daß der Papst sich an geheimen Friedensverhandlungen mit England beteiligen wolle. Der Stabschef des Heeres war zwar beeindruckt, brach aber in Tränen aus. Sein Gewissen erlaube ihm nicht mitzumachen.

Der unerschütterliche Oberst Oster ließ sich auch von diesem Fehlschlag nicht entmutigen. Er beschloß selber zu handeln und ließ den holländischen Militärattaché im April wissen, die Landung in Norwegen stehe bevor. Diese Information gelangte aber an jemand in der norwegischen Gesandtschaft in Berlin, der es nicht für wert hielt, sie nach Oslo weiterzugeben. Auch die Engländer wollten Berichten nicht glauben, die besagten, Hitler beabsichtige zu tun, was sie selbst einen oder zwei Tage später zu tun beabsichtigten. In der Downing Street herrschte erstaunlicherweise übermäßiges Selbstvertrauen.

Am 7. April, in den Morgenstunden eines Sonntags, setzten sich fünf deutsche Konvois in Bewegung, deren Bestimmungsort sechs norwegische Hafenstädte waren. In drei dieser Häfen, Narvik, Trondheim und Stavanger lagen bereits deutsche Handelsschiffe, in deren Laderäumen Truppen verborgen waren. Unterdessen legten englische Schiffe in norwegischen Gewässern südlich Narvik Minen zwecks Vorbereitung ihrer eigenen Landung, und der Zerstörer »Glowworm« sichtete zwei deutsche Zerstörer. In London glaubte man, diese seien Teil einer nur zum Zweck der Eroberung Narviks ausgelaufenen Streitmacht. Das Kabinett erfuhr erst Montag vormittag, daß mindestens drei weitere norwegische Häfen von feindlichen Kriegsschiffen angesteuert würden. Man war entsetzt, es war aber zu spät, Hitler in den Arm zu fallen.

Dienstag früh schlugen die Deutschen zu. Um 8.00 Uhr wurde Narvik von zwei Bataillonen Gebirgsjägern unter dem Kommando von General Dietl eingenommen, ein Vertrauter Hitlers seit dem Novemberputsch. Vor Mittag noch fielen vier weitere wichtige Häfen den Deutschen in die Hand, die Eindringlinge wurden aber durch die Verteidiger der alten Feste Oskarberg so lange aufgehalten, daß die königliche Familie, die Regierung und die Abgeordneten mit einem Sonderzug aus Oslo flüchten konnten, während die Goldvorräte der Bank von Norwegen und die Geheimakten des Außenministeriums mit 23 Lastwagen abtransportiert wurden.

In Dänemark stießen die Deutschen auf geringen Widerstand, und ihr Plan lief wie im Manöver ab. Die dänische Kriegsmarine feuerte keinen

Schuß, und das Heer brachte den Eindringlingen nur geringfügige Verluste bei. Schon am Vormittag war alles vorüber, der König kapitulierte und verbot jeden weiteren Widerstand. Dem Stabschef der deutschen Kampftruppe versicherte er, er wolle in seinem Land für Ruhe und Ordnung sorgen und machte ihm dann das Kompliment: »Das habt ihr Deutschen wieder fabelhaft gemacht! Das muß man wirklich sagen: großartig!«[54] Am Ende dieses Tages sah es so aus, als hätte Hitler auch in Norwegen einen vollen Erfolg zu verzeichnen, doch nun erschien unerwartet die englische Marine. Am Mittwoch vormittag drangen fünf Zerstörer zum Hafen von Narvik vor und versenkten zwei deutsche Zerstörer und alle Frachtschiffe bis auf eines. Die »Warspite« kam drei Tage später noch einmal mit einer Zerstörerflottille zurück und versenkte die restlichen deutschen Schiffe.

Hitler war darüber so beunruhigt, daß er zu Brauchitsch sagte, Narvik könne unmöglich gehalten werden. Am 17. April beschimpfte er alle, die in seine Nähe kamen, weil er so verärgert war. Brauchitsch, Keitel und Halder hielten den Mund, Jodl jedoch erklärte schroff, in dieser Lage gäbe es nur eines, man müsse konzentrieren, halten, nicht aufgeben. Zur Verblüffung der Zuschauer begann zwischen ihm und Hitler eine Auseinandersetzung wie zwischen Gleichgestellten. Der Chef des Stabes rannte schließlich wütend hinaus und knallte die Tür zu. Hitler sagte kein Wort, sondern verließ den Raum verkniffenen Mundes durch eine andere Tür. Abends aber befahl er Dietl, er solle halten solange er könne.[55] Der 19. brachte die nächste Krise. In seinem Zufluchtsort an der unzugänglichen Nordküste von Norwegen weigerte sich König Haakon VII., der einzige Monarch des Jahrhunderts, der von seinem Volk auf den Thron gewählt worden war, eine Regierung unter Vidkun Quisling einzusetzen, dem Jünger Rosenbergs und Führer der norwegischen Faschisten.

Die Engländer hatten zwei Brigaden von insgesamt 13 000 Mann bei Narvik und Trondheim an Land gesetzt. Ihr Angriff gewann Boden, sie führten Verstärkungen heran, und die Deutschen waren am Ende dieser Woche in einer verzweifelten Lage. Nun aber erschien Milch als Retter, der persönlich die Führung der Luftwaffe übernahm. Er schickte zwei große Wasserflugzeuge mit Gebirgsjägern beladen nach Narvik, er ordnete Stuka-Angriffe an, mit denen in Zentralnorwegen der Widerstand der Engländer und Norweger geschwächt wurde. Am 28. April befahl London den Abzug der Truppen, und tags darauf brachte ein englischer Kreuzer König Haakon und die Mitglieder seiner Regierung nach Tromsö, einer Stadt nördlich des Polarkreises, wo ein provisorischer Regierungssitz eingerichtet wurde.

Norwegen war jetzt großenteils in deutscher Hand, ausgenommen Narvik, wo Dietls 6000 Männer sich tapfer gegen 20 000 Alliierte wehrten. Am 30. April teilte Jodl mit, es sei endlich eine Landverbindung zwischen Oslo und Trondheim zustande gekommen. Und beim Essen gab Hitler, der außer sich war vor Freude,[56] offen zu, er habe sich geirrt, und dankte ausdrücklich

3. September 1939–25. Juni 1940   775

Jodl für dessen Beitrag zum Sieg. Auch Dietl und Milch erwies er seine Dankbarkeit, indem er sie beförderte. Besonders Milch spendete er freigebig Lob und erwähnte bei einer Besprechung eigens, daß Milch die Luftwaffenführung in Norwegen übernommen hatte, als anscheinend alles verloren war. »Und warum? Weil er ein Mann ist, der genauso wie ich das Wort ›unmöglich‹ einfach nicht kannte«,[57] wobei er seinen Streit mit Jodl bequemerweise vergaß.

Nachdem seine Nordflanke gesichert war, wandte Hitler seine Aufmerksamkeit wieder der Offensive im Westen zu. Der ursprüngliche Angriffsplan hatte ihm nie recht zugesagt, der war nur eine phantasielose Variation des Schlieffenplans: Ein Angriff durch Nordfrankreich und Belgien Richtung Kanal, dessen Ziel nicht war, das französische Heer zu zerschlagen, sondern die Kanalküste zu besetzen, die Engländer von ihren Verbündeten abzuschneiden und für Angriffe gegen England U-Bootstützpunkte und Flughäfen anzulegen.

Zu Keitel und Jodl sagte er ablehnend: »Das ist ja der alte Schlieffenplan, mit der starken rechten Flanke an der Atlantikküste, ungestraft macht man solche Operationen nicht zweimal.« Auch wenn sie gelingen sollte, stünde sie im Widerspruch zu seinem Rezept des Blitzkrieges und er habe sich geschworen, daß diese Generation nicht so leiden sollte wie er dazumal in Flandern. Er denke vielmehr an einen tollkühnen Panzervorstoß weiter südlich durch die Ardennen Richtung Sedan und weiter zum Kanal. Die Hauptmacht sollte sodann nach Norden einschwenken, sozusagen in Umkehrung des Schlieffenplanes, und in den Rücken der zurückweichenden englisch-französischen Armee stoßen. Seine Adjutanten sahen ihn Nacht für Nacht über einer besonders angefertigten Reliefkarte brüten, wo er prüfte, ob Sedan wirklich der für einen Durchbruch geeignete Ort wäre.

Unabhängig von Hitler hatte Generaloberst Manstein, der brillanteste Stratege der Wehrmacht, eine ähnliche Offensive geplant. Brauchitsch, dem er das Projekt vorlegte, wies es als zu riskant ab, Hitler hatte aber bereits von diesem »wagehalsigen« Plan gehört und wollte Einzelheiten wissen. Manstein war überrascht, als Hitler sehr erfreut reagierte. Hier sah er nicht nur seine eigene Idee bestätigt, Manstein hatte auch noch bessere Vorschläge. Dem Oberkommando gefiel Hitlers umgearbeitete Fassung ebensowenig wie das Projekt Manstein und es sprach sich einstimmig dagegen aus. Hitler setzte sich über alle Einwände hinweg, er nannte diese Generäle »Anbeter von Schlieffen«, die sich an eine »versteinerte« Strategie klammerten. »Die hätten mal Karl May lesen sollen!«

Ende Februar wurde die Hitler-Manstein-Offensive endgültig angenommen, und als der Norwegenfeldzug beendet war, standen an der Westfront 136 deutsche Divisionen bereit und warteten nur noch auf gutes Wetter. Am 1. Mai bestimmte Hitler den 5. zum Angriffstag, zwei Tage später verlegte er ihn jedoch, der schlechten Wetteraussichten wegen, erst auf den 7., dann auf den 8. Göring versuchte immer noch, mehr Zeit herauszuschinden, und dann trafen aus Holland alarmierende Nachrichten ein: Die Truppe hatte Urlaubssperre, Evakuierungen waren im Gange, Straßensperren wurden errichtet. Hitler war noch einmal mit einer Verschiebung auf den 10. Mai einverstanden, sagte aber: »Keinen Tag länger!« Es sei unmöglich, zwei Millionen Mann länger in Angriffsbereitschaft zu halten.[58]

Er war jetzt willens loszuschlagen, auch wenn er nicht an fünf Tagen hintereinander auf gutes Wetter rechnen konnte; hatte er doch damit schon drei kostbare Monate verloren. Er setzte alles auf die Karte, die ihm auch früher schon unbezahlbare Dienste geleistet hatte, auf seine »Intuition« nämlich, das heißt den Verzicht auf Logik und Kapitulation vor der Ungeduld. Am 9. Mai meldete ein Kommandierender General aus der Nähe von Aachen dichten Nebel in seinem Bereich. Darauf folgte die Vorhersage, daß der Nebel sich heben und der 10. ein schöner Tag sein werde. Hitler befahl, seinen Sonderzug auf einem kleinen Bahnhof außerhalb Berlins bereitzuhalten, ließ aber den engsten Kreis im Dunkeln über Zweck und Ziel dieser Maßnahme. Während der Bahnfahrt zeigte er sich äußerlich ruhig, wurde aber immer sorgenvoller, als die Stunde heranrückte, in welcher der Angriffsbefehl endgültig bestätigt werden mußte. Nahe Hannover ließ er den Zug halten und holte einen letzten Wetterbericht ein. Diesing, der später zur Belohnung eine goldene Uhr erhielt, sagte für den 10. gutes Wetter vorher. Hitler ordnete die Offensive bei Tagesanbruch an und zog sich früher als üblich zurück. Er fand aber keinen Schlaf. Trotz der Vorhersage mochte er dem Wetter nicht trauen.

Sein eigener Nachrichtendienst bestärkte ihn noch in seinen Zweifeln. Unter den wenigen, denen Hitler alle Details des Angriffsplanes anvertraut hatte, war auch Admiral Canaris, und was Canaris wußte, wußte auch sein Stellvertreter Oster. Dieser offenbarte seinem alten Bekannten, dem holländischen Militärattaché beim Abendbrot, daß Hitler den Angriffsbefehl gegeben habe. Als er nach dem Abendbrot ins OKW in der Bendlerstraße hineinschaute, wurde ihm bestätigt, daß kein Aufschub mehr angeordnet worden war. »Das Schwein ist an die Westfront abgefahren,«[59] sagte er dem holländischen Attaché, der die Nachricht erst an seinen belgischen Kollegen und sodann verschlüsselt nach Den Haag durchgab.

Um 4.25 Uhr am 10. Mai traf der Führerzug in Euskirchen ein, nahe der deutsch-belgisch-holländischen Grenze. Hitler samt Gefolge fuhr unter sternklarem Himmel in das neue Führerhauptquartier Felsennest. Der Tag brach an, als sie die Bunker bezogen, die in eine bewaldete Hügelkuppe gesprengt worden waren. Als Hitler auf die Uhr sah, war er unangenehm überrascht (»ich bekam es mit der Wut«)[60], denn es wurde fünfzehn Minuten früher hell, als man ihm gesagt hatte.

Vierzig Kilometer weiter westlich stießen seine Truppen nach Belgien, Holland und Luxemburg hinein. Der Himmel war verdunkelt von den

3. September 1939—25. Juni 1940 777

Maschinen der Luftwaffe. 2500 Flugzeuge waren für den Angriff bereitgestellt worden, weit mehr als die Alliierten zur Verfügung hatten. Angriffswelle auf Angriffswelle flog westwärts und zerstörte mehr als 70 Flugplätze des Feindes. Luftlandetruppen sprangen über holländischen Schlüsselstellungen ab, während auf belgischen Befestigungen Lastensegler landeten, deren Besatzungen die Bunker überraschend einnahmen. Besonders interessiert war Hitler an dem Angriff auf das Fort Eben Emael. Er hatte persönlich Offiziere und Unteroffiziere an einem maßstabgerechtem Modell der Festung eingewiesen, die an dieser mit Lastenseglern ausgeführten Operation teilnehmen sollten. Er wartete ungeduldig auf Nachricht. Um die Mittagszeit des 11. Mai war diese angeblich uneinnehmbare Festung ebenso in deutscher Hand wie eine Brücke über die Meuse. Als Hitler dies hörte, jubelte er. Später kam eine noch bedeutendere Meldung: Der Feind schlug zurück. »Als die Meldung kam, daß der Feind auf ganzer Front vorging, hätte ich vor Freude weinen mögen; sie waren in die Falle gegangen! Daß wir Liège angriffen, war ein ganz schlauer Trick. Damit bestärkten wir sie in dem Glauben, daß wir nach dem alten Schlieffenplan operierten,«[61] sagte Hitler später.

7

Frankreich und England wurden am 10. Mai völlig überrascht, denn die Generalstäbe hatten den Warnungen aus Brüssel und Den Haag ebensowenig geglaubt wie ihren eigenen Nachrichtendiensten.*

Der bleiche, düstere Chamberlain wollte nach wie vor im Amt bleiben, wurde aber überredet zu gehen. König Georg VI. erklärte sich bedauernd einverstanden und schlug Halifax zu seinem Nachfolger vor. Es war nun aber klar, daß einzig Churchill das Vertrauen der Nation genoß, und seine Majestät bestellte ihn für 18.00 Uhr in den Palast. In einem Leserbrief an die *Times* hatte Churchill dem Führer einmal folgendes Kompliment gemacht: »Ich habe schon mehrmals gesagt, ich hoffe, daß Großbritannien nach einem verlorenen Krieg einen Hitler finden möge, der uns wieder den uns zukommenden Platz im Kreise der Völker verschafft.«[62] Hitler war davon nicht geschmeichelt, denn Churchill war für ihn von allen der schlimmste Feind, das Werkzeug jener englischen Juden, welche das deutsch-englische

---

* Der englische Geheimdienst hatte 1938 einem polnischen Mathematiker für 10 000 Pfund, einen englischen Paß für ihn und seine Frau und die Aufenthaltserlaubnis in Frankreich die deutsche Codiermaschine »Enigma« abgekauft. Der Mathematiker hatte sich die Blaupausen der wesentlichen Teile dieser Maschine ins Gedächtnis geprägt und in seiner Wohnung auf dem linken Seineufer ein Modell der »Enigma« gebaut. In Bletchley Park; 40 Meilen nördlich von London, war dann ein Zwilling dieser »Enigma« aufgestellt worden. Als England 1939 den Krieg erklärte, war diese »Ultra« genannte Apparatur betriebsbereit und die erste Nachricht, die sie lieferte, betraf die Pläne von Hitlers Offensive im Westen.

778   Sieg im Westen

Bündnis angeblich hintertrieben hatten. Dieser tiefe Haß steht in seltsamem
Gegensatz zu seiner Bewunderung für Stalin, und daß Churchill Premier-
Minister geworden war, empfand er als üble Neuigkeit.

Während Hitlers Truppen und Panzer in Holland und Belgien vordrangen,
bereitete Goebbels seine Mitarbeiter auf den nächsten Schritt im Propa-
gandakrieg vor. Im Protokoll der geheimen Sitzung vom 11. Mai heißt es:
»Der Minister erhebt für die nächste Zeit zum Prinzip, daß alles, was an
Feindmeldungen nicht zutrifft oder uns auch nur gefährlich werden kann,
sofort dementiert werden muß. Es braucht dabei gar nicht selbst untersucht
werden, ob die Meldung im einzelnen stimmt, entscheidend ist lediglich, ob
das, was der Gegner behauptet, uns in irgendeiner Form schädlich werden
kann.«[63] Das wichtigste sei, daß man den Franzosen und Engländern
ständig wiederhole, es seien ja sie gewesen, die den Krieg erklärt hätten. Der
Krieg, der jetzt über sie hereinbreche sei ihr Krieg, und wir dürften uns auf
keinen Fall wieder in die Rolle des Angreifers manövrieren lassen.

Der Vorstoß ins westliche Belgien brachte die eindrucksvollsten Siege.
Dies paßte genau zu der Absicht Hitlers, von seinem Hauptstoß durch die
Ardennen abzulenken. Am 13. Mai hatten seine Truppen dort an mehreren
Stellen die Meuse überschritten und näherten sich Sedan, wo Hitler die zum
Durchbruch geeignete schwache Stelle in der Maginotlinie vermutete.

Obwohl es im Norden vorwärts ging, beunruhigte Hitler der hartnäckige
Widerstand der weit unterlegenen holländischen Truppen, und er gab am
14. Befehl ›schnellstens‹ deren Widerstand zu brechen. Luftwaffengeschwa-
der wurden vom belgischen Kriegsschauplatz abgezogen, um die schnelle
Eroberung der Festung Holland zu ermöglichen. Innerhalb von Stunden
warf die Luftwaffe 98 Tonnen Sprengbomben auf Rotterdam. Absicht war,
den holländischen Widerstand an den Maasbrücken zu brechen, die Bomben
fielen aber in die Stadtmitte und töteten 814 Zivilisten. Die holländische
Presse übertrieb diesen Vorfall maßlos und sprach von 25 000 bis 30 000
Toten. Es wurde auch verschwiegen, daß die stillschweigende Übereinkunft
beider Kriegsparteien, nur militärische Ziele zu bombardieren, schon von
den Engländern gebrochen worden war. Drei Tage zuvor hatten 35 Bomber
der Airforce trotz heftigen französischen Widerstrebens eine Industriestadt
im Rheinland angegriffen und vier Zivilisten getötet, darunter eine Englän-
derin. »Dieser Angriff in der Nacht vom 11. Mai war unbedeutend und
trotzdem machte er Geschichte,« bemerkte dazu der englische Jurist F. J. P.
Veale, »denn damit wurde zum ersten Mal vorsätzlich jene Kriegsregel
durchbrochen, die besagt, daß Kriegshandlungen sich nur gegen bewaffnete
Kräfte des Feindes richten dürfen.«[64] Obwohl Hitler in Holland furchtbar
zurückschlug, lehnte er den Vorschlag, London zu bombardieren, ab. Soweit
wollte er noch nicht gehen. Die Tragödie in Rotterdam brachte den holländischen Widerstand zum Erliegen. Der holländische Oberkommandierende
wies wenige Stunden später seine Truppen an, die Waffen niederzulegen,

3. September 1939 – 25. Juni 1940   779

und am gleichen Tag erzielten die deutschen Panzer bei der französischen
neunten und zweiten Armee in Sedan einen Durchbruch. Von heulenden
Stukas unterstützt ratterten drei lange Panzerkolonnen in Richtung Kanal.

Churchill wurde am nächsten Morgen durch einen Telefonanruf aus Paris
geweckt. »Wir sind geschlagen! Das ist die Niederlage!« sagte Ministerpräsident Reynaud. Churchill wollte das nicht glauben, und auch seine
Generäle nicht, die in der Eroberung Polens durch Panzertruppen nichts
weiter gesehen hatten als ein einfaches Manöver gegen eine unzulängliche,
primitive Abwehr.

Goebbels verstärkte noch den Schrecken, von dem Frankreich gepackt
wurde. Am 17. Mai sagte er vor seinen Mitarbeitern: »Dem Geheimsender
fällt ab sofort die Aufgabe zu, mit allen Mitteln Panikstimmung in Frankreich zu schaffen ... Ferner soll er eindringlich vor den Gefahren der
›Fünften Kolonne‹ warnen, zu der zweifellos auch alle deutschen Emigranten
gehören. Er soll ausführen, daß selbstverständlich auch die Juden aus
Deutschland in der augenblicklichen Situation nichts anderes seien als
Agenten Deutschlands.«[65] Am Vormittag fuhr Hitler im Wagen nach
Bastogne im Herzen der Ardennen. »Jetzt hört uns die ganze Welt!« erklärte
er triumphierend. Er war ins Hauptquartier der Heeresgruppe A gekommen,
die Rundstedt befehligte, um mit ihm über die Fortführung des Hauptstoßes
an den Kanal zu beraten, und war in so aufgeräumter Stimmung, daß er zum
Essen blieb und später strahlend zwischen den Soldaten umherstolzierte.

In Deutschland gab es kaum jemand, der von diesen Erfolgen nicht begeistert war. Wer bislang gefürchtet hatte, Hitler ginge zu schnell und zu
riskant vor, glaubte jetzt an seine Unfehlbarkeit. Industrielle, unter ihnen
Alfried Krupp, wurden bei den Sondermeldungen des Rundfunks über den
Vormarsch in Holland so aufgeregt, daß sie schon mit Fingern auf die Karte
von Nordwesteuropa wiesen und sich darin überboten, wer was bekomme.
Einer der Herren ließ sich von der Wehrmacht die Erlaubnis geben, mit zwei
seiner Mitarbeiter sogleich nach Holland zu reisen.

Am Vormittag des 19. waren zwei Panzerdivisionen auf 80 Kilometer an
den Kanal herangekommen, und am nächsten Abend rollte die 2. Division
nach Abbéville an der Mündung der Somme hinein. Die Falle war zuge-
schnappt und darin saßen die Belgier, das gesamte englische Expeditions-
korps und drei französische Armeen. Als Hitler von Brauchitsch hörte,
Abbéville sei gefallen, konnte er vor Erregung kaum sprechen. Er war voll
des Lobes, und Jodl vermerkt in seinem Tagebuch, daß er sich geradezu
selbst übertraf. »Spricht in Worten höchster Anerkennung vom deutschen
Heer und seiner Führung. Befaßt sich mit dem Friedensvertrag, der nur
lauten soll, Rückgabe des seit 400 Jahren dem deutschen Volk geraubten
Gebietes und sonstiger Werte.«[66]

Alles ging wie geträumt. Drei Tage später schwenkten die Panzer der
Heeresgruppe A nordwärts Richtung Calais und Dünkirchen, deren Weg-

780   *Sieg im Westen*

nahme den Engländern den Rückzug über das Wasser abschneiden würde.
Als Göring dies hörte, schlug er mit der Faust auf den Tisch und erklärte,
dies sei eine »große Aufgabe der Luftwaffe«. Er ließ sich mit Hitler verbinden und versicherte ihm, er garantiere dafür, daß die Luftwaffe ganz
allein den eingeschlossenen Feind vernichten könnte, nur müßten die deutschen Panzer und Truppen soweit zurückgezogen werden, daß sie nicht von
seinen Bomben getroffen würden. Hitler, der unterdessen mit seinen Befehlshabern schon wieder im Streit lag, mag darin die Gelegenheit gesehen
haben, die Militärs auf ihren Platz zu verweisen, jedenfalls gab er Göring
Erlaubnis, den Feind aus der Luft zu vernichten.

Jodl, der dies mitgehört hatte, sagte höhnisch zu Engel: »Göring nimmt
den Mund wieder mal reichlich voll«,[67] traf dann aber gehorsam telefonisch
die nötigen Vereinbarungen mit Görings Stabschef. Als Göring im Hauptquartier der Luftwaffe eintraf, sagte er jubelnd zu Milch: »Wir haben es
geschafft! Die Luftwaffe vernichtet die Engländer dort am Strand. Ich habe
Hitler überreden können, daß das Heer angehalten wird.« Milch war weniger begeistert als Göring und wandte ein, die Bomben wären im tiefen Sand
fast wirkungslos und die Luftwaffe sei für eine derartige Operation zu
schwach. Göring erwiderte, er solle das ihm überlassen und prahlte weiter:
»Das Heer spielt jetzt den Kavalier – die Ritterlichen, die nehmen die Engländer ohne Verluste gefangen. Der Führer will, daß sie ordentlich einen
Denkzettel bekommen.«[68]

Am nächsten Tag, dem 24. Mai, besuchte Hitler das vorgeschobene
Hauptquartier von Rundstedts Heeresgruppe A. Er sagte in bester Stimmung vorher, der Krieg werde in 6 Wochen vorüber sein, und dann wäre der
Weg frei für eine Einigung mit England. Er fordere von den Engländern
nichts weiter, als daß sie Deutschlands Stellung auf dem europäischen Festland akzeptierten. Als die Rede auf taktische Fragen kam, widersprach
Rundstedt nicht dem Einsatz von Flugzeugen gegen den bei Dünkirchen
eingeschlossenen Feind und schlug vor, die Panzer vor dem Kanal südlich
der belagerten Stadt anzuhalten. Die Fahrzeuge sollten für weitere Operationen gegen die Franzosen geschont werden. Hitler war einverstanden. Um
12.45 Uhr erhielt die vierte Armee im Namen des Führers Befehl anzuhalten.

Zur Verblüffung der Panzerbesatzungen hielten die vier Panzerdivisionen
abends vor dem Aa-Kanal an, obwohl vom gegenüberliegenden Ufer nicht
geschossen wurde. Dahinter sahen sie die Türme von Dünkirchen. Man fragte
an, ob die Führung verrückt geworden sei? Die Divisionskommandeure
waren noch verblüffter, denn Dünkirchen wäre mühelos einzunehmen gewesen, weil die Engländer bei Lille in schwere Kämpfe verwickelt waren.
Warum erlaubte man ihnen nicht, den Engländern den Fluchtweg zu sperren?

Der Chef des Generalstabs, Halder, schrieb voll Verachtung in sein Tagebuch: 20.20 Uhr Befehl, welcher den gestrigen aufhebt … Der schnelle

3. September 1939 – 25. Juni 1940   781

linke Flügel, der keinen Feind vor sich hat, wird dabei auf ausdrücklichen Wunsch des Führers angehalten! In dem genannten Raum soll die Luftwaffe das Schicksal der eingekesselten Armee vollenden!! Halder war mit Grund überzeugt, Göring sei auf persönlichen Ruhm aus und habe dem Führer eingeredet, Hitlers Prestige würde in der Heimat nicht wiedergutzumachenden Schaden leiden, falls der Sieg den Generälen zugeschrieben würde.

Die Truppenführer forderten erneut den Vormarschbefehl für Panzer und Infanterie nach Dünkirchen, Hitler aber lehnte ab. Erst als am 26. Mai starke Schiffsbewegungen im Kanal gemeldet wurden (sollten die Engländer etwa eine Evakuierung ihrer Truppen versuchen?), erlaubte er widerstrebend einen Vorstoß auf Dünkirchen von Westen her. Göring jedoch versicherte ihm, die Luftwaffe habe den Hafen von Dünkirchen zerstört. »Nur Fischkutter kommen herüber; hoffentlich können die Tommys gut schwimmen.«[69]

Als Engländer und Alliierte an den Strand zurückwichen, lief eine Armada aus allen erdenklichen Schiffen aus englischen Häfen aus. Es waren Kriegsschiffe und Segelboote, Barken und merkwürdig aussehende holländische Kähne, bemannt mit Seeoffizieren, Fischern, Schlepperkapitänen und Amateurseglern, die nie zuvor über die Dreimeilenzone hinausgekommen waren. Dies war die Operation ›Dynamo‹, ein Unternehmen, mit dem 45 000 Mann in zwei Tagen evakuiert werden sollten. Dieses bescheidene Ziel hatte man sich gesetzt, ohne mit Hitlers schlechter Meinung von den Fähigkeiten einer zu Taten entschlossenen Demokratie zu rechnen. Von diesem Unternehmen, wagemutig und geschickt von Amateuren und Professionellen ausgeführt, wurde er aber total überrascht, und am 30. Mai waren schon 126 606 Mann in England gelandet und jede Stunde kamen weitere an.

Auch Hitlers Befehlshaber erkannten nicht, was vorging. Halder schrieb in sein Tagebuch, der eingeschlossene Feind sei in Auflösung begriffen. Zwar flüchtete so mancher »auf allem was schwimmen wollte« über den Kanal, Halder aber bezeichnete das abschätzig als ein weiteres Debakel, womit er sich auf den Roman von Zola bezog, der die Flucht der Franzosen im deutsch-französischen Krieg von 1870 schildert. Gegen Mittag erkannte das Oberkommando endlich den Umfang der Evakuierung und befahl stärksten Bombereinsatz. Nun aber kam Nebel den Engländern zu Hilfe, nicht nur in Dünkirchen, sondern auch auf den Flugplätzen der Luftwaffe, wo tiefliegende Wolken 3000 Bomber am Boden festhielten.

Die Stukas der 8. Luftflotte richteten unter den kleinen Schiffen erstaunlich wenig Schaden an, und Bomben, die auf den Strand fielen, explodierten so tief im Sand, daß die Verluste niedrig blieben. Eine weitere Überraschung war die Kampfkraft eines neuen englischen Jägermodells, der ›Spitfire‹, die unter Görings Jägern gründlich aufräumte, und als das Wetter den Bombern erlaubte zu fliegen, wurden auch sie von den tödlichen kleinen Spitfires heruntergeholt.

782   *Sieg im Westen*

Hitler schien von der fortdauernden Evakuierung nicht weiter beunruhigt; es war, als ginge ihn das nichts an. Während Brauchitsch und Halder
beinahe verzweifelt den Rückfluß feindlicher Truppen nach England aufzuhalten suchten, reagierte der Führer nur widerstrebend und lässig. Jetzt war
es die Heeresführung, die bei den Lagebesprechungen wild gestikulierte,
nicht er. Anders als während der Krise in Narvik schlug er nicht auf den
Tisch, stieß keine Drohungen aus, verlangte keine Maßnahmen, den Exodus
nach England zu unterbrechen. Das überließ er seinen Untergebenen.

Der Ring der Verteidiger bei Dünkirchen hielt bis zum 4. Juni stand, und
da waren 338226 Engländer und Alliierte zurück in England und jederzeit
wieder verwendungsfähig. Jetzt stellte man beiderseits des Kanals Mut-
maßungen über das sonderbare Verhalten Hitlers an. Warum hatte er
Göring erlaubt, die eingeschlossenen Feinde zu bombardieren, ›um ihnen
eine Lektion zu erteilen‹, dann aber deren Flucht begünstigt, indem er nichts
Durchgreifendes unternahm? Was er selbst dazu bemerkte, trägt zur Verwirrung noch bei. Seinem Marineadjutanten sagte er, er wolle warten, bis
die Engländer keine Munition mehr hätten, um bei Friedensverhandlungen
viele Gefangene als Faustpfand zu besitzen. Als dieses Rezept versagte,
wenn es überhaupt eins war, als er so gut wie keine Gefangenen machte,
wurde er aber nicht wütend, er war nicht einmal verdrossen.

Zu Linge sagte er bei der Betrachtung von Luftaufnahmen des Strandes
von Dünkirchen, der mit Schuhen, Gewehren, Fahrrädern, Büchern, Fotos
und anderen Besitztümern übersät war, daß man eine geschlagene Armee
heimkehren lassen müsse, damit die Zivilbevölkerung sehe, daß sie Prügel
bezogen hätte. Zu Bormann sagte er, er habe die Engländer absichtlich
geschont, aber Churchill habe leider nicht zu schätzen gewußt, daß er es
unterlassen habe, zwischen den Engländern und uns einen unheilbaren
Bruch herbeizuführen.

Die Militärs, darunter auch sämtliche Adjutanten, lachten nur, wenn
jemand sagte, der Führer habe aus politischen oder humanitären Erwägungen gehandelt. Puttkamer bemerkte dazu: »Es war nicht sein Wunsch, die
Engländer entkommen zu lassen.«[70] Andere, die Hitler ebenso nahestan-
den, meinten genau das Gegenteil. Zu Frau Troost sagte Hitler: »Das Blut
eines jeden einzelnen Engländers ist viel zu wertvoll, um vergossen zu
werden. Unsere Völker gehören zusammen, nach Rasse und Tradition, das
ist sei eh und je meine Meinung gewesen, auch wenn unsere Generäle das
nicht begreifen.«[71] Sachkundige ausländische Beobachter lehnen diese
Theorie nicht ganz ab. François-Poncet war zum Beispiel überzeugt, daß
Hitler niemals gegen England Krieg führen, sondern es nur zur Neutralität
zwingen wollte.

Erst kürzlich hatte er wieder einen Beweis dafür geliefert, als er Unity
Mitford in einem Sonderzug nach Zürich befördern ließ. Zu Engel sagte er,
er bedaure sie sehr, »sie habe die Nerven verloren und das ausgerechnet,

als er sie zum ersten Mal wirklich hätte brauchen können.«[72] Sie kehrte jetzt in ein ihr feindliches England zurück; ihr Schwager Sir Oswald Mosley und die anderen Führer der englischen Faschistenpartei wurden ohne Gerichtsverhandlung drei Tage nach Beginn der Offensive im Westen inhaftiert, um sie an ihrer Friedenspropaganda zu hindern. Dabei hatte Mosley seine Schwarzhemden bereits aufgefordert, fest und loyal zu England zu stehen. Seine Haltung war: »Ich werde bis zum letzten kämpfen für die Freundschaft zwischen England und Deutschland und die Verhinderung eines Krieges. Wird der Krieg aber erklärt, kämpfe ich für mein Land.«[73] Lady Diana Mosley, die ihr gerade elf Wochen altes Kind stillte, wurde auf Weisung eines Verwandten, nämlich des Ministerpräsidenten, ebenfalls in Haft genommen. Die Behörden erlaubten ihr, das Baby mitzunehmen, nicht aber dessen 19 Monate alten Bruder. Denn die Vorschrift im Gefängnis lautete, daß sie nur ein Kind bei sich haben dürfe. Sie entschied sich, lieber keines mitzunehmen, als die Kinder zu trennen. Dies war insofern richtig, als ihre Zelle knöchelhoch unter Wasser stand und keine Pritsche, sondern nur eine dünne Matratze aufwies. Als Mosley nach drei Jahren Haft schwer erkrankte, ließ man ihn und seine Frau endlich frei. Dies löste in der Öffentlichkeit Unwillen aus, und George Bernard Shaw machte sich darüber lustig: »Die Aufregung Mosleys wegen ist geradezu schändlich. Was sind das eigentlich für Menschen, die aus Angst vor einem einzigen Mann total den Verstand verlieren? Selbst wenn Mosley gesund wäre, würde es höchste Zeit ihn freizulassen und sich dafür zu entschuldigen, daß wir uns von ihm haben verleiten lassen, die Verfassung zu verletzen... wir haben immer noch Angst, Mosley zu erlauben, sich zu verteidigen und es besteht die lächerliche Lage, daß man in jeder englischen Buchhandlung *Mein Kampf* kaufen kann, nicht aber zehn Zeilen von Mosley. Die ganze Angelegenheit ist so albern, daß man kein Wort mehr darüber verlieren möchte.«[74]

Unity Mitford hatte immer noch das Geschoß in der Schläfe als sie in England ankam. Sie war niedergeschlagen und bekümmert und man mußte sie füttern. Acht Jahre später war das Geschoß soweit in ihrem Kopf gewandert, daß sie daran starb.

8

Hitler verließ sein Felsennest am Vorabend der Einnahme von Dünkirchen und ordnete an, dies vorgeschobene Hauptquartier samt seiner Umgebung als »Nationaldenkmal« zu bewahren. Jeder einzelne Raum sollte erhalten werden auch die Namensschilder an allen Türen. Das Führerhauptquartier wurde in den kleinen belgischen Ort Bruly-de-Pesche nahe der französischen Grenze verlegt. Als Hitler eintraf, war auch der letzte Bewohner vertrieben worden und man hatte einen mit Kieswegen ausgestatteten Garten angelegt; der Beton des Führerbunkers war aber noch nicht trocken.

784   *Sieg im Westen*

Diesem Idyll verlieh er den Namen Wolfsschlucht, denn in der frühen Kampfzeit hatten die Parteigenossen ihn Wolf genannt. König Leopold hatte unterdessen nicht kapituliert, er wollte auch nicht ins Exil gehen. »Die Sache der Alliierten ist verloren. Ich habe mich entschlossen zu bleiben«[75], eröffnete er seinem Ministerpräsidenten. Er schien mit seinem Urteil recht zu behalten, denn am 5. Juni gingen 143 deutsche Divisionen daran, den Rest der französischen Armee, noch 65 Divisionen, vor sich herzutreiben. Die Franzosen hatten nur wenige Panzer, so gut wie keine Luftunterstützung, und die Wehrmacht rückte auf einer Front von 650 Kilometer Breite vor. Reynaud flehte Roosevelt verzweifelt um ›ganze Schwärme von Flugzeugen‹ an und packte dann die Koffer.

Dies war der richtige Augenblick, an Hitlers Seite in den Krieg einzutreten, und Mussolini äußerte denn auch diesen Wunsch. Sein Verbündeter mahnte ihn aber, noch solange zu warten, bis seine Luftwaffe das letzte französische Flugzeug vernichtet hatte. Der Duce konnte sich aber nur bis zum 10. Juni beherrschen, dann erklärte auch er den Krieg, und der selbstgefällige Ton des Briefes, mit dem er Hitler diesen Schritt erläuterte, veranlaßte Hitler zu der beißenden Bemerkung: »Habe mich in letzter Zeit schon öfter über seine Naivität gewundert. Der ganze Brief ist mir ein Beweis, daß ich künftig in politischen Dingen den Italienern gegenüber noch vorsichtiger sein muß.« Weiter soll er zu Engel gesagt haben, daß sich Mussolini diesen Beutezug wie einen Spaziergang im »Passo romano« vorstelle. Da würden die Italiener noch eine schlimme Überraschung erleben. »Zuerst sind sie zu feige, um mitzumachen, und jetzt haben Sie es eilig, um noch an der Kriegsbeute beteiligt zu sein.«[76]

Bei Tagesanbruch des 10. Juni warfen sich 32 italienische Divisionen auf sechs französische. Sie kamen aber nur so langsam vorwärts, daß man das in Zentimetern messen konnte. Die französische Nordfront war unterdessen auf beiden Flügeln eingedrückt, und in den Morgenstunden des 14. Juni trafen deutsche Vorausabteilungen in Paris ein. Dies war einer der seltenen Fälle in der neueren Kriegsgeschichte, wo der Kommandeur vor seinen Truppen am Ziel eintraf. Der Chef der Heeresgruppe B, General von Bock, flog mit einer Kuriermaschine voraus und war so rechtzeitig am Arc de Triomphe, daß er den Vorbeimarsch der ersten Kampftruppen abnehmen konnte. Es war also eine Parade, nicht eine Schlacht, und Bock nahm sich die Zeit, dem Grab Napoleons einen Besuch abzustatten, bevor er im Ritz frühstückte und anschließend einen Einkaufsbummel machte.

Göring wollte unterdessen in der Wolfsschlucht Hitler dazu überreden, die Engländer für das Bombardieren deutscher Wohnbezirke zu bestrafen. Oberst Warlimont hörte Göring laut sagen, er könne diese englischen Greuel nicht länger hinnehmen und wolle »jede Bombe ›zehnfach‹ vergelten«. Hitler ließ sich zu nichts bewegen. Warlimont berichtet: »Er halte es wohl für sehr möglich, meinte er, daß die englische Führung unter dem Eindruck

3. September 1939–25. Juni 1940 785

von Dünkirchen zeitweilig den Kopf verloren habe, oder auch, daß unzulängliche Zielgeräte der britischen Bomber in den Händen ungeübter Besatzungen die Ursache der Angriffe auf die Zivilbevölkerung sein könnten. Jedenfalls solle noch eine Zeitlang gewartet werden, ehe Gegenmaßnahmen getroffen würden.«

Hitler war überhaupt in der Stimmung zu verhandeln. Er nutzte die Erregung anläßlich der Einnahme von Paris dazu, Karl von Wiegand von der Hearst-Presse ein einzigartiges Interview zu geben, in dem er erklärte, er habe nicht die geringste Absicht, »die wunderschöne Hauptstadt Frankreichs« zu beschießen, solange die Stadt nicht befestigt werde und verneinte ganz entschieden, je die Absicht gehabt zu haben, das englische Weltreich zu zerstören. Von den Vereinigten Staaten fordere er weiter nichts als eine neue Monroedoktrin: Amerika den Amerikanern, Europa den Europäern.

Die deutschen Truppen setzten ihren Vormarsch fort, während die Italiener im Süden auf der Stelle traten. Zum Glück für den Duce enthob die Entwicklung im Norden ihn der Notwendigkeit, im Süden Heldentaten zu vollbringen. Seit dem 16. Juni stießen die Deutschen praktisch nach Gutdünken überall durch die französische Front. Am späten Vormittag des 17., als Hitler die militärische Lage in der Wolfsschlucht mit seinen Beratern besprach, wurde gemeldet, daß die Franzosen um Waffenstillstand ersuchten. Unter Verzicht auf jede Würde schlug Hitler sich auf den Schenkel und zog in einer spontanen Freudengeste ein Knie an.* Zoller berichtet: »Die zweite ungewöhnliche Freudenbekundung erlebte ich bei Hitler im Juni 1940, in dem Augenblick, als man ihm meldete, daß Frankreich um Waffenstillstand gebeten hat. Er wurde förmlich geschüttelt, ein tobsüchtiger Überschwung riß ihn fort. Und der Herr des Großdeutschen Reiches vollführte unter den hundertjährigen Bäumen einen wahren Veitstanz vor den Augen seiner verblüfften Generäle.«[77]

Die Engländer waren von der Kapitulation der Franzosen recht enttäuscht, Churchill machte seinen Landsleuten aber Mut, indem er ihnen vorhielt, sie erlebten jetzt ihre größte Stunde. Von der BBC wurde die Aufforderung nach Frankreich ausgestrahlt weiter Widerstand zu leisten. Im Studio B 2 stand General de Gaulle vor dem Mikrofon und sagte: »Die Flamme des französischen Widerstandes kann nicht erlöschen. Frankreich hat eine Schlacht verloren aber nicht den Krieg.« Keiner von beiden erwähnte, daß man den 18. Juni schrieb, den 125. Jahrestag der Schlacht von Waterloo, die letzten Endes entschieden worden war durch Blüchers preußisches Kontingent.

---

* In der Wochenschau der westlichen Länder nahm diese Szene sich anders aus. Laurence Stalings gibt an, der Produzent für Dokumentarfilme, John Grierson, der damals als Propagandaoffizier bei der kanadischen Armee diente, habe mittels eines Tricks aus Hitlers Geste eine ganze Abfolge von Pirouetten gemacht. Hitlers Kameramann Walter Prentz hat den Augenblick ebenfalls gefilmt und sagt aus, daß insgesamt 8 Einstellungen dabei herauskamen, die er mir vorgelegt hat.

786   *Sieg im Westen*

Mittags traf Hitler Mussolini im Führerbau, eben dort, wo Mussolini 1938 auf der Münchner Konferenz eine so glänzende Rolle gespielt hatte. Jetzt war er merklich gedämpft. Seine Kriegserklärung war militärische Schaumschlägerei gewesen, diplomatisch ein Glücksspiel. Hitler hatte auch ohne Hilfe den Sieg errungen und würde daher das letzte Wort behalten. Ciano und Mussolini waren verblüfft als sie Hitler in großmütiger Friedensstimmung antrafen. »Hitler macht große Vorbehalte über die Zerstörung des britischen Imperiums, das er noch heute für einen bedeutenden Gleichgewichtsfaktor in der Welt hält.« Obwohl Mussolini widersprach, stimmte er Ribbentrops Vorschlag zu, den Franzosen leichte Waffenstillstandsbedingungen aufzuerlegen. »Hitler ist jetzt wie ein Spieler, der die Bank gesprengt hat. Er will vom Spieltisch aufstehen und nichts mehr riskieren,« schrieb Ciano weiter in sein Tagebuch. »Er spricht heute mit einer Mäßigung und Klarsicht, die nach einem Sieg wie dem seinen, wirklich überraschen. Ich stehe nicht im Verdacht besonders zarter Gefühle für ihn, aber in diesem Augenblick bewundere ich ihn wirklich.«[78]

Die beiden Diktatoren nahmen sich die Zeit, Aufnahmen von diesem Treffen mit ihren Autogrammen zu versehen, und Mussolini schrieb auf eine solche Ansichtskarte mit seiner kühnen Schrift: »Männer machen die Geschichte!« Hitler schrieb darunter in seiner viel weicheren Schrift: »Die Geschichte macht Männer.«[79] Mussolini reiste niedergeschlagen nach Rom zurück und Ciano notierte am gleichen Abend: »In Wahrheit fürchtet aber der Duce, daß die Stunde des Friedens naht, und sieht noch einmal den unerfüllbaren Traum seines Lebens vor seinen Augen entschwinden: den Ruhm auf den Schlachtfeldern.«[80]

Zwei Tage darauf, bei Sommeranfang, fuhr Hitler im Wagen in den Wald bei Compiègne, wo die Beauftragten des Kaisers kapituliert hatten. Die Wahl des Ortes war zugleich rachsüchtig und historisch. Der berühmte hölzerne Speisewagen, in dem damals verhandelt wurde, war durch eine herausgebrochene Wand aus dem Museum geholt und wieder aufgestellt worden. Die Wagenkolonne Hitlers traf genau um 15.15 Uhr ein. Hitler näherte sich mit ernstem Gesicht und feierlichem Gebaren dem Wagen. Er blieb vor einem Block aus Granit stehen der die Inschrift aufwies:

Am 11. November 1918 unterlag hier der verbrecherische Stolz des deutschen Kaiserreiches den freien Völkern die er zu versklaven suchte.

William Shirer musterte Hitlers Miene durch ein Fernglas. »Ich habe dieses Gesicht oft in den großen Augenblicken seines Lebens gesehen. Heute glühte es vor Verachtung, Haß, Zorn, Rachsucht und Triumph.«[81] Linge erinnert sich, daß Hitler etwas murmelte, das so klang wie: »Wir werden alles zerstören, was die Welt an diesen Tag der Schande von 1918 erinnert.«[82]

3. September 1939 – 25. Juni 1940 787

In dem alten Speisewagen war ein schlichter langer Tisch aufgestellt worden, zu beiden Seiten je sechs Stühle für die beiden Delegationen. Am Kopfende stand Schmidt als Dolmetscher. Hitler setzte sich neben ihn, danach Göring, Raeder, Brauchitsch, Ribbentrop und Heß. Minuten später führte General Huntziger die französischen Delegierten herein, einen Admiral, einen General der Luftwaffe und einen ehemaligen Botschafter, denen allen noch das Entsetzen darüber im Gesicht stand, daß ausgerechnet an dieser Stelle verhandelt werden sollte.

Hitler und seine Begleitung erhoben sich. Es fiel kein Wort. Beide Delegationen verbeugten sich gegeneinander und setzten sich. Zunächst verlas Keitel die Präambel zu den Waffenstillstandsbedingungen, die von Hitler stammte. Schmidt fand, daß Franzosen und Deutsche einander wie Wachsfiguren anglotzten, während Keitel die Worte verlas: Deutschland habe nicht die Absicht, mit den Waffenstillstandsbedingungen einen mutigen Feind zu kränken. »Der Zweck der deutschen Forderungen ist es, eine Wiederaufnahme des Kampfes zu verhindern, Deutschland alle Sicherheiten zu bieten für die ihm aufgezwungene Weiterführung des Krieges gegen England, sowie Voraussetzungen zu schaffen für die Gestaltung eines neuen Friedens, dessen wesentlichster Inhalt die Wiedergutmachung des dem Deutschen Reich selbst mit Gewalt angetanen Unrechts sein wird.« Es schien fast, als richteten Hitlers Worte sich mehr an England als an Frankreich und als böte er den Engländern einen ehrenhaften Frieden an.

Dies wurde noch deutlicher bei den Bedingungen, welche den deutschen Verzicht auf eine Konkurrenz mit der englischen Seerüstung implizierten. Hitler schwor feierlich, von der französischen Kriegsflotte und überhaupt von französischer Marineausrüstung (etwa für eine Kanalüberquerung) keinerlei Gebrauch zu machen. Er gab dieses Versprechen gegen den Rat der deutschen Marineführung ab, die gerne die Verluste des Norwegenfeldzuges mit französischen Schiffen ausgeglichen hätte. Hitler lehnte das schroff ab, getrieben zugleich von Angst und Hoffnung. Er fürchtete, die Wegnahme der französischen Schiffe würde den englischen Kampfwillen stärken, weil die Engländer ihre Vorherrschaft zur See bedroht sehen würden; er hoffte, seine Beschwichtigungspolitik könnte zum Frieden und einem stillschweigenden Einverständnis darüber führen, daß Großbritannien auch weiterhin die Meere beherrschen, Deutschland aber seinen Lebensraum im Osten suchen dürfe.

Nachdem Schmidt den französischen Wortlaut verlesen hatte, stand Hitler auf und die anderen ebenfalls. Nach weiteren höflichen Verbeugungen verließ Hitler mit der Mehrzahl seines Gefolges den Wagen. Keitel und Schmidt blieben zurück, und Jodl und andere deutsche Offiziere gesellten sich zu ihnen. Nachdem die Franzosen die Bedingungen noch einmal gelesen hatten, wollten sie sie ihrer Regierung nach Bordeaux übermitteln, Keitel sagte jedoch: »Völlig unmöglich. Sie müssen sofort unterzeichnen.«

788   *Sieg im Westen*

Die Franzosen verlangten aber hartnäckig, daß man ihnen ebenso entgegenkam wie sie 1918 der deutschen Delegation, und wirklich telefonierte
Huntziger gleich darauf mit General Weygand, dem französischen Ober-
kommandierenden. »Ich telefoniere aus dem Wagen«, – er zögerte – «den
Sie ja kennen.« Die Bedingungen seien hart, jedoch nicht unehrenhaft. Er
fand sie viel schlimmer, als die den Deutschen nach dem letzten Krieg von
Frankreich auferlegten Bedingungen, und die Verhandlungen wurden ergebnislos bis Einbruch der Dunkelheit fortgesetzt. Am 22. Juni verhandelte
man weiter, bis Keitel schließlich die Geduld verlor und den Franzosen um
18.00 Uhr durch Schmidt ein Ultimatum stellen ließ: »Wenn nicht innerhalb einer Stunde eine Einigung erzielt werden kann, werden die Verhandlungen abgebrochen und die Delegation wird in die französischen Linien
zurückgeleitet.« Nach weiteren Telefongesprächen mit Bordeaux unterzeichnete Huntziger um 18.50 Uhr notgedrungen den Waffenstillstandsvertrag. Keitel bat ihn, noch einen Moment zu bleiben, und als die beiden
Generäle miteinander allein waren, sahen sie sich schweigend an und
Schmidt bemerkte, daß beiden Tränen in den Augen standen. Keitel beherrschte seine Empfindungen und beglückwünschte den Franzosen dazu,
daß er die Interessen seines Landes so würdig vertreten habe. Er streckte ihm
die Hand hin und Huntziger schüttelte sie.

Die ganze Zeremonie wurde direkt nach Deutschland übertragen, und als
der stolze, wenn auch niedergeschlagene Huntziger den alten Speisewagen
verließ, wurde er mit einer Übertragung des sogenannten Englandliedes
begrüßt, das deutsche Männerherzen höher schlagen ließ. Das war echt
Goebbels. Der hatte passende Musik für jede Gelegenheit, diesmal aber
ärgerte er seinen Führer damit, der ja in den Waffenstillstandsbedingungen
den genau gegenteiligen Anschein zu wecken versucht hatte.[83]

In der Wolfsschlucht plante Hitler derweil einen Ausflug nach Paris.
Er bestimmte einen Bildhauer und seine Lieblingsarchitekten Speer und
Giesler zu sachkundigen Fremdenführern. Zu Arno Breker, dessen heldische
Kolossalfiguren auch Stalins Bewunderung fanden, sagte er: »Paris hat
mich immer fasziniert.« Seit langem gehöre es zu seinen sehnlichsten Wün-
schen, der Stadt des Lichtes einen Besuch zu machen; Paris sei eine Stadt der
Künste und deshalb wolle er sie zum ersten Mal in Begleitung von Künstlern
besuchen. Gewiß würde man Anregungen für die Umgestaltung deutscher
Großstädte bekommen. »Mich interessiert es, die großen städtebaulichen
Zusammenhänge, die mir theoretisch geläufig sind, in ihrer Realität zu er-
fassen.«

Es war noch dunkel, als die Herren, begleitet von Keitel, Bormann
und mehreren Adjutanten, auf einer Wiese das von Baur gesteuerte Flugzeug bestiegen. Als sie in Le Bourget landeten, ging die Sonne auf. Der
23. Juni wurde ein heißer strahlender Tag. Hitler bestieg den ersten offenen
Wagen einer Kolonne und setzte sich wie üblich neben den Fahrer. Die

3. September 1939—25. Juni 1940 789

anderen nahmen hinter ihm Platz. Als man sich der Oper, dem ersten Haltepunkt, näherte, lagen die Straßen der Stadt wie ausgestorben, nur hin und wieder grüßte pflichtschuldigst ein Gendarm die Kolonne. Breker hatte die wichtigsten Jahre seines Lebens in Paris verbracht und sah erschrocken, wie ausgestorben die Stadt wirkte.[84]

Als Hitler die Architektur der Großen Oper, die er seit seinen Wiener Tagen bewunderte, aus der Nähe betrachtete, lockerte sich seine Miene. Er war mit diesem Bauwerk vertraut wie mit der eigenen Reichskanzlei, und er wurde ganz aufgeregt. »Es ist ein faszinierender Bau«, rief er seinen Begleitern zu. Er inspizierte die Logen und wollte den Salon des Präsidenten sehen; es gab einige Verwirrung. »Hier müßte er sein nach den mir bekannten Grundrissen von Garnier«, sagte er. Der Logenschließer, der die Besucher höflich aber kühl führte, meinte schließlich, der Salon sei bei einem Umbau beseitigt worden. Hitlers Kommentar darauf: »Die gönnen ihrem Präsidenten nicht einmal den eigenen Salon.«

Man besuchte den Eiffelturm, anschließend Napoleons Grab. Hitler hielt die Mütze vor die Brust, verneigte sich und starrte einige Zeit in die tiefe, runde Krypta. Er war sehr bewegt. Zu Giesler sagte er dann: »Sie werden meine Grabstätte bauen, Giesler.«[*][85] Nach längerem nachdenklichen Schweigen wies er Bormann an, die Gebeine des jungen Napoleon von Wien hierher neben das Grab seines Vaters zu überführen.

Die dreistündige Besichtigung endete auf dem Montmartre, dem Mekka der angehenden Künstler. Hitler erinnerte sich hier womöglich der Tage, als er selber Kunststudent gewesen war. Er schwieg versonnen und sagte endlich zu Giesler, Breker und Speer: »Für Sie beginnt jetzt eine harte Zeit der Arbeit und Anspannung, die Formung der Städte, die Ihnen anvertraut sind. Soweit ich es vermag, will ich Ihnen die Arbeit erleichtern. Bormann, helfen Sie mir dabei, betreuen Sie meine Künstler...«[87] Dann blickte er wieder auf die Stadt hinunter, die sich vor ihm ausbreitete. »Ich bin dem Schicksal dankbar, diese Stadt, deren Nimbus mich immer beschäftigte, gesehen zu haben.« Eben darum habe er der Truppe befohlen, Paris zu umgehen und alle Kampfhandlungen in der Umgebung zu unterlassen, »denn es galt, das unter uns liegende, in vielen Schichten gewachsene Wunder abendländischer Kultur unversehrt der Nachwelt zu erhalten.«

Die wenigen Pariser, die ihm begegneten, gerieten außer sich vor Angst. Als die Kolonne an einer Gruppe lärmender Marktfrauen vorüberfuhr, deutete die dickste schreckerfüllt auf Hitler und ihr Ausruf: »Das ist er, das ist er!« verbreitete Entsetzen.

Tags darauf ließ Hitler von Speer anordnen, daß die Bauarbeiten in Berlin in vollem Umfang aufzunehmen seien. »War Paris nicht schön? Aber Berlin

---

* Später gab er genaue Anweisungen. Das Grab sollte sehr schlicht sein und in München stehen. Er sagte: »Hier bin ich in Wahrheit geboren, hier nahm die Bewegung ihren Ursprung und hier ist mein Herz.«[86]

muß viel schöner werden!« Auch zu Breker äußerte er sich begeistert über die Eindrücke des vergangenen Tages. »Ich liebe Paris – diesen Ort der künstlerischen Entscheidungen seit dem 19. Jahrhundert – wie Sie, und wie Sie hätte ich dort studiert, wenn mich das Schicksal nicht in die Politik gedrängt hätte, denn meine Ambitionen vor dem Ersten Weltkrieg galten nur der Kunst.«

Der Waffenstillstand sollte um 1.35 Uhr in Kraft treten, und man setzte sich in bester Stimmung bei Kerzenschein zu einem späten Abendbrot. Der Himmel bezog sich, in der Ferne grollte Donner. Kurz vor Mitternacht wurde der Anflug feindlicher Maschinen gemeldet. Man löschte alles Licht und saß im Finstern, nur gelegentlich zuckten Blitze.

Champagnergläser wurden herumgereicht und man sah stumm auf die Uhr. Um 1.30 Uhr hörte man ein Hornsignal und jemand flüsterte Breker zu, dies sei das Signal »Die Waffen ruhen.« Jemand wurde von seinen Gefühlen übermannt und putzte sich laut die Nase. Keitel stand auf und hielt im Dunkeln eine kurze Ansprache, dann hob er sein Glas und brachte drei »Hoch« auf den Führer und Obersten Befehlshaber aus.

Alle standen auf und stießen an, während Hitler etwas verlegen dabeisaß; er mochte so etwas nicht, beugte sich aber der Tradition. Er setzte das Glas höflichkeitshalber an die Lippen, trank aber nichts. Dann rutschte er auf seinem Stuhl zusammen, ließ den Kopf hängen, einsam in einer hochgestimmten Gesellschaft. Schließlich sagte er fast unhörbar: »Diese Verantwortung...«,[88] und ging hinaus.

22. Kapitel
Vom Siege werden auch Sieger verwirrt
(Juni-28. Oktober 1940)

1

Im Sommer 1940 ließ Hitler deutlich erkennen, daß ihm an Verhandlungen mehr lag als an Krieg. In Frankreich lag seine Strategie einmal in der Überredungskunst, zum anderen darin, daß er ein Bild von sich entwarf als dem großmütigen Sieger, der den Franzosen anbot, teilzuhaben an den Früchten eines wohlhabenden, geeinten faschistischen Europas, in dem nicht nur eine moralische Erneuerung stattfinden, sondern das auch als Bollwerk gegen die gottlosen Bolschewiken dienen sollte. So verlangte er denn gleich anfangs von seinen Truppen, sie dürften nicht als Eroberer auftreten, sondern nur als Befreier. »Ich will nicht, daß sich meine Soldaten in Frankreich so benehmen, wie es die Franzosen nach dem ersten Krieg im Rheinland gemacht haben. Ich habe Befehl gegeben, daß jeder Plünderer unnachsichtig erschossen wird!« sagte er zu Hoffmann. Und: »Ich will mit Frankreich zu einer Verständigung kommen.«[1]

Die in Paris eingerückten Truppen stolzierten also nicht umher und forderten gratis zu essen und zu trinken, sie zahlten vielmehr korrekt für die in Anspruch genommenen Dienstleistungen; sie saßen in der Junisonne vor den Cafés auf den Champs Elysées neben den Franzosen. Diese Nähe wurde verlegen, gleichgültig oder stumm ertragen, doch verloren die Pariser die Angst, ihre Frauen würden vergewaltigt, die Geschäfte geplündert, die Banken ausgeraubt. Man wußte nun allgemein, daß die Wehrmacht den auf dem Rückmarsch in die Hauptstadt befindlichen Flüchtlingen behilflich war, und ein Plakat, das überall in der Stadt hing und einen deutschen Soldaten mit einem Kind auf dem Arm samt der Unterschrift: »Franzosen, vertraut dem deutschen Soldaten« zeigte, stieß nicht mehr auf allgemeinen Unglauben.

Hitler hätte auf seine Truppe stolz sein können. Es waren adrette, stille, hilfsbereite Soldaten, höflich zu den Frauen, ohne galant zu sein. Vor dem Grab des Unbekannten Soldaten standen sie mit entblößtem Kopf, bewaffnet nur mit der Kamera. Sie betrugen sich überhaupt wie Touristen, die zu besonders günstigem Tarif massenhaft angereist waren, und nicht wie jene furchtbaren Fabelwesen, die gerade eben der französischen Armee eine demütigende Niederlage beigebracht hatten. Das war Teil einer geschickten Propagandakampagne, die zum Ziel hatte, aus Frankreich einen zuverlässigen und arbeitssamen Vasallen zu machen.

Hitler selbst kam ebenfalls als Besucher, in seinem Gefolge die Adjutanten und Max Amann, sein Feldwebel aus dem 1. Weltkrieg. Zwei Tage lang führte Hitler sie über die alten Schlachtfelder, wo der neue Krieg schon ausgesät worden war. Es war eine sentimentale Wanderung, und Hitler genoß jede Minute. Er zeigte ihnen die Schlachtfelder Flanderns, die ehemals teuflischen Sümpfe, deren alte Gräben jetzt als Attraktion für Touristen dienten. Hitler betrachtete diesen Anblick nicht schweigend und nachdenklich, sondern er redete unentwegt, erklärte im Detail, was sich an den einzelnen Stellen zugetragen hatte. Als man durch Lille kam, von dem er ein Aquarell angefertigt hatte, erkannte ihn eine Frau, die aus dem Fenster schaute. »Der Teufel!« rief sie. Anfangs amüsiert, schwor Hitler sich dann, diesen Eindruck bei den Unterworfenen völlig verwischen zu wollen.

Am 26. Juni war dieser Abstecher in die Vergangenheit zu Ende. Hitler wandte sich nun der vor ihm liegenden Aufgabe zu, England unterwerfen zu müssen. Wiederholt sagte er zu seinen Adjutanten, er freue sich nicht darauf; dies sei ein Krieg zwischen Brüdern, und die Zerstörung des Empire könne für Deutschland nur Anlaß zur Trauer sein. Darum, so vertraute er Hewel an, zögere er, nach England einzumarschieren. »Ich will mich mit (England) verständigen, ich will es nicht besiegen. Ich will es zwingen, meine Freundschaft anzunehmen und das ganze jüdische Gesindel, das gegen mich hetzt, davonzujagen.«[2]

Immer noch hatte Hitler keine feste Vorstellung davon, wie er die Inseln erobern wollte. Der Sieg im Westen war so schnell gekommen, daß nicht ein einziges Schiff bereit lag, das Truppen über den Kanal hätte setzen können. Es schien so, als wartete er darauf, daß die Engländer ihrerseits ein Friedensangebot machten, doch wurden diese Illusionen am 3. Juli rauh zerstört, als die englische Kriegsmarine die im algerischen Hafen Mers-el-Kebir ankernde französische Flotte beschoß. Nach 13 Minuten sank das Schlachtschiff »Bretagne« mit 977 Matrosen an Bord, drei weitere Schiffe, darunter die »Dunquerke«, wurden schwer beschädigt und verzeichneten hohe Verluste. Die übrigen Schiffe entkamen. Die meisten Franzosen hatten ohnehin das Gefühl, von den Engländern auf dem Festland allein gelassen worden zu sein, und dieser Überfall weckte überall tiefen Haß, um so mehr, als Admiral Darlan glaubhaft versichert hatte, seine Schiffe Hitler niemals zur Verfügung zu stellen.

Die Beschießung der französischen Kriegsschiffe bestärkte außerdem jene Franzosen, die ohnehin zu dieser Meinung neigten, in der Auffassung, die Zusammenarbeit mit Hitler bedeute für Frankreich die einzige Rettung.

Juni – 28. Oktober 1940 793

Durch den Waffenstillstandsvertrag war das Land in zwei Zonen geteilt worden, das besetzte Frankreich im Norden und im Süden das Frankreich von Vichy unter Marschall Pétain. Das englische Bombardement machte es Pétain noch schwerer, seinen Stellvertreter Laval daran zu hindern, das Land noch enger an Hitler heranzuführen, und zugleich erleichterte es Jean Giraudoux und anderen faschistischen Intellektuellen mit Erfolg für die faschistische Bewegung zu werben. In dem Tagebuch von Alfred Fabre-Luce heißt es: »Die Engländer töteten an einem einzigen Tag mehr französische Matrosen als die Deutschen während des gesamten Krieges.« Der englische Überfall auf Mers-el-Kebir, so sagte er voraus, könnte Hitlers geeintes Europa nur noch beschleunigen. Überdies weckte er den Führer aus einem Traum von der schnellen Einigung mit England und stelle ihm vor Augen, daß er weder über die französische Flotte noch über die Bewegungen der englischen Kriegsmarine die geringste Kontrolle hatte. Er, der sozusagen an das Festland gekettet war, erkannte verblüfft die Beweglichkeit einer Seemacht. Er sah durch diese Aktion auch seine Befürchtung bestätigt, daß die englische Flotte, wenn sie ihn schon nicht unbedingt hindern konnte den Kanal zu überqueren, die Führung des Landes nach Kanada oder Australien transportieren könnte, von wo diese nach wie vor die Seeherrschaft ausüben würde.

So war er hin und her gerissen zwischen dem Wunsch, zu verhandeln und dem Wunsch, Gewalt anzuwenden. Zu Puttkamer sagte er, er dürfe nicht aufgeben, irgendwann einmal würden die Engländer die Dinge ebenso sehen wie er. Als Brauchitsch und Halder ihm am 13. Juli Vorschläge betreffend die Invasion Englands machten, zeigte er sich indessen einverstanden. Gleich darauf allerdings behauptete er schon wieder, er wolle nicht gegen seine englischen Brüder kämpfen. Das Empire solle nicht zerstört werden, Blutvergießen würde nur die beutegierigen Hyänen anlocken. Warum nur wolle England keinen Frieden schließen? Und wie Halder in sein Tagebuch schreibt, antwortete er sich selber darauf: »Er sieht ebenso wie wir die Lösung der Frage darin, daß England noch eine Hoffnung auf Rußland hat.«[3]

Drei Tage später gab er eine Weisung heraus, derzufolge die britischen Inseln als Basis für die Kriegführung gegen Deutschland auszuschalten und notfalls gänzlich zu besetzen seien. Die Operation lief unter dem Decknamen »Seelöwe«. Kaum hatte er dies angeordnet, beschloß er eine eigene Friedensoffensive. »Der Führer will England ein sehr großzügiges Friedensangebot machen. Wenn Lloyd George das hört, wird er uns wahrscheinlich um den Hals fallen wollen«[4], sagte Ribbentrop zu Schmidt. Als Hitler am 19. Juli seinen Vorschlag machte, begann er ihn mit einem höhnischen Angriff auf Churchill; darauf folgte die Drohung, der Kampf zwischen beiden Ländern müsse mit der totalen Vernichtung Englands enden, und er schloß mit dem nebelhaften Angebot: »Ich sehe keinen Grund dafür, der zur Fortsetzung dieses Kampfes zwingen könnte.«

794   *Vom Siege werden auch Sieger verwirrt*

Die erste Antwort auf dieses dürftige Anerbieten erteilte einer, der Hitler gut kannte. Sefton Delmer, jetzt im Dienste der BBC, ließ sich schon eine Stunde später in liebenswürdigstem Deutsch vernehmen: »Herr Hitler, Sie haben schon früher gelegentlich wegen der Stimmung in der britischen Öffentlichkeit meinen Rat eingeholt. Euer Exzellenz mögen mir deshalb gestatten, Ihnen heute abend wieder einmal diesen kleinen Dienst zu erweisen. Lassen Sie mich Ihnen sagen, was wir hier in England von Ihrem Appell an das denken, was Sie unsere Vernunft zu nennen belieben. Herr Führer und Reichskanzler, wir werfen Ihnen diese unglaubliche Zumutung zurück, mitten in Ihre übelriechende Führerfresse.«[5] Shirer hörte im Berliner Rundfunkstudio diese Sendung, während er selber darauf wartete, nach Amerika zu berichten, und er sah, wie die Rundfunkleute es aufnahmen. Einer rief ihm zu: »Begreifen Sie das? Jetzt noch den Frieden zurückzuweisen? Diese Engländer sind verrückt.«[6]

Auch Roosevelt zeigte sich nicht beeindruckt. Als er am späten Abend über den Rundfunk vom Weißen Haus aus erklärte, er nehme die Nominierung für die Präsidentschaft an, bemerkte er im Laufe seiner Rede, mit totalitären Ländern könne man nicht durch Beschwichtigung fertig werden, sondern nur durch entschlossenen Widerstand. Botschafter Dieckhoff berichtete nach Berlin, nie zuvor habe Roosevelt so deutlich wie in dieser Rede zu erkennen gegeben, daß er für Ausbruch und Verlängerung des Krieges als »Komplize« Verantwortung trug. »Es soll verhütet werden, daß England einlenkt; der Widerstand Englands soll gestärkt, und der Krieg soll fortgeführt werden.«[*7]

London reagierte überhaupt nicht, und als Hitler seine Befehlshaber am 21. Juli in Berlin zu einer Besprechung empfing, wirkte er mehr ratlos als streitlustig. Die Lage der Engländer sei hoffnungslos, schließlich sei der Krieg gewonnen. Es sei doch undenkbar, daß die Erfolgsaussichten sich umkehrten. Er rätselte laut darüber, daß vielleicht ein neues Kabinett unter Lloyd George gebildet würde und dergleichen.

Dann rief er sich zur Ordnung, verlangte »die schnelle Beendigung des Krieges« und sagte, er seinerseits halte das Unternehmen »Seelöwe« für den besten Weg dazu. Diese Selbstsicherheit, möglicherweise gespielt, schwand aber rasch. Ein Überschreiten des vom Feind beherrschten Kanals sei dem Unternehmen »Norwegen« nicht zu vergleichen, mit einmaligem Über-

---

* Einige Tage später legte der Pressereferent der deutschen Botschaft in Washington nach einem Gespräch mit Fulton Lewis, dem politischen Kommentator der »Mutual Broadcasting Company«, dem deutschen Außenminister folgendes Memorandum vor: »L., der viel umherreist und anläßlich republikanischer und demokratischer Parteitage mit Amerikanern aller Schichten und Gegenden zusammenkam, erklärte, daß das Volk keinen Krieg wolle, aber Roosevelt's raffinierter Taktik gegenüber ziemlich wehrlos sei, besonders jetzt, wo er (den Kongreß) durch (ein) Füllhorn von Riesenaufträgen an alle Einzelstaaten zu einem willenlosen Bejahungsapparat gemacht habe.«[8]

Juni – 28. Oktober 1940

setzen sei es nicht getan, und das Element der Überraschung falle fort. Wie könne man den Nachschub bewältigen? Er zählte eine Schwierigkeit nach der anderen auf, und jedesmal nickte Admiral Raeder (der emsig Notizen machte) schweigend Zustimmung. Man brauche die totale Luftüberlegenheit, und die ersten Truppen müßten Mitte September an Land sein, bevor das schlechter werdende Wetter die Luftwaffe am wirkungsvollen Eingreifen hindere. Wann könne die Marine über die technischen Vorbereitungen berichten? Inwieweit könne die Artillerie die Kanalüberquerung schützen?

Der besorgte Admiral dachte an weitere Schwierigkeiten: Die Landetruppen würde man auf Kähnen transportieren müssen, die überall im Reich verteilt lagen, und wie sollte seine geschwächte Kriegsmarine die englische Marine am Eingreifen hindern? Seit den Verlusten in Norwegen hatte er nur mehr 48 U-Boote, einen schweren Kreuzer, vier Zerstörer und drei Torpedoboote einsatzbereit. Raeder sagte also etwas verlegen, die technischen Einzelheiten könnten innerhalb einiger Tage geklärt werden, doch mit praktischen Vorbereitungen könne nicht begonnen werden, bevor nicht die Luftherrschaft gesichert sei. Brauchitsch entgegnete auf diesen Pessimismus mit einem positiven Glaubensbekenntnis. Das Unternehmen »Seelöwe« sagte ihm zu. Görings Stellvertreter behauptete, die Luftwaffe warte nur auf den Befehl loszuschlagen, und Hitler ordnete an, Raeder möge seinen Bericht sobald wie möglich vorlegen. »Sollte es unmöglich sein, die Vorbereitungen bis Anfang September abzuschließen, müssen wir andere Pläne machen.« Damit war die Marine für das Unternehmen »Seelöwe« verantwortlich. In einer Unterredung mit Brauchitsch sagte Hitler: »Stalin kokettiert mit England, um England im Kampf zu erhalten und uns zu binden, um Zeit zu haben, das zu nehmen, was er nehmen will und was nicht mehr genommen werden kann, wenn (der) Frieden ausbricht.« Er gab zwar zu, daß es derzeit keinen Anhaltspunkt für sowjetische Machenschaften gegen das Reich gäbe, meinte aber, daß er sich früher oder später mit Rußland würde auseinandersetzen müssen.[9]

Ein klarsichtiger Engländer hatte kürzlich geäußert, in Wahrheit gehe es Hitler um die Gewinnung von Lebensraum auf Kosten der Sowjetunion. In einer Rezension der englischen Ausgabe von *Mein Kampf* schrieb George Orwell: »Vergleicht man Hitlers Äußerungen, die ungefähr ein Jahr zurückliegen, mit denen, die er vor 15 Jahren gemacht hat, fällt auf, wie starr er denkt, wie wenig sein Weltbild sich verändert. Wir haben es mit der Sehweise eines Monomanen zu tun, die durch politisches Taktieren überhaupt nicht beeinflußt ist. Für Hitler bedeutet der deutsch-russische Pakt vermutlich nur eine Korrektur im Fahrplan. In *Mein Kampf* plant er noch, Rußland zuerst zu vernichten und England an zweiter Stelle, nun stellt sich heraus, daß er erst England vernichten muß, denn von diesen beiden Ländern war Rußland leichter zu bestechen. Es kommt aber an die Reihe, sobald England nicht mehr zählt. So sieht Hitler die Dinge.«[10]

796   *Vom Siege werden auch Sieger verwirrt*

Der verblüffende Sieg im Westen hatte Hitler nicht die politische Stabilität eingetragen, auf die er rechnen mußte, wollte er den heiligen Krieg gegen Rußland beginnen. Seine Ausfälle gegen die Engländer bestärkten diese nur in ihrer harten Haltung, und seine Versuche, die Vichy-Regierung zu überreden, sich seinem Kreuzzug anzuschließen, begegneten einer widerwilligen Folgsamkeit, die sich niemals in aktive Mitarbeit verwandelte.

Trotz dieser Fehlschläge glaubte Hitler immer noch, er könnte verhindern, daß der Konflikt sich zum Weltkrieg auswuchs, und er war so überzeugt davon, daß England kurz vor der Kapitulation stünde, daß er eine Intensivierung des Propagandakrieges gegen England anordnete. Zu den ersten Maßnahmen Goebbels' gehörte es, über seine Geheimsender jene Prophezeiung des Nostradamus auszustrahlen, die teils schon in Erfüllung gegangen war und die mit der Zerstörung Londons im Jahre 1940 endete. Modernisierte Auslegungen des Nostradamus wurden von dem Astrologen Krafft beigesteuert, der auch schon das Attentat im Bürgerbräukeller vorhergesagt hatte.

In diesen trüben Tagen nahm Hitler sich die Zeit, wieder einmal mit seinem alten Freund Kubizek zusammenzukommen, dem er für die Bayreuther Festspiele 1940 Karten schicken ließ. Am 23. Juli trafen sie einander nach dem ersten Akt der »Götterdämmerung« im Salon. Nach einer herzlichen Begrüßung klagte Hitler, sein Bauprogamm sei dem Krieg zum Opfer gefallen. »Noch habe ich unerhört viel zu tun. Wer soll es machen? Und da muß ich zusehen, wie mir der Krieg die wertvollsten Jahre nimmt. Wir werden älter, Kubizek. Wie viele Jahre noch – und es ist zu spät, um das zu verwirklichen, was noch nicht geschehen ist.«[11]

Das Treffen mit Kubizek war eine der seltenen Gelegenheiten, wo Hitler einmal ganz Privatmann war. Die Beziehung zu Eva Braun war in dieser Zeit erstaunlicherweise enger geworden; der Krieg trennte sie nicht, sondern brachte sie einander näher, denn Hitler konnte jetzt mehr Zeit auf dem Berghof verbringen. Man machte sich nicht mehr die Mühe, so zu tun, als sei man nur gut befreundet; der Stab und das Personal behandelten Eva Braun mit größter Achtung und nannten sie untereinander die Chefin. Sie selbst duzte Hitler jetzt und er sie ebenfalls, wobei er gelegentlich den Ausdruck »Tschapperl« verwendete. Im Kreise naher Freunde streichelte er wohl auch mal ihre Hand oder gab seiner Zuneigung auf andere Weise Ausdruck. Der enge Kreis hatte den Eindruck, daß die sexuellen Beziehungen zwischen den beiden als normal zu bezeichnen waren, wobei man bedenken muß, daß Hitler bereits fünfzig war und ganz von seinem Amt in Anspruch genommen wurde.

Im Laufe des Sommers beschäftigte Hitler sich wieder zunehmend mit den schon in *Mein Kampf* geäußerten Vorstellungen, daß das deutsche Volk

Juni – 28. Oktober 1940 797

Lebensraum im Osten brauche und der Bolschewismus besiegt werden müsse. Er gab Weisung, entsprechende Pläne auszuarbeiten, und am 29. Juli besprach Jodl auf dem Bahnhof Reichenhall das Problem mit Oberst Warlimont, dem Chef der Planungsabteilung im OKW, in seinem Sonderzug. Warlimont und drei seiner Begleiter glaubten, der überraschende Besuch Jodls kündige für sie eine Beförderung oder Auszeichnung an, sahen dann aber erstaunt, wie Jodl sich überzeugte, daß alle Türen und Fenster im Speisewagen geschlossen waren, bevor er leise ankündigte, der Führer habe beschlossen, »ein für allemal« die Gefahr des Bolschewismus aus der Welt zu schaffen. Sobald als möglich, im Mai 1941, solle ein Überraschungsangriff auf die UdSSR geführt werden. Warlimont, der sich an seinem Stuhl festhielt, weil er seinen Ohren nicht traute, erinnert sich: »Wir waren von Jodls Eröffnung wie elektrisiert, und Oberst Lossberg platzte heraus: ›Das ist unmöglich!‹« Wie könne Hitler an einen Krieg mit Rußland denken, bevor England nicht besiegt war! Jodl gab darauf eine sonderbare Antwort: »Der Führer fürchtet, daß die Stimmung im Volk nach einem Sieg über England ihm nicht mehr erlauben würde, einen neuen Krieg gegen Rußland zu beginnen.«

Es erfolgte lautstarker Protest. Dies war doch genau der Zweifrontenkrieg, dem Deutschland im Ersten Weltkrieg die Niederlage verdankte. Und weshalb diese plötzliche Schwenkung nach dem Nichtangriffspakt? Hatte Stalin nicht pünktlich und in der zugesagten Menge Lebensmittel und Rohstoffe geliefert? Jodl erwiderte gereizt auf jeden Einwand, der Zusammenstoß mit dem Bolschewismus sei unvermeidlich, und daher sei es besser jetzt anzugreifen, auf dem Höhepunkt der militärischen Stärke. Das überzeugte Warlimont nicht. Jodl aber, der Hitler gegenüber ähnliche Einwände erhoben hatte, sagte kurz: »Meine Herren, hier wird nicht debattiert, es handelt sich um eine Entscheidung des Führers!« Warlimont solle mit der Planung beginnen.[12]

Am 31. Juli bestellte Hitler seine Befehlshaber auf den Berghof; die Besprechung sollte die Operation »Seelöwe« zum Thema haben, verlief dann aber ganz anders. Als erster sprach Raeder. Die Vorbereitungen seien in vollem Gange, die Ausrüstung werde planmäßig zusammengestellt, die Umrüstung der Schleppkähne bis Ende August fertig sein. Bei der Handelsmarine sei die Lage wegen der Verluste in Norwegen und durch Minen leider schlecht. Mit dem Minensuchen sei begonnen worden, die alliierte Luftüberlegenheit mache das aber beschwerlich. Die Invasion solle daher besser auf den Mai nächsten Jahres verschoben werden.

Hitler widersprach. Bis dahin würde England sein Heer neu aufgestellt haben und erheblichen Nachschub aus Amerika, vielleicht gar aus Rußland erhalten. Bis zum Mai könne man nicht warten. Er legte den Termin auf den 15. September. Gleich darauf schränkte er das Gesagte wieder ein: Dies gelte nur unter der Voraussetzung, daß ein konzentriertes wochenlanges

798   *Vom Siege werden auch Sieger verwirrt*

Bombardement Südenglands zuvor die RAF, die Kriegsmarine und die
wichtigsten Häfen ausgeschaltet hätte. Falls nicht, werde die Invasion auf
Mai 1941 verschoben.

Das war bestenfalls ein halbherziger Entschluß und Raeder war davon
sehr angetan. Für seine Vorbereitungen hinsichtlich der Operation »Seelöwe« wurde ihm höchste Priorität eingeräumt, die Verantwortung aber
hatte nun die Luftwaffe. Das war nur das eine Resultat der Besprechung.
Wesentlich wichtiger war jedoch das andere, daß nämlich damit Hitler freie
Hand hatte, im Westen weiter Krieg zu führen oder aber im Osten einen
neuen zu beginnen. Und als die beiden Marinevertreter Raeder und Puttkamer hinausgegangen waren, äußerte er sich auch skeptisch über die Aussichten der Operation »Seelöwe«. »Die Marine sei doch recht klein. Keine
15% der des Feindes!« Im übrigen sei der Kanal, wie jeder Reisende, der
dies tückische Gewässer bei schlechtem Wetter überquert habe, bestätigen
könne, ein schlimmeres Hindernis, als es den Anschein habe.

Man hätte denken können, daß der Plan einer Invasion Englands ihn
nicht mehr beschäftigte, die Russen bräuchten den Engländern nur anzudeuten, daß sie ein starkes Deutschland nicht wünschten, und schon schöpf-
ten die Engländer Hoffnung, daß in sechs bis acht Monaten alles ganz
anders sei. Liege Rußland aber am Boden, sei Englands letzte Hoffnung
ausgelöscht. Dann wäre Deutschland Herr in Europa und auf dem Balkan.
Diesmal führten seine lauten Selbstgespräche zu einem festen Entschluß.
Wie Halder berichtet, ordnete Hitler »angesichts dieser Lage an, Rußland
im Frühjahr 1941 zu liquidieren«. Nichts mehr von dem Zaudern auf den
letzten Konferenzen, er war wieder der alte Führer, der Mann der Vorsehung.
Je schneller Rußland zerschmettert wurde, desto besser. Diese Operation sei
nur sinnvoll, wenn mit einem einzigen Schlag das Land bis in seinen Kern
getroffen würde. Bloßer Raumgewinn reiche nicht. Die Offensive müsse als
eine einzige, ungebrochene Vorwärtsbewegung ausgeführt werden, keinesfalls dürfe man sich wie Napoleon vom russischen Winter schlagen lassen.
Halder notierte »Mai 41« als Angriffstermin. Das ließe fünf Monate Zeit für
die Vorbereitung. Seine Visionen rissen ihn fort. Ziel sei die Auslöschung
von Rußlands Lebenskraft. Jetzt war er der Kriegsgott in Person; er umriß
eine Offensive mit 120 Divisionen: der erste Vorstoß nach Kiew, der zweite
durch die baltischen Staaten nach Moskau; dann die Schließung der Zange
zwischen Norden und Süden, und als letztes eine Operation gegen die Ölfelder von Baku. Dieser Traum sollte sich bald in Wirklichkeit verwandeln.[13]

2

Keine 24 Stunden, und der Mann fester Entschlüsse zauderte wiederum.
Zwar gab er die Weisung Nr. 17 heraus, die die schnellste Eroberung Englands betraf, und sehr selbstsicher beginnt: »Um die Voraussetzungen für

Juni – 28. Oktober 1940 799

die endgültige Niederringung Englands zu schaffen, beabsichtige ich, den Luft- und Seekrieg gegen das englische Mutterland in schärferer Form als bisher weiterzuführen.« Die Luftwaffe solle so rasch als möglich die RAF niederkämpfen und sich sodann für die Operation »Seelöwe« bereithalten. »Terrorangriffe behalte ich mir vor. Die Verschärfung des Luftkrieges kann ab 5. 8. beginnen.«

Am 2. 9. erließ das OKW einen Befehl betreffend Transportbewegung und Nachschub für »Seelöwe«. Am 10. 9. wurde die Befehlsausgabe um 3 Tage verschoben, am 17. 9. wurde »Seelöwe« bis auf weiteres verschoben.[14] Keitel hatte den Eindruck, Hitler zögere »die letzte Chance, den Krieg gegen England auf diplomatische Weise zu beenden, damit aus der Hand zu geben, weil er immer noch darauf hoffe«. Keitel kam nicht auf den Gedanken, es könnte sich hier nicht um bloße Unentschlossenheit handeln, sondern darum, daß Hitler die auffallenden Vorbereitungen für das Unternehmen »Seelöwe« benutzte, um insgeheim seine Pläne gegen Rußland voranzutreiben.

Und Hitler wiederum konnte nicht ahnen, daß seine Weisung vom 1. August von »Ultra« entschlüsselt worden war. Churchill entnahm daraus, daß er wirklich den deutschen Code kannte, und das wurde ihm gleich darauf bestätigt, als »Ultra« eine verschlüsselte Meldung von Göring lieferte, in der der 13. August als Beginn der Operation »Adler«, der Luftoffensive gegen England, genannt wurde.

Die Offensive begann wie vorgesehen; wegen schlechten Wetters konnte aber nur die Luftflotte 3 teilnehmen. Es wurden fast 500 Bombereinsätze geflogen, doch hauptsächlich dank der Radargeräte und auch dank der Warnung von »Ultra« waren die Schäden gering, die deutschen Verluste jedoch schwer: Die deutsche Luftwaffe verlor 45 Maschinen, die englische nur 13. Der folgende Tag verlief für Göring ebenso enttäuschend. Am 15. warf er alle drei Luftflotten in den Kampf. »Ultra« dechiffrierte zutreffend, welche Kräfte und wo Göring einsetzen wollte, und dieses Vorwissen machte es der RAF möglich, die wenigen Jagdgeschwader am richtigen Platz in der richtigen Höhe bereitzuhalten, so daß die anfliegenden Deutschen auf heftigsten Widerstand stießen. In der bislang größten Luftschlacht schoß die RAF 75 Maschinen ab bei 34 eigenen Verlusten. Die Operation Adler mißriet; am 17. war das Verhältnis 70 zu 27, und dies war auch der Tag, an dem Göring den langsamen Sturzkampfbomber, der in Frankreich soviel Schaden angerichtet hatte, aus dem Kampf nahm, weil er der Spitfire absolut unterlegen war.

Am 19. August hielt schlechtes Wetter die Luftwaffe vier Tage am Boden, und Göring benutzte diese Pause zu einem Gespräch mit seinen Kommandeuren. Die Tagesangriffe auf Flugzeugfabriken und ähnliche Ziele müßten künftig von Nachtangriffen abgelöst werden. Die Piloten der ein- und zweimotorigen Jagdmaschinen bekamen die bittersten Vorwürfe zu hören, und er befahl: »Die Jäger und Zerstörer dürfen ihren Begleitauftrag auch wegen des Wetters nicht abbrechen«[15]; wer das tue, komme vors Kriegsgericht.

Als das Wetter am 23. August umschlug, kam die Luftwaffe des Nachts massiert über den Kanal. Ein Dutzend Bomber verirrte sich und ihre Bomben trafen nicht wie befohlen Flugzeugfabriken und Ölbehälter außerhalb Londons, sondern fielen mitten in die Stadt. Neun Zivilisten fanden den Tod. Die RAF schlug in dem Glauben, dies sei beabsichtigt gewesen in der folgenden Nacht mit Bomben auf Berlin zurück. Es wurde wenig Schaden angerichtet, die Berliner aber waren perplex. Shirer notierte in sein Tagebuch: »Das hielten sie nun nicht für möglich. Bei Kriegsanfang hatte Göring versichert, es würde dazu nie kommen, und das hatten sie geglaubt. Die Enttäuschung ist deshalb besonders groß, und man muß die Gesichter sehen, um einen richtigen Eindruck davon zu haben.«[16]

Drei Nächte später kam die RAF noch einmal nach Berlin. Das Ergebnis waren zehn Tote und 29 Verletzte. Hitler war außer sich vor Wut, denn der deutsche Angriff auf London war einem Navigationsfehler zuzuschreiben. Trotzdem wollte er nicht zulassen, daß Göring die englische Hauptstadt bombardierte. Berlin wurde noch zweimal angegriffen und schließlich drohte Hitler am 4. September in einer überraschend angesetzten Rede im Sportpalast mit Vergeltung. Als er sich verschwor, Churchills Bombenabwürfe zu übertreffen, erhielt er den Beifall seiner aus Fürsorgerinnen und Krankenschwestern bestehenden Zuhörerschaft. »Und wenn die britische Luftwaffe zwei- oder drei- oder viertausend Kilogramm Bomben wirft, dann werfen wir jetzt in einer Nacht 150 000, 180 000, 230 000, 300 000, 400 000, 1 Million Kilogramm. Wenn sie erklären, sie werden unsere Städte in großem Ausmaß angreifen – wir werden ihre Städte ausradieren!« Der Beifall zwang ihn innezuhalten. »Wir werden diesen Nachtpiraten das Handwerk legen, so wahr uns Gott helfe. Es wird die Stunde kommen, da einer von uns beiden bricht, und das wird nicht das nationalsozialistische Deutschland sein.«[17]

3

Zwei Tage darauf erörterte Hitler mit Raeder das Unternehmen »Seelöwe« in der Reichskanzlei, als ob beide wenig Zutrauen dazu hätten, und der Admiral stellte eine Frage, die normalerweise eine scharfe Antwort erhalten hätte; nämlich: »Welche politischen und militärischen Richtlinien gibt der Führer für den Fall des Ausfalls ›Seelöwe‹?«

Hitler blieb sanft, und Raeder berichtete seinen Kollegen befriedigt, daß der Entschluß des Führers, in England zu landen, keineswegs feststehe, denn der Führer sei überzeugt, England auch ohne Landung unterwerfen zu können. Der Führer betrachte die Landung trotzdem wie bislang als Mittel, den Krieg je nach Gegebenheiten zu einem raschen Ende zu führen. Sollte das

Juni – 28. Oktober 1940 801

Risiko der Operation aber zu groß sein, beabsichtige der Führer nicht, eine Landung vorzunehmen. Man sieht, Hitler konnte den Gedanken eines Fehlschlages von »Seelöwe« nicht ins Auge fassen, weil er damit bei den Engländern alles Prestige verloren hätte. Der Krieg sollte mit einem Blitzfinale enden, aber einem risikolosen. Besonders beunruhigte ihn ein Bericht Puttkamers, der kürzlich selbst gesehen hatte, wie Landungsboote bei Boulogne durch den Gezeitenwechsel völlig untüchtig geworden waren. Eine Landeoperation an der englischen Küste müßte nach Puttkamers Meinung ebenfalls katastrophal ausfallen.[18]

Die Invasion konnte nur gelingen und die Kapitulation Englands nur bewirkt werden, wenn die Luftwaffe Erfolg hatte, und nach seinem resultatlosen Gespräch mit Raeder gab Hitler London als Ziel für Luftangriffe frei. Nun starteten Welle um Welle von Bombern Richtung England, schon am ersten Nachmittag 320 Maschinen unter Jagdschutz, die Göring von den Klippen des Cap Blanc Nez beobachtete. Die dicht massierten Geschwader zogen über den Atlantik, die Themse hinauf, den Elektrizitätswerken und Hafenanlagen von London entgegen. Kaum hörte Göring, daß die Docks in Flammen stünden, da eilte er auch schon ans Mikrofon und verkündete aller Welt, London werde zerstört. Seine Bomber träfen »den Feind mitten ins Herz«. Wirklich wurde dieser verheerende Angriff bis in die Morgenstunden fortgesetzt, und am Abend des folgenden Tages wieder aufgenommen. 842 Londoner kamen in zwei Tagen des Schreckens ums Leben, und Hitler genehmigte für den 15. September einen weiteren Großangriff, getreu seiner Drohung »die Städte des Feindes auszuradieren«. Das sollte nun das große Finale werden, nicht nur London sollte seine Strafe, die RAF sollte auch gleich ihr Ende finden.[19]

Churchill wurde wiederum durch Ultra vorgewarnt. Vier Tage vor dem Angriff wandte er sich an die Nation. »Herr Hitler verbraucht seine Jagdflieger sehr schnell, und wenn er noch ein paar Wochen so weitermacht, ist seine Luftwaffe nicht mehr zu gebrauchen.« Zugleich aber warnte er: »Man soll nicht die Augen davor verschließen, daß die Deutschen mit ihrer gewohnten Pedanterie eine Invasion dieser Insel vorbereiten, die jederzeit erfolgen kann, sei es in England, in Schottland, in Irland oder an allen drei Stellen. Wir müssen daher die nächste Woche als einen wichtigen Zeitabschnitt in unserer Geschichte betrachten, ebenso bedeutend wie die Tage, da die spanische Armada sich dem Kanal näherte, oder als nur Nelson zwischen uns und Napoleons Großer Armee in Boulogne stand.«[20] Solche Worte hoben die Moral auf der Insel, auch die Zivilisten spürten, daß sie teilnahmen am Kampf.

Hitler gab sich zwar nach außen zuversichtlich, zeigte aber auf einer Führerkonferenz am 14. September beträchtliche Sorge. Nachdem er die Luftwaffe und ihre Operation Adler über den grünen Klee gelobt hatte, gab er zu, die Voraussetzungen für »Seelöwe« seien noch nicht gegeben. Das

Wetter habe die Luftwaffe von der Erringung der Luftüberlegenheit abgehalten, abblasen wolle er die Invasion aber noch nicht. Die Luftangriffe wirkten sich verheerend aus, in zehn bis zwölf Tagen sei mit einer Massenhysterie zu rechnen. Görings Vertreter benutzte die Gelegenheit vorzuschlagen, die Engländer durch Bombardierung von reinen Wohngebieten zum Nachgeben zu bringen. Und Raeder, der alles befürwortete, nur nicht eine Invasion über See, stimmte eifrig zu. Hitler beharrte aber darauf, die Luftwaffe müsse sich auf militärische Ziele beschränken und ein Bombardement mit dem Ziel der Erzeugung von Massenpanik dürfe nur das letzte Mittel sein.

Aus dem Entschluß, das Unternehmen »Seelöwe« am 17. September anlaufen zu lassen, war nun eine Übereinkunft geworden, diese Möglichkeit ins Auge zu fassen. Die Schlacht um England wurde immer erbitterter, die Verluste der Deutschen immer größer. Am 15. verloren die Deutschen 60 Maschinen, die Engländer 26, und am 17. mußte Hitler endlich der Wirklichkeit ins Auge schauen. Er gestand sich ein, daß er mit Bomben die Engländer nicht auf die Knie zwingen konnte und verkündete barsch seinen Entschluß: Weil die Luftüberlegenheit nicht erkämpft worden sei, müsse die Operation »Seelöwe« bis auf weiteres verschoben werden. Verschiebung hieß in Wahrheit Absetzung. Die Invasion Englands gab es fortan nur noch auf dem Papier. »Ultra« und eine kleine Zahl englischer Piloten, in denen sich der Kampfgeist eines ganzen Volkes verkörperte, hatten Hitler seine erste militärische Niederlage beigebracht. England war gerettet.

Als die Entscheidung gefallen war, sagte Hitler zu Puttkamer: »Wir haben Frankreich erobert, ich glaube 30 000—40 000 Tote hat das gekostet, und hier, in einer Nacht der Überfahrt kann es viel größere Verluste geben und der Erfolg ist nicht sicher.«[21] Sein Marineadjutant fand, seit »Seelöwe« gestorben war, wirke Hitler erleichtert.

»Ultra« erfuhr am gleichen Tag, daß Hitler angeordnet hatte, die Ladevorrichtungen auf den holländischen Flugplätzen abzubauen. Churchill berief seine Stabschefs für den Abend zu sich und F. W. Winterbotham zufolge war es, »wie wenn jemand mitten im Trauermarsch allen Geigen die Saiten durchschneidet. Die Anwesenden mußten sich ein Schmunzeln verkneifen. Der Stabschef der Luftwaffe gab dann der Hoffnung aller Ausdruck: Hitler habe nun wohl mindestens für ein Jahr den Plan einer Invasion aufgegeben. Churchill grinste breit, als er sich eine dicke Zigarre anzündete und vorschlug, wir sollten alle etwas frische Luft schnappen.«[22]

4

Hitler hoffte immer noch, England an den Verhandlungstisch zu bringen, wenn schon nicht durch Angriffe aus der Luft, oder zu Wasser, dann wenigstens durch die Einnahme der strategisch bedeutendsten Felsenfestung der Welt, Gibraltar. Damit sperrte man nicht nur die Royal Navy aus dem

Juni – 28. Oktober 1940 803

Mittelmeer aus und ermöglichte die Besetzung Nordafrikas und des Nahen Ostens durch Deutschland, man zwänge den Engländern auch einen wesentlich weiteren Seeweg nach dem Fernen Osten auf. Wie sollten sie bei so gelagerten Verhältnissen noch Krieg führen? sagte sich Hitler, zumal er ja doch bereit war, ihnen ehrenhafte Bedingungen zu gewähren und sie als stille Teilhaber bei seinem Kreuzzug gegen die Bolschewisten aufzunehmen. In diesen Tagen (17. Sept. 1940) befand sich gerade der spanische Außenminister Serrano Suñer in Berlin, um über den Eintritt Spaniens in den Krieg im allgemeinen, und die Eroberung Gibraltars im besonderen zu sprechen. Suñer war nicht wohl, als er in die Reichskanzlei ging, denn die von Ribbentrop an den Tag gelegte Arroganz mußte er als Zeichen dafür nehmen, daß Hitler sich über Franco ärgerte.

So war der Spanier denn ehrlich überrascht, als Hitler ihn höflich und gelassen empfing, und er trug mit einiger Zuversicht vor, der Caudillo habe ihn sowohl als persönlichen Beauftragten wie auch als Mitglied der spanischen Regierung geschickt (Suñer war mit einer Schwester von Francos Frau verheiratet). Er wolle nun also darlegen, unter welchen Voraussetzungen Spanien an der Seite der Achsenmächte in den Krieg eintreten könnte, nämlich »sobald Spanien über ausreichende Mengen an Nahrungsmitteln und Kriegsmaterial verfügt«.

Hitler schien aber die Politik mehr am Herzen zu liegen als der Krieg. Europa müsse auf dem Festland ein einheitliches politisches Gebilde sein, mit einer eigenen Monroe-Doktrin, und Afrika sein Protektorat. Auf den Kriegseintritt Spaniens kam er nur »indirekt und undeutlich« zu sprechen. Erst als sein Gast betonte, in der Gegend von Gibraltar brauche man Artillerie, wurde Hitler beredt – und er empfahl nicht Granaten, sondern Bomben. Ein Langrohrgeschütz müsse nach etwa zweihundertmaligem Feuern gründlich überholt werden; zudem könne pro Granate nur 75 Kilo Sprengstoff verschossen werden, während ein Stukageschwader von 36 Maschinen 120 Bomben von je 1000 kg beliebig oft werfen könne. Wie lange kann der Feind Sturzkampffliegern widerstehen? wollte Hitler wissen. Allein ihr Anblick würde die englische Flotte aus Gibraltar vertreiben. Artillerie sei daher überflüssig. Übrigens könnte Deutschland für ein Unternehmen zu Lande gegen Gibraltar keine 38-cm-Geschütze bereitstellen. Auf diesen brillanten Vorschlag, der seinem Gast die Sprache verschlug, ließ Hitler die Versicherung folgen, selbstverständlich wolle Deutschland nach besten Kräften Spanien zu Hilfe kommen.

Suñer war nach diesem Treffen in der Reichskanzlei so erleichtert darüber, daß Hitler ihm kein böses Wort gesagt hatte, so daß er Franco riet, Hitlers Einladung zu einer Zusammenkunft zwecks eingehender Besprechung der künftigen Entwicklung an der französisch-spanischen Grenze anzunehmen.[23] Hitler, der seinerseits von Suñer beeindruckt war, beschloß, dessen Schwager ohne lange Umschweife ins Bild zu setzen. Am nächsten Morgen schrieb er ihm: »Der Eintritt Spaniens in den Krieg an der Seite der Achsenmächte muß mit der Vertreibung der englischen Flotte von Gibraltar und der unmittelbaren Wegnahme des befestigten Felsens beginnen.« Schlösse Spanien sich der Achse an, wolle Deutschland, so versicherte Hitler mit der Überredungskraft eines Verkäufers, nicht nur militärische, sondern auch wirtschaftliche Hilfe denkbar größten Umfangs leisten. Anders ausgedrückt, auf einen schnellen Sieg sollte schneller Profit folgen.

Franco schien in seiner Antwort vom 22. September auf beinahe alle Vorschläge Hitlers einzugehen, eine Besprechung zwischen Suñer und Ribbentrop drei Tage später ließ aber schon Schwierigkeiten ahnen. Der Spanier wies höflich aber bestimmt den Anspruch Deutschlands auf mehrere strategisch günstig vor Afrika gelegene Inseln zurück, und Schmidt bemerkt denn auch, daß sich hier der erste Reif auf die warme Freundschaft zwischen Franco und Hitler legte.[24]

Ribbentrop mag von den Verhandlungen mit Francos Schwager unbefriedigt gewesen sein, doch hatte er Anlaß zur Freude, als noch im gleichen Monat in Berlin sein Geisteskind, der Dreibund mit Japan und Italien unterzeichnet wurde. Japan erkannte darin den Vorrang Deutschlands und Italiens bei der Errichtung einer Neuen Ordnung in Europa an, wofür diese Japans Neue Ordnung in Asien anerkannten. Die Unterzeichner versprachen, »sich mit allen politischen, wirtschaftlichen und militärischen Mitteln gegenseitig zu unterstützen, falls einer der drei vertragsschließenden Teile von einer Macht angegriffen wird, die gegenwärtig nicht in den europäischen Krieg oder in den chinesisch-japanischen Konflikt verwickelt ist«.[25]

Engländer und Amerikaner erblickten darin einen neuen Beweis dafür, daß Japan nicht die Spur besser war als Nazideutschland und das faschistische Italien, und daß die drei »Gangstervölker« sich zur Eroberung der Welt zusammengetan hatten. Die Sowjets zeigten sich beunruhigt. Ribbentrop versicherte Molotow aber, der Vertrag richte sich ausschließlich gegen die amerikanischen Kriegshetzer. Er schlug vor, den Dreibund zu einem Vierbund zu erweitern und ließ Stalin in einem langen Brief wissen, »es sei der historische Auftrag der vier Mächte – der Sowjetunion, Japans, Italiens und Deutschlands –, eine Politik auf weite Sicht einzuschlagen und die künftige Entwicklung ihrer Völker in die richtigen Bahnen zu lenken, indem man die nun gemeinsamen Interessen für die kommenden Jahrhunderte aufeinander abstimme.«[26]

5

Der Oktober stand im Zeichen reger diplomatischer Aktivität. Am 4. des Monats traf Hitler Mussolini auf dem Brennerpaß. Der Krieg sei gewonnen, alles übrige nur eine Zeitfrage. Zwar habe die Luftwaffe die Luftherrschaft noch nicht errungen, doch verlören die Engländer Flugzeuge im Verhältnis drei zu eins. Noch hielten sie zwar aus, obwohl die militärische Lage hoff-

Juni – 28. Oktober 1940   805

nungslos und die Bevölkerung unmenschlichem Druck ausgesetzt sei.
Warum nur? klagte er und antwortete selbst: Es sei die Hoffnung auf amerikanische und russische Hilfe.

Dies sei aber eine Illusion. Der Dreibund habe den feigen amerikanischen
Staatsmännern bereits einen Dämpfer aufgesetzt, und im Osten machten
vierzig deutsche Divisionen den Russen keine Lust zum Eingreifen. Es sei
daher Zeit, einen Schlag gegen die Wurzeln des britischen Weltreiches zu
führen und Gibraltar wegzunehmen. Daran schloß sich eine beredte Klage
über die Spanier an, die nur in den Krieg eintreten wollten, wenn man ihnen
400 000 Tonnen Getreide und erhebliche Mengen Benzin lieferte. Als er,
Hitler, auf die Bezahlung solcher Lieferungen zu sprechen gekommen sei,
habe Franco doch wirklich die Stirn gehabt zu erwidern, »das ist eine Ver-
mischung von Idealismus und Materialismus«. Außer sich vor Zorn rief
Hitler: »Man hat mich hingestellt als wäre ich ein kleiner Jude, der um die
heiligsten Güter der Menschheit feilscht!«[27]

Die beiden Diktatoren schieden in gutem Einvernehmen voneinander und
Hitler begab sich nach Berchtesgaden, »um in Ruhe neue politische Pläne
zu erwägen«. Auf dem Berghof ging er lange in den Zimmern hin und
her und machte einsame Spaziergänge auf dem Obersalzberg. Bei Tisch und
bei Besprechungen äußerte er einige seiner Gedanken und kam zu dem Ergebnis, er wolle auf seiner Reise zu Franco mit den Franzosen eine härtere
Sprache sprechen. Dann erst wolle er mit den Russen verhandeln.

Sein Sonderzug mit dem sonderbaren Namen »Amerika« erreichte am
Abend des 22. Montoire im westlichen Zentralfrankreich. Laval, der stellvertretende Ministerpräsident von Vichy-Frankreich, kam zu einer kurzen
Besprechung an Bord, in der es hauptsächlich darum ging, ein Treffen mit
Marschall Pétain vorzubereiten. Der Führer hatte jetzt die Absicht, Frankreich ganz zum Vasallen zu machen. Er hoffte, daß der ehemalige Gegner
ihm dabei zur Hand ging, war aber auch willens, Gewalt und brutale Repressalien anzuwenden, falls notwendig. Nicht nur wollte er Frankreich wie
andere eroberte Länder der von Göring so genannten Beutewirtschaft
unterwerfen (was willkürlichen Diebstahl aller Werte von Rohstoffen über
Zwangsarbeiter bis zu nationalen Kunstschätzen einschloß), er hoffte auch,
Vichy-Frankreich als aktiven Verbündeten gegen England zu gewinnen.
Lavals Haltung ließ sich entnehmen, daß dies möglich war, und als der Zug
durch die Nacht der entscheidenden Begegnung mit Franco entgegenrollte,
war Hitler voller Zuversicht.

Man wollte sich tags darauf in Hendaye treffen, einer kleinen französischen Grenzstadt südlich von Biarritz, die sich mehr zum Ferienort eignete
als zum Tagungsort einer Konferenz von historischer Bedeutung. Treffpunkt
war der Stadtrand, wo die französische Spur endete und die spanische begann. Der Führerzug traf rechtzeitig zu der auf 14 Uhr angesetzten Zusammenkunft ein, auf dem Nebengleis war jedoch kein spanischer Zug zu sehen.

Der Oktobertag war klar und sonnig, und das versöhnte die pünktlichen Deutschen. Was konnte man schon anderes von den faulen Spaniern mit ihrer endlosen Siesta erwarten?

Hitler war überzeugt, wenn er Franco persönlich gegenüberstünde, könnte er ihn ebenso beeinflussen, wie zuvor schon Chamberlain, Laval und die anderen. Wo wäre der Generalissimo heute ohne die Hilfe Deutschlands? Es war nicht das persönliche Eingreifen der Mutter Gottes, wie fromme Spanier glaubten, dem Franco den Sieg im Bürgerkrieg zu verdanken hatte, sondern Bomben deutscher Geschwader, »die vom Himmel regneten, entschieden den Ausgang«.

Hitler und Ribbentrop ergingen sich im Gespräch auf dem Bahnsteig während sie warteten. Schmidt hörte den Führer sagen: »Wir können den Spaniern jetzt keine schriftlichen Zusagen mehr über die Gebietszuweisungen aus dem französischen Kolonialbesitz geben. Wenn sie etwas Schriftliches über diese heiklen Fragen in die Hand bekommen, werden bei der Geschwätzigkeit der Romanen sicherlich die Franzosen kurz über lang etwas davon erfahren.« Am nächsten Tag wolle er Pétain dazu bringen, aktiv in den Kampf gegen England einzugreifen, und deshalb könne er jetzt nicht französische Besitzungen verschenken, »ganz abgesehen davon, daß bei Bekanntwerden derartiger Vereinbarungen mit den Spaniern das französische Kolonialreich wahrscheinlich geschlossen zu de Gaulle übergehen würde«.

Endlich, mit einstündiger Verspätung, erschien der spanische Zug auf der internationalen Brücke über die Bidassoa. Die Verspätung war Absicht und nicht Folge einer Siesta. Franco bemerkte darüber zu einem seiner Offiziere: »Dies wird die wichtigste Besprechung meines Lebens, und ich muß dabei jeden Kunstgriff anwenden. Die Verspätung gehört dazu. Wenn ich Hitler warten lasse, ist er von Anfang an psychologisch im Nachteil.« Der Caudillo war klein und dicklich, seine Augen schwarz und durchdringend. Unter seinen meist distinguiert aussehenden Landsleuten wirkte er wie eine Null, ein Sancho Panza, der es durch Glück und Ausdauer zur Macht gebracht hatte. Der Erfolg war schwer errungen. Franco stammte aus Galicia, das für seine nüchterne, pragmatische Bevölkerung bekannt ist, und er brachte für sein Amt Gerissenheit und einen ausgeprägten Wirklichkeitssinn mit.

Im Grunde seines Herzens ein Bauer, war Franco doch kein Mann des Volkes. Auch stand er der Kirche und den Monarchisten zu nahe, und obwohl er die Falangisten favorisierte, war doch deutlich, daß er nicht dazugehörte. Der echte Falangist, etwa sein Schwager, erst seit kurzem Außenminister, war viel mehr pro-deutsch. Serrano Suñer war trotz seiner unerfreulichen Erfahrungen in Berlin von der deutschen Unbesiegbarkeit überzeugt und meinte, Spanien sollte sich auf die Seite des Siegers schlagen. Franco hingegen war skeptisch. »Ich sage Ihnen, die Engländer werden nie aufgeben«, sagte er seinen Generälen. »Sie werden immer weiter kämpfen, und wenn man sie aus England vertreibt, setzen sie den Krieg von Kanada

Juni – 28. Oktober 1940 807

aus fort. Sie werden die Amerikaner zu Verbündeten gewinnen. Deutschland hat den Krieg noch nicht gewonnen.« Andererseits wollte er Hitlers Geduld aber auch nicht übermäßig strapazieren und Spanien dem Schicksal der Tschechoslowakei und all der anderen kleinen Länder aussetzen, die ihm im Wege gestanden hatten.

Als sein Zug neben dem Hitlers zum Stehen kam, wußte Franco, daß das Geschick seines Landes davon abhing, ob er imstande sein würde, es aus dem europäischen Konflikt herauszuhalten. Der Bürgerkrieg hatte die spanische Wirtschaft ruiniert, und dank der letztjährigen Mißernte stand das Volk vor einer Hungersnot. Aber würde Hitler zulassen, daß er neutral blieb? Was konnte Deutschland daran hindern, nach Spanien einzufallen, wenn Franco sich rundherum weigerte, auf Vorschläge Hitlers einzugehen? Hier gab es nur eines: es hieß, den Eindruck erwecken, daß man der Achse beitrat, zugleich aber eine Kleinigkeit vorschieben, die weiterer Klärung bedürfe. Als er auf den Bahnsteig trat und sich unter dem Geschmetter von Militärmusik Hitler näherte, war die einzige Waffe, über die er verfügte, sein galizisches Erbe.

Er begann also das Gespräch mit Komplimenten und vielversprechenden Phrasen. Spanien sei »seit je im Geist mit dem deutschen Volk vereinigt, ohne Vorbehalt und in voller Loyalität«, ja, man fühle sich stets und ständig eins mit der Achse. Historisch gesehen gäbe es zwischen beiden Völkern nur das Streben nach Übereinstimmung, und im derzeitigen Kriege »möchte Spanien gern an der Seite Deutschlands kämpfen«. Was dem im Wege stehe, sei dem Führer wohlbekannt: insbesondere der Mangel an Lebensmitteln und der Ärger, den achsenfeindliche Elemente in Amerika und Europa seinem Lande bereiteten. »Spanien muß sich daher Zeit lassen und so manches hinnehmen, das es gründlich verabscheut.« Er sagte dies bedauernd, fügte aber gleich an, im Gedanken an das geistige Bündnis mit der Achse »nimmt Spanien die gleiche Haltung zum Kriege ein, wie Italien im vergangenen Herbst«. Auf diesen Kunstgriff folgte ein Versprechen Hitlers, Franco Gibraltar zu überlassen – es würde am 10. Januar fallen –, sollte er sich am Krieg beteiligen, und er dürfe dann auch auf weitere Kolonialgebiete in Afrika rechnen.

Franco saß ausdruckslosen Gesichtes in seinen Stuhl zusammengesunken. Schließlich begann er langsam und mit Bedacht zu sprechen. Er machte Ausflüchte und verlangte zugleich mehr Zugeständnisse. Er brauche sofort mehrere Hunderttausende Tonnen Getreide. Hitler »listig und aufmerksam betrachtend« fragte er, ob Deutschland die liefern könne? Und wie es mit den schweren Geschützen stehe, mit denen Spanien seine Küsten gegen die englische Flotte schützen müsse, von der Flak gar nicht zu reden? Er ging anscheinend planlos von einem Gegenstand auf den anderen über, von einer Entschädigung für den unvermeidlichen Verlust der Kanarischen Inseln zu der Unmöglichkeit, Gibraltar als Geschenk fremder Soldaten zu empfangen.

Die Festung müsse unbedingt von Spaniern genommen werden! Sodann erwog er nüchtern Hitlers Aussichten dafür, die Engländer aus Afrika zu vertreiben: »Vielleicht bis an den Rand der Wüste, aber weiter nicht. Darüber bin ich mir als alter Afrikakämpfer völlig im klaren.« Zugleich zog er Hitlers Fähigkeit in Zweifel, die englischen Inseln zu erobern. England könne zwar fallen, die Regierung Churchill würde dann aber nach Kanada fliehen und den Krieg von dort aus mit Hilfe Amerikas fortsetzen.

Der monotone Singsang Francos erinnerte Schmidt an einen Muezzin, der die Gläubigen zum Gebet ruft. Hitler war davon aufs höchste frustriert. Er sprang schließlich auf und polterte los, es sei sinnlos fortzufahren. Gleich setzte er sich aber wieder, wie um seine Nervosität zu entschuldigen, und versuchte noch einmal, Franco zur Unterzeichnung eines Abkommens zu bewegen. Aber gern! sagte Franco. Was läge näher? Wenn Deutschland Lebensmittel und Rüstungsgüter liefere, und es Spanien überlasse, den geeigneten Zeitpunkt für den Kriegseintritt zu wählen, wolle er gerne unterzeichnen. Man war wieder am Ausgangspunkt angelangt und die Besprechung wurde vertagt.

Hitler zog sich mürrisch zurück und die beiden Außenminister begaben sich zu weiteren Gesprächen in den Zug von Ribbentrop. Nach einem kleinen Vorgeplänkel eröffnete Ribbentrop seinem Gegenüber, der Führer sei nach Hendaye gekommen »um festzustellen, ob die Ansprüche Spaniens und die Hoffnungen Frankreichs miteinander vereinbar sind«. Der Caudillo verstehe gewiß wie delikat die Lage sei und hätte doch wohl nichts dagegen, ein geheimes Protokoll zu unterzeichnen, das später auch von Italien unterschrieben werden würde. Damit legte Ribbentrop eine spanische Übersetzung auf den Tisch. Es hieß darin, Spanien solle aus französischem Kolonialbesitz Gebiete übertragen bekommen, »insofern Frankreich dafür aus dem englischen Kolonialbesitz ein Ausgleich geboten werden kann«.

Serrano Suñer versetzte mit gespielter Überraschung, offenbar beabsichtige man, in Afrika eine ganz andere Politik einzuschlagen und die deutsche Haltung gegenüber Frankreich habe sich wohl verändert? Dadurch würde die Entschädigung Spaniens für den Kriegseintritt sehr unbestimmt und Franco, so schloß er leicht lächelnd, »muß seinem Volk die Früchte des Sieges genauer definieren«. Ribbentrop war einer so eleganten Ausdrucksweise nicht gewachsen und konnte kaum seinen Ärger verbergen, als der Spanier dramatisch aber formvollendet seinen Abgang nahm.

Am Abend gaben die Deutschen den Spaniern im Speisewagen des Führers ein Staatsbankett. Franco wirkte liebenswürdig und herzlich, sein Schwager bezaubernd. Vielleicht verleitete dies Hitler dazu, Franco beiseite zu nehmen, als die Gäste aufbrachen. Die beiden Herren unterredeten sich fast zwei Stunden miteinander, und Hitler regte sich mehr und mehr auf, als es ihm nicht gelang, den Caudillo zu manipulieren, der standhaft auf jedem einzelnen wichtigen Punkt beharrte. So etwa meinte er, der Ostaus-

Juni – 28. Oktober 1940 809

gang des Mittelmeers, also der Suezkanal, müsse früher als der Westausgang, also Gibraltar, geschlossen werden. Und er ließ sich das nicht ausreden. Er blieb auch ungerührt, als seine Hartnäckigkeit Hitler zu einem Anfall von Jähzorn trieb. Vielmehr gab er zu bedenken, daß die Geschichte sich wiederholen könnte (damit meinte er den Aufstand gegen Napoleon), falls den Spaniern nicht 10 Millionen Quintals Weizen geliefert würden. Hitler verließ wutschnaubend den Speisewagen und sagte zu Puttkamer: »Franco ist ein kleiner Major!« Linge gegenüber degradierte er ihn noch weiter: »In Deutschland würde der Kerl es höchstens zum Feldwebel bringen!« Einem anderen gegenüber verlieh er dem Caudillo gerade noch den Gefreitenrang, den er selbst im Ersten Weltkrieg geführt hatte. Die listige Taktik des Außenministers ärgerte ihn noch mehr. »Suñer hat Franco in der Tasche«, sagte er zu Keitel und drohte, das Gespräch mit den Spaniern auf der Stelle abzubrechen.

Ribbentrop mühte sich unterdessen, eine Vereinbarung mit Suñer zustande zu bringen, war aber über die hartnäckigen, wenn auch höflichen Einwände des Spaniers ebenso wütend wie sein Führer. Er verlor die Geduld und schickte Suñer und dessen Gehilfen weg wie Schulknaben mit dem Auftrag am nächsten Morgen um acht mit gemachten Schularbeiten zu erscheinen.

Suñer erschien am 24. nicht selber, sondern ließ den ausgearbeiteten Text von einem Untergebenen überreichen, einem ehemaligen Botschafter in Berlin, der im Wiener Dialekt sprach. Ribbentrop war darüber so außer sich, daß man ihn außerhalb des Zuges brüllen hören konnte. »Ungenügend!« schrie er in seiner Rolle als Schulmeister, als er Suñers Entwurf gelesen hatte, in dem Französisch-Marokko als jenes Gebiet bezeichnet war, das Spanien zufallen sollte. Er verlangte einen neuen spanischen Entwurf und fuhr dann mit Schmidt zum nächsten Flughafen, um rechtzeitig für das Treffen von Hitler und Pétain nach Montoire zu kommen. Unterwegs schimpfte er Suñer einen »Jesuiten« und Franco einen »undankbaren Feigling«. Der Dolmetscher war insgeheim entzückt von der Taktik der Spanier. Zum erstenmal war Hitler ausmanövriert worden, noch bevor er seine eigenen Tricks anwenden konnte.[28]

Hitler war bereits in Montoire und erwartete in seinem Zug Marschall Pétain, der sich kürzlich vom Ministerpräsidenten zum Staatsoberhaupt befördert hatte, ein Titel, der ihn vom alten republikanischen Régime distanzierte. Hitler wäre Franco noch mehr gram gewesen, hätte er geahnt, daß dieser Pétain schon davor gewarnt hatte, die Verantwortung auf sich zu nehmen, Frankreich aus dem Chaos herauszuführen. »Schieben Sie Ihr Alter vor, lassen Sie den Waffenstillstand von den Leuten unterzeichnen, die den Krieg verloren haben ... Sie sind der Held von Verdun, fügen Sie Ihren Namen nicht den Namen jener zu, die besiegt wurden.« Darauf hatte Pétain erwidert: »Sie haben recht, General, aber mein Vaterland ruft mich und ich

810   *Vom Siege werden auch Sieger verwirrt*

stehe zur Verfügung ... es ist vielleicht der letzte Dienst, den ich ihm
erweisen kann.«[29] Der greise Marschall, adrett uniformiert, wurde von Keitel
vor dem Bahnhof begrüßt. Pétain erwiderte den Gruß und schritt starr ge-
radeausblickend die deutsche Ehrenkompanie ab, Ribbentrop und Laval
hinter ihm. Schweigend näherten sie sich dem Zug des Führers. Hitler ging
Pétain mit ausgestreckter Hand entgegen, und der Marschall ließ sich in den
Salonwagen führen, wo er Hitler kerzengerade aufgerichtet gegenübersaß
und Schmidts Übersetzung – der sprach recht laut, weil der alte Herr
schwerhörig war – gelassen und unbeteiligt anhörte. »Er wirkte nicht servil,
sondern voll Selbstvertrauen.« Laval neben ihm war ganz das Gegenteil. Er
sehnte sich nach einer Zigarette und wußte doch, daß Hitler wie Pétain das
Rauchen verabscheuten. Seine Blicke irrten zwischen Hitler und Ribbentrop
hin und her, als der Führer äußerte, er sei sich darüber im klaren, daß der
Marschall nicht zu denen gehöre, die für die Kriegserklärung an Deutschland gestimmt hätten. »Wäre dies nicht so, könnte unser Gespräch nicht
stattfinden.«

Nachdem er in milden Tönen das französische Sündenregister herunter-
gebetet hatte, wiederholte der Führer, was er schon zu Franco gesagt hatte.
Der Krieg sei gewonnen, England geschlagen. Das müsse es früher oder
später zugeben. Dann fügte er bedeutsam hinzu, es sei wohl klar, daß jemand für den verlorenen Krieg bezahlen müsse, »entweder Frankreich oder
England«. Trage England die Kosten, könne Frankreich den ihm zukommenden Platz in Europa einnehmen und seine Stellung als Kolonialmacht
behalten. Zu diesem Zweck müsse Frankreich selbstverständlich sein Kolonialreich verteidigen und die Zentralafrikanischen Kolonien zurückerobern,
die zu de Gaulle übergegangen waren. Er schlug nun indirekt vor, daß
Frankreich dem Krieg gegen England beitreten solle, indem er Pétain fragte,
was Frankreich unternehmen wolle, wenn die Engländer weiterhin die französische Kriegsflotte angriffen, wie sie das schon in Mers-el-Kebir getan
hatten und wenige Wochen später in Dakar wiederholten?

Pétain gab zu, diese Überfälle kränkten die Franzosen, das Land sei aber
nicht in der Lage, Krieg zu führen. Er forderte nun einen endgültigen Friedensvertrag, »damit Frankreich sein Schicksal kennt und unsere 2 Millionen
Kriegsgefangenen sobald als möglich heimkehren können«. Hitler ging darüber hinweg, und die Franzosen antworteten ihrerseits nicht auf eine weitere
Andeutung, ob sie in den Krieg eintreten würden. Man war in eine Sackgasse geraten, und obwohl Pétain dem Führer seine persönliche Bewunderung aussprach und in vielem seiner Meinung beizupflichten schien, tat er
das mit so knappen Worten, daß Schmidt darin eine unverhüllte Ablehnung
erkannte. »Der große Wurf, den Hitler vorgehabt hatte, war an der Vorsicht
und der Zurückhaltung Pétains und Lavals gescheitert.«

Pétain sagte seinen Landsleuten einige Tage später im Rundfunk, er habe
sich in allen Ehren zur Zusammenarbeit mit den Deutschen bereitgefunden,

Juni – 28. Oktober 1940

811

um die Einheit Frankreichs zu retten. Auch könne man so die Leiden des Landes verringern und das Geschick der Kriegsgefangenen erleichtern. »Diese Zusammenarbeit muß aufrichtig erfolgen, sie läßt keinen Raum für den Gedanken an Aggression. Sie erfordert eine geduldige und zuversichtliche Anstrengung.« Frankreich sei dem Sieger aus mehreren Gründen verpflichtet. Frankreich besitze z. B. immer noch seine Souveränität. »Bislang habe ich zu euch als Vater gesprochen, heute spreche ich zu euch als Führer. Folgt mir, vertraut auf das ewige Frankreich.«[30]

Im Führerzug herrschte düstere Stimmung. Weder in Hendaye noch in Montoire hatte Hitler bekommen was er wollte. Die dritte Enttäuschung traf ihn in Gestalt eines Briefes von Mussolini, der ihm noch vor der französischen Grenze in den Zug gereicht wurde. Der Duce verspritzte all sein Gift in diesem sechs Tage zuvor datierten Brief gegen die Franzosen, die im Herzen Haß gegen die Achse nährten, und »auf Zusammenarbeit mit ihnen ist überhaupt nicht zu rechnen, trotz aller süßen Worte aus Vichy«. Geleitet von der Sorge, die rachsüchtige Haltung des Duce könnte seinen Plan vereiteln, Vichy für den antidemokratischen Kreuzzug zu gewinnen, wies Hitler Ribbentrop an, sein mit Mussolini vereinbartes Gespräch auf den 28. Oktober vorzuverlegen. Dessen Telefongespräch mit Ciano löste in Rom eine kleine Panik aus. Ciano notierte: »Diese Reise des Führers nach Italien, gleich nach der Unterredung mit Pétain, gefällt mir wenig oder gar nicht. Ich möchte nicht, daß er unseren Forderungen an Frankreich etwas in den Weg legt. Das wäre für das italienische Volk zu bitter, bitterer noch als die Enttäuschung von Versailles.«[31]

Anders als geplant reiste Hitler nicht weiter nach Berlin, sondern nach München, um sich auszuruhen und für den vorverlegten Ausflug nach Italien vorzubereiten. Kurz vor der Abfahrt am 27. Oktober meldete der deutsche Militärattaché aus Rom, »es ist so gut wie sicher«, daß Mussolini früh am nächsten Morgen Griechenland angreifen wolle. Schmidt berichtet, der Führer sei darüber außer sich gewesen und Ribbentrop gebärdete sich beim Essen ebenfalls zornig: »Nie werden die Italiener im Herbstregen und im Winterschnee in den Balkanbergen gegen die Griechen etwas ausrichten können. Außerdem sind die Folgen einer kriegerischen Auseinandersetzung auf dem Balkan überhaupt nicht abzusehen. Der Führer will unter allen Umständen Mussolini an diesem tollen Unternehmen hindern, deshalb werden wir sofort nach Italien fahren, um selbst mit Mussolini zu sprechen.«[32]

Das war nicht ernst zu nehmen. Er selbst hatte den Termin schon zwei Tage zuvor festgesetzt und er wußte auch, daß Hitler sich geweigert hatte, einen vom Auswärtigen Amt aufgesetzten Entwurf zu unterzeichnen, in dem Mussolinis geplante Angriffsaktion ohne alle Schnörkel mißbilligt worden war. Weizsäcker, der ihn abgefaßt hatte, erinnert sich: »Ribbentrop stimmte dem zu. Hitler aber sagte, er wolle Mussolini nicht in den Arm fallen. Er hat mit seinem Schweigen Italien zu dem entscheidenden und gefährlichen Schritt auf dem Balkan indirekt freie Bahn gegeben.«[33] Als der Führerzug um 10 Uhr vormittags durch Bologna fuhr, hörte Hitler, daß die Italiener soeben die griechische Grenze überschritten hatten. Engel berichtet, sein erster Wutausbruch richtete sich nicht gegen Mussolini, sondern gegen die deutschen Diplomaten und Verbindungsoffiziere, die ihm schon so manchen Strich durch die Rechnung gemacht hätten. Erst dann fiel Hitler über die Italiener her wegen ihrer Verschlagenheit. »Das ist die Rache für Norwegen und Frankreich. Ich mußte doch geheim handeln, denn jeder zweite Italiener ist ein Verräter oder Spion.« Nachdem er solcherart Dampf abgelassen hatte, analysierte er die Lage nüchterner. Der Duce war wohl nach Griechenland einmarschiert, um ein Gegengewicht gegen den wachsenden wirtschaftlichen Einfluß Deutschlands auf dem Balkan zu schaffen. »Das stimmt mich sehr bedenklich. Die Invasion der Italiener wird ernste Folgen haben, denn sie gibt den Engländern die willkommene Gelegenheit, einen Luftstützpunkt auf dem Balkan einzurichten.«[34]

Eine Stunde später fuhr der Zug in den festlich geschmückten Bahnhof von Florenz ein, und ein vor Ausgelassenheit übersprudelnder Duce rannte auf den Führer los, um ihn zu umarmen. »Führer, wir marschieren!« Hitler beherrschte sich. Der Schaden war angerichtet, Klagen nutzte nichts mehr. Seine Begrüßung blieb kühl, sehr im Unterschied zu dem warmen Empfang, den er Mussolini sonst zu bereiten pflegte, doch ging das rasch vorüber. Die beiden Diktatoren waren schließlich Politiker und es reichte völlig, sie in gute Stimmung zu versetzen, daß die Menge vor dem Palazzo Pitti, wo die Besprechung stattfinden sollte, in lautes Beifallsgebrüll ausbrach. Die beiden Herren mußten mehrmals auf dem Balkon erscheinen, um die Menge zu beschwichtigen, und Hitler erzählte seinem Diener: »So ungefähr haben die Römer ihren Caesaren zugejubelt, mich können sie aber nicht täuschen. Sie wollen mir jetzt Honig ums Maul schmieren, nachdem sie gerade eben alle meine Pläne durcheinandergebracht haben.«

Zu Schmidts Überraschung beherrschte sich Hitler bei der anschließenden Besprechung »und ließ nicht merken, wie er innerlich mit den Zähnen knirschte.« Mussolini war ungewöhnlich aufgeräumt, und sollte er sich schuldig gefühlt haben, weil er etwas getan hatte, womit Hitler nicht wirklich einverstanden war, so tröstete er sich mit dem Gedanken darüber hinweg, daß Hitler Truppen nach Rumänien geschickt hatte, obwohl beide erst kürzlich geschworen hatten, auf dem Balkan Frieden zu halten. »Hitler stellt mich immer vor vollendete Tatsachen«, klagte er Ciano. »Diesmal werde ich ihm in der gleichen Münze heimzahlen: Er wird aus den Zeitungen erfahren, daß ich in Griechenland einmarschiert bin. So wird das Gleichgewicht wiederhergestellt sein.«

Das war ihm nun offenbar gelungen, denn Hitler machte ihm Griechenlands wegen keine Vorwürfe, sondern widmete die meiste Zeit jenem Gegenstand, der ihn nach Florenz geführt hatte. Er berichtete Mussolini von

Juni — 28. Oktober 1940   813

der Zusammenkunft mit Pétain und Laval, er sagte, Pétain habe ihn sehr beeindruckt durch seine Würde, und Laval habe ihn durch seine Servilität keineswegs getäuscht. Die Gespräche mit Franco bezeichnete er als eine Qual, und »lieber lasse ich mir drei oder vier Zähne ziehen« als noch einmal mit ihm zu sprechen. Der Caudillo habe sich »höchst nebelhaft« auf die Frage geäußert, ob er in den Krieg eintreten wolle, und es sei wohl nur Zufall, daß er der Diktator Spaniens geworden war.

Das lange Gespräch endete mit einer brüderlichen Note; Hitler wiederholte sein Gelöbnis vom Brennerpaß, er wolle »auf keinen Fall mit Frankreich Frieden schließen, wenn die Ansprüche Italiens nicht befriedigt werden.« Mussolini seinerseits fand, beide Länder seien wie stets ganz in Übereinstimmung. An Bord seines Zuges redete Hitler sich aber seinen Zorn über das neue Abenteuer des Duce vom Herzen, das ja nur mit einer militärischen Katastrophe enden konnte. Warum, um Himmels willen, greife Mussolini denn nicht Malta an oder Kreta? Im Zusammenhang mit dem Krieg gegen England im Mittelmeer wäre das wenigstens noch sinnvoll gewesen, um so mehr als die Italiener in Nordafrika bereits so in der Tinte saßen, daß sie eben erst eine deutsche Panzerdivision angefordert hatten.

Die Rückfahrt über die schneebedeckten Alpen war für Hitler wenig angenehm. In einem guten halben Jahr hatte er mehr Territorium erobert als irgendwer sich erträumt hatte. Ihm gehörten Norwegen, Dänemark, Luxemburg, Belgien, Holland und Frankreich. Er hatte Alexander und Napoleon übertroffen. Doch auf diese unglaubliche Serie von Siegen folgte die Enttäuschung von Hendaye, Montoire und Florenz. Der mittelmäßige Führer eines zweitklassigen Landes und das Staatsoberhaupt einer besiegten Nation wollten sich seinem Kreuzzug gegen England einfach nicht anschließen, und sein einziger verläßlicher Verbündeter gefährdete auf stupide Manier die Stellung der Achse im Mittelmeer, weil er sich auf dem Schlachtfeld mit Ruhm bedecken wollte. Und als wäre das noch nicht genug, erwies sich nun die Luftoffensive gegen England, die dieses Land an den Verhandlungstisch zwingen sollte, als totaler und ungeheuer kostspieliger Fehlschlag.[35]

Auf der langen Rückfahrt nach Deutschland konnte er seinen Ärger nicht für sich behalten und zog unermüdlich über »betrügerische« Kollaborateure und undankbare, unzuverlässige Freunde her. Welcher Eroberer war je einer solchen Masse von Nackenschlägen ausgesetzt gewesen! Viele von diesen Ausbrüchen dürften gespielt gewesen sein, denn daß Pétain sich mit ihm nicht einlassen würde, dürfte er geahnt haben, und er wußte wohl, daß er den Einfall nach Griechenland hätte verhindern können, hätte er Mussolini die Daumenschrauben angesetzt. Seine bittere Enttäuschung über Franco war aber gewiß echt. Den Caudillo mußte man zur Folgsamkeit zwingen, denn ohne ihn war Gibraltar nicht zu bekommen, war den Engländern nicht Einhalt zu tun, der Weg für den Kreuzzug nach Osten nicht frei.

23. Kapitel
Die Welt wird den Atem anhalten
(12. November 1940–22. Juni 1941)

1

Hitler hatte wenig Geschmack an dem Dreibund mit Japan und Italien gefunden, ließ sich nun aber von dessen Schöpfer Ribbentrop überreden, den Sowjets anzubieten, auch beizutreten. Molotow erschien auf Einladung Ribbentrops am 12. November 1940 in Berlin, um darüber zu verhandeln. Man traf sich noch ohne Hitler in Ribbentrops neuem Büro im ehemaligen Palast des Reichspräsidenten, und er gab sich alle Mühe, ein zuvorkommender Gastgeber zu sein. »Molotow erwiderte diese Freundlichkeiten nur in längeren Zwischenräumen. Dann glitt ein etwas frostiges Lächeln über sein intelligentes Schauspielergesicht«, berichtet Schmidt. Er hörte unbewegt zu, als Ribbentrop laut beteuerte, der Dreibund richte sich nicht gegen die Sowjetunion, Japan habe sich unterdessen dem Süden zugewandt und werde Jahrhunderte dazu brauchen, die eroberten Territorien in Südostasien zu konsolidieren. »Deutschland wird seine Lebensraumexpansionen in südlicher Richtung suchen, d. h. in Zentralafrika, in den Gebieten der früheren deutschen Kolonien.« Er sagte, es bestehe ein ausgesprochener Drang nach Süden, und es klang als spräche er von der neuesten Herrenmode. Er machte in seiner grobschlächtigen Weise den Vorschlag, die Sowjets könnten sich ebenfalls südwärts ausdehnen und nannte gleich einige Weltgegenden, an denen Deutschland nicht interessiert war, darunter den persischen Golf. Er deutete damit unverkennbar auf Indien, Molotow blickte aber nur ungerührt durch seinen altmodischen Kneifer.

Das brachte Ribbentrop aus dem Konzept und er schlug unverblümt vor, die Sowjetunion möge dem Dreibund beitreten. Molotow, dessen logische Argumentation Schmidt an seinen Mathematiklehrer erinnerte, hob sich alle Munition für Hitler auf.[1] Nachmittags hörte er sich an, was dieser zu sagen hatte, und beklagte, als Hitler zu sprechen aufhörte, höflich, dessen Darlegungen seien zu allgemein gehalten. Er müsse Einzelheiten wissen, und nun stellte er lauter peinliche Fragen: »Gilt eigentlich das deutsch-sowjetische Abkommen von 1939 auch in bezug auf Finnland noch?« Und: »Was

12. November 1940 – 22. Juni 1941   815

hat es mit der Neuordnung in Europa und Asien auf sich, und welche
Rolle soll die Sowjetunion dabei spielen?« Sowie: »Was ist mit Bulgarien,
Rumänien und der Türkei, wie steht es mit der Wahrung der russischen
Interessen auf dem Balkan und im Schwarzen Meer . . .?«

Bislang hatte noch kein Ausländer gewagt, Hitler so konkrete Fragen zu
stellen, und Schmidt erwartete, daß Hitler ebenso zornig aus dem Zimmer
gehen würde wie zwei Jahre zuvor, als Sir Horace Wilson ihm Chamberlains
Brief überreicht hatte. Hitler aber antwortete ruhig, der Dreibund betreffe
nur die Verhältnisse in Europa, ohne Mitsprache der Sowjetunion werde man
keine Regelungen treffen, auch nicht im Fernen Osten.

Molotow blieb skeptisch. »Wenn wir als Partner und nicht bloß als
Objekt behandelt werden, könnten wir grundsätzlich am Dreierpakt teilnehmen, . . . aber zunächst müssen Ziel und Zweck des Paktes näher definiert
werden, und ich muß genauer über die Abgrenzung des großasiatischen
Raumes unterrichtet sein.« Es paßte Hitler offenbar nicht, so in die Ecke
gedrängt zu werden und er brach das Gespräch mit der Bemerkung ab, man
müsse rechtzeitig in den Luftschutzkeller gehen.

Für den 13. lud er die russische Delegation zum Essen ein, obwohl er
Ausländer nicht gern an seiner Tafel sah. Dieses seltene Zugeständnis blieb
auf Molotow ohne Eindruck, der vielmehr die dann folgende Besprechung
recht aggressiv eröffnete. Er brachte die Rede auf Finnland, in dem Hitler für
den Krieg gegen Rußland insgeheim einen Verbündeten sah, und schon die
bloße Erwähnung Finnlands verwandelte Hitler vom liebenswürdigen
Gastgeber in einen gereizten Gegner. »Wir haben keine politischen Interessen dort«, wehrte er ab.

»Wenn zwischen Rußland und Deutschland ein gutes Einvernehmen
besteht«, sagte Molotow mit gespielter Gelassenheit, »kann die finnische
Frage ohne Krieg gelöst werden.« Und setzte hinzu: »Dann darf es aber
weder deutsche Truppen in Finnland geben, noch dürfen dort politische
Demonstrationen gegen die Sowjetunion stattfinden.« Hitler hielt an sich
und sagte nachdrücklich aber ruhig, in Finnland befänden sich nur deutsche
Truppen auf dem Durchmarsch nach Nordnorwegen.

Molotows Mißtrauen legte sich nicht, und Hitler war darüber so beleidigt,
daß er sich wiederholte. »Wir brauchen Ruhe in Finnland wegen des Nickels
und des Holzes«, doch schon mit dem nächsten Satz enthüllte er vielleicht
unwillentlich seinen eigentlichen Plan. »Ein Konflikt in der Ostsee würde
für die deutsch-russischen Beziehungen eine schwere Belastung mit nicht
vorauszusehenden Folgen darstellen.« Molotow hat entweder nicht
gemerkt, daß dies eine Drohung war, oder er ging darüber hinweg – ein
schwerer diplomatischer Fehler. Statt dessen versetzte er schroff: »Es
handelt sich ja nicht um die Ostsee, sondern nur um Finnland!«

»Kein Krieg mit Finnland«, entgegnete Hitler hartnäckig. »Dann weichen
Sie eben doch von unserer Abmachung vom vorigen Jahr ab«, sagte Molotow.

Dieser Disput war wesentlich ernster, wenn auch weniger spektakulär, als der mit den Engländern, und Ribbentrop sah die von ihm favorisierte deutsch-russische Entente bereits in Auflösung. Er griff also vermittelnd ein und Hitler nahm das Stichwort auf. Er brachte Ribbentrop auf das Thema »Aufbruch nach dem Süden«.

Molotow fuhr unbeirrt fort, sich zu beschweren. »Sie haben den Rumänen eine Garantie gegeben, die uns nicht gefällt«, sagte er mit der für ihn bezeichnenden Schroffheit. Damit meinte er die kürzlich von Deutschland den Rumänen gegebene Zusicherung, dessen neue Grenzen vor Angriffen zu schützen. »Gilt diese Garantie auch gegen Rußland?«

Unter Diplomaten gilt es als Fehler, den Gegner festzunageln und Hitler erwiderte denn auch nur knapp: »Sie gilt gegen jeden, der Rumänien angreift«, und beendete die Besprechung mit dem gleichen Vorwand wie schon tags zuvor: es seien englische Luftangriffe zu erwarten.[2]

Auf dem Bankett, das in der russischen Botschaft an diesem Abend gegeben wurde, erschien Hitler nicht, und die Stimmung war nur mäßig, denn die englischen Bomber erschienen gerade, als Molotow einen Trinkspruch ausbringen wollte. Ribbentrop nahm Molotow mit in seinen eigenen Keller in der Wilhelmstraße und nutzte die Gelegenheit, ihm den Entwurf eines vierseitigen Abkommens vorzulegen, wie er es sich dachte. Darin sollten Deutschland, Italien, Japan und die Sowjetunion sich verpflichten, ihre Einflußsphären gegenseitig zu respektieren und sich über etwaige Konflikte »freundschaftlich verständigen«. Der Schwerpunkt der »territorialen Aspirationen« der Sowjetunion sollte nach Süden stattfinden, in »Richtung des Indischen Ozeans«.

Auf Molotow machte das keinen Eindruck. Rußland habe in Europa Interessen, an den Dardanellen, nicht aber im Indischen Ozean. Papierene Abkommen würden nicht genügen, man brauche handfeste Sicherheitsgarantien. Dann zählte er die speziellen Wünsche Stalins auf: Neutralität Schwedens; Zugang zur Ostsee; beiderseitige Abstimmung über Rumänien, Ungarn, Bulgarien, Jugoslawien, Griechenland.

Ribbentrop war so verdutzt, daß er, wie aus dem Protokoll hervorgeht, immer nur wiederholen konnte, »ob die Sowjetunion bereit und in der Lage sei, an der Liquidierung des britischen Empire mitzuwirken«. Molotow versetzte höhnisch: Falls Deutschland, wie Hitler am Nachmittag gesagt habe, mit England in einen Kampf auf Leben und Tod verstrickt sei, dürfe er wohl annehmen, daß »Deutschland auf Leben« kämpfe, »England hingegen auf Tod«. Und als Ribbentrop wieder behauptete, England sei ja schon geschlagen, habe es nur nicht bemerkt, antwortete der Russe, ja, wenn das so sei, warum sitze man denn hier im Keller? Und wessen Bomben fallen denn da so nahe, daß man sie explodieren höre?[3]

Damit entschied Molotow zwar den Disput für sich, verlor aber in der Sache. Hitler wurde wütend, als er das Protokoll dieses Kellergespräches las.

12. November 1940 – 22. Juni 1941   817

Überzeugt, die Russen hätten keine Lust auf ein vierseitiges Abkommen, gab er es endgültig auf, eine Verständigung mit ihnen zu suchen und beschloß zu tun, was er sich schon 1928 vorgenommen hatte, nämlich Rußland anzugreifen. Zu Bormann sagte er, Molotows Auftreten habe ihn davon überzeugt, daß Stalin Deutschland früher oder später fallen lasse und zum Feind übergehe. Er könne sich russischer Erpressung im Zusammenhang mit Finnland, Rumänien, Bulgarien und der Türkei einfach nicht beugen. »Das Dritte Reich, die Schutzmacht Europas, konnte diese befreundeten Länder nicht auf dem Altar des Kommunismus opfern. Das wäre unehrenhaft gewesen und hätte seine Strafe gefunden. Vom moralischen wie vom strategischen Standpunkt gesehen wäre das ein erbärmliches Spiel gewesen. Der Krieg mit Rußland war unvermeidlich geworden, wir mochten tun was wir wollten, ihn hinauszuschieben hätte bedeutet, später unter ungünstigeren Voraussetzungen kämpfen zu müssen. Ich faßte deshalb gleich nach der Abreise Molotows den Entschluß, die Rechnung mit Rußland zu begleichen, sobald das Wetter dies zuließ.«[4] Ermutigt dazu fühlte er sich durch das jämmerliche Schauspiel, das die Rote Armee in Finnland geboten hatte. Auch sah er sich selbst unterdessen als den Mann des Schicksals, jedem Menschen überlegen, dessen Genie und Willenskraft jeden Feind überwinden würden. Von seinen politischen und militärischen Erfolgen wie hypnotisiert, äußerte er einem Parteifunktionär gegenüber, er sei als erster und einziger Sterblicher zum »Status des Übermenschen« vorgedrungen; sein Wesen sei »mehr göttlich als menschlich«, und daher seien auf ihn als den ersten Übermenschen »die Konventionen der menschlichen Moral nicht anwendbar«. Er stehe »über dem Gesetz«.[5]

2

Hitler behielt diesen Entschluß vorerst für sich und ließ seine Befehlshaber in dem Glauben, England sei immer noch das vordringlichste Ziel. Am Tage vor Molotows Eintreffen in Berlin hatte er eine Weisung erlassen, die auf Niederkämpfung Englands unter Vermeidung des Risikos einer Invasion über den Kanal zielte. Gedacht war an eine Kombination von Schlägen, die beenden sollten, was die Italiener so laienhaft in Ägypten und Griechenland begonnen hatten. Wenn man überdies Gibraltar, die Kanarischen Inseln, die Azoren, Madeira und Teile Marokkos besetzte, würde England vom Empire abgeschnitten und zur Kapitulation gezwungen sein.

Das war ein schlauer wenn auch riskanter Plan, denn er setzte die Kooperation des unwilligen Frankreich, des unzuverlässigen Italiens und des zögernden Spaniens voraus. Und niemand sah die Ungewißheiten klarer als Hitler, der sich aber trotz der kürzlich erlebten Enttäuschungen zutraute, Pétain, Mussolini und Franco gefügig zu machen. Franco nahm er sich als ersten vor. Am 18. November sagte er zu Serrano Suñer, dem Botschafter

818   *Die Welt wird den Atem anhalten*

des Caudillo, er sei entschlossen, Gibraltar anzugreifen. Er warte nur auf das
Signal anzufangen, und ein Anfang müsse gemacht werden.

Francos Schwager war aber so wenig festzunageln wie eh und je. Er
wiederholte, Spanien brauche unbedingt Getreide, und stellte von neuem
territoriale Forderungen. Diese lehnte Hitler glatt ab mit der Begründung,
Spanien sei belohnt genug, wenn es sich auf die Seite des Siegers schlage.
Suñer bemerkte dazu, schon Napoleon habe zu seinem Kummer erkennen
müssen, daß die Spanier sich jeglicher Besetzung ihres Landes erwehrten,
und daran schloß er eine Bemerkung an, die zugleich eine Drohung und das
Versprechen enthielt, sich zu fügen: solange Spanien noch neutral sei,
müsse es dann eben Getreide im Westen kaufen. Hitler wurde von dieser
Taktik außerordentlich entnervt und sagte zu seinen Vertrauten: »Suñer ist
ein böser Geist, er ist der Totengräber des neuen Spanien!«[6]

Überzeugt, Franco werde schließlich doch in den Krieg eintreten, setzte
Hitler eine letzte Besprechung der Operation Felix, so war das Unternehmen
Gibraltar getauft worden, für Anfang Dezember an. Seinen Befehlshabern
sagte er, Franco werde gewiß schon bald sein förmliches Einverständnis
erklären; er wolle einen guten Bekannten Francos mit den abschließenden
Verhandlungen beauftragen. Seine Wahl fiel ausgerechnet auf Canaris. Der
Admiral, der Hitler seit 1938 entgegen arbeitete, überbrachte Hitlers Vorschläge in aller Form, und riet Franco sodann unter vier Augen, nicht in
einen Krieg einzutreten, den die Achse gewiß verlieren werde.*

Als Canaris nun meldete, Franco wolle nur in den Krieg eintreten, »wenn
England vor dem Zusammenbruch steht«, verlor Hitler die Geduld. Er
befahl seinen Kommandeuren am 10. Dezember, das Unternehmen Felix
abzublasen. Einige Wochen später wandte er sich aber noch einmal an
Franco. In einem langen Klagebrief versprach er die sofortige Lieferung von
Getreide, wenn der Caudillo nun bereit wäre, schon bald einem Angriff auf
Gibraltar zuzustimmen. Er verschwor sich, Franco nie im Stich zu lassen und
schloß mit einem letzten Appell: »Wir drei, der Duce, Sie und ich, sind von
der Geschichte zusammengeschmiedet und müssen in diesem historischen
Konflikt dem höchsten Gebot folgen, das besagt, in so ernsten Zeiten wie
unseren können die Völker nur durch mutige Herzen, nicht aber durch
anscheinend kluge Vorsicht gerettet werden.«[8]

Franco tat wiederum so, als stimme er ganz und gar mit Hitler überein,
unternahm aber nichts. Einzig seinem unerschütterlichen Willen war es
zuzuschreiben, daß Gibraltar für England gerettet wurde. So hielt er denn

---

* Der Marquis de Valdeglesias fragte General Vigon, einen engen Freund von
Canaris, nach dem Krieg in Anwesenheit von Franco, ob es wahr sei, daß der
Admiral die spanischen Interessen beeinträchtigt habe, worauf Franco ihn auslachte.
»Nein, nein, Canaris war ein wahrer Freund Spaniens!« Der Marquis sagte darauf:
»Spanien stand ihm vielleicht näher als sein eigenes Vaterland?« »Die erregte Reaktion
des Caudillo bestärkte mich in dem Eindruck, daß dies zutraf«, sagte Valdeglesias.[7]

12. November 1940 – 22. Juni 1941   819

das Mittelmeer offen für den Westen und fesselte Hitler an das europäische Festland. Wäre das Mittelmeer geschlossen worden, wären Nordafrika und der Nahe Osten wahrscheinlich dem Reich zugefallen. Die gesamte arabische Welt, angetrieben von ihrem Haß gegen die Juden, wäre mit all ihren Rohstoffen begeistert der Achse beigetreten. Francos Entscheidung beruhte übrigens nicht nur auf der verzweifelten Wirtschaftslage Spaniens und seiner Furcht, sich möglicherweise mit Verlierern zusammenzutun, sondern auch auf einem persönlichen Motiv: er hatte jüdisches Blut.*

3

Stalin ließ sich fast zwei Wochen Zeit, bevor er die Deutschen beschied, er sei bereit, dem von Hitler vorgeschlagenen Viererbündnis beizutreten, allerdings unter bestimmten Voraussetzungen, etwa der, daß die deutschen Truppen aus Finnland abgezogen würden. Seine Wünsche waren maßvoll, doch zur Überraschung des Auswärtigen Amtes wollte Hitler darüber gar nicht verhandeln, ja, nicht einmal darauf antworten.

Er hatte sich bereits zur Anwendung von Gewalt entschlossen und Ende des Monats spielte die Heeresführung mehrere Angriffspläne gegen Rußland durch. Am 5. Dezember trafen sich die Stabschefs der drei beteiligten Heeresgruppen mit Hitler, Brauchitsch und Halder. Hitler stimmte im Grundsatz Halders Angriffsplan zu, wollte aber nicht wie Napoleon den Hauptstoß gegen Moskau richten. Die Hauptstadt einzunehmen sei »nicht sehr wichtig«.⁹ Brauchitsch wandte ein, Moskau sei nicht nur als die Kommunikationszentrale der Sowjets, sondern auch als Zentrum der Rüstungsindustrie von Bedeutung. Hitler erwiderte beißend: Einzig völlig versteinerte Gehirne, die in Kategorien vergangener Jahrhunderte denken, könnten in der Eroberung der Hauptstadt ein sinnvolles Angriffsziel sehen. Ihm liege viel mehr daran, Leningrad einzunehmen und Stalingrad, diese Brutstätten des Bolschewismus. Mit diesen wäre zugleich auch der Bolschewismus erledigt, und das sei der Hauptzweck des Angriffs.

Als Brauchitsch dagegenhielt, dies seien die Ziele eines Politikers, wurde er belehrt, daß Politik und Strategie wechselweise voneinander abhängig seien. »Die Vorherrschaft über Europa wird nur in einem Krieg gegen Rußland entschieden«, sagte Hitler. Ein Sieg über die Sowjetunion brächte auch den an zweiter Stelle rangierenden Feind England an den Verhandlungstisch.¹⁰ Fünf Tage später bereitete Hitler das eigene Volk mit einer Ansprache in Berlin auf den kommenden Kreuzzug vor, in der er lautstark über die ungleiche Verteilung der Reichtümer dieser Erde klagte. Während in

---

* Der englische Botschafter in Spanien und andere Diplomaten wußten davon, man muß aber bezweifeln, daß seine eigenen Diplomaten Hitler darüber unterrichtet hatten; sie enthielten ihm ja auch vor, daß Molotows Frau Jüdin war.

Deutschland 360 Menschen auf den Quadratkilometer wohnten, wären andere Länder nur dünn besiedelt. Das müsse sich ändern.[11]

Auch Goebbels bereitete die Deutschen auf harte Zeiten vor. Die ausgedehnte Weihnachtszeit müsse auf zwei Tage beschränkt werden. Auch die eigentlichen Festtage sollten dem Zeitgeist angepaßt werden. Diese Weihnachtsbaumatmosphäre, die sich über Wochen hinziehe, passe einfach nicht zur kriegerischen Stimmung des deutschen Volkes. Außerhalb der Großstädte müsse die Moral gehoben werden. In der Provinz, in den Kleinstädten und auch vor Soldaten möchte er keine Nackttänzerinnen mehr auftreten sehen. Auch politische Witze und solche zweideutiger Natur sollten künftig nicht mehr erlaubt sein.[12]

Am 17. Dezember wurde Hitler der umgearbeitete Angriffsplan vorgelegt. Er änderte ihn dahingehend, daß der Vorstoß auf Moskau erst nach Einnahme der baltischen Staaten und Leningrads erfolgen sollte. Am 18. Dezember erließ Hitler die Weisung Nr. 21:

> *»Die Vorbereitungen der Oberkommandos sind auf folgender Grundlage zu treffen:*
>
> *I. Allgemeine Absicht:*
> *Die im westlichen Rußland stehende Masse des russischen Heeres soll in kühnen Operationen unter weitem Vortreiben von Panzerkeilen vernichtet, der Abzug kampfkräftiger Teile in die Weite des russischen Raumes verhindert werden.*
>
> *In rascher Verfolgung ist dann eine Linie zu erreichen, aus der die russische Luftwaffe reichsdeutsches Gebiet nicht mehr angreifen kann. Das Endziel der Operation ist die Abschirmung gegen das asiatische Rußland aus der allgemeinen Linie Wolga — Archangelsk. So kann erforderlichenfalls das letzte Rußland verbleibende Industriegebiet am Ural durch die Luftwaffe ausgeschaltet werden.*
>
> *Im Zuge dieser Operationen wird die russische Ostseeflotte schnell ihre Stützpunkte verlieren und damit nicht mehr kampffähig sein.*
>
> *Wirksames Eingreifen der russischen Luftwaffe ist schon bei Beginn der Operation durch kraftvolle Schläge zu verhindern.«*[13]

Halder meinte, das sei alles nur Bluff und sagte zu Engel, das könne doch nicht wirklich beabsichtigt sein? Der Adjutant glaubte, Hitler wisse es selbst noch nicht genau, doch waren die Würfel jetzt gefallen, der Kreuzzug in Gang gesetzt. Hitler hatte keine Geduld mit Leuten, die für Mäßigkeit im Siegen eintraten, die dafür plädierten, daß Deutschland keine weiteren Aggressionen unternähme und die Früchte des Sieges genösse. Diese Leute meinten, Hitler besitze den größten Teil Europas, und wenn er sich nur Zeit ließe, würden die Engländer sich schon mit seiner Herrschaft abfinden. Eine derartig passive Politik war für Hitler jedoch unannehmbar. War es nicht

12. November 1940 – 22. Juni 1941   821

das erklärte Ziel der nationalsozialistischen Bewegung, den Bolschewismus
zu vernichten?

Zu Bormann sagte Hitler später: »Ich habe immer behauptet, wir dürften
auf keinen Fall an zwei Fronten kämpfen, und Sie können sich darauf verlassen, daß ich lange und angestrengt über Napoleon und seine Erfahrungen
in Rußland nachgedacht habe. Da könnten Sie natürlich fragen, warum
dieser Krieg gegen Rußland und warum gerade in diesem Augenblick?« Es
habe aber keine Hoffnung bestanden, den Krieg durch eine Invasion Englands zu beenden, und weil die Amerikaner mehr und mehr aktiv wurden,
hätte sich der Krieg unendlich in die Länge gezogen. Die eine und einzige
Chance, die Sowjetunion zu besiegen, habe darin gelegen, die Initiative zu
ergreifen. Warum aber gerade 1941? Weil die Zeit zugunsten der Sowjetunion arbeitete und zuungunsten Deutschlands. Erst wenn er im Besitz
russischen Territoriums wäre, wäre auch die Zeit auf Seiten Deutschlands.[14]

4

Oberflächlich betrachtet waren die Beziehungen zwischen den beiden so
unnatürlichen Verbündeten gut. Kaum hatte er das Unternehmen Barbarossa am 10. Januar 1941 anlaufen lassen, genehmigte Hitler die Ausferti-
gung zweier Abkommen mit den Sowjets: Ein Handelsabkommen über den
Warenaustausch und ein Geheimprotokoll, in dem Deutschland seinen Anspruch auf einen Streifen litauischen Gebietes für siebeneinhalb Millionen
Golddollar hingab.

Unter der freundlichen Oberfläche kam es zwischen den Handelsdele-
gierten aber mehr und mehr zu Reibungen. Aus der Sowjetunion trafen
stetig und pünktlich Rohstoffe ein, die deutschen Lieferungen verzögerten
sich aber und erfolgten unzuverlässig. War eine Sendung Werkzeugmaschinen zum Transport nach Rußland bereitgestellt, erschien ein Inspek-
tor aus dem Kriegsministerium oder aus dem Luftfahrtministerium, lobte
die gute Arbeit und beschlagnahmte die Maschinen als unverzichtbar für die
Reichsverteidigung. Diese planmäßige Verzögerung erstreckte sich auch auf
Kriegsschiffe. Hitler selbst befahl die Einstellung der Bauarbeiten an einem
Stalin versprochenen schweren Kreuzer, damit mehr U-Boote gebaut
werden konnten. Die Deutschen erboten sich, den Schiffsrumpf nach Leningrad zu schleppen und mit 38-cm-Geschützen auszurüsten, sie feilschten
aber so hartnäckig um den Preis, daß das Schiff weiterhin in Wilhelmshaven
lag.

Stalin blieb nicht verborgen, daß die deutschen Lieferungen verzögert
wurden, er mahnte seine Unterhändler aber immer wieder zu Geduld. Er
wollte mit seinem widerborstigen Verbündeten solange als möglich auf
gutem Fuße bleiben. Während Stalin den Frieden wahrte – mindestens bis
die Rote Armee wieder ihre Kampfstärke erreicht hatte –, bereitete Hitler

sein Volk wiederum auf einen Krieg und die »Neue Ordnung« vor. Ein Beispiel hierfür war die bedrohlich ungenaue Ausdrucksweise, deren er sich in seiner Rede im Sportpalast anläßlich des Tages der Machtergreifung am 30. Januar bediente. Nach einer anfeuernden Einleitung von Goebbels begab er sich steifen Schrittes auf das Rednerpodium und hob unter wildem Beifall den Arm zum Gruß. Nach einem Augenblick des Schweigens begann er zu reden, und Shirers Vertreter bei CBS erinnert sich: »Seine Stimme klang anfangs wie ferner Donner. Dann begann er ganz plötzlich heftig zu gestikulieren.«

Als er sagte: »Das Jahr 1941 wird, dessen bin ich überzeugt, das geschichtliche Jahr einer großen Neuordnung Europas sein!«[15] dachte er womöglich an Barbarossa und die rassische Säuberung, die darauf folgen sollte, doch der Feind, den er nannte, war England, dieser Anführer der Plutokratien, der von einer internationalen jüdischen Clique beherrscht und von Emigranten unterstützt wurde. Mit solchen Sätzen tarnte er seine Absichten gegenüber der Sowjetunion und bereitete die Bevölkerung auf den letzten Sturm gegen die Juden vor. Als er vier Tage später von Halder hörte, die deutschen Truppen seien den Russen zahlenmäßig gewachsen, der Qualität nach aber weit überlegen, rief er aus: »Wenn Barbarossa steigt, wird die Welt den Atem anhalten und sich still verhalten.«[16] Seine Eroberungsvisionen endeten übrigens nicht an den Grenzen seines Erdteils; am 17. Februar ordnete er Vorbereitungen für einen Vorstoß in das Herz des englischen Weltreiches an, nach Indien. Begleitet werden sollte dieser von einer Zangenbewegung im Nahen Osten: von Rußland aus durch Persien, und von Nordafrika zum Suezkanal. Diese grandiosen Projekte sollten zwar in erster Linie dazu dienen, England an die Seite Deutschlands zu zwingen, man erkennt daran aber auch, wie weit sein Ehrgeiz ging. Rußland glaubte er so gut wie in der Tasche zu haben, und sein ruheloser Geist suchte nach neuen Welten, die zu erobern, neuen Feinden, vorab Amerika und Roosevelt, die gefügig zu machen waren.

So leicht er sich einerseits von seinen eigenen Visionen fortreißen ließ, so praktisch konnte er handeln, wenn es die Lage erforderte. Und so begann er sich bald der kritischen Lage auf dem Balkan zuzuwenden. Er selbst sagte, die Niederlage der Italiener in Albanien und Griechenland »hat indirekt dem Glauben an unsere Unverwundbarkeit, den unsere Freunde wie unsere Feinde teilten, einen schweren Schlag versetzt.«[17] Man mußte also Griechenland besetzen und in dieser ganzen Weltgegend Ordnung schaffen, ehe das Unternehmen Barbarossa anlaufen konnte. Allerdings war dies nicht Hitlers einziges Motiv, sondern er sah in dem italienischen Fehlschlag auf dem Balkan auch eine gute Gelegenheit, seine Gebiete zu vergrößern und wirtschaftliche Vorteile zu erlangen.

Die Besetzung Griechenlands, ohnehin nicht einfach, wurde durch dessen geografische Lage noch kompliziert. Zwischen Hitler und seinem Ziel lagen

12. November 1940 – 22. Juni 1941   823

vier Länder: Ungarn, Rumänien, Bulgarien und Jugoslawien. In den ersten
beiden, praktisch deutsche Satelliten, standen seit Monaten deutsche Truppen, und Bulgarien war am 1. März, wenn auch unter erheblichem Druck,
dem Dreibund beigetreten. Damit war der Weg für die deutschen Truppen
nach Griechenland frei, Jugoslawien blieb aber seiner strategischen Lage
wegen sowohl militärisch als auch politisch ein Risiko. Die Jugoslawen
wünschten weder ein deutsches noch ein russisches Eingreifen auf dem
Balkan, und als Drohungen und Versprechungen sie nicht bewogen, der
Achse beizutreten, lud Hitler den jugoslawischen Regenten Prinz Paul zu
sich auf den Berghof ein, um ihn persönlich zu bearbeiten.

Hitlers Angebot, die Unversehrtheit seines Landes zu respektieren, war
für Paul verlockend, doch gab er zu bedenken, daß er aus persönlichen
Gründen kein Abkommen mit Hitler schließen könne: Seine Frau sei grie-
chischer Abstammung, ihre Sympathien gälten England, und er selbst
könne Mussolini nicht leiden. Er fuhr ab, ohne eine definitive Antwort
gegeben zu haben, erklärte sich aber drei Tage später – für Hitler eine fast
unerträgliche Wartezeit – bereit, dem Dreibund beizutreten, vorausgesetzt,
Jugoslawien sei nicht verpflichtet, militärischen Beistand zu leisten oder
deutschen Truppen den Durchmarsch durch das Land zu erlauben. Das war
unbefriedigend, doch Hitler beherrschte sich und erwiderte, er sei einverstanden. Darauf erfolgte unerwartet eine Zurückweisung: Die Jugoslawen
könnten nichts unternehmen, was sie in einen Krieg hineinzöge, möglicherweise mit Amerika oder gar mit Rußland.

Mitte März war offenkundig, daß die jugoslawische Regierung nicht
nachgeben würde, und als Hitler im Zeughaus von Berlin eine Ansprache
hielt, merkte man ihm an, daß er schwer mitgenommen war. »Sein Gesicht war hager und besorgt, die Haut aschgrau, die Augen ungewöhnlich
glanzlos. Offenkundig stand er unter schwerem Druck, doch war dies nicht
das Auffälligste. Am meisten erstaunte mich die unbeteiligte Art, in der er
die bei solchen Gelegenheiten üblichen Banalitäten von sich gab«, erinnert
sich Louis Lochner.[18] Er verlas die kurze Ansprache gelangweilt und machte
nicht den geringsten Versuch, die Millionen Zuhörer am Radio zu begeistern.

Am nächsten Tag veränderte sich die Lage in Jugoslawien schlagartig.
Der Kronrat war bereit, dem Dreibund beizutreten. Darauf folgte ein Auf-
schrei öffentlicher Empörung, und nachdem drei Minister unter Protest
zurückgetreten waren, unternahmen Luftwaffenoffiziere einen Staatsstreich.
Am 27. März wurde die Regierung gestürzt und Peter, der junge Thronerbe,
zum König ausgerufen. Davon wußte Hitler an diesem Morgen in Berlin
noch nichts. Im Gegenteil, er beglückwünschte sich zu seinem politischen
Geschick und der Lösung des Problems. Man meldete ihm, die Bevölkerung
sei von dem neuen Bündnis Jugoslawiens ganz begeistert, und die Regierung
»vollständig Herr der Lage«. Kurz vor Mittag, er bereitete sich gerade auf

eine wichtige Besprechung mit dem japanischen Außenminister Matsuoka
vor, traf aus Belgrad ein Telegramm ein. Als Hitler las, daß die Regierung
gestürzt war, und die alten Machthaber unter Arrest standen, hielt er das
erst für einen Witz, dann empörte er sich. Das war unerträglich! Im letzten
Augenblick um den Erfolg gebracht zu werden! Diesmal war seine Wut echt.
Er fühlte sich »persönlich beleidigt«, bestellte seine Befehlshaber in die
Reichskanzlei, ließ Ribbentrop aus dessen Gespräch mit Matsuoka abrufen
und stürmte in den Sitzungssaal, wo Jodl und Keitel ihn zur täglichen Lagebesprechung erwarteten. Das Telegramm in der Hand schwenkend rief
Hitler, nun wolle er Jugoslawien ein für allemal zerschmettern!

Er glich einem Brautwerber, der zurückgewiesen wird, nachdem sein Antrag schon angenommen ist, und je länger er sprach, desto wütender und
erregter wurde er. Man müsse sofort gleichzeitig von Norden und Osten her
angreifen. Keitel sagte, dies sei ausgeschlossen. Der Termin für »Barbarossa«
könne nicht mehr hinausgeschoben werden, denn die Truppenbewegungen
seien unter Ausnützung der gesamten Eisenbahnkapazität schon im Gange,
und die Heeresgruppe List in Bulgarien sei zu schwach, um gegen
Jugoslawien vorzugehen. Was die Ungarn betreffe, so könne man von dort
keine Hilfe erwarten.

Er befahl Brauchitsch und Halder zu sich und beauftragte sie mit der
Lösung des Problems. Sie müßten einen gangbaren Weg finden. Er sagte
ihnen, er beabsichtige, mit einem Schlag auf dem Balkan Ordnung zu
schaffen. Es werde Zeit, daß die Leute ihn besser kennenlernten.
Brauchitsch, Halder, Göring, Ribbentrop und ihre Adjutanten trafen nach-
einander ein und hörten sich sprachlos an, wie Hitler rachsüchtig verkündete, er sei entschlossen, »Jugoslawien militärisch und als Staat zu zerschmettern.« Als Ribbentrop einwarf, man müsse wohl erst ein Ultimatum
stellen, erwiderte Hitler beißend: »So also sehen Sie die Lage an? Die
Jugoslawen schwören das Blaue vom Himmel herunter. Sie haben selbstverständlich keine kriegerischen Absichten! Aber wenn wir nach Griechenland
einmarschieren, fallen sie uns in den Rücken!« Der Angriff müsse so rasch
als möglich erfolgen. »Es ist politisch besonders wichtig, daß der Schlag
gegen die Jugoslawen mit aller Härte geführt und ihre Armee durch einen
Blitzkrieg vernichtet wird.« Das würde den Türken wie den Griechen Angst
machen. Görings Aufgabe sei, die Bodeninstallationen der jugoslawischen
Luftwaffe zu vernichten und danach die Hauptstadt durch unablässige
Bombardierung.

Die eilig herbeigerufenen Gesandten Ungarns und Bulgariens fertigte er
kurz ab. Dem Ungarn kennzeichnete er den Machtwechsel in Belgrad mit
dem Zitat: »Wen die Götter vernichten wollen, den schlagen sie mit Toll-
heit.« Darauf folgte ein Versprechen: Falls Ungarn ihm in der Krise
beistehe, solle es das ersehnte Banat bekommen. Für Ungarn wäre das eine
einzigartige Gelegenheit, eine Revision seiner Grenzen zu erlangen, die

12. November 1940 – 22. Juni 1941 825

anderenfalls noch Jahre auf sich warten lassen konnte. »Glauben Sie mir, ich mache Ihnen nichts vor, ich verspreche nicht mehr, als ich halten kann.«

Während er dem Ungarn eine Viertelstunde gewidmet hatte, wurde der Bulgare in fünf Minuten abgefertigt. Die Ereignisse in Jugoslawien seien ihm geradezu eine Erlösung, »die ewige Ungewißheit da unten ist jetzt vorbei«, und er köderte die Bulgaren mit dem Angebot von Mazedonien. Auf diese großzügigen Schenkungen – von anderer Leute Eigentum – folgte ein Wutausbruch. »Über Jugoslawien wird ein Sturm hereinbrechen, daß diesen Herren Hören und Sehen vergeht!«[19]

Nachdem der Angriffsbefehl gegeben war und zwei zaudernde Verbündete durch Bestechung gefügig gemacht waren, fand Hitler schließlich noch Zeit, den japanischen Botschafter zu empfangen. Ihm lag daran, Amerika aus dem Krieg herauszuhalten und er schlug in diesem Sinne vor, Japan möge Singapur besetzen. Das müsse schnell geschehen, weil sich dazu nicht bald wieder eine so gute Gelegenheit böte. Japan brauche übrigens nicht zu fürchten, die UdSSR werde darauf mit einem Angriff in der Mandschurei erwidern, dafür garantiere die Stärke des deutschen Heeres.

Matsuoka, der an der Universität von Oregon sein Examen gemacht hatte, antwortete gemessen auf englisch, er sei überzeugt, der deutsche Vorschlag sei der richtige. »Ich kann aber im gegenwärtigen Augenblick keinerlei feste Versprechen im Namen Japans abgeben.« Er beteuerte dann dem sichtlich enttäuschten Hitler, er selbst sei sehr dafür, er brenne sogar so sehr darauf, daß man ihm auf diese Reise den Oberst Nagai mitgegeben habe, um zu verhindern, daß er übereilte Zusagen hinsichtlich Singapurs mache. Er sei gezwungen, in dieser Angelegenheit ausweichend zu antworten. Als Göring, dem als Geschenk eine Bildrolle des Fudschijama überreicht worden war, im Scherz in Aussicht stellte, den Berg selbst besichtigen zu wollen, »sobald Japan Singapur eingenommen hat«, deutete der Botschafter auf den gereizten Oberst Nagai und sagte: »Da müssen Sie schon den um Erlaubnis fragen.«[20]

Sehr viel redseliger war Matsuoka hinsichtlich eines Vertrages, den er schon bald mit Stalin zu schließen hoffte, und er hörte überrascht, daß Ribbentrop, der ihm ursprünglich diese Idee eingeblasen hatte, sagte: »Wie können Sie nur gerade jetzt einen solchen Pakt schließen? Vergessen Sie nicht, die UdSSR gibt nichts umsonst.« Nagai faßte dies als Warnung auf, Matsuoka ließ sich seine Begeisterung aber nicht nehmen, auch als Botschafter Oshima ihm im Vertrauen eröffnete, Rußland und Deutschland würden sich schon sehr bald miteinander im Krieg befinden.[21]

Die Besprechung mit Matsuoka bedeutete noch nicht das Ende von Hitlers Arbeitstag. Er unterzeichnete noch die Anweisung Nr. 25 für den gleichzeitigen Angriff auf Jugoslawien und Griechenland und faßte um Mitternacht einen Brief an Mussolini ab, in dem er auf Jugoslawien einging. »Ich sehe diese Situation nun nicht als katastrophal an, aber als eine immerhin so schwere, daß unsererseits jeder Fehler vermieden werden muß, wenn wir nicht endlich doch zu einer Gefährdung unserer Gesamtposition kommen wollen.« Er habe deshalb alle notwendigen Maßnahmen ergriffen, um jeder denkbaren Krise militärisch begegnen zu können. Ich bitte Sie nunmehr, Duce, herzlichst, für die nächsten Tage keine weiteren Operationen mehr in Albanien vornehmen zu wollen.« Nach dieser höflichen Aufforderung, ihn nicht noch in ein weiteres aussichtsloses Abenteuer zu verstricken, forderte er »absolute Geheimhaltung« und unterstrich diese Worte noch.[22]

Trotz des höflichen Stils ist der Brief für die neue Beziehung zwischen den beiden Männern bezeichnend. Nach seinen Fehlschlägen in Griechenland und Afrika war Mussolini nicht mehr der Seniorpartner der Firma. In den Augen Hitlers war er von der unverzeihlichen Sünde des Mißerfolges gezeichnet. Die Vorwürfe, die er Mussolini zu machen hatte, wogen schwer, auch wenn sich über manches streiten ließ: Der mißlungene Vorstoß nach Griechenland ermutigte nicht nur die Engländer zu einer erfolgreichen Offensive in Libyen und nahm Franco die Lust, sich an einem Unternehmen gegen Gibraltar zu beteiligen, sondern er nötigte auch die Deutschen, im denkbar ungelegensten Moment gegen die aufsässigen Jugoslawen vorgehen zu müssen. »Barbarossa« mußte deshalb um mindestens einen Monat verschoben werden.

5

Hitler schob zwar die Schuld an der Verzögerung von »Barbarossa« auf die Notwendigkeit, erst Jugoslawien auszuschalten, doch mag die Knappheit an militärischer Ausrüstung eine noch größere Rolle dabei gespielt haben. Wie dem auch sei, er betrachtete die Verschiebung nicht als Katastrophe, obgleich ihm eine bestimmte Angstvorstellung unentwegt zusetzte: »Der Gedanke ließ mir keine Ruhe, die Russen könnten ihrerseits vorher angreifen.«[23] Jedenfalls wirkte er völlig gelassen, als er seinen Befehlshabern das endgültige Angriffsdatum bekanntgab und ihnen eine Vorlesung über den kommenden Kampf »zweier entgegengesetzter Ideologien« hielt. Am 30. März hatten die Befehlshaber, die an »Barbarossa« beteiligt sein sollten, mit ihren Stabschefs im Kleinen Sitzungssaal der Reichskanzlei Platz genommen, wo ein Rednerpult aufgestellt worden war. Als Hitler endlich auftrat, waren mehr als 200 Offiziere versammelt, streng nach der Rangordnung plaziert. Man erhob sich und nahm wieder Platz, als Hitler ans Rednerpult trat. Mit ernster Miene legte er die politische und die militärische Lage dar. Die USA würden erst in 4 Jahren ihre höchste Produktionsleistung erreichen können und über ausreichende Truppen verfügen. Deshalb sei es jetzt an der Zeit, in Europa klare Verhältnisse zu schaffen. Der Krieg mit Rußland sei unabwendbar, und es wäre verhängnisvoll, einfach abzuwarten. Am 22. Juni solle der Angriff beginnen.

12. November 1940 – 22. Juni 1941   827

Verschieben lasse sich dieser Krieg nicht, denn keiner seiner Nachfolger werde über so viel Autorität verfügen, daß er die Verantwortung für die Entfesselung solch eines Krieges auf sich nehmen könnte. Einzig er sei imstande, die russische Dampfwalze aufzuhalten, ehe sie ganz Europa niederwalze. Der bolschewistische Staat und die Rote Armee müßten total vernichtet werden und der Sieg werde schnell und überzeugend erkämpft werden. Man müsse nun fragen, was mit den unterworfenen Russen geschehen solle, wie man Kriegsgefangene und Nichtkämpfer behandeln wolle?

Die Militärs saßen steif auf ihren Stühlen, ungewiß, ob man ihnen dabei eine Mitwirkung zumuten wolle? Diese Berufssoldaten waren von den brutalen Methoden abgestoßen, die Hitler nach dem Sieg in Polen gegen Juden, Geistliche, den Adel und die Intelligenz angewendet hatte. Doch als Hitler jetzt drohte, gegen Rußland könne man nicht ritterlich Krieg führen, hier ginge es um einen Kampf der Ideologien und der Rassen, und er werde mit nie dagewesener Härte und Erbarmungslosigkeit geführt, blieben Proteste aus, nicht einmal unwillkürlicher Widerspruch regte sich. Er schloß diese Ansprache mit folgenden Worten: »Ich verlange nicht, daß die Generale mich verstehen, aber ich fordere, daß sie meinen Befehlen gehorchen.«[24]

So hatte er an diesem Vormittag die Wehrmachtsführung einer letzten erniedrigenden Prüfung unterworfen, indem er von den Befehlshabern verlangte, ihre Soldatenehre preiszugeben. Jetzt waren sie, die wie so viele Deutsche Juden und Slawen fürchteten und haßten, Partner in seinem Kreuzzug. Nun zeigte sich, daß es nicht mehr um die Gewinnung von Lebensraum ging, was die Generalität nach den Gebietsverlusten durch den Versailler Vertrag für vertretbar hielt, sondern daß Hitler in Wahrheit aus anderen Motiven handelte: Er wollte den Bolschewismus vernichten, und das hieß: die Juden.

Die Vorbereitungen für den Einmarsch nach Griechenland und Jugoslawien waren unterdessen beendet. In Belgrad jagte eine patriotische Demonstration die andere, manche veranstaltet von den Kommunisten, die damit der sowjetischen Balkanpolitik Rechnung trugen. Die Sowjets waren überhaupt so sehr darauf bedacht, Jugoslawien gegen Deutschland den Rücken zu stärken, daß sie mit der neuen Regierung am 5. April einen Vertrag schlossen. Das störte Hitler weiter nicht, schon am nächsten Morgen überschritten starke deutsche Streitkräfte die jugoslawischen Grenzen. Bomber taten ihr Zerstörungswerk an Belgrad, und die sowjetischen Führer, deren Unterschrift unter dem Vertrag mit Jugoslawien kaum getrocknet war, reagierten mit bemerkenswerter Gleichgültigkeit. Die *Prawda* meldete den deutschen Einmarsch nur auf der Rückseite, und die Luftangriffe auf Belgrad wurden nur beiläufig erwähnt.

Hitler ließ Goebbels wissen, das alles werde ungefähr zwei Monate in Anspruch nehmen, und Goebbels bereitete das Volk entsprechend vor.

828   *Die Welt wird den Atem anhalten*

Allerdings basierte diese Schätzung auf einer ganz falschen Beurteilung der
Stärke des Feindes. Keine Woche, und deutsche und ungarische Truppen
marschierten in das zerstörte Belgrad ein, das praktisch nur noch aus Trümmern bestand. 17000 Zivilisten waren ums Leben gekommen. Am 17.
kapitulierten die Reste der jugoslawischen Armee. Zehn Tage später war
auch Griechenland besiegt und deutsche Panzer rollten in Athen ein. 29
deutsche Divisionen waren über primitive Straßen und überlastete Bahnen
unter außerordentlichem Aufwand an Kraft, Brennstoff und Zeit ins Kriegsgebiet transportiert worden und von dieser Streitmacht waren nur 10 Divisionen länger als 6 Tage im Kampf. Man hatte mit einem Vorschlaghammer
eine Fliege erschlagen, und dieses totale Versagen der Feindaufklärung war
für die Verschiebung von »Barbarossa« wohl mehr ursächlich als Mussolinis
lustige Streiche.

Der Kummer darüber, auf dem Balkan Zeit und Kräfte verschwendet zu
haben, wurde allerdings mehr als wettgemacht durch eine geradezu verblüffende Entwicklung in Afrika. Rommel, der hier nur drei Divisionen zur
Verfügung hatte, jagte quer durch die ganze Cyrenaika und stand nur noch
wenige Kilometer vor der ägyptischen Grenze. Dieser Triumph, für Hitler
ebenso überraschend wie für den Feind, gefährdete Englands Position im
östlichen Mittelmeer und schadete seinem Prestige so sehr, daß Stalin fand,
es sei doch besser, sich mit den Deutschen gut zu stellen, auch wenn sie
unerträglich wären. Stalin verschloß nicht nur die Augen vor der deutschen
Aggression auf dem Balkan, er wollte auch nichts von den sich mehr und
mehr verdichtenden Gerüchten hören, Hitler plane, in Rußland einzufallen.
Derartige Warnungen waren reichlich eingegangen, darunter auch eine aus
dem US-Außenministerium. Die ausländischen Diplomaten in Moskau
sprachen ganz offen darüber. Ein deutscher Diplomat berichtete nach Berlin:
»Die (jüdische) Gattin des amerikanischen Botschafters Steinhardt sagte
z.B., sie wolle unbedingt abreisen, bevor die Truppen einrückten.«[25]

Der sowjetische Nachrichtendienst sagte ebenfalls seit Monaten den deutschen Angriff voraus, doch Stalin traute seinen Informanten nicht und sein
Verfolgungswahn nahm mit wachsendem Umfang der Warnungen nur noch
zu. In der Überzeugung, Hitler könne nicht so dumm sein, sich mit der
UdSSR anzulegen, bevor er England unschädlich gemacht habe, hielt Stalin
alle diese Meldungen für eine Irreführung des Westens; man wolle zwischen
ihm und Hitler Zwietracht säen. Auf den Bericht eines tschechischen
Agenten schrieb er mit roter Tinte: »Diese Meldung ist eine Provokation der
Engländer. Feststellen, woher sie kommt und den Urheber bestrafen.«[26]

In seinen Memoiren bestätigt General Jeremenko, daß Stalin an krank-
haftem Mißtrauen litt. »Darum unterließ er es, die nötigsten Vorkehrungen
entlang der Grenzen anzuordnen, denn so etwas, meinte er, könnte von den
Hitlerfaschisten als Vorwand benutzt werden. Stalin hoffte, die Kapitalisten
und die Nazis würden sich gegenseitig umbringen. Auf jeden Fall aber

12. November 1940 – 22. Juni 1941 829

wollte er vermeiden, Hitler zu einem Angriff zu provozieren, bevor die Rote Armee nicht ausreichend bewaffnet war.«

Auch die Japaner wollte er nicht reizen. Der aus Berlin kommende Matsuoka wurde als Ehrengast empfangen, und Stalin gab öffentlich seine Freude zu erkennen, als ein Neutralitätsvertrag unterzeichnet wurde. Bei dem anschließenden Bankett im Kreml – am gleichen Tag, als Belgrad fiel – reichte Stalin dem japanischen Diplomaten persönlich Teller mit Leckerbissen. In diesem Vertrag sah er einen großen diplomatischen Erfolg, nämlich den Beweis dafür, daß er die Gerüchte von einem bevorstehenden deutschen Angriff auf die UdSSR in den Wind schlagen durfte. Falls Hitler wirklich derartige Pläne gehabt hätte, hätte er doch den Japanern nicht erlaubt, diesen Vertrag zu schließen!

Stalin war so guter Stimmung, daß er die japanische Delegation persönlich zum Bahnhof geleitete. Er küßte General Nagai, umarmte den zierlichen Matsuoka und schlug ihm herzlich auf die Schulter. »Jetzt, mit dem japanisch-sowjetischen Neutralitätsvertrag, gibt es in Europa nichts mehr zu befürchten«, sagte er dabei.[27]

Als sich der Zug mit den Japanern in Bewegung setzte, legte er den Arm um Schulenburg. »Wir müssen Freunde bleiben, und Sie müssen dazu alles tun, was Sie können.« Dann wandte er sich an Oberst Krebs, umarmte auch ihn und erklärte: »*Deutschland und Rußland — ewige Freundschaft!*«[28]

Dabei ignorierte er die zahllosen Verletzungen russischen Luftraumes durch deutsche Maschinen. Allein in den vergangenen 14 Tagen waren 50 gemeldet worden. Zwei Tage, nachdem er Schulenburg umarmt hatte, wurde Stalin allerdings zum Handeln gedrängt, als eine deutsche Maschine fast 150 km hinter der russischen Grenze notlanden mußte. An Bord fand man eine Kamera, unbelichteten Film und eine zerfetzte topographische Landkarte. Es folgte ein förmlicher Protest in Berlin. Seit Ende März sei der sowjetische Luftraum 80mal verletzt worden. Der Protest fiel immer noch sehr milde aus, und Stalin hörte nicht auf die immer dringlicher werdenden Warnungen, darunter die jüngste vom englischen Botschafter Cripps, Hitler wolle am 22. Juni angreifen.*

---

* Die Gruppe um ›Ultra‹ versuchte schon seit geraumer Zeit, den Sowjets Informationen zukommen zu lassen, ohne dabei ihre Quelle zu verraten. Hugh Trevor-Roper erinnert sich: »Wir beschäftigten für diese Aufgabe einen eigenen Verbindungsoffizier in Moskau. Die Russen waren aber so mißtrauisch, daß er seinen sowjetischen Partner überhaupt nie zu Gesicht bekam. Einmal erzählte er mir, habe ihm der Russe in der Oper zugewinkt, näher seien sie sich aber nicht gekommen.«

»Mit den Russen in London hatten wir schon mehr Glück«, sagte Asher Lee. »Sie kriegten zu hören, was sie brauchten, aber auf ›Ultra‹ durften sie natürlich keinen Blick werfen.« Lee hatte mit einer recht gemischten Gruppe Russen zu tun, einem NKWD-Offizier, einem Luftwaffenattaché, einem Testpiloten und einem Mitglied des Obersten Sowjet im Range eines Obersten. Doch auch die waren sehr mißtrauisch, und Lee zufolge »haben sie praktisch ›Ultras‹ Informationen ignoriert, jedenfalls während der Kämpfe um Stalingrad.«[29]

Im Auswärtigen Amt ahnten alle, daß ein Angriff auf die UdSSR bevorstand, Ribbentrop erfuhr aber erst jetzt von seinem Führer etwas über »Barbarossa«. Der unglückliche Außenminister wollte noch einen letzten diplomatischen Versuch in Moskau machen.[30] Hitler verbot aber jeden Schritt. Ribbentrop durfte mit keinem Menschen über Hitlers Vorhaben sprechen, während dieser seinen Botschafter in Moskau wissen ließ: ». . . einen Krieg gegen Rußland beabsichtige ich nicht!«[31] Zwei Tage später bestätigte Hitler das Angriffsdatum: den 22. Juni.

Kein Zweifel, Deutschland begab sich in diesen Kampf mit der mächtigsten Streitmacht der Welt ohne einen brauchbaren Verbündeten. Japan lag am andern Ende der Welt; Italien mußte gestützt werden. Spanien blieb unzugänglich und Vichy war unzuverlässig. Der Sieg hatte Hitlers Bündnissen geschadet; seine mühelosen Eroberungen stimmten die Freunde – darunter unbedeutende wie Jugoslawien, Ungarn und Rumänien – bedenklich. Seine Stärke war jetzt einzig die Wehrmacht, und ein Eroberer, der sich ganz auf die Kraft seiner Waffen verlassen muß, ist übel dran. Kriege werden politisch gewonnen, nicht militärisch. Napoleon hatte diese bittere Lektion von den Engländern lernen müssen, die ja traditionell Schlachten verlieren, Kriege aber gewinnen. So hatten sie denn auch die Schlacht in Frankreich gegen Hitler verloren, doch den Kampf um ihre Dominions und um die Hilfe Amerikas bereits gewonnen.

Einen Sieg im Osten hätte Hitler nur erringen können, wenn er die Millionen Sowjetbürger, die Stalin abweisend gegenüberstanden, für seine Zwecke hätte gewinnen können. Da er sich jedoch der Ansicht Rosenbergs und anderer revanchistischer Weißrussen nicht anschloß, verlor er nicht nur die letzte Aussicht auf ein Bündnis, sondern verwandelte potentielle Kollaborateure in spätere Feinde.

6

Hitlers Kommandeure waren zwar anfangs vor dem Gedanken, die UdSSR anzugreifen, zurückgescheut, jetzt allerdings hielten auch sie einen schnellen Sieg für möglich. Man war sich darin einig, der Feldzug müsse in drei Monaten erfolgreich zu beenden sein, und Brauchitsch nahm auch an dieser Beurteilung noch starke Abstriche vor. »Nach vier Wochen intensiver Kampftätigkeit« werde der Krieg sich auf die Liquidierung »örtlichen Widerstandes« beschränken, sagte er voraus. Der dickschädlige Jodl schloß sich dieser Einschätzung an, und als Warlimont Zweifel daran äußerte, daß der russische Koloß wie ein Luftballon platze, wenn man ihn ansteche, wurde ihm befohlen, den Mund zu halten.

Guderian zufolge war es Hitler gelungen, die Offiziere in seiner Umgebung mit seinem total unbegründeten Optimismus anzustecken. »Man rechnete im OKW und im OKH so sicher mit dem Abschluß des

12. November 1940 – 22. Juni 1941   831

Feldzuges bis zum Beginn des Winters, daß im Heer nur für jeden fünften Mann Winterbekleidung vorgesehen wurde.« Selbstverständlich ließen sich auch in den obersten Rängen anderslautende Meinungen hören. Ribbentrop und Raeder waren von Anfang an gegen »Barbarossa«, und auch Keitel hatte schwere Bedenken, lernte aber, diese für sich zu behalten. Auch im innersten Kreis um den Führer wurden Gegenstimmen laut, etwa von Heß, der zwar durchaus für die Erwerbung von mehr Lebensraum war, aber erst den Krieg mit England beendet sehen wollte, bevor man über die UdSSR herfiel. Aus einem solchen Konflikt würden einzig die Bolschewisten Nutzen ziehen, vertraute er Schwerin von Krosigk an. Im vergangenen Sommer hatte er sich mit Professor Haushofer in Grunewald getroffen, um zu beraten, wie man England ausschalten und zu Friedensverhandlungen kommen könnte. Haushofer schlug vor, Heß möge sich auf neutralem Boden mit einem prominenten Engländer treffen, und aus diesem maßvollen Vorschlag entwickelte sich dann ein Abenteuer, das die Welt aufhorchen ließ.

Von der Vorstellung einer geheimen Mission ganz belebt, trug Heß diese Idee Hitler vor, wohl auch in der Hoffnung, seinen schwindenden Einfluß zu stärken. Heß war zwar Stellvertreter des Führers, wurde von diesem aber schon seit einem Jahr nicht mehr ernst genommen. Zu Hanfstaengl hatte er einmal gesagt: »Ich hoffe nur, daß er niemals mein Nachfolger wird. Ich wüßte nicht, wer mir mehr leid täte, Heß oder die Partei.«[32] Seine Zuneigung zu »meinem Hesserl«, einem zweiten Kubizek, hatte aber keineswegs abgenommen, und er erlaubte Heß daher, wenn auch ungern, durch den Sohn Albrecht Haushofer, der im Auswärtigen Amt war, Fühler auszustrecken.

Haushofer nun, seit Jahren im Widerstand tätig, schlug Heß schüchtern vor, ob der geeignete Engländer nicht vielleicht sein Freund der Duke of Hamilton sei, der Zugang zum König und zu Churchill habe? Heß war ganz begeistert von diesem Vorschlag, Haushofer schrieb seinem Vater, aber »das Ganze ist völlig aussichtslos«. Zugleich nahm er sich vor, als Patriot alles daranzusetzen, mit England den Frieden herbeizuführen. Er schlug dem Duke of Hamilton brieflich ein Treffen mit Heß in Lissabon vor, unterzeichnete ihn mit »A« und schickte den Brief über den Bruder von Heß an Mrs. V. Roberts in Lissabon, die ihn nach England weiterleitete, wo er der Zensur in die Hand fiel, die ihn dem Nachrichtendienst aushändigte, der schließlich die Feindaufklärung der Luftwaffe beauftragte, die notwendigen Schritte einzuleiten. Dadurch verstrich so viel Zeit, daß Heß beschloß, ohne Mitwissen von Haushofer oder Hitler auf eigene Faust zu handeln, und zwar sollte seine Mission einen sportlichen Anstrich haben, der die Engländer gleich günstig beeindrucken würde. Er wollte über dem Gut des Herzogs mit dem Fallschirm abspringen und heimlich unter falschem Namen verhandeln. Er war ein glänzender Pilot, Fliegeroffizier im 1. Weltkrieg, 1934 Sieger in dem tollkühnen Zugspitzrennen. Dem jungen Hamilton, der als erster den Mount Everest überflogen hatte, mußte ein Soloflug über die feindlichen Linien bis in die schottische Einöde gewiß imponieren. Heß war überzeugt, der Traum Hitlers vom deutsch-englischen Bündnis ließe sich nur mittels einer so ausgefallenen Maßnahme verwirklichen. Mißlang sie, war Hitler nicht betroffen; gelang sie, wollte er den Ruhm des Erfolges ganz seinem Führer lassen. Zugegeben, daß er überhaupt lebend Schottland erreichen würde war nicht sehr wahrscheinlich, doch der Preis war es wert, daß man etwas riskierte.

Heß zweifelte nicht, daß Hitler ein neuer Versuch, den Frieden zu suchen, willkommen wäre, daß er aber nicht wünschte, Heß möge sein Leben dabei aufs Spiel setzen. Hatte er nicht bereits Heß' Versetzungsgesuch an die Front abgelehnt? Also war strikte Geheimhaltung geboten. Wir haben es hier mit dem naiven, nicht übermäßig gescheiten Gläubigen zu tun, der Wiedemann zufolge »der hingebungsvollste und gewissenhafteste Untergebene Hitlers war«[33], mit einem Menschen, der weiter nichts wollte, als seinem Herrn den Weg bereiten. Von Natur aus scheu und zurückhaltend, versuchte Heß seiner Rolle gerecht zu werden, indem er sich hinter die Maske tiefer Entschlossenheit zurückzog. Doch wenn er lächelte, fiel alles von ihm ab, und er glich mehr dem reinen Toren Parsifal als einem teutonischen Cromwell.

Dieser Parsifal also dachte sich den Flug zum Feind aus, dieser zivilisierte, aber unkritische Mann, dieser hingebungsvolle Diener, der sich einredete, den wahren Willen seines Herrn zu vollstrecken. Der Plan mag verworren gewesen sein, ausgeführt wurde er bewundernswert präzise. Heß ließ sich von Willy Messerschmidt, dem Flugzeugbauer, eine zweisitzige ME-110 zu Übungszwecken geben und tadelte ihre geringe Reichweite. Man solle doch bitte an jeder Tragfläche einen Zusatztank für je 700 Liter Treibstoff anbringen. Als Messerschmidt widerwillig diese Änderung hatte vornehmen lassen, brachte Heß ihn dazu, ein Spezialfunkgerät einzubauen. Sodann machte Heß sich mit den veränderten Flugeigenschaften vertraut, was zwanzig Flugstunden erforderte. Er verschaffte sich eine Lederkombination, ließ sich von Hitlers Piloten Baur eine Karte der Luftkorridore geben und stellte in seiner Münchner Wohnung ein neues Rundfunkgerät auf.

Aus der Haft schrieb er später an seine Frau: »Ich war vielleicht nicht ganz normal. Der Flug und meine Absicht hatten die Kraft einer fixen Idee angenommen. Alles was ich sah und hörte, nahm ich nur halbwegs wahr...« In diesen ersten Maitagen dachte er nur an Navigation, Kolbendruck, Treibstoffbehälter, Kühltemperatur und Radionavigation.

Seiner Sekretärin Hildegard Fath fiel auf, daß Heß häufig nicht zuhörte, wenn sie etwas sagte, und auch seine Frau bemerkte, daß er abwesend war. Noch mehr überraschte sie, daß er seinem vierjährigen Sohn, der nach Hitler Wolf genannt wurde, so viel Zeit widmete. Wenn man bedenkt, daß Heß

12. November 1940 – 22. Juni 1941   833

sich ungern fotografieren ließ, mußte auch auffallen, daß er selber vorschlug, von ihm und seinem Sohn Bilder zu machen.

Sonnabend, den 10. Mai, stand Heß früh auf, und weil die Wettervorher-
sage gut war, traf er Vorbereitungen zum Start. Zu seiner Frau war er
besonders zuvorkommend, er küßte ihr nach dem Tee die Hand »und stand
gedankenverloren an der Tür zum Kinderzimmer«. Sie fragte, wann er
zurückkäme, und als er sagte, spätestens Montag, erwiderte sie: »Das
glaube ich nicht, so bald wird das nicht sein!« Sie vermutete, er wolle sich
mit jemandem wie Pétain treffen, er fürchtete aber schon, sie ahne die
Wahrheit. Ehe sie noch etwas hinzufügen konnte, trat er ins Kinderzimmer,
um noch einmal seinen schlafenden Sohn zu betrachten.

Um 18.00 Uhr händigte er seinem Adjutanten einen Brief für Hitler aus,
startete in Augsburg und nahm Kurs auf die Nordsee. Anders als vorhergesagt, riß überraschend die Wolkendecke auf, und er überlegte schon, ob er
umkehren solle. Er flog jedoch weiter und sah vor sich im Dunst England
liegen. Ohne zu bemerken, daß eine Spitfire ihn verfolgte, ging er in den
Sturzflug und schoß mit mehr als 800 Stundenkilometern in Baumwipfelhöhe über die Landschaft. Baur hatte immer schon behauptet, Heß gehöre
zu den Piloten, die durch geöffnete Hangartore fliegen, und in diesem Stil
raste er denn auch dem vor ihm liegenden Berg entgegen. Dieser war seine
Landmarke, und er kletterte buchstäblich am Steilhang hinauf, huschte über
die Kuppe und auf der anderen Seite hinunter, immer nur wenige Meter über
dem Boden. Gegen 23.00 Uhr erkannte er eine Bahnlinie und einen kleinen
See südlich des Landsitzes des Herzogs. Er stieg auf 2000 Meter, die Höhe,
aus der er abspringen wollte und stellte den Motor ab. Er öffnete das Dach
des Cockpits, und erst jetzt fiel ihm ein, daß er bei allen Vorbereitungen
etwas vergessen hatte: »Ich hatte nie jemanden gefragt, wie man abspringt,
ich stellte mir das ganz einfach vor.« Als die ME-110 abtrudelte, fiel ihm
ein, einen Freund sagen gehört zu haben, daß man die Maschine auf den
Rücken legen müsse. Dies gelang ihm auch, aber er verlor dabei das
Bewußtsein. Als er wieder zu sich kam, stand der Geschwindigkeitsmesser
auf Null. Er warf sich aus der Maschine und zog an der Reißleine des
Fallschirms. Während der Bewußtlosigkeit hatte er die Maschine zum Glück
hochgerissen, bis sie fast auf dem Schwanz stand. Er prallte auf den Boden,
schwankte und wurde wieder bewußtlos. Ein Farmer fand ihn und brachte
ihn zur Miliz, von der er nach Glasgow gefahren wurde. Er gab sich als
Oberleutnant Alfred Horn aus und verlangte den Herzog von Hamilton zu
sprechen.[34]

Sein Brief wurde erst Sonntagvormittag bei Hitler auf dem Berghof abgegeben. Während Engel die Tagesmeldung erstattete, kam Bormanns Bruder
Albert herein und sagte, der Adjutant von Heß wolle den Führer ganz
dringend sprechen. Man scheuchte ihn hinaus, weil er störte, doch kam er

gleich darauf totenbleich zurück und wollte sich nicht abweisen lassen. Er überreichte den Brief von Heß mit der Bemerkung, die Sache sei wichtig und möglicherweise gefährlich. Hitler setzte die Brille auf und fing unbeteiligt an zu lesen, als er aber zu dem Satz kam, wo Heß schrieb, wenn er diesen Brief erhalte, sei er bereits in England, ließ er sich auf den Stuhl fallen und brüllte so laut, daß man es unten hören konnte: »Sofort Bormann! Wo ist Bormann.« Er überflog hastig, was Heß über die technischen Schwierigkeiten des Fluges mitteilte und daß er die Absicht habe, den Plan des Führers für ein Bündnis mit England zu fördern, daß er aber den Flug geheimgehalten habe, weil er wisse, daß der Führer ihm das verboten haben würde.

Falls dieser Plan, der nur geringe Erfolgsaussichten habe, mißlingen sollte, könne er immer noch bestreiten, daß er etwas davon gewußt habe, er brauche nur zu sagen, daß Heß verrückt geworden sei.

Der kalkweiße Hitler befahl Engel, den Reichsmarschall ans Telefon zu rufen, und als der sich aus der Nähe von Nürnberg meldete, schrie Hitler: »Göring, kommen Sie sofort hierher.«[35] Bormann mußte seinen Bruder und Ribbentrop herbeischaffen, der nichtsahnende Adjutant von Heß wurde unter Arrest gestellt, und Hitler ging wütend im Zimmer hin und her. Von Bormann wollte er wissen, ob Heß mit einer ME-110 überhaupt England erreichen könne, worauf Udet sagte, dies sei unmöglich, die Reichweite sei zu gering. Darauf murmelte der Führer: »Hoffentlich stürzt er ins Meer!«[36]

Hitlers Zorn verwandelte sich allmählich in Wut. Seine Gäste, die sich im Oberstock aufhalten mußten, fragten ängstlich, was geschehen war, während Hitler ruhelos im Arbeitszimmer auf und ab ging und überlegte, welche Erklärung er der Öffentlichkeit geben sollte. Würden nicht die Japaner und die Italiener argwöhnen, Deutschland wolle einen Separatfrieden schließen? Würden seine Soldaten weniger entschlossen kämpfen? Und, das schlimmste von allem, hatte Heß die Pläne für »Barbarossa« enthüllt? Nach mehreren Anläufen entwarf er eine Verlautbarung, derzufolge Heß befehlswidrig ein Flugzeug in Besitz genommen habe und damit verschwunden sei. Vermutlich sei er abgestürzt. Ein von ihm hinterlassener Brief »zeigte in seiner Verworrenheit leider die Spuren einer geistigen Zerrüttung, die befürchten läßt, daß Parteigenosse Heß das Opfer von Wahnvorstellungen wurde«.[37]

Fräulein Fath hörte diese Meldung im Rundfunk beim Essen, empfand sie als ausgesprochen unfreundlich und dachte: »Wird ihm so seine lebenslange Treue gelohnt?«[38] Am Telefon überlegte sie mit Heß' Bruder Alfred, was davon zu halten sei. Frau Heß saß gerade mit Fahrern, Personal und Adjutanten im Kino, als sie herausgerufen wurde. Der jüngste Adjutant bat sie, sich anzuziehen. Das war ein so unsinniges Verlangen, daß sie es mit der Angst bekam, doch als sie hörte, es handele sich nur um eine Rundfunkmeldung, in der behauptet wurde, ihr Mann sei tot, entgegnete sie wütend:

12. November 1940 – 22. Juni 1941   835

»Unsinn!« Sie glaubte nicht daran, daß etwas Schlimmes geschehen sein könnte, ließ sich mit dem Berghof verbinden und wollte mit dem Führer sprechen. Es meldete sich aber Bormann, der sagte, er wisse von nichts. Frau Heß kannte ihn genügend, um ihm nicht zu glauben. Also rief sie Alfred Heß in Berlin an, und auch er wollte nicht glauben, daß Rudolf tot sei.

Aus England war unterdessen noch nichts zu hören, obwohl sich Heß dem Herzog von Hamilton zu erkennen gegeben hatte und sagte, er sei in einer Friedensmission gekommen. Haushofer habe schon zuvor versucht, eine Zusammenkunft zwischen ihm und dem Herzog in Lissabon zu vereinbaren. Hamilton ging sogleich zu Churchill, der ihn jedoch beschied: »Das ist ja alles schön und gut mit Heß, ich sehe mir jetzt aber erst mal die Marx-Brothers an.«[39] Erst als der Film zu Ende war, befragte er Hamilton ausführlich.

Erst Stunden nach der deutschen Ankündigung, daß Heß vermißt sei, gaben die Engländer bekannt, daß er in England gelandet war. Einzelheiten wurden nicht mitgeteilt. Die deutsche Presse verbreitete bereits den Text der Rundfunkmeldung, doch nach der Verlautbarung aus London konnte man eine ausführlichere Begründung nicht vermeiden. Am 13. hieß es denn auch, der Stellvertreter des Führers sei in England gelandet, worauf eine Beurteilung seines Geisteszustandes folgte.

»Rudolf Heß, der seit Jahren, wie es in der Partei bekannt war, körperlich schwer litt, nahm in letzter Zeit steigend seine Zuflucht zu den verschiedensten Hilfen, Magnetiseuren, Astrologen usw. Inwieweit auch diese Personen Schuld trifft in der Herbeiführung einer geistigen Verwirrung, die ihn zu diesem Schritt veranlaßte, wird zu klären sein. Es wäre aber auch denkbar, daß Heß am Ende von englischer Seite bewußt in eine Falle gelockt wurde.«[40]

Die Folge war eine allgemeine Verwirrung bis in die höchsten Kreise hinauf. Goebbels wies seine Mitarbeiter an: »Es gilt im Augenblick, die Ohren steifzuhalten, nicht zu reagieren, nichts zu erklären, nicht zu polemisieren. Die Sache wird im Laufe des Nachmittags restlos geklärt werden, und ich werde vom Obersalzberg aus heute nachmittag nähere Richtlinien geben.« Der Flug von Heß sei im Moment zwar peinlich, werde bald aber nur noch als eine dramatische Episode erscheinen, »aber es besteht keinerlei Grund, um irgendwie die Flügel hängenzulassen oder zu glauben, wir würden das nie überwinden«.[41] Nach dieser Besprechung flog Goebbels nach Berchtesgaden, wo die Gauleiter und Reichsleiter dringend hinbeordert worden waren. Bormann verlas den Brief von Heß, dann erschien der Führer. Hans Frank, der ihn eine Weile nicht gesehen hatte, war entsetzt über sein verstörtes Aussehen. Anfangs sprach er von Heß »ganz leise, stockend, mit einem dauernden Unterton unsäglicher Gedrücktheit«, bald aber geriet er in Zorn. Dieser Flug sei der reine Wahnsinn gewesen. »Heß ist vor allem ein Deserteur, und wenn ich ihn je erwische, büßt er für diese

836   *Die Welt wird den Atem anhalten*

Tat als gemeiner Landesverräter. Im übrigen scheint mir dieser Schritt
stärkstens mitveranlaßt zu sein von dem astrologischen Klüngel, den Heß
um sich in Einfluß hielt.* Durch diesen Wahnsinn wird zwar unsere Lage
vorübergehend erschwert, aber nicht erschüttert, vor allem nicht mein
Glaube vernichtet, daß der Endsieg in diesem Krieg der Juden gegen den
Nationalsozialismus unserer reinen Flagge gehört.«[42] Seine Zuhörer hatten
bereits von Heß' Löwen gehört, von seinem Interesse an Homöopathie und
Astrologie und waren bereit, ihn für geistesgestört zu halten. Warum aber
hatte der Führer ihn dann in seinem hohen Amt belassen? Und das fragten
sich die gewöhnlichen Volksgenossen natürlich auch.

Bezeichnend ist, daß Hitler mit keinem Wort den bevorstehenden Einfall
in die UdSSR erwähnte und seine Angst, Heß könnte davon zu den Engländern gesprochen haben. Diese Sorge war auch unbegründet. Vor Hamilton
und Sir Ivone Kirkpatrick beharrte Heß darauf, »die Gerüchte, Hitler beabsichtige demnächst Rußland anzugreifen, sind grundlos«. Er sei gekommen,
um mit England über den Frieden zu sprechen, er sei hier ohne Hitlers
Erlaubnis, um »verantwortliche Personen davon zu überzeugen, daß es für
England geboten ist, jetzt den Frieden zu suchen, weil es den Krieg nicht
gewinnen kann«.[43]

Albrecht Haushofer lief gleich zu seinem Vater, als er die Meldung hörte.
»Und mit solchen Idioten machen wir Politik!« Die Engländer würden unter
so albernen Begleitumständen niemals mit einem solchen Menschen verhandeln. Sein Vater gab bekümmert zu: »Das ist ein schreckliches und ganz
vergebliches Opfer.« Der junge Haushofer wurde auf den Obersalzberg
befohlen, unter Arrest gestellt und mußte Hitler schriftlich eine Erklärung abgeben, ohne von diesem empfangen zu werden. Sein kleiner Aufsatz
mit dem Titel »Beziehungen nach England und die Möglichkeit, Gebrauch
davon zu machen« hielt sich so weit an die Wahrheit als möglich, ohne
Freunde im Widerstand bloßzustellen. Er erwähnte seine Freundschaft mit
dem Duke of Hamilton und den Brief, den er auf Verlangen von Heß
geschrieben hatte und fügte an, falls man an Verhandlungen mit den Engländern denke, müsse man ihn unbedingt beiziehen.[44] Hitler ließ sich davon
abhalten, übereilt zu handeln. Er befahl, Haushofer zwecks weiterer Vernehmungen in die Prinz-Albrecht-Straße nach Berlin zu bringen. Der Vater
wurde verschont, obwohl er Hitlers besonderen Ärger erregte: »Dieser
jüdisch versippte Professor habe Heß auf dem Gewissen«, berichtet Engel,
und »er mache sich Vorwürfe, daß er nicht schon früher eingegriffen habe,
um diese ganze Münchner Brut auseinanderzubringen und mundtot zu
machen.«[45]

---

* Astrologen und Okkultisten, die im Verdacht standen mit Heß bekannt gewesen zu
sein, wurden in großer Zahl verhaftet, und Darbietungen von Hellsehern, Telepathen,
Okkultisten und Astrologen wurden verboten.

12. November 1940 – 22. Juni 1941   837

Auch andere Personen aus dem Kreis um Heß wurden verhaftet, der Bruder Alfred, Adjutanten, Burschen, Sekretärinnen und Fahrer. Seine Frau wurde nicht inhaftiert, aber Bormann tat alles, um sie zu demütigen. Auch legte er den größtmöglichen Abstand zwischen sich und seinen ehemaligen Vorgesetzten. Er ließ seine Rudolf und Ilse getauften Kinder umtaufen und wählte passendere Paten. Zum Nachfolger von Heß berufen, beseitigte er alles, was ihn an diesen erinnerte. Alle Bilder von Heß, alle Bücher, die sein Foto zeigten, wurden vernichtet. Er wollte sogar das Haus von Heß beschlagnahmen lassen, das jedoch war Hitler zuviel. Er lehnte es ab, den Räumungsbefehl zu unterzeichnen.

Die Gäste auf dem Berghof durften ihre Zimmer nun verlassen, doch wagte niemand, den Flug nach England zu erwähnen, nachdem jemand arglos gefragt hatte, warum der Adjutant von Heß bei Tische fehle, worauf Bormann erwiderte, er sei im Gefängnis und komme so bald nicht wieder raus. Engel vermerkte dazu in seinem Tagebuch: »Typisch ist, daß der einzige, der in diesem Bienenschwarm gelassen und frohlockend herumgeht, der Reichsleiter Bormann ist. Wir sind uns alle einig, daß dieser seine Stunde für gekommen hält.«[46]

Die englische Regierung ließ über die Einvernahme von Heß nichts verlauten; man hielt es für richtig, die Nazis im ungewissen zu lassen. Heß wurde heimlich in der Nacht des 16. Mai in den Tower von London gebracht und wurde der berühmteste Kriegsgefangene.

Stalin war über dieses Unternehmen viel mehr beunruhigt als Mussolini, der, wie sein Schwager sagte, »zufrieden sei, weil dies die deutschen Handlungen entwertet, auch in ihrem Verhältnis zu den Italienern«.[47] Im Kreml mutmaßte man unter dem Eindruck der Gerüchte eines bevorstehenden deutschen Überfalles, die Engländer schmiedeten wirklich ein Komplott mit Hitler. Neue Verordnungen untersagten bis auf wenige Ausnahmen, Ausländern Moskau zu verlassen.

Trotz seiner Wut vertraute Hitler einigen ihm nahestehenden Personen an, er achte Heß dafür, daß er sich an eine so gefährliche Mission gewagt habe. Weiteres Nachdenken brachte ihn zu der Einsicht, daß sein Stellvertreter ihm mit diesem Wagnis hatte nützlich sein wollen. Hitler glaubte nicht, daß Heß verrückt war, er hielt ihn nur für närrisch, weil er nicht gesehen hatte, was für einen katastrophalen politischen Fehler er beging.[48]

7

Am 12. Mai erhielt der schon am 31. März schriftlich niedergelegte »Kommissarbefehl« nach zwei Ergänzungen seinen endgültigen Wortlaut, wo es unter Punkt 1 heißt: »Politische Hoheitsträger und Leiter (Kommissare) sind zu beseitigen.«[49] Es folgten verschiedene Durchführungsbestimmungen. Bereits am 13. März hatte Hitler dem Reichsführer SS die Vorbereitung zur Verwaltung der besetzten Ostgebiete übertragen. »Im Operationsgebiet des Heeres erhält der Reichsführer SS (Himmler) zur Vorbereitung der politischen Verwaltung Sonderaufgaben im Auftrage des Führers, die sich aus dem endgültig auszutragenden Kampf zweier entgegengesetzter politischer Systeme ergeben. Im Rahmen dieser Aufgaben handelt der Reichsführer SS selbständig und in eigener Verantwortung.«[50]

Rosenberg, der am 20. April zum Reichskommissar für die besetzten Ostgebiete ernannt worden war, beunruhigte das sehr. Er war selbst Balte und meinte, die Russen sollten nicht wie Reichsfeinde, sondern wie Anti-Stalinisten behandelt werden. Er versicherte Hitler, sie würden die Deutschen als Befreier vom bolschewistisch-stalinistischen Joch willkommen heißen und sie hätten Anspruch auf ein gewisses Maß an Selbstverwaltung. Jede Sowjetrepublik müsse aber anders behandelt werden. So könne die Ukraine »ein unabhängiger Staat und mit Deutschland verbündet« sein, Kaukasien aber müsse von einem »deutschen Bevollmächtigten« regiert werden.

In der Überzeugung, ein brutales Vorgehen im Osten müsse ungünstig für die Gewinnung von Lebensraum sein, legte Rosenberg ein Memorandum vor, in dem er Hitler von den beiden erwähnten Weisungen abzubringen suchte. Wie könne man in den besetzten Gebieten eine Zivilverwaltung aufbauen, ohne von sowjetischen Fachleuten Gebrauch zu machen? Er empfahl, »nur die hochgestellten Funktionäre zu liquidieren«. Hitler antwortete darauf ausweichend. Bezeichnenderweise griff er in den Machtkampf zwischen Himmler und Rosenberg nicht ein, der sofort ausbrechen würde, wenn die Wehrmacht in Rußland eindrang. Bormann, der aufgehende Stern in der Hierarchie der Nazis, sollte bei diesem Konflikt den Ausschlag geben. Er hatte sich bereits mit Himmler verbündet.

Am 13. Mai erging Hitlers Erlaß über die Ausübung der Kriegsgerichtsbarkeit im Gebiet »Barbarossa«, wonach Zivilpersonen im besetzten Ostgebiet nicht der Hoheit der Militärgerichte unterstehen und Ausschreitungen von Wehrmachtsangehörigen nicht unbedingt zu ahnden seien, wenn sie sich gegen die Zivilbevölkerung richteten. Diesen Befehl suchte Brauchitsch durch einen Befehl zu durchkreuzen, in dem er die Wahrung der überlieferten Manneszucht zur Pflicht machte. Das war das Äußerste, was er glaubte, riskieren zu können.[51]

Damit hatte Hitler ein weiteres Mal die Militärs auf seine politische Linie verpflichtet, denn beide Befehle, sowohl der »Kommissarbefehl« als auch der »Gerichtsbarkeits-Befehl« waren vom OKW herausgegeben.

Unterdessen liefen die Vorbereitungen für Barbarossa weiter. Am 22. Mai meldete Raeder dem Führer, wichtige Rüstungsgüter würden nicht mehr an Rußland geliefert. Es waren ohnedies nur noch wenige Lieferungen an die Sowjetunion abgegangen, während von dort viele empfangen worden waren. Nicht nur hatten die Russen fast 1 500 000 Tonnen Getreide geliefert,

12. November 1940 – 22. Juni 1941 839

sondern auch 100000 Tonnen Baumwolle, 2000000 Tonnen Erdölprodukte, 1500000 Tonnen Holz, 140000 Tonnen Mangan und 25000 Tonnen Chrom. Trotz seiner Bedenken wegen Heß war Stalin darauf aus, Hitler bei Laune zu halten, so daß er weitere Lieferungen per Expreß aus dem Fernen Osten kommen ließ, wie z. B. Kupfer.

Eine Besprechung, die Botschafter Schulenburg an diesem Tag mit Molotow führte, bestärkte Hitler in der Meinung, daß die kürzlich von Stalin begonnene Konsolidierung seiner Macht nichts weiter bedeutete, als daß dieser jetzt allein über die Außenpolitik bestimmte. In der Hoffnung, den Einmarsch abzuwenden, berichtete Schulenburg, die sowjetische Haltung gegenüber Deutschland habe sich in den vergangenen Wochen sehr zum Guten gewandelt.[52] Hitler ließ sich aber von seinen Diplomaten ebensowenig dreinreden wie vom Befehlshaber der Marine. Am 30. Mai, drei Tage zuvor hatten deutsche Fallschirmjäger den Engländern die strategisch bedeutende Insel Kreta weggenommen, jetzt versuchte Admiral Raeder, Hitler vom Ostfeldzug abzubringen und schlug ihm vor, statt dessen eine starke Offensive gegen Ägypten und Suez zu unternehmen. Jetzt sei der richtige Zeitpunkt dafür. Mit der nötigen Verstärkung könne Rommel einen entscheidenden Sieg erkämpfen. »Dieser Stoß würde für englisches Weltreich tödlicher sein als Einnahme Londons!«[53]

Hitler ließ sich jedoch nicht mehr beeinflussen. »Barbarossa« war angelaufen, und nur eine Katastrophe konnte den Gang der Dinge noch aufhalten. Das wichtigste war jetzt Geheimhaltung. Im Gedanken an das Malheur in Belgien ein Jahr zuvor, hatte er Mussolini von seiner geplanten Invasion noch nichts gesagt. Bei einer Zusammenkunft am Brennerpaß am 2. Juni redete er lang und breit davon, wie er die Engländer mit U-Booten zur Kapitulation zwingen wollte, er sprach von Heß und von der Lage auf dem Balkan. Kein Wort über »Barbarossa«, und das nicht nur der Geheimhaltung wegen, sondern auch, weil der Duce ihn ausdrücklich ermahnt hatte, die UdSSR nicht anzugreifen, die Hitler »als eitriges Geschwür« empfand.[54]

In der letzten Vorbereitungsphase herrschte dichter Verkehr auf Bahnstrecken und Straßen in ostwärtiger Richtung. Am 6. Juni eröffnete Hitler in Berchtesgaden dem japanischen Botschafter Oshima, er schicke starke Truppen nach Osten, weil die Sowjets die Grenze verletzten. Mit einer Zuversicht, die seinen Zuhörer beeindruckte, schloß er: »Unter diesen Umständen könnte der Krieg unvermeidlich werden.« Oshima erblickte darin schon die Kriegserklärung und berichtete nach Tokio, der Einfall nach Rußland stehe unmittelbar bevor.[55]

Um sein Ziel zu erreichen, mußte er zunächst die Rote Armee schlagen, und dabei brauchte er die Hilfe der Staaten, die an die Sowjetunion angrenzten und auf die Verlaß war, das heißt die Hilfe derjenigen, die wie er den Bolschewismus fürchteten und haßten und eine eigene Rechnung mit Stalin

840   *Die Welt wird den Atem anhalten*

zu begleichen hatten. Die Finnen, die schwere Bedingungen hatten hinnehmen müssen, um den kurzen blutigen Krieg mit Rußland zu beenden, waren leicht überredet, am Kreuzzug teilzunehmen, und die Vorausabteilungen einer deutschen Infanteriedivision landeten am 8. Juni in Finnland. Feldmarschall Mannerheim ordnete zwei Tage später die Teilmobilmachung an. Hitler vertraute auch Rumänien und ließ am 11. Juni General Antonescu wissen, daß er die UdSSR angreifen wolle. Er bitte nicht um Hilfe bei diesem Krieg, sondern erwarte nur, daß Rumänien im eigenen Interesse alles tue, um den erfolgreichen Ausgang des Konfliktes zu fördern. Der rumänische Diktator, ganz auf Beute und militärischen Ruhm versessen, erwiderte: »Ich werde selbstverständlich vom ersten Tage an dabeisein.«[56]

8

Am 14. Juni meldete der sowjetische Geheimagent Sorge aus Tokio: »Der Krieg beginnt am 22. Juni.« Stalin wollte aber weder dieser noch anderen Warnungen glauben. Trotz aller Bedenken hatte er sich eingeredet, der Krieg könne vor 1942 nicht beginnen und ließ noch am gleichen Tag durch TASS alle Kriegsgerüchte lächerlich machen: »Das alles ist die plumpe Propaganda von Leuten, die der UdSSR und Deutschland schaden und den Krieg verlängern wollen.«[57] Diese Verlautbarung wirkte so beruhigend, daß die vorgeschobenen Teile der Roten Armee in ihrer Wachsamkeit nachließen.

In Berlin wurden ausgewählte Truppenkommandeure zu einer Lagebesprechung mit anschließendem Essen in die Reichskanzlei gebeten. Alle hatten unterdessen die an sie ergangenen Befehle geschluckt und sich, wenn auch widerwillig, mit den unmenschlichen Methoden abgefunden, mit denen Hitler den Feind zu behandeln dachte. Um 14.00 Uhr machte man eine Pause, und anders als sonst war die Stimmung beim Essen gelockert. Das änderte sich auch nicht, als Hitler anschließend ans Rednerpult trat und überzeugend darlegte, weshalb Rußland angegriffen werden müßte. Der Zusammenbruch Rußlands werde auch die Engländer zwingen, aufzugeben.

Am 17. Juni wurde der Angriffsbefehl für Sonntag, den 22. Juni, endgültig bestätigt. An diesem Tag ging ein deutscher Unteroffizier, der einen Offizier geschlagen hatte und die Erschießung befürchtete, zu den Russen über und verriet, der deutsche Angriff werde vor Tagesanbruch am 22. beginnen. Offiziere, die davon hörten, waren beunruhigt, der kommandierende General sagte jedoch: »Kein Grund, Alarm zu schlagen.«[58]

Die große Stunde rückte näher, und Hitler wirkte gefaßt und zuversichtlich. Am 20. sagte er zu Frank, ehemals sein Rechtsanwalt und jetzt Generalgouverneur im besetzten Polen, »wir stehen vor einem Krieg mit der Sowjetunion«, und als Frank entsetzt reagierte: »Beruhigen Sie sich also!« Die deutschen Angriffstruppen würden schon bald durch Franks Gebiet

12. November 1940 – 22. Juni 1941   841

marschieren. Einen versuchten Einwurf wehrte er ab: »Ich kenne Ihre Schwierigkeiten sehr wohl. Aber denken Sie auch immer an die meinen!« Er spielte damit auf gegensätzliche Auffassungen über die Behandlung der besetzten Gebiete an. »Aber ich beschwöre Sie, sich mit Himmler zu verstehen. Ich kann jetzt derartige Auseinandersetzungen nicht mehr dulden.«[59] Am Abend wurde eine noch geheime Proklamation an die Truppe ausgegeben, und im Schutz der Dunkelheit rückten die Angriffsformationen vor. Bei Tagesanbruch am 21. Juni waren mehr als 3 Millionen Mann in Stellung.

Cripps, der zu Konsultationen in London war, ließ dem sowjetischen Botschafter Maisky eine weitere Warnung zukommen: »Wir haben verläßliche Informationen darüber, daß der deutsche Angriff morgen, am 22. Juni, beginnt, spätestens am 29. . . . Sie wissen, Hitler greift immer am Sonntag an.«[60] Maisky telegrafierte sofort nach Moskau, und endlich setzte Stalin die Rote Armee in Alarmbereitschaft. Ferner ließ er in Berlin einen mündlichen Protest vortragen, mit dem er sich gegen 180 Verletzungen des Luftraumes durch deutsche Flugzeuge verwahrte, die nachgerade systematisch und vorsätzlich geschähen.

In der Bendlerstraße sah man mit angehaltenem Atem, wie der Zeiger sich 13.30 Uhr näherte, dem letzten Augenblick, den Angriff abzublasen. Kein Wort aus der Reichskanzlei. »Barbarossa« lief an. Unterdessen mühte sich Hitler, dem Duce schriftlich zu erläutern, warum er Rußland angriff. »Duce! Ich schreibe Ihnen diesen Brief in einem Augenblick, da monatelange, sorgenvolle Erwägungen sowohl als ein ewiges nervenbelastendes Abwarten im härtesten Entschluß meines Lebens ihr Ende finden.« Die Sowjetunion habe Truppen an den Grenzen zum Reich zusammengezogen, und die Zeit arbeite für den Feind. »Ich bin daher nach einem ewigen Grübeln doch zu dem Entschluß gekommen, diese Schlinge lieber vorzeitig zu durchhauen, ehe sie zusammengezogen werden kann.«

Er unterließ jede Kritik an Italiens katastrophalen Abenteuern in Griechenland und Afrika und äußerte auch sonst keine Klagen. Der ganze Brief ist in einem achtungsvollen, um Verständnis bittenden Ton gehalten und endet fast, als befinde der Schreiber sich im Beichtstuhl: »Das Zusammengehen mit der Sowjetunion hat mich bei aller Aufrichtigkeit des Bestrebens, eine endgültige Entspannung herbeizuführen, doch oft schwer belastet, denn irgendwie schien es mir doch ein Bruch mit meiner ganzen Herkunft, meinen Auffassungen und meinen früheren Verpflichtungen zu sein. Ich bin glücklich, daß ich diese Seelenqualen nun los bin.«[61]

In Moskau hatte unterdessen Molotow den deutschen Botschafter zu sich bestellt, um der Verbalnote Nachdruck zu geben, die sein Botschafter in Berlin noch nicht hatte vortragen können. »Eine Reihe von Anzeichen erwecken den Eindruck, daß die Deutsche Regierung unzufrieden mit der Sowjetregierung sei. Es seien sogar Gerüchte im Umlauf, daß sich ein Krieg zwischen Deutschland und der Sowjetunion vorbereitet«[62], berichtet Schulenburg. Für Schulenburg war das peinlich gewesen, und er mußte sich darauf beschränken, in Berlin rückzufragen. Er war ebenso darüber im dunkeln wie Molotow, daß der Angriff in Stunden erfolgen sollte.

Unterdessen verlas an der Ostfront ein Kommandeur Hitlers Proklamation an seine Truppe. »Von schweren Sorgen bedrückt, zu monatelangem Schweigen verurteilt, ist nun die Stunde gekommen, in der ich zu Euch, meine Soldaten, offen sprechen kann.« Er nannte die Konzentration russischer Truppen an der Grenze und fortgesetzte Grenzverletzungen als Grund dafür, daß er »einen Aufmarsch« mit seinen Verbündeten, den Finnen und Rumänen, geschaffen habe, »der in Ausdehnung und Umfang der größte ist, den die Welt je gesehen hat. Deutsche Soldaten!« fuhr er fort, »damit tretet Ihr in einen harten und verantwortungsschweren Kampf ein. Denn: Das Schicksal Europas, die Zukunft des Deutschen Reiches, das Dasein unseres Volkes liegen nunmehr allein in Eurer Hand.«[63]

Entlang der rund 1500 km langen Front von der Ostsee bis zum Schwarzen Meer hörten ihn 3 Millionen Mann. Angst- und erwartungsvoll hockten sie in ihren Stellungen. Dies war die kürzeste Nacht des Jahres, doch kam sie denen endlos vor, die im blassen Dämmerlicht auf den Angriffsbefehl warteten. Kurz vor Mitternacht ratterte der Moskau-Berlin-Expreß über die Grenzbrücke auf deutsches Gebiet, gefolgt von einem langen mit Weizen beladenen Güterzug, der letzten Lieferung Stalins an Hitler.

Die Stimmung in Berlin war gespannt. Journalisten sammelten sich im Klub der Auslandspresse in der Fasanenstraße in der Hoffnung, von Beamten des Auswärtigen Amtes Neuigkeiten zu hören, gingen aber weg, als um Mitternacht immer noch nichts verlautete. In der Reichskanzlei war solcher Hochbetrieb, daß auch Leute wie Dietrich, Hitlers Pressechef, der von Barbarossa nichts wußte, merkte, »daß etwas Ungeheuerliches gegen Rußland im Gange war«.[64] Hitler war die personifizierte Zuversicht. »Spätestens in drei Monaten erleiden die Russen einen Zusammenbruch, wie die Welt noch keinen gesehen hat«, sagte er zu einem Adjutanten. Das war jedoch pures Theater. In dieser Nacht schlief er ebensowenig wie vor dem Einmarsch nach Frankreich.[65]

Genau ein Jahr nach Frankreichs Kapitulation in Compiègne, am 22. Juni um 3.00 Uhr früh, schlug die deutsche Infanterie los. 15 Minuten später war die ganze Ostfront in Rauch und Flammen gehüllt. Der Schein der Abschüsse erhellte den Himmel. Das lang erträumte »Unternehmen Barbarossa« war Wirklichkeit geworden, doch schon kamen seinem Schöpfer Bedenken. Die Verzögerung von fünf Wochen, notwendig geworden durch den Einmarsch nach Jugoslawien, gewann plötzlich einen bedrohlichen Anstrich. Hitler, ein Kenner der Geschichte, erinnerte sich, daß vor 129 Jahren genau an diesem Tag Napoleon auf seinem Weg nach Moskau schon den Njemen überschritten hatte.

12. November 1940 – 22. Juni 1941 843

Fünfzehn Minuten vor dem Angriffstermin lieferte Botschafter von Bismarck Hitlers langen Brief bei Ciano ab, der sogleich den Duce anrief. Mussolini war recht ärgerlich, wie ihn Hitler wieder einmal behandelte. »Ich störe des Nachts nicht einmal meine Diener, aber die Deutschen lassen mich rücksichtslos aus dem Bett springen.« Trotzdem gab er sofort Anweisung, der Sowjetunion den Krieg zu erklären und bestand auf der Entsendung einer italienischen Division an die neue Front.[66]

Schulenburg befand sich in Moskau auf dem Weg zu Molotow, mit einer Note, in der behauptet wurde, daß »Rußland zusammen mit England den Plan eines Angriffs gegen das Reich gefaßt und der Führer den Befehl erteilt habe, dieser Bedrohung entgegenzutreten«. Molotow hörte sich das schweigend an und sagte dann: »Das kann doch nicht sein, nennen Sie die Forderungen Ihrer Regierung.« Als Schulenburg meinte, ein Irrtum sei ausgeschlossen, der Krieg habe begonnen, meinte Molotow bitter: »Das ist ein großes Unglück, für uns und auch für Sie!«[67]

Ribbentrop ließ den russischen Botschafter um vier Uhr früh wissen, jetzt endlich habe er Zeit für ihn. Schmidt hatte den Chef nie so erregt gesehen. In seinem Arbeitszimmer ruhelos umherstreichend wiederholte er unablässig: »Der Führer hat absolut recht, wenn er jetzt Rußland angreift.« Es war, wie wenn er sich Mut zusprechen müßte. »Die Russen würden uns bestimmt ihrerseits angreifen, wenn wir es jetzt nicht täten.«

Punkt 4.00 Uhr trat der russische Botschafter Dekanosow ein, arglos die Hand zum Gruß hinstreckend. Ribbentrop unterbrach ihn gleich, als er seine Verbalnote aufsagen wollte. »Darum handelt es sich jetzt nicht«, vielmehr hätten feindselige Handlungen der Sowjetunion das Reich genötigt, militärische Gegenmaßnahmen zu ergreifen. »Ich bedaure, dem nichts weiter hinzufügen zu können, ... besonders da ich selbst zu dem Schluß gekommen bin, daß es mir trotz ernstem Bemühen nicht gelungen ist, zwischen unseren beiden Ländern vernünftige Beziehungen herzustellen.«[68]

Dekanosow faßte sich schnell, drückte seinerseits sein Bedauern aus und machte dafür die mangelnde Bereitschaft zur Mitarbeit bei den Deutschen verantwortlich. Er verbeugte sich knapp und verließ den Raum.

Um 6.00 Uhr früh wurden die Journalisten zu einer Pressekonferenz ins Außenministerium gebeten. Manche hörten schon auf der Straße aus Lautsprechern eine Mitteilung des Führers an sein Volk: »Deutsches Volk! Nationalsozialisten! Von schweren Sorgen bedrückt, zu monatelangem Schweigen verurteilt, ist nun die Stunde gekommen, in der ich endlich offen sprechen kann.« Dann warf er Rußland und England vor, mit Hilfe amerikanischer Lieferungen die Achse zerschmettern zu wollen. »Ich habe mich deshalb heute entschlossen, das Schicksal und die Zukunft des Deutschen Reiches und unseres Volkes wieder in die Hand unserer Soldaten zu legen. Möge der Hergott gerade in diesem Kampfe helfen!«[69]

24. Kapitel
>...was hinter dem Dunkel verborgen ist.< (22. Juni–19. Dezember 1941)

1

Am frühen Morgen des 22. Juni 1941 brachten die Berliner Tageszeitungen Extraausgaben heraus. Der darin gemeldete plötzliche Überfall auf einen Verbündeten wurde zwar mit Verblüffung zur Kenntnis genommen, aber auch mit Erleichterung, denn die Öffentlichkeit hatte nie recht verstanden, warum man mit den Kommunisten überhaupt ein Bündnis eingegangen war. Goebbels hatte von Hitler den Auftrag erhalten, die notwendigen Erklärungen zu liefern, und instruierte denn auch an diesem Vormittag seine Mitarbeiter folgendermaßen: »Durch den jetzt vom Führer aufgedeckten Verrat der bolschewistischen Machthaber kehrt der Nationalsozialismus und damit das deutsche Volk jetzt zu dem Gesetz zurück, nachdem es angetreten ist, zum Kampf gegen Plutokratie und Bolschewismus.« Der Führer habe ihm versichert, in vier Monaten sei der Rußlandfeldzug vorüber, »ich aber sage Ihnen, er dauert nur acht Wochen.«[1] Als er am gleichen Nachmittag auf einem Empfang gegenüber der Filmschauspielerin Olga Tschechowa, einer Nichte Tschechows, diese Prophezeiung wiederholte und hinzufügte: »Sie sind doch eine Kennerin des Landes, meinen Sie nicht auch, daß wir Weihnachten in Moskau sind?« erhielt er die gereizte Antwort: »Sie wissen, daß Rußland sehr groß ist. Sogar Napoleon mußte den Rückzug antreten.«[2] Goebbels verschlug es endlich einmal die Sprache und keine zehn Minuten später wurde der Schauspielerin höflich gemeldet, ihr Wagen warte vor der Tür.

In der Sowjetunion herrschte größte Verwirrung. Innerhalb von Stunden verlor die sowjetische Luftwaffe nach eigenen Angaben 1200 Maschinen; der Widerstand der Infanterie war nicht koordiniert. Stalin glaubte den ersten Meldungen nicht. Er befahl der Roten Armee, deutsches Gebiet nicht zu betreten, und seiner Luftwaffe, Bombenangriffe nicht weiter als 150 Kilometer in Feindesland vorzutragen. Er war so überzeugt, es handele sich um einen Irrtum, der mit diplomatischen Mitteln aufzuklären sei, daß er den Funkkontakt zur Wilhelmstraße nicht unterbrechen ließ und die Japaner

22. Juni – 19. Dezember 1941   845

aufforderte, als Vermittler zwischen Deutschland und der Sowjetunion einzugreifen.

Sein Botschafter in England hatte keine solche Illusionen. Er fragte vielmehr den Außenminister Eden rundheraus, ob die englische Regierung
unter dem Eindruck von Hitlers neuer »Friedensoffensive« in ihren Kriegs-
anstrengungen nachlassen würde, was Eden strikt verneinte. Churchill
wandte sich abends in einer Rundfunkrede an die Bevölkerung: »Hitler ist
ein Ungeheuer an Verruchtheit, unersättlich in seiner Blut- und Raubgier.
Nicht zufrieden damit, Europa den Fuß auf den Nacken gesetzt zu haben
oder es mit den verschiedensten Forderungen gemeiner Unterwerfung zu
terrorisieren, muß er sein Werk des Niedermetzelns und Verwüstens auch an
den ungeheuren Massen Rußlands und Asiens üben.« Und gegen Ende
seiner Ansprache sagte er: »Wir sind entschlossen, Hitler und jede Spur des
Naziregimes zu vernichten. Und davon wird uns nichts abhalten – nichts!
Wir werden niemals mit Hitler oder irgendeinem aus seiner Bande verhandeln oder unterhandeln.« Er verpflichtete sich, den Russen die größtmög-
liche Hilfe zukommen zu lassen. »Jeder Mensch und jeder Staat, der gegen
das Nazitum kämpft, wird unsere Hilfe haben. Jeder Mensch und jeder
Staat, der mit Hitler marschiert, ist unser Feind.«[3]

George Kennan, ein Mitglied der amerikanischen Botschaft in Berlin,
hatte dagegen Bedenken, die er in einem persönlichen Brief einem Freund im
State Departement mitteilte. »Mir scheint, daß eine Bewillkommnung Rußlands als Bundesgenosse bei der Verteidigung der Demokratie unsere eigene
Haltung in ein falsches Licht rücken und der deutschen Kriegführung unent-
geltlich eine dringend benötigte Aura von Tugendhaftigkeit verleihen
würde. Wäre das unsere Politik, so sehe ich nicht, wie wir vermeiden könnten, uns mit der russischen Vernichtung der baltischen Staaten zu identifi-
zieren, mit ihrer Attacke gegen die finnische Unabhängigkeit, mit der Teilung
Polens und Rumäniens, mit der Unterdrückung der Religion in ganz Osteuropa und mit der Innenpolitik eines Regimes, das überall in diesem Teil der
Welt gefürchtet und verabscheut wird und dessen Methoden nichts weniger
als demokratisch sind.«[4]

Auch Roosevelt wußte um Stalins diktatorisches Regime, seine Geheim-
nistuerei, seine Gier nach weiteren Territorien. Doch Hitler fürchtete er noch
mehr, und er billigte denn auch eine Verlautbarung des Außenministeriums,
in der es hieß, Hilfe für die Kommunisten stärke die Sicherheit Amerikas.
Vor der Presse sagte er: »Selbstverständlich helfen wir den Russen so gut
wir können«[5] – er sagte aber nicht, wann und wie dies geschehen sollte. Der
Papst vermied es, sich zu dem Einfall der Deutschen zu äußern, ließ aber
erkennen, daß er in diesem Kampf der Nazis gegen den Bolschewismus auf
Seiten der Nazis stand, denn er bescheinigte ihnen hochherzige Ritterlichkeit bei der Verteidigung der Grundlagen der christlichen Kultur. Eine
Anzahl deutscher Bischöfe unterstützten erwartungsgemäß offen den

Angriff. Einer nannte ihn »einen europäischen Kreuzzug«, eine Mission ähnlich der der Ordensritter. Er forderte alle Katholiken auf, »für einen Sieg zu kämpfen«, der Europa gestatten werde aufzuatmen und »allen Völkern eine neue Zukunft« verspreche.[6] Nach 24 Stunden nahm das Interesse der deutschen Öffentlichkeit merklich ab. Die Zeitungen hatten nichts besonderes von der Front zu berichten, und die Deutschen wandten sich dem Alltag zu. Am 23. Juni verließ Hitler um 12.30 Uhr mit seinem Gefolge Berlin Richtung Wolfsschanze, dem neuen Hauptquartier im Wald bei Rastenburg. Als man sich hier in Holzhütten und Betonbunkern einquartierte, war die Stimmung glänzend, Hitler allerdings hatte gemischte Gefühle. »Wir brauchen nur die Tür aufzustoßen und das ganze morsche Gebäude wird zusammenkrachen«[7], sagte er zu Jodl, kurz darauf aber zu einem Begleiter: »Der Beginn eines jeden Krieges ist wie das Aufstoßen eines großen Tors in einen dunklen Raum. Man weiß nicht, was hinter dem Dunkel verborgen ist.«[8]

Die anfänglichen Siege rechtfertigten die schönsten Hoffnungen. In den ersten beiden Tagen wurden zahllose Gefangene gemacht und die meisten Brücken fielen unbeschädigt in deutsche Hand. Der Feind leistete keinen organisierten Widerstand, und deutsche Panzer durchstießen die russischen Stellungen nach Belieben. Eine Woche lang erhielt die deutsche Öffentlichkeit keine näheren Informationen, doch Sonntag, den 29., kamen im Abstand von je einer Stunde zehn von Hitler selbst gebilligte Sondermeldungen über den Rundfunk. Goebbels hatte von einer solchen Überflutung mit Neuigkeiten abgeraten, Hitler fand den Gedanken jedoch glänzend. Im Lauf des Tages wurde ihm allerdings berichtet, mancherorts heiße es, der Krieg würde zum Spektakel erniedrigt; als Otto Dietrich meinte, die Leute blieben bei dem schönen Wetter nur ungern wegen der Sondermeldungen zu Hause, erwiderte Hitler, er kenne die Mentalität und Emotionen der Massen besser als Dietrich »und alle anderen Intellektuellen.«[9]

Der Vormarsch ging so schnell, die Zahl der sich ergebenden Rotarmisten war so groß, daß Halder am 3. Juli vermerkte, man dürfe ohne Übertreibung sagen, daß der Feldzug gegen Rußland in 14 Tagen gewonnen worden sei. Auch Hitler eröffnete seinem Gefolge: »Praktisch hat er – der Russe – den Krieg schon verloren«, und rühmte sich, wie gut es sei, »daß wir die russischen Panzer und Luftwaffe gleich zu Anfang zerschlagen haben. Die Russen können sie nicht mehr ersetzen.«[10] Viele Militärexperten im Westen waren derselben Meinung, und im Pentagon hieß es schon, die Rote Armee könnte vielleicht gerade noch vier Wochen durchhalten.

2

Den vorgehenden Truppen folgten vier SS-Einsatzgruppen von je 3000 Mann, die für die Sicherheit im Kriegsgebiet verantwortlich waren, mit anderen Worten, die Zivilbevölkerung daran hindern sollten, Widerstand zu leisten. Diese »Polizeitruppen« besonderer Art hatten von ihrem Chef Heydrich auch eine besondere Aufgabe erhalten. Sie sollten nicht nur alle bolschewistischen Funktionäre festsetzen und liquidieren, sondern auch alle Juden, Zigeuner, »minderwertige Asiaten« und »nutzlose Esser«, also Geisteskranke und unheilbare Kranke.

Heydrich hatte einige Mühe gehabt, die Einsatzgruppen zusammenzustellen. Kaum einer soll sich freiwillig gemeldet haben. Er hatte besonders die mittlere Führungsschicht aus allen Bereichen des SS-Polizeiapparates zusammengelesen. Eine seltsame Gruppe von Judenliquidatoren formierte sich: Vollakademiker mit doppelten Doktorgraden, Ministerialbeamte, auch ein protestantischer Geistlicher und ein Opernsänger waren darunter.[11] Man hätte annehmen können, daß gerade diese Leute am ungeeignetsten für die ihnen zugedachte Aufgabe seien, aber es sollte sich bald das Gegenteil erweisen. Da die sowjetische Presse über antisemitische Greueltaten in Deutschland kaum je berichtet hatte, ahnten die Juden nichts von Hitlers Säuberungsprogramm. Viele Juden begrüßten daher die Deutschen als Befreier und waren leicht festzunehmen. Obergruppenführer von dem Bach-Zelewski, Polizeikommandeur für Zentralrußland, sagte als Zeuge aus: »Die Nationalsozialisten waren zwar der Meinung, die Juden wären eine glänzend organisierte Gruppe, in Wahrheit jedoch wurden sie vollständig überrascht. Nie zuvor ist ein Volk so arglos in die Katastrophe gegangen. Die Juden waren auf nichts vorbereitet, auf überhaupt nichts.«[12]

Die Massenmorde wurden mit kühler Überlegung ausgeführt, es war eine geschäftsmäßige Operation, und die Berichte darüber waren in dem trockenen Ton der Bürokraten gehalten, als hätten die Henker es mit einer Ware zu tun, nicht aber mit Menschen. Die methodische Arbeit der Mordkommandos wurde nur selten von der Gegenwehr der Opfer behindert. Ein Henkerkommandeur berichtete: »Es ist bemerkenswert, mit welcher Fügsamkeit die Delinquenten sich erschießen lassen, Juden wie Nichtjuden. Ihre Todesangst scheint abgestumpft von einer Gleichgültigkeit, die als Folge zwanzigjähriger Sowjetherrschaft anzusehen ist.«[13]

Trotzdem machte die psychische Reaktion der eigentlichen Henker Heydrich zu schaffen. Unter den Mannschaften waren Nervenzusammenbrüche zu verzeichnen, viele ergaben sich dem Trunk, Offiziere litten an Magengeschwüren und anderen psychosomatischen Erkrankungen. Wieder andere ließen ihrem Sadismus die Zügel schießen, sie prügelten sinnlos auf ihre Opfer ein und verstießen damit gegen Himmlers Befehl, so »menschlich« wie möglich zu morden.

Himmler selbst wurde Zeuge davon, wie demoralisierend die tägliche Mordarbeit auf die Henker wirkte. Als er im Sommer nach Minsk kam, befahl er dem Kommandeur der Einsatzgruppe B, SS-Obergruppenführer Bach-Zelewski, 100 Gefangene erschießen zu lassen, weil er sich das einmal selbst ansehen wollte. Als das Hinrichtungskommando die Gewehre

848   *... was hinter dem Dunkel verborgen ist*

anschlug, bemerkte Himmler unter den zu Erschießenden einen blonden, blauäugigen, echt arischen Menschen, der keinesfalls dazugehören konnte. Ob er Jude sei? fragte Himmler. Ja. Beide Eltern seien Juden? Ja. Ob er überhaupt keine nichtjüdischen Vorfahren habe? Nein. Himmler stampfte mit dem Fuß auf. »Dann kann ich Ihnen auch nicht helfen.«

Die Henker feuerten, Himmler aber, der ja eigens angereist war um zuzusehen, starrte zu Boden und scharrte nervös mit den Füßen. Es folgte die zweite Salve. Wieder schaute er weg. Dann bemerkte er, daß zwei Frauen sich am Boden krümmten. »Foltern Sie doch diese Frauen nicht!« brüllte er. »Los, schießt sie tot, sofort!« Bach-Zelewski hatte auf genau solch eine Gelegenheit gewartet. Er forderte Himmler auf, sich selbst davon zu überzeugen, daß die Erschießungskommandos kurz vor dem Nervenzusammenbruch stünden. »Die sind für den Rest ihres Lebens erledigt. Was können wir erwarten, wenn wir unseren Leuten so etwas zumuten? Sie werden entweder Neurotiker oder Sadisten!«

Himmler versammelte die Leute um sich und hielt eine Rede. Die Männer, so erklärte er, hätten sicherlich bemerkt, daß ihm »das blutige Handwerk zuwider« sei, aber er müsse seine Pflicht tun, so schwer sie auch falle. Man müsse jedoch eine neue Hinrichtungsmethode finden.[14]

Rosenberg, der von Hitler Anweisung hatte, die Verwaltung in den besetzten Ostgebieten aufzubauen, war von den Gerüchten über diese Greuel tief beunruhigt. Er hatte sich alles anders vorgestellt. Er wünschte eine Art Selbstverwaltung für die eroberten Gebiete. Hitler hatte früher zu ihm gesagt, er plane im eroberten Rußland »schwache sozialistische Staaten« zu gründen. Rosenberg nahm an, Hitler sei grundsätzlich mit seinen Absichten einverstanden und seine Vorschläge würden auf einer Konferenz angenommen werden, die am 16. Juli in der Wolfsschanze zu diesem Thema Beschlüsse fassen sollte. Bormanns Notizen über den Verlauf der Konferenz ist zu entnehmen, daß Hitler sagte: »Auf keinen Fall darf die Welt erfahren, welche Absichten wir verfolgen. Es reicht völlig, wenn wir selbst wissen, was wir beabsichtigen.« Falls Rosenberg immer noch nicht gemerkt haben sollte, daß Hitler an »schwache sozialistische Staaten« nicht mehr dachte, dürfte er gleich darauf eines Besseren belehrt worden sein. »Nichts soll uns hindern, die notwendigen Maßnahmen zu ergreifen... Erschießung, Umsiedlung usw.... Es geht jetzt darum, den Kuchen zu zerschneiden, wie es unseren Bedürfnissen entspricht, also erstens: Rußland zu beherrschen, zweitens: es zu verwalten, drittens: es auszubeuten. Die Russen haben mit dem Partisanenkrieg hinter der Front begonnen, und das ist für uns insofern nützlich, als wir dadurch den Vorwand bekommen, alle und jeden zu liquidieren, die uns opponieren wollen.«[15]

Rosenberg bekam bei dieser Gelegenheit zwar den Titel eines Reichsministers für die besetzten Ostgebiete, doch die eigentliche Macht verblieb bei Himmler, der ihm gegenüber, was seinen Aufgabenbereich anging,

Eva Braun (rechts) mit ihrer Schwester Ilse. *Frau Schneider*

Eva mit neunzehn. Hitlers Lieblingsfoto. *Schneider*

August 1937 auf dem Berghof. Die Hochzeit von Evas Freundin Marion Schönemann (geb. Theissen). Neben dem Bräutigam kniet Gretl Braun, Evas Schwester. Stehend von links: Heinrich Hoffmann, Hanni Hoffmann, Eva Braun, Frau Dreesen (die Frau des Hotelbesitzers), Dr. Morell, Erna (Evas Freundin); rechts Hitler. *U. S. Army*

Hertha Schneider

Eva in den Kriegsjahren. *Frau Schneider/National Archives*

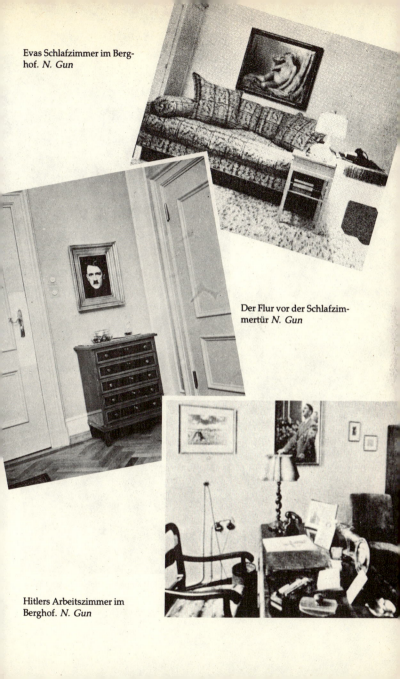

Evas Schlafzimmer im Berghof. *N. Gun*

Der Flur vor der Schlafzimmertür *N. Gun*

Hitlers Arbeitszimmer im Berghof. *N. Gun*

Hitler mit Brille. Eines der Geheimnisse, die er vor seiner Gefolgschaft zu verbergen versuchte. *N. Gun*

Das Teehaus beim Berghof. *Frentz*

Ein Nickerchen im Teehaus. Solche Bilder aus der Privatsphäre blieben unter Verschluß. *N. Gun*

Oben: Der allgegenwärtige Bormann im Wagen Hitlers. *Frentz*

Links: Frau Gerda Bormann mit einem ihrer neun Kinder. *Fath*

Oben: »Traudl« Junge (Hitlers jüngste Sekretärin) und ihr Mann Hans Junge (Hitlers Diener) im Sonderzug Hitlers. Rechts: Hitlers älteste Sekretärin Johanna Wolf. *Frentz*

Links: Die beiden anderen Sekretärinnen Hitlers, Gerda Daranowsky Christian (links) und Christa Schröder. *Frentz*

Nach den Erfahrungen an der Ostfront zieht sich Hitler auf den Obersalzberg zurück.
Frentz

Rechts: Hitler und SS-Adjutant Günsche auf dem Obersalzberg. *Günsche*

Unten: Hitler und Ordonnanzoffizier Wünsche besuchen eine Mädchenschule in Berchtesgaden. *Wünsche*

22. Juni – 19. Dezember 1941   857

weisungsbefugt war. Er war enttäuscht, daß Hitler immer noch an seinen
irrigen Vorstellungen von den Slawen festhielt, die er sich in jungen Jahren
in Wien aus Hetzschriften angeeignet hatte, in welchen die Slawen als faul,
primitiv, als unverbesserlich zweitklassige Menschen bezeichnet worden
waren. Ebenso verhängnisvoll war Hitlers ganz falsche Auffassung von der
Struktur der Sowjetunion. Die Ukrainer und andere Völker, die unter dem
Joch der Großrussen schwer zu leiden hatten, waren potentielle Verbündete
der Deutschen, und wenn man sie vernünftig behandelt und ihnen die
Selbstverwaltung zugestanden hätte, wären sie vermutlich ein Bollwerk
gegen den Bolschewismus geworden. Hitler hatte sich jedoch von Bormann
und Göring einreden lassen, sie alle wären Feinde, die mit der Peitsche
beherrscht werden müßten. Es schien hoffnungslos, ihn von dieser Meinung
abzubringen, doch Rosenberg nahm sich vor, es immer wieder zu versuchen.
Dieser Vorsatz war allerdings nicht sehr stark, denn niemand wußte besser
als Rosenberg, daß er Angst hatte, den Mund aufzumachen, wenn ihn Hitler
scharf ansah.

                                     3

Im Frühsommer 1941 erkrankte Hitler an Magenbeschwerden, die psycho-
somatischer Natur gewesen sein mögen. Er war bereits durch eine unmäßige
Medikation geschwächt – in der Woche schluckte er 120 bis 150 Tabletten
gegen Verdauungsstörungen und erhielt obendrein zehn Injektionen mit
Ultraseptyl, einem starken Sulfonamid. Sodann wurde er von Durchfall
heimgesucht, nichts seltenes in der sumpfigen Umgebung der Wolfsschanze.
Von Durchfall, Übelkeit und Gliederschmerzen gepeinigt, schwankte er
zwischen Schweißausbrüchen und Schüttelfrost. Gelegentlich eines Streites
mit Ribbentrop Ende Juli zeigte sich ein ernsteres Leiden. Als der Außenminister, von Anfang an ein Gegner des Überfalls auf die UdSSR, die Beherrschung verlor und seinen Führer anbrüllte, wurde Hitler leichenblaß, seine
Rede stockte, er griff sich ans Herz und sank in einen Sessel. Es entstand ein
angstvolles Schweigen. Schließlich sagte Hitler: »Ich dachte schon, ich habe
einen Herzanfall. Sie dürfen mir nie wieder so widersprechen!«[16]
    Dr. Morell war so bestürzt, daß er ein Elektrokardiogramm durch Pro-
fessor Weber in Bad Nauheim auswerten ließ, eine Kapazität für Herzleiden.
Weber wußte natürlich nicht, daß er Hitlers Elektrokardiogramm in der
Hand hielt, und er stellte die Diagnose: rasch fortschreitende Coronar-
sklerose, eine praktisch unheilbare Herzkrankheit. Morell hat Hitler darüber
wohl im Unklaren gelassen, jedenfalls hat er mindestens einmal im Beisein
anderer erklärt, das Herz des »Führers« sei kerngesund. Allerdings fügte er
der ohnedies reichlichen Medikation noch Cardiazol hinzu und Sympatol 3,
das etwa 1% der Wirkung von Adrenalin hat.[17]
    Hitler wurde mitten in einer hitzigen Auseinandersetzung mit seinen

858 ... *was hinter dem Dunkel verborgen ist*

Befehlshabern über die Kriegführung von seiner Krankheit befallen. Schon hatte er befohlen, den Vorstoß auf Moskau anzuhalten; er beraubte die Heeresgruppe Mitte ihrer stärksten Panzerformationen und schickte diese teils nach Leningrad, teils zur Heeresgruppe Süd zwecks Unterstützung des Vorstoßes in die Ukraine. Hitler meinte, beide Operationsziele seien wichtiger als Moskau; Leningrad, weil es ein Zentrum der Rüstungsindustrie war (und nach Lenin genannt wurde), die Ukraine wegen ihrer wirtschaftlichen Bedeutung. Nicht nur war die Ukraine ein hochbedeutendes Industriegebiet und die »Kornkammer« der Sowjetunion, sondern die Halbinsel Krim konnte als Basis für russische Bomber bei ihrem Einsatz gegen die rumänischen Erdölfelder von Ploesti dienen. War die Krim erst einmal in deutscher Hand, war der Weg zum Kaukasus frei.

Hitlers Krankheit verschaffte Brauchitsch und Halder die Gelegenheit, seine Pläne zu durchkreuzen. Heimlich machten sie sich daran, ihre eigenen Vorstellungen zu verwirklichen, wobei Halder seine Beziehungen zu Jodl spielen ließ. Erst als Hitler Mitte August auf dem Wege der Besserung war, begriff er ganz, was hinter seinem Rücken gespielt worden war: Weder war sein eigener Plan verwirklicht worden, noch der von Halder, sondern eine Mischform von beiden. Um die Lage zu klären, gab Hitler am 21. August eine unmißverständliche Weisung heraus: »Das vor Wintereinbruch zu erreichende Operationsziel ist nicht Moskau, sondern die Krim.« Der Angriff auf Moskau könne erst beginnen, wenn Leningrad genommen und die 5. russische Armee im Süden aufgerieben sei. Diesem Befehl folgte wenige Stunden später eine ausführliche Denkschrift, die im Zustand der Wut abgefaßt und von den Empfängern mit großer Entrüstung gelesen wurde. Sie war eine unverhüllte Belehrung darüber, wie man einen Feldzug zu führen habe und enthielt den Vorwurf, ungenannte Befehlshaber ließen sich von »egoistischen Wünschen« und ihrer »despotischen Veranlagung« leiten; sie bezeichnete die Heeresführung als eine Ansammlung von »versteinerten Hirnen, die an veralteten Theorien kleben«.

Engel notierte: »Ein schwarzer Tag für das Heer.« Halder vermerkte: »Noch nie dagewesen! Unerträglich! Das ist die Höhe!« Am 22. August klagten er und Brauchitsch einander stundenlang ihr Leid, verurteilten Hitlers »unzulässige« Eingriffe in die Heeresführung und fanden, eigentlich sollten sie alle beide den Hut nehmen. Der alternde, kränkliche Feldmarschall überlegte es sich dann aber noch einmal anders, denn »es wäre nicht praktisch und ändern tut es auch nichts«. Er beschwichtigte sogar aufsässige Offiziere seines Stabes mit der Versicherung, Hitler habe versprochen, daß alle verfügbaren Kräfte auf Moskau angesetzt werden würden, sobald der Sieg in der Ukraine gesichert sei. Die Rebellion – wenn man sie denn überhaupt so nennen darf – endete in gedämpftem Murren.[18]

4

Diese kleine Krise wurde schon bald übertüncht durch das Spektakel, das man aus einem Frontbesuch Mussolinis machte. Der Duce kam eigens, um dem Führer eine Verstärkung des italienischen Kontingentes anzudienen: so würde denn einiges von dem Ruhm, den Kommunismus zerschmettert zu haben, auch auf ihn entfallen. Als sein Sonderzug sich Rastenburg näherte, war der Duce allerdings nicht in der Verfassung, es mit seinem Verbündeten aufzunehmen; er sah recht blaß aus, denn er trauerte um seinen Sohn Bruno, der kürzlich bei einem Flugzeugabsturz umgekommen war.

Hitler holte Mussolini an dem kleinen Bahnhof nahe der Wolfsschanze ab und gab ihm für den Rest des Tages keine Gelegenheit, zu Wort zu kommen. Er redete unaufhörlich vom bevorstehenden Sieg im Osten, der Dummheit der Franzosen und den üblen Machenschaften der jüdischen Clique um Roosevelt. Als sein Gast endlich dazu kam, ihm mehr Truppen anzubieten, wechselte Hitler das Thema. Sein Monolog riß auch während der nächsten Tage nicht ab, und Mussolini bekam es so satt, von den Heldentaten der Deutschen zu hören, daß er nun seinerseits von den ruhmreichen Tagen des alten Rom im allgemeinen und dem General Trajan, der eben dort gekämpft hatte, wo man sich befand, im besonderen zu schwadronieren begann.

In Uman in der Ukraine besichtigte man eine italienische Division, und als die Bersaglieri mit wehenden Hahnenfedern »Duce!« brüllend auf Motorrädern vorbeiknatterten, glühte Mussolini vor Begeisterung. Als man dann aber die noch rauchenden Trümmer von Uman aufsuchte und Hitler von seinen Soldaten begrüßt wurde, stand wieder der Führer im Rampenlicht. Nach dem Essen ließ er den Duce allein und erging sich formlos zwischen seinen Soldaten. Der Duce war beleidigt und rächte sich auf dem Rückflug. Er setzte sich in die Pilotenkanzel, wo Baur von seinem sachverständigen Interesse ganz entzückt war, besonders als der Duce verlangte, an den Steuerknüppel gelassen zu werden. Hitler in seiner Verblüffung gab die Erlaubnis, bereute das jedoch sofort, als er sehen mußte, wie sein einstiger Abgott die Maschine mit dem Elan eines Jünglings steuerte.

Das war jedoch nur ein kurzlebiges Vergnügen, und auf der langen Heimreise im Zuge war der Duce äußerst niedergeschlagen. Nicht nur wollte man von einem weiteren italienischen Kontingent nichts wissen, Mussolini hatte auch den Eindruck gewonnen, als werde der Krieg im Osten lange dauern und viel Blut fordern. Aus seiner Depression wurde blanke Wut, als er erfahren mußte, daß Ribbentrop sich weigerte, das gemeinsam vereinbarte Kommuniqué herauszugeben; offenbar war der Name des Außenministers hinter dem von Keitel genannt worden.

Diesmal allerdings willfahrte Hitler dem Duce und rief Ribbentrop zur Ordnung. Als er seine Ehre dergestalt gerächt sah, hoben sich Mussolinis Lebensgeister und er gab seinem Botschafter in Berlin Anweisung, wie

860   *. . . was hinter dem Dunkel verborgen ist*

er den Bericht über seinen Frontbesuch abgefaßt zu sehen wünschte. »Erwähnen Sie unbedingt, daß ich persönlich die viermotorige Führermaschine auf dem Rückflug gesteuert habe.«[19]

Hitler kam unterdessen in der Wolfsschanze zu der Überzeugung, es sei nun an der Zeit, Moskau anzugreifen. Beim Tee im Kasino mit seinen Sekretärinnen und Begleitern blickte er starr auf eine große Wandkarte und sagte dann mit tiefer, heiserer Stimme: »In einigen Wochen sind wir in Moskau, daran ist nicht zu zweifeln. Und dann werde ich Moskau dem Erdboden gleichmachen. Ich werde ein Staubecken dort anlegen. Der Name Moskau muß vollständig ausgelöscht werden.«[20] Am Nachmittag des 5. September wies er denn auch Halder an: »In acht bis zehn Tagen geht es im Mittelabschnitt los.« Beim Abendessen war er guter Stimmung. Werner Koeppen, Rosenbergs Verbindungsmann im Führerhauptquartier, machte sich Notizen. Dies tat er auf Rosenbergs Geheiß bereits seit Anfang Juli. Koeppen nahm an, der Führer wisse, daß er die Tischgespräche festhielt, er machte unauffällig Notizen auf der Papierserviette und übertrug anschließend alles, woran er sich genau erinnerte. Das Original samt einer Kopie wurde durch Kurier nach Berlin weitergeleitet.

Ohne daß Koeppen davon wußte, saß noch ein zweiter »Eckermann« am Tisch. Kurz nach seiner Ankunft in der Wolfsschanze hatte Bormann seinen Adjutanten Heim beiläufig angewiesen, unauffällig festzuhalten, was der Chef bei Tische so von sich gab. Dabei solle er sich möglichst auf sein Gedächtnis verlassen und Hitler nicht merken lassen, daß er Protokoll führte. Heim war jedoch auf Genauigkeit aus und machte ausführliche Notizen auf Karteikarten, die er auf dem Schoß hielt. Bormann war davon etwas betroffen, ließ Heim aber weitermachen.* Heim erinnert sich: »Das ging so weiter, ohne daß Bormann mir irgendwelche Anweisungen gab oder Wünsche äußerte. Er war nur sehr erfreut darüber, daß auf diese Weise vieles festgehalten und vor dem Vergessenwerden bewahrt werden würde.«[21]

Heim hatte mit zwei Schwierigkeiten zu kämpfen: Er mußte die wichtigsten Passagen auswählen (was er niederschrieb, wurde oft schon von den

---

* Diese Notizen wurden später in England, Frankreich und Deutschland veröffentlicht, hier unter dem Titel »Hitlers Tischgespräche«, herausgegeben von Henry Picker, der von März bis Juli 1942 Heim als Hofstenograph vertrat. Die Verleger haben Heim niemals aufgefordert, sich zu den Veröffentlichungen zu äußern und Fehler zu korrigieren. Was veröffentlicht ist, klingt durchaus zutreffend, es fehlen aber viele wichtige Passagen. In der Pickerschen Ausgabe sind nur etwa ein Sechstel der Originalnotizen enthalten. Heim glaubt fest, daß Hitler nicht wußte, daß Protokoll geführt wurde. Hitlers Adjutant Schaub hat ihm dies nach dem Krieg bestätigt. Heim lebt derzeit in München ganz in der Nähe von Koeppen, weiß aber erst seit kurzem, daß auch dieser die Tischgespräche protokollierte. Die beiden Protokolle ergänzen einander. Heim hat vorsätzlich aus Geheimhaltungsgründen alles Militärische weggelassen, Koeppen aber nicht. Dessen Notizen sind besonders wertvoll, weil sie Heims ausführlichere Aufzeichnungen bestätigen.

22. Juni – 19. Dezember 1941   861

folgenden Worten des Führers übertroffen) und darauf achten, daß Hitler
nicht merkte, daß er mitschrieb. Mittags und abends konnte er seine
Schreiberei gut verbergen, wenn aber spät nachts im Bunker noch Tee
getrunken wurde, mußte er sich ganz auf sein Gedächtnis verlassen und
brachte höchstens zwei oder drei Notizen zu Papier. »Heimchen«, wie dieser
freundliche Mensch genannt wurde, war (wie Koeppen) eine so unauffällige
Erscheinung, daß Hitler sich ungezwungen und spontan über alle erdenklichen Gegenstände ausließ.

Heims und Koeppens Aufzeichnungen lassen erkennen, wie die unerhört
bedeutenden Dinge an der Ostfront sich entwickelten. So etwa ließ Hitler
sich am 17. September über Entschlußfreudigkeit vernehmen: »Man darf
nicht zögern, wenn eine innere Stimme befiehlt zu handeln. Voriges Jahr
kostete es mich große Kraft, den Entschluß zu fassen, den Bolschewismus
anzugreifen. Ich mußte vorhersehen, daß Stalin 1941 seinerseits angreifen
würde, und deshalb war es notwendig, unverzüglich zu handeln, um ihm
zuvorzukommen. Und vor Juni war das unmöglich. Selbst um einen Krieg
anzufangen, muß man das Glück auf seiner Seite haben. Wenn ich bedenke,
wieviel Glück wir hatten!« Die derzeit ablaufende militärische Operation sei
von vielen Leuten als undurchführbar verworfen worden. »Ich mußte meine
ganze Autorität einsetzen, um sie zu erzwingen. Nebenbei bemerkt, beruht
ein großer Teil unserer Erfolge auf sogenannten Fehlern, die wir begangen
haben.«

Seinen faszinierten Zuhörern erläuterte er, daß dem die Weltherrschaft
zufallen würde, der sich den russischen Raum aneigne. »Europa wird dann
eine uneinnehmbare Festung sein, nicht mehr der Drohung einer Blockade
ausgesetzt. Dadurch ergeben sich wirtschaftliche Perspektiven, die auch die
liberalsten westlichen Demokraten der Neuordnung geneigt machen
werden. Im Augenblick kommt es nur darauf an, zu erobern. Alles andere ist
dann eine Frage der Organisation.« Die Slawen seien geborene Sklaven, die
sich nach einem Herrn sehnten, und die Rolle Deutschlands in der Sowjetunion werde vergleichbar der Rolle Englands in Indien sein. »Wir werden
dieses Reich mit einer Handvoll Leute regieren, wie die Engländer es dort
machen.«

Er verbreitete sich darüber, wie er aus der Ukraine die Kornkammer für
ganz Europa machen und die Bevölkerung mit bunten Fetzen und Glas-
perlen bei Laune halten wolle. Dann schloß er mit einem Geständnis: Die
Welt möge ja vielleicht von einer allgemeinen Friedenskonferenz träumen,
er aber wolle lieber noch zehn Jahre Krieg führen, als um die Früchte des
Sieges betrogen werden.[22]

Als dann drei Tage später Kiew fiel, herrschte Jubel in der Wolfsschanze.
Nun dürfe man der baldigen Eroberung der gesamten Ukraine gewiß sein,
sagte Hitler voraus, und wieder einmal sei er glänzend gerechtfertigt, weil er
dem Vorstoß im Süden die Priorität eingeräumt hatte. Am 21. September

erzählte er strahlend bei Tische, bei Kiew seien 145 000 Gefangene gemacht worden, und die Umfassungsschlacht sei die verwickeltste der gesamten Kriegsgeschichte gewesen. Die Sowjetunion liege in den letzten Zügen.

Am 25. September äußerte er Befürchtungen wegen der Untermenschen weiter östlich: diese Asiaten müßten hinter den Ural zurückgeworfen werden, sonst bleibe Europa bedroht. »Es sind Bestien, egal ob unter dem Bolschewismus oder dem Zarismus – und sie werden es bleiben.²³ Am späteren Abend verbreitete er sich über die soldatischen Tugenden und verglich die Feuertaufe des Mannes mit dem ersten sexuellen Erlebnis der Frau. In beidem sah er offenbar aggressive Handlungen. »Der Jüngling reift in wenigen Tagen in der Schlacht zum Manne. Wäre ich nicht selbst in solchen Erlebnissen hart geworden, ich hätte diese zyklopische Aufgabe nicht übernehmen können, die die Schaffung eines Weltreiches für einen einzelnen bedeutet.« 1914 sei er als reiner Idealist an die Front gegangen. »Dann sah ich Tausende um mich her fallen, und ich lernte: Das Leben ist ein Kampf, es kennt kein anderes Ziel als die Erhaltung der Art.«²⁴

Bei Tische wurde nun fast ausschließlich von den Kämpfen im Osten gesprochen, denn an der einzigen anderen Front, wo überhaupt gekämpft wurde, in Nordafrika, herrschte derzeit Ruhe. Die Engländer waren bei dem Versuch, Rommel zurückzuwerfen, kläglich gescheitert, und zu Beginn des Herbstes war keine der beiden Seiten gewillt, eine neue Offensive zu beginnen. Hitler konzentrierte seine gesamte Energie und alle verfügbaren Kräfte des Heeres auf den Angriff gegen Moskau, bekam von Feldmarschall von Bock aber zu hören, es sei für solch eine Operation bereits zu spät im Jahr. Man solle den Winter in befestigten Stellungen abwarten. Hitler erwiderte darauf: »Als ich noch nicht Reichskanzler war, habe ich gemeint, der Generalstab gleiche einem Fleischerhund, den man fest am Halsband haben müsse, weil er sonst jeden Menschen anzufallen drohe . . .« In Wahrheit jedoch habe der Bluthund sich als äußerst zahm erwiesen, er habe von der Aufrüstung abgeraten und von der Rheinlandbesetzung, von dem Einmarsch nach Österreich und in die Tschechoslowakei, ja sogar vom Krieg gegen Polen. »Ich bin es, der diesen Fleischerhund immer erst antreiben muß.«²⁵

Hitler beharrte also darauf, gegen Moskau einen massierten Angriff zu führen, und Bock begann ihn denn auch am 30. September 1941 unter der Tarnbezeichnung Taifun. Sein Auftrag lautete, die sowjetischen Streitkräfte im Mittelabschnitt mit seinen 69 Divisionen zu vernichten und sodann rechts und links in einer Zangenbewegung an Moskau vorbei die Stadt einzuschließen und die Zange 150 km im Rücken der Roten Armee zu schließen.

Die russische Heeresleitung, die nicht damit rechnete, daß so spät im Jahr noch eine Großoffensive begonnen werden könnte, wurde völlig überrascht, und in den ersten 24 Stunden stießen Guderians Panzer bis zu 80 km tief

22. Juni – 19. Dezember 1941 863

durch die russische Front. Deutsche Infanterie räumte mit vereinzeltem Widerstand auf.

Am 2. Oktober stand der Sieg für Hitler fest und er begab sich nach Berlin. Er hatte seit Monaten nicht mehr zum deutschen Volk gesprochen. So wurde tags darauf eine Rede im Sportpalast angekündigt, angeblich, um zu erhöhter Spendenfreudigkeit für das Winterhilfswerk aufzurufen, in Wahrheit aber, um eine bedeutende Proklamation zu verlesen. »Am 22. Juni morgens«, dröhnte es aus den Volksempfängern überall im Reich, »setzte nun dieser größte Kampf der Weltgeschichte ein.« Alles sei genau nach Plan gelaufen. »Ich spreche das hier heute aus, weil ich es heute sagen darf, daß dieser Gegner bereits gebrochen ist und sich nie wieder erheben wird.«

Dann zählte er auf, was der Sieg ihm eingetragen hatte: 2500000 Gefangene; 22000 Geschütze; 18000 Panzer; mehr als 14500 Flugzeuge. Und so immer weiter. Der deutsche Soldat sei bis zu 1000 km (Luftlinie!) vorgedrungen, 25000 km des russischen Schienennetzes seien auf die deutsche Spur umgestellt worden. Allerdings äußerte er für einen Menschen, der eben noch behauptet hatte, die Sowjetunion liege am Boden und werde sich nie mehr erheben, sonderbar anmutende Bedenken: Im Osten tobe ein Krieg der Ideologien, und die besten Teile des deutschen Volkes müßten nunmehr zu einer unauflöslichen Einheit zusammengeschmiedet werden. »Nur dann, wenn dieses ganze deutsche Volk zu einer einzigen Opferbereitschaft wird, dann allein können wir hoffen und erwarten, daß uns die Vorsehung auch in der Zukunft beistehen wird. Der Herrgott hat noch niemals einem Faulen geholfen, er hilft auch keinem Feigen. Hier gilt der Grundsatz: Volk hilf dir selbst, dann wird der Herrgott dir seine Hilfe nicht verweigern.«[26]

Eine bemerkenswerte Ansprache – voll prahlerischer Siegeszuversicht und zugleich ein Appell an die Opferbereitschaft, zur Abwehr einer Katastrophe. Abends wurde die Einnahme von Orel gemeldet, und die Deutschen dachten ausschließlich an Sieg. Guderians Panzer waren so überraschend gekommen, daß sie von den Straßenpassanten für eigene gehalten wurden und man ihnen zuwinkte; für den Ural bestimmte Industrieausrüstungen wurden unbeschädigt erbeutet.

Am 6. Oktober war Hitler wieder in der Wolfsschanze, und Koeppen notierte, beim Abendbrot sei er besonders gut gestimmt gewesen. Beim Mittagessen war von der Widerstandstätigkeit in der Tschechoslowakei die Rede gewesen, für welche Hitler die Lösung vorschlug, »alle Juden ganz weit nach dem Osten zu deportieren«. Dabei kam er auf die Idee, man könnte auch die Berliner und Wiener Juden in die gleiche Gegend deportieren, denn die Juden seien es schließlich, die feindliche Propaganda verbreiteten.

Guderian schloß an diesem Tage den Kessel von Briansk um drei sowjetische Armeen. Beim Abendessen war Hitler wie gesagt guter Laune, und von Politik war keine Rede. Er ließ sich sogar zu witzigen Bemerkungen

864   . . . was hinter dem Dunkel verborgen ist

hinreißen. Major Engel sei gerade von einem Hund gebissen worden, und
das erkläre die im Führerhauptquartier grassierende Tollwut.

Es folgten weitere Siege, und keine zwei Tage, da ließen die Berichte von
der Front erkennen, daß die Rote Armee im wesentlichen als besiegt gelten
mußte. Nun, da die Einnahme Moskaus zu erwarten war, befahl Hitler, nicht
ein einziger deutscher Soldat dürfe die Stadt betreten. »Diese Stadt wird
zerstört und vom Erdboden ausgetilgt werden.«[27]

Nach der Lagebesprechung am 9. Oktober sagte Hitler zu Otto Dietrich,
die Öffentlichkeit solle nun über die neuesten Operationen ins Bild gesetzt
werden. Kurz darauf diktierte er, mit langen Schritten im Bunker auf und ab
gehend, die Siegesmeldung, die Dietrich der Presse übergeben sollte. Als
dieser die Meldung tags darauf in Berlin bekanntgab, verschwor er sich mit
erhobenem Arm: »Und für die Richtigkeit dieser Meldung stehe ich mit
meinem Ruf als Journalist ein!« Smith von der *New York Times* erinnert
sich, daß die Korrespondenten vom Balkan und die der Achsenmächte vor
Wonne tobten; »dann standen sie auf und hoben den Arm zum Gruß an
Dietrich.«[28]

An diesem Vormittag las man in der deutschen Presse von großen Siegen:
zwei sowjetische Heeresgruppen seien eingeschlossen. Es war zu bemerken,
daß die bislang bedenklichen Gesichter sich aufheiterten. Es hieß in Berlin
bereits, Moskau sei gefallen, und wenn nach den Sondermeldungen die
Nationalhymne gespielt wurde, hoben viele feierlich den Arm zum Gruß.

Bezeichnenderweise erließ an eben diesem Tage Feldmarschall von Reichenau, der erste zum Nationalsozialismus übergetretene General, einen
Befehl an die 6. Armee, schärfer mit Partisanen zu verfahren. Man befinde
sich nicht in einem gewöhnlichen Kriege, vielmehr in einem Kampf auf
Leben und Tod zwischen deutscher Kultur und dem jüdisch-bolschewisti-
schen System. Der deutsche Soldat müsse begreifen, daß es notwendig sei,
die jüdischen Untermenschen streng, aber gerecht zur Rechenschaft zu
ziehen. Auch Rundstedt, Manstein und weitere Heeresbefehlshaber erließen
solche Anordnungen.

Hitler hatte nicht die Niederlage der Sowjets und den totalen Sieg verkündet, um Propaganda zu machen oder die Moral der Heimatfront zu
stärken, sondern weil er glaubte, es verhalte sich wirklich so. Am 13. Oktober machte Hans Fritzsche, Leiter der Abteilung Deutsche Presse in Goebbels Propagandaministerium grundsätzliche Ausführungen über die künftigen politischen Planungen vor dem Berliner Verband der auswärtigen
Presse: »Die militärische Entscheidung dieses Krieges ist gefallen. Was nun
noch zu tun bleibt, trägt vorwiegend politischen Charakter nach Innen und
nach Außen«, widersprach sich aber gleich selbst: das deutsche Volk müsse
sich auf weitere zehn Jahre fortgesetzten Kampfes im Osten einrichten. Die
Presse müsse daher das Durchhaltevermögen stärken. »Das *Stehvermögen*
des deutschen Volkes muß gestärkt werden, dann wird sich die Entwicklung

22. Juni – 19. Dezember 1941

so planmäßig vollziehen, daß innerhalb kurzer Zeit niemand mehr merkt, daß überhaupt Frieden geschlossen wurde.«[29]

Sollte Hitler ebenfalls Zweifel gehabt haben, mögen die verflogen sein, als man ihm meldete, am 15. Oktober sei das diplomatische Corps aus Moskau nach Kuibyschew evakuiert worden, fast 1000 km nach Osten. Tatsächlich herrschte in der Stadt Panik und es heißt, Stalin habe zeitweise ganz und gar den Kopf verloren. Ein Gerücht, demzufolge zwei deutsche Panzer auf einem Vorortbahnhof stünden, löste einen Ansturm auf die Bahnhöfe aus, und zum ersten Mal in der sowjetischen Geschichte kam es der Verkehrsdichte wegen zu Stauungen: Funktionäre flüchteten en masse in Automobilen. Eingekeilte Wagen wurden von Fußgängern geöffnet, man zerrte die Insassen heraus und raubte sie aus, insbesondere wenn man sie für Juden hielt.

Deserteure und Arbeiter plünderten Ladengeschäfte, weil niemand sie daran hinderte. Es hieß, Lenins Leichnam sei aus dem Mausoleum entfernt worden, Stalin habe sein Heil in der Flucht gesucht. Eine finster entschlossene Minderheit errichtete Barrikaden und war gewillt, den Vormarsch der Nazis mit dem eigenen Leibe aufzuhalten, doch in der Mehrzahl waren die Moskauer demoralisiert und erwarteten die Deutschen in einer sonderbaren Mischung aus Apathie und Zuversicht. Viele kauften deutsch-russische Wörterbücher, um die Sieger in deren eigener Sprache begrüßen zu können.

In der Wilhelmstraße hieß es derweil, Stalin habe über König Boris von Bulgarien um Waffenstillstand ersucht. Hesse erfuhr ganz vertraulich von Ribbentrop, Hitler habe tatsächlich solch ein Angebot erhalten aber abgelehnt, »weil er überzeugt war, daß er diese Prüfung überwinden und doch noch siegen würde.«[30] Seine Befehlshaber waren überwiegend der gleichen Meinung. Jodl beispielsweise meinte, die Sowjets hätten die letzten Reserven verpulvert, und beim Abendessen war nur von der herrlichen Zukunft die Rede. Hitler sah seinen Traum vom Lebensraum bereits Wirklichkeit geworden.[31]

Zwei Tage später hatte der Mann, den Hitler bewunderte, aber auch verhöhnte, die Fassung zurückgewonnen und fragte den Vorsitzenden des Moskauer Stadtsowjets: »Können wir Moskau verteidigen?« Ohne die Antwort abzuwarten, verkündete Stalin sodann den Belagerungszustand. Die Ordnung sollte rigoros wiederhergestellt, Plünderer und Deserteure ohne Verfahren erschossen werden. Die Bevölkerung spürte bald die feste Hand und die Moral hob sich merklich.[32]

Der Widerstand sowjetischer Truppen vor Moskau versteifte sich, die deutschen Angriffsspitzen, die auf 65 km an die Stadt herangekommen waren, verlangsamten ihr Tempo. Nun schlug das Wetter um, es begannen die Herbstregen, und während die deutschen Panzer im Schlamm festsaßen, blieb der T-34 manövrierfähig. Hitler hatte seine Siege durch bewegliche, massierte Feuerkraft erfochten, also durch Panzer mit Luftunterstützung.

Seine Luftwaffe hatte über Rußland zwar die Luftherrschaft, doch das Wetter hielt sie ebenso am Boden fest, wie es die deutschen Panzer unbeweglich machte.

Die Militärs schoben die Schuld am Steckenbleiben der Offensive nicht allein dem härteren Widerstand der Roten Armee und dem Wetter zu, sondern behaupteten, schuld sei Hitler, der die Offensive eben nicht einen Monat früher habe anlaufen lassen. Wäre er ihrem Rat gefolgt, Moskau wäre nur noch ein Trümmerhaufen, die sowjetische Regierung davongejagt, die Rote Armee besiegt. Puttkamer allerdings meinte, die wahren Schuldigen wären Brauchitsch und Halder gewesen, die Hitlers Pläne während dessen Krankheit durchkreuzten.

Ende Oktober hielt früher als erwartet der russische Winter seinen Einzug. Für die Truppe wurde das Leben fast unerträglich. Entlang der gesamten Front kam es kaum mehr zu Vorwärtsbewegungen, und wenn, dann nur zu sehr bescheidenen. Ende des Monats war die Lage so verzweifelt, daß der Architekt Giesler Anweisung erhielt, sofort alle Bauarbeiten in Berlin einzustellen und alle verfügbaren Arbeiter, Maschinen und sonstiges Material beim Straßen- und Eisenbahnbau im Osten einzusetzen.

Hitler gab sich bei Tische zuversichtlich wie immer. Am Abend vor der Abreise nach München, wo er wieder mal die Jubiläumsrede zum 9. November halten wollte, erging er sich in Scherzen und Anekdoten. Sein Gegner in Moskau hielt unterdessen zum Gedenken an die Oktoberrevolution eine Massenveranstaltung in der U-Bahnstation Majakowsky ab. Die Stimmung war hier teils zuversichtlich, teils völlig niedergeschlagen. Stalin gestand ein, der Aufbau des Sozialismus sei durch den Krieg zurückgeworfen worden. Die Verluste der Roten Armee betrügen bereits jetzt an die 1 700 000 Mann. Die Behauptung der Faschisten, das Sowjetsystem sei bereits zusammengebrochen, entspreche aber nicht den Tatsachen. »Das sowjetische Hinterland steht geschlossener zu uns denn je. Jedes andere Land, das solche Gebietsverluste hinnehmen mußte wie wir, hätte gewiß aufgegeben.« Rußland stehe vor einer schweren Aufgabe, denn auf seiten Deutschlands kämpften dessen Verbündete – Finnen, Rumänen, Italiener und Ungarn –, während den Sowjets bislang nicht ein einziger englischer oder amerikanischer Soldat zu Hilfe gekommen sei.

Sodann appellierte er leidenschaftlich im Namen Plechanows und Lenins, Belinskys und Tschernischewskys, Puschkins und Tolstois, Gorkis und Tschechows, Glinkas und Tschaikowskys, Setschenows und Pawlows, Suworows und Kutusows an das Nationalgefühl der Russen. »Die deutschen Invasionstruppen wollen einen Ausrottungskrieg gegen die Völker der Sowjetunion führen. Nun gut. Wenn sie ausrotten wollen, sollen sie ausgerottet werden!«

Stalin hatte also wieder das Heft in der Hand, und am 7. November sprach er ebenso kraftvolle Worte zu den auf dem Roten Platz aufmarschier-

22. Juni – 19. Dezember 1941 867

ten Truppen. Untermalt von Geschützfeuer und dem Dröhnen der über dem Platz patroullierenden Jagdbomber verglich Stalin die Lage mit der vor 23 Jahren. Wer könne und wolle nicht glauben, daß man die deutschen Eindringlinge hinauswerfen werde? Wieder bediente er sich der großen Namen der Geschichte – Tataren, Napoleon, die Polen –, und benutzte sie als Einigungsparole. »Laßt euch begeistern von unseren großen Vorfahren, von Alexander Newski, Dmitri Donskoi, Minin und Poscharsky, Alexander Suworow und Michael Kutusow!«[33]

Am Nachmittag des 8. traf Hitler in München ein, heizte seinen Gau- und Reichsleitern tüchtig ein und unterließ in seiner Rede im Löwenbräukeller nicht, Präsident Roosevelt zu warnen: »Wenn also ein amerikanisches Schiff auf Grund des Befehls seines Präsidenten schießt, dann wird es das auf eigene Gefahr hin tun. Das deutsche Schiff wird sich wehren, und unsere Torpedos werden treffen.«[34] Seine Drohungen klangen weniger eindrucksvoll als die Stalins, denn Hitler war bedrückt, weil es im Osten nicht vorwärts ging. Tags darauf erinnerte er gar seinen Stab an das Unglück, das Napoleons Armee in Rußland getroffen hatte. Wenn sich herausstelle, daß keine der beiden Kräfte genügend stark sei, die andere zu vernichten, ergäbe das einen Kompromißfrieden.

Feldmarschall von Bock jedoch wollte solchen Pessimismus nicht gelten lassen, er wünschte die Offensive fortzusetzen, Brauchitsch und Halder übrigens ebenfalls. Als Halder am 12. November vortrug, seiner Meinung nach stünden die Russen unmittelbar vor dem Zusammenbruch, war er der verkörperte Optimismus. Hiter ließ sich beeindrucken, und der Vormarsch wurde drei Tage später erneut aufgenommen.

Anfangs war das Wetter günstig, bald aber machte es den Deutschen wieder einen Strich durch die Rechnung. Dem japanischen Botschafter Oshima erläuterte Hitler bei einer von dessen regelmäßigen Visiten im Hauptquartier, der Winter sei 1941 viel früher gekommen, als von seinen Experten vorhergesagt, und gestand dann im strengsten Vertrauen ein, er zweifle, ob man Moskau noch in diesem Jahr werde nehmen können. Die gute Stimmung war verflogen. Beim Essen wurde nicht mehr gescherzt, man drängte sich nicht mehr dazu, mit Hitler speisen zu dürfen.[35]

Die Kälte nahm zu, und Hitlers Anordnung, keine Winterkleidung auszugeben, wurde nun scharf getadelt. Am 21. November sagte Guderian am Telefon zu Halder, seine Leute seien am Ende. So »entschloß ich mich, den Oberbefehlshaber ›Mitte‹ persönlich aufzusuchen und um Abänderung meines undurchführbar gewordenen Auftrages zu bitten«, schreibt er in seinen Erinnerungen.[36] Bock jedoch, der von Hitler unter Druck gesetzt wurde, wollte nicht hören und befahl, den Angriff fortzusetzen. Dieser mißlang nach wenigen Anfangserfolgen. Bock übernahm persönlich die Leitung der Operationen von seinem vorgeschobenen Gefechtsstand aus und befahl am 24. November angesichts eines drohenden Schneetreibens wiederum den Angriff. Auch dieser blieb in Schnee und Eis und der fanatischen Abwehr der Roten Armee stecken.

Die mißliche Lage im Mittelabschnitt wurde noch übertroffen, als fünf Tage später Rundstedt das Tor zum Kaukasus aufgeben mußte, Rostow am Don, das erst in der Vorwoche eingenommen worden war. Hitler war wütend, daß Rundstedt 50 km zurückgegangen war und befahl ihm, die Stellung zu halten. Rundstedt erwiderte umgehend: »Es ist Wahnsinn, die Stellung halten zu wollen. Erstens kann die Truppe es nicht und zweitens wird sie vernichtet werden, wenn sie nicht zurückgeht. Ich wiederhole, Sie müssen den Befehl zurücknehmen oder sich einen anderen Kommandeur suchen.«

Der Wortlaut stammte von einem Untergebenen, nur den letzten Satz hatte Rundstedt handschriftlich zugefügt. Dieser war es denn auch, der Hitler in Wut versetzte, und ohne den Oberbefehlshaber des Heeres zu Rate zu ziehen, antwortete er noch am gleichen Abend: »Ich gebe Ihrem Ersuchen statt. Legen Sie Ihr Kommando nieder.«[37]

Nachdem er Reichenau anstelle von Rundstedt mit dem Kommando betraut hatte, ließ sich Hitler nach Mariupol fliegen, um einen Eindruck aus erster Hand zu bekommen. Von Sepp Dietrich, einem seiner alten Kampfgefährten und Kommandeur der SS-Leibstandarte, mußte er nun zu seinem Kummer hören, daß auch die Offiziere dieser Elitedivision Rundstedts Meinung waren, nur der Rückzug habe die Truppe vor der totalen Vernichtung bewahrt.

Hitler befahl Reichenau den Rückzug, für den er gerade eben Rundstedt entlassen hatte, und ließ diesen kommen. Der Marschall glaubte, Hitler wolle sich entschuldigen, doch das Gespräch nahm einen bedrohlichen Verlauf. Hitler sagte, er werde in Zukunft kein Abschiedsgesuch mehr in Erwägung ziehen. »Ich selbst bin auch nicht in der Lage, einem nächsthöheren Vorgesetzten, zum Beispiel dem lieben Gott, zu sagen: ›Ich tue nicht mehr mit, weil ich es nicht verantworte.‹«[38]

Der Verlust von Rostow wurde im Propagandaministerium wie im Auswärtigen Amt mit einiger Bestürzung aufgenommen, doch verblaßte dieser Eindruck bald vor der Katastrophe, die sich nunmehr im Mittelabschnitt anbahnte. Der Großangriff auf Moskau kam zum Stehen. Zwar gelangte eine Vorausabteilung der Infanterie Anfang Dezember bis an den Stadtrand und sichtete bereits die Türme des Kreml, doch wurde sie von russischen Panzern und Arbeiterbrigaden vertrieben. Bock litt nunmehr an Magenkrämpfen und gab am Telefon Brauchitsch gegenüber zu, dem Angriff fehle jede Tiefe, und die Truppe sei total erschöpft. Am 3. Dezember äußerte er sich zu Halder noch pessimistischer. Als Bock vorschlug, zur Defensive überzugehen, sprach Halder ihm Mut zu, nach der Art jener, die sicher in der Etappe sitzen: Die beste Verteidigung sei immer noch der Angriff.

Guderian meldete, bei der großen Kälte könnten die Panzermotoren nur noch mit offenen Feuern angewärmt werden, und die Zielgeräte würden unbrauchbar. Ferner sei weit und breit von Wintermänteln und warmen Strümpfen nichts zu sehen, und seine Leute litten ganz fürchterlich. Am 5. November maß man gegen 35 Grad unter Null. Guderian brach nicht nur den Angriff ab, sondern er nahm auch seine Panzerspitzen zurück und richtete sich zur Verteidigung ein.

Am gleichen Abend ging General Shukow auf einer 280 km breiten Front mit 100 Divisionen zum Gegenangriff über, ein Stoß mit Panzern und Infanterie, der die Deutschen nicht nur gänzlich überraschend traf, sondern auch zeigte, daß Moskau für Hitler nicht erreichbar und ihm möglicherweise das Schicksal Napoleons in Rußlands Schneewüste bestimmt war. Das Oberkommando des Heeres wurde von Verzweiflung und Ratlosigkeit heimgesucht, und der Oberbefehlshaber des Heeres, von Brauchitsch, krank und entmutigt wie er sich fühlte, war nahe daran, um seine Entlassung zu bitten.

Hitler selbst war verblüfft. Hatte der russische Infanterist im Ersten Weltkrieg nicht außerordentlich schlecht gekämpft? Jetzt schlug er sich wie ein Löwe. Wieso nur? Am 6. Dezember sagte er niedergeschlagen zu Jodl: »An Sieg ist jetzt nicht mehr zu denken.«[39]

5

Während der vergangenen zwei Jahre hatte Hitler sich nach Kräften bemüht, einer Konfrontation mit den USA auszuweichen. Überzeugt davon, daß das gesamte amerikanische Volk in den Klauen der »jüdischen Clique« sei, die nicht nur Washington beherrschte, sondern auch die Presse, den Rundfunk und die Filmindustrie, erlegte er sich größte Zurückhaltung auf, obschon Roosevelt den Engländern immer mehr Hilfe zuteil werden ließ. Er verachtete zwar den Amerikaner als Soldaten, doch wußte er die Industriemacht USA richtig einzuschätzen und wünschte, daß sie neutral blieb, bis er bereit sein würde, es mit ihr aufzunehmen.

Obwohl amerikanische Schiffe unablässig Kriegsmaterial nach England transportierten, verbot er strikt, sie anzugreifen. Roosevelts rasche Reaktion auf den Einfall in die Sowjetunion stellte Hitlers Geduld jedoch auf eine harte Probe. Am 23. Juni gab das US-Außenministerium eine Erklärung mit Einverständnis des Präsidenten ab, wonach Hitler in jeder nur möglichen Weise Einhalt geboten werden müsse, auch wenn dies bedeute, einen anderen totalitären Staat zu unterstützen. Anfangs ließ Roosevelt offen, wie er das zu bewerkstelligen gedachte, doch wurde dies bald deutlich. Zunächst gab er beschlagnahmte sowjetische Guthaben im Werte von etwa 40 Millionen Dollar frei. Dann ließ er erklären, die Neutralitätsakte sei auf die Sowjetunion nicht anwendbar, der Hafen von Wladiwostok dürfe mithin von amerikanischen Schiffen angelaufen werden.

Am 7. Juli hatten die Deutschen neuerlich Anlaß zu behaupten, Roosevelt

870   *. . . was hinter dem Dunkel verborgen ist*

mische sich in den europäischen Krieg ein, denn in Island waren amerikanische Truppen gelandet, die die Funktion der englischen Truppen auf dieser strategisch bedeutenden Insel übernehmen sollten. Der deutsche Geschäftsträger in Washington, Thomsen, berichtete nach Berlin, dies sei eine neue gezielte Provokation Roosevelts, der nur darauf warte, daß ein deutscher Angriff auf ein amerikanisches Schiff ihm den Vorwand liefere, in den Krieg einzutreten.

Von solchen Berichten verstört, machte Hitler Mitte Juli dem japanischen Botschafter Oshima einen Vorschlag, der ganz im Widerspruch zu seiner alten Linie stand, die besagte, Japan dürfe weiter nichts tun als englische Kräfte binden und Amerika zur Neutralität zwingen. Die Vereinigten Staaten und England würden immer Feinde bleiben, sagte er, und auf diese Erkenntnis müsse man die gemeinsame Außenpolitik begründen. Diese Einsicht sei ihm nach langem Nachdenken zuteil geworden. Amerika und England gingen immer gegen Staaten vor, die sie für isoliert hielten. Heute nun gebe es nur zwei Staaten, die keine denkbaren Interessengegensätze hätten, und das seien Deutschland und Japan. Es liege doch auf der Hand, daß Roosevelt, einem neuen Imperialismus huldigend, mal in Asien, mal in Europa versuche, den Lebensraum zu beschneiden. Er sei daher der Meinung, daß man gemeinsam Amerika und England vernichten müsse. Als Köder hielt er den Japanern die »Hinterlassenschaft« der besiegten Sowjetunion im Fernen Osten hin, die Japan sich wohl aneignen könne.

In Tokio nahm man den Vorschlag höflich aber zurückhaltend auf. Die Japaner hatten sich schon entschlossen, nicht von Osten her gegen die Sowjetunion loszuschlagen, sondern sich nach Süden, Richtung Indochina auszudehnen. Dies gelang ihnen ohne Blutvergießen, und Roosevelt reagierte darauf noch am Abend des 26. Juli. Auf Anraten von Leuten wie Harold Ickes, die dem Präsidenten seit langem schon empfahlen, auch gegen kleine Aggressionen einzuschreiten, ließ er unverzüglich sämtliche japanischen Vermögenswerte in den USA beschlagnahmen, ein Akt, der Japan von den für ihn wichtigsten Öllieferanten abschnitt. Die *New York Times* sah darin »die schärfste Maßnahme abgesehen von einer Kriegserklärung«. Die japanische Führung betrachtete diese Maßnahme als letzten Schritt der Einkreisungspolitik der sogenannten ABCD-Mächte (Amerika, Britannien, China, Holland) und sah seinen »rechtmäßigen Anspruch« auf die Vorherrschaft in Großasien gefährdet und sich in seiner Existenz bedroht. Damit war der Krieg im Fernen Osten ein erhebliches Stück nähergerückt, und manche Beobachter erblickten darin jene Hintertür, durch die Roosevelt in den Krieg gegen Hitler eintreten wollte.

Vier Wochen später, am 14. August, ging der Präsident noch einen Schritt weiter, indem er gemeinsam mit Churchill an Bord der »Prince of Wales« vor der Küste Neufundlands die Atlantik-Charta unterzeichnete, welche die englisch-amerikanischen Kriegsziele formulierte. Ihr Wortlaut

22. Juni – 19. Dezember 1941 871

läßt keinen Zweifel daran, daß Roosevelt sich als unerbittlicher Feind Hitlers betrachtete, sie entmutigte aber auch die Widerstandsbewegung gegen Hitler, denn es wurde dort nicht zwischen Nazis und Nicht-Nazis unterschieden. Im Widerstand betrachtete man die Charta als Roosevelts offiziöse Kriegserklärung an alle Deutschen. Insbesondere mißfiel Punkt 8, der die völlige Entwaffnung Deutschlands nach dem Kriege vorsah. »Umgekehrt zerstören Identifikationen, wie sie ›aus Punkt 8 der Churchill-Roosevelt-Erklärung herausgelesen werden können, jede vernünftige Friedenschance‹«, schrieb Hassell in sein Tagebuch.[40] Roosevelts Entschlossenheit, Hitler zu vernichten, stand in krassem Widerspruch zu den Empfindungen von Millionen Amerikanern. Nicht nur gab es hier Lindberghs rechtsgerichtete Isolationalisten und den Deutsch-Amerikanischen Bund, sondern der Mittlere Westen war insgesamt zwar aus Tradition für England und China eingenommen, lehnte aber den Krieg schroff ab. Wieder andere Amerikaner haßten die Kommunisten so sehr, daß sie der Sowjetunion keine Hilfe gönnten. Roosevelt ließ sich durch Angriffe in Presse und Rundfunk jedoch überhaupt nicht beirren, vielmehr sagte er in einer Radioansprache am 11. September: »Falls deutsche oder italienische Schiffe künftig in diese Gewässer einfahren (gemeint waren die um Island und weitere unter amerikanischem Schutz stehende), dann tun sie es auf eigene Gefahr.« Dies hätte Hitler ohne weiteres als Vorwand dienen können, die letzten Einschränkungen des U-Bootkrieges aufzuheben, er ließ sich aber zu keinem falschen Schritt verleiten. Admiral Raeder befahl er, »bis Mitte Oktober jeden Zwischenfall mit amerikanischen Handelsschiffen unbedingt« zu vermeiden. Dann, so sagte er, sei der Rußlandfeldzug beendet.[41]

Als am 31. Oktober der US-Zerstörer »Reuben James« sechshundert Meilen westlich von Island, wo er Geleitschutz fuhr, torpediert wurde, war der so lange vermiedene Zwischenfall da. Der Zerstörer sank mit 101 Amerikanern an Bord. Roosevelt äußerte sich dazu nicht, der Marineminister erklärte aber vor Offizieren, man werde den französischen Passagierdampfer »Normandie« beschlagnahmen, mit 400 Flugzeugen beladen und nach Murmansk schicken. Der *Chronicle* in San Francisco verlangte die Aufhebung der Neutralitätsakte, und der *Plain Dealer* von Cleveland forderte »sofortige Aktion!« Senator Nye jedoch, ein Isolationist, riet zur Zurückhaltung. »Wer sich in eine Kneipenprügelei einmischt, muß damit rechnen was abzukriegen!«, und ein anderer Senator, der kein Isolationist war, mahnte: »Immer einen kühlen Kopf behalten, Leute.«

Immerhin kam die gegen Deutschland gerichtete Entrüstung Roosevelt sehr gelegen, und schon eine Woche später erhielt das »Office of Land-Lease Administration« Anweisung, der Sowjetunion so viel wirtschaftliche und militärische Hilfe zukommen zu lassen als nur möglich. Eine Milliarde Dollar wurden für diesen Zweck sofort freigegeben.

Am 8. November hielt Hitler in München die traditionelle Gedenkrede, in

872   *... was hinter dem Dunkel verborgen ist*

deren Verlauf er die Versenkung der »Reuben James« rechtfertigte. »Herr Präsident Roosevelt hat seinen Schiffen befohlen, zu schießen, sobald sie deutsche Schiffe sehen. Und ich habe den deutschen Schiffen befohlen, wenn sie amerikanische sehen – nicht darauf zu schießen, aber sich zu wehren, sobald sie angegriffen werden. Einen deutschen Offizier, der sich nicht wehrt, stelle ich vor ein Kriegsgericht.«[42] Das klang zwar zornig, ließ aber doch erkennen, daß Hitler nach wie vor dem Krieg ausweichen wollte. Er mochte sagen was er wollte, er fürchtete eben doch Franklin Roosevelt und die Industriemacht USA.

In einem Interview, das er Pierre Huss von der *INS* in jenem Frühherbst im Führerhauptquartier gab, ließ er ohne es zu wollen etwas davon durchblicken. »Ich werde euren Präsidenten Roosevelt noch überleben. Ich kann mir Zeit lassen, ich kann diesen Krieg auf meine eigene Weise gewinnen.« Man ging im Freien spazieren, Hitler im Kradmantel. Er hielt die Hände auf dem Rücken verschränkt und stierte in die Ferne. »Ich bin der Führer eines Reiches, das 1000 Jahre überdauern wird.« Dann schlug er mit dem Handschuh in die linke Handfläche. »Keine Macht kann das Deutsche Reich jetzt erschüttern. Die göttliche Vorsehung hat bestimmt, daß ich die mir gestellte germanische Aufgabe erfülle.« Zwar sprach er von seinem eigenen Geschick, doch ließ ihn der Haß gegen Churchill und Roosevelt nicht los, die er als unbedeutende Statisten auf der Weltbühne bezeichnete. »Da sitzen sie in ihrer kleinen plutokratischen Welt, umgeben und versklavt von allem, was sich im letzten Jahrzehnt als überholt erwiesen hat. Hinter den Kulissen ziehen Geldsäcke und Juden die Drähte, ein wildgewordenes Parlament tritt mit Füßen, was dem Volk noch an Rechten geblieben ist. Ich habe mein Volk hinter mir, und mein Volk hat Vertrauen zu seinem Führer.« Als man, von wenigen Leibwächtern und Untergebenen gefolgt, den Spaziergang fortsetzte, klagte Hitler erneut über »die Verrückten‹, die ihn zum Krieg getrieben hätten. »Ich hatte Pläne und Arbeit genug für die nächsten 50 Jahre, und ich brauche keinen Krieg, um im Amt zu bleiben wie die Daladiers und Chamberlains – und Präsident Roosevelt.«

Huss fiel auf, daß er bei der Erwähnung von Roosevelt die Stirn krauste. »Mir wurde blitzartig klar, daß ich hier auf ein Geheimnis gestoßen war, das der Führer in seiner Brust verschlossen hat, über das er nie spricht, und von dem er niemand etwas wissen läßt.« Hitler fürchtete Roosevelt instinktiv. »Ja, der Herr Roosevelt und seine Juden! Er will die Welt beherrschen und uns unseren Platz an der Sonne wegnehmen. Er sagt, er will England retten, aber in Wahrheit will er der Erbe und Beherrscher des britischen Weltreichs sein.«[43]

An Ribbentrop ließ sich ablesen, wie sehr die Haltung Hitlers gegenüber Amerika sich versteifte. Am 28. November drängte der Außenminister den japanischen Botschafter Oshima, Japan solle doch England und Amerika den Krieg erklären! Oshima war verblüfft. »Soll das heißen, Deutschland wird

22. Juni – 19. Dezember 1941 873

den Vereinigten Staaten den Krieg erklären?« So weit hatte Ribbentrop nun auch wieder nicht gehen wollen. »Roosevelt ist ein Fanatiker«, sagte er deshalb. »Unmöglich, vorherzusagen, was er tun wird.« Sollte Japan aber die USA angreifen, wolle Deutschland seinem Verbündeten zur Seite stehen. »Von einem Separatfrieden zwischen uns und Amerika könnte unter solchen Umständen keine Rede sein. In diesem Punkte ist der Führer ganz fest entschlossen.«[44]

Das japanische Oberkommando hörte dies mit Erleichterung, denn schon waren die Flugzeugträger unterwegs nach Pearl Harbor. Oshima erhielt am 30. November Weisung, Hitler und Ribbentrop unverzüglich zu melden, England und Amerika planten militärische Operationen in Ostasien, denen es zuvorzukommen gelte. »Deuten Sie an, daß ein militärischer Zusammenstoß zwischen uns und den Angelsachsen jederzeit möglich ist, und daß er schneller zum Krieg führen kann, als man derzeit glaubt.«[45]

Darauf folgte die Weisung, sich von den Deutschen feste Zusicherungen geben zu lassen, doch Ribbentrop entzog sich zu Oshimas Verwunderung, als er ihn darauf am 1. Dezember ansprach. Erst müsse er mit dem Führer beraten, der noch in Rastenburg sei. Beide Herren wußten, daß Hitler anderes im Kopfe hatte als jenes Drama, das sich in der anderen Welthälfte zusammenbraute. So erstaunte es Oshima nicht, daß er bis zum 5. Dezember um 3 Uhr früh auf einen Vertragsentwurf warten mußte. Deutschland verpflichtete sich darin, an der Seite Japans in jede Art Krieg gegen die USA einzutreten und keinen Separatfrieden abzuschließen.

Otto Dietrich hörte in Rastenburg als erster von Pearl Harbor. Am Spätnachmittag erschien er als Überbringer wichtiger Neuigkeiten im Führerbunker, wo Hitler bereits über deprimierenden Berichten von der Ostfront saß und erwartete, noch schlimmeres zu hören. Als Dietrich ihm aber die Meldung verlas, trat ein unverkennbar überraschter Zug in sein Gesicht. Dann hellte seine Miene sich auf. »Stimmt diese Nachricht?« fragte er sehr erregt.

Dietrich sagte, sie sei telefonisch von seinem Büro bestätigt worden.[46] Hitler riß ihm das Blatt aus der Hand und hastete ohne Mütze und Mantel in den Kommandobunker, wo Keitel und Jodl ihn zu ihrer Verblüffung eintreten sahen, in der Hand das Telegramm, und »völlig perplex« aussehend. Keitel hatte den Eindruck, nach dem Kriegsausbruch zwischen Japan und den USA habe Hitler sich »wie von einem Alb befreit« gefühlt.[47] Im Gespräch mit Hewel konnte Hitler kaum verbergen, wie aufgekratzt er war. »Wir können den Krieg gar nicht verlieren. Wir haben jetzt einen Bundesgenossen, der in dreitausend Jahren nicht besiegt worden ist . . .«[48]

6

Immerhin kamen auch an diesem Tag von der Ostfront nichts als Unglücks-
meldungen, und Hitler sah sich gezwungen, eine neue Weisung herauszugeben, was 24 Stunden später denn auch geschah. »Der überraschend
früh eingebrochene strenge Winter im Osten und die dadurch eingetretenen
Versorgungsschwierigkeiten zwingen zu sofortiger Einstellung aller größeren Angriffsoperationen und zum Übergang zur Verteidigung.«[49] Er selbst
legte die großen Linien für den Abwehrkampf fest und überließ es Halder,
weitere Befehle auszuarbeiten. Danach reiste er nach Berlin. Nun war bereits
an die Stelle der anfänglichen Erleichterung über den japanischen Angriff
ernste Besorgnis getreten. Stalin war nämlich nun auf einen Schlag die
Furcht genommen, er könnte auch im Osten angegriffen werden, so konnte
dieser seine Fernostarmee gegen Deutschland einsetzen. Zu Bormann sagte
Hitler später: »Der Krieg gegen Amerika ist eine rechte Tragödie. Er ist
unlogisch, und er hat überhaupt keine reale Grundlage. Daß ausgerechnet
Roosevelt, der Kandidat der Juden, in Amerika Präsident werden mußte, als
ich an die Macht kam, ist einer der Treppenwitze der Weltgeschichte. Ohne
die Juden und ohne ihren Lakaien Roosevelt wäre alles ganz anders gekommen. Deutschland und die USA hätten sich zwar nicht unbedingt in jeder
Beziehung verstanden und miteinander sympathisieren müssen, sie hätten
einander aber ohne weiteres ertragen können.«[50]

Zu den ersten Besuchern Hitlers am Vormittag des 9. Dezember gehörte
Ribbentrop mit der unwillkommenen Kunde, der japanische Botschafter
General Oshima erwarte, daß Deutschland sofort Amerika den Krieg erkläre. Er, Ribbentrop, halte das allerdings nicht für erforderlich, denn nach
den Bestimmungen des Dreibunds sei Deutschland nur verpflichtet, Japan
beizustehen, falls dieses angegriffen werde.

Hitler wollte dieses Schlupfloch nicht benutzen. »Wenn wir nicht auf
Japans Seite treten, ist der Pakt politisch tot. Aber das ist nicht die Haupt-
sache. Die Hauptsache ist, daß die USA bereits auf unsere Schiffe schießen ...
Sie haben durch Taten bereits den Kriegszustand herbeigeführt.«[51]

Der Entschluß, Amerika den Krieg zu erklären, fiel Hitler nicht leicht,
aber der Dreibund stand auf dem Spiel, und es gab noch schwerer wiegende
Argumente. So würde die von Japan zu erwartende Hilfe die mit Amerikas
Kriegseintritt verbundenen Nachteile mehr als ausgleichen; und nach den
kürzlich in der Sowjetunion zu verzeichnenden Rückschlägen war es für die
Propaganda nützlich, einen neuen Verbündeten vorführen zu können. Überdies paßte eine offene Kriegserklärung besser in sein ideologisches Konzept.
Warum sollte nicht 1941 das Jahr werden, da er den größten Feinden der
Menschheit den totalen Krieg erklärte: dem internationalen Marxismus (also
der Sowjetunion) und dem internationalen Finanzkapital (also Amerika), die
er beide für Auswüchse des internationalen Judentums hielt?

22. Juni – 19. Dezember 1941   875

Im Auswärtigen Amt betrachtete man seine Entscheidung als ungeheuren politischen Fehler. Abgesehen von allen anderen Überlegungen enthob er damit Präsident Roosevelt der schweren Entscheidung, Deutschland den Krieg erklären zu müssen, was die Opposition eines guten Teils seiner Wähler zur Folge gehabt hätte. Die Einheit der Nation, das unerwartete Ergebnis des Angriffes auf Pearl Harbor, blieb auch gegen Hitler erhalten.

Am 11. Dezember erklärte Hitler vor dem Reichstag: »Erst hetzt dieser Mann zum Krieg, dann fälscht er die Ursachen, stellt willkürliche Behauptungen auf, hüllt sich dann in widerwärtiger Weise ein in eine Wolke christlicher Heuchelei und führt so langsam aber sicher die Menschheit dem Krieg entgegen, nicht ohne dann als alter Freimaurer dabei Gott zum Zeugen anzurufen für die Ehrbarkeit seines Handelns. Ich glaube, Sie alle werden es als eine Erlösung empfunden haben, daß nunmehr endlich ein Staat als erster gegen diese in der Geschichte einmalige und unverschämte Mißhandlung der Wahrheit und des Rechtes zu jenem Protest schritt, den dieser Mann ja gewünscht hat . . .«

Nachdem er sodann das internationale Judentum mit dem bolschewistischen Rußland und dem Regime Roosevelts gleichgesetzt hatte, kam der Kernsatz seiner Rede. »Ich habe daher heute dem amerikanischen Geschäftsträger die Pässe zustellen lassen . . .«[52] Der Beifall war pflichtgemäß, aber dünn und man begriff, daß sich Deutschland von heute an mit Amerika im Kriegszustand befand.

Jodl hörte Hitler mehr mit Sorge als mit Begeisterung zu, und kaum aus der Krolloper zurück, telefonierte er mit General Warlimont in der Wolfsschanze. »Sie haben gehört, daß der Führer soeben den Kriegszustand mit Amerika verkündet hat?« Warlimont antwortete: »Ja, und zwar zu unserer äußersten Überraschung.« Worauf Jodl meinte: »Es ist nun die Aufgabe zu prüfen, nach welcher Seite, Fernost oder Europa, die Vereinigten Staaten voraussichtlich zuerst die Masse ihrer Kräfte wenden werden. Erst danach werden weitere Entschlüsse zu fassen sein.« Warlimont entgegnete: »Gewiß, diese Prüfung scheint mir auch sehr notwendig. Da ein Krieg gegen die Vereinigten Staaten bisher aber nicht in Betracht kommen sollte, und wir daher über keinerlei Unterlagen zu dieser Untersuchung verfügen, wird der Auftrag nicht so ohne weiteres zu erfüllen sein.« Daraufhin erklärte Jodl: »Sehen Sie zu, was Sie machen können. Wenn wir morgen zurück sind, können wir das Nähere besprechen.«[53]

Die Sorge wegen des Krieges gegen Amerika wurde bald überdeckt von weiteren Hiobsbotschaften aus dem Osten. Der deutsche Rückzug im Mittelabschnitt drohte zur Massenflucht zu entarten. Westlich von Moskau und bei Tula sah die Landschaft aus wie ein riesiger Schrottplatz; es wimmelte von aufgegebenen Fahrzeugen aller Art. Der Verzweiflung auf deutscher Seite entsprach die Zuversicht auf der russischen. Am 13. Dezember gaben sie amtlich bekannt, die von den Deutschen geplante Umfassung Moskaus sei mißglückt, und am 15. ordnete das Politbüro an, die wichtigsten Regierungsämter sollten die Arbeit in Moskau wieder aufnehmen.

Der erschöpfte Brauchitsch wollte den Rückzug fortsetzen, Hitler jedoch erließ einen Befehl an die Truppe, der Schrecken und Angst bei allen Dienstgraden hervorrief: »Stehenbleiben, keinen Schritt zurück!!«[54] Von Bock bat aus Krankheitsgründen um seine Entlassung. Er wurde durch Kluge ersetzt. Am 19., einen Tag später, sammelte Brauchitsch allen Mut, um Hitler entgegenzutreten; man zankte zwei Stunden unter vier Augen. Brauchitsch kam kalkweiß und zitternd zurück und sagte zu Keitel: »Ich gehe nach Hause, er hat mich entlassen, ich kann nicht mehr.«

»Was soll denn da werden?« fragte Keitel bestürzt.

»Das weiß ich nicht, fragen Sie ihn selbst.«

Keitel wurde wenige Stunden später zu Hitler befohlen, der ihm einen selbstentworfenen kurzen Tagesbefehl vorlas. Er selbst übernahm demzufolge ab sofort den Oberbefehl des Heeres, und kettete damit das Schicksal Deutschlands an sein eigenes. Zunächst solle dies noch geheim bleiben, Halder allerdings müsse es wohl gleich erfahren. Er selbst teilte es ihm mit und spielte nach Kräften die Bedeutung dieses Postens herunter. »Das bißchen Operationsführung kann jeder machen. Die Aufgabe des Oberbefehlshabers des Heeres ist es, das Heer nationalsozialistisch zu erziehen. Ich kenne keinen General des Heeres, der diese Aufgabe in meinem Sinne erfüllen könnte. Darum habe ich mich entschlossen, den Oberbefehl über das Heer selbst zu übernehmen.«[55]

Bislang hatte er de facto das Kommando geführt, sich aber im Hintergrund gehalten und die Militärs für jeden Mißerfolg den Rücken hinhalten lassen. Jetzt jedoch war er Oberbefehlshaber des Heeres, und fortan würde man ihn für alles, was geschah, verantwortlich machen.

ACHTER TEIL

DIE APOKALYPSE

25. Kapitel
Und die Hölle folgte ihm nach
(1941–1943)

1

Mit Hitlers Überfall auf Rußland begann auch die »Endlösung« der Judenfrage immer schrecklichere Formen anzunehmen. Hatte es unter dem SD noch eine Auswanderungspolitik gegeben, so unter der SS anfänglich Überlegungen, ein Judenreservat in Polen aufzubauen, später dann den utopischen Plan, alle Juden nach Madagaskar zu bringen und dort einen jüdischen Staat unter deutscher Polizeiaufsicht zu errichten. Am 31. Juli 1941 erhielt Heydrich eine von Göring gezeichnete Weisung, »in Bälde einen Gesamtentwurf über die organisatorischen, sachlichen und materiellen Vorausmaßnahmen zur Durchführung der angestrebten Endlösung der Judenfrage vorzulegen.«[*1]

Hinter diesen harmlosen Worten verbarg sich der Auftrag an die SS, Massenmorde an den europäischen Juden vorzubereiten. Himmler, der sein Erlebnis in Minsk noch nicht verarbeitet hatte, erkundigte sich vorab bei seinem ranghöchsten SS-Arzt, wie man am besten viele Hunderttausende Menschen umbringt und hörte: in Gaskammern. Als nächstes ließ er Rudolf Höß kommen, den Kommandanten des größten KZ in Polen, und gab ihm vertrauliche mündliche Befehle. Höß sagte als Zeuge dazu: »Dieser (Himmler) sagte mir dem Sinne nach, ich kann das nicht mehr wörtlich wiederholen, der Führer hat die Endlösung der Judenfrage befohlen. Wir, die SS, haben diesen Befehl durchzuführen. Wenn jetzt zu diesem Zeitpunkt dies nicht durchgeführt wird, so wird das jüdische Volk das deutsche vernichten. Er habe Auschwitz deswegen gewählt, weil es bahntechnisch am

---

* Drei Wochen zuvor hatte Hitler gegenüber Hewel angedeutet, was er zu tun beabsichtigte. »Ich fühle mich wie ein Robert Koch der Politik«, sagte er während eines langen nächtlichen Gespräches im überheizten Führerbunker. »Der hat einen Bazillus entdeckt und der Medizin neue Wege gewiesen. Ich habe den Juden als den Bazillus entlarvt, der die Gesellschaft zersetzt ... und ich habe mindestens eines bewiesen, nämlich daß ein Land auch ohne Juden leben kann, daß es der Wirtschaft, der Kunst, der Kultur ohne Juden sogar noch besser geht. Und etwas Schlimmeres habe ich den Juden nicht antun können.«

günstigsten liegt und auch das ausgedehnte Gelände für Absperrmaßnahmen Raum bietet.«[2] Himmler schärfte ihm ein, die ganze Angelegenheit sei als Geheime Reichssache zu betrachten, und nicht einmal mit seinen unmittelbaren Vorgesetzten dürfe er darüber sprechen. Höß kehrte nach Polen zurück und verwandelte sein Lager ohne Wissen des Inspekteurs in die größte Mordanstalt der Menschheitsgeschichte. Selbst seine Frau erfuhr erst Ende 1942 davon.

Hitler behauptete immer, was er von Konzentrationslagern und von Völkermord wisse, habe er den Engländern und Amerikanern abgeschaut. Er bewunderte die Lager, die die Engländer in Südafrika für die gefangenen Buren errichtet hatten, und die Indianerreservate in Amerika.

Bislang hatte er zwischen seinen eigenen politischen Zielen und denen Deutschlands im allgemeinen keinen Unterschied gemacht; beide lagen, wie er meinte, in der gleichen Richtung. Die Wiederherstellung der deutschen Ehre und der deutschen Wehrkraft, die Zurückgewinnung verlorenen deutschen Gebietes, ja auch die gewaltsame Wegnahme von Lebensraum im Osten, das alles wurde von seinen Volksgenossen durchaus gebilligt. Jetzt aber stand Hitler an einem Scheideweg, jetzt mußte er seinen ganz eigenen Kurs einschlagen und die Judenfrage ein für allemal lösen. Zwar folgten ihm viele Deutsche bereitwillig bei seinen Maßnahmen zur Reinhaltung der Rasse, doch der großen Mehrheit genügte es, die Juden zu diskriminieren, wie es bereits mit dem stillschweigenden Einverständnis von vielen Millionen Bewohnern westlicher Länder geschah.

Hitler beabsichtigte, mit den Morden insgeheim jetzt schon zu beginnen, und die Wahrheit nur tropfenweise ins eigene Volk sickern zu lassen. Später einmal würde es dann möglich sein, alles zu enthüllen. Das deutsche Volk wäre dann noch enger mit Hitlers persönlichem Schicksal verbunden, sein Geschick wäre dann dasjenige Deutschlands. Die Teilnahme an einem Kreuzzug, dessen Absicht war, Europa von allen Juden zu säubern, würde als nationaler Auftrag verstanden werden und das Volk opferbereit und willig machen. Und die Zauderer und Schwächlinge würden notgedrungen im gleichen Boot mit den andern sitzen müssen.

Bislang war dies alles auch Hitlers innerem Kreis verborgen geblieben, den Sekretärinnen, Adjutanten, den Dienern und dem persönlichen Stab. Im Herbst 1941 jedoch begann Hitler, gelegentlich bei Tische eine Andeutung zu machen, vielleicht um auszuprobieren, wie diese Gedanken aufgenommen wurden. Mitte Oktober, er hatte sich soeben darüber verbreitet, daß man auf Sitte und Anstand im öffentlichen Leben gar nicht genug halten könne, sagte er plötzlich: »Zu allererst aber müssen wir uns der Juden entledigen. Vorher hat es gar keinen Sinn, mit der Säuberung des Augiasstalles zu beginnen.«[3] Zwei Tage später wurde er schon deutlicher: »Ich habe dem Judentum vom Rednerpult des Reichstages prophezeit, daß der Jude aus Europa verschwinden wird, wenn es zum Kriege kommen sollte. Diese Verbrecherrasse hat die zwei Millionen Toten des ersten Weltkrieges auf dem Gewissen, und auch jetzt schon wieder viele Hunderttausende. Es sage doch keiner, wir könnten sie nicht einfach in den russischen Sümpfen abstellen! Wer hat schon Mitleid mit unseren Soldaten? Übrigens ist es kein schlechter Einfall, gerüchtweise zu verbreiten, es bestünde bei uns die Absicht, alle Juden auszurotten. Der Schreck kann denen nur gut tun.« Die Errichtung eines Judenstaates müsse notwendig mißlingen. Er habe viele Rechnungen zu begleichen, von denen er jetzt nicht reden wolle, aber vergessen tue er nichts. »Ich schreibe alles auf. Und es kommt der Tag, da klappe ich das Hauptbuch auf! Selbst im Hinblick auf die Juden muß ich mich der Untätigkeit anklagen. Aber es hat keinen Sinn, den gegenwärtigen Schwierigkeiten noch neue hinzuzufügen. Es ist gescheiter, den passenden Moment abzuwarten.«[4]

Hitler hatte unter anderem die Einleitung der Endlösung darum noch verschoben, weil er hoffte, Roosevelt vom Kriegseintritt abzuhalten, indem er mit der Ausrottung der Juden drohte. Nach Pearl Harbor schwand diese ohnedies schwache Aussicht gänzlich, Hitlers Hoffnung verwandelte sich in Erbitterung, und die Ausrottung wurde so etwas wie ein Erpressungsinstrument auf zwischenstaatlicher Ebene.

Nachdem er den Entschluß gefaßt hatte, ließ Hitler die mit der Endlösung beauftragten Personen wissen, die Morde müßten möglichst »human« vorgenommen werden. Er handelte in der Überzeugung, Gottes Auftrag auszuführen, indem er die Welt »von Ungeziefer befreite«. Obschon er die kirchliche Hierarchie verabscheute, war er doch ein guter römischer Katholik und wußte, daß die Kirche die Juden als Mörder Christi betrachtete. Er konnte also ohne Gewissensbisse die Massenmorde an den Juden anordnen, war er doch weiter nichts als die rächende Hand Gottes, vorausgesetzt, die Morde wurden nicht grausam, sondern gleichsam unpersönlich ausgeführt. Himmler stimmte dem unbedenklich zu. Er gab Anweisungen, Gaskammern zu konstruieren, in denen große Mengen Juden »human« ermordet werden könnten, dann aber pferchte er seine Opfer in Güterwagen und trieb sie in die Ghettos des Ostens, bis die Mordanlagen erstellt waren.

Es schien an der Zeit, eine »Bürokratie der Ausrottung« zu errichten, und deren Chef Heydrich lud etliche hohe Beamte und Leiter von SS-Hauptämtern zu einer Besprechung der »Endlösung« auf den 10. Dezember 1941 ins Reichssicherheitshauptamt. Die Eingeladenen wußten vorerst nur, daß Juden nach dem Osten deportiert wurden und konnten sich unter dem Begriff »Endlösung« kaum etwas vorstellen. Als die Konferenz um sechs Wochen verschoben wurde, wurde Frank, der Generalgouverneur des besetzten Polens so ungeduldig, daß er seinen Vertreter Bühler zu Heydrich schickte, um Näheres zu erfahren. Am 16. Dezember berief er aus eigener Initiative eine Konferenz nach Krakau ein. Hier sagte er zu den Anwesenden: »Mit den Juden – das will ich ganz offen sagen – muß so oder so Schluß gemacht

werden.« Demnächst werde darüber in Berlin eine wichtige Konferenz stattfinden, auf der Bühler das Generalgouvernement vertreten solle. »Jedenfalls
wird eine große jüdische Wanderung einsetzen. Aber was soll mit den Juden
geschehen? Glauben Sie, man wird sie im Ostland in Siedlungsdörfern
unterbringen? Man hat uns in Berlin gesagt: Weshalb macht man diese
Scherereien? Wir können im ›Ostland‹ oder im ›Reichskommissariat‹ auch
nichts mit ihnen anfangen, liquidiert sie selber.« Seine Zuhörer müßten sich
gegen alle Regungen des Mitgefühl wappnen. »Wir müssen die Juden vernichten, wo immer wir sie treffen . . .«

Dies sei eine gigantische Aufgabe und auf legale Weise nicht zu bewältigen. Den Gerichten dürfe man die Verantwortung für eine so extreme
Politik nicht aufhalsen. Er schätzte die Zahl der Juden allein im Generalgouvernement auf dreieinhalb Millionen – eine grobe Fehlschätzung. »Diese
3,5 Millionen Juden können wir nicht erschießen, wir können sie nicht
vergiften, werden aber trotzdem Eingriffe vornehmen können, die irgendwie
zu einem Vernichtungserfolg führen, und zwar im Zusammenhang mit den
vom Reich her zu besprechenden Maßnahmen. Das Generalgouvernement
muß genauso judenfrei werden, wie es das Reich ist. Wo und wie das geschieht, ist eine Sache der Instanzen, die wir hier einsetzen und einsetzen
müssen, und deren Wirksamkeit ich Ihnen rechtzeitig bekanntgeben werde.«[5]

Als Bühler am 20. Januar 1942 zu der Konferenz mit Heydrich anreiste,
verstand er besser als die anderen Teilnehmer die Allgemeinplätze zu deuten,
die dort zunächst geäußert wurden. Um 11.00 Uhr versammelten sich im
Reichssicherheitshauptamt Vertreter von Rosenbergs Ostministerium,
Görings Büro für den Vierjahresplan, des Reichsinnenministeriums, des
Justizministeriums, des Auswärtigen Amtes und der Parteikanzlei. Man
nahm formlos am Tisch Platz, und der Vorsitzende Heydrich ergriff das
Wort. Ihm sei, so sagte er, die Aufgabe übertragen worden, »ohne Rücksicht
auf geographische Grenzen« die Endlösung der Judenfrage auszuarbeiten.
Darauf folgte eine verschleierte Andeutung, die Hitler selbst einbezog. »An
Stelle der Auswanderung ist nunmehr als weitere Lösungsmöglichkeit nach
entsprechender vorheriger Genehmigung durch den Führer die Evakuierung
der Juden nach dem Osten getreten.«

Nun zeigte Heydrich auf einer Karte, welche jüdischen Gemeinden
zwangsumgesiedelt werden sollten und sagte, was sie zu erwarten hatten.
Die Arbeitsfähigen sollten in Arbeitskommandos zusammengefaßt werden.
»Der allfällig endlich verbleibende Rest wird, da es sich bei diesen zweifellos
um den widerstandsfähigsten Teil handelt, entsprechend behandelt werden
müssen, da dieser, eine natürliche Auslese darstellend, bei Freilassung als
Keimzelle eines neuen jüdischen Aufbaues anzusprechen ist. (Siehe die
Erfahrung der Geschichte.)«

Georg Leibbrandt vom Ostministerium war reichlich verdutzt, und
Martin Luther vom Auswärtigen Amt ebenfalls. In Ländern wie Dänemark

und Norwegen würden Massendeportationen von Juden nicht gut aufgenommen werden, warf er ein. Man solle dergleichen doch lieber auf den Balkan und Westeuropa beschränken. Die Teilnehmer reisten mit unterschiedlichen Eindrücken ab. Bühler wußte genau, wovon Heydrich sprach, Luther aber versicherte Fritz Hesse, es gäbe überhaupt keine Pläne, die Juden umzubringen. Leibbrandt und sein Vorgesetzter Alfred Meyer meldeten Rosenberg, daß von Ausrottung mit keinem Wort gesprochen worden sei.[6]

Von dem Protokoll der Konferenz wurden dreißig Exemplare an Ministerien und SS-Hauptämter versandt, und der Terminus »Endlösung« wurde den Behörden bald geläufig; was Heydrich aber in Wahrheit darunter verstand, wußten nur jene, die unmittelbar damit zu tun hatten; sonderbarerweise war bei diesen der Glaube verbreitet, der Führer wisse nicht, was wirklich vorgehe. Eichmann, der Leiter des Referats für Judenangelegenheiten, wußte, daß dies ein Märchen war. Nach der Wannseekonferenz saß er mit Gestapo-Müller und Heydrich behaglich am Kamin. Anschließend kletterten die Herren in ihrer Hochstimmung auf Tische und Stühle, und Eichmann fand nichts dabei, bei dieser kleinen Feier mitzumachen. Als Angeklagter sagte er dazu: »Ich kam mir so ähnlich vor wie Pontius Pilatus, ich fühlte mich rein von Schuld ... kam es mir zu, den Richter zu spielen? Wer war ich schon, daß ich mir zu solch einer Sache eigene Gedanken hätte machen dürfen?« Er, Müller und Heydrich sollten einzig und allein den Geboten des Führers Geltung verschaffen.[7]

Wenige Tage später gab Hitler zu, selbst der geistige Vater des Gedankens der »Endlösung« gewesen zu sein. Am 23. Januar sagte er in Anwesenheit Himmlers bei Tisch: »Man muß radikal sein. Einen Zahn zieht man auch mit einem einzigen Zug, und dann ist der Schmerz bald vorbei. Die Juden müssen aus Europa verschwinden. Die Juden sind überall das Hindernis. Wenn ich es recht bedenke, komme ich mir übermäßig human vor. Als die Päpste in Rom herrschten, wurden die Juden mißhandelt. Bis 1830 führte man jedes Jahr acht Juden auf Eseln durch die Straßen Roms. Ich beschränke mich darauf, ihnen zu sagen, sie möchten fortgehen. Ich kann es nicht ändern, wenn ihnen unterwegs was passiert. Gehen sie aber nicht freiwillig, dann muß ich sie ausrotten, was bleibt mir anderes übrig?« Nie zuvor hatte er so offen vor dem inneren Kreis gesprochen, und er war mit diesem Thema so beschäftigt, daß er am 27. noch einmal verlangte, alle Juden müßten aus Europa verschwinden.[8]

Auch in der Rede zum neunten Jahrestag der Machtergreifung im Sportpalast kam er wieder auf die Juden zu sprechen. »Wir sind uns dabei im klaren, daß der Krieg nur damit enden kann, daß entweder die arischen Völker ausgerottet werden, oder daß das Judentum aus Europa verschwindet.« Er erinnerte seine Zuhörer, darunter an die vierzig hohe Militärs, daß er 1939 die Vernichtung der Juden vorhergesagt habe. »Zum erstenmal wird diesmal das echt altjüdische Gesetz angewendet: Aug' um Aug', Zahn um Zahn! Und je weiter sich diese Kämpfe ausweiten, um so mehr wird sich – das mag sich das Weltjudentum gesagt sein lassen – der Antisemitismus verbreiten. Er wird Nahrung finden in jedem Gefangenenlager, in jeder Familie, die aufgeklärt wird, warum sie letzten Endes ihr Opfer zu bringen hat. Und es wird die Stunde kommen, da der *böseste Weltfeind aller Zeiten* wenigstens auf *ein Jahrtausend seine Rolle* ausgespielt haben wird.«[9]

Diese Äußerung wurde als Aufforderung zum Völkermord von allen verstanden, die mit der Konstruktion von Gaskammern und der Einrichtung von Mordanstalten in Polen beschäftigt waren und besonders von jenen, die die Endlösung vom Schreibtisch aus vorantrieben. Ausländische Beobachter wie Arvid Fredborg lasen aus Hitlers Worten und aus seiner Erscheinung die Vorzeichen einer Katastrophe für Deutschland. »Sein Gesicht wirkte entstellt, seine Haltung unsicher«[10], schrieb der schwedische Journalist.

2

Für Hitler war die Ausrottung der Juden und Slawen ebenso wichtig wie die Gewinnung von Lebensraum. Aus dem Einmarsch nach Rußland war ein Krieg der Ideologien geworden, und seine militärischen Entscheidungen können nicht verstanden werden, wenn man sie nicht vor diesem Hintergrund sieht. Was seinen Generälen als Aberwitz erschien, waren die Früchte 1928 gefällter Entscheidungen. Ausgerechnet nach der schweren Niederlage vor Moskau bewies er mehr Feldherrentalent als je zuvor. Umgeben von demoralisierten Militärs, die einen allgemeinen Rückzug forderten, behielt er die Nerven. Er lehnte jedes Rückzugsersuchen ab. Er blieb unbeeindruckt von den Vorstellungen seines besten Panzerkommandeurs Guderian, der im Falle eines Stellungskrieges in ungeeignetem Gelände den Verlust der besten Teile des Heeres vorhersagte. Hitler warf Guderian vor, er lasse sich von den Leiden der Soldaten zu sehr beeindrucken. »Sie haben zuviel Mitleid mit dem Soldaten. Sie sollten sich mehr absetzen. Glauben Sie mir, aus der Entfernung sieht man die Dinge schärfer.«[11]

Hitler setzte seine Befehle eisern durch, er bekam damit die Truppe wieder in die Hand und hielt den russischen Vormarsch auf. Der Preis dafür war hoch, doch einige Generäle, darunter auch Jodl, gaben zu, daß er persönlich die Truppe vor dem Schicksal bewahrte, das Napoleons Heere erlitten hatten. »Ich habe dann rücksichtslos durchgegriffen«, sagte Hitler später zu Milch und Speer. Die Heeresführung habe am liebsten bis nach Deutschland zurückgehen wollen, nur um die Truppe zu retten. »Ich konnte den Herren nur sagen, ›Meine Herren, gehen Sie für Ihre Person so schnell wie möglich nach Deutschland zurück, aber die Armee überlassen Sie meiner Führung und die bleibt vorn!‹«[12]

An den anderen Fronten stand alles gut. In Frankreich war der Widerstand unheilbar zerstritten und daher nicht von Bedeutung. Italienische U-Boote hatten im Mittelmeer einen Flugzeugträger, drei Schlachtschiffe und zwei Kreuzer versenkt oder beschädigt, mithin diesen Teil der englischen Kriegsflotte außer Gefecht gesetzt. Rommel war im Begriff, in Nordafrika zur Offensive anzutreten, und der japanische Verbündete setzte die ununterbrochene Folge von Siegen im Pazifik fort. Hitler wußte allerdings, daß die Krise im Osten keineswegs vorbei war, und er befahl darum die allgemeine Mobilmachung von Industrie und Wirtschaft im Reich. Bislang habe man sich nicht genügend angestrengt, und die Strategie des Blitzkrieges sei nicht mehr anwendbar. Zwar kleidete er diese Aufforderung, sich auf einen langen Krieg vorzubereiten, in hoffnungträchtige Worte, insgeheim aber nagte an ihm die Angst, die Chance des Sieges sei vertan, wie er Jodl kürzlich erst anvertraut hatte.

In seinen Tischgesprächen gab er düsteren Zweifeln niemals Ausdruck. Er schwatzte von der schädlichen Wirkung des Rauchens, dem Vergnügen des Autofahrens, über Hunde, über die Quellen zu »Tristan und Isolde«, die Schönheit von Frau Hanfstaengl und die Juden. Von den erbitterten Kämpfen an der Ostfront sprach er fast niemals und wenn, dann nur optimistisch. Auf dem Höhepunkt der Winterkrise sagte er beispielsweise, nichts sei verloren, wenn nur die Führung unerschüttert bleibe. »Solange noch ein einziger standhafter Mann die Fahne hochhält, ist nichts verloren. Der Glaube versetzt Berge. In dieser Hinsicht bin ich eiskalt. Wenn das deutsche Volk nicht bereit ist, für seine Selbsterhaltung alles einzusetzen, dann soll es untergehen.«[13]

Doch wenn er sich auch beim Essen unerschrocken gab, sein Aussehen strafte ihn Lügen. Hewel sagte zu Hesse: »Er ist nicht mehr der alte, er ist ein finsterer und harter Mann geworden, der kein Opfer schont, keine Milde und kein Verzeihen mehr kennt. Sie würden ihn nicht wiedererkennen, wenn Sie ihn näher kennen würden.«[14] Als Fritz Todt, der Erbauer des Westwalles und der Autobahnen, am 8. Februar bei einem Flugzeugunglück umkam, traf das Hitler schwer. Beim Frühstück stellte man Betrachtungen darüber an, wer wohl Todt als Rüstungsminister ersetzen könnte. Todt sei unersetzlich, hieß es allgemein, und Speer, der den größten Teil der Nacht mit dem Führer über Bauvorhaben in Berlin und Nürnberg gesprochen hatte, war wie vom Donner gerührt, als Hitler ihn am folgenden Vormittag zu Todts Nachfolger bestimmte. Auf Speers Einwände, er verstehe sich auf diese Dinge nicht, erwiderte Hitler nur kurz: »Ich habe das Zutrauen zu Ihnen, daß Sie es schaffen werden. Außerdem habe ich keinen anderen!«[15]

Hitler war so ergriffen, daß er die Rede auf Todt kaum zu Ende bringen konnte, und nach der Trauerfeier im Mosaiksaal der Reichskanzlei begab er sich sofort in seine Gemächer. Er gewann bald seine Fassung zurück. Am 15. Februar sprach er vor 10000 Offiziersanwärtern der Waffen-SS und der Wehrmacht im Sportpalast. Nach der Beschreibung der außenpolitischen

Lage und der Erinnerung an die große Tradition deutscher Soldaten von Hermann dem Cherusker bis Friedrich dem Großen kam er zu den Kernsätzen seiner Rede. »Die Front (gemeint ist die Ostfront) muß die Überzeugung haben, daß das, was aus der Heimat jetzt zu ihr stößt, daß das mit das beste Blut ist, das es überhaupt gibt. Und sie (die Heimat) wird dann gerade Euch, meine jungen Offiziere, in der Zukunft mit der ganzen Liebe aufnehmen, mit der der deutsche Soldat immer an seinem Führer hing.« Seine Rede war so aufrüttelnd, daß viele der jungen Leute weinten. Richard Schulze, seit kurzem der persönliche Adjutant Hitlers, war so ergriffen, daß er schnurstracks an die Front eilen wollte. »Ich schämte mich, in dieser Zeit in der Heimat zu bleiben.« Die frischgebackenen Leutnants hatten Befehl, nicht zu klatschen, konnten sich aber nicht bremsen, als Hitler zwischen ihnen den Mittelgang herunterkam. Sie jubelten ihm zu, viele kletterten auf die Sitze.[16]

Solch ein spontaner Ausbruch schmeichelte Hitler immer wieder. Doch in der Wolfsschanze packte ihn erneut eine depressive Stimmung. Er wirkte ermattet und blaß. Der Schnee ringsum vertiefte noch seinen Kleinmut. Zu seinem Schatten Bormann sagte er: »Schnee war mir immer schon zuwider. Und jetzt weiß ich auch weshalb: es war eine Vorahnung.«[17]

Die Lektüre der Verlustberichte stimmte ihn verzweifelt. Bis zum 20. Februar 1942 hatte es in Rußland 199448 Gefallene, 708351 Verwundete, 44342 Vermißte und 112627 Fälle von Erfrierungen gegeben. Trotzdem gewann er überraschend schnell sein Selbstvertrauen zurück und redete bei Tische von dem grausigen Winter als von einer Prüfung, die man wunderbarerweise mit Erfolg bestanden habe. Sonntag, so eröffnete er seinen Tafelgästen, sei endlich der 1. März, »und Sie können sich nicht vorstellen, was das für mich bedeutet — wie sehr die vergangenen drei Monate an meinen Kräften gezehrt, wie sie meine Nervenkraft auf die Probe gestellt haben.« Allein in den ersten beiden Dezemberwochen seien tausend Panzer und zweitausend Lokomotiven verlorengegangen. Doch die schlimmste Zeit des Winters sei endlich vorüber. »Der Januar und der Februar sind überstanden, da müssen unsere Feinde nun jede Hoffnung aufgeben, sie könnten uns das Schicksal Napoleons bereiten . . . Jetzt wird bald abgerechnet. Welch eine Erleichterung!« Seine gute Stimmung war nicht mehr gespielt, und er begann sogar zu prahlen. »Mir ist aufgefallen, daß bei solchen Gelegenheiten, wo alle die Nerven verlieren, ich als einziger die Ruhe bewahre. Das war in der Kampfzeit ebenso.«[18]

Die Vorbereitung der »Endlösung« machte unterdessen Fortschritte, und Himmlers Einsatzgruppen begannen mit einer neuen Verfolgungswelle. Im Kriegsgebiet fand das Kesseltreiben gegen Juden, Kommissare und Partisanen als eine gut koordinierte Operation statt, im Hinterland ging es jedoch weniger glatt vonstatten. Immerhin waren die Todeszahlen so ein-

_1941–1943_ 887

drucksvoll, daß Rosenbergs Mitarbeiter ihn drängten, endlich von Hitler zu fordern, er möge die Bevölkerung der besetzten Gebiete wie Verbündete behandeln, nicht wie Feinde. Rosenbergs Stab war ganz dafür, mehrere Staaten mit beschränkter Selbstverwaltung zu bilden. Hatte Rosenberg auch eine andere Auffassung als Himmler, so war er doch nicht stark genug, um diese bei Hitler durchsetzen zu können.

Doch selbst wenn er energischer vorgegangen wäre, hätte er vermutlich ebensowenig ausrichten können, denn an Hitler kam man nur noch über Bormann heran, der mit Himmler und Heydrich paktierte. Rosenbergs Verbindungsmann im Führerhauptquartier Koeppen fiel es zunehmend schwerer, Hitler anzudeuten, was wirklich im Osten vorging. Vor dem Flug von Heß hatte er Hitler einfach Memoranden vorgelegt, nun aber wollte Bormann sich als Mittelsmann nicht mehr ausschließen lassen; als Grund gab er an, Hitler habe mit militärischen Dingen schon viel zu viel zu tun. Koeppen meinte daher, Hitler habe den besetzten Osten nur durch die Augen Bormanns gesehen, »und das führte zu einer Entwicklung, die uns meiner Meinung nach um den Sieg im Osten gebracht hat«.[19]

Es mag richtig sein, daß Hitler für derartige Angelegenheiten wenig Zeit erübrigen konnte, doch darf man annehmen, daß Bormann sich nach Hitlers Weisungen richtete. Und es besteht kein Zweifel daran, daß Hitler stets über den Ablauf der »Endlösung« informiert war. Was diese betrifft, so brauchte er keinen Rat und nahm auch keinen an. Dies machte er anläßlich des Jahrestages der Verabschiedung des Parteiprogramms ganz deutlich. ». . . und meine Prophezeiung wird ihre Erfüllung finden, daß durch diesen Krieg nicht die arische Menschheit vernichtet, sondern der Jude ausgerottet werden wird. Was immer auch der Kampf mit sich bringen, oder wie lange er dauern mag, dies wird sein endgültiges Ergebnis sein.«[20]

Trotz solcher unmißverständlicher Andeutungen wußten doch nur wenige um das Geheimnis. Goebbels ahnte nicht, welches Ausmaß die vorbereiteten Maßnahmen haben sollten. Einer seiner Mitarbeiter, Hans Fritzsche, erfuhr durch den Brief eines Angehörigen der Einsatzgruppen von den Massenmorden in der Ukraine. Der Verfasser schrieb, er habe einen Nervenzusammenbruch erlitten, nachdem er an der Erschießung von Juden und ukrainischen Intelligenzlern teilgenommen habe, er könne auf dem Dienstweg dagegen aber nicht protestieren und bäte Fritzsche um Hilfe. Fritzsche stellte Heydrich zur Rede: »Ist Ihre SS dazu da, Massenmorde zu begehen?« Heydrich wies den Vorwurf empört zurück und stellte eine Untersuchung in Aussicht. Er beschuldigte dann den Gauleiter Koch, ohne Wissen des Führers gehandelt zu haben und beteuerte, das Morden werde eingestellt. »Glauben Sie mir, Herr Fritzsche, wer im Rufe der Grausamkeit steht, der braucht nicht grausam sein, der darf menschlich handeln.«[21]

Goebbels erfuhr erst im März 1942, was mit der »Endlösung« gemeint war. Hitler sagte ihm rundheraus, Europa müsse von allen Juden gesäubert

888   *Und die Hölle folgte ihm nach*

werden, »wenn nötig, unter Anwendung der brutalsten Mittel«. Am 27. 3.
notierte Goebbels in sein Tagebuch:

> »An den Juden wird ein Strafgericht vollzogen, das zwar barbarisch ist, das
> sie aber vollauf verdient haben. Die Prophezeiung, die der Führer ihnen für
> die Herbeiführung eines neuen Weltkriegs mit auf den Weg gegeben hat, be-
> ginnt sich in der furchtbarsten Weise zu verwirklichen. Man darf in diesen
> Dingen keine Sentimentalitäten obwalten lassen. (...) Keine andere Regierung
> und kein anderes Regime konnte die Kraft aufbringen, diese Frage generell zu
> lösen. Auch hier ist der Führer der unentwegte Vorkämpfer und Wortführer
> einer radikalen Lösung.«[22]

In Polen waren in diesem Frühjahr sechs Konzentrationslager entstanden,
vier davon in Franks Generalgouvernement: Treblinka, Sobibor, Belzec und
Lublin. Zwei weitere befanden sich in Kulmhof und Auschwitz. In den erst-
genannten vier Lagern wurden die Juden mit Auspuffgasen vergiftet, Höß
jedoch, der Kommandant des riesigen Lagerkomplexes bei Auschwitz, fand
diese Methode nicht »leistungsfähig« genug und verwandte in seinem
Mordlager die unter dem Handelsnamen Zyklon bekannte tödliche Mischung
aus Wasserstoff und Zyankali.

Mit Frühlingsbeginn kehrte Hitlers alter Elan zurück. Sein Gesundheitszustand besserte sich, seine Stimmung hob sich. Die sowjetische Winter-
offensive war überall zum Stehen gekommen, und an der Front herrschte
Ruhe. Dies verschaffte ihm Zeit, über die nun einzuschlagende Politik nachzudenken, und am 24. April ließ er Göring wissen, er wolle vor dem Reichstag sprechen. Hier nannte er dann am folgenden Sonntagnachmittag das
bolschewistische Regime eine »Diktatur des Judentums«, und die Juden
beschimpfte er als Parasitensaat, gegen die man brutal vorgehen müsse. Das
Kernstück der Rede bildete jedoch die Beteuerung, der Endsieg könne nicht
ausbleiben. Er verschwieg auch nicht, wie knapp das Heer einer Katastrophe
entronnen war und unterstrich die Bedeutung seiner Person auf äußerst
geschickte Weise.« Bei diesen gewaltigen geschichtlichen Erfolgen war es
notwendig, nur in wenigen einzelnen Fällen von mir einzugreifen. Nur dort,
wo die Nerven brachen, wo Gehorsam versagte oder mangelndes Pflicht-
bewußtsein bei der Meisterung der Aufgaben in Erscheinung trat, habe ich
harte Entscheidungen getroffen, und zwar kraft des souveränen Rechtes, das
ich glaube, von meinem deutschen Volk hierzu bekommen zu haben.« Er
verglich sich mit Napoleon. »Wir haben ein Schicksal gemeistert, das einen
anderen vor 130 Jahren zerbrochen hat«, und schloß seine Rede mit den
Worten ». . . ich kann kein größeres Glück fühlen, als das Bewußtsein, daß
dieses Volk mein deutsches ist.« Danach hielt Göring seine Ansprache und
unterbreitete den Abgeordneten den von Hitler gewünschten und formu-

1941–1943 889

lierten Beschluß, der ihm auch de jure die Macht sichern sollte, die er de facto schon ausübte:

Es kann keinem Zweifel unterliegen, daß der Führer in der gegenwärtigen Zeit des Krieges, in der das deutsche Volk in einem Kampf um Sein oder Nichtsein steht, das von ihm in Anspruch genommene Recht besitzen muß, alles zu tun, was zur Erringung des Sieges dient oder dazu beiträgt. Der Führer muß daher – ohne an bestehende Rechtsvorschriften gebunden zu sein – in seiner Eigenschaft als Führer der Nation, als Oberster Befehlshaber der Wehrmacht, als Regierungschef und Oberster Inhaber der vollziehenden Gewalt, als Oberster Gerichtsherr und als Führer der Partei – jederzeit in der Lage sein, nötigenfalls jeden Deutschen – sei er einfacher Soldat oder Offizier, niedriger oder hoher Beamter oder Richter, leitender oder dienender Funktionär der Partei, Arbeiter oder Angestellter – mit allen ihm geeignet erscheinenden Mitteln zur Erfüllung seiner Pflichten anzuhalten und bei Verletzung dieser Pflichten nach gewissenhafter Prüfung ohne Rücksicht auf sogenannte wohlerworbene Rechte mit der ihm gebührenden Sühne zu belegen, ihn im besonderen ohne Einleitung vorgeschriebener Verfahren aus seinem Amt, aus seinem Rang und seiner Stellung zu entfernen.«[23]

Die Abgeordneten billigten einstimmig die Vorlage, »lärmend und begeistert«, ganz aufgewühlt von seinem Auftreten und seiner Rede. Ausländische Beobachter sahen keinen Grund dafür, daß Hitler ein derartiges Gesetz verabschieden ließ, denn er besaß bereits größere Macht als Stalin oder Mussolini, mehr als Cäsar oder Napoleon je besessen hatten. Er behauptete, dies sei nötig gewesen, um dem Schwarzmarkt und dem Kriegsgewinnlertum einen Riegel vorzuschieben und den überbesetzten Behördenapparat auszukämmen, zwecks Verstärkung der Rüstungsanstrengungen. Er übersah dabei, daß die deutsche Wirtschaft weniger unter dem Konservativismus der Beamtenschaft und des Justizapparates zu leiden hatte, als unter den Korruptionserscheinungen innerhalb der Partei. Seit fast einem Jahrzehnt saugten Plünderer wie Göring und bestechliche, unfähige Funktionäre in allen Rängen der Partei dem Reich das Mark aus.

Drei Tage später trafen sich Hitler und Mussolini auf dem Barockschloß Kleßheim bei Salzburg. Die Italiener waren von Hitlers Reichstagsrede weit weniger angetan als seine einheimischen Zuhörer und kamen mit üblen Vorahnungen zu dieser Konferenz. Hitler redete unaufhörlich, ohne etwas Substantielles zu sagen; über die Rückschläge an der Ostfront ging er leicht hinweg. In diesem Winter habe das deutsche Heer das ruhmreichste Kapitel seiner Geschichte geschrieben. Amerika sei weiter nichts als ein riesiger Bluff, und er selber bedeutender als Napoleon. Indien, Japan und sämtliche europäischen Staaten kamen der Reihe nach dran, und über alle hatte er kategorische Urteile zu fällen. Am zweiten Tage sprach Hitler nach dem Mittagessen noch einmal geschlagene 100 Minuten ohne etwas Neues

890   *Und die Hölle folgte ihm nach*

zu sagen. Mussolini las das an seiner Armbanduhr ab. Hitlers Generäle
waren äußerst gelangweilt. »Nach einem heroischen Kampf mit dem Schlaf
ist General Jodl auf dem Diwan eingeschlafen«, schrieb Ciano in sein Tagebuch.[24]

3

Es war im SD kein Geheimnis, daß Himmler Heydrich mißtraute, der über
sämtliche Parteigenossen dicke Dossiers angelegt hatte, Hitler nicht ausgenommen, und dafür von allen verabscheut wurde. (Heydrich zeigte
seinem Untergebenen Syrup eines Tages ein Foto von Himmler und deckte
erst die untere, dann die obere Gesichtshälfte zu. »Oben ist er Lehrer, unten
Sadist«, bemerkte er dabei.[25]) Hitler jedoch hatte mit Heydrich große Absichten, er zog ihn sogar als Nachfolger in Erwägung – Göring war nach
dem Versagen der Luftwaffe in Ungnade –, machte ihn vorderhand aber erst
einmal zum amtierenden Reichsprotektor von Böhmen und Mähren zusätzlich zu all seinen anderen Ämtern. Heydrich entfesselte als erstes den Terror
gegen den tschechischen Widerstand, dessen Kampfkraft er schnell brach,
und schlüpfte sodann in die Maske des Wohltäters der Arbeiter und Bauern.
Die Fettrationen der Industriearbeiter wurden erhöht, die Sozialversiche-
rung ausgebaut, Luxushotels wurden den Arbeitern zur Verfügung gestellt. Goebbels bemerkte dazu, er spiele mit den Tschechen Katz und Maus,
und sie schluckten alles, was er ihnen vorsetze. Er habe mehrere außerordentlich populäre Maßnahmen durchgesetzt, insbesondere habe er den
Schwarzmarkt praktisch zum Erliegen gebracht.

    Die tschechische Exilregierung in London wollte diesem wohltätigen
Treiben des Reichsprotektors nicht tatenlos zusehen, denn es stand zu befürchten, daß die Bevölkerung die Herrschaft eines so wohlwollenden Beauftragten des Dritten Reiches dulden würde. Also mußte Heydrich beseitigt
werden, und zu diesem Zweck setzte ein englisches Flugzeug die beiden in
Schottland in Sabotagetechnik ausgebildeten Unteroffiziere Kubis und
Gabcik über dem Protektorat an Fallschirmen ab.

    Am Morgen des 27. Mai 1942 verbargen sich die beiden Saboteure zu-
sammen mit zwei Landsleuten an einer Straßenbiegung zwischen Heydrichs
Villa und dem Hradschin. Als der offene grüne Mercedes des Reichsprotektors nahte, sprang Gabcik auf die Fahrbahn und drückte auf den Abzug
seiner englischen Maschinenpistole, doch fiel kein Schuß. Gabcik riß den
Spannschieber zurück und versuchte es noch einmal, wieder geschah
nichts. Nun warf Kubis eine Handgranate gegen den Wagen, der bereits
bremsend schlingerte und Heydrich rief dem Fahrer etwas zu, doch dieser
bremste weiter; es war ein in letzter Minute eingesprungener Ersatzmann.
Die Handgranate detonierte und riß das Heck des Wagens in Fetzen, Heydrich sprang anscheinend unverletzt auf die Fahrbahn, den Revolver in der

Hand, schreiend und schießend wie ein Westernheld. Kubis flüchtete auf einem Fahrrad, Gabcik flüchtete ebenfalls, nachdem er anfangs verblüfft die Waffe in seiner Hand betrachtet hatte. Heydrich ließ jetzt auch den Revolver fallen, faßte sich an die rechte Hüfte und taumelte. Teile der Polsterung und der Stahlfedern waren zwischen seinen Rippen in die Bauchhöhle gedrückt worden. Man brachte ihn in ein nahegelegenes Hospital, doch seine Wunden schienen unbedeutend und er wollte sich nur von einem deutschen Arzt behandeln lassen. Man trieb schließlich einen auf, der zu einer Operation riet, weil Granatsplitter in die Milz und den Brustkorb eingedrungen seien.[26]

Als Himmler in seinem vorläufigen Stabsquartier nahe der Wolfsschanze hörte, daß sein Stellvertreter im Sterben lag, vergoß er Tränen, doch hielten mehrere SS-Leute sie für Krokodilstränen, denn sie wußten, daß Himmler Heydrich um Hitlers Gunst beneidete. Vor seinem Tode warnte Heydrich den treuen Syrup ausdrücklich vor Himmler.

Zu Schellenberg, dem Chef des Auslandsnachrichtendienstes der SS, sagte Himmler beim Betrachten von Heydrichs Totenmaske: »Heydrich war schon ein ›Mann mit eisernem Herzen‹, wie es ihm der Führer in seiner Totenrede bestätigt hat. Auf der Höhe seiner Macht hat ihn das Schicksal wissend hinweggenommen.«[27]

Man fing die beiden Attentäter und fünf weitere tschechische Widerstandskämpfer schließlich in einer Prager Kirche und richtete sie hin. Doch dies war erst der Anfang der Vergeltungsmaßnahmen. Über Böhmen und Mähren brach eine Terrorwelle herein, mit der verglichen das Regime Heydrich geradezu paradiesisch zu nennen war. 10000 Tschechen wurden verhaftet, mindestens 1300 erschossen, darunter die gesamte männliche Bevölkerung des Ortes Lidice unter der grundlosen Beschuldigung, die Dorfbewohner hätten den Attentätern Unterschlupf gewährt. Lidice selber wurde niedergebrannt, die Ruinen gesprengt und alles dem Erdboden gleichgemacht. Die Vernichtung dieses kaum bekannten Ortes weckte nicht nur Abscheu und Empörung im Westen, sondern ließ auch den Widerstand innerhalb der Tschechoslowakei neuerlich aufflammen.*

Am meisten hatten nach diesem Anschlag die Juden zu leiden. Als Heydrich starb, wurden in Berlin am selben Tag 152 Juden hingerichtet. 3000 weitere wurden aus dem KZ Theresienstadt in Konzentrationslager nach Polen verlegt, wo ohnehin jetzt regelmäßig Opfer angeliefert wurden.

Die teuflischste Neuerung, die im Zuge der »Endlösung« eingeführt

---

* Nach dem Krieg bemerkte der englische Laborabgeordnete Paget dazu, es habe oft zur Taktik des Partisanenkrieges gehört, »Repressalien zu provozieren, um den Haß gegen die Besatzer zu verstärken und mehr Menschen zum Widerstand anzuhalten. Das war der Grund, warum wir ein Kommando zur Ermordung Heydrichs in die Tschechoslowakei einflogen. Die große tschechische Widerstandsbewegung war das unmittelbare Ergebnis der konsequenten SS-Repressalien«.[28]

worden war, dürfte die Einsetzung der »Judenräte« gewesen sein, welche die Deportation und damit die Vernichtung der Juden verwaltungsmäßig abzuwickeln hatten. Die Judenräte, meist zusammengesetzt aus jenen Juden, die glaubten, die Zusammenarbeit mit den Deutschen böte noch die besten Chancen, hielten nichts von Widerstand. Moses Merin, ein typischer Vertreter dieser Gattung, drückte es so aus: »Ich opfere ohne weiteres 50000 aus unserer Gemeinde, wenn ich damit die anderen 50000 retten kann.«[29]

Im Frühsommer wurde mit der Massenausrottung begonnen. Himmler hatte die Anweisung dazu unterzeichnet. Eichmann zeigte ein Exemplar des Befehls seinem Untergebenen Wisliceny und sagte dazu, »Endlösung« heiße die biologische Vernichtung der jüdischen Rasse. »Gott gebe es, daß unsere Feinde niemals Gelegenheit haben, gleiches dem deutschen Volk zuzufügen«, bemerkte Wisliceny entsetzt, worauf Eichmann gesagt habe, er sollte nicht sentimental werden; es wäre ein Führerbefehl.[30] Ein Brief Himmlers an den Chef des SS-Hauptamtes von Ende Juli bestätigt das. Darin heißt es, die besetzten Ostgebiete sollten von allen Juden gesäubert werden. Hitler selbst habe ihn mit der Ausführung dieses sehr harten Befehls beauftragt. Niemand könne diese Verantwortung hierfür von ihm nehmen, und darum verbitte er sich jede Einmischung.[31]

Kurt Gerstein, SS-Obersturmführer, Blausäureverteiler, Christ und Gegner des NS-Regimes, hatte unterdessen Kenntnisse gesammelt, die ihn fast um den Verstand brachten. Ein Freund erinnert sich, er sei von den satanischen Praktiken der Nazis so entsetzt gewesen, daß er es nicht mehr für unmöglich hielt, daß sie am Ende Erfolg haben würden. Auf einer Besichtigungsreise durch die vier Vernichtungslager im Generalgouvernement sah Gerstein in diesem Sommer mit eigenen Augen, wovon er bislang nur gelesen hatte. Im ersten Lager, das er mit dem Stellvertreter Eichmanns und einem Hygieneprofessor namens Pfannenstiel besichtigte, teilte man ihm mit, Hitler und Himmler hätten soeben angeordnet, »die Aktion zu beschleunigen«. Zwei Tage später sah Gerstein in Belzec, was darunter zu verstehen war.

Kriminalkommissar Wirth, der das Lager leitete, sagte zu ihnen, keine zehn lebenden Menschen hätten das gesehen, was er ihnen jetzt zeigen werde. Gerstein wurde Zeuge der ganzen Prozedur, angefangen mit der Ankunft von 6000 Juden in Güterwagen, 1450 davon bereits tot. Die Überlebenden wurden mit Peitschen aus den Waggons getrieben und über Lautsprecher aufgefordert, alle Kleider, künstliche Gliedmaßen und Brillen abzulegen, Wertsachen und Geld abzugeben. Frauen und Mädchen wurden die Haare geschoren.

Angewidert sah Gerstein dem Marsch in die Todeskammern zu. Männer, Frauen und Kinder wurden splitternackt an einem bulligen SS-Mann vorbeigetrieben, der ihnen mit öliger Stimme versicherte, es passiere ihnen nichts Schlimmes. Wer schüchtern fragte, was denn nun weiter geschehen werde, bekam die tröstliche Antwort: Die Männer würden Straßen und Häuser bauen, die Frauen Hausarbeit oder Küchendienst machen. Aus den Todeskammern roch es jedoch bereits verräterisch, und man mußte die Vordersten mit Gewalt hineintreiben. Die meisten blieben stumm, eine Frau jedoch verfluchte mit blitzenden Augen ihre Mörder. Wirth, ehemals Chef der Kriminalpolizei Stuttgart, trieb sie mit der Peitsche weiter.

Die Kammern waren nun bis zum Bersten voller Menschen, doch der Fahrer des Lastwagens, mit dessen Abgasen die Juden vergiftet werden sollten, brachte den Dieselmotor nicht an. Wirth, wütend wegen dieser Verzögerung, drosch mit der Peitsche auf ihn ein.

Erst nach 2 Stunden und 49 Minuten sprang der Motor an, und als Gerstein nach weiteren unerträglichen 25 Minuten in eine der Kammern spähte, waren dort beinahe alle tot. Nach 32 Minuten lebte keiner mehr. »Wie Basaltsäulen stehen die Toten aufrecht aneinandergepreßt in den Kammern. Es wäre auch kein Platz hinzufallen oder auch nur sich vornüber zu neigen«[32], berichtet Gerstein. Arbeitskommandos rissen den Toten die Münder mit Haken auf, andere untersuchten Darmausgänge und Genitalien nach verstecktem Schmuck. Das Grauen nahm kein Ende. Wirth war jetzt ganz in seinem Element. Er wies auf einen Behälter voller Zähne, da sehe er selber das viele Gold! Gestern und vorgestern habe man ebensoviel eingesammelt. Er könne sich nicht denken, was man hier täglich finde – Gold und Dollars, Diamanten! Na, er werde ja sehen.

Gerstein zwang sich dazu, auch das Ende noch mitanzusehen. Die Leichen wurden in Gräben geworfen, jeder etwa hundert Meter lang, und bequem in der Nähe der Gaskammern gelegen. Man sagte ihm, die Leichen würden innerhalb weniger Tage von Gasen aufgetrieben und die Decke des Grabens höbe sich dann einen bis anderthalb Meter. Nach Beendigung dieses Vorgangs würden die Leichen dann mit Dieselöl übergossen und auf Bahnschwellen verbrannt.

Tags darauf wurden Gerstein und seine Begleiter nach Treblinka bei Warschau gefahren, und hier sahen sie ähnliche Einrichtungen, nur in größerem Maßstab. »Acht Gaskammern und wahre Berge von Kleidungsstücken, 40 bis 50 Meter hoch.« Den Besuchern zu Ehren wurde ein Bankett veranstaltet, und Professor Pfannenstiel sagte zu seinen Gastgebern, wenn man die Leichen dieser Juden sähe, verstehe man, welch große Arbeit hier geleistet würde. Nach dem Bankett beschenkte man die Besucher mit Butter,. Fleisch und Schnaps. Gerstein sagte, er habe das alles auf seinem Bauernhof, und so nahm denn Professor Pfannenstiel auch Gersteins Portion an sich.

In Warschau angekommen, fuhr Gerstein gleich weiter nach Berlin, fest entschlossen allen, die ihm zuhören wollten, von den grausigen Dingen zu erzählen. Man hörte ihn ungläubig an, doch sein Bericht verbreitete sich wie Wellen auf einem Teich, in den man einen Stein wirft.

4

Im Frühjahr 1942 zeichnete sich zunächst noch keine Veränderung der militärischen Lage Deutschlands ab. An der Ostfront herrschte Stillstand, Rommel war mit den Vorbereitungen seiner Wüstenoffensive noch nicht ganz fertig. Erfreuliche Neuigkeiten blieben vorderhand aus, abgesehen davon, daß die Japaner Sieg um Sieg erkämpften, was Hitler aber deshalb nicht begeisterte, weil sein Verbündeter sich höflich aber entschieden weigerte, den Krieg so zu führen, wie Hitler es für richtig hielt. Durch den Botschafter Oshima suchte Ribbentrop die Japaner dazu zu bringen, doch endlich Indien anzugreifen, allein vergeblich. Hitler hatte auch kein Glück, als er persönlich dieses Ansinnen an Oshima stellte, den er eigens nach Rastenburg kommen ließ. Die Wehrmacht sei nun drauf und dran, in den Kaukasus einzudringen, und sobald die Ölvorkommen dort in seiner Hand seien, läge der Weg nach Persien offen. Die Deutschen und die Japaner könnten sodann in einer gigantischen Zangenbewegung die gesamte englische Fernostarmee einschließen. Das hörte sich schön an, die Japaner schluckten den Köder aber nicht.

Sie erwogen bereits, Verhandlungen mit den Westmächten anzuknüpfen. Der Kaiser hatte dem Ministerpräsidenten Tojo eingeschärft, »keine Gelegenheit vorübergehen zu lassen, den Krieg zu beenden.«[33] Tojo schlug seinerseits dem deutschen Botschafter General Eugen Ott vor, beide Länder sollten heimlich Friedensfühler zu den Alliierten ausstrecken; falls Hitler einen Fernbomber schicke, wolle er selbst als Beauftragter des Kaisers nach Berlin fliegen. Hitler antwortete darauf mäßig begeistert: Er könne das Risiko nicht eingehen, daß Tojo eventuell mit einem deutschen Flugzeug zu Schaden käme.

Entschlossen, Rußland auch ohne Hilfe der Japaner zu bezwingen, bereitete Hitler den Vorstoß nach dem Kaukasus vor. Was er über die Bedeutung dieses Gebietes zu sagen hatte, versetzte seine Befehlshaber in Schrecken. Gelänge es nicht, die Ölfelder von Maikop und Grozny zu besetzen, bleibe ihm nichts übrig, als den Krieg zu beenden.

Starke Regenfälle verzögerten den Beginn des Unternehmens Blau, wie die Tarnbezeichnung hieß, und von Bock konnte erst am 28. Juni den Befehl zum Angriff geben. Sechs ungarische und 17 deutsche Divisionen stießen nun in Richtung Kursk vor. 48 Stunden später schlug die aus 18 Divisionen bestehende 6. Armee etwas weiter südlich los. Die Russen begingen den Fehler, ihre Panzer nur vereinzelt einzusetzen, und nach zwei Tagen vereinigten sich die beiden deutschen Angriffsspitzen und schlossen zahlreiche Gefangene ein. Der Don und das strategisch wichtige Woronesch lagen nun unmittelbar vor ihnen, von Bock wollte aber den Angriff nicht kraftvoll weiterführen. Er nahm die Stadt schließlich am 6. Juli, Hitler war jetzt aber seines Zauderns wegen so erbost, daß er ihn für dauernd des Kommandos enthob.

Während Bock sich, über schlechte Behandlung klagend, nach Westen absetzte, verlegte Hitler sein Hauptquartier tief in die Ukraine in einen Wald unweit Winiza. Diese Ansammlung ungetarnter Baracken war von ihm selbst auf den Namen Werwolf getauft worden und stand in einer tristen Gegend, genau betrachtet in einer trostlosen Einöde. Die Hitze war erstickend, keine Wolke stand am Julihimmel, und Hitler litt sehr darunter, was sich darin zeigte, daß es in den folgenden Wochen zu Zank und Streit in nie dagewesenem Ausmaß kam.

Die Hitze mag auch schuld gewesen sein an einem kapitalen Fehler, den Hitler in diesem Augenblick beging. Er entschloß sich nämlich, einen Großangriff auf Stalingrad anzusetzen, die Industriestadt an der Wolga, zugleich aber weiter in den Kaukasus vorzustoßen. Mindestens Halder klagte hörbar, es sei unmöglich, gleichzeitig Stalingrad und den Kaukasus zu nehmen und riet dringend, sich auf Stalingrad zu beschränken. Hitler blieb aber überzeugt, die Russen seien »erledigt«.

Im sowjetischen Oberkommando sah man die Entwicklung mit größter Sorge. Stalin wechselte den Befehlshaber der Front bei Stalingrad aus und befahl, die Stadt in Verteidigungsbereitschaft zu setzen. Wie schon in Moskau und Leningrad legten auch hier Tausende von Arbeitern dreifach gestaffelte Stellungen um die Stadt an. Milizen und Arbeiterbataillone wurden westwärts in Marsch gesetzt, um den zurückgehenden Rotarmisten Hilfe zu leisten.

Im Führerhauptquartier stritt man unterdessen immer gereizter und Hitler sagte nach einer besonders stürmischen Sitzung zu seinem persönlichen Adjutanten: »Wenn ich mir den Halder noch lange anhören muß, werde ich Pazifist!«[34] Als Jodl bei der täglichen Lagebesprechung am 30. Juli nachdrücklich erklärte, das Schicksal des Kaukasus entscheide sich bei Stalingrad, und die 4. Panzerarmee, derzeit der Heeresgruppe Süd unterstellt, müsse nach Stalingrad verlegt werden, kam es zum Krach. Hitler bekam einen Wutanfall und erklärte sich anschließend einverstanden. Wäre die 4. Panzerarmee niemals nach Süden in Marsch gesetzt worden, wäre Stalingrad bereits in deutscher Hand gewesen; jetzt allerdings hatten die Sowjets vor der Wolga genügend Kräfte angesammelt, um den deutschen Vorstoß wenn nicht zurückzuweisen, so doch mindestens zu verlangsamen. Solch augenscheinlich unbedeutende Entscheidungen haben oft weitreichende Folgen. Hätte man Stalingrad bereits im Sommer eingeschlossen, die sowjetische Abwehr wäre bei Winteranbruch möglicherweise unheilbar desorganisiert gewesen. Hier zeigte sich wieder Hitlers verhängnisvolle Neigung, seine Kräfte zu zersplittern. Erst hatte er gegen Leningrad und die Ukraine zugleich vorgehen wollen und Moskau viel zu spät angegriffen. Nebenher führte er einen politischen und ideologischen Krieg und verfolgte konsequent die Ausrottung der Juden. Als er nun vor der Frage stand, Kaukasus oder Stalingrad, wollte er beides, und riskierte dabei, keines von beiden zu bekommen. Die alten Griechen nannten so etwas Hybris, die sinnverwirrende Selbstüberschätzung, von der am Ende alle Eroberer geschlagen werden.

Sollte Hitler sich Sorgen darüber gemacht haben, daß er die Wehrmacht durch diese zweigleisige Strategie in Gefahr brachte, so war ihm davon nichts anzumerken. Einem italienischen Besucher jedenfalls versicherte er kühl, selbstverständlich würden Stalingrad und der Kaukasus genommen. Und sein Optimismus schien wirklich gerechtfertigt. Die militärische Lage wirkte insgesamt gesehen ermutigend. Rommel stand noch hundert Kilometer von Alexandrien entfernt, in El Alamein. Bald darauf gaben die Japaner bekannt, sie hätten einen noch größeren Sieg im Pazifik erfochten, nämlich bei Midway, nur stimmte die sonst so korrekte japanische Berichterstattung diesmal nicht. Die Japaner hatten vier Flugzeugträger und ihre besten Marinepiloten verloren, diese Schlacht brachte die Wende auf dem pazifischen Kriegsschauplatz. Die Amerikaner landeten in Guadalcanar, einer strategisch bedeutenden Insel inmitten der japanischen Verteidigungszone. Es handelte sich also in Wahrheit um eine Niederlage des Verbündeten, und die kam so überraschend, daß der Gegensatz zwischen Hitler und seinen Militärs immer schärfer wurde. Als Halder am 24. August verlangte, eine Heereseinheit solle Erlaubnis bekommen, vor starkem sowjetischen Druck auf eine verkürzte Front zurückzugehen, brüllte Hitler, sein Chef des Stabes habe offenbar immer nur einen einzigen Vorschlag zu machen: Rückzug! Rückzug! Er erwarte aber von seinen Kommandeuren, daß sie ebenso entschlossen kämpfen wie seine Soldaten![35]

Halder konnte sich im allgemeinen beherrschen, doch diesmal brüllte er zurück, Tausende von Soldaten müßten sinnlos sterben, bloß weil ihre Offiziere nicht die Erlaubnis bekämen, vernünftige Befehle zu geben! Hitler wich zurück. Er glotzte vor sich hin, dann sagte er heiser, wie Halder es wagen könne, so zu ihm zu sprechen! Er wolle ihn darüber belehren, wie der Frontsoldat denke? Was wisse er denn schon davon, wie es an der Front zugeht! Wo sei er im Ersten Weltkrieg gewesen? Und ausgerechnet er wolle ihm weismachen, er wüßte nicht, wie es an der Front zugehe. Das lasse er sich nicht bieten, das sei eine Unverschämtheit! Die anderen Offiziere verdrückten sich aus dem Lageraum. Halders Tage im Führerhauptquartier waren offenbar gezählt.

Ende August wurde in den Außenbezirken von Stalingrad bereits gekämpft. Die Funkverbindung zwischen den Einheiten der Roten Armee wurde vorübergehend unterbrochen, und die bereits brennende und schwer bombardierte Stadt schien abgeschnitten. Hitler ließ sich von dem ihm bereits winkenden Siege aber nicht milder stimmen. Er glaubte sich von seinen Truppenführern getäuscht und von seinen Stabsoffizieren hintergangen. Sein Mißtrauen gegen die Heeresführung nahm krankhafte Züge an; er hörte kaum noch auf Rat. Von der sommerlichen Schwüle niedergedrückt,

1941–1943

897

traf er gereizt und verärgert übereilte Entscheidungen. Besonders über Feldmarschall List ärgerte er sich, der Bock ersetzen sollte, und am 31. August äußerte er sich über List so abfällig, nachdem dieser den Konferenzraum verlassen hatte, daß auch dessen Tage gezählt schienen.

5

Hitlers Argwohn, er sei von Verrätern umgeben, bestätigte sich Ende August, als der Spionagering »Rote Kapelle« aufgedeckt wurde. Die Gruppe hatte den Russen den Angriff auf Maikop angekündigt, über die Treibstofflage in Deutschland berichtet, die Orte angegeben, wo chemische Kampfmittel lagerten und gemeldet, daß Hitler sich auf die Einnahme Stalingrads versteift hatte. Nach zahllosen Festnahmen wurden 46 Mitglieder der Gruppe hingerichtet, darunter Mildred Harnack, eine Amerikanerin. Gleichwohl wurden die Russen immer weiter mit Nachrichten versorgt, und zwar durch einen anderen deutschen Spion namens Rudolf Rössler, der in Luzern linkskatholische Broschüren verlegte. Rössler hatte in Deutschland gutplazierte Informanten, darunter den General Fritz Thiele von der Nachrichtenabteilung des OKW, der mehr zu bieten hatte als die Rote Kapelle; Rössler (Tarnbezeichnung Lucy) konnte den Russen die Tagesbefehle des OKW übermitteln. Hitler vermutete im Führerhauptquartier selbst einen Spion, denn ihm schien, daß man allen seinen Anordnungen schon zuvorkam. Aus solchem Mißtrauen erwuchs Gereiztheit, die sich in den Lagebesprechungen entlud. Am 7. September kam der Höhepunkt. An diesem Morgen schickte Hitler einen der letzten ihm noch genehmen Stabsoffiziere, nämlich Jodl, nach dem Kaukasus; er sollte nachprüfen, warum List die Einnahme der letzten Bergpässe so hinauszögerte. Jodl besprach mit List und dem Kommandeur der Gebirgsjäger ausführlich die Lage und hatte den Eindruck, die Lage dort sei aussichtslos. Hitler meldete er rückkehrend nur, List halte sich genau an die ihm erteilten Befehle.

Das war Hitler zuviel, und er sprang auf. »Das ist eine Lüge!« schrie er und beschuldigte Jodl, mit List unter einer Decke zu stecken. Er habe aber nur den Auftrag gehabt, einen Befehl zu überbringen. Jodl hatte noch nie einen so wütenden Menschen gesehen und geriet ebenfalls in Wut. Falls Hitler einen Kurier habe senden wollen, warum dann nicht einen jungen Leutnant? Hitler, wütend, weil Jodl ihn im Beisein anderer »verletzt« hatte, verließ, zornige Blicke verschießend, den Raum und schloß sich in seinem Bunker ein, mehr denn je überzeugt, hintergangen zu werden.

Ab jetzt fand die Lagebesprechung in seiner Baracke statt. Den Stabsoffizieren verweigerte er den Händedruck. Die Atmosphäre bei den Besprechungen blieb eisig, Stenographen hielten jedes Wort Hitlers fest, denn es sollte nicht noch einmal vorkommen, daß man seine Befehle falsch wiedergab.[36] Es war auch mit der kameradschaftlichen Stimmung beim Essen zu

898   *Und die Hölle folgte ihm nach*

Ende, die er so schätzte. Hitler aß von da ab allein in seinem Zimmer, und nur Blondi leistet ihm Gesellschaft, die Schäferhündin, die Bormann ihm kürzlich geschenkt hatte, um ihn etwas abzulenken.*

Die Militärs im Führerhauptquartier warteten stumm und beklommen. Keiner fühlte sich sicher. Am 9. September enthob der Führer List des Kommandos und übernahm persönlich die Leitung der Heeresgruppe A. Dann hieß es, Halder, Jodl und Keitel würden die nächsten sein. Keitel, der mit Warlimont nie sehr vertraut gewesen war, fragte diesen plötzlich, ob es wohl möglich sei, auf seinem Posten zu bleiben, »ohne die Selbstachtung zu verlieren?«

»Das müssen Sie schon selber wissen«, antwortete Warlimont verlegen. Einmal hatte er Keitel wie einen begossenen Pudel da stehen sehen, als Hitler mit einem Aktenstück nach ihm warf. »Der typische Fall eines Menschen, der für seinen Posten nicht genügend qualifiziert ist«, fand Warlimont, und das war in gewisser Weise tragisch, denn Keitel hatte diese Stellung nie angestrebt.[37]

Bei den Besprechungen legte Hitler unerschütterliche Zuversicht an den Tag. Als General von Weichs von der Heeresgruppe B und General Paulus, der Stalingrad nehmen sollte, auf die äußerst schwache Deckung der nördlichen Flanke entlang dem Don warnend hinwiesen, tat Hitler das leichthin ab. Die Russen seien erledigt, der Widerstand in Stalingrad von rein lokaler Bedeutung. Die Russen könnten keine Gegenoffensive mehr beginnen, die Flanke am Don sei also nicht ernstlich in Gefahr. Entscheidend sei jetzt, »mit allen verfügbaren Kräften so schnell wie möglich Stalingrad selber und die Wolgaufer« zu besetzen. Und darum wolle er der 6. Armee von Paulus weitere Divisionen unterstellen.

Diesmal schien Hitler Grund für seinen Optimismus zu haben. Am Frontabschnitt bei Stalingrad war die Rote Armee praktisch in Auflösung begriffen. Zwischen Don und Wolga waren zahllose Verbände einfach auseinandergelaufen, Offiziere und Mannschaften flüchteten ostwärts. Die nach Osten führenden Straßen waren von Flüchtlingen und ihrem Vieh verstopft. Ein erst kürzlich ernannter Kommandeur mußte hören, daß seine Panzer, seine Artillerie und seine Pioniere verschwunden waren, samt ihren Offizieren, teilweise solchen im Generalsrang. Am 14. September schien die Katastrophe hereinbrechen zu wollen; deutsche Flugzeuge verminten die Wolga, und deutsche Infanterie bewegte sich im Stadtzentrum, besetzte den Hauptbahnhof, drang bis zu den Hafenanlagen vor.

Dann aber verhärtete sich die Abwehr der Roten Armee. Verstärkungen wurden über die Wolga geworfen und führten Gegenstöße. Am 15. Sep-

---

* Heim notierte hinfort nichts mehr von den Tischgesprächen, doch als Hitler sich mehrere Monate später wieder zu den gemeinsamen Mahlzeiten einfand, machte Koeppen bis zum folgenden Januar wieder Notizen. Später hielt dann nur Bormann gelegentlich irgendwelche Lappalien fest.

tember wechselte der Hauptbahnhof mehrmals den Besitzer, und Paulus fand es geraten, seinen Angriff zu bremsen. Die Kampftätigkeit schlief ein. Auf Hitler hatte das einen unguten Einfluß, wie Warlimont bemerkte, als er nach 14tägiger Abwesenheit erstmals auf einer Lagebesprechung erschien. Hitler stierte ihn eine Weile böswillig an und Warlimont dachte: »Dieser Mann hat sein Gesicht verloren; er hat eingesehen, daß sein tod-bringendes Spiel dem Ende zugeht, daß Sowjetrußland auch im zweiten Anlauf nicht niederzuwerfen sein wird, und daß der Zweifrontenkrieg, in frevelhafter Willkür von ihm entfesselt, nunmehr das Reich erdrücken muß. Darum«, so liefen die Gedanken weiter, »wird ihm auch die weitere Gegen-wart der Generäle, die allzuoft Zeugen seiner Fehler und Irrtümer, seiner Illu-sionen und Phantasien gewesen sind, unerträglich erscheinen, darum will er sich plötzlich von ihnen trennen, darum andere Helfer um sich sehen, deren Glaube an ihn ebenso unbelastet wie unerschütterlich sein soll.«[38]

Engel vermerkte in seinem Tagebuch, »er traue überhaupt im Augenblick niemandem unter seinen Generälen, und er würde einen Major zum General befördern und zum Generalstabschef ernennen, wenn er nur einen wisse. Er verfluche sich manchmal selbst, daß er es gewagt habe, mit solchen Gene-rälen den Krieg zu führen, mit denen sei eine Entscheidung auf Leben und Tod nicht zu erreichen.«[39] Hitler beschloß, sich wenigstens von Halder zu trennen, der ihn mit seinen Untergangsprophezeiungen zur Weißglut trieb, und den er doch bislang seiner Kenntnisse halber geduldet hatte. Am 24. September war es soweit. Keitel berichtet: »Am gleichen Tag wurde Halder in meiner Gegenwart zu Hitler befohlen. Er (Hitler) hielt eine längere Rede, in deren Verlauf er erklärte, er könne mit ihm auf die Dauer nicht arbeiten und habe sich entschlossen, sich einen anderen Generalstabs-chef zu nehmen. Halder hatte die Rede wortlos angehört, erhob sich und verließ den Raum mit den Worten: ›Ich melde mich ab!‹« Halder notierte in sein Tagebuch: »Nach dem Tagesvortrag: Verabschiedung durch den Führer (meine Nerven verbraucht, auch seine nicht mehr frisch). Wir müssen uns trennen. Notwendigkeit der Erziehung des Gen.-Stabs in fanatischem Glauben an die Idee. (Entschlossenheit, auch im Heer seinen Willen restlos durchzusetzen.)« Später bemerkte Halder dazu: »So spricht nicht ein von seiner militärischen Aufgabe und Verantwortung durchdrungener Feldherr, so spricht ein politischer Fanatiker.«[40]

Hitler wollte nun das genaue Gegenteil von Halder. Seine Wahl fiel auf General Zeitzler. Dieser war soeben erst zum Generalmajor befördert und Stabschef bei Rundstedt. Da dieser weder über das Dienstalter Halders ver-fügte noch über dessen Autorität, war es zweifelhaft, ob er sich im OKW und bei den Heeresgruppenführern würde durchsetzen können. Doch so-wohl sein Alter als auch seine Unerfahrenheit kamen Hitlers Plänen nur entgegen. Seiner neuen Funktion gemäß erhob er ihn in den Rang eines Generalobersten.

Zeitzler war ein kleiner, dicker Mensch, der aus drei Kugeln zusammengesetzt schien. Bei seiner ersten Besprechung mit Hitler in Gegenwart von rund zwanzig anderen Offizieren stand er jedoch überraschend seinen Mann. Er hörte sich an, wie Hitler über die Generalstäbler herzog, denen er Angst und Zweifel vorwarf, und sagte dann, als die Attacke, von der fast kein Anwesender verschont blieb, vorüber war: »Mein Führer, falls Sie sonst noch was an den Herren vom Stabe auszusetzen haben, tun Sie das bitte mir gegenüber unter vier Augen. Falls nicht, müssen Sie sich nach einem neuen Chef des Stabes umsehen.« Er grüßte und ging hinaus. Man erwartete eine Explosion, Hitler blieb aber ruhig, er grinste nur verlegen und sagte: »Der kommt doch wohl nochmal wieder, ja?«[41]

Wer jedoch einen neuen Geist im Führerhauptquartier erwartete, wurde rasch enttäuscht. Zeitzler sagte in einer Ansprache vor Herren des OKH: »Ich verlange von jedem Generalstabsoffizier: Er muß an den Führer und seine Führung glauben. Er muß diesen Glauben auf seine Untergebenen und seine Umgebung ausstrahlen bei jeder Gelegenheit. Wer diesen Forderungen nicht entspricht, den kann ich nicht brauchen im Generalstab.«[42]

Im Vertrauen darauf, den richtigen Chef des Stabes gefunden zu haben, reiste Hitler nach Berlin. Dort hielt er am 30. September eine Rede zugunsten des Winterhilfswerkes im Sportpalast. Es hatten sich wie üblich ausgesuchte Zuhörer versammelt, die darauf brannten, ihren Führer zu hören, ohne zu ahnen, worüber er sprechen würde; sie bekamen diesmal eine kurze, matte Rede zu hören, ohne die üblichen Glanzlichter. Die meisten Ausländer hielten sie für das Übliche und maßen der Rede keine Bedeutung bei. So entging ihnen, was Hitler über die Juden zu sagen hatte, als er sich verschwor, Stalingrad erobern zu wollen. Dies lag womöglich daran, daß er die gleiche Äußerung in diesem Jahr schon mehrmals getan hatte, denn auch jetzt wiederholte er, ». . . daß, wenn das Judentum einen internationalen Weltkrieg zur Ausrottung etwa der arischen Völker Europas anzettelt, dann nicht die arischen Völker ausgerottet werden, sondern das Judentum.«[43] Warum er diese Wiederholung brachte, war nur von denen zu begreifen, die über die »Endlösung« im Bilde waren. Jede derartige Äußerung war eine öffentliche Ankündigung, daß sein Mordprogramm ablief und bestätigte die Elite der Massenmörder in ihrem Selbstvertrauen und in ihrer Autorität. Bemerkenswert ist auch, daß er das Datum fälschte, an welchem er diesen Ausspruch erstmals getan hatte: dies war nämlich am 30. Januar 1939 geschehen und nicht, wie er behauptete, am 1. September. Daß sich Hitler versprochen hat, ist unwahrscheinlich, denn er wiederholte das Datum mehrere Male. Indem er das Datum auf den Kriegsbeginn verlegte, den Überfall auf Polen, verband er sein Rassenprogramm mit dem Krieg. Er bereitete das deutsche Volk auf die harte Wahrheit vor, der es schon bald würde ins Gesicht sehen müssen: Die Ausrottung der Juden sollte vom ersten Tage an Bestandteil des Kriegsprogramms sein.

1941–1943   901

Er deutete auch an — allerdings recht verhüllt –, daß »Endlösung« und Gewinnung von Lebensraum planmäßig ihren Fortgang nähmen. Seine Zuhörer verließen den Sportpalast etwas beklommen.

Auch in vielen Dienststellen hörte man mit Entsetzen von den im Osten geplanten Terrormaßnahmen. Die lautesten Klagen drangen aus Rosenbergs Ministerium für die besetzten Ostgebiete, obschon dessen Chef sich nicht getraute, es mit der Gruppe Himmler, Bormann, Koch, dem Reichskommissar für die Ukraine aufzunehmen, Koch, ein ehemaliger Eisenbahnschaffner, litt unter Größenwahn und ließ sich in einer Pferdekutsche umherfahren wie ein kleiner Cäsar. Rosenberg fürchtete sich vor diesem Gangstertrio, und er hatte auch schon ein Versöhnungsopfer dargebracht in Gestalt jenes Georg Leibbrandt, für das machtbesessene Dreigestirn Symbol liberaler Grundsätze bei der Verwaltung der okkupierten Gebiete. Immerhin waren auch jetzt noch genug Leute im Ministerium, die Rosenberg immer wieder drängten, sich an Bormann vorbei unmittelbar an den Führer zu wenden. Die schlechteste Bewertung fand die Politik der Himmler-Bormann-Koch-Allianz jedoch in der 13seitigen Denkschrift von Otto Bräutigam, der sieben Jahre in der Sowjetunion gelebt hatte. Darin hieß es, die Deutschen seien als Befreier begrüßt worden, doch hätte sich bald herausgestellt, daß die Parole »Befreiung vom Bolschewismus« nichts angekündigt habe als eine andere Form der Versklavung. Statt Verbündete gegen den Stalinismus zu gewinnen, schufen die Deutschen sich erbitterte Feinde. »Unsere Politik hat Bolschewisten und Nationalisten zu einer gemeinsamen Front vereinigt. Heute kämpft der Russe wieder äußerst tapfer und opferbereit für weiter nichts als die Anerkennung seiner Menschenwürde.« Es gäbe einzig einen Ausweg: »Man muß den russischen Völkern etwas Konkretes für die Zukunft in Aussicht stellen.«[44] Falls Hitler diese Denkschrift gelesen haben sollte, folgte er dem Rat doch nicht. Er war entschlossen, auf seine Art zu siegen oder unterzugehen.

6

Der November wurde für die Deutschen verhängnisvoll, denn der Feind errang im Westen wie im Osten Siege. Hitler war an der Eroberung Ägyptens nichts gelegen; daher unterließ er es, Rommel mit Nachschub und Verstärkungen zu versorgen; so wurde dessen Niederlage unvermeidlich. Fast im Angesicht der Pyramiden wurde der Wüstenfuchs zu defensiver Kriegführung genötigt, und als seine von Italienern gehaltene Südfront von Montgomery aufgebrochen wurde, erbat er Erlaubnis zum Rückzug. Darauf antwortete Hitler am 2. November abends: »Es wäre nicht das erste Mal in der Geschichte, daß der stärkere Wille über die stärkeren Bataillone des Feindes triumphierte. Ihrer Truppe aber können Sie keinen anderen Weg zeigen als den zum Siege oder zum Tode.«[45]

Kurz vor Eintreffen dieses Führerbefehls meldete Rommel, er werde leider bereits gezwungen, zurückzugehen; in Wahrheit war der Rückzug bereits seit 5 Stunden im Gange. Die Meldung ging um 3.00 Uhr beim OKW ein, und weil der Offizier vom Dienst von Hitlers früherem Befehl nichts wußte, fand er Rommels Meldung nicht wichtig genug, um ihretwegen den Führer zu wecken.

Hitler war außer sich. Er befahl Warlimont zu sich, doch dieser wurde unterwegs von Keitel aus einiger Entfernung angerufen: »He, Sie, Warlimont! Kommen Sie mal her! Hitler möchte Sie nicht mehr sehen!« Und so erfuhr er denn, daß er abgelöst worden war.[46]

Auf Rommels Rückzug, Vorzeichen der totalen Niederlage in Nordafrika, folgte am 7. November die Meldung, ein großer alliierter Flottenverband sei ins Mittelmeer eingelaufen und nähere sich der Nordküste Afrikas. Diese Schiffe waren bereits vor Tagen jenseits von Gibraltar gesichtet worden, doch nahm das OKW an, sie wären für Sardinien oder Sizilien bestimmt. Jodl erklärte die Überraschung auf deutscher Seite später so: »Wir haben solch politisches Doppelspiel nicht erwartet, nachdem Frankreich von seiten Deutschlands doch seit dem Waffenstillstand eine geradezu ehrenvolle Behandlung zuteil geworden war. Die Landung in Nordafrika konnte natürlich nur mit Kenntnis der Franzosen, ja mit ihrem Einverständnis erfolgen, nicht gegen den Willen Frankreichs.«[47]

Hitler suchte nicht nach Ausflüchten, er ließ sich auch von dem Schreck seiner Militärs nicht anstecken, sondern brach die Lagebesprechung ab und bestieg seinen Sonderzug, begleitet von allem was Rang und Namen hatte. Bestimmungsort: München. Anlaß: 19. Jahrestag des Putschversuches. Während Hitler schlief, landeten die ersten amerikanischen und englischen Truppen an den Stränden von Marokko und Algerien. Erste Meldungen sprachen davon, daß die Franzosen die Invasoren zurückwerfen würden, und Hitler schalt seine Ratgeber, sie hätten wieder panisch reagiert. Zu ihrem Entsetzen befahl er, Kreta zu verstärken, am anderen Ende des Mittelmeeres. Er gab sich den Anschein, ganz mit der Rede beschäftigt zu sein, die er den Alten Kämpfern im Löwenbräukeller halten wollte, und es wurde auch wirklich eine Rede wie aus der Kampfzeit. Er wies den Vorwurf zurück, sein Beharren auf der Einnahme einer Stadt, die zufälligerweise »den Namen von Stalin selber« trägt, komme das deutsche Heer ebenso teuer zu stehen wie vormals Verdun, und sagte warnend, er sei kein Wilhelm II., kein Schwächling, der die riesigen Eroberungen im Osten herausgäbe, bloß weil ein paar Verräter plötzlich Lust bekämen, sich mit dem Westen zu verständigen. »Und alle unsere Gegner«, fuhr er fort, »können überzeugt sein: Das Deutschland von einst hat um ¾12 die Waffen niedergelegt – ich höre grundsätzlich immer erst 5 Minuten nach 12 auf.«[48]

Die Abendmeldungen aus Afrika waren dann aber doch so bedrohlich, daß Hitler sie nicht mehr ignorieren konnte. Er ließ Mussolini durch Ribbentrop zu einer Konferenz bitten. Ciano wurde innerhalb von 24 Stunden zum zweiten Mal aus dem Schlaf gerissen und ließ sich gerade noch überreden, den Duce zu wecken, der es aber glatt ablehnte, nach München zu kommen. Er war bereits krank und wollte nicht auch noch von der Niederlage gezeichnet dem Führer begegnen. Als Ciano schließlich als sein Beauftragter in München ankam, hatte Hitler bereits begriffen, was von der alliierten Landung in Afrika zu halten war. »Der Kriegsgott hat Deutschland den Rücken gekehrt und ist ins Lager unserer Feinde übergegangen.«[49] Als Ribbentrop aber vorschlug, durch Madame Kollontai, die russische Botschafterin in Schweden, Kontakt mit Stalin aufzunehmen, wurde Hitler zornig. Und als gar Ribbentrop äußerte, »notfalls« müßten eben die eroberten Ostgebiete größtenteils aufgegeben werden, verlor er vollends die Fassung. Ribbentrop berichtet: »Adolf Hitler sprang mit hochrotem Kopf auf, unterbrach mich und sagte mit unerhörter Schärfe, er wünsche mit mir ausschließlich über Afrika und über nichts anderes zu sprechen.«[50]

Ebenso lehnte Hitler es ab, über japanische Vermittlung zu einem Waffenstillstand mit Stalin zu kommen, wie er sich auch weigerte, einem von den Japanern in aller Form vorgetragenen Ersuchen zu entsprechen, im Osten zur Verteidigung überzugehen und das Gros seiner Streitkräfte nach dem Westen zu verlegen. Dem japanischen Botschafter Oshima beteuerte er: »Ich verstehe sehr gut Ihre Gründe«, der Gedanke sei auch gut, nur leider unausführbar. Man könne in solch kalten Ländern nur schwer befestigte Abwehrstellungen anlegen.[51] Das war aber nur ein höflicher Vorwand, der dem Verbündeten die Absage versüßen sollte. Eine Einigung mit Stalin kam nicht in Frage für einen Mann, dessen Programm mit dem Siege über den Bolschewismus stand und fiel. Wenn er schon im Osten den Sieg nicht erringen konnte, zwang ihn doch seine Mission, die Rote Armee so lange in Schach zu halten, bis er Europa von den Juden befreit hatte.

In Berlin hörte man immer öfter, Hitler sei verrückt geworden. Angeblich sagte die Gattin des Reichsministers Funk auf einer größeren Gesellschaft zu der Gattin des Ministers Frick: »Der Führer treibt uns Hals über Kopf ins Verderben.« Worauf Frau Frick erwidert haben soll: »Ja, der Mann ist verrückt.« Auch der berühmte Chirurg Sauerbruch war dieser Meinung. Freunden erzählte er, bei einem kürzlich Hitler abgestatteten Besuch sei er einem gebrochenen alten Mann begegnet, der nur sinnloses Zeug geplappert habe wie: »Ich muß unbedingt nach Indien« oder »Für jeden gefallenen Deutschen müssen zehn Feinde sterben.«

7

In Stalingrad sah Hitler sich nunmehr vor einer weiteren Niederlage. Die 6. Armee hatte unter Paulus seit Wochen keine wesentlichen Fortschritte mehr gemacht, der Geländegewinn wurde nach Metern bemessen, und jeder

Meter forderte einen hohen Preis. Paulus wie Gehlen, der Leiter der Abteilung Fremde Heere Ost, warnten vor gefährlichen Truppenkonzentrationen des Feindes nördlich der Stadt. Am 12. November meldete Gehlen: »Eine Beurteilung der feindlichen Gesamtabsicht ist bei dem unklaren Bild noch nicht möglich, doch muß mit dem baldigen Angriff gegen die 3. rumänische Armee mit dem Ziel gerechnet werden, die Bahn nach Stalingrad zu unterbrechen und eine Rücknahme der bei Stalingrad stehenden deutschen Kräfte zu erzwingen, wodurch der Wasserweg über die Wolga wiedergewonnen würde.«[52]

Hitler befand sich auf dem Berghof und las diesen bedrohlichen Bericht nicht. Doch war auch er der Rumänen wegen in Sorge und fragte mehrmals, ob in deren Frontabschnitt Überraschungen zu gewärtigen seien. Puttkamer, der in jener Woche an allen Lagebesprechungen teilnahm, erinnert sich, daß dies jedesmal verneint wurde. Schlechte Neuigkeiten reisen bekanntlich langsam, und Hitler wurde über den Ernst der Lage nicht aufgeklärt. Im Oberkommando hatte man noch kein klares Bild von der Stärke der sowjetischen Truppenverschiebungen und wollte sich von Hitler nicht wieder »Überschätzung der feindlichen Kampfkraft« vorwerfen lassen, wie schon im Hinblick auf Polen und Frankreich.[53]

Am 19. November griffen 40 sowjetische Divisionen den rumänischen Frontabschnitt an. Die Rumänen kämpften tapfer und geschickt, wurden aber erdrückt. Der Führer der Heeresgruppe B befahl umgehend, Paulus solle den Angriff auf Stalingrad abbrechen und den Stoß in seine linke Flanke auffangen; als deutlich wurde, daß die Rumänen nicht mehr halten konnten, verlangte er, die 6. Armee solle den Rückzug antreten.

Davon wollte Hitler nichts hören. Überzeugt durch frühere Meldungen, die Rote Armee sei praktisch ausgeblutet und diese Gegenoffensive sei nur eine letzte Zuckung, befahl er der Truppe, in Stalingrad zu bleiben. Hilfe sei unterwegs. Die im Führerhauptquartier herrschende Verwirrung entsprach allerdings solchen zuversichtlichen Bekundungen in keiner Weise. Major Engels Tagebuch spricht von totaler Konfusion. Hitler sei selbst völlig im Ungewissen darüber gewesen, was zu geschehen habe.[54] In diesen qualvollen Stunden wanderte er ruhelos in der großen Halle des Berghofes auf und ab und verfluchte seine Militärs dafür, daß sie immer wieder die gleichen Fehler machten.

Die Panzer, die er nur widerwillig in den Kampf geworfen hatte, wurden abgeschlagen, und am 21. November waren die Rumänen abgeschnitten, deren Panzer zur Hälfte von Mäusen unbrauchbar gemacht worden waren, die die elektrischen Kabel zernagt hatten. »Was haben wir oder unsere Vorfahren nur verbrochen, daß wir so leiden müssen?« kritzelte ein rumänischer Offizier in sein Tagebuch. »Totaler Schrecken!«[55] Erst an diesem Tage erkannten Paulus und sein Chef des Stabes Schmidt, in welcher Gefahr sie schwebten. Das Auftauchen sowjetischer Panzer wenige Kilometer vor

1941–1943

ihrem Gefechtsstand bestätigte, daß die Verbindungen innerhalb der 6. Armee mehrfach unterbrochen worden sein mußten. Paulus verlegte eilig sein Stabsquartier und forderte von der Heeresgruppe die Erlaubnis, den Rückzug zu beginnen. Sein Vorgesetzter stimmte zu und gab das Ersuchen weiter ans OKW. Bei der abendlichen Lagebesprechung auf dem Berghof schlug Jodl die Evakuierung der gesamten 6. Armee vor. Hitler weigerte sich: Stalingrad müsse gehalten werden.

Am 22. November in der Frühe schlossen die Sowjets die Zange um die gesamte 6. Armee. Damit saßen an die 300000 Mann mit 100 Panzern, 1800 schweren Geschützen und mehr als 10000 Fahrzeugen im Kessel. Auf der morgendlichen Lagebesprechung beim Stab der 6. Armee wurde vorgeschlagen, den Ausbruch nach Südwesten zu versuchen, doch der Chef des Stabes widersprach. »Unmöglich, wir haben keinen Treibstoff. Und wenn wir es versuchen, enden wir wie Napoleon.« Die 6. Armee müsse sich einigeln. Schon am Nachmittag hatte sich die Lage so verschlechtert, daß Schmidt an der Weisheit seines eigenen Urteils zweifelte. Nun aber erhielt Paulus den Befehl: Halten und weitere Befehle abwarten. »Wir haben Zeit, um unseren Entschluß zu überlegen, und wollen dies jeder für sich machen. Bitte kommen Sie in etwa einer Stunde wieder zu mir und geben Sie mir Ihre Beurteilung«, sagte Paulus.[56] Alle kamen zum gleichen Ergebnis: Ausbruch aus dem Kessel nach Südwesten.

Hitler war wieder unterwegs nach Rastenburg. Einen Rückzug aus Stalingrad konnte und wollte er nicht ins Auge fassen. Also setzte er am gleichen Abend eine von ihm selbst verfaßte Mitteilung an Paulus ab: »Die 6. Armee muß wissen, daß ich alles tun werde, ihr zu helfen und sie zu entsetzen. Ich werde ihr rechtzeitig meine Befehle geben.«[57] Paulus fügte sich, einer seiner Korpskommandeure begann jedoch den Rückzug auf eigene Faust, um Paulus zu zwingen, einen allgemeinen Rückzug anzuordnen. Paulus hätte ihn absetzen und festnehmen lassen können, tat es aber nicht, dazu war die Lage zu gespannt. Als Hitler erfuhr, die Absetzbewegung sei bereits im Gange, machte er Paulus dafür verantwortlich.

Daß er die am 23. November nachts einlangende Bitte von Paulus, den Ausbruch aus dem Kessel zu genehmigen, ablehnte, hatte ebenfalls seinen Grund darin, daß Hitler dem General mißtraute. Statt dessen nahm er Göring beim Wort, der ihm versicherte, die Luftwaffe könnte die eingeschlossene 6. Armee aus der Luft versorgen, und dies, obgleich der Reichsmarschall sich bereits mehrfach als totaler Versager erwiesen hatte. So funkte er denn an Paulus, »um jeden Preis« zu halten; der Nachschub werde eingeflogen. Seinen eigenen Wunschvorstellungen nachgebend, glaubte Hitler der voreiligen Zusage Görings, und erklärte Stalingrad zur Festung, womit er das Schicksal von mehr als 250000 deutschen Soldaten und ihrer Verbündeten besiegelte.

Da er auch zu dem Vorgesetzten von Paulus kein Vertrauen mehr hatte, beauftragte Hitler mit der Führung der Heeresgruppe jenen Feldmarschall von Manstein, dessen genialer Aufmarschplan für den Westfeldzug dem Hitlers so ähnlich gewesen war. Manstein sollte einen neuen Verband führen, die Heeresgruppe Don; sein Auftrag war, den sowjetischen Vorstoß nach Westen aufzuhalten und Stalingrad auf diese Weise von sowjetischem Druck zu entlasten. Manstein schickte Paulus eine tröstliche Meldung: »Wir werden alles tun, um Sie herauszuhauen . . .«[58] Er möge im Norden an der Wolga halten, wie der Führer befohlen habe, und derweil starke Kräfte zum Ausbruch aus dem Kessel versammeln. Paulus und Schmidt faßten das so auf, als wolle Manstein zur 6. Armee einen Korridor freimachen, und sie ließen den Plan, einen Ausbruch ohne Hitlers Erlaubnis zu wagen, fallen. Noch bevor der Tag zu Ende ging, waren 22 der Stalingrad anfliegenden Transportmaschinen abgeschossen. Am 25. November wurden 9 weitere abgeschossen und Paulus erhielt lediglich 75 Tonnen Nachschub. Am 26. wagte Zeitzler es, Hitlers Zorn auf sich zu ziehen, indem er ihm vorschlug, Paulus »Handlungsfreiheit« einzuräumen, das heißt also den Ausbruch zu versuchen und bei einem Mißlingen zu kapitulieren. Hitler lehnte ohne Besinnen ab und verstand sich nur dazu, Manstein einen Entsetzungsversuch machen zu lassen. Allen Einwänden begegnete Hitler stur mit dem Hinweis auf die vollmundigen Versprechungen Görings, die Stadt aus der Luft zu versorgen. Engel notierte sich: »Wir sind entsetzt über soviel Optimismus, den auch Gen.-Offiziere der Luftwaffe nicht teilen.«[59]

Am gleichen Tage schickte Paulus ein Handschreiben an Manstein, in dem er diesem für sein Versprechen dankte, der 6. Armee helfen zu wollen. Er habe Hitler ersucht, ihm Handlungsfreiheit zu gewähren, falls nötig. »Ich suchte in einer solchen Vollmacht einen Rückhalt, der mich davor bewahren sollte, den in der gegebenen Lage einzig möglichen Befehl zu spät zu geben. Daß ich einen solchen Befehl nur im alleräußersten Notfall und nicht zu früh geben würde, dafür kann ich keinen Beweis erbringen, sondern nur Vertrauen erbitten.«[60]

Paulus erhielt die Antwort kurz vor Mitternacht direkt von Hitler. In einer persönlichen Botschaft an die 6. Armee befahl Hitler, am Ort auszuharren und versprach, der 6. Armee jede erdenkliche Unterstützung zukommen zu lassen.

Die Hilfsoperation wurde »Wintergewitter« getauft und war recht ärmlich. Zwei motorisierte Divisionen sollten einen einzigen Stoß in Richtung Stalingrad führen. Beginnen sollte sie Anfang Dezember, doch allein die Bereitstellung einer so relativ kleinen Formation war so beschwerlich, daß das Unternehmen erst am 12. Dezember anlief. Die nordostwärts Richtung Stalingrad rollenden 230 Panzer, die etwa 100 km vor sich hatten, trafen anfangs kaum auf Widerstand. Streckenweise war vom Feind überhaupt nichts zu sehen, und die Deutschen waren verdutzt. Gleichwohl kam man keine 20 km weit, denn der gefrorene Boden begann wieder zu tauen und das Terrain wurde glitschig.

Hitlers erste Frage bei der Lagebesprechung am 12. Dezember lautete: »Ist etwas Katastrophales passiert?« und als er hörte, feindliche Angriffe würden nur aus den von Italienern gehaltenen Frontabschnitten gemeldet, murrte er: »Ich habe mehr schlaflose Nächte bei dieser Geschichte als im Süden. Man weiß nicht, was passiert.«[61]

Sechs Tage lang warteten die Männer der 6. Armee auf das Erscheinen eigener Panzer, sahen aber weiter nichts als russische Infanterie, die nach Westen marschierte, um die Operation »Wintergewitter« aufzuhalten. Manstein war trübster Stimmung und verlangte am 18. Dezember die Erlaubnis, Paulus den Ausbruch versuchen zu lassen und soviele seiner Leute wie möglich zu retten. Zeitzler bat »sehr dringend« um Zustimmung des Führers, Hitler blieb aber unerbittlich, zumal die italienische 8. Armee an diesem Tage schwer angeschlagen worden war, und im Norden der Entsatzkräfte ein mächtiges Loch in der Front klaffte.

Am folgenden Nachmittag verlangte Manstein wiederum Erlaubnis über Funk, Paulus den Ausbruch zu befehlen. Hitler wollte anfangs nicht, Zeitzler setzte ihm aber mächtig zu und er wurde schwankend. Diese Unsicherheit erweckte bei den Stabsoffizieren die Hoffnung, Paulus könnte auf eigene Verantwortung den Ausbruch befehlen, und Paulus hätte es auch getan, nur war es zu spät. Er hatte jetzt noch 100 Panzer mit Treibstoff für bestenfalls 30 km. Die Munition reichte weder zur Verteidigung noch für einen Angriff. Also setzten er und Schmidt alle Hoffnung auf den zugesagten Entsatz.

Die ihnen zuhilfe eilenden Panzer rollten aber keinen Meter weiter nach Osten, denn Manstein sah sich am 23. Dezember genötigt, den Entsetzungsversuch abzubrechen. Eine der Panzerdivisionen mußte das von den Italienern hinterlassene Loch in der Front stopfen. Manstein fragte bei Paulus an, ob, »wenn keine andere Möglichkeit bleibt«, er den Ausbruch wagen wolle? Paulus fragte zurück, ob er damit autorisiert sei, den Versuch zu machen? »Es läßt sich dann nicht mehr zurückdrehen.«

»Vollmacht darf ich heute noch nicht geben, hoffe morgen auf Entscheidung«, antwortete Manstein.[62]

Hitler wollte aber nichts entscheiden, und so konnte Manstein der 6. Armee zu Weihnachten nichts als frohe Feiertage wünschen. Ins Führerhauptquartier meldete er, die Kampfmoral der Truppe in Stalingrad sei erheblich gesunken und sinke unaufhörlich weiter. »Es mag gelingen, die Soldaten noch einige Zeit zu erhalten, sie können dann aber nicht mehr ausbrechen. Ende des Monats dürfte nach meiner Schätzung der letzte Termin sein.«[63]

Schon als er unterschrieb, wußte Manstein, daß Hitler auf ihn nicht hören würde. Die 6. Armee war dem Untergang geweiht. Paulus würde gern ausbrechen wollen, er mußte aber wissen, daß dies jetzt Selbstmord war. Er und

Manstein waren sich einig: Dies war das Ende. Aber sollte Paulus das seinen Soldaten sagen? Eine Truppe, die nicht mehr hoffen darf, kämpft schlecht.

Goebbels hingegen dachte anders. In einer Neujahrsbotschaft, die sich eigens an die Truppe richtete, versprach er, 1943 werde das Jahr sein, das das deutsche Volk dem »Endsieg« näher brächte, dem »endgültigen Sieg«. Zu seinen Mitarbeitern allerdings redete er offener. In den nächsten Monaten müsse die Propaganda darauf ausgehen, einem allgemein um sich greifenden Defaitismus entgegenzuwirken. Seit Beginn des Krieges habe die Propaganda folgende fehlerhafte Entwicklung genommen: »1. Kriegsjahr: Wir haben gesiegt. 2. Kriegsjahr: Wir werden siegen. 3. Kriegsjahr: Wir müssen siegen. 4. Kriegsjahr: Wir dürfen nicht besiegt werden.« Das sei eine verhängnisvolle Entwicklung. »Es müsse vielmehr der deutschen Öffentlichkeit zum Bewußtsein gebracht werden, daß wir nicht nur siegen wollen und müssen, sondern besonders auch, daß wir auch siegen *können*, weil die Voraussetzungen gegeben sind, sobald Arbeit und Leistung in der Heimat voll in den Dienst des Krieges gestellt werden.«[64] Damit gab er nur einen Vorgeschmack dessen, was kommen sollte: 14 Tage später befahl Hitler die totale Mobilmachung der Heimat zwecks Verstärkung der Kriegsanstrengung.

8

Kurz vor dem neuen Jahr schickte Hitler seinen Piloten Baur mit dem Auftrag nach Stalingrad, den General Hans Hube, Kommandeur des 14. Panzerkorps, dort herauszuholen. Hube, der im 1. Weltkrieg eine Hand verloren hatte, wurde zu seinem Erstaunen aufgefordert, im Führerhauptquartier einen Bericht über die Lage der 6. Armee zu geben. Hitler hörte sich schweigend an, was Hube ohne Angst und Beschönigung über die verzweifelte Lage der Kameraden im Kessel zu sagen hatte. Davon sei ihm vieles neu, bemerkte Hitler und versprach, das derzeit in Frankreich stehende SS-Panzerkorps den Stalingradern zu Hilfe zu schicken. Bis dahin werde der Nachschub durch die Luft um jeden Preis forciert. Tief aufgewühlt schwor Hitler, auch Stalingrad noch in einen Sieg zu verwandeln, ganz wie die drohende Niederlage vom vergangenen Winter.

Hube kehrte nach Stalingrad zurück mit dem Befehl, seinen Kameraden Mut zu machen. Er traf am 8. Januar ein, gerade als der Feind Flugblätter mit der Aufforderung abwarf, zu kapitulieren oder in den Tod zu gehen. Von Hubes Neuigkeiten belebt, sagte Paulus zu seinen Korpskommandeuren, Kapitulation komme nicht in Frage.

So begann denn zwei Tage später der sowjetische Hauptangriff, der die westliche Front der 6. Armee allmählich eindrückte. Nahrung und Munition wurden knapp, für die Geschütze gab es pro Rohr und Tag noch eine Granate, jeder Soldat erhielt nur noch eine Scheibe Brot und etwas Pferde-

1941–1943 909

fleisch. Der eingeflogene Nachschub blieb weit unter der von Göring versprochenen Menge, und Hitler machte sich über seinen Reichsmarschall endgültig keine Illusionen mehr. Er nannte ihn »diesen Kerl, dieses fette, vollgefressene Schwein«. Er fügte ihm die äußerste Kränkung zu, indem er einen von Görings Untergebenen mit der Fortführung der Luftversorgung Stalingrads und der Rettung der 6. Armee beauftragte. Schon zweimal hatte Hitler den Feldmarschall Milch gepriesen als einen Mann, der das Wort »unmöglich« nicht kenne, und nun bekam er von Hitler Mitte Januar Befehl, täglich 300 Tonnen Nachschub in den Kessel zu fliegen. Zu diesem Zwecke erhielt er Sondervollmachten, die für sämtliche militärischen Dienststellen galten, und tatsächlich gelang es ihm, statt 60 Tonnen täglich 80 Tonnen einzufliegen. Im Kessel glomm ein Hoffnungsfunken auf, doch bald stellte sich heraus, daß auch Milch keine Wunder wirken konnte, und er erkannte dies schließlich auch selber.[65]

Am 20. Januar war der Kessel auf die halbe Größe geschrumpft und man sah, daß es dem Ende zuging, besonders in jenen Abschnitten, die am heftigsten umkämpft waren. Von den Leiden seiner Soldaten gerührt, die er mit eigenen Augen ansehen mußte, fühlte Paulus sich bewogen, noch einmal an seine Vorgesetzten zu appellieren und holte dazu den Rat von Schmidt und zwei anderen Stabsoffizieren ein. Nur einer von diesen sprach sich für die Fortsetzung der Kampfhandlungen aus und Paulus setzte zwei gleichlautende Funksprüche ab, einen an Manstein, einen ans Führerhauptquartier, in denen er die Erlaubnis erbat, kapitulieren zu dürfen, »um noch vorhandene Menschenleben zu retten«.[66]

Manstein und Zeitzler drängten Hitler, diese Erlaubnis zu geben, der aber beharrte darauf, die 6. Armee müsse »bis zum letzten Soldaten« kämpfen. Noch ein letzter Versuch, ihn umzustimmen wurde unternommen: Man flog den Verbindungsoffizier des OKH bei der 6. Armee, Major Zitzewitz, aus dem Kessel, der Hitler die hoffnungslose Lage schildern sollte, und Hitler packte ihn denn auch gerührt bei der Hand, als der Major am 24. Januar vorgelassen wurde. »Sie kommen aus einer jammervollen Lage«, sagte er und tröstete ihn sodann damit, daß ein Bataillon der neuen Panther-Panzer zum Entsatz Stalingrads durch die russische Front brechen werde.

Zitzewitz glaubte nicht recht zu hören. Da sollte also ein Panzerbataillon bewerkstelligen, was einer ganzen Division nicht gelungen war! Als Hitler einmal Luft holen mußte, verlas der Major Zahlen von einem Zettel, die er sich zuvor notiert hatte. Er sprach ergreifend von hungernden und erfrierenden Soldaten, von Mangel an Nachschub, von dem Gefühl abgeschrieben worden zu sein, das die Truppe beherrsche. »Mein Führer, ich darf melden, den Soldaten von Stalingrad kann man das Kämpfen bis zur letzten Patrone nicht mehr befehlen, weil sie physisch dazu nicht mehr in der Lage sind und weil sie diese letzte Patrone nicht mehr haben.«

Hitler stierte ihn entgeistert an, und Zitzewitz hatte das Gefühl, er blicke

910   *Und die Hölle folgte ihm nach*

durch ihn hindurch.»Der Mensch regeneriert sich sehr schnell«, bemerkte
Hitler nur, ließ den Major abtreten und an Paulus folgenden Funkspruch
abgehen:»Kapitulation ausgeschlossen. Truppe verteidigt sich bis zuletzt.«[67]

Hitler wurde zwar von Zweifeln geplagt, doch zwei Tage später bekam er
wieder Auftrieb, denn zum Abschluß der Konferenz von Casablanca hatte
Roosevelt die bedingungslose Kapitulation der Achsenmächte gefordert.
(Die Deutschen glaubten zunächst, Casablanca bedeute das Weiße Haus in
Washington und meinten, die Konferenz habe dort stattgefunden.) Indem
der Präsident die Beendigung des Krieges auf dem Verhandlungswege aus-
schloß, gab er Hitler ein unbezahlbares Propagandaargument an die Hand:
Er konnte jetzt von dem deutschen Volk Widerstand bis zum bitteren Ende
fordern. Das betrachtete er als einen Hoffnungsstrahl in dunkler Nacht,
denn daß die Lage in Stalingrad nunmehr hoffnungslos war, hatte er selbst
eingesehen. Angeblich sollte sein Chefadjutant Schmundt nach Stalingrad
fliegen und Paulus im Auftrag Hitlers die Pistole bringen, mit der er sich
selbst zu erschießen haben würde, wenn es nicht mehr weiterging.

Abgeschnittene Einheiten der Deutschen ergaben sich bereits, Paulus
selbst blieb standhaft. Zwei Divisionskommandeuren, die das Thema an-
schnitten, sagte er, die Lage erlaube noch keine Kapitulation. Man müsse
den Befehl des Führers befolgen und bis zum letzten ausharren. Das wurde
ihm nicht leicht, denn er wußte, was seine Soldaten auszuhalten hatten. Bis
vor kurzem noch war ihre Kampfmoral bewundernswert gewesen, und
solange sie noch ihrer Führung vertrauten, hofften sie auch auf Entsatz. Am
30. Januar indessen, dem 10. Jahrestag der Machtergreifung durch die
Nationalsozialisten, herrschte Hoffnungslosigkeit. In den überfüllten Kellern
der Stadt war kein Platz mehr für frisch Verwundete, Verbandsmaterial und
Medikamente gingen zu Ende, und man konnte die Gefallenen im hartge-
frorenen Boden nicht mehr bestatten. Paulus ermannte sich und sandte zur
Feier des Tages an Hitler einen Funkspruch, in dem er ihm zum Jahrestag
der Machtergreifung die Grüße der 6. Armee übermittelte. Das Hakenkreuz
wehe noch über Stalingrad. Möge der Kampf den noch ungeborenen Generationen als Beispiel dienen, niemals zu kapitulieren, wie verzweifelt auch
die Lage sei. Dann werde Deutschland siegreich bleiben.[68]

In einer persönlichen Botschaft teilte er Hitler mit, sein Neffe Leo
Raubal sei verwundet, ob er ihn ausfliegen lassen solle? Die Antwort lautete,
nein, Raubal sei Soldat und gehöre zu seinen Kameraden. Damit war der
Bruder von Hitlers einziger Liebe, Geli, so gut wie zum Tode verurteilt.[*]

---

[*] Hitler hatte zwei weitere Verwandte an der Front: Hans Hitler, Sohn eines Vetters des
Führers, und Heinz Hitler, Sohn seines Halbbruders Alois Hitler. Hans gelangte nach
Deutschland zurück, Raubal und Heinz gerieten in Gefangenschaft. Stalins Tochter berich-
tet, die Deutschen hätten einen von beiden gegen ihren Bruder Jascha austauschen wollen,

1941–1943 911

In dem letzten Brief an seine Gattin, eine Dame von rumänischem Adel, schreibt Paulus: »Ich stehe hier auf Befehl!«, und am Abend des 30. Januar griff er wirklich zum Karabiner, um den letzten Kampf zu bestehen. Da traf die Meldung ein, Hitler habe ihn zum Feldmarschall befördert. Von diesem Rang träumte jeder Offizier, allein im jetzigen Zeitpunkt konnte Paulus damit nichts mehr anfangen. Um Mitternacht nannte Zeitzler denn auch über Funk den Preis, der für die Beförderung zu erlegen war: »Der Führer läßt darauf hinweisen, daß es auf jeden Tag ankommt, den die Festung Stalingrad länger hält.«[70]

Als Schmidt vor Tagesanbruch am 31. Januar aus dem Fenster blickte, bot sich ihm ein unfaßlicher Anblick: Auf dem Marktplatz brannten zahllose Feuer, und darum herum standen schwatzend und rauchend Rotarmisten und deutsche Soldaten. Schmidt sagte zu Paulus, dies sei ja wohl das Ende. Weiterer örtlicher Widerstand sei sinnlos, es sei denn, man wolle auf die eigenen Leute schießen. Paulus stimmte zu. Kapitulation sei geboten. Keine Stunde, und die beiden Herren bestiegen ein Automobil, das sie zum Stabe von General Schumilow bei der 64. russischen Armee brachte.

Als Schumilow vorschlug, man solle gemeinsam speisen, sagte Paulus, er könne keinen Bissen essen, wenn die Russen nicht versprächen, seine Soldaten zu ernähren und medizinisch zu versorgen. Schumilow versetzte mitfühlend: »Wir sind doch auch Menschen, selbstverständlich wird das geschehen.« Man ging ins Freie. Es war bitter kalt, doch schien die Sonne, und Schumilow streckte die Glieder. »Welch wunderschöner Frühlingstag«, sagte er. Als er dann beim Essen mit seinen Gästen auf den Sieg der Roten Armee anstoßen wollte, erwiderte Paulus nach kurzem Zögern: »Ich trinke auf den Sieg der deutschen Waffen.« Schumilow setzte gekränkt sein Glas ab, sagte dann aber versöhnlich: »Na gut, lassen wir das. Prost!«[71]

Am Morgen des 1. Februar gab Radio Moskau bekannt, daß Paulus und Schmidt kapituliert hatten. Zeitzler wollte das bei der mittäglichen Lagebesprechung nicht glauben, Hitler hatte aber keinen Zweifel. »Die haben sich da absolut formgerecht übergeben. Denn im anderen Falle stellt man sich zusammen, bildet einen Igel und schießt mit der letzten Patrone sich selbst tot.« Zeitzler zweifelte immer noch daran, daß Paulus sich ergeben haben sollte; vielleicht läge er verwundet in einem Keller? »Nein, es stimmt«, sagte Hitler. »Die kommen sofort nach Moskau und kommen zu der GPU und sie werden Befehle herausfetzen, daß der nördliche Kessel sich auch übergeben soll.« So faselte er vor sich hin, pries die Soldaten, die sich im Gegensatz zu Paulus aus verzweifelter Lage mit einem Kopfschuß be-

---

Stalin aber hätte abgelehnt: »Krieg ist Krieg.« Der junge Stalin soll von den Deutschen erschossen worden sein, und Heinz Hitler starb in der Gefangenschaft. Gelis Bruder kehrte 1955 zurück, ganz versöhnt mit der Tatsache, daß sein Onkel sich für ihn nicht verwendet hat und überzeugt, am Tode seiner Schwester sei Hitler »ganz und gar unschuldig.«[69]

freien. »Wie leicht ist so etwas zu machen! Die Pistole – das ist doch eine Leichtigkeit. Was gehört schon für eine Feigheit dazu, vor dem auch noch zurückzuschrecken! Ha! Lieber sich lebendig begraben lassen! Und zwar in einer solchen Lage, wo er doch genau weiß, daß sein Tod die Voraussetzung für das Halten des nächsten Kessels ist.«

Und so fuhr er fort, Paulus zu verwünschen. »Mir persönlich tut am meisten weh, daß ich das noch getan habe, ihn zum Feldmarschall zu befördern. Ich wollte ihm die letzte Freude geben. Das ist der letzte Feldmarschall gewesen, den ich in diesem Krieg mache. Man darf erst den Tag nach dem Abend loben. Ich verstehe das überhaupt nicht. Wenn man so viele Menschen sterben sieht –, ich muß wirklich sagen: wie leicht ist es unserem ... angekommen, der hat überhaupt nicht gedacht. Das ist lächerlich wie nur etwas. So viele Menschen müssen sterben, und dann geht ein solcher Mann her und besudelt in letzter Minute noch den Heroismus von so vielen anderen. Er konnte sich von aller Trübsal erlösen und in die Ewigkeit, in die nationale Unsterblichkeit eingehen, und er geht lieber nach Moskau. Wie kann es da noch eine Wahl geben. Das ist schon etwas Tolles.«[72]

Tags darauf ergab sich auch der nördliche Kessel. Die Sowjets gaben an, 91 000 Gefangene gemacht zu haben, darunter 2500 Offiziere und 24 Generäle. Die Gefangenen wurden ebenso unmenschlich behandelt, wie Hitler die gefangenen Rotarmisten behandelt hatte. Ausgenommen die Generäle. Zwischen Februar und April 1943 sollen angeblich mehr als 400 000 deutsche, italienische und rumänische Gefangene umgekommen sein; die meisten davon verhungerten. Kannibalismus war weit verbreitet. Nur die Stärksten überlebten, und von den Gefangenen von Stalingrad sollten nur einige Tausend heimkehren. Für andere deutsche Soldaten, darunter Paulus selbst, wurde Stalingrad ein Signal zur politischen Umkehr. Sie traten in der Gefangenschaft dem »Nationalkomitee Freies Deutschland« bei, in dem sie antifaschistisch geschult wurden.

Nachdem er das Schlachtfeld von Stalingrad besichtigt hatte, bemerkte General Charles de Gaulle zu einem Journalisten: »Ah, Stalingrad! Ein bemerkenswertes Volk, ein wirklich großes Volk.« Der Journalist nahm natürlich an, de Gaulle spreche von den Russen, doch der General sagte: »*Mais non!* Nicht von den Russen spreche ich, sondern von den Deutschen. So weit zu kommen!«[73]

26. Kapitel
Der Familienkreis
(1943)

1

Nach dem dramatischen Auftritt mit Jodl zog Hitler sich in seinen Bunker in Winiza zurück. Er aß und schlief allein, nur Blondi, die Schäferhündin, leistete ihm Gesellschaft. Als die Schlacht um Stalingrad ihrem Höhepunkt zustrebte, begab Hitler sich wieder in die Wolfsschanze und gab allmählich seine selbstgewählte Isolierung wieder auf. Gelegentlich forderte er einen Adjutanten oder einen Besucher aus Berlin auf, an seiner kärglichen Mahlzeit teilzunehmen. Nach und nach gesellten sich seine Sekretärinnen und ausgewählte Mitglieder seines persönlichen Stabes zu ihm, und man nahm die Mahlzeiten wieder im Speisesaal ein. Militärs waren nach wie vor nicht zugelassen, und bei der Lagebesprechung verweigerte er ihnen den Händedruck. Sie ihrerseits fühlten sich in seiner Gegenwart befangen; die meisten sahen in ihm einen Tyrannen und fanden ihn schon etwas sehr verrückt.

So deprimiert Hitler auch war, seine Adjutanten behandelte er stets höflich und rücksichtsvoll, und für den jüngeren, wie etwa Richard Schulze, ehemals Ribbentrops Adjutant, empfand er sogar väterliche Gefühle. Dies war eine Seite Hitlers, die Leute wie Halder niemals kennenlernten. Sie sahen nicht, wie liebenswürdig er mit dem Personal, mit seinen Fahrern und Sekretärinnen verkehrte. Die Isolierung von den Militärs brachte ihn seinem Mitarbeiterstab noch näher und Gertraud Humps, seine neue Sekretärin, hatte Gelegenheit, ihn gut kennenzulernen. Anfang des Winters übernahm sie die Stelle der attraktiven und fröhlichen Gerda Daranowsky. »Dara« war von Elisabeth Arden zu Hitler gekommen, und jetzt heiratete sie seinen Verbindungsoffizier zur Luftwaffe. Traudl Humps, Enkelin eines Generals, erst 22 Jahre alt, war leicht beeindruckbar. Als Hitler ihr das erste Mal diktierte, war sie so aufgeregt, daß er sie wie ein Kind beruhigte. »Regen Sie sich nicht auf, ich mache beim Diktat bestimmt mehr Fehler wie Sie.« Am 3. Januar 1943 fragte er sie, ob sie gern seine Privatsekretärin werden wolle. Das war für sie aufregend und schmeichelhaft, und sie nahm ohne zu zögern an. Bald gewöhnte sie sich an die neue, fremde Welt. Sie hatte keine festgelegte Arbeitszeit und fand reichlich Gelegenheit, im verschneiten Wald spazieren zu gehen. Es machte ihr viel Spaß, Hitler zuzusehen, wenn er morgens mit Blondi spielte. Er ließ den großen Hund durch Reifen oder über eine meterhohe Mauer springen oder eine Leiter erklettern und oben »Männchen« machen. Bemerkte er Traudl, ging er zu ihr, schüttelte ihr die Hand und fragte nach ihrem Befinden.[1]

Bei der Lagebesprechung war von dieser Liebenswürdigkeit nichts zu bemerken. Nach dem Fall von Stalingrad war er ständig so gereizt, daß sich zur Lagebesprechung nur einfand, wer unbedingt mußte. Guderian, der Hitler nicht gesehen hatte, seit der Vorstoß auf Moskau mißlungen war, stellte fest, Hitler sei nicht sehr gealtert, werde aber leicht jähzornig und sei dann ganz unberechenbar in seinen Entscheidungen und Äußerungen.

Beim Mittagsmahl im Kreise seiner engsten Mitarbeiter beherrschte er sich, das Gespräch mit ihm wurde aber immer inhaltsloser. Fräulein Schröder erinnert sich: »Nach Stalingrad konnte Hitler keine Musik mehr hören. Wir verbrachten nunmehr alle Abende damit, ihn monologisieren zu hören. Aber seine Gesprächsthemen waren ebenso abgespielt wie die Platten. Es war immer das gleiche: seine Jugendzeit in Wien, die Kampfzeit, die Geschichte der Menschheit, der Mikrokosmos und der Makrokosmos. Bei jeglichem Thema wußten alle im voraus, was er darüber sagen würde. Mit der Zeit ermüdeten uns seine Monologe. Die Ereignisse in der Welt und an der Front aber durften während der Teestunden nicht berührt werden. Alles, was mit dem Kriege zusammenhing, war tabu.«[2]

Goebbels ordnete unterdessen in Berlin zum Gedenken an die Gefallenen von Stalingrad drei Tage Staatstrauer an. Alle Theater und Kinos, auch alle sonstigen Vergnügungsetablissements blieben geschlossen. Er bereitete das Volk auf schwere Zeiten vor. Lokomotiven, Mauern, Schaufenster und Anschlagtafeln zeigten jetzt die Parole: »Räder müssen rollen für den Sieg«. Am 15. Februar erging an Reichsleiter, Gauleiter und alle Wehrmachtsstäbe der Befehl zur totalen Mobilisierung.

Tags darauf schrieb Bormann seiner Frau: »Sollte der Krieg eine Wendung zum Schlechten nehmen, sei es jetzt oder später, müßtest du weiter in den Westen ziehen, denn unsere Kinder müssen vor aller Gefahr geschützt werden. Zu gegebener Zeit sollen sie das große Werk fortführen.«[3] Dies zum Beweis dafür, daß die militärische Lage ernst war.

Am 18. hielt Goebbels im Sportpalast vor ausgewählten Zuhörern eine Ansprache mit dem Thema totaler Krieg. Die Veranstaltung war in allen Einzelheiten vorbereitet. Um der Wirkung willen erschienen die Zuhörer in Zivil anstatt in Uniform, doch war alles vorher abgesprochen – das Beifallsgebrüll, die Sprechchöre. Goebbels gebärdete sich mehr wie ein Schauspieler denn ein Redner, und nicht was er sagte war wichtig, sondern wie er es sagte. Er stachelte seine Zuhörer zu einem solchen Beifallstaumel an, daß sie

1943   915

laut »Ja!« brüllten als er rief: »Wollt ihr den totalen Krieg? Wollt ihr ihn,
wenn nötig, totaler und radikaler, als wir ihn uns heute überhaupt noch
vorstellen können?« Und auch auf seine rhetorische Frage: »Seid ihr damit
einverstanden, daß jeder, der den Krieg sabotiert, seinen Kopf verlieren
soll?« brüllten sie Beifall. Er selbst bemerkte später zynisch: »Was für ein
idiotischer Auftritt! Wenn ich die Leute gefragt hätte, ob sie vom Dach des
Kolumbushauses springen wollten, hätten sie auch ja gebrüllt!«[4]

Goebbels war von dem Konzept eines totalen Krieges so hingerissen, daß
er versuchte, in den höchsten Rängen der Partei ein Aktionskomitee zu
bilden. Anfang März besuchte er Göring am Obersalzberg, um auch ihn
dafür zu gewinnen. Man müsse jetzt die Dinge dem Führer aus der Hand
nehmen; Hitler sei seit Kriegsbeginn um 15 Jahre gealtert, und daß er sich
so zurückziehe und ein so ungesundes Leben führe, sei geradezu tragisch. Es
gelte, den dadurch entstandenen Mangel an Führung in der Innen- und
Außenpolitik irgendwie wettzumachen. »Man darf ihn nicht mit allem be-
lästigen.« Er schärfte Göring ein, der Krieg müsse politisch geführt werden,
und die politische Führung des Reiches müsse auf einen Reichsverteidi-
gungsrat übergehen. In diesen sollten Männer aufgenommen werden, die
rücksichtslos für einen Sieg um jeden Preis einträten.

Er versicherte Göring weiter, dies entspreche gewiß auch dem Wunsch
des Führers. »Unser Ehrgeiz ist ja nur, daß einer den anderen unterstützt
und eine feste Phalanx um den Führer zu bilden. Manchmal ist er unent-
schlossen, besonders wenn ihm die gleiche Angelegenheit von verschiedenen Seiten vorgetragen wird. Er reagiert auch auf Menschen nicht immer so,
wie er eigentlich sollte. Man muß ihm da helfen.« Göring versprach, auch
Himmler für diese Gruppe zu interessieren, worauf Goebbels verriet, er
selbst habe schon Leute wie Funk, Ley und Speer gewonnen, lauter Männer,
die dem Führer in beispielloser Treue ergeben seien. »Die Sache ist wichtiger
als jeder einzelne von uns, darüber braucht man kein Wort zu verlieren. Die
Männer, die dem Führer an die Macht verholfen haben, sollen ihm jetzt auch
zum Sieg verhelfen. Das waren damals keine Bürokraten und dürfen auch
heute keine sein.«[5]

Sich in dieser Angelegenheit an Feldmarschall Milch zu wenden, kam
Göring nicht in den Sinn. Erstens war Milch kein Nationalsozialist, zweitens
machte er aus seinem Gegensatz zum Reichsmarschall kein Geheimnis. Bald
nach dem Gespräch zwischen Göring und Goebbels schlug Milch, als er mit
Hitler allein aß, die Absetzung von Göring vor, den er für rauschgiftsüchtig
hielt. Er scheute auch nicht davor zurück, den neuesten Witz über Göring
und Goebbels zu erzählen: Als diese beiden im Himmel ankommen, befiehlt
Petrus Göring zu einer weitentfernten Wolke zu laufen, um ihn für sein
häufiges Lügen zu strafen. Als er sich dann nach Goebbels umsieht der
verschwunden ist, erklärt ihm ein Engel: »Der holt gerade sein Motorrad.«
Nach dem Essen sagte Milch, er habe einige weitere Ratschläge in petto

und hoffe, der Führer werde ihm seine Offenheit nicht verdenken. Zunächst riet er, die Offensive abzublasen, mit der Kursk zurückerobert werden sollte und zur Defensive überzugehen. Die Wehrmacht sei schwach, es fehle an Nachschub, die Front müsse verkürzt werden. »Dazu werden Sie mich nicht bringen«, sagte Hitler milde und machte einen Punkt auf seinen Block. Der nächste Vorschlag war ebenso radikal: Hitler solle die tägliche Lagebesprechung aufgeben und einen neuen Chef des Wehrmachtsführungsstabes ernennen, Manstein zum Beispiel. Hitler sagte darauf nichts, benutzte aber wieder seinen Bleistift, was Milch für Nervosität hielt. Er fuhr dann fort, dem Führer eine ganze Stunde lang provozierende Ratschläge zu erteilen und kam schließlich zu dem letzten, der am schwersten zu schlucken sein würde. »Mein Führer, Stalingrad ist die bisher größte Krise für Volk und Wehrmacht ... Jetzt muß von Ihrer Seite etwas Entscheidendes geschehen, damit Deutschland noch einigermaßen aus diesem Krieg herausgeführt werden kann ... Sicherlich denken viele so wie ich. Wir alle blicken hoffnungsvoll auf Sie, den Führer. Handeln Sie, handeln Sie durchgreifend, handeln Sie schnell!«

Es war schon Mitternacht vorbei und Milch schwitzte von der Anstrengung und der Ungewißheit. Er entschuldigte sich dafür, daß er dem Führer zwanzigmal widersprochen habe. Hitler zählte die Punkte auf seinem Block zusammen. »Nein, sie haben mir bereits vierundzwanzigmal widersprochen«, sagte er. Er war weder zornig noch erregt. »Ich danke Ihnen, daß Sie mir das alles gesagt haben. Niemand sonst gibt mir ein klares Bild der Lage.«[6]

2

Der Korrespondent Louis Lochner hatte bereits mehrmals versucht, Roosevelt über die Widerstandsgruppen innerhalb des Reiches zu informieren. Um Roosevelt davon zu überzeugen, daß nicht alle Deutschen Nazis waren, war er bereit, ihm den Funkschlüssel zweier Widerstandsgruppen auszuhändigen, damit Roosevelt ihnen unmittelbar sagen könnte, welche politische Führung in Deutschland für die Alliierten akzeptabel wäre. Als es ihm nicht gelang, vorgelassen zu werden, setzte er Roosevelt brieflich davon in Kenntnis, daß er diese Funkschlüssel besaß und betonte, er könne sie einzig Roosevelt persönlich aushändigen. Er erhielt keine Antwort, wurde aber später darüber belehrt, daß seine Hartnäckigkeit amtlicherseits als »höchst peinlich« empfunden werde. Er möge bitte aufhören damit. Lochner wußte nicht, daß die Weigerung des Präsidenten, auf sein Angebot einzugehen, amtliche amerikanische Politik war und der Forderung nach bedingungsloser Kapitulation entsprach; nicht nur sollte der deutsche Widerstand nicht ermutigt werden, man wollte überhaupt jeden nennenswerten Kontakt vermeiden. Es war nicht erwünscht, daß vom Vorhandensein eines deutschen Widerstandes gegen Hitler Kenntnis genommen wurde.[7]

Der Widerstand war entmutigt, fuhr aber fort, auf den Sturz Hitlers hinzuarbeiten. Seine Entmachtung wurde nicht mehr für ausreichend angesehen, vielmehr müsse Hitler beseitigt werden. General Oster und seine Gruppe wählten für diesen Auftrag den Stabschef von Feldmarschall Kluge, den General Henning von Tresckow. Dieser plante, Hitler an die Front zu locken, eine Bombe in sein Flugzeug zu schmuggeln und ihn damit auf dem Rückflug in die Luft zu sprengen. Abends am 13. März 1943 erschien ein junger Offizier aus Tresckows Stab, Fabian von Schlabrendorff, mit einem Paket auf dem Flugplatz, das angeblich zwei Flaschen Cognak enthielt. In Wirklichkeit war es eine Bombe, hergestellt aus englischem Plastiksprengstoff. Schlabrendorff drückte mit einem Schlüssel den Schlagbolzen herunter und machte die Bombe scharf. Gleich darauf händigte er das Paket einem Oberst aus Hitlers Begleitung aus, der versprach, es einem Bekannten in der Wolfsschanze zu überbringen.

Hitler stieg ein, und das Flugzeug hob ab. Die Bombe sollte etwa über Minsk explodieren, doch hörte man zwei Stunden lang nichts. Dann hieß es, die Maschine sei in Rastenburg gelandet. Die Verschwörer waren ratlos. Jetzt galt es, die Bombe zu erwischen, bevor sie explodierte oder entdeckt wurde. Schlabrendorff schaffte es mit Mühe, und es stellte sich heraus, daß der Schlagbolzen funktioniert, der Zünder aber versagt hatte.[8]

Wenige Tage darauf wurde ein neuer Versuch gemacht. Am 20. März überreichte Schlabrendorff im Hotel Eden in Berlin Oberst von Gersdorff, Kluges Nachrichtenoffizier, ein Paket Plastiksprengstoff. Gersdorff sollte sich zu Hitler gesellen, wenn dieser im Zeughaus seine Rede hielt, und ihn und sich selbst in die Luft sprengen.

Gersdorff erschien tags darauf im Zeughaus, in jeder Tasche eine Bombe. Hitler traf um 13.00 Uhr ein, und nach einer kurzen Darbietung der Berliner Philharmoniker hielt er im Innenhof seine Ansprache. Als er anschließend dem Ausstellungsraum zustrebte, wo russische Beutewaffen ausgestellt waren, machte Gerstdorff die Bombe in seiner linken Tasche scharf, indem er eine Säurekapsel zerdrückte, die nach 10 Minuten die Detonation auslösen sollte. Hitler war von Himmler, Keitel, Göring und anderen umringt, Gersdorff konnte sich aber ohne weiteres an seine Seite drängen.

Schmundt hatte Gersdorff versichert, der Führer werde bestimmt eine halbe Stunde in der Ausstellung zubringen, doch zeigte Hitler geringes Interesse und verließ nach fünf Minuten das Gebäude. Es war unmöglich ihm zu folgen und Gersdorff mußte innerhalb von fünf Minuten den Zünder loswerden, ohne dabei beobachtet zu werden. Zum Glück fand er eine leere Toilette und spülte im letzten Augenblick den Zünder hinunter. Danach ging er mit den Bomben in der Tasche hinaus.

Die Gestapo ahnte von diesen beiden Attentatsversuchen nichts, vermutete aber Verräter in der Abwehr. Zwei Wochen später wurde Hans von Dohnany beim Stab der Abwehr verhaftet. Es gelang Oster, den größten Teil der ihn belastenden Papiere zu vernichten, doch wurde er bald darauf ebenfalls verhaftet. Damit verloren die Verschwörer nicht nur einen fähigen Kopf, sondern auch die beste Verbindung untereinander und zu Freunden im Westen.[9]

3

Anfang April bestiegen Hitler und sein Gefolge den Zug nach Berchtesgaden, wo man sich eine willkommene Abwechslung nach den düsteren Wochen in der Wolfsschanze versprach. Der Winterabend war klar und mild und Traudl Humps bedauerte, den verschneiten Wald von Rastenburg verlassen zu müssen, freute sich aber auch auf neue Eindrücke. Der Zug war komfortabel eingerichtet, sogar mit Badewannen und Duschen versehen. Das Essen war vortrefflich und die Sitze konnten in bequeme Betten verwandelt werden. Als der Zug sich am nächsten Morgen seinem Bestimmungsort näherte, dachte Traudl an andere Züge, Züge ohne Licht und Heizung, überfüllt mit hungrigen Reisenden. In solchen Gedanken wurde sie durch die Aufforderung unterbrochen, mit Hitler zu frühstücken. Am nächsten Morgen speiste sie mit weniger hochgestellten Personen. Personal und Sekretärinnen klatschten ausgiebig über Eva Braun, die in München zusteigen sollte. Man nannte sie die »Dame vom Berghof«, und sie wurde auch von allen Gästen stillschweigend als solche akzeptiert, ausgenommen von den Damen Ribbentrop, Göring und Goebbels. Erstere ignorierte sie wie eine Königin; die beiden anderen schnitten sie, obwohl Hitler verlangt hatte, sie mit Achtung zu behandeln.

Eine der älteren Sekretärinnen zeigte Traudl den Berghof. Der Rundgang begann im ersten Stock, den Hitler bewohnte. Die Korridorwände waren mit Gemälden alter Meister behangen, man sah schöne Skulpturen und exotische Vasen. Traudl fand alles wunderschön, aber irgendwie fremd und unpersönlich. Im Haus herrschte Totenstille, weil Hitler noch schlief. Zwei schwarze Scotchterrier, die Eva Braun gehörten, Stasi und Negus, lagen vor einer der Türen. Der Raum dahinter war durch ein großes Badezimmer mit Hitlers Schlafzimmer verbunden, Adolf und Eva lebten offenkundig diskret als Mann und Frau. Sodann wurde Traudl nach unten in das große Wohnzimmer geführt, das durch einen schweren Samtvorhang von dem berühmten großen Fenster abgetrennt war. Das Mobiliar war kostbar, doch trotz der schönen Gobelins und der dicken Teppiche wirkte alles kalt. Die Räumlichkeiten waren hier viel angenehmer als in der Wolfsschanze, Traudl fühlte sich trotzdem unbehaglich. Man behandelte sie als Gast, dabei war sie doch eine Angestellte.

Der Tagesablauf auf dem Berghof war immer der gleiche, und trotzdem recht anstrengend. Die mittägliche Lagebesprechung endete fast nie, bevor der Nachmittag halb vorüber war, und meist wurde es 16.00 Uhr, bis Hitler

1943   919

den letzten Offizier abtreten ließ und ins Wohnzimmer kam, wo seine hung-
rigen Gäste ihn erwarteten. Nun trat Eva in Erscheinung, von ihren Hunden
begleitet. Hitler küßte ihr die Hand und begrüßte dann seine Gäste mit
Handschlag. Die Verwandlung des Staatsmannes in einen liebenswürdigen
Gastgeber geschah sehr unerwartet und wirkte manchmal lächerlich. Sein
Privatleben war etwa das eines sehr erfolgreichen Geschäftsmannes.

Die Herren verbeugten sich vor Eva und redeten sie mit »gnädiges Fräu-
lein« an, die Damen nannten sie Fräulein Braun. Sie schien einige vertraute
Freundinnen zu haben, an erster Stelle Hertha Schneider, eine Schulfreundin.
Die Damen redeten lebhaft über Kinder und Mode, bis Hitler sie unterbrach,
indem er Evas Hunde als Handfeger bezeichnete. Sie erwiderte ihm, seine
Blondi sei ein Kalb.[10]

Diese banalen Scherze endeten damit, daß Hitler eine der Damen zu Tisch
führte. Ihm folgten Bormann mit Eva, die Bormann von Herzen verabscheute, hauptsächlich weil er als Schürzenjäger galt.* »Der ist auf jeden
Rock scharf, nur Eva ist selbstverständlich tabu«, bemerkte ein Adjutant.

Die Gäste aßen Sauerbraten, Hitler jedoch speiste vegetarisch. Dr. Werner Zabel ließ in seinem Sanatorium in Berchtesgaden für ihn kochen und
das Essen wurde in der Küche des Berghofes aufgewärmt. Eva hätte um
keinen Preis von Hitlers Gerichten, seiner Hafersuppe oder den in Leinöl
gebackenen Kartoffeln gekostet. Er verspottete sie, weil sie strenge Diät hielt.
»Als ich dich kennenlernte, warst du hübsch rundlich, jetzt bist du dünn wie
eine getrocknete Sardine. Die Frauen sagen immer, daß sie sich für einen
Mann schön machen, und dann tun sie alles, was seinem Geschmack widerspricht.«

Meist pflegte Hitler bei solchen Gelegenheiten, besonders wenn ein neuer
Gast an der Tafel saß, sein Vegetariertum zu rechtfertigen, indem er ausführlich die Schrecken eines Schlachthofes beschrieb, den er in Polen besichtigt hatte. Die Gäste wurden bleich, als er von Mädchen in Gummistiefeln
erzählte, die bis zu den Knöcheln in Blut wateten. Otto Dietrich legte Messer
und Gabel hin, ihm war der Appetit vergangen.

Nach dem Essen unternahm Hitler seinen Zwanzigminutengang zum
»Teehaus«. Dies war ein Pavillon unterhalb des Berghofes, der lediglich
zwei Räume enthielt. Der Tee wurde in einem großen, runden Raum gereicht,
dessen sechs Fenster einen weiten Ausblick boten. Man sah die Ache
zwischen spielzeuggleichen Häusern den Berg herunterrauschen, und in der
Ferne die Barocktürme von Salzburg.

Hitler trank Apfeltee, während Eva über Film und Theater redete. Er
sagte dazu nur, er könne sich keinen Film ansehen, während die Volks-

---

* Seiner Frau, die fast ständig schwanger war, redete er ein, seine Untreue sei Dienst am
Regime. Sie schlug ihm brieflich vor, seine neueste Freundin bei sich in Berchtesgaden ein-
zuquartieren und doch mal zu versuchen, »in einem Jahr sie, im anderen mich zu schwän-
gern, damit du immer eine mobile Frau zur Verfügung hast.«[11]

genossen so viele Opfer bringen müßten. »Ich muß auch meine Augen schonen, damit ich Landkarten und die Berichte von der Front lesen kann.« An diesem Tag langweilte das Gespräch Hitler. Er machte die Augen zu und war bald eingeschlafen. Seine Gäste führten die Unterhaltung gedämpft weiter, und als der Führer erwachte, beteiligte er sich am Gespräch, als hätte er nur einmal kurz nachgedacht.

Die Abendmahlzeit wurde meist telefonisch angekündigt. Man versammelte sich gegen 8.00 Uhr in der Vorhalle. Die Etikette bei Tisch war die gleiche wie bei der Mittagsmahlzeit, nur gab es abends vor allem kaltes Fleisch. Hitler pflegte Bratkartoffeln mit Eiern und Nudeln zu essen. Die Unterhaltungen waren meist nichtssagend. So bemerkte er zum Beispiel einmal Lippenstift auf Evas Serviette. Ob sie wisse, woraus der bestehe? Eva sagte, sie benutze nur besten französischen Lippenstift. »Wenn Sie, meine Damen, doch wüßten, daß die französischen Lippenstifte aus dem Fett von Küchenabfällen hergestellt werden ...« Alle lachten. Er hatte wieder einmal das letzte Wort, wenn auch niemanden bekehrt.

Nun wurde Hitler gemeldet, daß für die abendliche Besprechung alles bereit sei. Da er nicht wollte, daß seine Gäste, und schon gar nicht die Damen, mit den Militärs in Berührung kamen, sagte er, sie sollten sitzen bleiben, es werde nicht lange dauern, und verließ den Raum. Die Sekretärinnen gingen ins Büro und tippten Berichte über Luftangriffe, Eva stieg mit den Gästen in den Keller um einen Film anzusehen. Noch ehe der zu Ende war, ließ Hitler telefonisch ausrichten, die Konferenz sei beendet und er erwarte alle in der großen Halle. Eva machte sich rasch zurecht, ihre Schwester Gretl rauchte eine letzte Zigarette und kaute Pfefferminz, um den Geruch zu vertreiben, während alle übrigen sich pflichtschuldigst in der Halle versammelten. Als Hitler hinunterkam und sich neben Eva und ihre kleinen Terrier an den Kamin setzte, war es fast Mitternacht. Blondi mußte draußenbleiben, weil die Terrier sich nicht mit ihr vertrugen, nur gelegentlich verlangte Hitler, Eva müsse ihre Lieblinge draußen lassen, damit auch sein Hund einmal im Mittelpunkt stehen dürfe.

Es wurden alkoholische Getränke gereicht, Hitler nahm aber nur Tee und Apfelkuchen. Man saß schweigend am Feuer im Licht der Kerzen und wartete darauf, daß er das Gespräch begann. Endlich fing er an zu reden, diesmal über die Schädlichkeit des Rauchens. Sein Zahnarzt habe ihm gesagt, das Rauchen desinfiziere den Mund und sei in Maßen ganz unschädlich, das stimme aber nicht. »Nie würde ich jemandem, den ich bewundere oder liebe, Zigarren oder Zigaretten anbieten, denn ich würde ihm damit schaden. Es ist allgemein bekannt, daß Nichtraucher länger leben als Raucher und gegen Krankheiten widerstandsfähiger sind.« Er wurde nie müde, gegen die Vergiftung des Leibes zu predigen, und wer von seinem Gefolge sich das Rauchen abgewöhnte, bekam eine goldene Uhr. Eva allerdings stellte er ein Ultimatum. »Entweder du gibst das Rauchen auf oder mich.«[12]

Nun kam die Rede auf Alkohol, den er für weniger gefährlich hielt, und von da auf die Malerei. Dr. Morell konnte bereits nach einem einzigen Glas Portwein kaum noch die Augen aufhalten, er sank im Sessel zurück, faltete die feisten Hände über dem Bauch und schloß die Augen. Dank seiner dicken Brillengläser bot er einen furchterregenden Anblick. Von Oberst von Below geweckt, erwachte er mit einem Ruck und grinste über das ganze Gesicht im Glauben, der Führer habe einen Scherz gemacht.

»Sind Sie müde, Morell?« fragte Hitler.

»Nein, mein Führer, ich habe nur geträumt«, erwiderte der Arzt, und um zu zeigen, wie wach er sei, wiederholte er zum hundertsten Mal eine Anekdote aus Afrika. Hitler pfiff leise einen Schlager. Eva verbesserte ihn. Sie zankten freundlich. Eva wollte wetten, Hitler beklagte sich aber, er dürfe nie kassieren, wenn er gewinne, doch wenn sie gewinne, müsse er immer zahlen. Sie ließ sich aber nicht abweisen; man möge doch die Platte spielen, dann werde sich herausstellen, wer recht habe. Bormann legte gehorsam die Platte auf, und Eva triumphierte. Hitler, der in seiner Jugend eine Oper geschrieben hatte, sagte dazu: »Oh nein, da hat sich eben der Komponist geirrt ...«, und alle lachten, nur er nicht. Um 4.00 Uhr früh verlangte Hitler den Bericht über die Luftlage; er konnte erst zu Bett gehen, wenn er wußte, daß über Deutschland keine feindlichen Flugzeuge waren.

In der Absicht, etwas von dem eigenen Kampfgeist auf Mussolini zu übertragen, bat Hitler ihn zu einer Besprechung auf den 7. April nach Salzburg. Die Diktatoren grüßten einander gefühlvoll. Hitler war entsetzt darüber, wie eingefallen und bleich das Gesicht des Duce war, der sich während der vier Tage fast ständig auf Schloß Kleßheim aufhielt und außer Hitler fast niemanden sah. Im Gespräch wirkte Mussolini mutlos. Hitler meinte zu Goebbels, der Duce werde alt. Hitler tat alles, um seinem Verbündeten Mut zu machen. Mussolini hatte sich vorgenommen, auf Frieden mit den Sowjets zu drängen und den Rückzug aller italienischen Truppen von ausländischen Kriegsschauplätzen zu verlangen, doch fühlte er sich zu matt, diesen Vorsatz auszuführen. Nach einer letzten Zusammenkunft am 10. April gingen die beiden Herren die großartige Treppe der Halle hinab, und bei dieser Gelegenheit bekamen die italienischen Delegierten Mussolini seit seiner Ankunft erstmals wieder zu Gesicht. »Die sehen aus wie zwei Invaliden«, flüsterte jemand, doch Mussolinis Leibarzt berichtigte: »Eher schon wie zwei Leichen.«[13]

Am Nachmittag richtete ein Adjutant Hitlers telefonisch aus, der Führer sei im Begriff von Schloß Kleßheim abzufahren und erwarte alle seine Gäste im Teehaus. Kurz darauf näherte sich die Wagenkolonne dem Berghof, und Hitler ging an der Spitze seines Gefolges zum Teehaus. Offenbar schien er von den Gesprächen mit Mussolini befriedigt; die Stimmung war gelöst.

Von Krieg und Politik war auf dem Berghof fast nie die Rede, immerhin sagte er einmal, er sei es leid, immer Uniform zu tragen. »Nach dem Krieg hänge ich sie an den Haken, ziehe mich hierher zurück, und dann sollen andere regieren. Als alter Mann schreibe ich dann meine Memoiren und dulde nur noch gescheite und begabte Menschen um mich her.« Der Gedanke, nach seinem Tode könnte aus dem Berghof ein Museum gemacht werden, erfüllte ihn mit Entsetzen. »Ich sehe schon, wie der Fremdenführer aus Berchtesgaden die Touristen hier herumführt und sagt: ›Hier hat er immer gefrühstückt‹.« Lieber wolle er zusammen mit dem ganzen Berghof verbrannt werden, das wäre »ein großartiger Scheiterhaufen«.[14]

Traudl konnte sich nicht mehr beherrschen: »Wann wird der Krieg zu Ende sein, mein Führer?« Da ging mit dem »liebenswerten Onkel Adi« eine Verwandlung vor.* »Ich weiß nicht, jedenfalls erst nach dem Sieg!«[15] Der plötzliche Stimmungswechsel machte die Atmosphäre frostig. Am Karfreitag ereignete sich ein ähnlicher Vorfall. Die eben aus Holland angekommene Henriette von Schirach erlaubte sich auf Grund ihrer langen Freundschaft mit Hitler, einen grausigen Anblick zu beschreiben, dessen Zeugin sie eben in Amsterdam gewesen war: Mitten in der Nacht waren Jüdinnen zusammengetrieben worden zwecks Deportation. Peinliches Schweigen. Frau von Schirach beklagte auch andere Repressionsmaßnahmen in Holland und die Gäste schauten betreten beiseite. Endlich wandte Hitler sich ihr zu, die Gesichtshaut bleich und die Augen stumpf. »Die Dämonen fressen ihn auf«, dachte sie und fand diesen Einfall selbst etwas sonderbar. Er starrte sie eine Weile an und stand dann schwerfällig auf. Sie erhob sich ebenfalls. Man sah, wie er sich zu beherrschen suchte, doch plötzlich brach er los: »Sie sind sentimental! Was gehen Sie die Jüdinnen in Holland an! Das sind alles Sentimentalitäten! Humanitätsduselei!« Er schimpfte weiter und sie lief hinauf in ihr Zimmer, ein Adjutant fing sie aber noch vor der Tür ab. »Warum haben Sie das getan«, sagte er. »Sie haben ihn so zornig gemacht, fahren Sie sofort ab, gleich jetzt.«[16]

Am Abend vor seinem 54. Geburtstag nahm Hitler Blondi mit ins Teehaus und ließ sie Kunststücke machen. Sie bettelte, sie spielte Schulmädchen, sie gab gar ein Konzert, und je mehr ihr Herrchen sie lobte, desto eindringlicher sang sie. Kurz vor Mitternacht wurden die großen Türen geöffnet und Champagner gereicht, nur Hitlers Glas enthielt süßen Weißwein. Mit dem letzten Schlag der Uhr stieß man an. Einige Gäste beschränkten sich auf Glückwünsche, andere hielten kleine Reden.

Am 20. April kam Hitler früher als sonst hinunter, um seine Geschenke zu besehen. Traudl wurde von Himmler an die Tafel geführt. Sie mochte ihn nicht leiden, und das nicht etwa, weil er brutal gewirkt hätte, sondern weil er ihr den Hof machte. Er küßte ihr die Hand, sprach mit

---

* Für Egon Hanfstaengl war er Onkel Dolf, für Geli Onkel Alf.

1943   923

gedämpfter Stimme und lächelte unentwegt angestrengt. Goebbels fand
ihn eindrucksvoll. »Gut aussehen tat er nicht. Ich begriff jetzt aber,
warum die Mädchen in der Reichskanzlei immer ans Fenster liefen,
um ihn aus dem Ministerium kommen zu sehen, während sie den
Führer kaum beachteten.« Ihr fiel auch auf, daß fast alle Damen auf dem
Berghof mit ihm flirteten.

Kurz nach der Geburtstagsfeier erfuhr Hitler, daß Traudl sich mit einem
seiner Diener verlobt hatte, mit Hans Junge. »Ich habe mit meinen Leuten
wirklich Pech«, sagte er beim Essen und seufzte übertrieben. »Erst heiratet
Christian mir meine beste Sekretärin weg, dann finde ich endlich brauchbaren Ersatz, und nun verläßt mich auch Traudl Humps und nimmt noch
dazu meinen besten Diener mit.« Er schlug vor, sie sollten möglichst rasch
heiraten, denn Junge war an die Ostfront versetzt worden. Traudl wollte
einen so wichtigen Schritt nicht übereilen. »Ihr liebt euch doch aber!« war
Hitlers überraschende Antwort. »Da muß man gleich heiraten. Wenn Sie
verheiratet sind, kann ich Sie beschützen, wenn jemand Sie belästigt, das
könnte ich aber nicht, wenn Sie nur verlobt sind. Und Sie können dann hier
weiterarbeiten.« Traudl mußte sich das Lachen verbeißen, denn sie war sehr
in Versuchung zu fragen, warum denn er nicht Eva Braun heirate, wenn er
die Liebe so ernst nahm?[17]

4

Am 7. Mai nahm Hitler in Berlin an der Beisetzung seines alten Kameraden
Viktor Lutze teil, Röhms Nachfolger, der bei einem Autounfall ums Leben
gekommen war. So jedenfalls hieß es amtlich; so mancher Überlebende des
Röhmputsches mutmaßte Schlimmeres. Nach der Beisetzung fanden sich
Reichsleiter und Gauleiter zum Essen in der Reichskanzlei ein. Anschließend
gab Hitler einen Bericht über die allgemeine Lage. 1939 habe Deutschland,
ein revolutionärer Staat, es nur mit bürgerlichen Staaten zu tun gehabt, die
ihm in keiner Weise gewachsen waren, denn ein Staat, der einer Ideologie
anhänge, habe eine feste geistige Grundlage und sei dadurch dem bürgerlichen Staat überlegen. Im Falle Rußlands sei die Lage gänzlich anders, hier
hätten die Deutschen es mit einem Gegner zu tun, der ebenfalls einer Ideologie anhänge, wenn auch der falschen. Er lobte Stalin dafür, daß er die Rote
Armee von Defaitisten gesäubert und der Kampftruppe politische Kommissare beigegeben habe. Stalin habe den Vorteil, sich durch Säuberungen der
»besseren Gesellschaft« entledigt zu haben, der Bolschewismus könne daher
seine gesamte Energie auf die Bekämpfung seiner Feinde richten.

Der Krieg im Osten gehe auch darum nicht besonders gut, weil die deutschen Verbündeten, insbesondere die Ungarn, sich nicht tapfer genug schlü-
gen. Einzig die Deutschen könnten den Sowjets auf die Dauer in Europa
Widerstand leisten, denn auch der Sieg in der Schlacht sei ohne eine Ideolo-

gie nicht zu erringen. Der Antisemitismus, der früher die Parteimitglieder beseelt habe, müsse wieder in den Brennpunkt der geistigen Auseinandersetzung rücken und auch der Truppe als Leitlinie dienen; stünde sie nicht fest wie eine Mauer, würden die asiatischen Horden nach Europa hineinströmen. Man müsse sich daher unermüdlich um die Sicherung der europäischen Kultur bemühen. »Falls es stimmt, daß heute die führenden Köpfe des östlichen Bolschewismus Juden sind, und daß der jüdische Einfluß in den westlichen Plutokratien vorherrschend ist, dann muß unsere antisemitische Propaganda hier ansetzen.« Deshalb gäbe es keine Möglichkeit eines Kompromisses mit den Sowjets. »Sie müssen geschlagen werden, ebenso wie unsere eigenen Kommunisten geschlagen werden mußten, damit wir an die Macht kamen. Damals haben wir auch nicht an Kompromiß gedacht.«[18]

Trotz dieser aufrüttelnden Ansprache war nicht zu übersehen, daß Hitler nicht gesund war. Dr. Morell verdoppelte die Hormonspritzen und verordnete Testosteron, es half jedoch wenig. Das neuerlich angefertigte Elektrokardiogramm zeigte eine fortschreitende Coronasklerose. Morell, der fürchtete, Dr. Zabels Diät mache alles noch schlimmer, riet dem Führer, einen Koch einzustellen. Man wählte Frau von Exner aus Wien, die gewiß Hitlers Wiener Gaumen zu schmeicheln verstehen würde. Daß sie mütterlicherseits jüdischer Abstammung war, wußte niemand.[19]

Am 13. Mai war der Afrikafeldzug zu Ende. Generaloberst von Arnim und der Befehlshaber der 1. italienischen Armee, General Messe, kapitulierten vor den Alliierten. Rund 250000 Soldaten, darunter fast die Hälfte Deutsche, begaben sich in Gefangenschaft. Das amtliche Schlußkommuniqué versuchte den Tatbestand so positiv wie möglich darzustellen: »Durch ihren Widerstand, der dem Feind in monatelangem, erbitterten Ringen jeden Fußbreit Boden streitig machte, fesselten sie in Nordafrika stärkste Kräfte des Gegners und brachten ihm schwerste Menschen- und Materialverluste bei. Die damit erreichte Entlastung an anderen Fronten und die gewonnene Zeit kamen der Führung der Achsenmächte in höchstem Maße zugute.«[20]

Eine Woche später kamen noch schlechtere Nachrichten: Mussolinis Regime stand vor dem Zusammenbruch. In den oberen Rängen der italienischen Funktionäre waren schon Aussprüche zu hören wie: »Man weiß nie, was noch passiert«, oder »Sobald der Krieg vorbei ist...«. Deutsche Soldaten wurden auf offener Straße beschimpft.

Mitte Juni heiratete Hitlers jüngste Sekretärin seinen Diener Junge. Nach einer kurzen Hochzeitsreise reiste der Ehemann an die Ostfront ab, und seine Frau kehrte zum Dienst in die Wolfsschanze zurück. »Sie sind ja sehr blaß und mager«, waren Hitlers erste Worte. Diese waren zweifellos freundlich gemeint, für Traudl jedoch peinlich, weil Linge, Schaub und Bormann grinsten. Sie war jetzt nicht mehr das naive junge Mädchen, als das sie ins Führerhauptquartier gekommen war. Die tägliche Routine im Kreise der

1943 925

höchsten Reichsfunktionäre empfand sie als deprimierend. Sie machte entsprechende Vermerke in ihr Tagebuch und äußerte sich darüber auch zu anderen, insbesondere zu dem mitfühlenden Hewel. Dabei entdeckte sie, daß es den anderen auch nicht viel anders ging, niemand wußte aber den Grund für diese allgemeine Gedrücktheit.

Im gleichen Monat überredete Hitler seine alte Sekretärin »Dara« Christian zurückzukommen. Sie brachte haufenweise Koffer mit und erfüllte Bunker und Baracken mit ihrer Lebensfreude. Ihre Lieder, ihre Scherze und ihre Fröhlichkeit bewirkten, daß die Stimmung sich hob. Traudl hatte inzwischen ihre Schüchternheit soweit verloren, daß sie Hitler eines Tages rundheraus fragte, warum er so darauf erpicht sei, daß alle um ihn herum heirateten, er selbst aber nicht. Er erwiderte: »Ich wäre kein guter Familienvater. Die Nachkommen eines Genies haben gewaltige Schwierigkeiten im Leben. Man erwartet von ihnen, daß sie die gleichen Fähigkeiten besitzen wie ihre berühmten Eltern. Das bekommt ihnen selten. Außerdem werden sie alle Schwachköpfe.« Bislang hatte sie ihn immer für bescheiden gehalten, und daß er sich so selbstverständlich als Genie bezeichnete, beunruhigte sie.[21]

Trotz der Rückschläge in Nordafrika ging Hitler immer noch mit dem Gedanken um, den Angriff auf Kursk zu befehlen, von dem Milch ihm so eindringlich abgeraten hatte. Auch Guderian, den Hitler anläßlich einer Besprechung über die Panzer-Fertigung am 10. Mai hatte nach Berlin kommen lassen, riet ab: »Warum wollen Sie in diesem Jahr im Osten überhaupt angreifen?« Hier mischte sich Keitel ein: »Wir müssen aus politischen Gründen angreifen«, worauf Guderian erwiderte: »Glauben Sie, daß ein Mensch weiß, wo Kursk liegt? Es ist der Welt völlig gleichgültig, ob wir Kursk haben oder nicht.« Er wiederholte seine erste Frage nochmal an Hitler gewandt; dieser sagte darauf: »Sie haben ganz recht. Mir ist bei dem Gedanken an diesen Angriff auch immer ganz mulmig im Bauch«, und Guderian entgegnete: »Dann haben Sie das richtige Gefühl für die Lage. Lassen Sie die Finger davon.« Zeitzler und Kluge waren anderer Meinung und setzten sich schließlich durch. So eröffnete Hitler seinen am 1. Juli in Berlin versammelten Befehlshabern, Deutschland müsse entweder hartnäckig alle eroberten Gebiete halten oder untergehen. Der deutsche Soldat müsse begreifen, daß er an Ort und Stelle zu bleiben und bis zum Ende zu kämpfen habe. Das schon einmal verschobene Unternehmen »Zitadelle« müsse nun durchgeführt werden. Es sei riskant, doch glaube er an den Erfolg. Schließlich habe er entgegen den Ratschlägen der Militärs in Österreich, der Tschechoslowakei, in Polen und der Sowjetunion immer recht behalten. Daß er auch die Sowjetunion erwähnte, erfüllte seine Zuhörer mit Schaudern.

Manstein hatte an der Südfront 18 Divisionen zur Verfügung, aber weni-

ger als 1000 Panzer und 150 Sturmgeschütze waren einsatzfähig. Generaloberst Model konnte im Norden 15 Divisionen und nur 900 Panzer einsetzen. Der Angriff begann zu einer ungewöhnlichen Zeit, nämlich am 5. Juli
3 Uhr nachmittags. Es war heiß und drückend. In der Ferne donnerte es.
Anfangs schien es, als wären die Sowjets überrascht, denn ihre Artillerie erwiderte erst nach Einbruch der Dunkelheit das Feuer; dann begann es stark
zu regnen. Als der Tag anbrach, hatte sich das Gelände in einen Morast
verwandelt. Am Vormittag machten Wolkenbrüche aus Bächen reißende
Ströme, und Pioniere mußten 12 Stunden lang Übergänge für Panzer bauen.

Am 9. Juli waren die deutschen Panzerspitzen immer noch etwa 80 Kilometer von Kursk entfernt. Auf diese Enttäuschung folgte am 10. Juli die
Meldung, daß anglo-amerikanische Truppen gegen schwachen Widerstand
in Sizilien gelandet waren. Am 17. Juli mußte die Offensive an der Ostfront
endgültig abgebrochen werden. Das Unternehmen »Zitadelle« war gescheitert, die Initiative endgültig auf den Gegner übergegangen.[22]

5

Am 19. Juli fuhr Hitler nach Oberitalien, um den Duce zum 13. Mal zu
treffen. Die Besprechung begann pünktlich um 11.00 Uhr in der imposanten
Villa Gaggia nahe Feltre, und die beiden Herren saßen einander in tiefen
Sesseln gegenüber, umringt von Militärs und Diplomaten. Einige peinliche
Minuten lang wollte keiner von beiden das Gespräch beginnen. Das war ein
sonderbarer Anfang, man hatte fast den Eindruck, zwei Familien wären
zusammengekommen, um eine Mitgift auszuhandeln. Schließlich gab
Hitler mit dumpfer Stimme einen Überblick über die militärische und
politische Lage. Der Duce saß mit übergeschlagenen Beinen, ein Knie um-
klammernd, auf dem Rande des Sessels, der zu groß und zu tief war und
hörte mit kaum verhüllter Ungeduld zu. Als Hitler den Defaitismus der
Italiener tadelte, strich er sich nervös über das Gesicht.

Mussolini knetete hin und wieder seinen Rücken, der ihm offenbar
Schmerzen verursachte, dann wieder seufzte er tief, als fände er den Monolog, der immer schriller wurde, ermüdend. Er betupfte seine Stirn mit dem
Taschentuch, um sein Unbehagen zu verbergen, doch Hitler zeigte kein
Erbarmen, und auch als ein Adjutant ihm um fünf Minuten vor eins etwas
zuflüsterte, hörte er nicht auf, dem dahinwelkenden Duce immer wieder zu
versichern, die Krise könne gemeistert werden, wenn nur Italien ebenso
fanatisch entschlossen sei zu kämpfen wie Deutschland. Jeder Deutsche sei
von einem unbändigen Kampfeswillen besessen, Burschen von 15 Jahren
stünden an den Fla-Geschützen. »Wenn mir jemand sagt, wir könnten
unsere Aufgabe späteren Generationen überlassen, dann antworte ich: das
ist nicht der Fall. Niemand kann sagen, ob die kommende Generation eine
Generation von Giganten sein wird. Deutschland brauchte 30 Jahre Zeit, um

sich zu erholen; Rom hat sich niemals wieder erhoben. Das ist die Sprache der Geschichte.«

Genau um 13.00 Uhr flüsterte der Adjutant wieder mit Hitler und alle Anwesenden glaubten, es handele sich um eine dringende Meldung. Hitler sah verärgert auf, beendete aber seinen Monolog. Die Besprechung war zu Ende, man ging zum Essen. Die Italiener waren tief betroffen, weil Mussolini unentwegt geschwiegen, weil er keine Einwände erhoben, nicht einmal den Versuch gemacht hatte zu sagen, daß die Masse der italienischen Soldaten keinen Monat mehr Widerstand leisten wollte noch konnte.

Fünf Tage später mußte sich der Duce vor dem faschistischen Großrat verantworten, der seit 1939 zum ersten Mal zusammentrat. Man erörterte ausführlich seine Kriegführung und verabschiedete eine Resolution, mit der die Wiedereinführung der konstitutionellen Monarchie verlangt wurde, in welcher der König auch Oberkommandierender der Streitkräfte sein sollte. 19 Anwesende stimmten dafür, 8 dagegen. Am 25. Juli, einem schwülen Sonntag, trat Mussolini vor Victor Emmanuel III. Er rang nach Fassung, die Papiere in seiner Hand zitterten aber. Der König hörte ihn nicht lange an; er brauche weiter nichts zu sagen, Italien sei besiegt, die Soldaten wollten für den Faschismus nicht mehr kämpfen. Er verlangte Mussolinis Rücktritt und sagte ihm, er habe bereits den Marschall Badoglio zum Regierungschef bestimmt. »Es tut mir leid, eine andere Lösung ist nicht denkbar.« Der zierliche kleine König geleitete den Duce bis zur Haustür und schüttelte ihm dort herzlich die Hand. Vor der Tür nahm ihn ein Offizier der Carabinieri in Empfang und sagte, seine Majestät habe ihm aufgetragen, für den Schutz des Duce zu sorgen. Obwohl Mussolini meinte, dies sei überflüssig, geleitete man ihn zu einem Krankenwagen. Er stand unter Arrest.[23]

Um 21.30 Uhr am selben Abend erschreckte Hitler seine militärischen Berater mit der Ankündigung: »Der Duce ist zurückgetreten.« Die Regierung sei von Badoglio übernommen worden, dem erbittertsten Feind der Deutschen. Als Jodl vorschlug, man solle erst handeln, wenn ein ausführlicher Bericht aus Rom einlange, erwiderte Hitler knapp: »Selbstverständlich, nur müssen wir unsererseits gleich die Überlegungen anstellen. Über eines kann es keinen Zweifel geben: Die werden natürlich in ihrer Verräterei erklären, daß sie weiter bei der Stange bleiben; das ist ganz klar. Das ist aber eine Verräterei, die bleiben nicht bei der Stange ... Ich werde morgen einen Mann hinunterschicken, der dem Kommandeur der 3. Pz.-Gren.-Div. den Befehl gibt, mit einer besonderen Gruppe kurzerhand nach Rom hineinzufahren, die ganze Regierung, den König, die ganze Blase sofort zu verhaften, vor allem den Kronprinzen sofort zu verhaften und sich dieses Gesindels zu bemächtigen, vor allem des Badoglio und der ganzen Bagage. Dann werden Sie sehen, daß die schlapp machen bis in die Knochen, und in 2 bis 3 Tagen gibt es wieder einen Umsturz.«

Um Mitternacht erteilte Hitler weitere Befehle. Die 2. Fallschirmjäger-division sollte sich auf den Absprung in der Umgebung von Rom vor-bereiten. »Dann muß Rom besetzt werden. Kein Mensch darf Rom ver-lassen, und dann muß die 3. Pz.-Gren.-Div. einmarschieren.« Ob die Zu-gänge zum Vatikan abgeriegelt werden sollten? fragte Jodl. »Das ist ganz egal, ich gehe in den Vatikan sofort hinein! Glauben Sie, daß mich der Vatikan geniert? Der wird sofort gepackt. Da ist vor allen Dingen das ganze diplomatische Korps drin. Das ist mir wurscht. Das Pack ist da, das ganze Schweinepack holen wir heraus . . . Was ist schon . . . Dann entschuldigen wir uns hinterher, das kann uns egal sein. Wir führen dort einen Krieg . . .«[24]

In Gegenwart der Sekretärinnen gewann er die Beherrschung zurück. »Mussolini ist viel schwächer, als ich geglaubt habe. Ich habe ihm persön-lich den Rücken gedeckt und er gibt einfach auf. Nun, auf den italienischen Verbündeten haben wir noch nie bauen können, und ohne ein so unbe-rechenbares Volk sind wir besser dran.«[25]

Er ließ die beiden Männer kommen, auf die er sich in Krisenzeiten am meisten verlassen zu können glaubte, Goebbels und Göring. (Über Göring sagte er zu den Militärs: »In solchen Zeiten gibt es keinen besseren Ratgeber als den Reichsmarschall. In Krisenzeiten reagiert er brutal und eiskalt. Wenn es hart auf hart geht, dann ist er aus Eisen und kennt keine Skrupel, das ist mir früher schon aufgefallen.«[26]) Um 10.00 Uhr vormittags setzten die drei Herren sich zusammen, eine halbe Stunde später kam Ribbentrop dazu. Hitler erklärte, seiner Meinung nach habe Mussolini ganz bestimmt nicht freiwillig aufgegeben, man habe ihn festgenommen. Der Faschismus sei in tödlicher Gefahr, und man müsse diese Gefahr mit allen Mitteln ab-wehren. Er plane darum, eine Fallschirmjägerdivision bei Rom abzusetzen und den König samt seiner Familie und Badoglio mit Anhang festzunehmen. Es sollte jedoch noch einige Wochen dauern, ehe er aktiv eingriff.

Auf die Katastrophe in Italien folgte die Bombardierung Hamburgs. Am 3. August stand die Stadt in Flammen und war nicht viel mehr als ein Trümmerfeld. 3000 Hektar Wohngebäude, Fabriken und Bürogebäude waren ausgebrannt, 70000 Menschen ums Leben gekommen. Hitler war außer sich vor Wut, denn er sah in diesen Terrorangriffen die Hand der Juden und behauptete steif und fest, die englischen Luftwaffenkomman-deure Portal und Harris wären Juden, mindestens Halbjuden. Die psycho-logische Wirkung der Zerstörung Hamburgs war ebenso niederschmetternd wie die Niederlage von Stalingrad und zwar nicht nur für die Bevölkerung, sondern auch für die Gefolgschaft Hitlers. Einer von Goebbels' Mitarbeitern notierte in sein Tagebuch, Feldmarschall Milch, Staatssekretär im Luft-fahrtministerium, habe bei der Erörterung der Hamburger Katastrophe ein über das andere Mal ausgerufen: »Wir haben den Krieg verloren! Endgültig verloren!«[27]

1943   929

Der von Hitler eben noch als »eiskalt« charakterisierte Oberbefehlshaber
der Luftwaffe war durch das Bombardement noch schwerer getroffen. Galland, den Göring zu sich bestellte, berichtet: »Das Bild, das sich uns bot, war
erschütternd. Göring war vollkommen zusammengebrochen. Den Kopf
zwischen den Armen auf einem Tisch vergraben, stöhnte er unverständliche
Worte vor sich hin. Wir standen einige Augenblicke peinlich berührt da.
Dann richtete er sich auf und erklärte, wir seien Zeugen des verzweifeltsten
Augenblickes seines Lebens. Der Führer habe ihm das Vertrauen ent-
zogen.«[28]

6

Kontaktaufnahme mit dem Feind war im Auswärtigen Amt ein zwar vertrauliches aber doch sehr verbreitetes Gesprächsthema, seit Stalin bald nach
der Schlacht von Stalingrad wieder einen Friedensfühler ausgestreckt hatte.
Admiral Canaris, der selbst vergeblich versucht hatte, durch den ehemaligen
Gouverneur von Pennsylvania, George Earle, Verbindung zu Roosevelt zu
bekommen, war so überzeugt, Stalin meine es ernst, daß er Ribbentrop dazu
brachte, Hitler zu informieren. Ribbentrop tat dies in Form einer Denkschrift, die Hitler wütend in Fetzen riß, wobei er schwor, jeden hinrichten
lassen zu wollen, der auf eigene Faust den Vermittler spielte. Verhandlungen könne es erst geben, wenn die Wehrmacht die Initiative zurückgewonnen habe. Ribbentrop solle nie wieder von dieser Sache reden, und als
der Außenminister trotzdem schüchtern vorzuschlagen wagte, das Anne-
xionsprogramm in Osteuropa so zusammenzustreichen, daß die Alliierten
sich damit befreunden könnten, erwiderte Hitler gereizt: »Glauben Sie mir
doch, wir werden noch siegen. Auch dieser Schlag ist für mich ein Zeichen,
daß ich nur härter und härter werden muß und noch nicht die letzte aller
Prüfungen überstanden habe. Wir müssen eben noch mehr und noch mehr
arbeiten und auch das Allerletzte einsetzen, dann werden wir es schon
schaffen.«

Ribbentrop eröffnete im strengsten Vertrauen alles dies Fritz Hesse auf
einem Spaziergang im Wald nahe der Wolfsschanze bei märzlichem
Schneegestöber. Tränen traten ihm in die Augen, er nahm sich aber zusammen. Hesse mußte schwören, alles für sich zu behalten.[29]

Auf einem weiteren Waldspaziergang sagte Ribbentrop zu ihm: »Es muß
doch irgendeine Möglichkeit geben, die Engländer und Amerikaner von dem
Wahnsinn ihres Krieges gegen uns zu überzeugen.« Sie müßten doch begreifen, daß die Niederlage Deutschlands nur Stalin nütze und das Gleichgewicht in Europa störe. »Es muß doch möglich sein, ihnen klar zu machen,
welch ungeheure Gefahr dies für ihre Weltstellung bedeutet.« Schon sei das
sowjetische Militärpotential dem der Westalliierten überlegen. »Kann man
nicht auf irgendwelchen Wegen den Engländern und Amerikanern bei-

bringen, daß ein Sieg der Sowjets das Gegenteil von dem ist, was sie sich wünschen können?«[30] Hesse, der Jahre in England gelebt hatte, hielt das für ausgeschlossen. Die Westalliierten fürchteten einen russischen Sieg nicht, denn keiner von beiden habe die Schrecken des Bolschewismus aus erster Hand kennengelernt.

Obwohl Hitler ausdrücklich angeordnet hatte, mit Frau Kollontai, der sowjetischen Botschafterin in Schweden, alle Kontakte abzubrechen, war Peter Kleist im Auswärtigen Amt schon wieder dabei, auf eigene Faust solche Kontakte herzustellen. Als Vermittler diente ihm Edgar Clauß, ein Geschäftsmann aus Osteuropa, der sowohl hervorragend russisch als auch deutsch sprach, in Schweden lebte und mit einer Schwedin russischer Abstammung verheiratet war. Clauß kannte Stalin und Trotzki schon aus der Zeit der Oktoberrevolution und hatte Beziehungen zur sowjetischen Botschaft in Stockholm. Bei der dortigen deutschen Kolonie galt er »entweder als Prahlhans oder als Spion«. Am 18. Juni 1943 berichtete er nach zwei längeren Unterredungen mit Angehörigen der russischen Botschaft in Stockholm, »die Sowjets sind entschlossen, keinen Tag, ja keine Minute — * nie odnu minitu*‹ – länger als notwendig etwa in Wahrnehmung englischer oder amerikanischer Interessen zu kämpfen.« Die Russen glaubten, der von seiner Ideologie verblendete Hitler sei von den Kapitalisten zu seinem Vorgehen manipuliert worden. Man glaube zwar, die Rote Armee könnte die Wehrmacht zurückwerfen, fürchte aber, dann sehr geschwächt zu sein, wenn es nach einem Sieg über Deutschland darum gehe, »dem kalten Stahl der Westmächte« entgegenzutreten. Die Sowjets mißtrauten den Amerikanern und Engländern, weil diese weder definitive Kriegsziele enthüllt noch territoriale Forderungen gestellt hatten. Auch wollten sie sich hinsichtlich der Errichtung einer zweiten Front in Europa nicht festlegen. In den Augen der Russen war die Landung in Afrika seitens der Alliierten mehr der Versuch, die eigene Flanke vor der Sowjetunion zu schützen als ein Angriff gegen die Achse. Clauß zufolge sah Stalin sich deshalb außerstande, den Versprechungen Churchills und Roosevelts Glauben zu schenken. Dem gegenüber seien die großen sowjetischen Territorien, die Hitler besetzt halte, ein Objekt von Tauschwert und man könne sich da leicht einigen.

Stalin stelle nur zwei Forderungen: der Frieden müsse auch wirklich eingehalten und Wirtschaftshilfe geleistet werden. Der Vorschlag klang verlockend, denn man hatte den Eindruck, Clauß habe seine Informationen unmittelbar von den Sowjets, doch war nicht auszuschließen, daß Kleist einem Trick der Russen zum Opfer fallen könnte. Er wanderte nachts stundenlang durch Stockholm und kam schließlich zu dem Entschluß, das Äußerste zu wagen, um dem Krieg ein Ende zu machen und Europa vor dem Einmarsch der Sowjets zu schützen. Tags darauf flog er nach Berlin, um seine unerlaubten Gespräche »zu beichten«, wurde aber schon in Tempelhof festgenommen, weil er »mit dem Juden Clauß« ein Komplott geschmiedet habe.

Verhört wurde Kleist von Heydrichs Nachfolger Kaltenbrunner, einem wahren Schrank von einem Mann. Kleist sagte unumwunden die Wahrheit und Kaltenbrunner glaubte ihm. Kleist erhielt daraufhin Hausarrest, der 14 Tage später aufgehoben wurde. Kleist konnte in seine Zentralstelle Osteuropa zurückkehren, die sich mit Umsiedlungsproblemen befaßte. Zu seiner Überraschung kam Ribbentrop auf ihn zu mit der Bitte, wieder Kontakt zu Clauß aufzunehmen. Der Mißerfolg bei Kursk hatte Ribbentrop davon überzeugt, daß die deutsche Niederlage unabwendbar sei, und daß er den Zorn des Führers riskieren müsse. Am 16. August traf Kleist in der Wolfsschanze ein und Ribbentrop sagte zu ihm: »Ich habe Sie herkommen lassen, weil ich noch einmal von Ihnen hören will, was sich eigentlich in Stockholm zwischen Ihnen und diesem Juden da zugetragen hat.« Während der nächsten Stunden analysierten die beiden Herren gründlich alle denkbaren Motive des russischen Vorschlages.

Ribbentrop setzte sich über Hitlers Anordnung hinweg, kein Wort mehr von Verhandlungen zu sagen und berichtete über sein Gespräch mit Kleist. Ribbentrop unterrichtete Kleist von dem Ergebnis dieses Gesprächs. Hitler habe entschieden, »daß jeder auch noch so flüchtige direkte Kontakt mit den Sowjets vermieden werden müsse. Lediglich die Informationsquelle Clauß solle weiterhin offengehalten werden«.

Kleist und Clauß trafen sich erst 3 Wochen später Anfang September, und der Mittelsmann (der womöglich Russen wie Deutsche darüber täuschte, wie gut er mit dem jeweils anderen vertraut war) ließ seinen Unmut merken. Er wolle nicht mehr Politik mit Leuten spielen, die nicht wüßten, was sie wollten. Angeblich hatte ein sowjetischer Kontaktmann neun Tage vergeblich in Stockholm auf Kleist gewartet. Aus Berlin sei nicht einmal eine Absage gekommen. Kleist beruhigte ihn, überredete ihn, Madame Kollontai seine Aufwartung zu machen und wieder Kontakt aufzunehmen.

Was Clauß danach zu berichten hatte, war ungünstig. Die Sowjets, denen das Kriegsglück jetzt günstig war, wollten erst verhandeln, wenn sie einen Beweis dafür erhielten, daß die Deutschen es ernst meinten, indem sie etwa Rosenberg und Ribbentrop ihrer Ämter enthoben. Kleist grinste verstohlen, er stellte sich das Gesicht des Außenministers vor, wenn er den Bericht über dieses Gespräch las; zu Clauß sagte er jedoch, Hitler habe nicht die Absicht, zu verhandeln. Clauß bemerkte nur seufzend, die Deutschen verstünden sich nicht aufs Verhandeln, dazu brauche man Geduld und man müsse den Partner kennen. Hitler sei offensichtlich beides nicht gegeben.

Vier Tage später berichtete Clauß aber ganz aufgeregt, Moskau sei im Begriff, einen dramatischen Schritt zu tun: Dekanosow, vormals sowjetischer Botschafter in Berlin, wolle in etwa einer Woche zu Gesprächen mit Kleist nach Stockholm kommen. Die Vorbedingungen dafür seien: Kleist müsse vor Dekanosow in Stockholm eintreffen, und die Deutschen müßten zuvor ein verabredetes Zeichen geben – etwa die Entlassung Ribbentrops und Rosenbergs –, woran sich erkennen ließe, daß Kleist autorisiert sei, Verhandlungen zu führen. »Na, was sagen Sie jetzt?« strahlte Clauß. »Da haben wir das Wrack doch noch flottgemacht! Hitler braucht weiter nichts tun als an Bord gehen, die Segel setzen und schon ist er aus der Klemme. Was meinen Sie? Wird er es tun?«

Kleist berichtete alles am 10. September Ribbentrop. Der Außenminister war, wie nicht anders zu erwarten, gekränkt, weil man ausgerechnet seinen Rücktritt zur Voraussetzung von Verhandlungen machte; hatte doch gerade er für die deutsch-russische Verständigung so viel getan. Auch glaubte er nicht, daß ein Mann von Dekanosows Gewicht für solch vorbereitende Gespräche benutzt werden würde. Da brachte sein Pressereferent eine Meldung von Radio Moskau: Dekanosow war zum Botschafter in Sofia ernannt worden. »Sehen Sie«, sagte Ribbentrop, »ich hab's ja gesagt.« Kleist, der die Taktik des Kreml besser kannte, widersprach und meinte, Stalin gäbe hiermit zu verstehen, daß Dekanosow in die geheimen Gespräche eingeschaltet sei und auf neutralem Boden für Vorgespräche zur Verfügung stehe. Er schlug vor, man solle bekanntmachen, Schulenburg sei zum deutschen Botschafter in Sofia ernannt worden. Ribbentrop schüttelte heftig den Kopf. Nie würde Hitler Schulenburg nach Sofia entsenden! Kleist erklärte geduldig, auch Stalin denke nicht daran, Dekanosow nach Sofia zu schicken. »Beide Ankündigungen sind nichts weiter als ein Zeichen für die Eingeweihten, das weiter niemand zu deuten vermag.«

Endlich ging Ribbentrop ein Licht auf, und er eilte in die Wolfsschanze. Spät abends kam er niedergeschlagen zurück und brachte den Auftrag von Hitler: Kleist solle Clauß wissen lassen, er könne in nächster Zeit überhaupt nicht zurück nach Stockholm kommen. Er solle den Faden aber nicht ganz abreißen lassen. Hitler wolle wissen, wie weit die Russen zu gehen bereit seien. Tags darauf wurde Kleist nochmal zitiert, und diesmal bekam er von Ribbentrop nur Negatives zu hören. Hitler sei nun entschlossen, überhaupt keinen direkten Kontakt zu den Sowjets mehr zuzulassen, einerlei wie lose. Kleist war niedergeschmettert. Man war dem Ziel so nahe gekommen – für nichts und wieder nichts.[31]

7

Daß Hitler sich gerade in diesem Augenblick weigerte, mit Stalin zu verhandeln, ist kaum zu verstehen. Am 3. September landete die 8. Armee Montgomerys in Kalabrien und setzte damit den Fuß auf das europäische Festland. Am 8. September kapitulierte Italien bedingungslos. Hitler war außer sich und verfaßte persönlich eine Presseerklärung über »Badoglios Verrat«, die mit den Worten schloß: »Seit dem verbrecherischen Anschlag auf den Duce am 25. Juli und der Beseitigung der faschistischen Regierung hat die deutsche Regierung ihr besonderes Augenmerk auf die Vorgänge in

Italien gelegt. Sie wird diesen neuerlichen Vorgängen zu begegnen wissen.«[32]

Hitler war nicht nur in Sorge wegen der 54000 deutschen Soldaten auf Korsika und Sardinien, sondern er fürchtete noch mehr, die Alliierten würden bei dieser Gelegenheit die Zweite Front eröffnen; die seit kurzem verstärkten Bombenangriffe der Engländer stimmten ihn mißtrauisch. Ferner plagte ihn die Entwicklung an der Ostfront: Unter starkem sowjetischem Druck wichen die Deutschen gegen den Dnjepr zurück. Dennoch ordnete Hitler die Maßnahmen zur Besetzung Italiens an und gab die entsprechenden Befehle an Kesselring und Rommel, die derzeitigen Oberbefehlshaber in Italien. Auf der Lagebesprechung am 9. September erklärte Hitler, er glaube, »der Sache, wenn auch mit einiger Mühe, Herr zu werden. Wir werden selbstverständlich Süditalien nicht halten können. Auch über Rom hinaus müssen wir uns zurückziehen.« Die alte Verteidigungslinie, die ihm immer vorgeschwebt habe, werde jetzt eingenommen, nämlich die Linie des Apennin.

Hitler beurteilte an diesem Tag die Lage pessimistischer, als sie wirklich war, erwartete einen »englisch-amerikanischen Invasionsversuch in den Niederlanden« und bezeichnete auch die Lage im Osten als »weiterhin außerordentlich kritisch«. Als Goebbels fragte, ob über kurz oder lang etwas mit Stalin bezüglich Friedensverhandlungen zu machen sei, verneinte er jedoch.

»Überhaupt ist der Führer der Meinung, daß man eher etwas mit den Engländern als mit den Sowjets machen könnte. Die Engländer würden, wie der Führer meint, zu einem gewissen Zeitpunkt zur Vernunft kommen.

Sicherlich werden die Engländer sich noch Sardiniens und auch Korsikas bemächtigen. Wenn sie mit dieser Beute (einschließlich Siziliens) aus dem Krieg herausgehen, haben sie ja einiges dazugewonnen. Der Führer glaubt, daß sie dann eventuell für ein Arrangement zugänglicher sein würden.«

Obwohl die Besetzung Italiens ohne größere Komplikationen verlief, getraute Hitler sich nicht, eine Rede zu halten. Goebbels vermerkt in seinem Tagebuch: »Eigentlich will er noch nicht recht, da er, wie er sagt, die Entwicklung in Italien noch nicht richtig überschaut. Aber darauf kann jetzt nicht mehr gewartet werden. Das Volk hat ein Anrecht darauf, daß der Führer ihm in seiner schweren Krise ein Wort der Aufmunterung und des Trostes sagt.«[33]

Hitler gab widerwillig nach und am Abend des 10. September verlas er in seinem Bunker eine zwanzigseitige Ansprache, die auf Band genommen und von Berlin ins Reich ausgestrahlt wurde. »Daß ich ein Recht besitze, an diesen Erfolg bedingungslos zu glauben, liegt nicht nur in meinem eigenen Lebensweg begründet , sondern im Emporstieg unseres Volkes.«[34] Weder der Gang der Zeit noch die Gewalt der Waffen könne jemals das deutsche Volk überwältigen.

Hitler wußte, daß er mit Worten allein das deutsche Volk nicht aufmuntern konnte und entschloß sich daher zu drastischem Handeln. Er wollte Mussolini im Handstreich befreien lassen. Dieser wurde auf dem Gran Sasso, der höchsten Erhebung des Apennin, 150 km von Rom entfernt, gefangengehalten. Ein Befreiungsunternehmen den felsigen Steilhang hinauf würde nicht nur sehr verlustreich sein, sondern den Wachen auch Zeit lassen, Mussolini zu töten. Fallschirmspringer konnten in diesem Gelände ebenfalls nicht überraschend genug operieren, daher entschied man sich für Segelflugzeuge. Für diesen tollkühnen Auftrag suchte Hitler einen österreichischen Landsmann aus, den SS-Hauptsturmführer Otto Skorzeny, einen über zwei Meter großen Wiener, nicht nur seiner Länge wegen eine imposante Erscheinung. Als Student hatte er vierzehn Mensuren geschlagen und die entsprechenden Schmisse aufzuweisen, und er gebärdete sich überhaupt wie ein Condottiere aus dem 14. Jahrhundert. Skorzeny war nicht nur ein Draufgänger, sondern auch sehr intelligent. Er war der Auffassung, Kommandounternehmen müßten mit möglichst wenig Gewaltanwendung und geringsten Verlusten auf beiden Seiten ausgeführt werden. Am Sonntag, dem 12. September, bestiegen er und 107 Männer um 13.00 Uhr mehrere Lastensegler, die nahe dem Hotel, in dem der Duce untergebracht war, landen sollten, wo die Luftaufnahmen so etwas wie eine Wiese zeigten.

Mussolini, der schon mit Selbstmord gedroht hatte, saß mit verschränkten Armen an einem offenen Fenster, als keine hundert Meter entfernt ein Lastensegler zu Bruch ging, den der Bremsfallschirm nicht mehr halten konnte. Einige Männer in Tropenuniform stürzten heraus und setzten ein MG zusammen. Mussolini ahnte nicht, wer das sein mochte, sah aber, daß es keine Engländer waren. Jetzt landeten weitere Lastensegler und zugleich stürzten die italienischen Wachmannschaften aufgeregt aus den Baracken. Skorzenys Segler landete keine 20 Meter vom Hotel entfernt, und aufblickend gewahrte er den Duce am Fenster. Er brüllte »Weg vom Fenster!« und stürzte sich in die Hotelhalle.

Skorzeny und seine wenigen Helfer fegten die Italiener, die sie aufhalten wollten, beiseite, rannten das Stockwerk hinauf und trafen auf Mussolini, der mitten in seinem Zimmer stand. Skorzeny sagte: »Duce, der Führer schickt mich, Sie sind frei!« Mussolini umarmte ihn. »Ich wußte, daß mich mein Freund Adolf Hitler nicht im Stich lassen wird«, sagte er und bedankte sich umständlich bei seinem Retter. Skorzeny bemerkte überrascht, wie kränklich und ungepflegt Mussolini in seinem schlecht passenden Zivilanzug wirkte. »Zu dem Bild eines kranken Mannes trug noch bei, daß er unrasiert war und sein sonst rasierter, wuchtig wirkender Schädel nun von einem kurzen Haarwuchs bedeckt war.«

Um 15.00 Uhr bestiegen sie einen Fieseler-Storch, der auf der abschüssigen Wiese gelandet war. Mussolini war ängstlich, denn als Pilot wußte er, wie riskant es war, von dieser Wiese aus zu starten. Die Maschine be-

1943   935

schleunigte und holperte über Felsbrocken einer gähnenden Schlucht entgegen. Dann hob sie ab, berührte aber sofort ein Hindernis am Boden und schoß geradewegs in die Schlucht. Skorzeny machte die Augen fest zu und hielt die Luft an, es gelang dem Piloten jedoch, die Maschine hochzuziehen und sie unter dem Beifall der Deutschen und Italiener sicher zu Tal zu bringen.*

Erst nach einer Weile des Schweigens legte Skorzeny »auf höchst unsoldatische Art« dem Duce beschwichtigend eine Hand auf die Schulter. Nach einer Stunde landete man in Rom, stieg in eine Heinkel 111 um und startete nach Wien. Die Maschine kam spät abends an und Mussolini wurde ins Hotel Imperial gefahren. Den Schlafanzug, den Skorzeny ihm reichte, wies er zurück. »Es ist ungesund, mit dem Schlafanzug zu schlafen. Ich schlafe immer unbekleidet und würde Ihnen, Hauptmann Skorzeny raten, in jeder Situation das gleiche zu tun.«

Punkt Mitternacht rief Hitler an, der »wie ein Löwe im Käfig auf und ab gegangen war und auf das Telefon geachtet hatte«, bis ihm der Erfolg gemeldet wurde. Mit gefühlsgeladener Stimme sagte er zu Skorzeny: »Sie haben eine militärische Tat glücklich zu Ende geführt, die in die Geschichte eingehen wird. Mir haben Sie meinen Freund Mussolini wiedergegeben.«

Nach einem Zwischenaufenthalt in München, wo Mussolini die Seinen traf, brachen er und Skorzeny früh am 14. September nach Ostpreußen auf. Hitler erwartete sie auf dem Rollfeld der Wolfsschanze. Er umarmte herzlich seinen Verbündeten, und beide standen eine Weile Hand in Hand. Schließlich wandte Hitler sich zu Skorzeny, der taktvoll in der Maschine geblieben war, und dankte ihm überschwenglich. Mit seiner wagemutigen Tat hatte er Hitlers Herz gewonnen, und übrigens auch die Bewunderung seiner Freunde wie seiner Feinde.[35] Die Moral des deutschen Volkes schien sich durch die Rettung Mussolinis tatsächlich zu heben, hauptsächlich allerdings durch die Art der Ausführung.

Hitler erwartete, Mussolini werde sich an Badoglio und dem jetzt herrschenden Regime rächen wollen, der Duce aber wünschte nichts, als sich in die Romagna zurückzuziehen. Er wußte wohl, daß er als Politiker erledigt war. Eine Zukunft hatte er nur als Marionette Hitlers, und dieser reagierte denn auch höhnisch und mit Abneigung. »Was ist das für ein Faschismus, der wie Schnee an der Sonne vergeht! Jahrelang habe ich meinen Generälen eingetrichtert, das deutsche Volk habe keinen verläßlicheren Verbündeten als den Faschismus. Ich habe nie ein Hehl aus meinem Mißtrauen gegenüber dem italienischen Königshaus gemacht, und Ihnen doch nichts in den Weg gelegt, wenn Sie Ihrem König Vorteile verschafften. Ich muß aber gestehen, daß wir Deutschen Ihre Haltung in dieser Hinsicht nie verstanden haben.«

---

* Skorzenys Leute entkamen auf einer Drahtseilbahn und nahmen zehn während der Landung verletzte Kameraden mit.

Auf diese Drohung folgte ein noch bedrohlicheres Versprechen: Trotz
Badoglios Verrat solle Italien gut behandelt werden, falls der Duce in einer
neuen Republik seine alte Rolle spielen wolle. »Der Krieg muß gewonnen
werden, und wenn er gewonnen ist, wird Italien in alle seine Rechte eingesetzt. Die Vorbedingung ist aber, daß der Faschismus von neuem geboren
wird, und daß die Verräter abgeurteilt werden.« Anderenfalls sähe er sich
genötigt, Italien wie einen Feind zu behandeln und zu besetzen.

Mussolini gab nach. Bekam Hitler nicht seinen Willen, würden die Italiener
schwer zu leiden haben. Er gab seine Pläne, sich ins Privatleben zurückzuziehen auf, und statt dessen eine amtliche Verlautbarung heraus, der zufolge
er ab sofort die oberste Leitung des Faschismus in Italien übernommen habe.
Ein zugleich ergehender Tagesbefehl setzte die von Badoglio entlassenen
Beamten wieder ein, rekonstituierte die faschistische Miliz, befahl der Partei,
die Wehrmacht zu unterstützen und gegen Mitglieder, die sich am Staatsstreich des 25. Juli beteiligt hatten, Untersuchungen einzuleiten.

Hitler hatte also durch einen Willensakt das Rad der Geschichte in
Italien zurückgedreht. Illusionen über seinen Verbündeten machte er sich
aber jetzt nicht mehr. »Ich gestehe, daß ich mich geirrt habe. Mussolini ist
doch ein kleiner Geist. Ich habe jetzt den unumstößlichen Beweis in Händen«,
äußerte er sich gegenüber einem seiner engen Mitarbeiter.

Während des kurzen Aufenthaltes von Mussolini in Rastenburg bemerkte
Hitler auch nebenbei, er wolle sich mit Rußland einigen. Dies tat er jedoch
nur, um Mussolini zu beeindrucken; Ribbentrop, der zufällig anwesend war,
nahm diese Äußerung ernst und bat sogleich um Anweisungen. Hitler
antwortete ausweichend, und als er später mit Ribbentrop allein war, verbot
er ihm, Friedensfühler auszustrecken. Er dürfte wohl gemerkt haben, wie
bekümmert Ribbentrop darüber war, denn er machte sich die Mühe, ihn
später anzurufen: »Wissen Sie, Ribbentrop, wenn ich mich heute mit Rußland einige, packe ich es morgen wieder an – ich kann halt nicht anders.«[36]

Ribbentrop, der sich bis zuletzt Illusionen hingab, meinte immer noch,
Hitler würde nachgeben. Am 22. September abends fragte er Kleist telefonisch, ob er tags darauf nach Stockholm fliegen könnte. Kleist erwiderte
verwundert, ein solcher Flug ohne definitive Anweisungen sei doch sinnlos.
Ribbentrop gestand, er könne ihm keine geben, Kleist solle aber trotzdem
möglichst bald fliegen.

Am selben Tag hatte Hitler Goebbels empfangen. Goebbels fragte ihn, ob
er grundsätzlich bereit wäre, zu verhandeln. In seinem Tagebuch schreibt er,
Hitler glaube, »daß ein Verhandeln mit Churchill zu keinem Ergebnis führen
würde, da er zu tief in gegenteilige Anschauungen verstrickt sei und im
übrigen auch der Haß und nicht die Vernunft sein Ratgeber sei. Mit Stalin
wäre der Führer schon eher zu verhandeln bereit, aber er glaubt nicht, daß das
zu einem Ergebnis führen könnte, weil das, was er im Osten verlangt, von
Stalin nicht abgetreten werden könne.«[37]

1943 937

Unter solchen Umständen machte Kleist sich neuerlich auf den Weg nach Schweden, schwankend zwischen Gereiztheit und Hoffnungslosigkeit. Kein Zweifel, Hitler flirtete nur mit dem Frieden. Der deprimierte Clauß eröffnete ihm, die sowjetische Botschaft habe den Kontakt mit ihm abgebrochen, weil die Deutschen auf die Vorbedingungen für Verhandlungen nicht eingegangen waren. Deutschland habe die letzte Chance im Osten vertan.[38] Stalin hatte unterdessen ein japanisches Friedensangebot zurückgewiesen und prompt nach Washington darüber berichtet, und nachdem er monatelang gezaudert hatte, erklärte er sich jetzt bereit, zu einer Konferenz mit Churchill und Roosevelt in Teheran zusammenzutreffen. Diese fand Ende November 1943 statt und schmiedete, wie es schien, die Große Allianz fest zusammen.[39]

27. Kapitel
Die ›Endlösung‹
(April 1943 – April 1944)

1

Den meisten Deutschen war es ziemlich gleichgültig, wie Hitler mit den Juden verfuhr. Als ihre jüdischen Nachbarn gezwungen wurden, den David-stern zu tragen, machte ihnen das nichts aus – das hatten die wahrscheinlich verdient. Und als eben diese Nachbarn verschwanden, nahm man an, sie wären deportiert worden. In einem Lande, wo mit dem Tode bestraft wurde, wer einen feindlichen Rundfunksender abhörte, war es gesünder, nicht auf schlimme Gerüchte zu hören.

Von den Vernichtungslagern wußten nur wenige. Die Lager befanden sich sämtlich in Polen, hinter breiten Ödlandstreifen versteckt, wo Schilder davor warnten, daß Unbefugte beim Betreten des Geländes erschossen wur-den. Um die Geheimhaltung zu gewährleisten, wurde die Prozedur, die mit Deportation begann und mit Ermordung endete, möglichst beschleunigt und mit Tarnnamen versehen. Das Ganze hieß »Sonderbehandlung«, die Lager wurden zusammenfassend als der »Osten« oder als Arbeits-, Konzentra-tions-, Durchgangs- und Kriegsgefangenenlager bezeichnet. Gaskammern waren »Badeanstalten«, Krematorien »Leichenkeller«.

Als erste Gerüchte durchsickerten, wurden sie mit Lügen abgewehrt. Lammers, der Himmler fragte, ob es zuträfe, daß Juden in großer Zahl ermordet würden, bekam ein empörtes Nein zur Antwort. Die vom Führer über Heydrich erlassene Anordnung, die »Endlösung« betreffend, sähe weiter nichts als die Aussiedlung der Juden aus ihren Heimatländern vor. Dabei kämen bedauerlicherweise unvermeidliche Todesfälle vor, aufgrund von Krankheiten, Luftangriffen und dergleichen, auch habe man, wie er gern zugäbe, Juden hinrichten müssen, die in den Lagern meuterten, doch die große Mehrzahl der Juden werde im Osten in Lagern »untergebracht«. Himmler zeigte Lammers auch gleich Fotos von Juden, die sich an der Kriegsproduktion beteiligten, als Handwerker und Hilfskräfte. »Das ist ein Auftrag des Führers«, sagte Himmler nachdrücklich. »Wenn Sie glauben, daß Sie dagegen vorgehen müssen, dann sagen Sie das dem Führer, und

April 1943 – April 1944　　　　　　　　　　　　　　　　939

dann sagen Sie mir die Leute, die Ihnen das berichtet haben.« Lammers
dachte nicht daran, seinen Informanten preiszugeben und wandte sich tatsächlich in dieser Sache an Hitler. Von diesem erhielt er gleichlautende
Auskünfte: »Ich werde später bestimmen, wohin die Juden kommen, vorläufig sind sie da untergebracht.«[1]

So wußten denn tatsächlich Personen aus der nächsten Umgebung des
Führers von den Vorgängen im Osten nichts, während andere zwar wußten,
daß grausige Dinge passierten, sich das aber nicht eingestanden und ihr
Wissen verdrängten. Hans Frank schrieb später: »Glaubt keinem, der sagt,
er habe nichts gewußt«, und schloß sich selber nicht aus. »Jedermann hat
gewußt, daß an diesem System irgendwas ganz grauenhaft schlecht war,
auch wenn man die Einzelheiten nicht kannte. Wir wollten sie ja auch nicht
kennen. Es war viel bequemer, mit dem System zu leben, unseren Familien
einen fürstlichen Lebensstandard zu bieten und uns einzubilden, alles wäre
in Ordnung.« Und vor seinen Richtern gestand er: »Wir haben den Kampf
gegen das Judentum jahrelang geführt, und wir haben uns in Äußerungen
ergangen..., die furchtbar sind ... Tausend Jahre werden vergehen und
diese Schuld von Deutschland nicht wegnehmen.«[2]

Der gleiche Mann hatte nicht lange zuvor seinen Untergebenen gesagt,
sie alle seien mitschuldig an der Massentötung von Juden, die zwar unangenehm sei, aber »im Interesse Europas unvermeidlich«.[3] Als Generalgouverneur von Polen wußte Frank, daß der Befehl dazu unmittelbar vom Führer
kam, während der brave deutsche Bürger nach wie vor meinte, »der Führer
wisse das nicht«. Eine überzeugte Parteigängerin des Führers schrieb über
das Euthanasieprogramm, den Vorläufer der Endlösung, an eine Freundin:
»Man klammert sich jetzt an die Überzeugung, der Führer wisse von diesen
Dingen nichts, er könne davon einfach nichts wissen, andernfalls würde er
eingreifen. Ich fürchte aber, lange können wir uns das nicht mehr einreden,
wenn das so weitergeht.«[4]

Im Kreise der »Führerfamilie« konnte sich niemand vorstellen, daß der
liebe Onkel Adi Befehl geben könnte, massenhaft Menschen zu ermorden,
und wären es Juden. Das war unvorstellbar. Hatten denn nicht Schmundt
und Engel erreicht, daß mehr als ein halbjüdischer Offizier seinen Rang
behalten durfte? Die Schuldigen mußten entweder Bormann oder Himmler
sein, die vermutlich ohne Hitlers Wissen vorgingen. In Wirklichkeit waren
aber beide nur treue Diener ihres Herrn. Er allein hatte die »Endlösung«
entworfen, und nur er konnte sie befehlen. Ohne ihn hätte es keine Endlösung gegeben, und er glaubte fest, die Welt würde sich damit abfinden,
wenn die Sache abgetan war. Selbstverständlich würde man ihm mit Vergeltung drohen, aber schließlich habe die Menschheit ein kurzes Gedächtnis.
Wer erinnerte sich noch daran, wie während des Großen Krieges die Türken
dafür beschimpft wurden, daß sie eine Million Armenier abschlachteten?

Am 19. Juni 1943 gab Hitler Anweisung, daß Himmler die »Evakuierung« der Juden fortsetzen solle. Er befahl, daß die Maßnahme »trotz der dadurch in den nächsten 3 bis 4 Monaten noch entstehenden Unruhe radikal durchzuführen sei und durchgestanden werden müßte«, wie Himmler anschließend festhielt.[5] Diese Anweisung hätte zwar die »Führerfamilie« vielleicht nicht davon überzeugt, daß Hitler ein Massenmörder war, doch was er später zu Bormann sagte, war nicht mißzuverstehen. Er sei stolz darauf, die deutsche Welt von dem Gift des Judentums befreit zu haben. »Für uns war dies eine sanitäre Maßnahme, die wir mit letzter Konsequenz durchgeführt haben, und ohne die wir erstickt und vernichtet worden wären.« Dabei sei er den Juden gegenüber doch stets fair gewesen. »Am Vorabend des Krieges habe ich sie ein letztes Mal gewarnt. Ich sagte: Wenn ihr noch einmal einen Krieg heraufbeschwört, dann werdet ihr nicht verschont bleiben, dann werde ich euch Ungeziefer in ganz Europa ausrotten, ein für allemal. Auf diese Warnung haben sie mit der Kriegserklärung geantwortet und zu verstehen gegeben, daß überall, wo noch ein Jude auf der Welt lebt, ein Feind des Nationalsozialismus lebt. Nun also – wir haben das jüdische Geschwür aufgeschnitten, und die Welt wird uns künftig ewig dankbar sein dafür.«[6]

Ein besonders grausiger Bestandteil der Endlösungsmaschine war kürzlich auf apokalyptische Weise verschwunden. Von den im Warschauer Ghetto zusammmgengedrängten 380000 Juden waren bis auf 70000 alle widerstandslos in die Vernichtungslager gewandert, doch die Zurückgebliebenen wußten genau, daß Deportation den Tod bedeutete, und das brachte sie endlich dazu, sich mit Gewalt gegen die Deportationen zu wehren. Himmler war perplex und befahl, das Ghetto zu räumen. Als am 9. April 1943 mehr als 2000 Infanteristen der Waffen-SS ins Ghetto einrückten, begleitet von Panzern, Flammenwerfern und Sprengkommandos, glaubten sie, leichtes Spiel zu haben, stießen aber auf die entschlossene Abwehr von 1500 Juden und polnischen Widerstandskämpfern, die über lange Zeit Waffen ins Ghetto geschmuggelt hatten und mehrere leichte MG, Handgranaten, etwa hundert Gewehre und Karabiner, mehrere hundert Revolver und Pistolen und auch Molotowcocktails besaßen. Himmler rechnete mit einer Operation von drei Tagen Dauer, doch zogen seine Männer sich bereits am ersten Abend zurück. Zur Verblüffung des Befehlshabers, Obergruppenführer Stroop, ging der Kampf mit »den Untermenschen, diesem Abschaum«, Tag um Tag weiter. Seine Leute, so berichtete er, hätten zwar anfangs »die an sich feigen Juden in größeren Massen« gefangennehmen können, doch werde die Lage immer schwieriger. Die SS-Leute trafen immer auf neue, aus 20 bis 30 Männern bestehende Kampfgruppen »unter polnisch-bolschewistischer Führung«, denen Frauen und Kinder sich anschlossen.

Als am 5. Tage immer noch kein Ende abzusehen war, befahl Himmler, »mit allen Mitteln den Widerstand zu brechen«. Stroop fand, dies gehe am besten, wenn er das Ghetto Häuserblock um Häuserblock in Brand steckte.

April 1943 – April 1944 941

Er meldete, die Juden verblieben bis zuletzt in den brennenden Häusern und sprängen dann aus den Fenstern. »Mit gebrochenen Knochen versuchten sie dann noch über die Straße in Häuserblocks zu kriechen, die noch nicht ... in Flammen standen ... Zahlreiche Juden, die nicht gezählt werden konnten, wurden in Kanälen und Bunkern durch Sprengungen erledigt.«[7]

Die Verteidiger kämpften zwei, drei Wochen mit bedenkenlosem Heldenmut, und die Überlebenden versuchten, sich in die Kanalisation zu retten. Am 15. Mai erstarb das Feuer der letzten Widerstandsnester, und zur Feier des Sieges sprengte Stroop tags darauf die im »arischen« Warschau stehende Tlomacki-Synagoge. Fast 5 Wochen hatte sich die kleine jüdische Streitmacht gegen die besser bewaffneten Angreifer gewehrt, bis so gut wie alle entweder tot waren oder verwundet. 56065 Juden wurden »erfaßt bzw. nachweislich vernichtet«, davon wurden 7000 auf der Stelle erschossen; 22000 kamen nach Treblinka und Lublin, der Rest in Arbeitslager. Auf deutscher Seite fielen 16 Soldaten und 85 wurden verwundet. Zum ersten Mal hatten sich Juden dagegen gewehrt, einfach abgeschlachtet zu werden.

2

Anfang Juni nahm Pius XII. vor dem Kardinalskollegium Stellung zur Judenausrottung. Er rechtfertigte seine bisherige Zurückhaltung: »Alles, was Wir über diesen Gegenstand gegenüber den zuständigen Behörden und öffentlich sagen, muß im Interesse der Betroffenen äußerst behutsam abgewogen sein, damit Wir ihre Lage, ganz im Gegensatz zu Unserer Absicht, dadurch nicht noch verschlechtern.« Er verschwieg allerdings, daß seine Zurückhaltung von der Meinung bestimmt war, die bolschewistische Gefahr sei viel größer als die nationalsozialistische.[8]

Die Haltung des Heiligen Stuhls war bedauerlich, doch sündigte man dort weniger durch Taten als durch Unterlassungen. Unter Führung dieses Papstes hatte die Kirche bereits das Leben von mehr Juden gerettet, als alle anderen kirchlichen und sonstigen Hilfsorganisationen zusammen, und sie verbarg derzeit Tausende Juden in Klöstern und auch in der Vatikanstadt. Die Alliierten verhielten sich da viel schändlicher. Engländer und Amerikaner bliesen zwar auf der Moraltrompete, gewährten aber nur sehr sehr wenigen Schutz. Die im gleichen Jahr von Roosevelt, Churchill und Stalin unterzeichnete Moskauer Deklaration zählte als Opfer Hitlers lediglich auf: Polen, Italiener, Franzosen, Holländer, Belgier, Norweger, Sowjetbürger und Kreter. Daß die Juden einfach weggelassen wurden (mit Billigung des amerikanischen Amtes für Kriegspropaganda) wurde vom Weltrat der Juden ergebnislos kritisiert. Die Großen Drei »übersahen« die »Endlösung« großzügig, indem sie z. B. die polnischen Juden nur als »Polen« klassifizierten.

Ganz anders als die Alliierten, die sich scheuten, die systematische Ausrottung der Juden zur Kenntnis zu nehmen, verhielten sich die Dänen, die

942   *Die ›Endlösung‹*

fast alle ihrer 6500 jüdischen Mitbürger nach Schweden in Sicherheit brachten, und die Finnen, die Verbündeten Hitlers. Von 4000 finnischen Juden wurden nur vier seine Opfer. Die Japaner, ebenfalls Verbündete des Judenmörders, nahmen in der Mandschurei 5000 umherirrende europäische Juden auf, womit sie unter anderem eine Dankesschuld gegenüber dem jüdischen Bankhaus Kuhn, Loeb & Company abtrugen, das ihnen im russisch-japanischen Kriege von 1904–1905 Kredite gewährt hatte.

Am wirkungsvollsten aber legte der 34jährige Jurist Konrad Morgen Hitlers Mördern im Osten das Handwerk. Konrad Morgen, Sohn eines Eisenbahnschaffners, war als Student ein glühender Verfechter des Rechtes geworden und trat auch als SS-Richter gegen Rechtsbrüche auf, einerlei wer sie beging. Seine Urteile, die einzig auf rechtlichen Gesichtspunkten beruhten, ärgerten seine Vorgesetzten so sehr, daß sie ihn an die Front strafversetzten. Seines unantastbaren Rufes wegen, wurde er 1943 zum SD abgestellt, um Fälle von Unterschlagung und Korruption aufzudecken; politische Sachen dürfe er nicht bearbeiten, hieß es. Im Frühsommer wurde er beauftragt, einen Korruptionsfall im Konzentrationslager Buchenwald aufzuklären, der lange anhängig war. Man verdächtigte den Kommandanten Koch, seine Häftlinge an Privatfirmen vermietet, Lebensmittel unterschlagen und das Lager überhaupt zum Zweck der Profiterzielung verwaltet zu haben. Bei einer ersten Untersuchung hatten Häftlinge als Zeugen zugunsten von Koch ausgesagt.

Morgen reiste im Juli nach Weimar, stieg in dem bei Hitler beliebten Hotel »Elephant« ab und begann in aller Stille mit seinen Nachforschungen. Zu seiner Überraschung fand er den Anblick des auf einem Hügel über Weimar im Walde gelegenen KZ angenehm. Alles war sauber und frisch gestrichen. Morgen hörte, daß die Korruption begonnen hatte, als nach der Kristallnacht Juden eingeliefert wurden. Je näher seine Untersuchungen ihn an den Kommandanten führten, desto weniger Beweise waren vorhanden. Es konnte kein Zufall sein, daß Häftlinge, die erklärt hatten, die Vorwürfe gegen Koch beweisen zu können, plötzlich gestorben waren. Morgen vermutete Mord und ließ durch einen ihm beigegebenen Kriminalisten ermitteln. Der fand aber nichts und weigerte sich weiterzumachen.

Jeder andere hätte die Untersuchung eingestellt, Morgen aber war so überzeugt, es hier mit Verbrechen zu tun zu haben, daß er die Detektivarbeit selbst übernahm. Er ließ sich von den Banken in Weimar die Konten des Lagerführers Koch zeigen und wurde fündig. Er erhielt den Beweis, daß Koch 100 000 RM unterschlagen hatte, und als er entdeckte, daß es im Lager eine geheime Hinrichtungszelle gab, wo die Belastungszeugen verschwunden waren, hatte er einen Beweis für die Morde.

Mit diesem Material fuhr Morgen jetzt nach Berlin. Sein Vorgesetzter erbleichte, als er die Beweise sah. Er hatte nicht vermutet, daß Morgen seinen Auftrag so gewissenhaft ausführen würde und reichte ihn daher

April 1943 – April 1944 943

gleich an Kaltenbrunner weiter. Auch Heydrichs Nachfolger war entsetzt oder tat doch so und sagte: »Das geht mich nichts an. Gehen Sie damit nach München zu Ihrem eigenen Chef.« Morgen unterbreitete sein Material gehorsam dem Chef des Hauptamtes SS-Gericht, der aber ebenfalls nicht die Verantwortung übernehmen wollte. »Das müssen Sie schon Himmler vortragen«, hieß es. Der Reichsführer weigerte sich, ihn in seinem Stabsquartier an der Front zu empfangen. Mit Unterstützung eines gleichgesinnten Mannes aus Himmlers Stab setzte Morgen ein behutsam formuliertes Telegramm auf, das andeutete, worum es sich handelte. Schwierig war nur, es Himmler selbst vorzulegen, doch auch dies gelang. Zur allgemeinen Verblüffung ermächtigte Himmler den Untersuchungsrichter, gegen Koch, dessen Frau und jeden vorzugehen, der sich schuldig gemacht hätte. Manche sahen darin Himmlers Mißtrauen gegen Oswald Pohl, den Verwaltungschef der Konzentrationslager, andere meinten, er habe nicht geahnt, welche Pandorabüchse er da aufmachte, doch die, die ihn am besten kannten, meinten, hier zeige sich wieder einmal der sonderbare Ehrbegriff Himmlers.[9]

3

Grausamkeit hat ein menschliches Herz
William Blake

In den oberen Rängen der Nationalsozialisten hätte man keiner widersprüchlicheren Gestalt als Himmler begegnen können. Auf viele machte er dank seiner Höflichkeit und Gefälligkeit einen angenehmen Eindruck, auch weil er sich bei Besprechungen meist bescheiden und zugänglich gab. Diplomaten bescheinigten ihm ein nüchternes Urteil, und beim Widerstand galt er als der einzige Nazi, den man nach dem Ende der Herrschaft Hitlers noch verwenden könnte. Für General Hoßbach war er der böse Geist Hitlers, kalt und berechnend, »der Skrupelloseste im Dritten Reich«. Max Amann sah in ihm »eine Art Robespierre, oder einen Jesuiten, der Hexen verbrennt«. Carl J. Burckhardt, dem Völkerbundskommissar für Danzig, war er unheimlich »durch den Grad von konzentrierter Subalternität, durch etwas engstirnig Gewissenhaftes, unmenschlich Methodisches mit einem Element von Automatentum«. Seine Tochter Gudrun sagte von ihm: »Er war mein Vater, der beste Vater, der sich denken läßt, ich habe ihn geliebt und liebe ihn noch, einerlei was über ihn gesagt worden ist und noch gesagt wird.«[10]

Von der Mehrzahl seiner Untergebenen wurde er für einen warmherzigen, rücksichtsvollen, höchst demokratisch denkenden Vorgesetzten gehalten. Er spielte mit seinen Sekretärinnen Skat und mit Adjutanten und dem übrigen Stab Fußball. Einmal lud er ein Dutzend Putzfrauen zu seiner Geburtstagsfeier ein und befahl seinen unwilligen Herren, je eine dieser Putzfrauen zu Tisch zu führen, wobei er selbst mit gutem Beispiel voranging.

944   Die ›Endlösung‹

Der Schlüssel zu diesem rätselhaften Charakter liegt nicht in Himmlers Jugend. Er stammt aus gut bürgerlichen bayerischen Verhältnissen und war nach dem berühmtesten Schüler seines Vaters getauft, dem Prinzen Heinrich von Wittelsbach. Der junge Himmler war ebensoviel oder wenig Antisemit wie seine Mitschüler, und wenn er sich über Juden in seinem Tagebuch äußert, klingt das eher bigott als rassistisch. Was Sexualität betrifft, hielt er sich streng an die Konventionen seiner Zeit, kurzum, es schien, als wäre er der typische vielversprechende junge Beamte, gewissenhaft und penibel.

Mit 22 Jahren war er Nationalist mit antisemitischem Einschlag und einer romantischen Vorstellung vom Soldatenleben. In seinem Poesiealbum reimte er mutig:[11]

> Ob sie dich durchbohren,
> Trutze drum und ficht,
> Gib dich selbst verloren,
> Doch das Banner nicht.

Man schrieb 1922 und es wundert nicht, daß ein junger Mensch von dieser Disposition sich zum Nationalsozialismus und dessen charismatischem Führer hingezogen fühlte. Als vorgebildeter Bürokrat und loyaler Charakter war er der perfekte Karrierist. Bei seinem Aufstieg innerhalb der Partei wurde er ein Opfer seines inneren Widerspruches. Er war Bayer und bewunderte doch einen Preußenkönig wie den großen Friedrich, die preußische Kargheit und Härte. Selbst dunkelhaarig, mittelgroß und von eher orientalischen Zügen, glaubte er fanatisch an das Ideal vom nordischen Menschen, und umgab sich ebenso wie sein Herr und Meister mit großen blonden Untergebenen.* Er bewunderte körperliche Anmut und sportliche Geschick-

---

* Himmler hatte sich vorgenommen, den dunklen Typ (dem er wie Hitler angehörte) innerhalb von hundert Jahren aus dem deutschen Volksbestand herauszuzüchten, indem er dunkelhaarige Männer einzig mit blonden Frauen kopulieren lassen wollte. Unter anderem zu diesem Zwecke richtete er den »Lebensborn« ein. Kinderlosen SS-Paaren wurden über diese Institution rassisch einwandfreie Kinder zur Adoption vermittelt. Gleichzeitig sollte damit rassisch einwandfreien unverheirateten Müttern und deren Kindern geholfen werden. Aber es wurden auch Tausende von Kindern aus den besetzten Gebieten verschleppt und in Einrichtungen der SS aufgezogen. Vor höheren SS-Führern sagte Himmler: »Alles gute Blut auf der Welt, alles germanische Blut, was nicht auf deutscher Seite ist, kann einmal unser Verderben sein. Es ist deswegen jeder Germane mit bestem Blut, den wir nach Deutschland holen und zu einem deutschbewußten Germanen machen, ein Kämpfer für uns, und auf der anderen Seite ist einer weniger. Ich habe wirklich die Absicht, germanisches Blut in der ganzen Welt zu holen, zu rauben und zu stehlen, wo ich kann.« Nach dem Krieg hat man behauptet, der »Lebensborn« sei eine Art Bordell gewesen, wo SS-Männer mit passenden Frauen die Herrenrasse produzierten. Nichts deutet aber darauf hin, daß Himmler sexuelle Ausschweifungen ermutigte, wenn er auch gegen unehelich geborene Kinder nichts einzuwenden hatte. Auch hat Kindesentführung nicht in großem Stil stattgefunden. Allein schon, daß in sämtlichen Heimen des Lebensborn nur 700 Personen angestellt waren, macht das unwahrscheinlich. Himmler plante gewiß in riesigem Maßstab, doch der Lebensborn hat niemals auch nur annähernd seine möglichen Kapazitäten ausgenutzt, weil Umsiedlungsaktionen und Massenmorde Vorrang hatten.[12]

April 1943 – April 1944 945

lichkeit, litt aber selbst ständig unter Magenkrämpfen. Auf Skiern oder im Wasser wirkte er lächerlich, und als er das bronzene Sportabzeichen machen wollte, brach er beim Langstreckenlauf zusammen.

Er, der neben Hitler die größte persönliche Machtfülle besaß, blieb gewissenhaft und unprätentiös. Als Katholik geboren und aufgewachsen, griff er jetzt unermüdlich die Kirche an, organisierte, seinen Vertrauten zufolge, die SS aber nach dem Vorbild des Jesuitenordens und verordnete ihr »die Statuten und geistlichen Übungen von Loyola«.

Von Millionen gefürchtet, zitterte er selbst vor Hitler wie ein Schüler vor dem Lehrer, wenn er die Schularbeiten nicht gemacht hat, wie er selbst eingestand. Materielle Vorteile lockten ihn ebensowenig wie seinen Führer, und er zog aus seinem Amte nie, wie etwa Göring und andere, Profit. Er lebte einfach, aß und trank mäßig, beschränkte sich auf 2 Zigarren am Tag. Am Tegernsee bewohnte er mit Frau und Tochter ein Haus, am Königssee eines mit seiner Sekretärin Hedwig Potthast und den zwei gemeinsamen Kindern. Als verantwortungsbewußter Mensch sorgte er für beide Etablissements so gewissenhaft, daß für ihn selbst wenig blieb.

Er glaubte an Phänomene, die für seine Umgebung nicht leicht zu schlukken waren: Magnetismus, Homöopathie, Hypnose, natürliche Zuchtwahl, Hellsehen, Wunderheilungen und Hexenkünste. Er begünstigte Versuche, Benzin zu gewinnen, indem man Wasser über Kohlen laufen ließ, und Gewinnung von Gold aus minderwertigen Metallen.

Er verdankte zwar alle Macht seinem Führer, Hitler selbst wollte mit ihm aber nichts zu schaffen haben. Zu Schaub, den Himmler angefleht hatte, ihm eine Einladung auf den Berghof zu verschaffen, sagte er: »Ich brauche Polizisten wie den, aber leiden kann ich sie deshalb nicht.« Er scheute sich nicht, seinem SS-Adjutanten Schulze zu befehlen, Himmler über die tägliche Lagebesprechung nicht zu informieren.

Zugleich aber beauftragte er den Reichsführer SS mit der Erledigung jenes Vorhabens, das ihm selbst am meisten am Herzen lag: mit der »Endlösung«. In mancher Hinsicht war das passend. Himmler stand seit dem ersten Moment total im Banne Hitlers, er war sein Jünger, sein Untertan. Ferner war Himmler der Inbegriff des Nationalsozialisten, denn er hatte durch emsige Parteiarbeit seine Identitätsprobleme gelöst. Er war jetzt die rechte Hand Hitlers und obwohl er kein Blut und keine körperliche Mißhandlung sehen konnte, war er zum fernsteuernden und ferngesteuerten Massenmörder geworden. Das war sein Geschäft.

Dabei bewahrte er sich seine ganze Sentimentalität. Seinem Leibarzt vertraute er an: »Ich habe mehr als ein Reh geschossen, aber wenn ich in die gebrochenen Augen sah, hatte ich immer ein schlechtes Gewissen.« Unter persönlichem Risiko hatte er erst kürzlich gemeinsam mit Feldmarschall Milch das Leben von 14000 jüdischen Facharbeitern in Holland gerettet, und aus dem Konzentrationslager Ravensbrück ließ er die Mutter eines

Obersten der Luftwaffe laufen, die eine Zeugin Jehovas war.* Dies tat er, nachdem Milch ihm gedroht hatte, er werde andernfalls nie wieder ein Wort mit ihm sprechen. Himmler wollte als »guter Kerl« gelten.

Diplomaten gegenüber fiel es ihm schwer, ein vernünftiges Ersuchen um Gnade abzulehnen. Einmal ließ er einen Deserteur gehen, ein anderes Mal verzieh er einem Beamten, der schärfste Kritik am Vorgehen der SS gegenüber den Polen geübt hatte. Dem eigenen Fleisch und Blut gegenüber kannte er nicht die geringste Nachsicht. Als einer seiner Neffen, ein SS-Führer, der Homosexualität beschuldigt wurde, unterschrieb er sofort dessen Versetzung in ein Straflager, und als der junge Mann sich auch dort homosexuell betätigte, ließ der Onkel ihn zum Tod verurteilen. Der SS-Richter Rolf Wehser empfahl dringend Begnadigung, Himmler lehnte aber ab. »Niemand soll sagen dürfen, ich lasse Gnade walten, wenn es um einen Neffen geht.« Hitler mußte schließlich selbst das Todesurteil aufheben.[13]

Unter Himmlers Aufsicht erreichten die Mordanstalten im Herbst 1943 ihre höchste Leistungsfähigkeit. In Auschwitz wurden die zur Ermordung Ausersehenen auf dem Wege in die Gaskammern an einem Häftlingsorchester vorbeigetrieben. In Treblinka wußten sie, was ihnen bevorstand, und sie lachten und weinten in ihrer Not. Wütende Aufseher prügelten auf sie ein. Waren Säuglinge hinderlich, wenn den Müttern die Köpfe geschoren wurden, schleuderte man sie gegen eine Mauer. Wurde Widerstand geleistet, trieben Aufseher und Kapos die nackten Opfer mit Peitschen auf die Lastwagen, die sie zu den Gaskammern brachten.

Den Henkern kam nie der Gedanke, sie könnten sich weigern zu morden. Höß, der Kommandant von Auschwitz, sagte später: »Ich konnte nur Jawohl sagen, es kam mir nicht in den Sinn, daß ich später dafür verantwortlich gemacht werden könnte. In Deutschland ging man davon aus, daß derjenige, der den Befehl gibt, dafür zur Verantwortung gezogen wird, wenn etwas schief geht.« Diese Henker fragten sich auch nie, ob die Juden eigentlich das Schicksal verdient hatten, das sie ihnen bereiteten. »Wir SS-Leute sollten nicht über diese Dinge nachdenken; es kam uns nie in den Sinn. Und außerdem war es gewissermaßen eine Selbstverständlichkeit geworden, daß die Juden an allem schuld hatten... Wir waren alle darauf gedrillt, Befehle auszuführen, ohne darüber nachzudenken. Der Gedanke, einen Befehl nicht auszuführen, kam einfach niemandem. Und jemand anderes hätte es sowieso getan, wenn ich es nicht getan hätte...«**[14] Übrigens seien diese

---

* Das waren die unerschütterlichsten Opfer Hitlers, fast alle lehnten es ab, die ihnen jederzeit gebotene Freiheit zu erkaufen, indem sie ihren Glauben verleugneten.

** Stanley Milgram hat im Experiment nachgewiesen (s. *Das Milgram-Experiment*, Hamburg 1976), daß blinder Gehorsam keine speziell deutsche Eigentümlichkeit ist. Bei seinen Experimenten zeigte sich, daß nur 35 % der Versuchspersonen es ablehnten, ihren Mitmenschen Schmerzen zu verursachen. Die Mehrheit gehorchte der Stimme der Autorität. Der Vietnamkrieg und in gewisser Weise auch die Watergate-Affäre haben erwiesen, daß es sich wirklich so verhält.

April 1943 – April 1944 947

Massenmörder so hervorragend ausgebildet gewesen, daß sie »auf Befehl auch den eigenen Bruder erschossen hätten. Der Befehl war alles.

Henker allerdings, die Genuß an ihrer Arbeit fanden, riskierten die Ungnade Himmlers. Schon Jahre zuvor hatte Himmler Einzelaktionen seiner Leute gegen Juden streng verboten. Einem Sturmführer erklärte er: »Der SS-Führer muß hart sein können, aber er darf nicht verhärtet sein. Dort, wo Sie Fälle erleben, daß bei Ihrer Aufgabe der eine oder der andere Führer über das notwendige Maß seiner Pflicht hinausgeht oder bei ihm gewisse Grenzen zu verschwimmen beginnen, greifen Sie sofort ein!«[15] Erst kürzlich hatte er durch das SS-Rechtsamt die unerlaubte Erschießung von Juden verbieten lassen. »Wird dabei aus gewinnsüchtigen, sadistischen oder sexuellen Motiven gehandelt, muß Anklage entweder wegen Mord oder Totschlag erhoben werden.«[16] Und aus eben diesen Überlegungen heraus hatte er Konrad Morgen bevollmächtigt, den Kommandanten von Buchenwald anzuklagen.

Himmler versuchte, die SS in einen Orden zu verwandeln unter dem Motto »Meine Ehre heißt Treue«. Die SS sollte nicht nur das Bewußtsein rassischer Überlegenheit haben, sie sollte tugendhaft sein, loyal, kameradschaftlich, pflichttreu, ehrlich, fleißig, aufrichtig und ritterlich. Seine SS sollte als Elite der Partei auch die Elite des deutschen Volkes, mithin der Welt überhaupt sein. Er gründete Ordensburgen, auf denen er die Neuen Menschen zu züchten hoffte, »wertvoller und edler, als die Welt je welche gesehen hat«. Auch gute Manieren verlangte er von seinen Leuten. »Einerlei, ob Sie ein Essen veranstalten oder einen Gepäckmarsch, ich verlange, daß Sie sich um jede Kleinigkeit kümmern, daß Sie überall mit gutem Beispiel vorangehen, daß Sie Ihren Volksgenossen stets mit größter Höflichkeit und Rücksicht begegnen.« Seine SS-Leute sollten vorbildlich adrett sein. Vor allem auf den von Hitler gewünschten *weißen* SS-Hemden sollte nicht das kleinste Stäubchen zu sehen sein.

Beim Trinken müßte der SS-Mann äußerste Korrektheit wahren, »oder Du bekommst die Pistole zugeschickt und hast Schluß zu machen.«[17]

Die SS-Männer also sollten sich benehmen wie echte Edelleute, einerlei wie grausig ihre Aufgabe. Und in diesem Sinne trat Himmler denn auch am 4. Oktober 1943 vor seine obersten Führer. Er beabsichtigte, den Kreis derjenigen zu erweitern, die von den Massenmorden wissen sollten. Selbst bei den ergebensten Anhängern des Führers hatten Gerüchte über Terror in den Konzentrationslagern Besorgnis und Widerwillen erzeugt. Da die Wahrheit also nach und nach ans Licht drängte, hatte Himmler sich vorgenommen, Partei und Militärs ihren Anteil an der Endlösung zu Bewußtsein zu bringen. Indem er sie gleichsam zu Mittätern machte, würde er sie zwingen, bis zum Ende zu kämpfen. Der Krieg war vermutlich verloren, aber wenn es zum Schlimmsten kam, konnte er immer noch Millionen Juden mit in den Tod nehmen.

948   Die ›Endlösung‹

Diese Ansprache vor höheren SS-Führern war nur die erste von vielen weiteren, die er vor Zivilisten und Militärs hielt. In gewisser Weise war sie aber die wichtigste, denn nun mußte sich zeigen, ob er den SS-Leuten klarmachen konnte, daß scheußliche Verbrechen nicht im Widerspruch zu den erhabenen Zielen des Ordens standen. Er sagte also, er habe mit ihnen über eine ernste Sache zu reden und wolle ganz offen sein. »Unter uns soll es einmal ganz offen ausgesprochen sein, und trotzdem werden wir in der Öffentlichkeit nie darüber reden.« Alle merkten, wie schwer es ihn ankam, fortzufahren. »Ich meine jetzt die Judenevakuierung, die Ausrottung des jüdischen Volkes. Es gehört zu den Dingen, die man leicht ausspricht. ›Das jüdische Volk wird ausgerottet‹, sagt ein jeder Parteigenosse, ›ganz klar, steht in unserem Programm, Ausschaltung der Juden, Ausrottung, machen wir.‹«

Nach Jahren der Rhetorik und der Hetzparolen kamen diese Worte immer noch überraschend, auch wenn Morgen und Gerstein schon für unbehagliches Mißtrauen gesorgt hatten. Schockierender noch war, daß Himmler nun von Leuten sprach, die sich an der Endlösung bereichert hatten. »Eine Anzahl SS-Männer – es sind nicht sehr viele – haben sich dagegen verfehlt und sie werden des Todes sein, gnadenlos. Wir hatten das moralische Recht, wir hatten die Pflicht gegenüber unserem Volk, dieses Volk, das uns umbringen wollte, umzubringen. Wir haben aber nicht das Recht, uns auch nur mit einem Pelz, mit einer Uhr, mit einer Mark oder mit einer Zigarette oder mit sonst etwas zu bereichern. Wir wollen nicht am Schluß, weil wir einen Bazillus ausrotteten, an dem Bazillus krank werden und sterben. Ich werde niemals zusehen, daß hier auch nur eine kleine Fäulnisstelle entsteht oder sich festsetzt. Wo sie sich bilden sollte, werden wir sie gemeinsam ausbrennen. Insgesamt aber können wir sagen, daß wir diese schwerste Aufgabe in Liebe zu unserem Volk erfüllt haben. Und wir haben keinen Schaden in unserem Inneren, in unserer Seele, in unserem Charakter daran genommen.«[18]

Zwei Tage später hielt Himmler vor Gauleitern und Reichsleitern eine ähnliche Ansprache. Seine Zuhörer ahnten bereits, daß sie jetzt zu hören bekommen sollten, wovor sie seit Monaten die Ohren verschlossen. »Ich bitte Sie, das, was ich Ihnen in diesem Kreise sage, wirklich nur zu hören und nie darüber zu sprechen. Es trat an uns die Frage heran: Wie ist es mit den Frauen und Kindern? – Ich habe mich entschlossen, auch hier eine ganz klare Lösung zu finden. Ich hielt mich nämlich nicht für berechtigt, die Männer auszurotten – sprich also umzubringen oder umbringen zu lassen – und die Rächer in Gestalt der Kinder für unsere Söhne und Enkel groß werden zu lassen. Es mußte der schwere Entschluß gefaßt werden, dieses Volk von der Erde verschwinden zu lassen.«

Und das sei für die SS der schlimmste Auftrag gewesen. »Er ist durchgeführt worden, ohne daß – wie ich glaube sagen zu können – unsere

April 1943 – April 1944   949

Männer und unsere Führer einen Schaden an Geist und Seele erlitten hätten.« Trotz der Massenmorde seien sie echte Ritter geblieben. Bleierne Stille legte sich über die Anwesenden. Schirach erinnert sich: »Er sprach so eiskalt von der Ausrottung von Männern, Frauen und Kindern wie ein Geschäftsmann von seiner Bilanz. Seiner Rede war keinerlei Gefühl anzumerken, nichts, das auf innere Anteilnahme schließen ließ.«

Nachdem er noch dargestellt hatte, wie schwierig ein solches Projekt zu verwirklichen war, kam Himmler zum Schluß. »Sie wissen nun Bescheid, und Sie behalten es für sich. Man wird vielleicht in ganz später Zeit sich einmal überlegen können, ob man dem deutschen Volk etwas mehr darüber sagt. Ich glaube, es ist besser, wir ... nehmen dann das Geheimnis mit in unser Grab.«[19]

Bormann schloß die Sitzung und forderte auf, nach nebenan zum Essen zu gehen. Während der Mahlzeit vermieden es die Reichs- und Gauleiter einander anzusehen. Die meisten ahnten, daß Himmler das alles nur ausgeplaudert hatte, um sie zu Mitwissern zu machen, und viele betranken sich an diesem Abend so schwer, daß man ihnen in den Zug helfen mußte, der sie zur Wolfsschanze bringen sollte. Speer, der vor Himmler zu dem gleichen Kreis gesprochen hatte, war vom Anblick dieser betrunkenen Gestalten so angewidert, daß er tags darauf Hitler empfahl, seinen Parteiführern dringend Enthaltsamkeit ans Herz zu legen.*

4

Die Juden waren nicht die einzigen Opfer von Hitlers »Neuer Ordnung«. Millionen andere, vornehmlich in Rußland, waren erschossen, vergast, erschlagen worden. Bei einem Besuch in der Wolfsschanze hatte Peter Kleist seine Einwände gegen diese Politik in einem ausführlichen Memorandum festgehalten. Hitler las und sagte: »Sie haben mir da ein sehr unfreundliches Bild von den Zuständen im besetzten Rußland gegeben. Ist es nicht eine Illusion, diese Zustände dadurch bessern zu wollen, daß ich jetzt den ehrgeizigen Forderungen irgendwelcher sich national gebärdenden Politikaster nachgebe?« Kleist erklärte, er denke nicht so sehr daran, den Forderungen der Nationalisten nachzugeben als daran, Lebensbedingungen zu schaffen, welche die Völker im Osten veranlassen würden, sich für die Nazis zu entscheiden statt für die Sowjetunion. Hitler hörte aufmerksam zu, den Blick gesenkt. Dadurch hatte Kleist die seltene Gelegenheit, sein Gesicht in aller

---

* Speer behauptet auch heute noch, von der Endlösung nichts gewußt zu haben. Einige Forscher halten dagegen, er habe Himmlers Ansprache damals gehört, denn der Reichsführer habe ihn darin namentlich angesprochen. Speer hat erklärt, er sei unmittelbar nach seiner eigenen Ansprache aus Rastenburg abgefahren, und Feldmarschall Milch bestätigt das. Aber auch wenn man einräumt, daß Speer nicht dabei war, ist doch schwer vorstellbar, daß er nichts von den Vernichtungslagern gewußt haben soll.

Ruhe zu mustern, an dem ihn immer »die vielfältige Gespaltenheit des Ausdrucks« frappiert hatte. »Es war wie aus lauter einzelnen Elementen zusammengesetzt, ohne daß eine wirkliche Einheit daraus entstand.« Hitler war nicht im geringsten verärgert, sondern kühl, ruhig und nachdenklich. »Ich kann jetzt nicht umkehren. Jede Änderung meiner Haltung muß unter den gegebenen militärischen Verhältnissen als Nachgiebigkeit mißverstanden werden und einen Dammrutsch nach sich ziehen.« Er versprach, einen liberaleren Kurs einzuschlagen, sobald er militärisch die Initiative zurückgewonnen hätte. Kleist merkte aber, daß dies nur so dahingesagt war. Wie sollte man einen solchen Menschen umstimmen?

Hitler blickte plötzlich auf und sagte nicht mehr nachdenklich, sondern heftig: »Das alles sind Illusionen. Es ist Ihr gutes Recht ..., daß Sie nur an den Augenblick, nur an die gegenwärtig drückende Situation denken. Ich habe die Pflicht, an morgen und übermorgen zu denken und darf nicht um Augenblickserfolge die Zukunft vergessen.« In hundert Jahren werde das deutsche Volk 120 Millionen Menschen zählen. »Für dieses Volk brauche ich den leeren Raum. Ich kann den Ostvölkern keine souveränen Selbständigkeitsrechte verleihen und anstelle von Sowjetrußland kein neues nationales und darum viel fester gefügtes Rußland setzen. Politik wird nicht gemacht durch Illusionen, sondern durch harte Tatsachen. Das Raumproblem ist für mich entscheidend!«[20]

Und so gingen denn die Terrormaßnahmen weiter, und nebenher ließ man die sowjetischen Kriegsgefangenen brutal verhungern. Rosenberg selbst beklagte sich in einem heftigen Brief an Keitel über diese Unmenschlichkeit, zu dessen Abfassung den Reichskommissar für die besetzten Ostgebiete wohl empörte Untergebene gedrängt hatten. Von 3 600 000 sowjetischen Kriegsgefangenen könnten nur wenige hunderttausend als gesund bezeichnet werden, die große Mehrzahl von ihnen sei ohne Umstände erschossen worden oder verhungert. Das seien Greueltaten, die jede »künftige Verständigung« ausschlössen.

Zahllose andere sowjetische Kriegsgefangene und nichtjüdische KZ-Häftlinge kamen bei sogenannten medizinischen Experimenten ums Leben; manche wurden nackt in eisiges Wasser gelegt, an anderen wurde die Wirkung großer Höhe, von Senfgas und vergifteten Geschossen »erprobt«. In Ravensbrück infizierte man Polinnen mit Wundbrand, in Dachau und Buchenwald mußten Zigeuner die Neugier von deutschen Ärzten stillen, die gern gewußt hätten, wie lange der Mensch nur Salzwasser trinken und überleben kann.

In den besetzten Ländern Europas wurden als Vergeltungsmaßnahmen gegen Sabotageakte und Widerstand zahllose Hinrichtungen vorgenommen, die ein Führerbefehl am Tage des japanischen Angriffs auf Pearl Harbor für »rechtmäßig« erklärte; Hitler hatte wohl eingesehen, daß Moskau nicht mehr einzunehmen war und der Endsieg zweifelhaft wurde. Er

April 1943 – April 1944 951

befahl die sogenannte Nacht- und Nebel-Aktion. Alle Personen, die angeblich die deutsche Sicherheit gefährdeten, sollten spurlos verschwinden, soweit sie nicht an Ort und Stelle standrechtlich erschossen wurden. Die Angehörigen sollten von ihrem Schicksal nichts erfahren.

Im Herbst 1943 erwies sich Hitlers »Neue Ordnung« in Westeuropa, angeblich ein Zusammenschluß von Staaten zum Zweck der allgemeinen Wohlfahrt, als das, was sie war: eine Beutewirtschaft. Da Millionen sich weigerten, seine Untertanen zu sein, ging Hitler von Überredung zu Gewaltanwendung über. Sabotage und Arbeitsniederlegung wurde mit Zwangsarbeit und der Hinrichtung von Geiseln beantwortet. In Holland und Frankreich zählte man mehr als 20 000 Ermordete. Plünderung war quasi legalisiert; die Beute wurde waggonweise aus Norwegen, Holland, Belgien, Luxemburg, Frankreich und Dänemark weggefahren. Darin enthalten waren noch nicht die enormen Kosten der Besatzung. Frankreich allein zahlte jährlich 7 Milliarden Mark dafür, daß es der »Neuen Ordnung« angehören durfte.

Vor einer Versammlung des NS-Führerkorps in Berlin enthüllte Hitler seine Absichten: »Das Gerümpel kleiner Staaten, die heute noch in Europa bestehen, muß liquidiert werden. Unser Ziel ist die Schaffung eines vereinten Europas. Und nur die Deutschen können Europa organisieren.«[21]

Unter einem vereinten Europa verstand er ein Europa, in dem die Gestapo und die Miliz der Kollaborateure für Ordnung sorgten. Zur Rebellion der Massen kam es aber trotz aller Repressionsmaßnahmen Hitlers in Westeuorpa nicht. Man arrangierte sich mit den neuen Nazibehörden, um doch ein einigermaßen normales Leben führen zu können. Die Masse der Bevölkerung war überzeugt, ein Generalstreik, Tätlichkeiten gegen deutsche Aufseher, Anschläge auf Wirtschaft und Verwaltung würden zu Massenerschießungen, mindestens zu einer weiteren Senkung des eigenen Lebensstandards führen. Es war einfacher und weiser, sich mit einer Besetzung einzurichten, die vermutlich in alle Ewigkeit dauern würde. Dieser Überlebenswille war es, der den Widerstand auf ein Minimum reduzierte. Zum Untergrund gehörten nur wenige, und zwischen kommunistischen und nichtkommunistischen Partisanen kam es, wie in Frankreich, überdies zu blutigen, lähmenden Rivalitäten. Ein militärisch wirksamer Widerstand fand nur in Jugoslawien und Osteuropa statt, und auch der war geschwächt durch den internen Streit zwischen dem Kommunisten Tito, der alle Anti-Hitler-Elemente vereinigen wollte und dem serbischen Nationalisten Mihailovic.

Man kannte nun zwar Hitlers Absicht, aus Europa ein germanisches Weltreich zu machen, doch wie weit sein Ehrgeiz in Wahrheit reichte, wußte man noch nicht. Auch seine Feinde meinten mehrheitlich, er wolle sich auf Europa beschränken und wären wohl erstaunt gewesen, hätten sie folgende geheime Notizen Hitlers gelesen:

England muß zum Wohle der ganzen Welt in seiner heutigen Form unverändert erhalten bleiben.

Deshalb wird nach dem Endsieg eine großzügige Versöhnungspolitik einsetzen.

Keine Demütigungen! Keine Reparationen!

Nur der König muß gehen – an seine Stelle kommt der Herzog von Windsor. Mit ihm wird, anstelle eines Friedensvertrages, ein Freundschaftsvertrag für alle Zeiten abgeschlossen. Ribbentrop wird von seinen Ämtern in Deutschland entbunden und als Generalbevollmächtigter und Berater des Königs nach England geschickt. Er bekommt vom König Titel und Würde eines englischen Herzogs.

Diesem übermächtigen Staatenbund werden sich die skandinavischen Königreiche sowie die iberische Halbinsel (evtl. als Blocks), aber auch alle anderen europäischen Länder anschließen müssen. (Durchführung: Rosenberg.)

Der Traum eines vereinigten Europas (Karl der Große, Prinz Eugen, Napoleon) ist damit verwirklicht.

Ein besonderes Kolonialamt für die zentrale Verwaltung der englischen, französischen, belgischen, spanischen, portugiesischen und holländischen Überseegebiete wird zum Wohle der farbigen und zum Vorteil der europäischen Länder in Berlin errichtet. (Leitung General von Epp?)

Als wichtigster Punkt des Endsieges erscheint die dauernde Ausschaltung der Vereinigten Staaten aus der Weltpolitik und die Vernichtung des dortigen Judentums. Zu diesem Zweck wird Dr. Goebbels mit diktatorischen Vollmachten ausgestattet, als Gouverneur eine vollkommene Umerziehung der zusammengewürfelten, rassisch minderwertigen Bevölkerung vornehmen. Göring wird ihn dabei unterstützen und vor allem den mindestens 50% betragenden deutschblütigen Bevölkerungsanteil sammeln, militärisch schulen und national regenerieren. Daß Amerika auf diese Art ein überwiegend deutsches Land werden könnte, steht außer Zweifel und hängt nur von der Intensität der Umerziehungsaktion ab. Sehr wichtig! Sofort in die Verträge von Bogota eintreten, um sofort nach der ersten Stabilisierung die Bearbeitung der südamerikanischen Staaten legal in Angriff nehmen zu können.

Daß die Sowjetunion, »die Bolschewistenzentrale«, von der Landkarte »verschwinden« mußte, verstand sich für Hitler von selbst. Sie sollte »im Rahmen eines 30-Jahres-Planes« in ein bis zwei Etappen dem »Großdeutschen Reich« eingegliedert werden. »Organisation, Durchführung, Überwachung: Reichskanzlei«.[*][22]

---

[*] Dokumente derzeit in der Sammlung Müllern-Schönhausen.

April 1943 – April 1944

5

Während Hitler von der Eroberung der 5 Erdteile träumte, wurden seine Armeen stetig auf die deutschen Grenzen zurückgedrängt. Von dem Erfolg bei Kursk befeuert, war das sowjetische Oberkommando mit Zuversicht und Kühnheit zur Offensive übergegangen. Im zweiten Halbjahr 1943 rückte die Rote Armee stellenweise bis zu 350 km vor, sie warf die Deutschen im Süd- und Mittelabschnitt über den Dnjepr zurück.

Dies spornte Hitler an, die Endlösung voranzutreiben, und Anfang 1944 ließ er das Geheimnis vor einer Versammlung von Personen lüften, die weder der Partei noch der SS angehörten. Himmler hielt am 26. Januar 1944 seine dritte Ansprache, diesmal vor 260 hohen Heeres- und Marineoffizieren im Posener Stadttheater. In seiner kühlen, sterilen Art legte er dar, wie er von Hitler den Ausrottungsbefehl erhalten hatte. »Ich versichere Ihnen, die jüdische Frage ist gelöst.«

Großer Beifall. Neben Oberst von Gersdorff (der sich mit Himmler hatte in die Luft sprengen wollen) stieg ein Offizierskamerad vor Begeisterung auf den Stuhl. Hinten im Saal zählte ein angewiderter General, wie viele seiner Herren Kameraden nicht applaudierten, und kam nur auf fünf.[23]

Himmler setzte seinen Aufklärungsfeldzug in den nächsten Wochen fort. Vor Marineoffizieren[24] gab er zu, die Ermordung von Frauen und Kindern befohlen zu haben. »Ich wäre ein Schwächling und ein Verbrecher an unseren Nachkommen, wenn ich die haßerfüllten Söhne dieser von uns im Kampfe von Mensch gegen Untermensch erledigten Untermenschen groß werden ließe ... wir müssen ... erkennen, in welch einem primitiven, ursprünglichen, natürlichen Rassenkampf wir uns befinden.« Ähnliches sagte er vor Generälen in Sonthofen.[25] »Die Judenfrage ist in Deutschland und im allgemeinen in den von Deutschland besetzten Ländern gelöst.« Als er hinzufügte, sie sei »kompromißlos gelöst«, hatte er Beifall. Himmler hielt insgesamt etwa 15 Ansprachen über das Thema Endlösung vor unterschiedlichen Zuhörern, bezeichnenderweise aber niemals vor Personal des Auswärtigen Amtes.

Die letzten Tage des Jahres 1943 waren für Hitler bedrückend. Nicht nur erlitten seine Truppen bei Leningrad und überall in der Ukraine Rückschläge, auch sein Ausrottungsprogramm wurde durch die Ergebnisse gefährdet, die die Untersuchungen des Korruptionsfalles Buchenwald durch den SS-Richter Morgen erbrachten. Ein Mittäter des Lagerkommandanten Koch namens Köhler stellte sich als Zeuge zur Verfügung, wurde aber kurz darauf tot in seiner Zelle gefunden. Morgen erblickte darin einen zusätzlichen Beweis für Kochs Schuld und brachte ihn zu dem Geständnis, nicht nur habe er sich auf Kosten der Häftlinge bereichert, sondern auch Häftlinge ermordet, um das Geheimnis zu wahren.

954   *Die ›Endlösung‹*

Morgens Rechtsgefühl wurde durch die Strafverfolgung Kochs keineswegs befriedigt. Er verfolgte die Spur der Korruption nach Polen. In Lublin begrüßte ihn herzlich Kriminalkommissar Wirth, der schon Gerstein in Belzec herumgeführt hatte. Er zeigte stolz die von ihm bei Lublin errichteten vier Vernichtungslager und erklärte eingehend die angewendeten Methoden. Jedes Lager gleiche einem Potemkinschen Dorf. Wenn die Züge vor der Bahnhofskulisse anhielten, glaubten die Deportierten in einer Stadt angekommen zu sein; man empfing sie mit einer Rede, die Wirth auch gleich aufsagte: »Juden, Ihr seid hierhergebracht worden, um umgesiedelt zu werden. Ehe wir Euch aber diesen zukünftigen Judenstaat organisieren, müßt Ihr selbstverständlich arbeiten lernen. Ihr müßt einen neuen Beruf ergreifen. Das kriegt Ihr hier gelernt.« So begaben sich die Juden arglos auf den Marsch in den Tod.[26]

Morgen fand Wirths Schilderung »absolut phantastisch«. Er glaubte ihm aber, als er die Räume besichtigt hatte, in welchen die Beute lagerte. Den angehäuften Effekten, darunter ein Berg Uhren – entnahm er, »daß hier Ungeheuerliches vor sich ging«. Er hatte auch nie zuvor soviel Geld auf einem Haufen gesehen, meist fremde Währungen aus aller Welt, und erstaunt betrachtete er den Schmelzofen und die aufgeschichteten Goldbarren.

Morgen inspizierte die von Wirth errichteten Lager Maidanek, Treblinka, Sobibor und Belzec, und sah überall die Gaskammern, Verbrennungsöfen, Massengräber. Hier wurden Verbrechen von ungeheurer Größenordnung begangen und dagegen war nichts zu tun, weil der Befehl dazu aus der Reichskanzlei kam. Morgen konnte weiter nichts tun als »die willkürliche Tötung« von Häftlingen zu verfolgen; in solchen Fällen war die Rechtspflege der SS zuständig. Er suchte Beweise dafür und gab auch nicht auf, als man ihn hindern wollte. Er fand schließlich genug Anhaltspunkte für eine Mordanklage gegen zwei ranghohe Lagerführer von Maidanek.

Der hilfreiche Wirth, dieser Inspirator der vier Lager, vertraute sich Morgen ungescheut an. Eines Tages bemerkte er nebenher, ein Kollege namens Höß betreibe in der Nähe von Auschwitz ebenfalls eine große Ausrottungsanlage. Morgen wollte auch hier gern eingreifen, brauchte aber einen Vorwand um seine Kompetenz soweit auszudehnen. Der fand sich bald: ein Fall ungeklärten Goldschmuggels, in den Mitarbeiter von Höß verwickelt waren. Anfang 1944 inspizierte Morgen also die Todeslager von Auschwitz. Er fand mühelos die Räume, in denen die Beute verwahrt wurde, die Gaskammern und Krematorien, doch alle Versuche, »rechtswidrige« Tötungen und Korruption aufzudecken, wurden immer wieder behindert. Morgen beschloß, heimzufahren und sich einer wichtigeren Sache anzunehmen, nämlich der erlaubten Massentötungen. Er wollte Himmler persönlich klarmachen, daß diese Ausrottungspolitik Deutschland »unmittelbar in den Abgrund« führen müsse, dies ging aber nur auf dem Dienstweg. Die erste Station war sein unmittelbarer Vorgesetzter, der Chef der Kriminalpolizei Nebe. Dieser hörte

April 1943 – April 1944 955

entsetzt zu. »Ich sah, wie ihm bei meinem Bericht buchstäblich die Haare zu Berge standen.« Und als er schließlich die Sprache wiederfand, befahl er Morgen, dies sofort Kaltenbrunner zu melden. Dieser tat ebenfalls entsetzt und versprach, die Sache Himmler und Hitler vorzutragen. Als Nächster war SS-Oberrichter Breithaupt an der Reihe, der so empört war, daß er versprach, eine Besprechung zwischen Morgen und Himmler zu arrangieren. Der bürokratische Apparat bremste Morgen dann aber doch im Vorzimmer des Reichsführers. Morgen war nun überzeugt, er müsse seinen Rechtsvorstellungen auf praktischere Weise Geltung verschaffen, »nämlich, aus diesem Vernichtungssystem die Spitzen und die wichtigsten Glieder einen nach dem anderen herauszubrechen, und zwar mit den Mitteln des Systems selbst. Ich konnte dies nicht tun wegen der von dem Staatsoberhaupt befohlenen Tötungen, aber ich konnte es tun wegen Tötungen, die außerhalb dieses Befehls ... vorgenommen wurden.«

Er wandte sich also wieder seiner Arbeit zu. Trotz Drohungen und Anschlägen dehnte er die Ermittlungen auf die verschiedensten Konzentrationslager aus. In Oranienburg rettete er im letzten Augenblick den Häftling Rothe, der als warnendes Beispiel für die übrigen Häftlinge, sich nicht mit Morgen einzulassen, hingerichtet werden sollte. Er erwarb sich den Spitznamen der »Bluthund«, denn er brachte 800 Fälle von Korruption und Mord vor Gericht und in 200 Fällen erfolgte eine Verurteilung. Karl Koch von Buchenwald wurde erschossen. Auch der Kommandant von Maidanek wurde erschossen, sein Stellvertreter zum Tode verurteilt. Der Kommandant von s'Hertogenbosch wurde wegen Mißhandlung von Häftlingen in eine Strafkompanie versetzt, der von Flossenbürg wegen Trunkenheit und Ausschweifungen entlassen.

Diese Prozesse trugen im Frühjahr 1944 solche Unruhe in die Hierarchie, daß Himmler, zweifellos auf Anweisung Hitlers, Morgen weitere Ermittlungen untersagte. Der »Bluthund« ging zu weit, er hatte zuviele Erfolge und stand im Begriff, sich Rudolf Höß und dessen Lager vorzunehmen. Die Schockwelle dieses Einmannunternehmens war bis nach Lublin gedrungen und Kriminalkommissar Wirth wurde befohlen Treblinka, Sobibor und Belzec spurlos vom Erdboden zu tilgen. Anschließend wurde Wirth nach Italien versetzt, um den Straßenverkehr vor Partisanen zu schützen. Der Mann, der Morgen entkommen war, wurde schon bald das Opfer einer Partisanenkugel. Trotz des Verbotes von Himmler und Hitler, fuhr Konrad Morgen fort, die »Endlösung« zu hintertreiben.* Er interessierte sich insbesondere für einen SD-Mann von niedrigem Rang namens Eichmann.

---

* Morgen versuchte auch nach Kräften, die Frau des Kommandanten von Buchenwald, Ilse Koch, aburteilen zu lassen, denn er war überzeugt, sie habe sadistische Verbrechen begangen, doch konnte man ihr nichts nachweisen. Nach dem Kriege wurde Morgen von amerikanischer Seite aufgefordert auszusagen, Frau Koch hätte aus der Haut von Häftlingen Lampenschirme anfertigen lassen. Morgen erwiderte, die Koch habe sich zwar viel zuschulden kommen lassen, dieser Vorwurf aber sei unzutreffend. Er sei der Sache selbst nachgegangen und habe diesen Punkt fallengelassen.

NEUNTER TEIL

STURZ IN DEN ABGRUND

28. Kapitel
Das Attentat
(November 1943 – 21. Juli 1944)

1

Am Vorabend des 20. Jahrestages des Hitlerputsches von 1923 erläuterte General Jodl etwa hundert Reichsleitern und Gauleitern offen die strategische Lage. In einem streng geheimen Vortrag in München berichtete er von den verheerenden Niederlagen in Rußland, dem vergeblichen Versuch, Spanien in den Krieg hineinzuziehen und sich so in den Besitz von Gibraltar zu setzen (Schuld daran sei »dieser Jesuit, der spanische Außenminister Serrano Suñer«), und dem »ungeheuerlichsten Verrat der Geschichte«, dem Abfall der Italiener. Jodl sprach auch aus dem Stegreif über die Zukunft und beunruhigte seine Zuhörer damit, daß er offen zugab, die westlichen Verbündeten verfügten über eine so gewaltige Luftüberlegenheit, daß die gegenwärtig zur Verfügung stehenden Verteidigungskräfte eine Massenlandung nicht verhindern könnten. Zum Schluß sagte er, es gäbe nur eine einzige Lösung: jeder Deutsche, der fähig sei, eine Waffe zu tragen, müsse eingezogen werden. Es werde nicht möglich sein, Truppen und Material aus dem Osten abzuziehen, denn auch dort beginne sich die Lage zu »erwärmen«. Es müßten neue Wege gefunden werden, um dem Mangel an Mannschaftsreserven im Westen abzuhelfen. Nach seiner Meinung sei es Zeit, in Dänemark, Holland, Frankreich und Belgien rücksichtslos und energisch vorzugehen und Tausende von Faulenzern zur Zwangsarbeit an den Befestigungsanlagen einzusetzen. Diese Arbeiten seien wichtiger als alles andere. Die notwendigen Befehle seien bereits erlassen.

Das düstere Bild wurde vervollständigt durch die Feststellung, daß die Terrorangriffe der westlichen Luftstreitkräfte die Heimatfront schwer belasteten und die Wirkung der U-Boot-Waffe drastisch zurückgegangen sei, weil der Gegner über dem Atlantik die Luftüberlegenheit habe. Zugleich, sagte Jodl, gäbe es gute Gründe, vertrauensvoll an den Endsieg zu glauben. Die Deutschen seien mit einem Führer gesegnet, der die Seele nicht nur der politischen, sondern auch der militärischen Kriegführung sei, und nur seine Willenskraft beflügele alle deutschen Streitkräfte im Hinblick auf die Strategie, Organisation und Versorgung. Ebenso werde auch die so wichtige Einheit der politischen und militärischen Führung durch ihn in einer Weise verkörpert, wie man es seit Friedrich dem Großen nicht erlebt habe. Er schloß seine Ausführungen mit einer Übertreibung, die Hitlers würdig gewesen wäre. Niemand könne voraussagen, welche Schwierigkeiten noch im Dunkel der Zukunft vor den Deutschen lägen, eines jedoch sei sicher: Deutschland werde den Kampf um die Freiheit und die kulturellen Werte auf dem europäischen Kontinent niemals aufgeben. Ein Europa unter der Peitsche amerikanischer Juden oder bolschewistischer Kommissare sei undenkbar.[1]

Die politischen Funktionäre applaudierten begeistert. Jodls Ansprache war eine erzwungene Mischung aus unverhohlener Offenheit und Hoffnung, und zwei Tage später folgte eine nur auf die Emotionen seiner Zuhörer angelegte Rede Hitlers. Im Löwenbräukeller sprach er mit solcher Zuversicht und Leidenschaft, daß viele, die ihn über den Rundfunk sprechen hörten, ebenso von seinen Worten ergriffen wurden wie die unmittelbar vor ihm Versammelten.

Die Versuche, die Partei und die Bevölkerung zu inspirieren, wurden in den folgenden Wochen durch die weitere Verschlechterung der politischen und militärischen Lage untergraben. Voller Neid erlebten die Ungarn den Abfall Italiens, und die Rumänen waren empört und erschüttert über die Vernichtung von 18 Divisionen am Don und an der Wolga. Die deutsche Wehrmacht selbst hatte im Verlauf der vergangenen zwölf Monate 1 686 000 Mann verloren. Es war so schwierig, Mannschaftsersatz zu beschaffen, daß das Wehrgesetz, nach dem der jüngste und der einzige Sohn einer Familie sowie Männer über fünfzig und Kriegsteilnehmer aus dem Ersten Weltkrieg von der Wehrpflicht entbunden waren, aufgehoben wurde und diese Reserven dienstverpflichtet wurden. Angesichts des bevorstehenden harten Winters an der Ostfront war die Stimmung in der Wolfsschanze düster. Hitler nahm von den Weihnachtsfeiertagen keine Notiz. Es gab keinen Weihnachtsbaum. Nicht eine einzige Kerze wurde angezündet, um das Fest der Liebe und des Friedens zu feiern. Anfang 1944, am 26. Januar, befahl er einige hundert Generäle und Admiräle nach Rastenburg. Nachdem er die ideologischen Grundlagen des Krieges erläutert hatte, erklärte er, seine Offiziere müßten zum Nationalsozialismus eine eindeutige Stellung einnehmen. Es sei ihre Pflicht, die ideologischen Grundlagen der Partei aus voller Überzeugung zu vertreten. Er sagte das alles in ruhiger und sachlicher Form, so daß die folgenden Worte, die er ernst und mit großer Eindringlichkeit sprach, seine Zuhörer überraschten. »Wenn das Schicksal«, so erklärte er, »uns in diesem Kampf um Leben und Tod tatsächlich den Sieg vorenthalten sollte, und wenn dieser Krieg nach dem Willen des Allmächtigen für das deutsche Volk mit einer Katastrophe enden sollte, da müßte es eigentlich so sein, daß Sie, meine Herren Generale und Admirale, sich mit erhobenem Degen um

November 1943 – 21. Juli 1944　　　　　　961

mich scharen, um bis zum letzten Blutstropfen für Deutschlands Ehre zu kämpfen. Ich sage, meine Herren, es *müßte* eigentlich so sein.«

Nach diesen Worten herrschte Totenstille im Raum. Es schien, als hielte jeder den Atem an. Endlich brach ein in der ersten Reihe sitzender Offizier das Schweigen, denn er fühlte sich durch die Worte Hitlers in seiner Ehre gekränkt. Mit ironischem Unterton erklärte Feldmarschall von Manstein: »Mein Führer, es *wird* so sein!« Wieder wurde es still, aber es war eine irgendwie grausige Stille, denn Hitler wartete darauf, daß sich seine militärischen Führer wie ein Mann erhoben und diesen Worten ihren Beifall spendeten – auch wenn sie sarkastisch gemeint waren. Aber man hörte keinen Laut; nichts rührte sich. Der hinter dem Rednerpult stehende Hitler erbleichte. Mit scharfem Blick sah er sich im Raum um, richtete die wie Scheinwerfer glühenden Augen schließlich auf den in der ersten Reihe sitzenden Manstein und sagte streng: »Herr Feldmarschall . . . ich habe berechtigten Grund, an dem Glauben, der aus Ihren Worten spricht, zu zweifeln.« Es folgte eine weitere lange Pause. Schließlich sagte Hitler, er wisse alles über die gegen ihn gerichtete Bewegung in der Wehrmacht und die entschieden negative Haltung zahlreicher Offiziere. Er habe positive Beweise dafür, daß einige dieser Herren sich weigerten, gewisse Führerbefehle auszuführen – ja, und er wisse auch alles über die Bewegung »Freies Deutschland«, der gewisse von den Sowjets gefangengenommene Offiziere angehörten.

Die unvermittelt erhobenen Beschuldigungen störten seine Konzentration, und er konnte seine Rede nicht wie geplant zu Ende führen. So brach er sie unvermittelt ab und stampfte aus dem Raum. Wenige Augenblicke später wurde Manstein in das Arbeitszimmer des Führers befohlen. Hitler starrte ihn an: »Herr Feldmarschall«, sagte er, »ich verbiete Ihnen, mich jemals wieder bei einer Rede zu unterbrechen. Wie würden Sie es aufnehmen, wenn Sie bei einer Ansprache an Ihre Untergebenen unterbrochen würden?«[2]

Eine der wenigen Freuden, die Hitler während dieser trüben Wintertage genoß, waren die von seiner Diätköchin hervorragend zubereiteten Mahlzeiten. Marlene von Exner war außerdem jung, attraktiv und stammte aus Wien. Er war gern mit ihr zusammen und unterhielt sich mit ihr ausführlich über Österreich und ihre Familie, die die nationalsozialistische Bewegung schon in der Illegalität unterstützt hatte. Sie war jedoch nicht damit einverstanden, daß Hitlers Diät so wenig abwechslungsreich war. Wie langweilig müsse es doch sein, sagte sie in einem Gespräch mit Traudl Junge, nur von Gemüsesuppe, Karotten, Kartoffeln und weichgekochten Eiern zu leben! Sie fürchtete, er werde ihrer Küche überdrüssig werden und sie fortschicken – und sie hatte sich in einen jungen SS-Adjutanten verliebt. Doch daß sie gehen mußte, hatte einen ganz anderen Grund. Bormann, der mit seinen

Annäherungsversuchen bei Frau von Exner keinen Erfolg hatte, stellte fest, daß unter den Vorfahren ihrer Mutter Juden gewesen waren, und rächte sich, indem er Hitler so lange mit dieser Angelegenheit in den Ohren lag, bis dieser sich gezwungen sah, sie zu entlassen. Zum Trost zahlte er ihr jedoch noch das Gehalt für weitere sechs Monate und machte die Familie Exner zu »Ehrenariern«.

Ende Februar kehrte Hitler auf den Obersalzberg zurück, und während seiner Abwesenheit wurden die Befestigungen an der Wolfsschanze gegen russische Fliegerangriffe verstärkt. Doch auch das Leben auf dem Berghof war nicht besonders anregend, wie sich Traudl Junge erinnert. »Die gezwungene Fröhlichkeit, die heiteren Gespräche und die Anwesenheit zahlreicher Gäste konnten die Unruhe nicht verdrängen, die alle Bewohner im Herzen fühlten.« Eva hatte ihren Geliebten längere Zeit nicht gesehen und war entsetzt über seine äußere Erscheinung. »Er ist alt und trübsinnig geworden«, vertraute sie Traudl Junge an und fragte sie nach den Gründen.

Die Sekretärin war peinlich berührt: Eva kenne doch den Führer viel besser als sie. Sie sollte in der Lage sein, die Dinge zu spüren, über die er nicht sprechen wolle. Allein die militärische Lage sei Grund genug zur Sorge. Noch am gleichen Tag machte Eva Hitler Vorwürfe, weil er sich nicht geradehielt. Aber er versuchte, die Sache ins Lächerliche zu ziehen. »Ich habe schwere Schlüssel in der Tasche. Außerdem habe ich ein ganzes Päckchen Sorgen zu tragen.« Dann lächelte er sie verschmitzt an und meinte, jetzt würden sie besser miteinander auskommen. Eva trüge hohe Absätze, um größer zu wirken, und er brauche sich nur noch ein wenig zu bücken, um den Größenunterschied auszugleichen.[3]

Am 28. Februar kam ein seltener Gast auf den Berghof. Die Fliegerin Hanna Reitsch wollte Hitler erklären, wie er den Krieg gewinnen könne. Sie behauptete, die neue V-1-Rakete ließe sich nicht präzise genug ins Ziel bringen. Die Lösung sei eine bemannte Rakete, und sie erbot sich, die neue Rakete selbst zu erproben. Hitler lehnte ihren Vorschlag sofort ab. Dies sei nicht der richtige psychologische Augenblick, und das deutsche Volk werde eine solche Selbstmordwaffe nicht akzeptieren. Dann sprach er über das neue Düsenflugzeug, eine seiner Geheimwaffen. Hanna Reitsch wußte, daß die Düsenaggregate erst am Beginn der technischen Entwicklung standen und konnte sich nicht enthalten, Hitler mitten im Satz zu unterbrechen. Sie sagte: »Mein Führer, Sie sprechen vom Enkelkind eines Embryos.« Dann behauptete sie, er sei über das Entwicklungsprogramm für die deutschen Düsenflugzeuge nicht zutreffend unterrichtet, und wiederholte ihren Vorschlag für den Einsatz von Selbstmordpiloten. Zur allgemeinen Überraschung lenkte Hitler ein und genehmigte den Beginn einer Versuchsreihe unter der Bedingung, daß man ihn während des Versuchsstadiums nicht mehr mit der Angelegenheit belästige.[4]

Auf dem Obersalzberg schneite es fast ununterbrochen, aber in der Ein-

November 1943 – 21. Juli 1944 963

samkeit schien sich die Stimmung Hitlers zu bessern. Beim Mittagessen machte er sich über die von ihm in Wien gemalten Aquarelle lustig, die jetzt so hohe Preise erzielten, und meinte, es sei verrückt, für so dilettantische Arbeiten mehr als 200 Mark zu bezahlen. »Eigentlich wollte ich gar nicht Maler werden«, gestand er. »Ich habe das nur getan, um leben und studieren zu können.« Von den Aquarellen hatte er sich getrennt und nur seine architektonischen Skizzen behalten, die, wie er sagte, sein wertvollster Besitz, nämlich sein geistiges Eigentum seien, von dem er sich nie trennen werde. Man dürfe nicht vergessen, daß alle seine gegenwärtigen Ideen, seine architektonischen Pläne, auf jene Jahre zurückgingen, in denen er nächtelang gearbeitet habe.[5]

Das Leben auf dem Berghof schien ihm neues Selbstvertrauen zu geben, und als Goebbels schwer deprimiert von den ersten Tagesangriffen der amerikanischen Luftstreitkräfte in München eintraf, mußte Hitler ihm wieder Hoffnung auf eine bessere Zukunft einflößen. Doch an einem der folgenden Tage gingen ihm die Nerven durch. Bei einer Konferenz am 18. März im nahe gelegenen Schloß Kleßheim mit dem ungarischen Reichsverweser Admiral Horthy verlor er die Selbstbeherrschung und behauptete, die Ungarn planten einen ähnlichen Verrat wie die Italiener. Schmidt, der draußen gewartet hatte, erschrak, als er den alten Horthy mit gerötetem Gesicht aus dem Zimmer stürzen sah, während Hitler ihm auf den Fersen folgte und ihm mit bösem Gesicht erregt zurief, er solle zurückkommen.

Der gekränkte Horthy verlangte nach seinem Sonderzug, der jedoch noch nicht abfahrbereit war, und Ribbentrop veranstaltete einen falschen Fliegeralarm und ließ sogar das Schloß einnebeln, so daß der Reichsverweser als Gefangener dableiben mußte. Als er sich beruhigt hatte, teilte Ribbentrop ihm mit, er könne abreisen und den Entwurf einer gemeinsamen Verlautbarung lesen, in der es hieß, daß der Einmarsch deutscher Truppen nach Ungarn in gegenseitigem Einverständnis beschlossen worden sei. »Genausogut hätten Sie auch noch hinzuschreiben können«, protestierte der Admiral, »ich hätte Hitler gebeten, Ungarn auch von slowakischen und rumänischen Truppen besetzen zu lassen, womit er uns auch gedroht hat.« Dieser Satz wurde nicht in den Text aufgenommen, aber als Horthy in Budapest eintraf, stellte er fest, daß Ungarn von elf deutschen Divisionen besetzt war.[6]

Daß Hitler die Nerven verlor, hatte zu einem militärischen Erfolg geführt, der zugleich einen politischen Fehler darstellte. Es mußten Divisionen aus dem Westen abgezogen werden, wo sich die Anzeichen für eine bevorstehende Invasion mehrten, dazu auch aus dem Osten, wo, wie der Nachrichtenexperte Gehlen gemeldet hatte, der Feind sich für eine Großoffensive in der Ukraine bereitstellte, zu der er in kürzester Zeit antreten konnte und die weitreichende politische, militärische und wirtschaftliche Rückschläge auf die Kriegführung im übrigen Europa haben könnte. Die einzige Aussicht auf Wiedergewinnung der Initiative, so fügte Gehlen hinzu, wäre ein kühner strategischer Rückzug. Hitler, der seit jeher starrköpfig jedes einmal eroberte Gebiet behalten wollte, weigerte sich, solchen Empfehlungen zu folgen.[7]

Vielleicht war sein Entschluß die Folge seines schlechten Gesundheitszustands. Außer Eva stellten auch andere fest, daß ihm die Knie zu zittern begannen, wenn er lange stehen mußte. Seine linke Hand zitterte so stark, daß die Tasse auf der Untertasse klapperte, wenn er sie damit festhalten wollte. Anfang Mai stellten sich wieder seine Magenkrämpfe ein. Den Ratschlag von Dr. Morell, sich leicht massieren zu lassen und weite Spaziergänge zu unternehmen, beachtete er nicht, war aber bereit, Cardiazol einzunehmen und sich zwei andere Medikamente (Glykose und Testoviron) injizieren zu lassen, die gegen die zunehmenden Ermüdungserscheinungen wirken sollten. Morell drängte Hitler außerdem, früher zu Bett zu gehen, aber er meinte, das sei unmöglich. Er könne nicht einschlafen, ehe nicht der letzte feindliche Bomber den Luftraum über dem Reich verlassen habe.

In diesem Frühjahr flogen feindliche Flugzeuge massive Angriffe gegen Bayern. Fast täglich heulten die Luftschutzsirenen, und Hitler mußte die 65 Stufen zu dem tief unter dem Berghof gelegenen Luftschutzkeller hinuntersteigen. Aber keine einzige Bombe fiel auf den Obersalzberg. Die Angriffe richteten sich gegen Wien, ungarische Städte oder andere dichtbevölkerte Gebiete. Bei klarem Wetter konnte man den geröteten Himmel über dem brennenden München sehen, und Eva bat um die Erlaubnis, hinzufahren, weil sie feststellen wollte, ob ihr Haus in der Wasserburger Straße noch stand. Sie wiederholte diese Bitte so oft und so dringend, daß Hitler schließlich nachgab. Bei ihrer Rückkehr war sie so erschüttert von den Verwüstungen, daß Hitler Rache schwor. »In England wird eine Panik ausbrechen!« versprach er und erzählte ihr von der neuen Rakete. »Die Wirkung dieser Waffe ist so stark, daß es niemand aushalten kann. Ich werde es den Barbaren heimzahlen, die Frauen und Kinder massakrieren und die deutsche Kultur zerstören.«

Die Luftalarme folgten einander mit solcher Regelmäßigkeit, daß einige der Bewohner des Berghofs anfingen, sich nicht mehr darum zu kümmern. Eines Morgens früh eilte Traudl aus ihrem Schlafzimmer in den Bunker, fand ihn jedoch leer. Als sie wieder heraufkam, um festzustellen, was geschehen sei, stand Hitler am Eingang wie ein Zerberus und beobachtete besorgt den Himmel. Er hob den Zeigefinger und sagte streng: »Seien Sie nicht so unvorsichtig, junge Dame! Gehen Sie zurück in den Bunker. Der Alarm ist noch nicht vorüber.« Sie sagte ihm nicht, daß alle anderen Hausbewohner noch in den Betten lagen, sondern ging gehorsam die vielen Stufen in den Keller hinunter. Beim Mittagessen hielt Hitler eine Vorlesung darüber, wie töricht es sei, nicht in den Luftschutzkeller zu gehen, und sagte, seine für ihn zum Teil unentbehrlichen Mitarbeiter hätten die Pflicht, den Bunker aufzusuchen. Es sei idiotisch, seinen Mut damit beweisen zu wollen, daß man sich in die Gefahr begäbe, von einer Bombe getroffen zu werden.[8]

November 1943 – 21. Juli 1944 965

Seinen eigenen Gesundheitszustand gefährdete er damit, daß er sich standhaft weigerte, sich körperliche Bewegung zu machen, lange genug zu schlafen oder sich massieren zu lassen. Dafür wurde er immer abhängiger von Medikamenten. Außer den üblichen Tabletten und Injektionen nahm er einen Herz-Leber-Extrakt und vier bis sechs Multivitaminkapseln täglich. Man hatte den Eindruck, seine Gesundheit sei ihm nicht mehr wichtig, und er erhielte sich nur am Leben, um die ihm gestellte Aufgabe zu erfüllen. Es gelang ihm, seine Depressionen zu überwinden, und er fing von neuem an zu predigen, niemand dürfe die Hoffnung aufgeben. Eines schönen Tages versicherte er den Mitgliedern seiner engsten Umgebung, irgend etwas werde eine vollständige Veränderung der Lage bewirken. Die Angelsachsen würden schließlich erkennen, daß es in ihrem ureigensten Interesse läge, einen Kreuzzug gegen den Bolschewismus zu führen. *Das müsse einfach geschehen!* [9]

Die Alliierten unternahmen eine neue strategische Bomberoffensive mit koordinierten und konzentrierten Angriffen. Anfang Mai wurde das Rüstungsprogramm Hitlers durch Angriffe amerikanischer Tagbomber gegen Raffinerien in Mittel- und Ostdeutschland in ernste Gefahr gebracht. Der tägliche Ausstoß von 5850 Tonnen ging in kürzester Zeit auf 4820 Tonnen zurück. »Der Gegner hat uns an einer unserer schwächsten Stellen getroffen«, meldete Speer. »Bleibt es dieses Mal dabei, dann gibt es bald keine nennenswerte Treibstoffproduktion mehr. Wir haben nur noch die Hoffnung, daß auch die andere Seite einen Generalstab der Luftwaffe hat, der so planlos denkt wie der unsere!«[10]

Keitel widersprach sofort und behauptete, man verfüge noch über reichliche Kraftstoffreserven. Aber Hitler war realistischer und berief wenige Tage nach diesem Gespräch eine Konferenz zur Behandlung dieses Problems ein. Vier Industrielle waren sich darin einig, daß die Lage hoffnungslos sei, wenn die Luftangriffe systematisch fortgesetzt würden.* Zunächst erwiderte Hitler wie üblich, man habe auch schon schwerere Krisen überbrückt, worauf Keitel und Göring zustimmend nickten. Als die Industriellen ihre Behauptungen jedoch mit Fakten und Vergleichszahlen belegten, machte Hitler eine abrupte Kehrtwendung. Er glaubte, endlich habe man ihm die peinliche Wahrheit gesagt, und Speer hoffte, der Führer habe jetzt erkannt, daß der Punkt erreicht sei, an dem die deutsche Wirtschaft zusammenbrechen müsse.

---

* Auf einer ähnlichen Konferenz im vergangenen Herbst hatte der Industrielle Paul Pleiger versichert, es gäbe nicht genügend Kohle und Koks, um die Stahlproduktion zu steigern. Ein Zeuge berichtet: »Zu meiner grenzenlosen Überraschung sagte Hitler im Verlauf des Gesprächs ganz trocken: ›Pleiger, wenn wir nicht mehr Stahl und Kohle produzieren können, ist der Krieg *verloren*.‹«[11]

2

Die Taktik des Bewegungskrieges, die die Deutschen in den ersten Feldzügen so erfolgreich angewendet hatten, wurde jetzt gegen sie eingesetzt. Im Ersten Weltkrieg hatte es der lange Stellungskrieg der deutschen Propaganda ermöglicht, bis kurz vor Kriegsende glaubhaft zu machen, Deutschland könne noch siegen. Angesichts der militärischen Wirklichkeit des Zweiten Weltkriegs waren solche Behauptungen nicht mehr möglich. Eine neue deutsche Sommeroffensive kam nicht mehr in Frage. Die Niederlage bei Kursk im Vorjahr hatte alle Hoffnungen auf Erfolg zunichte gemacht, und jetzt war es nur noch eine Frage der Zeit, wie lange es der Wehrmacht gelingen werde, die Rote Armee zu bremsen. Ungeachtet der gewaltigen Mannschaftsverluste in den letzten drei Jahren verfügte Rußland immer noch über etwa 300 Divisionen mit mehr als 5 Millionen Mann, denen 178 dezimierte deutsche Divisionen mit 2 Millionen Mann gegenüberstanden. Die schmerzlichste Überraschung für die Deutschen war nicht die erstaunliche Masse der Reserven der Roten Armee, sondern ihr Kampfgeist.

Während der Belagerung von Stalingrad hatte Hitler hochmütig behauptet, Paulus sei nicht fähig gewesen, die Stadt zu nehmen, denn die Russen hätten gekämpft wie wilde Tiere aus dem Dschungel. Aber die Energie und Tapferkeit dieser angeblichen »Untermenschen« des Ostens hatten sich gegenüber den Deutschen als überlegen erwiesen. Damit waren die Voraussetzungen für Hitlers Ostpolitik *ad absurdum* geführt. 1944 war selbst an einen Teilsieg nicht mehr zu denken. Hitler beschäftigte sich jetzt in erster Linie mit der Invasion im Westen. »Ihr Ausgang wird nicht nur die Entscheidung für dieses Jahr, sondern für den ganzen Krieg bringen«, sagte er eines Tages im Juni zu seinen Beratern und starrte mit abwesendem Blick aus dem Fenster.[12] Wenn es aber gelänge, die Invasionstruppen zurückzuwerfen, dann könne und werde sich ein solcher Versuch nicht so bald wiederholen. Das würde bedeuten, daß deutsche Reserven für die Verwendung in Italien und an der Ostfront frei würden. Dann ließe sich die Ostfront wieder stabilisieren. Wenn jedoch die Invasoren im Westen nicht zurückgeworfen werden könnten, sei die Niederlage besiegelt. Ein Stellungskrieg im Westen sei schon deshalb unmöglich, weil sich die durch Frankreich verlaufende Front mit jedem Schritt rückwärts verbreitern werde. Ohne bedeutende strategische Reserven werde es unmöglich sein, eine solche Front mit genügend starken Kräften zu besetzen. »Deshalb«, so schloß er, »muß der Angreifer beim ersten Versuch abgewehrt werden.« Was er General Heusinger in einem anschließenden persönlichen Gespräch sagte, erwähnte er vor den anderen nicht: »Wenn die Invasion gelingt, muß ich versuchen, den Krieg mit politischen Mitteln zu Ende zu bringen.«[13]

Hitler hatte die Verteidigung der Westfront Rommel übergeben, der schon einmal – ohne eigene Schuld – die Führung bei einer militärischen

November 1943 – 21. Juli 1944 967

Katastrophe in der Hand gehabt hatte – in Nordafrika. Rommel war überzeugt, die Invasion am leichtesten an der Küste abwehren zu können, wo der
Feind am schwächsten sein würde. Er behauptete, im Augenblick der Landung seien sich die Soldaten ihrer Sache noch nicht sicher und würden
vielleicht sogar seekrank sein. Sie kannten das Gelände nicht und hätten
noch nicht genügend schwere Waffen zur Verfügung. Dies sei die Gefechts-
phase, den entscheidenden Schlag zu führen und den Gegner zu besiegen.
Sein Vorgesetzter, der Oberbefehlshaber im Westen, General von Rundstedt, vertrat die entgegengesetzte Ansicht; die Entscheidungsschlacht sollte
weit hinter der Küste ausgetragen werden. Deshalb müßten alle Panzerverbände und taktischen Reserven weit im französischen Hinterland zusammengezogen werden, um dort den eingedrungenen Gegner einzukreisen und
zu vernichten. Hitler löste die Streitfrage mit einem Kompromiß. Er nahm
Rommel alle Panzerverbände fort und stellte sie viel näher an der Küste
bereit, als Rundstedt es wünschte.

Am Morgen des 4. Juni fuhr Rommel im Kraftwagen nach Deutschland –
angeblich, um seine Frau zu besuchen, die am 6. Juni Geburtstag hatte. Der
eigentliche Zweck seiner Reise war jedoch, nach Berchtesgaden weiterzu-
fahren und Hitler zu bewegen, ihm weitere Panzerdivisionen und eine Mör-
serbrigade für die Normandie zur Verfügung zu stellen. Er schrieb in sein
Tagebuch, es sei das Wichtigste, den Führer im persönlichen Gespräch zu
überzeugen.

Der Zeitpunkt für einen Urlaub schien richtig gewählt. Der Meteorologe
der Luftwaffe in Paris hatte gemeldet, mit einer Invasion der Alliierten
könne nicht gerechnet werden, da man in den folgenden zwei Wochen stür-
misches Wetter erwarten müsse.[14]

Auf der anderen Seite des Kanals hatte der alliierte Oberbefehlshaber,
General Dwight Eisenhower, mit seinen eigenen Schwierigkeiten zu
kämpfen. Die Invasion, das Unterehmen *Overlord*, sollte am folgenden Tag
beginnen, aber die ungünstigen Wetterberichte veranlaßten ihn, die Operation um weitere 24 Stunden zu verschieben. Er verbrachte den größten Teil
des Tages allein in seinem Wohnwagen in einem Wald bei Portsmouth und
überlegte hin und her, ob er den Angriff unter so ungünstigen Voraussetzungen wagen oder bis zum Juli warten sollte. Mehr als 200 000 Mann
waren schon auf die Operation vorbereitet und eingewiesen worden. Deshalb erschien es fast unmöglich, die Geheimhaltung noch auf längere Zeit
wahren zu können. Am Abend traf die Meldung von einer neuen Wetter-
front ein. Bis zum Morgen des 6. Juni würden die Wetterbedingungen recht
günstig sein. Dann würden sich die Verhältnisse wieder verschlechtern.
Eisenhower beriet sich mit seinen Truppenbefehlshabern. Air Chief Marshal
Sir Arthur Tedder fürchtete, die Wolkendecke werde seine Flugzeuge behindern, aber Montgomery meinte, man solle zum Angriff antreten. Eisen-

hower traf die Entscheidung. Am 6. Juni sollten die alliierten Truppen an der Küste der Normandie landen.

Nach der britischen doppelten Sommerzeit war es 0.15 Uhr am 6. Juni, als ein achtzehnjähriger Fallschirmspringer namens Murphy im Garten einer Lehrerin in Ste. Mère Eglise landete. Das war der Beginn der Invasion. Im Verlauf der folgenden Stunde trafen widersprüchliche Meldungen beim Stab der deutschen 7. Armee ein. Nach deutscher Zeit war es 3.00 Uhr morgens, bevor Rundstedt das Führerhauptquartier unterrichtete, das sich zu dieser Zeit auf dem Obersalzberg befand. Nach der Meldung Rundstedts waren starke Fallschirmjägerverbände und Luftlandetruppen in der Normandie gelandet. Drei Stunden später erklärte Rundstedts Chef des Generalstabs Warlimont, dies sei höchstwahrscheinlich der Beginn der Invasion. Er verlangte, die vier vom OKW in Reserve gehaltenen Panzerdivisionen an die Landungsstelle heranrücken zu lassen.

Jodl war jedoch überzeugt, es handele sich nur um einen Ablenkungsangriff. Er hatte sich von einem Manöver des britischen Geheimdienstes mit dem Decknamen *Bodyguard* täuschen lassen. Ein gefälschter Angriffsplan war dem Führerhauptquartier zugespielt worden, nach dem die Hauptlandungen weiter nördlich bei Calais erfolgen sollten, wo der Kanal am schmalsten war. Jodl weigerte sich deshalb, Hitler zu wecken.

Im Hauptquartier Rundstedts war man empört. Wie der Chef der Operationsabteilung berichtet, schäumte der Feldmarschall vor Wut, wurde hochrot im Gesicht und konnte sich kaum verständlich machen. Ein anderer Befehlshaber hätte Hitler vielleicht selbst angerufen, aber der aristokratische Rundstedt, der seinen Führer als »böhmischen Gefreiten« bezeichnete, lehnte es ab, Hitler um etwas zu bitten. Das überließ er seinen Untergebenen, die das OKW mit Telefonanrufen bombardierten, um Jodl umzustimmen.

Erst gegen 9.00 Uhr vormittags stand Hitler auf. Das war früher als gewöhnlich, denn er wollte Horthy, Tiso und Antonescu, die Diktatoren in Ungarn, der Slowakei und Rumänien, im Schloß Kleßheim empfangen. Als Hitler im Morgenrock aus seinem Schlafzimmer kam, sah er sich gelassen die neuesten Meldungen an, bevor er Keitel und Jodl kommen ließ. Als sie eintrafen, war er nicht mehr so ruhig, brüllte sie an und fragte: »Ist das nun die Invasion oder nicht?« Dann wendete er ihnen abrupt den Rücken und ließ sie stehen. Doch bald änderte sich seine Stimmung von einer Minute zur nächsten. Er klopfte jeden, der ihm begegnete, auf den Rücken und war so umgänglich und aufgeräumt, daß man den Eindruck hatte, die Tatsache, daß die militärische Auseinandersetzung mit dem Westen endlich begonnen habe, hauche ihm neues Leben ein. Er schlug sich auf die Schenkel und meinte, jetzt werde man »denen ein nettes kleines Paket geben«. »Ich kann die Russen halten, solange ich will.«[15] Dann prahlte er damit, wie er die angelsächsischen Kräfte vor dem Atlantikwall vernichten würde.

November 1943 – 21. Juli 1944 969

Die Ereignisse im Westen beherrschten die militärische Lagebesprechung am Mittag, die kurz vor dem Treffen mit den drei Diktatoren abgehalten wurde. Als Hitler das Konferenzzimmer betrat, drängten sich seine militärischen Berater um den Kartentisch und wendeten sich ihrem Obersten Befehlshaber erregt und erwartungsvoll zu. Zu ihrem Erstaunen ging er zuversichtlich mit strahlendem Gesicht auf sie zu. Im österreichischen Dialekt meinte er munter: »Also – anganga is.«[16] Endlich sei eingetreten, was er sich schon lange gewünscht habe. Jetzt stehe er seinen wirklichen Feinden gegenüber.

Auf Veranlassung eines untergeordneten Beamten meldete das DNB in Berlin, die Invasion habe begonnen. Aber Goebbels nahm diese Meldung augenscheinlich nicht allzu ernst. Nach dem Tagebuch seines Pressereferenten Wilfred von Oven war das wichtigste Ereignis des Tages eine Gesellschaft, auf der Goebbels mit einer Gräfin vierhändig Klavier gespielt hatte. Er schrieb, Goebbels habe sich ausführlich über kulturelle Fragen geäußert und sei dann mit der Gräfin hinter dem Klavier verschwunden. Sie habe Schlager gesungen, und alles sei betrunken gewesen.[17]

Um 4 Uhr nachmittags kehrte Hitler zu einem verspäteten Mittagessen auf den Berghof zurück, an dem Eva, einige Parteigrößen und deren Frauen teilnahmen. Höhepunkt der Gespräche waren Hitlers Äußerungen über den Wert der vegetarischen Ernährung. Er meinte, der Elefant sei das stärkste Tier, und auch Elefanten verabscheuten Fleisch. Nach dem Essen versammelte man sich wie üblich im Teehaus, wo Hitler sich Lindenblütentee geben ließ. Es folgte eine einstündige Mittagsruhe, und um 11 Uhr fand wieder eine militärische Lagebesprechung statt. Hitler sagte, er zweifle daran, daß dies die wirkliche Invasion sei. Er glaube, es sei nur ein Täuschungsmanöver, um ihn zum Einsatz seiner Kräfte am falschen Ort zu veranlassen. Die Landungen mit den stärksten Kräften würden mit Sicherheit bei Calais erfolgen, denn hier sei der Kanal am schmalsten. So glaubte er auch weiter an die Falschmeldung, die *Bodyguard* ihm zugespielt hatte – vielleicht weil er an dieser Stelle die eigene Invasion der britischen Inseln geplant hatte.

Gegen Mitternacht waren die alliierten Truppen in die westliche Festung Hitlers auf einer Frontbreite von etwa 50 Kilometern eingebrochen. Die Deutschen waren vollständig überrascht worden. Luftwaffe und Kriegsmarine waren ausgeschaltet und die Küstenverteidigung zerschlagen. Der Feind hatte um den Preis von weniger als 2 500 Gefallenen einen großen Sieg errungen, aber noch war es Zeit, ihn in den Kanal zurückzuwerfen, – wenn man ohne Verzögerung die richtigen Entscheidungen traf.

3

Am 3. Juni hatte Goebbels das Rauchen aufgegeben. Drei Tage später betrank er sich. Am 7. versicherte er seinem Pressereferenten, es sei die echte Invasion, und am Mittag des gleichen Tages versetzte er eine aus hohen Beamten und Industriellen bestehende Gruppe geladener Gäste damit in Erstaunen, daß er, wie der ehemalige Botschafter von Hassell in seinem Tagebuch berichtet, erklärte, eines Tages würden »die Großmächte« sicher wieder am gleichen Tisch sitzen, sich die Hände schütteln und einander fragen, wie es nur zu all diesem hätte kommen können – ein weiser Ausspruch! Goebbels kaute nur die Auffassungen seines Herrn und Meisters wieder, aber am 10. unternahm er alles, um Hitler davon zu überzeugen, die einzige Hoffnung Deutschlands läge darin, die Invasion blutig abzuwehren. Dann werde der Westen sich eifrig um einen Verständigungsfrieden bemühen.[18]

Hitler war immer noch so sehr davon überzeugt, daß die Landungen in der Normandie ein Täuschungsmanöver seien, daß er gegen den Brückenkopf nichts Entscheidendes unternahm. Und da er seinen Befehlshabern im Felde nicht freie Hand gab, beraubte er sie der letzten Gelegenheit, die Initiative zu ergreifen. Die Schlacht war bereits verloren. Man konnte deutlich erkennen, daß die Alliierten über Frankreich die uneingeschränkte Luftüberlegenheit gewonnen hatten, und Hitler wendete sich an Göring, den er noch vor ein paar Tagen mit Lob überschüttet hatte. Sarkastisch fragte er, ob es richtig sei, daß seine arrogante Luftwaffe eine Versicherung mit dem Westen abgeschlossen habe, nach der auf jeden Schlag ein Gegenschlag erfolgen sollte.

Die Verzweiflung Hitlers führte zu den V-1-Angriffen gegen London am 12. Juni. Der Schlag begann zwei Tage früher als geplant. Die zur äußersten Eile angetriebenen Bedienungsmannschaften in den Raketenstellungen konnten nur zehn fliegende Bomben starten lassen. Vier von ihnen stürzten sofort ab, zwei verschwanden und die anderen zerstörten eine einzige Eisenbahnbrücke. Nach diesem Fehlschlag erinnerte Göring Hitler sofort daran, daß Milch für dieses Programm verantwortlich sei und nicht er. Als jedoch die zwei Tage später gestarteten Raketen – es waren 244 – eine verheerende Feuersbrunst in London auslösten, war der Reichsmarschall schnell bei der Hand, sich selbst den Erfolg zuzuschreiben.

Auf die Lage in der Normandie hatte das alles keine Auswirkungen. Innerhalb der ersten zehn Tage war es den Alliierten gelungen, fast eine Million Mann und 500 000 Tonnen Material zu landen. Die Lage war so verzweifelt, daß Hitler am 17. Juni im Kraftwagen in das Dorf Margival nördlich von Soisson fuhr. Hier traf er zum erstenmal seit dem Tag der alliierten Landung mit Rundstedt und Rommel zusammen. General Hans Speidel berichtet, daß er »fahl und übernächtigt« aussah. »Nervös spielte er

November 1943 – 21. Juli 1944 971

mit seiner Brille und mit Bleistiften aller Farben, die er zwischen den Fingern hielt.« Dann habe er mit lauter Stimme sehr ungehalten über den Erfolg der alliierten Landungen gesprochen, für den er die Befehlshaber verantwortlich zu machen suchte.

Es war Rommel und nicht Rundstedt, dem er die heftigsten Vorwürfe machte. Dieser wies »mit rücksichtsloser Offenheit« darauf hin, daß der Kampf gegen die in der Luft, zur See und am Boden weit überlegenen alliierten Kräfte hoffnungslos sei. Es gäbe nur eine Chance. Man müsse die selbstmörderische Taktik aufgeben, jeden Quadratmeter zu verteidigen, und statt dessen die deutschen Truppen sofort zurücknehmen, um alle Panzerverbände für eine Entscheidungsschlacht umzugliedern, die außerhalb der Reichweite des vernichtenden Feuers der feindlichen Schiffsgeschütze ausgefochten werden müsse. Hitler antwortete, seine neuen Raketen würden die Briten veranlassen, den Frieden zu suchen. Für Rundstedt und Rommel war dieses Thema ein wunder Punkt, denn Hitler hatte ihre Forderung abgelehnt, diese Bomben gegen die Häfen an der englischen Südküste, von denen aus die Invasion versorgt wurde, einzusetzen, weil er behauptete, alle Raketen müßten auf ein politisches Ziel konzentriert werden. Die beiden Feldmarschälle beschränkten sich darauf, die Luftwaffe zu kritisieren, und erklärten, ohne Unterstützung aus der Luft sei es nicht möglich, eine Landschlacht zu gewinnen. Hitler erwiderte, »Massen von Turbojägern« würden in kürzester Zeit die amerikanischen und britischen Flugzeuge vom Himmel fegen. Er unterließ es jedoch zu erklären, daß der in der Produktion befindliche Düsenjäger gegen den energischen Widerstand von Milch ein Mehrzweckflugzeug, und zwar ein Jagdbomber sei, der keine dieser Aufgaben lösen könnte.

Das aus der Ferne hörbare Motorengeräusch näher kommender feindlicher Maschinen zwang Hitler und die Generäle, ihre Besprechung in einen Betonbunker zu verlegen. In dieser ganz anderen Umgebung faßte Rommel den Mut, seine Auffassung energischer vorzutragen. Die Streitkräfte der Westmächte würden die Front in der Normandie unter allen Umständen durchbrechen und bis auf deutsches Gebiet vorstoßen, stellte er fest. Mit zusammengepreßten Lippen hörte Hitler zu, wie Rommel voraussagte, auch die Ostfront werde zusammenbrechen, und das Reich werde damit politisch isoliert sein. Er verlangte deshalb energisch die Beendigung des Krieges. Doch Hitler unterbrach ihn ungeduldig: »Kümmern Sie sich nicht um den Weitergang des Krieges, sondern um Ihre Invasionsfront.«

Während des Eintopf-Mittagessens probierten zwei hinter dem Stuhl Hitlers stehende SS-Posten den Reis und das Gemüse auf seinem Teller, bevor er einen Bissen nahm. Das war nach Speidels Ansicht ein weiterer Beweis dafür, daß er den Offizieren mißtraute. Wenige Augenblicke nach Beendigung der Besprechung veränderte eine für London bestimmte V-1-Rakete ihren Kurs und detonierte auf dem Bunker, in dem die Besprechung stattgefunden hatte. Unverletzt begab sich Hitler sofort auf den Heimweg zum Obersalzberg. Bei seiner Ankunft war er schlechter Laune: »Rommel hat seine Nerven verloren, er ist ein Pessimist geworden. Heute können nur Optimisten etwas erreichen.«[19]

Zwei Tage später rief ihn ein weiterer Pessimist an. Rundstedt meldete, die Amerikaner seien durchgebrochen und stießen gegen die Halbinsel Contentin vor. Wenn die Deutschen nicht sofort Cherbourg räumten, würden sie dort abgeschnitten werden. Hitler erwiderte, die Festung Cherbourg sei um jeden Preis zu halten, genehmigte jedoch den Verteidigern den Ausbruch im letztmöglichen Augenblick, um der Gefangennahme zu entgehen.

Dieses Zugeständnis bedeutete nicht, daß Hitlers Entschlossenheit, weiterzukämpfen, nachgelassen hätte, auch wenn er jetzt von seinem stärksten Verbündeten enttäuschende Nachrichten erhielt. Die Japaner hatten in einer Seeschlacht in den philippinischen Gewässern eine schwere Niederlage hinnehmen müssen und dabei drei schwere Kreuzer und 475 Flugzeuge verloren. Doch angesichts all dieser Niederlagen behielt Hitler die Nerven und zeigte eine Ruhe, die seine nächste Umgebung in Erstaunen versetzte. Auch traf es nicht zu, daß er kritische Stimmen nicht länger anhören wollte. Bei der militärischen Besprechung am späten Abend des 23. Juni schlug General Dietl, der sich darüber geärgert hatte, daß Hitler sich über die Finnen lustig machte, weil sie vor Rußland kapituliert hätten, mit der Faust auf den Tisch. »Mei Führer, jetzt muß i ober bayrisch mit Ihnen reden ...« Im Dialekt seiner Heimat beschuldigte er Hitler der Ungerechtigkeit. Zur allgemeinen Verwunderung erwiderte dieser, Dietl habe vollkommen recht, verabschiedete sich freundlich von ihm, wendete sich den anderen zu und sagte: »Meine Herren, so wünsche ich mir meine Generale!«[20]

In ähnlicher Weise hatte er auch Admiral Dönitz nach seiner Ernennung zum Oberbefehlshaber der Kriegsmarine respektiert, als dieser sich mit dem gleichen Freimut einem Vorschlag Hitlers widersetzte. Er behandelte den Admiral von diesem Tage an mit ausgesuchter Höflichkeit und ließ sich von ihm mit rückhaltlosem Vertrauen beraten. Während dieser so besonders schwierigen Periode hörte er sich sogar die Kritik seiner jüngsten Sekretärin an. Als Traudl Junge ihn eines Tages beobachtete, wie er sich die Aufnahmen von durch Fliegerangriffe zerstörten Gebieten ansah, sagte sie, solche Bilder könnten die furchtbare Wirklichkeit niemals richtig darstellen. Hitler sollte doch nur ein einziges Mal hinausfahren und die Menschen besuchen, um ihnen die Hand zu drücken, während sie auf den verkohlten Trümmern ihrer Habe stünden. Hitler war über diese Bemerkung nicht böse. Mit einem Seufzer sagte er, er wisse, wie das sei, aber er werde alles ändern. »Wir haben neue Flugzeuge gebaut, und bald ist dieser ganze Alptraum zu Ende.«[21]

Er weigerte sich aber eigensinnig, auf die militärischen Befehlshaber in der Normandie zu hören, und deshalb war es unmöglich, die verzweifelte

November 1943 – 21. Juli 1944

Lage an dieser Front zu retten. Am 26. Juni wurde Cherbourg von amerikanischen Truppen besetzt. Vor allem, weil Hitler immer noch glaubte, die Hauptinvasion werde bei Calais erfolgen, und weil von *Ultra* gesendete Funksprüche in London wenige Minuten, nachdem sie aufgenommen worden waren, entschlüsselt und gelesen wurden, gab es für Deutschland keine Hoffnung, die Initiative im Westen wiederzugewinnen. Die deutschen Armeen waren dazu verdammt, so gut es ging, hinhaltenden Widerstand zu leisten, und das Dritte Reich stand vor der unvermeidlichen Katastrophe.

Im Café des Hotels Platterhof, dicht oberhalb des Berghofs, versicherte der zerstreute und geistesabwesende Hitler etwa hundert Vertretern der Rüstungsindustrie, der Privatbesitz werde in Deutschland unantastbar bleiben, und er werde auch weiterhin das freie Unternehmertum schützen. Gegen Ende dieser recht unzusammenhängenden Ansprache versprach Hitler den Unternehmern: »Wenn dieser Krieg mit unserem Sieg entschieden ist, dann wird die Privatinitiative der deutschen Wirtschaft ihre größte Epoche erleben.« Neben dieser Verheißung freilich stand eine höhnische Drohung: »Wenn der Krieg verlorenginge, meine Herren, dann ... ist nur, daß jeder einzelne sich seine private Umstellung vom Diesseits zum Jenseits sich überlegt, ob er das persönlich machen will, oder ob er sich aufhängen *lassen* will, oder ob er sich einen Genickschuß geben lassen will, oder ob er verhungern will, oder ob er in Sibirien arbeiten will, das sind die einzigen Überlegungen, die dann der einzelne zu machen braucht.«[22]

Drei Tage später befahl Hitler Rundstedt und Rommel auf den Berghof. Er weigerte sich, auf den Vorschlag des letzteren einzugehen, der es für das beste hielt, sich kämpfend bis an die Seine zurückzuziehen, um den Armeen in Südfrankreich den Rückzug zu ermöglichen, und bis an die Schweizer Grenze entlang des Flusses eine neue Front aufzubauen. Hitler sprach statt dessen von einer neuen Offensive. Einen allgemeinen Rückzug werde es nicht geben, nicht einmal taktische Frontbegradigungen.

Er hielt einen Monolog über neue Wunderwaffen, den der Generalstabschef von Rundstedt eine reine Phantasterei nannte. Die Feldmarschälle, die verpflichtet worden waren, vergebliche Angriffe zu führen und jeden Handbreit Boden zu verteidigen, reisten zutiefst enttäuscht ab. Keitel teilte ihren Unwillen und wendete sich resigniert an Rommel: »Auch ich weiß, daß nichts mehr zu machen ist.«[23]

Nach zwei Tagen war Hitlers Gegenangriff kläglich gescheitert und veranlaßte Rundstedt, Keitel zu sagen, dies sei der Anfang vom Ende. »Was sollen wir denn tun?« schrie Keitel, »was sollen wir tun?« »Frieden schließen, ihr Narren!« explodierte Rundstedt. »Was denn sonst?« Keitel meldete Hitler den Inhalt des Gesprächs, der eben mit Feldmarschall Günther von Kluge redete. Einer Eingebung des Augenblicks folgend ernannte er Kluge zum Oberbefehlshaber an der Westfront und schrieb Rundstedt einen höflichen, formgerechten Brief, mit dem er ihn seines Postens enthob.[24]

4

*Nichts kann den Erfolg einer Verschwörung so gefährden wie
der Wunsch, sie völlig abzusichern und das Gelingen zu garantieren. Ein solcher Versuch erfordert viele Männer, viel Zeit und
ungewöhnlich günstige Voraussetzungen. Das alles erhöht
wiederum das Risiko, daß die Verschwörung aufgedeckt wird.
Sie sehen also, wie gefährlich Verschwörungen sind!*
Francesco Giucciardini
Ricordi (1528–1530)

Cognakflaschen, die mit Sprengstoff gefüllt waren, an Bord seines Flugzeugs. Handgranaten in den Taschen des Mantels. An Attentatsversuchen
gegen Hitler fehlte es nicht. Und die Verschwörer gaben nicht auf. Vom
September 1943 bis zum 11. Februar 1944 unternahmen sie vier weitere
Attentatsversuche. Als erster versuchte General Helmuth Stieff eine Zeitbombe in der Wolfsschanze zu installieren, die mittags bei der Lagebesprechung detonieren sollte, aber im letzten Augenblick verlor er die Nerven.
Einen Monat später erklärte sich Hauptmann Bussche bereit, sich selbst und
Hitler bei der Vorführung eines neuen Uniformmantels in die Luft zu sprengen. Aber einen Tag vor der Vorführung wurden die Mantelmodelle bei
einem britischen Fliegerangriff vernichtet, und Bussche mußte an die Front
zurückkehren.

Am zweiten Weihnachtstag 1943 betrat ein weiterer junger Frontoffizier
mittags den Konferenzraum mit einer Aktentasche, in der eine Bombe versteckt war. Aus irgendeinem Grund wurde die Besprechung im letzten
Augenblick abgesagt. Wenige Wochen später kam es zu einem weiteren
Attentatsversuch bei der Vorführung eines Mantelmodells. Der Freiwillige
war diesmal Ewald Heinrich von Kleist, der Sohn eines der ersten Verschwörer. Wieder wurde Hitler durch die RAF gerettet, denn ein Luftalarm
kurz vor der Vorführung zwang die Veranstalter, sie abzusagen.

Der nächste Attentatsversuch kam zwei Wochen später und wurde durch
einen vernichtenden Schlag gegen die Widerstandsbewegung vereitelt.
Hitler befahl Himmler, die *Abwehr* und den SD zu einer Organisation zu
verschmelzen. Das bedeutete die Vernichtung des Kerns der Verschwörung.
General Oster war bereits entlassen worden, weil man ihn verdächtigte. Er
befand sich zwar noch auf freiem Fuß, wurde aber so scharf überwacht, daß
es nicht mehr möglich war, ihn zu beteiligen. Man hatte den Eindruck,
Hitler stünde tatsächlich unter dem besonderen Schutz der Vorsehung, und
die Verschwörer verloren zusehends die Hoffnung. Ihr geheimer Krieg
gegen Hitler hätte vielleicht nach diesen Mißerfolgen geendet, wenn sie
nicht in der Person des Oberstleutnants im Generalstab Graf Claus Schenk
von Stauffenberg einen neuen Führer gefunden hätten, der es verstand, sie

November 1943 – 21. Juli 1944 975

zu begeistern. Stauffenberg war der Urenkel von Gneisenau, der sich im Befreiungskrieg gegen Napoleon ausgezeichnet hatte. Als junger Mann hatte Stauffenberg Architekt werden wollen, gab diesen Plan aber auf und trat 1926 in die Reichswehr ein. Wie so viele andere deutsche Offiziere begrüßte er die Einführung der allgemeinen Wehrpflicht durch Hitler, war mit dem Anschluß Österreichs und der Besetzung der Tschechoslowakei einverstanden und zunächst begeistert vom Sieg der deutschen Waffen in Holland und Frankreich. Doch das Unternehmen »Barbarossa« nahm ihm alle Illusionen. Zunächst billigte er den Versuch Rosenbergs, die nicht-russischen Völker in der Sowjetunion zu befreien, aber als diese Politik in Unterdrückung und Mord ausartete, sagte er einem seiner Kameraden, Deutschland könne nur gerettet werden, wenn man Hitler tötete. Durch Zufall lernte er andere führende Persönlichkeiten aus dem Widerstand kennen, denen es nicht schwerfiel, ihn zu gewinnen. Seine Mitarbeit schien jedoch nur kurze Zeit dauern zu sollen. Sein Wagen fuhr auf eine Mine, und er verlor ein Auge, die rechte Hand und zwei Finger der linken. Fast jeder andere wäre nach so schweren Verwundungen aus dem aktiven Militärdienst ausgeschieden, aber Stauffenberg war überzeugt, er allein sei fähig, Hitler zu beseitigen, und meldete sich 1943 wieder zum Dienst. Er war es gewesen, der am zweiten Weihnachtsfeiertag die Bombe in seiner Aktentasche zur Führerbesprechung mitgebracht hatte. Der Fehlschlag veranlaßte ihn nur zu einem neuen Versuch. Diesmal sollte auf den Bombenanschlag eine geplante Übernahme der Macht durch das Militär in Berlin, Paris und Wien folgen.

Seine Stellung als Chef des Stabes im Allgemeinen Heeresamt in Berlin ermöglichte es ihm, die geschwächte Gruppe der Verschwörer neu aufzubauen. Von den zum Teil resignierten älteren Führern übernahm er dynamisch und schwungvoll die Zügel und gewann einflußreiche Persönlichkeiten aus der Wehrmacht für die Sache des Widerstandes. Das waren sein eigener Chef, der Generalquartiermeister des Heeres, der Chef der Nachrichtentruppen beim OKW, der General, dessen Truppen Berlin nach dem Attentat besetzen sollten, und andere höhere Offiziere in Schlüsselstellungen.

Bis zu diesem Zeitpunkt gehörte jedoch noch kein einziger Feldmarschall zu den Verschwörern. Kluge durfte man nicht uneingeschränkt vertrauen, und Manstein wollte sich nicht festlegen, denn er glaubte, nach einem Staatsstreich werde die Ostfront zusammenbrechen.[25] Die größten Hoffnungen setzte man auf Rommel, aber selbst der hatte Vorbehalte. »Ich glaube, es ist meine Pflicht. Ich muß etwas zur Rettung Deutschlands unternehmen«, sagte er, stellte sich aber gegen ein Attentat. Damit würde Hitler nur zum Märtyrer werden. Ihm ging es vor allem um die »Festsetzung Adolf Hitlers, um ihn vor ein deutsches Gericht zu stellen«.[26]

Im Frühjahr 1944 wurde Rommel genauer in die Verschwörung eingeweiht, und zwar von seinem neuen Chef des Stabes, Generalleutnant Dr. Hans Speidel, einem hochgebildeten Soldaten, der auf der Universität Tübingen sein Philosophiestudium *summa cum laude* abgeschlossen und promoviert hatte. Speidel überredete Rommel zu einem geheimen Treffen mit dem Militärgouverneur von Frankreich, General Karl von Stülpnagel, in einem Landhaus bei Paris. Hier arbeiteten beide Männer mit Hilfe ihrer energischen Chefs des Stabes einen Plan zur Beendigung des Krieges im Westen durch einen Waffenstillstand aus. Danach sollten sich alle deutschen Truppen auf deutsches Gebiet zurückziehen, während die Alliierten die Bombenangriffe gegen Deutschland einstellten. Hitler sollte festgenommen werden, während die Widerstandskräfte vorläufig die Macht im Reich übernahmen. Der Krieg im Osten sollte indessen weitergehen, weil man annahm, amerikanische und britische Truppen würden sich an einem Kreuzzug gegen den Bolschewismus beteiligen. Rommel war jetzt so begeistert, daß er sogar versuchte, Rundstedt für die Verschwörung zu gewinnen, der zwar einverstanden war, persönlich aber nichts damit zu tun haben wollte. Er sagte zu Rommel: »Sie sind jung, Sie kennt und liebt das Volk, Sie müssen es machen!«[27]

Stauffenberg und seine Freunde waren nicht besonders begeistert über die Beteiligung von Rommel, denn sie hielten ihn für einen Nazi, der Hitler nur deswegen die Treue brach, weil der Krieg verloren war. Sie waren auch dagegen, den Feldzug gegen Rußland fortzusetzen, und hielten die Erwartung für unrealistisch, der Westen könne einen Separatfrieden schließen. Außerdem war der Kreis um Stauffenberg entschlossen, Hitler zu töten, und stellte sich energisch gegen seine Festnahme. Am 1. Juni 1944 einigten sie sich darauf, daß ihr Unternehmen vor Beginn der Invasion stattfinden müsse. Sobald feindliche Streitkräfte auf deutsches Gebiet vorgedrungen wären, gäbe es kaum eine Möglichkeit mehr, erträgliche Friedensbedingungen auszuhandeln. Der Plan für den Staatsstreich gründete sich ironischerweise auf eine von Hitler selbst gebilligte Maßnahme. Der offizielle Deckname für dieses Vorhaben war »Walküre«. Der Plan war von Hitler gefaßt worden, um gegebenenfalls einen Aufstand der Millionen Kriegsgefangenen und ausländischen Zwangsarbeiter in Deutschland niederzuschlagen. Dazu mußte zunächst der Notstand ausgerufen werden, um anschließend starke militärische Kräfte mobil zu machen, die jede Revolte unterdrücken konnten. Stauffenberg wollte nun mit dem Stichwort »Walküre« den Staatsstreich im ganzen Reich und an allen Fronten einleiten. Hitler hatte bestimmt, der Alarm für das Unternehmen »Walküre« solle vom Befehlshaber des Ersatzheeres gegeben werden. Das war General Friedrich Fromm, der bisher nur halbherzig mit dem Gedanken gespielt hatte, sich an der Verschwörung zu beteiligen.

Die Landung der Alliierten in der Normandie brachte die Verschwörer in erhebliche Verwirrung. Die älteren unter ihnen vertraten die Auffassung,

November 1943 – 21. Juli 1944 977

selbst ein Erfolg werde es jetzt nicht verhindern können, daß Deutschland vom Feind besetzt würde. Sie meinten, es wäre am besten, sich auf die Westalliierten zu verlassen, die Deutschland anständig behandeln und die Russen daran hindern würden, deutsches Gebiet zu verwüsten. Aber Stauffenberg war entschlossen, einen letzten Attentatsversuch zu unternehmen, und der Zufall gab ihm sehr bald die Gelegenheit dazu. Er wurde zum Oberst befördert und übernahm den Posten des Generalstabschefs von Fromm. Es bestand daher kein Zweifel mehr daran, daß »Walküre«-Alarm plangemäß ausgelöst werden konnte. Stauffenberg selbst war in der Lage, den Befehl unmittelbar an das Ersatzheer weiterzuleiten und Berlin besetzen zu lassen. In seiner neuen Stellung hatte er auch häufig die Gelegenheit, Hitler zu sehen. Er wollte sein Vorhaben Anfang Juli in die Tat umsetzen, sich bei der täglichen Lagebesprechung bei Hitler melden, eine Zeitbombe im Besprechungsraum deponieren, die Göring, Himmler und Hitler töten sollte, dann nach Berlin zurückfliegen und persönlich die militärische Besetzung der Hauptstadt leiten.

Die Generalstäbler, mit denen er zusammenarbeitete, waren tief beeindruckt von der Sicherheit seiner Vorbereitung und Planung. Der junge Oberleutnant Urban Thiersch, von Beruf Bildhauer, schrieb: »Es war ein Vergnügen, zu beobachten, mit welcher Intensität er die Unterredungen führte, knapp und sicher in Anordnungen, mit natürlicher Höflichkeit gegenüber Personen wesentlichen Einflusses, dabei immer souverän.«[28]

Stauffenbergs Chance kam endlich am 11. Juli, als Hitler ihn zu einem Bericht über die Mannschaftsersatzlage zu sich befahl. Mit einer Aktentasche, die offizielle Papiere und eine englische Bombe enthielt, traf er auf dem Berghof ein, aber zu seinem Ärger war Himmler nicht im Konferenzzimmer. Er entschuldigte sich und rief im Kriegsministerium in der Bendlerstraße am Berliner Tiergarten an. Dort fragte er den Chef des Allgemeinen Heeresamts, General Olbricht, ob er den Anschlag nicht trotzdem durchführen sollte. Die Bombe konnte immer noch Hitler und Göring töten. Olbricht wies ihn an, zu warten, bis er alle drei auf einmal erledigen könnte.

Diese Gelegenheit ergab sich vier Tage später. Wieder wurde Stauffenberg zu Hitler befohlen, der das Führerhauptquartier in die Wolfsschanze verlegt hatte. Mit der Bombe in der Aktentasche traf er ein, und diesmal waren sich die Verschwörer des Erfolgs so sicher, daß General Olbricht um 11.00 Uhr vormittags, zwei Stunden vor Beginn der Besprechung, die Befehle für das Unternehmen »Walküre« hinausgehen ließ. Das würde den Truppen des Ersatzheeres und den Panzern der nahe gelegenen Panzerschule Zeit genug geben, am frühen Nachmittag in Berlin einzutreffen.

Die Besprechung begann pünktlich um 13.10 Uhr. Stauffenberg meldete sich kurz bei Hitler, ging dann hinaus, um in der Bendlerstraße anzurufen und zu melden, daß Hitler im Zimmer sei, und machte sich auf den Weg zurück, die Bombe zu legen. Im Besprechungsraum angekommen, stellte er fest, daß Hitler aus irgendeinem Grund gegangen war und nicht zurückkommen werde. Wieder dauerte es eine Viertelstunde, bis er sich entschuldigen und die Mitverschwörer in Berlin warnen konnte. Es war jetzt 13.00 Uhr geworden, und die Truppen befanden sich schon auf dem Marsch nach Berlin. Olbricht sagte das Unternehmen »Walküre« sofort ab, und die auf dem Marsch befindlichen Verbände kehrten so unauffällig wie möglich in ihre Unterkünfte zurück.

Einige der Verschwörer waren durch diesen letzten Fehlschlag entmutigt und unsicher geworden, nicht aber Stauffenberg. Er traf sich in seinem Haus in Wannsee mit jüngeren Kameraden, die einen ermutigenden Bericht eines Vetters von Stauffenberg hörten, der die Verbindung mit der Gruppe um Rommel und Speidel in Frankreich hielt. Man rechnete in allernächster Zeit mit einem Durchbruch der Alliierten, sagte er, und Rommel sei entschlossen, die Verschwörung zu unterstützen, gleichgültig, was der Nachfolger Rundstedts, Feldmarschall von Kluge, tun würde. Doch wieder schien das Schicksal auf der Seite Hitlers zu sein. Am folgenden Tage wurde Rommel schwer verwundet, als er mit seinem Wagen in einen alliierten Tieffliegerangriff geriet.

Als der Wehrmachtsführungsstab zur Wolfsschanze zurückkehrte, konnten die Offiziere das neue Hauptquartier kaum wiedererkennen. Anstelle der kleinen, niedrigen Bunker standen jetzt gewaltige Eisenbetonklötze dort, deren Dächer geschickt mit Grassoden und Bäumen getarnt worden waren. Es war so warm, daß sich Hitler meist in den neuen Bunkern aufhielt, in denen es viel kühler war als in den Holzbaracken. Traudl Junge erinnert sich, er sei sehr schlechter Laune gewesen und habe über Schlaflosigkeit und Kopfschmerzen geklagt. Seine Adjutanten gaben sich alle Mühe, ihn mit amüsanten Gästen abzulenken. Hoffmann, der mehr trank als je zuvor, war langweilig geworden, aber der Architekt Giesler brachte Hitler mit seinen humorvollen Imitationen von Bekannten immer wieder zum Lachen. Hitler war wohl recht reizbar, erweckte aber doch den Anschein, optimistisch zu sein. Er versicherte Goebbels, der wieder angefangen hatte, zu rauchen und Schlaftabletten nahm, daß das Pendel der Geschichte zugunsten Deutschlands umschlagen werde.

5

Am Nachmittag des 18. Juli erhielt Stauffenberg den Befehl, sich zwei Tage später in der Wolfsschanze zu melden. Er sollte Hitler berichten, wie viele Ersatzmannschaften in die Schlacht im Osten geworfen werden könnten, wo die Gefahr bestand, daß der Mittelabschnitt zerbrach, nachdem die deutschen Truppen an beiden Flügeln schwere Niederlagen hatten hinnehmen müssen. Stauffenberg blieb am 19. in der Bendlerstraße und leitete am

November 1943 – 21. Juli 1944   979

Nachmittag eine Besprechung der Verschwörer, bei der die letzten Anordnungen getroffen wurden. Man einigte sich in aller Eile über die am folgenden Tag zu verwendenden Nachrichtenmittel und kam überein, sich vor allem auf einem vorher genau festgelegten Weg mündlich zu verständigen. Am Fernsprecher und Fernschreiber mußten Decknamen benutzt werden, und man durfte sie nur im Notfall einsetzen, weil das gesamte Nachrichtennetz von der Gestapo überwacht wurde.

Die Verschwörer wußten das, weil zu ihnen auch einige Gestapobeamte gehörten, darunter der SS-General, der die Leitung des Hauptbüros der Gestapo in Berlin übernommen hatte. In der gesamten SS gab es jetzt zahlreiche Gegner Hitlers. Sogar in der Hierarchie des SD gab es Leute, die bereit waren, sich der Rebellion anzuschließen. Im geheimen war der Leiter des Auslandsnachrichtendienstes, Schellenberg, ebensosehr daran interessiert, Hitler zu beseitigen, wie die Verschwörer in der Armee. Ende 1942 hatte er Himmler für einen Plan gewonnen, nötigenfalls um den Preis eines Verrats an Hitler einen Separatfrieden mit den Westmächten zustande zu bringen. Mit Zustimmung Himmlers war Carl Langbehn, ein ziviles Mitglied der Widerstandsbewegung, in Stockholm mit britischen und amerikanischen Vertretern zusammengetroffen, um vorzufühlen, welche Möglichkeiten es für Friedensverhandlungen gäbe. Dann war er nach Bern gereist, um dort mit dem in Deutschland geborenen Mitarbeiter von Allen Dulles zu sprechen, der als Vertreter der OSS in der Schweiz arbeitete. Aber dieser Versuch schlug fehl. Es gelang der Gestapo, einen Funkspruch zu entschlüsseln, aus dem hervorging, daß »Himmlers Anwalt« in der Schweiz eingetroffen sei, um Friedensverhandlungen zu führen. Der Funkspruch wurde Hitler zugeleitet. Von seinem Führer zur Rede gestellt, schwor ihm Himmler unverbrüchliche Treue und versicherte seine Unschuld. Hitler tat, als glaubte er ihm – wahrscheinlich weil er jetzt nicht auf Himmlers Dienste verzichten konnte. Der Reichsführer seinerseits ließ Langbehn festnehmen, schickte ihn in ein Konzentrationslager und brach alle Beziehungen mit den Mitgliedern der Widerstandsbewegung ab, um nicht durch weitere von Hitler veranlaßte Untersuchungen belastet zu werden.[29] Schellenberg dagegen beteiligte sich auch weiter an der Verschwörung und nahm in Spanien die Verbindung mit amerikanischen Militärs auf. Mit ihnen plante er ein abenteuerliches Unternehmen, in dessen Verlauf Hitler festgenommen und den Alliierten übergeben werden sollte.

Aber, so unglaublich es klingen mag: Weder Schellenberg noch Himmler wußten am 19. Juli, daß die militärischen Verschwörer bereit waren, zuzuschlagen. Sie kannten die Bemühungen der in der Widerstandsbewegung tätigen konservativen Beamten, pensionierten Offiziere, rechtsorientierten christlichen Intellektuellen und sozialistischen Politiker, verdächtigten jedoch Stauffenberg und den Kreis junger Offiziere, der sich um ihn gebildet hatte, nicht. Vor einigen Monaten hatte Schellenberg mit einem von der SS

980   *Das Attentat*

bezahlten Astrologen namens Wilhelm Wulff gesprochen und ihn gefragt, welche Möglichkeiten nach seiner Ansicht für die Beseitigung Hitlers bestünden. Wulff sagte, eine bloße Amtsenthebung würde den Verlauf der Ereignisse nicht verändern. Dazu sei inzwischen viel zuviel geschehen. Er habe das Horoskop Hitlers seit zwanzig Jahren genau studiert und habe eine recht klare Vorstellung davon, wie sein endgültiges Schicksal aussehen werde. Wahrscheinlich würde er einem Attentat zum Opfer fallen, und zwar sicher unter »neptunischen«, d. h. rätselhaften Umständen, bei denen eine Frau eine Rolle spielen werde. Die Welt werde wahrscheinlich nie die Einzelheiten über seinen Tod erfahren, denn im Horoskop Hitlers stünde der Neptun schon seit langer Zeit in einem ungünstigen Aspekt zu anderen Planeten. Der Neptun sei darüber hinaus in seinem Horoskop sehr stark, und man hätte von Anfang an damit rechnen müssen, daß Hitlers große militärische Vorhaben einen zweifelhaften Ausgang nehmen würden.[30]

Am Spätnachmittag des 19. Juli schloß Stauffenberg die Vorbereitungen für das Unternehmen des folgenden Tages ab. Er befahl seinem Fahrer, der nichts von der Verschwörung wußte, in der Wohnung eines gewissen Obersten in Potsdam eine Aktentasche abzuholen. Stauffenberg sagte dem Fahrer, sie enthielte zwei sehr wichtige und vertrauliche Päckchen, die er nicht aus den Augen lassen dürfe. Befehlsgemäß stellte der Fahrer die Aktentasche in der Nacht neben sein Bett. Sie enthielt zwei Bomben.

Während der Teestunde am Abend des 19. in der Wolfsschanze war Hitler so nervös und unruhig, daß Fräulein Schröder ihn fragte, worum er sich Sorgen mache. Geheimnisvoll antwortete er: »Hoffentlich passiert mir nichts, ich habe ein ganz schlechtes Gefühl.« Nach einem düsteren Schweigen fuhr er fort: »Es darf mir jetzt aber nichts passieren! Ich kann mir nicht einmal erlauben, krank zu werden, denn es ist niemand da, der diese schwierige Situation meistern würde.«[31]

20. Juli 1944

Kurz nach 6.00 Uhr morgens ließ sich Stauffenberg von seiner Wohnung in die Stadt fahren. Hier traf er sich mit seinem Adjutanten, einem Oberleutnant. Auf dem Flugplatz Rangsdorf wartete General Stieff. Alle drei bestiegen ein Flugzeug, das ihnen der Generalquartiermeister zur Verfügung gestellt hatte. Um 10.15 Uhr landete es auf einem Feldflughafen bei Rastenburg. Der Pilot erhielt die Anweisung, bis zum Mittag zu warten und die Offiziere dann nach Berlin zurückzufliegen.

Nach einstündiger Fahrt im Kraftwagen durch die Wälder kamen die Verschwörer durch das erste Tor des Führerhauptquartiers. Die Strecke ging weiter durch Minenfelder und einen Ring von Befestigungsanlagen, bis sie nach etwa drei Kilometern an das zweite Tor führte. Von hier kam man in ein weites, von einem elektrisch geladenen Drahtzaun umgebenes Gebiet.

November 1943 – 21. Juli 1944

Nach weiteren 1,6 Kilometern kamen die Offiziere zu dem Posten, bei dem sich jeder, der in das Führerhauptquartier befohlen wurde, melden mußte. Wie üblich wurden ihre Passierscheine geprüft, nicht aber ihre Aktentaschen. Nach zweihundert Metern kamen sie an den Sicherheitsring A, innerhalb dessen Hitler und sein Stab lebten und arbeiteten. Dieser innerste Kreis war von einem Stacheldrahtzaun umgeben und wurde ständig von SS-Posten und Beamten des Geheimdienstes bewacht. Um hier hineinzukommen, brauchte sogar ein Feldmarschall einen von Himmlers Sicherheitschef ausgestellten Passierschein, aber auch hier wurde die Aktentasche mit den Bomben nicht untersucht.

Nachdem sein Adjutant die Tasche mit den Bomben an sich genommen hatte, trug Stauffenberg nur noch eine zweite, die offizielle Papiere enthielt. Mit selbstverständlicher Gelassenheit ging er ins Kasino und frühstückte dort in aller Ruhe mit dem Adjutanten des Kommandanten. Äußerlich kühl und beherrscht besuchte er anschließend den Chef des Nachrichtenwesens im OKW, General Fellgiebel, der nach gelungenem Attentat eine Schlüsselrolle übernehmen sollte. Seine Aufgabe war es, die Verschwörer in Berlin zu unterrichten, daß es Zeit zum Handeln sei und dann die Wolfsschanze durch das Abschalten aller telefonischen, telegrafischen und funktechnischen Verbindungen zu isolieren.

Überzeugt, daß Fellgiebel bereit war, diesen Beitrag zu leisten, unterhielt sich Stauffenberg noch kurz mit einem anderen Offizier des OKW und ging zur Mittagszeit zum Büro von Keitel. Der Feldmarschall begrüßte ihn und teilte ihm eine etwas beunruhigende Neuigkeit mit. Da Mussolini am Nachmittag eintreffen sollte, würde die Lagebesprechung eine halbe Stunde früher, und zwar in genau dreißig Minuten beginnen. Keitel schärfte Stauffenberg ein, seinen Bericht möglichst knapp vorzutragen, denn der Führer wolle die Besprechung so bald wie möglich verlassen. Keitel blickte ungeduldig auf die Uhr und sagte kurz vor 12.30 Uhr, es sei Zeit, in den Besprechungsraum hinüberzugehen. Im Flur fragte Stauffenberg Keitels Adjutanten, Ernst John von Freyend, wo er eine Toilette finden könnte. Freyend zeigte sie ihm. Dort wartete sein Adjutant mit der braunen Aktentasche. Die Toilette war nicht der geeignete Ort, die Bombe scharf zu machen. Deshalb gingen sie in den Flur zurück und fragten Freyend, wo der Oberst das Hemd wechseln könnte. Der Offizier führte sie in sein Schlafzimmer und ließ sie dort allein. Stauffenberg ergriff mit den drei Fingern seiner einen Hand eine Zange und führte den Zündsatz in eine der Bomben ein. Dabei zerbrach eine Glaskapsel mit einer Säure, die innerhalb von fünfzehn Minuten einen dünnen Draht zerfressen und damit die Bombe zünden würde. Seinem Adjutanten vertraute er die zweite aus Sicherheitsgründen mitgebrachte Bombe an.

Kaum hatten sie die scharf gemachte Bombe sorgfältig in die braune Aktentasche verpackt, als ein Oberfeldwebel ins Zimmer kam, um sie zur

Eile zu mahnen, und vom Flur rief Freyend: »Kommen Sie, Stauffenberg, der Chef wartet!« Als Stauffenberg das Zimmer verließ, bot sich Freyend an, ihm die Tasche abzunehmen, die er unter dem gesunden Arm trug. Stauffenberg lehnte das Angebot ab, und beide gingen zusammen die kurze Strecke über einen Fußweg zur Besprechungsbaracke. Sie unterhielten sich ganz ungezwungen, während sie den Kontrollpunkt am inneren Sicherheitsring passierten. Kurz vor Eintreffen in der Baracke erbot sich Freyend noch einmal, Stauffenberg die Tasche abzunehmen, der sie ihm diesmal übergab und ihn bat: »Könnten Sie mich möglichst nahe beim Führer plazieren, damit ich alles mitbekomme?« Stauffenbergs Gehör hatte durch die Verwundung gelitten.

Am Eingang wartete Keitel schon ungeduldig auf ihn. Die Besprechung hatte begonnen. Er ging dem Oberst auf dem Mittelflur des Gebäudes voraus, vorbei an der Telefonzentrale und durch eine doppelte Flügeltür in den Besprechungsraum. Wegen der drückenden Mittagshitze standen alle zehn Fenster offen. Die Teilnehmer hatten sich um einen langen, schmalen Eichentisch mit besonders dicker Platte und vier massiven Beinen versammelt. Nur Hitler saß mit dem Rücken zur Tür vor der Mitte des Tisches. Auf der Karte lag eine Brille. Er spielte mit einem Vergrößerungsglas, während General Adolf Heusinger, der unmittelbar rechts neben ihm stand, einen sehr düsteren Bericht von der Lage an der Ostfront vortrug. Hitler blickte auf, als die Neuankömmlinge den Raum betraten, und erwiderte ihren Gruß. Stauffenberg stellte sich neben Heusinger und schob die braune Aktentasche so weit wie möglich in die Nähe Hitlers unter den Tisch. Dort lehnte sie innen an dem schweren Tischbein aus Eichenholz, nur knapp zwei Meter von Hitler entfernt. Es war jetzt 12.37 Uhr, und in fünf Minuten würde die Bombe detonieren. Die anderen Besprechungteilnehmer waren von Heusingers ungünstigem Lagebericht so gefesselt, daß es Stauffenberg gelang, unbemerkt den Raum zu verlassen. Er lief den langen Flur hinunter und aus dem Gebäude hinaus.[32]

Auch Heusinger gehörte am Rande zur Verschwörung gegen Hitler, wußte aber keine Einzelheiten über das geplante Attentat. Als er Stauffenberg eintreten sah, war ihm nichts Besonderes aufgefallen, denn die Verschwörer hatten ihm versprochen, ihn vor dem nächsten Attentatsversuch zu warnen. Als jedoch Stauffenberg die braune Aktentasche unter den Tisch schob, sah er es zufällig und dachte: »Jetzt könnte irgend etwas geschehen!« Weil ihm Hitler aber so aufmerksam zuhörte, verflüchtigte sich Heusingers Verdacht sofort wieder. Sein Ordonnanzoffizier lehnte sich über den Tisch, um sich die Karte besser ansehen zu können, wurde dabei aber durch die braune Aktentasche behindert. Mit dem Fuß konnte er sie nicht fortschieben. Deshalb bückte er sich und stellte sie auf die andere Seite des schweren Tischbeins. Dieser lächerliche Zufall sollte dem Verlauf der Geschichte eine andere Wendung geben.[33]

November 1943 – 21. Juli 1944

Admiral von Puttkamer war ans Fenster gegangen, um frische Luft zu schöpfen. Er saß auf dem Fensterbrett und überlegte, ob er unauffällig verschwinden und sich für den Empfang von Mussolini seine beste Hose anziehen sollte. Es war jetzt 12.41 Uhr. Hitler hatte sich weit über den Tisch gelehnt, um sich die Karte anzusehen. Heusinger sagte: »Wenn jetzt nicht endlich die Heeresgruppe vom Peipussee zurückgenommen wird, dann werden wir eine Katastrophe ...«

In diesem Augenblick, um 12.42 Uhr, wurden seine Worte von einer Detonation unterbrochen. Flammen schossen empor, und ein Hagel von Glassplittern, Holzstücken und Mörtel regnete herab. Der Raum füllte sich mit Rauch. Puttkamer hatte kurz vor der Explosion ein eigenartiges Zucken wahrgenommen. Im Fallen blickte er auf den Heizkörper unter dem Fenster und dachte: »Mein Gott! Da ist die Heizung geplatzt.« Dann wurde ihm klar, daß das unmöglich sei, denn es war Sommer. Vielleicht war es ein Sabotageakt der ausländischen Arbeiter, die die Heizung installiert hatten? Ganz benommen hielt er es für das beste, am Boden liegenzubleiben. Dann hörte er, wie jemand rief: »Raus, es brennt!« Er lief zur Tür. Sie lag auf dem Boden, und er sprang hinüber. Plötzlich überlegte er sich, wo die anderen geblieben seien. Er wendete sich um und versuchte festzustellen, wo Hitler war. Im gleichen Augenblick kam Hitler mit zerfetzten Hosen und rauchgeschwärztem Gesicht mit Keitel auf ihn zu. Beide waren von Staub und Holzsplittern bedeckt. Sie gingen wie Schlafwandler an ihm vorüber, und plötzlich konnte er in der stark ätzenden Luft nicht mehr atmen. Er folgte Hitler und Keitel durch den langen Korridor. Draußen versagte ihm ein Knie, und er fiel zu Boden. Während er dort lag und verzweifelt nach Luft rang, beobachtete er, wie Hitler und Keitel, gefolgt von einer dritten Person, auf den Führerbunker zugingen.

SS-Adjutant Günsche hörte nicht einmal die Detonation. Ihm waren die Trommelfelle geplatzt. Er blutete an der Stirn, die Augenbrauen waren versengt. Schwarzer Rauch füllte das Zimmer. Der Fußboden hatte sich um etwa einen Meter gehoben. »Wo ist der Führer?« überlegte er sich. Mit dem Instinkt des Frontsoldaten sprang er aus einem zerbrochenen Fenster und lief auf die andere Seite des Gebäudes, aus dem Keitel und Hitler in diesem Augenblick herauskamen. Die Hosen Hitlers waren zerfetzt, das Haar zerwühlt, aber es war kein Blut zu sehen. »Was ist los?« fragte Hitler, als Günsche ihn den Fußweg hinunterführte. Hatte ein russisches Flugzeug eine Bombe abgeworfen?[34]

Nachdem er den Besprechungsraum verlassen hatte, war Stauffenberg zur Nachrichtenzentrale des OKW im Bunker 88 geeilt. Er und General Fellgiebel standen draußen und warteten auf die Detonation der Bombe. Sie unterhielten sich so ungezwungen wie möglich, als der diensthabende Offizier meldete, Stauffenbergs Wagen warte auf ihn. Dann erinnerte er den

Oberst daran, daß der Kommandant des Hauptquartiers ihn zum Mittagessen gebeten habe. Stauffenberg bestätigte die Einladung und sagte, er werde zuerst noch zur Besprechung zurückgehen müssen. Im gleichen Augenblick erfolgte die Detonation.

»Was ist das?« rief Fellgiebel aus, und der Nachrichtenoffizier meinte, irgendein Tier hätte wahrscheinlich eine Mine im Minenfeld zur Explosion gebracht. Nun widersprach sich Stauffenberg. Er sagte, er werde nicht zur Besprechung zurückgehen, sondern sofort zum Kommandanten des Hauptquartiers fahren, um dort zu essen. Dann verabschiedete er sich von Fellgiebel mit einem warnenden Blick und setzte sich mit seinem Adjutanten in den Wagen.[35] Wenige Augenblicke später hielt Stauffenbergs Fahrer, der sich darüber wunderte, daß sein Chef weder Mütze noch Koppel trug, am ersten Kontrollpunkt. Der Posten hatte das Tor nach der Explosion geschlossen und weigerte sich, es zu öffnen. Wortlos ging Stauffenberg in das Wachlokal und bat den ihm bekannten Offizier vom Dienst um die Erlaubnis, das Telefon zu benutzen. Er wählte eine Nummer, legte nach ein paar Worten den Hörer wieder auf und sagte ruhig: »Ich darf passieren.« Der Schlagbaum wurde ohne weitere Fragen geöffnet, und um 12.44 Uhr hatten Stauffenberg, sein Adjutant und sein Fahrer den Kontrollpunkt hinter sich.

Neunzig Sekunden später wurde Alarm gegeben, und Stauffenberg gelang es nicht, die Wachen am nächsten Kontrollpunkt zu überrumpeln. Wieder ging er ans Telefon und rief diesmal den Adjutanten des Kommandanten an. »Hier Oberst Graf Stauffenberg an Außenwache Süd. Sie entsinnen sich, wir frühstückten heute morgen zusammen, Herr Rittmeister. Die Wache läßt mich wegen der Explosion nicht passieren. Ich bin aber in Eile.« Dann log er: »Auf dem Flugplatz wartet Generaloberst Fromm auf mich.« Er legte den Hörer auf und sagte: »Sie haben gehört, Oberfeldwebel, ich darf passieren.« Aber der Oberfeldwebel ließ sich nicht ins Bockshorn jagen. Er wollte sichergehen und rief zurück. Aber zu Stauffenbergs Erleichterung wurde die Erlaubnis erteilt.

Es war schon fast 13.00 Uhr, als Stauffenberg und sein Adjutant ihre Heinkel 111 erreichten. Wenige Augenblicke später waren sie gestartet. Vor ihnen lag ein dreistündiger Flug. Sie konnten nichts tun als voller Sorge an die Zukunft denken, denn das Funkgerät des Flugzeugs hatte eine zu geringe Reichweite, um irgendwelche Funksprüche aus Berlin zu empfangen. War es Fellgiebel gelungen, die Verschwörer in der Bendlerstraße zu benachrichtigen? Wenn ja, würden sie entschlossen genug sein, die Hauptstadt zu besetzen und den Militärbefehlshabern an der Westfront die vorbereiteten Befehle zu schicken?[36]

Hitler wäre wahrscheinlich nicht mit dem Leben davongekommen, wenn die braune Aktentasche nicht auf die andere Seite des Tischbeins geschoben worden wäre. Die Detonation hatte ihn nicht getötet, weil die Tür hinter

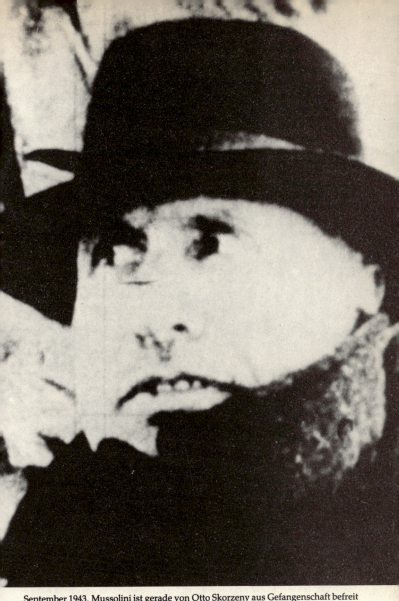

September 1943. Mussolini ist gerade von Otto Skorzeny aus Gefangenschaft befreit worden. Bald wird er Hitler begegnen. *Tiefenthaler*

Das Attentat vom 20. Juli
Nach der Explosion. Hitlers zerfetzte
Hosen. *Bundesarchiv*

Hitler hat seine Uniform gewechselt und einen Verband angelegt. Von links: Keitel, Göring (im Hintergrund: Günsche, Jodl und Below), Hitler, Bormann. Rechts: Himmler

Hitler bestaunt seine Rettung. Von links: Mussolini (der gerade zu einem Besuch eingetroffen war), Bormann, Dönitz, Hitler, Göring, SS-General Fegelein (der Mann von Eva Brauns Schwester Gretl), General Lörzer. *Bibliothek für Zeitgeschichte*

Major Otto Remer, der für seine Beteiligung bei der Niederschlagung der Verschwörung mit einer Beförderung belohnt wurde. Mitte: Goebbels. Links: Hans Hagen, ein Schriftsteller in Uniform. *Remer*

Nach dem Attentat konnte Dr. Erwin Giesing Hitler dazu überreden, sich röntgen zu lassen. *National Archives*

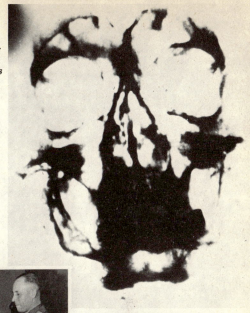

Wegen seiner Teilnahme an der Verschwörung wurde Rommel zum Selbstmord getrieben. Hier, zwei Jahre zuvor, wird er für seine Siege in der Wüste ausgezeichnet. *U. S. Army*

Feldmarschall Walther Model, den Hitler persönlich in seinem letzten großen Spiel, der Ardennenschlacht, zum Kommandeur bestimmt hat. Dezember 1944. Links: Bodenschatz; Mitte: Luftwaffengeneral von Richthofen. *U. S. Army*

General Hasso von Manteuffel, Deutscher Meister im Fünfkampf, bei Hitler. *Manteuffel*

Die Reichskanzlei. März 1945. *Frentz*

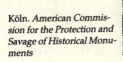

Nürnberg, elf Jahre nach dem großen Parteitag. *Amerian Commission for the Protection and Savage of Historical Monuments*

Köln. *American Commission for the Protection and Savage of Historical Monuments*

Oben: Längst unter Trümmern begraben, träumt Hitler von der Neugestaltung der Städte. Oben: München, wie es Professor Hermann Giesler nach Hitlers Ideen entwarf.

Hitler mit den Plänen von Linz. *Frentz*

März 1945. Hitler an der »Oderfront«. *Bibliothek für Zeitgeschichte*

Im KZ-Bergen-Belsen. Noch im Frühjahr 1945 wurden Millionen Juden und andere Gefangene ermordet. *U. S. Office of War Information*

10. Oktober 1943. Mit der sogenannten »Endlösung« hatte Hitler den SS-Führer Himmler beauftragt. *U. S. Army*

Eva und Adolf Hitlers Heiratsurkunde mit dem Datum des 29. April 1945. Die Ehe wurde kurz vor Mitternacht geschlossen, das Datum nachträglich fälschlich geändert. *Eisenhower Library*

Nachdem nunmehr beide Verlobte die Erklärung abgegeben haben die Ehe einzugehen, erkläre ich die Ehe vor dem Gesetz rechtmäßig für geschlossen.

Berlin, am ✗ April 1945

Vorgelesen und unterschrieben:

1.) Ehemann:

2.) Ehefrau:

3.) Zeuge zu 1:

4.) Zeuge zu 2:

5.)

als Standesbeamter

November 1943 – 21. Juli 1944   993

ihm in einen langen, schmalen Korridor führte, der den größten Teil der Druckwelle aufnahm. Wieder hatte Adolf Hitler unglaubliches Glück gehabt!

Wenige Minuten nach dem Bombenanschlag machten sich Ärzte und Rettungsmannschaften an die Arbeit. Krankenwagen brachten die Schwerverwundeten in das Feldlazarett nach Rastenburg. Der Leibarzt Hitlers, Dr. Hanskarl von Hasselbach, untersuchte und behandelte ihn als erster. Er verband Hitlers Wunden und legte seinen rechten Arm in eine Schlinge, denn das Ellbogengelenk war geprellt. »Jetzt habe ich die Burschen!« rief Hitler, und aus seinen Worten klang eher Schadenfreude als Ärger. »Jetzt kann ich etwas gegen sie unternehmen!«

Nun traf auch Dr. Morell ein, untersuchte Hitlers Herz und gab ihm eine Injektion. Der Patient befand sich in einem Zustand der Euphorie und wiederholte immer wieder: »Denken Sie nur, mir ist nichts geschehen! Stellen Sie sich das vor!« Zur Überraschung Morells war sein Puls normal.[37] Die drei Sekretärinnen kamen herein, um mit eigenen Augen zu sehen, daß Hitler noch am Leben war. Traudl Junge hätte fast laut aufgelacht, als sie seine Haare sah, die wie die Borsten eines Stachelschweins nach oben standen. Er gab ihnen die linke Hand. »Nun, meine Damen«, sagte er lächelnd, »wieder ist alles gut für mich ausgegangen; ein weiterer Beweis, daß die Vorsehung mich für meine Aufgabe bestimmt hat. Sonst wäre ich nicht mehr am Leben.« Er war sehr gesprächig und behauptete, der Anschlag sei von einem »Feigling« ausgeführt worden, zweifellos einem der Bauarbeiter. »Ich glaube an keine andere Möglichkeit«, versicherte er und wendete sich an Bormann, um dessen Bestätigung zu hören. Wie üblich nickte Bormann.[38]

Der nächste Gratulant war Himmler. Auch er glaubte, Bauarbeiter hätten die Bombe in der Baracke deponiert. Jeder Dilettant könne die Spur verfolgen. Hitlers Bursche Linge aber erfuhr von dem diensthabenden Unteroffizier in der Telefonzentrale, daß Stauffenberg einen dringenden Anruf aus Berlin erwartet hatte. Dann erinnerte sich irgend jemand, daß der Oberst eine Aktentasche unter dem Tisch hatte stehenlassen. Ein Anruf auf dem Flugplatz genügte, um festzustellen, daß Stauffenberg kurz nach 13.00 Uhr in aller Eile nach Berlin abgeflogen war. Nun zweifelte Hitler nicht mehr daran, daß Stauffenberg der Attentäter gewesen sein mußte. Er befahl, ihn festnehmen zu lassen.

Die eigenartigsten Zufälle verhinderten, daß dieser Befehl nach Berlin gelangte. Wenige Augenblicke nach der Detonation befahl einer der Adjutanten Hitlers dem im Führerhauptquartier für die Nachrichtenverbindungen verantwortlichen Offizier, Oberst Sander, alle Fernsprech- und Fernschreibleitungen abzuschalten. Er tat es und meldete anschließend seinem Chef Fellgiebel, was er veranlaßt habe. Fellgiebel, dessen Aufgabe im Rahmen der Verschwörung darin bestanden hatte, das Führerhauptquartier zu isolieren, erklärte sich einverstanden. Als er jedoch erfuhr, daß Hitler nicht tot sei, mußte der General auch sein eigenes Büro anrufen. »Es ist etwas Furchtbares passiert«, sagte er seinem Chef des Stabes. »Der Führer *lebt*. Alles blockieren!« Der Chef des Stabes wußte, was gemeint war, denn auch er gehörte zu den Verschwörern. Innerhalb weniger Minuten waren sämtliche Nachrichtenvermittlungen im Führerhauptquartier und im Stabsquartier des Heeres blockiert.[39]

Diese Unterbrechung der Nachrichtenverbindungen gab den Verschwörern in Berlin Zeit, die Hauptstadt zu besetzen. Sie unternahmen aber nichts, weil in der Bendlerstraße die größte Verwirrung herrschte. Da sie nicht wußten, ob Hitler noch am Leben war oder nicht, zögerten die Offiziere dort, den Alarm für das Unternehmen »Walküre« auszulösen. Die Nachrichten aus der Wolfsschanze waren zu ungenau, um eine Wiederholung des falschen Alarms vom 15. Juli zu riskieren.

So stand also alles nervös im Kriegsministerium herum und wartete auf Stauffenberg, dessen Flugzeug erst in einer halben Stunde eintreffen konnte. Die beiden nominellen Führer der Verschwörung, General Beck und Feldmarschall von Witzleben, hätten die vorbereitete Proklamation und die vorliegenden Befehle herausgeben müssen. In einer Rundfunksendung hätten sie dem deutschen Volk erklären müssen, daß die Tyrannei Hitlers endlich zu Ende sei. Doch keiner der beiden Männer war bis zu diesem Augenblick in der Bendlerstraße eingetroffen.

Vielleicht lag es am Wetter. Der Himmel war trübe und die Luft schwer. Einer der Verschwörer meinte finster, dies sei kein Revolutionswetter. Aber irgend jemand wies darauf hin, die Franzosen hätten die Bastille an einem ähnlich schwülen Julitag erstürmt. Wertvolle Zeit verstrich. Die Verschwörer warteten auf eine Nachricht von Fellgiebel aus der Wolfsschanze. Diese Nachricht kam nicht.

Hitler weigerte sich, vor dem Mittagessen zu ruhen. Er bestand darauf, allein einen Spaziergang zu machen und unterhielt sich demonstrativ mit den Bauarbeitern, die er zuerst verdächtigt hatte. Sein SS-Adjutant, der ihn aus einer gewissen Entfernung beobachtete, glaubte, er wollte zeigen, daß er noch am Leben sei, und jedermann solle erkennen, er verdächtige die Arbeiter nicht mehr der Beteiligung an dem Anschlag. Beim Mittagessen war Fräulein Schröder überrascht festzustellen, daß er sogar unter dem grellen Licht der bloßen elektrischen Birnen in dem spartanisch eingerichteten Speisezimmer frisch und entspannt wirkte. Ohne dazu aufgefordert worden zu sein, berichtete er in allen Einzelheiten, was er erlebt hatte. »Ich habe ein unerhörtes Glück«, stellte er fest und erklärte, wie das schwere Tischbein ihn geschützt habe. Stolz zeigte er seine zerfetzten Hosen. Wäre es im großen Konferenzraum des Bunkers und nicht in einer Holzbaracke zur Detonation gekommen, dann, so glaubte er, würden alle Anwesenden ge-

November 1943 – 21. Juli 1944 995

tötet worden sein.«Aber habe ich es nicht schon die ganze Zeit über geahnt, daß so etwas kommen werde?«[40]

Nach dem Essen fuhr er zu dem kleinen Bahnhof unmittelbar außerhalb der Wolfsschanze. Der Himmel war bedeckt, und wenige Regentropfen brachten keine Erfrischung an diesem schwül-heißen Nachmittag. Mit über die Augen gezogener Schirmmütze, einem schwarzen, hinter ihm her flatternden Umhang über den Schultern, ging er auf dem Bahnsteig auf und ab, bis Mussolinis Zug einlief. Der Gast sah aus wie ein Gespenst seiner selbst. Es war ihm gelungen, eine neue Regierung zu bilden, aber er war von Hitler gezwungen worden, eine Anzahl von »Verrätern« hinrichten zu lassen, unter ihnen sogar seinen eigenen Schwiegersohn, den Grafen Ciano. Hitler dachte aber nur an die Ereignisse dieses Tages. »Duce«, sagte er erregt und reichte ihm die linke Hand, »vor wenigen Stunden habe ich das größte Glück meines Lebens erfahren!« Er bestand darauf, seinen Gast sofort an den Tatort zu führen. Auf der drei Minuten dauernden Fahrt erzählte Hitler ihm, was geschehen war – »so monoton, daß man fast denken konnte, er selbst sei gar nicht an der Sache beteiligt gewesen«. Schweigend besichtigten die beiden Männer die in Trümmern liegende Besprechungsbaracke. Mussolini nahm einen Stuhl, Hitler setzte sich auf eine Kiste und schilderte mit der Redegewandtheit eines Fremdenführers in den römischen Ruinen, was geschehen war. Mussolini rollte vor Verwunderung mit den Augen. Dann zeigte ihm Hitler seine zerrissenen Hosen und sagte, es täte ihm nur leid, daß er sich jetzt ein Paar neue besorgen müßte. Der Duce lachte gezwungen. Dann zeigte ihm Hitler seinen Hinterkopf, wo das Haar angesengt war.

Mussolini war zutiefst erschrocken. Wie konnte so etwas im Führerhauptquartier geschehen? Hitler war bester Laune, ja fast übermütig. Er berichtete, wie andere Teilnehmer an der Besprechung schwer verletzt worden seien, und erzählte, einer von ihnen sei sogar aus dem Fenster geschleudert worden. »Sehen Sie sich meine Uniform an, meine Brandwunden!« Dann berichtete er von den anderen Gelegenheiten, bei denen er nur knapp einem Attentat entgangen war. »Was heute hier geschehen ist, das ist der Höhepunkt!« rief er aus. Die letzte wunderbare Errettung vom Tode sei mit Sicherheit ein Zeichen dafür, daß die große Sache, der er diente, gelingen werde und die gegenwärtige Gefahr gebannt werden könnte. Angesteckt von dieser Begeisterung hob sich auch die Stimmung Mussolinis. Er sagte: »Nachdem ich das hier gesehen habe, bin ich absolut Ihrer Meinung. Das war ein Zeichen des Himmels.«

Sie verließen das zerstörte Gebäude und gingen den Weg hinunter, um ihre Gespräche beim Tee wiederaufzunehmen. Unterwegs ging Hitler an einen Drahtzaun und unterhielt sich wieder mit den Arbeitern. Er sagte ihnen, sein erster Verdacht sei unbegründet gewesen, und die mit der Untersuchung Beauftragten hätten den wirklichen Schuldigen gefunden. Im Teehaus schlug seine Stimmung plötzlich um. Er war unruhig, unaufmerksam, und nachdem die Verhandlungen zum Teil wiederaufgenommen worden waren, wurde das Gespräch mit dem Duce mehrmals durch Anrufe von Generälen unterbrochen, die wissen wollten, ob die Meldung von seinem Tode richtig sei. Hitler war gedrückter Stimmung. Er saß da, starrte vor sich hin, lutschte grellfarbige Tabletten und kümmerte sich nicht um ein erregtes Streitgespräch zwischen Göring, Keitel und Ribbentrop, die einander vorwarfen, ihre Fehler hätten zu der verzweifelten Lage Deutschlands geführt. Das Gerangel nahm eine neue Wendung, als der eben aus seinem Hauptquartier nördlich von Berlin eingetroffene Admiral Dönitz die Armee des Verrats beschuldigte. Als Göring ihm zustimmte, sprach Dönitz wütend von den miserablen Leistungen der Luftwaffe. Ribbentrop stieß in das gleiche Horn, aber der Reichsmarschall hob drohend seinen Marschallstab, als wollte er ihn schlagen. »Schweigen Sie still, Ribbentrop, Sie Sektvertreter!« »Ich bin immer noch Außenminister«, war die beleidigte Antwort, »und ich heiße *von* Ribbentrop.«

Ein leichter Regen plätscherte unaufhörlich gegen die Fensterscheiben. Nur die Erwähnung des Röhmputsches ließ Hitler aufhorchen. Er beugte sich vor und begann zu wiederholen, er sei ein Kind der Vorsehung. Wütend sprang er auf: »Verräter am Busen ihres eigenen Volkes verdienen den schändlichsten Tod – und sie sollen ihn haben!« Seine Stimme krächzte drohend, als er ihre sofortige Liquidierung verlangte. Aber der Wutanfall legte sich so rasch, wie er gekommen war. Als die Vorstellungen von der Rache verblaßten, war er plötzlich wie innerlich ausgehöhlt. Seine Augen sahen ausdruckslos ins Leere, und sein Gesicht war aschfahl.

Mit seinem italienischen Einfühlungsvermögen muß Mussolini gespürt haben, daß es jetzt seine Aufgabe sei, die Situation zu retten. Er legte seine Hand auf die Hitlers und blickte ihn mit sanftem Lächeln an. Damit riß er ihn aus dem stumpfen Dahinbrüten. Irgend jemand hatte die Haustür geöffnet. Hitler ließ Mussolinis Mantel bringen und sagte, am Nachmittag müsse man gewöhnlich mit einem frischen Ostwind rechnen. Er wolle nicht, daß sein Gast sich erkältete. Mussolini erwiderte: »In Zeiten wie diesen erkältet sich ein Duce nicht.« Er zog aber doch den schweren Militärmantel an.[41]

Um 15.42 Uhr landete Stauffenberg endlich auf einem Flugplatz am Stadtrand von Berlin. Zu seiner Überraschung wartete niemand auf ihn, weder Freund noch Feind. Sein Adjutant rief in der Bendlerstraße an, wurde mit General Olbricht verbunden und nannte ihm das Kennwort, das bedeutete, das Attentat sei gelungen. Olbrichts unbestimmte Antwort zeigte ihm, daß die Befehle für »Walküre« noch nicht hinausgegangen waren. Stauffenberg nahm den Hörer und forderte Olbricht auf, alles zu veranlassen, ohne auf ihn zu warten. Dann ließ er sich ein Fahrzeug der Luftwaffe geben, das ihn in die Stadt bringen sollte.

November 1943 – 21. Juli 1944

Olbricht begann erst um 15.50 Uhr aktiv zu werden. Er befahl dem Befehlshaber der in Berlin stationierten Truppen, General Kortzfleisch, alle Einheiten des Wachbataillons, die Garnison Spandau und zwei Waffenschulen zu alarmieren. Kortzfleisch, der nicht an der Verschwörung beteiligt war, folgte dieser Anordnung.

Um die Dinge zu beschleunigen, alarmierte General Olbricht persönlich den Stadtkommandanten von Berlin, General von Haase, der zur Gruppe der Verschwörer gehörte. Um 16.10 Uhr waren seine Truppen marschbereit, ebenso die außerhalb von Berlin stationierten Verbände. In der Bendlerstraße wurden die Wachen alarmiert, und der wachhabende Offizier erhielt von Olbricht persönlich den Auftrag, jedes Eindringen von SS-Einheiten mit Waffengewalt zu verhindern. Innerhalb weniger Minuten war der Block abgeriegelt, und alle Ausgänge wurden bewacht. Olbricht tat erst jetzt, was er schon vor drei Stunden hatte tun sollen; er stürmte in das Büro von General Fromm, der zwar nicht an der Verschwörung beteiligt war, aber doch von ihr wußte. Ihm erklärte Olbricht, Hitler sei bei dem Bombenanschlag ums Leben gekommen. Er forderte Fromm als Befehlshaber des Ersatzheeres auf, an die Wehrbezirkskommandos den »Walküre«-Alarm durchzugeben. Fromm, ein ehrgeiziger Mann mit würdigem Auftreten, zögerte, wie er es schon seit Monaten getan hatte. Er verlangte, vorher mit Keitel telefonieren zu dürfen, um sich von ihm den Tod Hitlers bestätigen zu lassen.

»Keine besonderen Vorkommnisse«, sagte Keitel, der im Teehaus an den Apparat gegangen war. Als Fromm ihm sagte, er habe eben die Meldung erhalten, der Führer sei bei einem Attentat ums Leben gekommen, explodierte Keitel: »Das ist alles Unsinn!« Der Führer sei am Leben und nur leicht verletzt. »Wo ist übrigens Ihr Chef des Stabes, der Oberst Stauffenberg?« Der erregte Fromm antwortete, der Oberst hätte sich noch nicht bei ihm zurückgemeldet – und beschloß im stillen, die Verschwörer im Stich zu lassen.[42]

Wenige Minuten später waren die meisten an der Verschwörung beteiligten Offiziere in dem weiträumigen Büro Olbrichts versammelt und warteten gespannt auf Stauffenberg. Irgend jemand rief erregt, er sei eben in den Hof gefahren. Kurz darauf betrat der Oberst selbstsicher das Zimmer. Er schien begeistert und zuversichtlich. Graf Stauffenberg berichtete, was er gesehen hatte – eine starke Detonation, Flammen und Rauch. »Nach menschlichem Ermessen«, sagte er, »ist Hitler tot.« Jetzt müsse entschlossen gehandelt werden, und man dürfe keinen Augenblick verlieren. Selbst wenn Hitler noch leben sollte, müsse alles getan werden, sein Regime zu stürzen. Beck stimmte zu.

Stauffenberg ließ sich nun mit seinem Vetter im Stab des Generals von Stülpnagel in Paris verbinden. Er berichtete ihm von der Detonation. »Der Weg zum Handeln ist frei!« sagte er. Diese gute Nachricht veranlaßte auch

Stülpnagel, etwas zu unternehmen. Er befahl den Befehlshabern der Nachrichtentruppe in Frankreich, alle Funk- und Telefonverbindungen zwischen Frankreich und Deutschland mit Ausnahme der von ihm selbst benötigten nach Berlin zu unterbrechen.

In der Bendlerstraße unternahm Stauffenberg alles, General Fromm zur weiteren Beteiligung an der Verschwörung zu bewegen. Er versicherte ihm, Hitler sei wirklich tot, aber Fromm wiederholte, was Keitel gesagt hatte. »Feldmarschall Keitel lügt, wie immer«, sagte Stauffenberg und log dann selbst: »Ich habe gesehen, wie man Hitler tot aus der Baracke getragen hat.« »Deswegen«, unterbrach Olbricht, »haben wir das Stichwort für innere Unruhen ausgegeben.« Fromm sprang auf und stand nun in seiner ganzen imponierenden Größe hinter dem Schreibtisch. Er schlug mit der Faust auf die Tischplatte und schrie im typischen Kasernenhofton: »Was heißt ›wir‹? Wer hat die Befehle weitergegeben? Das ist Hochverrat!« Er befahl, den »Walküre«-Alarm sofort abzublasen.

Noch einmal versuchte Stauffenberg, Fromm davon zu überzeugen, daß Hitler tot sei. »Herr Generaloberst, ich habe die Bombe selbst während der Lagebesprechung gezündet«, sagte er. Aber Fromm ließ sich nicht beeindrucken. »Graf Stauffenberg«, erwiderte er, »das Attentat ist mißglückt. Sie müssen sich erschießen.« Stauffenberg weigerte sich, und Olbricht bestürmte den General, sofort zu handeln. Wenn das nicht geschähe, dann sei das Vaterland unrettbar verloren. Fromm wendete sich an ihn: »Sie sind also auch an diesem ... diesem Putsch beteiligt?« »Jawohl, aber ich bin nur eine Randfigur in diesem Kreis.«

Fromm sah Olbricht durchdringend an und sagte: »Ich erkläre Sie hiermit alle drei für verhaftet.« Olbricht ließ sich nicht einschüchtern. Er erwiderte den Blick und sagte: »Sie können uns nicht mehr verhaften lassen. Sie täuschen sich über die Machtverhältnisse. Wir verhaften Sie!« Nun kam es zu einem Handgemenge zwischen beiden Generälen. Stauffenberg versuchte einzugreifen und bekam einen Schlag ins Gesicht. Der breitschulterige, körperlich kräftige Fromm ließ sich erst mit gezogener Pistole zwingen, von seinem Gegner abzulassen. Dann wurde er festgenommen und in dem Zimmer neben seinem Büro eingeschlossen. Um 17 Uhr waren alle Eingänge des weiträumigen Gebäudes von Posten besetzt, ebenso auch der von Bomben getroffene Teil des Bendlerblocks an der Rückseite. Wer hineinwollte, brauchte dazu einen von Stauffenberg unterzeichneten orangefarbenen Passierschein, und niemand durfte ohne einen ähnlichen Passierschein oder ausdrücklichen schriftlichen Befehl das Gebäude verlassen.[43]

6

Obwohl die Verschwörer in der Bendlerstraße die Lage dort völlig in der Hand hatten, befand sich ihr Verbündeter, General von Haase, in seinem Amt Unter den Linden in großen Schwierigkeiten. Als Stadtkommandant hatte er vor einer Stunde dem Wachbataillon befohlen, das Regierungsviertel abzuriegeln. Kein General oder Minister durfte durch die Absperrungen gelassen werden. Der Bataillonskommandeur, Otto Remer, war früher Hitlerjugendführer gewesen und wollte sich zuerst vergewissern, ob sein Führer wirklich tot sei. Haase bestätigte es ihm und fügte hinzu, er sei von der SS ermordet worden. Remer fragte, wer seine Nachfolge angetreten habe, denn ihm kam die ganze Sache verdächtig vor. Haase sagte ihm, er solle keine dummen Fragen stellen, sondern sein Bataillon einsatzbereit machen.

Ein Kamerad von Remer, Leutnant Hans Hagen, der sich in Berlin aufhielt, um beim Wachbataillon Lehrvorträge über den Nationalsozialismus zu halten, war ebenso mißtrauisch, und als die beiden Offiziere allein waren, überzeugte er Remer davon, daß dies alles nach einem Militärputsch aussähe. Er bat um die Erlaubnis, die Angelegenheit mit Goebbels zu klären, für den er vor dem Kriege gearbeitet hatte. Remer stellte ihm ein Motorrad zur Verfügung und wies ihn an, sich sofort nach dem Gespräch mit Goebbels zurückzumelden.[44] Als der Major sich auf den Weg machte, die Absperrungen in der Innenstadt zu inspizieren, ratterte Hagen (der im Zivilberuf Schriftsteller war) im Beiwagen des Motorrads zum Propagandaministerium.

Dort herrschte die denkbar größte Verwirrung. Der Bürgermeister und ein Stadtrat, die nicht wußten, was sie von den einander widersprechenden Gerüchten halten sollten, warteten auf Anweisungen. Ähnlich ging es auch Speer, der gerade bemerkt hatte, daß eine mit Maschinengewehren bewaffnete Gruppe der Männer Remers auf das Brandenburger Tor zulief. Andere Soldaten hatten sich als Wachen vor dem Ministerium postiert. Goebbels, dem der Schweiß in Strömen das Gesicht hinunterlief, telefonierte unentwegt und erkundigte sich bei Parteifunktionären und regionalen Militärbefehlshabern nach der Lage. Es sah so aus, als marschierten militärische Verbände aus Potsdam und anderen Provinzgarnisonen schon gegen die Hauptstadt. Die Lage war verzweifelt, aber Goebbels erblickte einen Hoffnungsschimmer in der Tatsache, daß die Rebellen ihren Erfolg noch nicht über den Rundfunk bekanntgegeben hatten. Jetzt bereitete er eine eigene Rundfunksendung vor; eine gefährliche Sache, denn die simple Darstellung der Tatsachen konnte zu einer Panik führen.

In diesem Augenblick kam Hagen, von der Fahrt im Beiwagen durchgeschüttelt, in das Büro von Goebbels gestürmt. Nachdem dieser den Bericht des Schriftstellers in Uniform ungeduldig angehört hatte, wollte er wissen, ob man Remer trauen dürfe. »Absolut!« Remer sei achtmal verwundet worden. Immer noch mißtrauisch befahl Goebbels, Remer zu ihm zu bringen. Wenn beide Offiziere nicht innerhalb der nächsten halben Stunde zurück seien, werde Goebbels annehmen, der Major sei entweder ein Verräter oder werde mit Gewalt festgehalten. Dann werde er SS-Verbänden befehlen, das Hauptquartier des Kommandanten von Berlin zu besetzen.[45]

Wenige Augenblicke später, um 17.30 Uhr, wurde Goebbels wieder ans Telefon gerufen. Hitler war am Apparat und verlangte, das deutsche Volk solle sofort über den Rundfunk davon unterrichtet werden, daß er am Leben geblieben sei. Goebbels gab unmittelbar nach dem Gespräch den Text einer entsprechenden Erklärung zum Rundfunkhaus durch. Es war schon von rebellierenden Truppen der Infanterieschule besetzt, aber der Kommandeur war so verwirrt – oder hatte solche Angst –, als er die Stimme von Goebbels hörte, daß er sich bereit erklärte, die Übertragung der Erklärung zuzulassen. Inzwischen hatten seine erregten Ratgeber Hitler so weit gebracht, daß er auch seinen Propagandaminister für einen Verräter hielt. Wieder rief er Goebbels an und machte ihm die bittersten Vorwürfe, weil er die Rundfunksendung so lange hinausgezögert habe. Goebbels versicherte ihm mit leidenschaftlichen Beteuerungen, ihn träfe keine Schuld. Irgend jemand im Rundfunkhaus habe die Angelegenheit verzögert. Hitler glaubte ihm – wenigstens behauptete er es – und hängte auf.

Ungezählte Telefonistinnen, die die Gerüchte über Hitlers Tod mit angehört hatten, brachen in Tränen aus. Das Gerücht breitete sich aus und verursachte eine allgemeine Verwirrung, bis die Rundfunksendung über die Rettung Hitlers neue Tränen auslöste – diesmal Freudentränen. Von allen Seiten trafen Glückwünsche in der Wolfsschanze ein. So telegrafierte Feldmarschall Milch, er bitte, seiner »tiefstempfundenen Freude Ausdruck geben zu dürfen, daß eine gnädige Vorsehung Sie bei dem gemeinen Attentatsverbrechen unserem deutschen Volke und seiner Wehrmacht erhalten hat«.[46] Diese Zeugnisse der Freude und Erleichterung waren nicht reiner Opportunismus. Die große Mehrheit der Deutschen glaubte, die Zukunft der Nation läge in den Händen Hitlers.

In Berlin hatte Major Remer gerade die Absperrung des Regierungsviertels beendet. Er war düsterer Stimmung, denn er hatte noch nicht erfahren, daß Hitler noch lebte. Remer hatte seinen Auftrag mit schweren Bedenken erfüllt, die sich verstärkten, als er sich anschließend bei Haase meldete und auf seine Fragen nur vage Antworten erhielt. Unzufrieden und in aufsässiger Stimmung traf er auf der Straße den Leutnant Hagen, der ihm mitteilte, Goebbels wolle ihn sofort sprechen. Remer glaubte, der Bürgerkrieg sei ausgebrochen, und nahm Hagen mit hinauf in das Büro von Haase, wo der Leutnant dem General den Befehl von Goebbels wiederholen sollte. Haase gab sich besorgt, und als Remer sagte, er müsse sich sofort im Propagandaministerium melden, befahl er ihm, im Vorzimmer zu warten. Doch ein zweiter Verschwörer, der ebenfalls im Majorsrang stand, zwinkerte

November 1943 – 21. Juli 1944   1001

Haase zu, und sagte, es sei die Pflicht Remers, zu Goebbels zu fahren – und ihn festzunehmen. Völlig verwirrt verließ Remer das Gebäude. Seinem Adjutanten sagte er: »Jetzt geht es um meinen Kopf!« Dann machte er sich mit zwanzig Mann auf den Weg zum Propagandaministerium.

Goebbels sah auf die Uhr. Es war ihm nicht gelungen, Remer telefonisch zu erreichen, und es waren nur noch zwei Minuten bis zu der verabredeten Zeit – 19 Uhr. Doch nun kam Remer herein. Er sagte Goebbels nicht, er habe den Befehl, ihn festzunehmen, und glaubte auch nicht der Behauptung des Ministers, dieser habe eben mit Hitler gesprochen. Er sagte, er werde nur glauben, daß Hitler am Leben sei, wenn er es aus dessen eigenem Mund hörte.

»Wie Sie wünschen, Herr Major«, sagte Goebbels und meldete ein Gespräch nach Rastenburg an. In weniger als einer Minute war Hitler am Apparat. »Hier ist Major Remer, der Kommandeur des Wachbataillons.« Zögernd griff Remer zum Hörer. Vielleicht war es eine Aufnahme, oder vielleicht imitierte irgend jemand die Stimme Hitlers. »Sind Sie am Apparat, Major Remer?« hörte er. »Was tun Sie jetzt?« Die Stimme klang in der Tat wie die Hitlers, und Remer meldete, welche Maßnahmen er bis jetzt ergriffen habe. Aber der Zweifel muß in seiner Meldung mitgeklungen haben. »Glauben Sie, daß ich am Leben bin?« Remer antwortete: »Jawohl!« obwohl er noch nicht ganz überzeugt war.

Hitler erklärte, er bevollmächtige Remer, für die Sicherheit der Regierung zu sorgen. »Tun Sie, was Sie für notwendig halten. Jeder Offizier ist Ihnen ohne Ansehen seines Dienstgrades unterstellt.« Er befahl Remer, sofort Ruhe und Ordnung wiederherzustellen, »wenn notwendig unter Anwendung von brachialer bewaffneter Gewalt.« Das Wort »brachial« überzeugte Remer, daß es wirklich Hitler war. Er richtete sich auf. »Sie sind nur mir allein verantwortlich«, wiederholte Hitler und beförderte ihn mündlich zum Oberst.

Nun verwandelte Remer das Ministerium in einen Gefechtsstand. Zunächst rief er General von Haase an und sagte, er habe eben mit dem Führer gesprochen, der ihm die gesamte Kommandogewalt übertragen habe. Er befahl Haase, sich sofort bei ihm zu melden. Haase empörte sich: »Seit wann ist es üblich, daß sich ein General bei einem kleinen Major meldet?«

»Herr General, wenn Sie nicht kommen wollen, werde ich Sie festnehmen lassen«, sagte Remer und schickte eine Abteilung Soldaten zum Amtssitz des Generals mit dem Befehl, das Gebäude zu besetzen. Dann teilte er allen militärischen Verbänden im Raum Berlin mit, daß sie seinem persönlichen Kommando unterstellt seien, und war nicht weiter überrascht, daß alle Kommandeure ohne Rücksicht auf ihren Rang keinen Protest erhoben. Zum Schluß ließ Remer sein Bataillon im Garten des Ministeriums antreten, damit die Soldaten aus dem Munde von Goebbels die näheren Umstände des Attentats erfuhren.

Inzwischen war General von Haase eingetroffen, um sich Remer zu unterstellen. Er war nicht mehr so ungehalten, sondern schien fast bereit, Remer zu umarmen. Er stellte so viele Fragen und sprach Remer so überzeugend seine Anerkennung aus, daß dieser es höflich ablehnen mußte, sich länger mit ihm zu unterhalten, weil er sich seiner Aufgabe, die Ruhe und Ordnung wiederherzustellen, zuwenden wollte. Goebbels behandelte Haase etwas von oben herab, der auf die eindringlichen Fragen des Ministers zu stottern begann. Er fragte Goebbels, ob er seine Frau anrufen dürfe und etwas zu essen bekommen könne. »Das sind unsere Revolutionäre!« höhnte Goebbels, als der General gegangen war. »Sie denken nur ans Essen, Trinken und an die Mutti.«[47]

Die Fernsprechvermittlung in der Bendlerstraße konnte nicht alle Anrufe der Offiziere annehmen, die, nachdem sie die Rundfunksendung gehört hatten, nähere Einzelheiten wissen wollten. Die mit dem Stichwort »Walküre« alarmierten Truppenteile baten außerdem um eine direkte Bestätigung der ersten Meldung über Hitlers Tod durch Fromm. Die Antwort erhielten sie von Stauffenberg, der behauptete, Hitler sei tot, und wenn es ein Mitverschwörer war, versicherte er ihm, daß alles plangemäß verliefe. Er sagte, die Nachrichtensendung sei ein Trick. Das Heer habe die Lage in der Hand, und alles sei in Ordnung.

Endlich erschien einer der nominellen Führer der Revolte, Feldmarschall von Witzleben, in voller Uniform, um die Befehlsgewalt zu übernehmen. Er hatte sich den ganzen Tag bereitgehalten, konnte sich aber erst um 17.30 Uhr entschließen, als neuer Oberbefehlshaber der Wehrmacht eine scharf formulierte Direktive zu erlassen:

Der Führer Adolf Hitler ist tot. Eine gewissenlose Clique frontfremder Parteiführer hat es unter Ausnutzung dieser Lage versucht, der schwerringenden Front in den Rücken zu fallen und die Macht zu eigennützigen Zwecken an sich zu reißen. In dieser Stunde höchster Gefahr hat die Reichsregierung zur Aufrechterhaltung von Recht und Ordnung den militärischen Ausnahmezustand verhängt und mich mit dem Oberbefehl der deutschen Wehrmacht beauftragt . . .[48]

Dieser Erlaß beflügelte Feldmarschall Kluge, der kurz davorstand, sich von den Verschwörern in Paris zu distanzieren. Jetzt rief er aus: »Eine historische Stunde hat geschlagen!« Er schlug vor, sofort in Waffenstillstandsverhandlungen mit dem Westen einzutreten. Die neue deutsche Regierung werde sich bereit erklären, die Raketenangriffe gegen London einzustellen, wenn die Alliierten ihrerseits keine Bombenangriffe mehr durchführten. Kluges Begeisterung wurde durch ein Telegramm von Keitel abgekühlt. Darin hieß es, Hitler sei am Leben, Befehle der Verräter um Witzleben und Beck in der Bendlerstraße dürften nicht ausgeführt werden.

November 1943 – 21. Juli 1944　　　　　　　　　　　　　　　　1003

Damit war Kluges Entschlußfreudigkeit gelähmt. Er bat seinen Chef des Stabes, festzustellen, was im Führerhauptquartier wirklich vorginge. Warlimont konnte aber telefonisch nicht erreicht werden; ebenso gab es keine Verbindung zu Jodl oder Keitel. Ihre Abwesenheit war ein so eigenartiger Umstand, daß sich Kluges Hoffnungen wieder belebten. Vielleicht hatte Beck wirklich die Wahrheit gesagt, und Hitler *war* tot! Nun meldete er ein Gespräch mit einem Mitverschwörer in der Wolfsschanze an, der jedoch nur die schlimme Nachricht bestätigen konnte; Hitler lebte. Kluge legte den Hörer resigniert auf. Dann sagte er: »Das Attentat ist fehlgeschlagen.« Damit war die Angelegenheit für den Feldmarschall erledigt. Er erklärte: »Meine Herren, lassen Sie mich aus dem Spiel!«[49]

Auch in Berlin hatte der Mann, der den Befehl für die Machtübernahme der Verschwörer unterzeichnet hatte, aufgegeben. Feldmarschall von Witzleben sagte, er sei erschüttert, welche Verwirrung in der Bendlerstraße herrschte, verließ das Gebäude und fuhr im Kraftwagen zum Oberkommando des Heeres nach Zossen. Hier sagte er dem Generalquartiermeister Wagner, alles sei verloren, und begab sich auf sein Landgut.

In der Wolfsschanze war es Keitel gelungen, einen Befehl herauszugeben, mit dem Himmler zum Oberbefehlshaber des Ersatzheeres ernannt wurde. Keitel fügte hinzu, daß nur Befehle von Himmler und ihm selbst zu befolgen seien. Dieses Fernschreiben ging um 20.20 Uhr hinaus. Zehn Minuten später unterrichtete Parteisekretär Bormann alle Gauleiter über den »Mordanschlag gewisser Generäle auf das Leben des Führers.« Er befahl seinen Leuten, nur noch persönliche Befehle des Führers entgegenzunehmen.[50]

Um 21 Uhr kam über den Rundfunk die Meldung, der Führer werde in Kürze persönlich zum deutschen Volk sprechen. Das mußte sich jedoch erheblich verzögern, denn in der Wolfsschanze gab es keine Einrichtungen für eine Direktübertragung. Der nächste Übertragungswagen befand sich in Königsberg, und es würde Stunden dauern, bis er in Rastenburg war. Zufällig befand sich Hitlers Liebling, der Kommandoführer Otto Skorzeny in Berlin. Aber als er erfuhr, daß Hitler noch lebte, gab es für ihn keinen Grund mehr, eine Reise nach Wien zur Besichtigung einer von ihm geleiteten Schule für Froschmänner aufzugeben. Als er gegen Abend seinen Zug auf dem Anhalterbahnhof besteigen wollte, kam ihm ein Offizier nachgelaufen und rief, in der Stadt sei eine Militärrevolte ausgebrochen, und Skorzeny habe den Befehl, die Ordnung wiederherzustellen.

In aller Eile fuhr er zum Hauptbüro des SD, wo man ihm mitteilte, verräterische Offiziere hätten versucht, die Stadt militärisch zu besetzen. Schellenberg sagte: »Die Lage ist gefährlich.« Er war blaß, und vor ihm auf dem Tisch lag eine Pistole. Er machte eine dramatische Handbewegung. »Hier will ich mich verteidigen, wenn sie kommen!« Es war ein komischer Anblick, und Skorzeny mußte lachen. Er riet Schellenberg, die Pistole fortzulegen, damit er sich nicht versehentlich selbst etwas damit antäte.

Bevor er sich auf eine persönliche Erkundungsfahrt durch Berlin begab, alarmierte Skorzeny eine Kompanie einer von ihm geleiteten und am Stadtrand gelegenen Sabotageschule. Im Regierungsviertel war alles ruhig. Nachdem er einen Bericht gelesen hatte, in dem es hieß, die Waffen-SS habe sich an der Verschwörung beteiligt, fuhr er zu deren Kaserne nach Lichterfelde. Dort war alles still. Dann begab er sich ins Stabsquartier der SS-Leibstandarte, um Näheres zu erfahren, aber die Informationen, die man ihm dort gab, waren sehr spärlich. Deshalb beeilte er sich, zum in Wannsee untergebrachten Stab der Fallschirmtruppen zu kommen. Hier traf er General Student auf der Terrasse seiner Villa beim Lesen von Akten. Der General trug einen langen Morgenmantel. Neben ihm saß seine Frau und nähte. Irgendwie wirkte es erheiternd, zu sehen, wie einer der gefeiertsten deutschen Generäle zur Zeit einer Militärrevolte den Mittelpunkt eines so idyllischen Bildes darstellte. Student wollte die Sache nicht ernst nehmen, bis ein Anruf von Göring die von Skorzeny geäußerten Befürchtungen bestätigte. In dem Ferngespräch sagte der Oberbefehlshaber der Luftwaffe, es dürften nur noch Befehle befolgt werden, die vom Oberkommando der Wehrmacht kämen. Während Student diese Anordnung weitergab, raste Skorzeny zurück in das Büro von Schellenberg. Kaum war er eingetroffen, wurde er ans Telefon gerufen. Jodl war am Apparat und erteilte Befehle: »Sie fahren mit Ihren Truppen sofort zur Bendlerstraße zur Unterstützung von Major Remer, dem Kommandeur des Wachbataillons Großdeutschland, der bereits den Block zerniert hat.«[51]

Die Stimmung der in der Bendlerstraße versammelten Offiziere wurde immer verzweifelter. Die Einheiten des Wachbataillons, die das Oberkommando bisher geschützt hatten, zogen sich auf Befehl ihrer Einheitsführer zurück und versammelten sich im Garten hinter dem Propagandaministerium. Es blieben nur etwa 35 Soldaten am Haupttor zurück. Um 22.30 Uhr versammelte General Olbricht seine Offiziere zum drittenmal an diesem Abend in seinem Büro und sagte, sie müßten jetzt selbst den Schutz des Gebäudes übernehmen, da die Wachen abgezogen seien. An jedem der sechs Ausgänge müsse ein Generalstabsoffizier Posten beziehen.

Niemand hatte etwas dagegen einzuwenden, mit Ausnahme einer Gruppe von bewaffneten Offizieren, die im geheimen entschlossen waren, ihrem Führer die Treue zu halten. Gegen 22.50 Uhr stürmten diese acht Männer in das Büro von Olbricht. Sie trugen Handgranaten am Koppel und waren mit Pistolen und Maschinenpistolen bewaffnet. Während Olbricht versuchte, sie zu beruhigen, trat Stauffenberg ins Zimmer. Er drehte sich kurz um und entkam einer Geschoßgarbe, die gegen ihn abgefeuert wurde. Er stolperte, als sei er getroffen, und sprang dann in ein benachbartes Zimmer, wurde aber sofort zusammen mit Beck, Olbricht und den anderen Verschwörern gestellt und festgenommen. Nun wurden sie dem inzwischen wieder freigelassenen General Fromm vorgeführt. »So, meine Herren«, sagte der

November 1943 – 21. Juli 1944 1005

stämmige General und zückte seine Pistole, »jetzt mache ich mit Ihnen das, was Sie heute nachmittag mit mir machen wollten.« Dann befahl er ihnen, ihre Waffen abzulegen. »An mich, Ihren alten Vorgesetzten, werden Sie diese Forderung nicht stellen wollen«, sagte Beck ruhig. »Ich werde aus dieser unglücklichen Situation die Konsequenzen selbst ziehen.« Damit griff er nach einer auf einem Koffer liegenden Pistole.

Fromm verlangte, er solle die Waffe auf sich selbst gerichtet halten. Beck sagte: »Ich denke in diesem Augenblick an die Zeit von früher...« »Die wollen wir jetzt nicht erörtern«, unterbrach Fromm. »Jedenfalls bitte ich, zu handeln.« Beck murmelte etwas und feuerte die Pistole ab. Er hatte sich einen Streifschuß am Kopf beigebracht, taumelte und fiel in einen Stuhl. »Helfen Sie dem alten Herrn«, sagte Fromm an zwei jüngere Offiziere gewendet. Sie gingen auf Beck zu und versuchten, ihm die Pistole aus der Hand zu nehmen, aber er hielt sie fest, um einen zweiten Versuch zu unternehmen, fiel jedoch benommen zurück. Fromm wendete sich an die anderen Verschwörer: »Nun, meine Herren, wenn Sie noch etwas aufzuschreiben haben, Sie haben noch einen Augenblick Zeit.« Nach fünf Minuten kam er wieder ins Zimmer und teilte den Offizieren mit, ein Standgericht habe »im Namen des Führers« gegen Olbricht, Stauffenberg und ihre beiden Adjutanten das Todesurteil gefällt. Stauffenberg stand steif da. Sein linker Ärmel war mit Blut getränkt. Mit seinen drei Kameraden wurde er in den Hof hinausgeführt.

Becks Gesicht war mit Blut verschmiert. Er bat um eine Pistole, und nachdem er sie bekommen hatte, ließ man ihn im Vorzimmer allein, doch die Draußenstehenden hörten, wie er sagte: »Wenn es diesmal nicht gelingt, helfen Sie mir bitte.« Man hörte einen Schuß. Fromm blickte ins Zimmer und stellte fest, daß der ehemalige Chef des Generalstabes sich auch beim zweiten Versuch keinen tödlichen Schuß beigebracht hatte. Er wendete sich an einen Offizier und sagte: »Helfen Sie dem alten Mann«, aber der Offizier weigerte sich. Ein Feldwebel schleppte den bewußtlosen Beck aus dem Zimmer und gab ihm draußen einen Genickschuß.

Der Hof des Bendlerblocks war spärlich von den Scheinwerfern eines Militärfahrzeuges beleuchtet. Es war Mitternacht. Die vier zum Tode Verurteilten wurden vor einem Sandhaufen aufgestellt, hinter dem sich ein Luftschutzgraben befand. Olbricht war ganz ruhig. Als der Befehl zum Feuern gegeben wurde, rief Stauffenberg: »Es lebe unser heiliges Deutschland!« und starb.*[52]

Im Türrahmen des Gebäudes erschien General Fromm. Er ging über den Hof auf das Exekutionskommando zu, sprach kurz mit den Männern, rief laut »Heil Hitler!« und ging dann mit großen Schritten zum Hoftor. Hier rief er nach seinem Wagen und verschwand im Dunkeln. In der Nachrich-

---

* Die Bendlerstraße heißt heute Stauffenbergstraße.

1006   *Das Attentat*

tenzentrale der Bendlerstraße wurde ein Fernschreiben aufgegeben, das
folgenden Wortlaut hatte: »Putschversuch von unverantwortlichen Generalen blutig niedergeschlagen. Sämtliche Anführer erschossen ...«[53]

Im gleichen Augenblick als Fromm durch das Tor hinausging, hielt davor
ein weißer Sportwagen mit kreischenden Bremsen. Der Fahrer war Speer.
Neben ihm saß Oberst Remer. »Endlich ein ehrlicher Deutscher!« heuchelte
Fromm. »Ich habe eben ein paar Verbrecher erschießen lassen.« Als Remer
meinte, er hätte das nicht getan, erwiderte Fromm »Wollen Sie mir Befehle
geben?«

»Nein, aber Sie werden sich für Ihr Vorgehen zu verantworten haben.«
Remer schlug vor, der General solle sich sofort bei Goebbels melden.[54] Im
gleichen Augenblick als Fromm mit Speer davonfuhr, traf Otto Skorzeny
mit seinen Männern ein. Er wunderte sich, daß ein so wichtiger General
ausgerechnet in diesem Augenblick den Schauplatz des Geschehens verließ.
Deshalb fragte er Remer: »Was geht hier vor?« Remer wußte es auch nicht
und sagte, er habe nur den Befehl, das Gebäude abzuriegeln.

Nachdem er seine Kompanie im Hof hatte antreten lassen, erklärte
Skorzeny, er werde hineingehen, und lief die Treppe hinauf zum Büro des
Chefs des Generalstabs. Im Korridor begegneten ihm einige mit Maschinenpistolen bewaffnete Offiziere. Sie sahen ihn feindselig an. Im Vorzimmer
von Olbricht hatten sich ein paar Generalstabsoffiziere versammelt, die er
kannte und die ihm kurz berichteten, was geschehen war. Es klang zwar
abenteuerlich, bestätigte aber seine Vermutungen. Nachdem er vergeblich
versucht hatte, eine Telefonverbindung zum Führerhauptquartier zu bekommen, wurde ihm klar, daß er, um Ordnung in diesen »aufgeregten Bienenschwarm« zu bringen, auf eigene Initiative handeln müsse. Die Wiederaufnahme der regulären Arbeit war nach seiner Auffassung das beste Heilmittel, und nachdem er die Offiziere, die er persönlich kannte, um sich
versammelt hatte, schlug er ihnen vor, in ihre Büros zu gehen und den
normalen Dienstbetrieb aufzunehmen. An der Front brauche die kämpfende
Truppe dringend Verstärkung und Nachschub.

Die Generalstabsoffiziere erklärten sich einverstanden, fragten jedoch,
wer die hinausgehenden Befehle unterschreiben würde. Die bisher Verantwortlichen waren entweder tot oder unauffindbar. Skorzeny erklärte, er
werde alles unterzeichnen und die Verantwortung dafür übernehmen. Während sich der Apparat des Oberkommandos in Bewegung zu setzen begann,
gelang es Skorzeny, die Verbindung zu Jodl herzustellen, der ihm befahl,
zunächst an seinem Posten zu bleiben. »Schicken Sie mir doch irgendeinen
General«, meinte Skorzeny, aber Jodl befahl ihm, das Kommando im Namen
des Führers selbst zu übernehmen. Mit dem ersten Befehl hob Skorzeny den
»Walküre«-Alarm auf und wies alle Befehlshaber an, neue Instruktionen
abzuwarten.[55]

Speer fuhr mit Fromm zum Propagandaministerium, wo Goebbels sich

November 1943 – 21. Juli 1944   1007

weigerte, den General ein Privatgespräch mit Hitler führen zu lassen. Statt
dessen schickte er Fromm in ein anderes Zimmer, forderte Speer auf, sein
Büro zu verlassen, und rief Hitler privat an. Nach einiger Zeit kam Goebbels
an die Tür seines Büros und befahl einem Posten, die Tür des Zimmers zu
bewachen, in dem sich Fromm aufhielt. Himmler befand sich ebenfalls im
Ministerium. Er war erst kürzlich aus Rastenburg in Berlin eingetroffen und
hatte von Hitler den ausdrücklichen Auftrag und alle Vollmachten, die
Rebellion niederzuschlagen. »Erschießen Sie jeden, der Widerstand leistet,
ganz gleich, wer es ist«, hatte Hitler ihm gesagt. Trotz dieser weitreichenden
Machtbefugnisse und obwohl er zum vorläufigen Oberbefehlshaber des Ersatzheeres ernannt worden war, überließ er die Kommandogewalt nach
außen hin Goebbels und hielt sich selbst wie üblich im Hintergrund. Ein
Mitarbeiter von Goebbels, Naumann, hatte sogar den Eindruck, Himmler
verhielte sich recht passiv, während Goebbels begeistert die ihm übertra-
gene Aufgabe übernahm. Nach seiner Darstellung der Ereignisse hatte er die
Rebellion in Berlin praktisch ganz allein niedergeschlagen. Gegenüber
Himmler brüstete er sich: »Wenn sie nur nicht so ungeschickt gewesen
wären! Sie hatten eine ungeheure Chance. Was waren das für Tölpel! Wie
kindisch haben sie das angefangen. Wenn ich daran denke, wie ich eine
solche Sache in die Hand genommen hätte! Warum haben sie nicht die
Rundfunkstation besetzt und die unglaublichsten Lügen verbreitet?«

Himmler nickte höflich und gelassen, ohne Goebbels zu sagen, daß er vor
seinem Eintreffen schon angefangen hatte, die Schrecken eines Gegen-
putsches zu entfesseln, und alles in die Wege geleitet war, um die Hinter-
gründe des Aufstands im einzelnen zu untersuchen.[56]

General Fellgiebel in der Wolfsschanze wußte, daß sein Schicksal besiegelt war. Er unternahm aber keinen Selbstmordversuch, denn er wollte in
einem offiziellen Gerichtsverfahren seine Beweggründe darlegen. Zum
Abschied sagte er seinem jungen Adjutanten: »Wenn wir an ein Drüben
glaubten, dann könnten wir ja sagen: Auf Wiedersehen!«[57]

Hitler wartete indessen in seinem Teehaus ungeduldig auf das Eintreffen
des Übertragungswagens aus Königsberg, um die geplante Rede an die
Nation halten zu können. Da er mit dem baldigen Eintreffen des Fahrzeugs
rechnete, versammelte er seine engsten Vertrauten um sich, um ihnen eine
in aller Eile entworfene Botschaft vorzulesen. Die Sekretärinnen und Adjutanten kamen mit Keitel und dem einen Verband tragenden Jodl herein, aber
der Übertragungswagen war immer noch nicht zur Stelle. Hitler benutzte
die Wartezeit, um sich ausführlich zu dem Attentat zu äußern. »Diese Feig-
linge!« rief er. »Genau das sind sie. Hätten sie wenigstens den Mut gehabt,
auf mich zu schießen, dann könnte ich noch Achtung vor ihnen haben. Aber
sie wollten ihr Leben nicht aufs Spiel setzen!«[58]

Der Übertragungswagen traf schließlich am 21. Juli kurz vor 1.00 Uhr
nachts in Rastenburg ein. Die Sendung wurde über alle deutschen Rund-

funkstationen übertragen. Sie begann mit einem Fanfarenstoß. Nach einer kurzen Pause berichtete Hitler von der Verschwörung und vom Tode sowie der Verwundung einiger seiner engsten Mitarbeiter. Er wiederholte die Behauptung, der Kreis der Verschwörer sei ganz klein und habe mit dem Geist der Wehrmacht oder dem des deutschen Volkes nichts zu tun. Es habe sich um eine kleine Gruppe krimineller Elemente gehandelt, die sofort und rücksichtslos liquidiert würde. Eine besondere Genugtuung sei es für ihn, »daß es mir wieder vergönnt war, einem Schicksal zu entgehen, das nicht für mich Schreckliches in sich barg, sondern das den Schrecken für das deutsche Volk gebracht hätte.«

Göring schloß sich mit wenigen Worten an und gelobte seinem Führer im Namen der Luftwaffe »verschworene Treue und heiße Liebe«. Dann erklärte Dönitz, die Kriegsmarine sei von heiligem Zorn und grenzenloser Wut über den verbrecherischen Angriff gegen das Leben ihres Führers ergriffen. Es folgte die offizielle Bekanntmachung, daß die Führer der verbrecherischen Offiziersverschwörung entweder Selbstmord begangen hatten oder von Exekutionskommandos des Heeres erschossen worden waren. »Zu Zwischenfällen ist es nirgends gekommen. Die übrigen durch ihr Verhalten an dem Verbrechen Schuldigen werden zur Verantwortung gezogen werden.«[59]

Diese Erklärung ließ die Mitverschwörer in Paris erstarren, die sich im Offizierskasino des Hotels Raphael um ein Rundfunkgerät versammelt hatten. Es war ihnen gelungen, alle SS-Kasernen im Raum Paris zu besetzen und die beiden dienstältesten SS-Offiziere in Frankreich, Karl Oberg und Helmut Knochen, festzunehmen. Als er die Rundfunksendung hörte, war General von Stülpnagel überzeugt, dies bedeute sein und seiner Freunde Todesurteil. Es gab aber noch einen allerletzten Hoffnungsschimmer. Vielleicht würden Oberg und Knochen anständig genug sein, sie zu schützen. Sie wurden aus der Haft entlassen und in das Hotel Raphael gebracht. Als Stülpnagel aufstand, um sie zu begrüßen, sprang Oberg erbost auf ihn zu. Botschafter Otto Abetz versuchte, zu vermitteln. »In Berlin mag vorgefallen sein, was immer; hier in Frankreich tobt die Normandieschlacht, da müssen alle Deutschen eine geschlossene Front bilden.« Oberg beruhigte sich und sagte, er und Knochen würden sich im geheimen mit der Wehrmacht gegen Himmlers RSHA (Reichssicherheitshauptamt) stellen. Sie würden erklären, die Festnahme von Angehörigen der SS und des SD sei im Einverständnis zwischen Oberg und Stülpnagel erfolgt, um die Putschisten zu täuschen.[60]

Hitler zog sich nach Beendigung seiner Rede in seinen Bunker zurück, wo Dr. Morell ihn untersuchte. Hitler wollte eine Bestätigung dafür haben, daß er keine schweren Verletzungen davongetragen hätte. Die Angehörigen seines engsten Kreises warteten im Teehaus auf die Rückkehr von Morell, der ihnen mitteilte, Hitlers Puls sei ganz normal und sein Gesundheitszustand befriedigend. Erschüttert von den Ereignissen des Tages hatte Hitler

November 1943 – 21. Juli 1944 1009

immer noch nicht das Ausmaß der Verschwörung erkannt und befand sich in einem euphorischen Zustand, weil er glaubte, durch ein Wunder gerettet worden zu sein. Er beschloß, seine zerfetzte Uniform zu Eva Braun nach Berchtesgaden zu schicken. Sie sollte zu einer historischen Reliquie werden, zu einem Beweis dafür, daß die Vorsehung ihn bestimmt hatte, seine Aufgabe zu erfüllen.

7

Am 21. Juli kurz nach Mitternacht hatte Otto Skorzeny den Block an der Bendlerstraße fest in der Hand, und alle Abteilungen des Oberkommandos arbeiteten wie gewohnt. Im Panzerschrank von Stauffenberg fanden sich gewisse Unterlagen über den Putsch, und nachdem er sie geprüft hatte, ließ Skorzeny einige Offiziere festnehmen.

Im Propagandaministerium vernahmen Goebbels und Himmler eine Anzahl von Generälen, darunter auch Fromm. Die Offiziere wurden höflich behandelt, man bot ihnen Wein und Zigarren an, und einige von ihnen wie zum Beispiel Kortzfleisch durften nach Hause zurückkehren. Um 4.00 Uhr morgens waren die Vernehmungen abgeschlossen. Goebbels kam mit strahlendem Lächeln aus seinem Büro. »Meine Herren«, erklärte er, »der Putsch ist beendet.« Er geleitete Himmler zu seinem Wagen, verabschiedete sich mit einem Händedruck von seinem alten Rivalen und ging dann wieder nach oben, um vor seinen Mitarbeitern mit den Leistungen zu prahlen, die er angeblich vollbracht hatte. Bester Laune setzte er sich auf einen Tisch neben eine Bronzebüste Hitlers und sagte: »Das war wie ein reinigendes Gewitter! Wer hätte heute mittag, als die Schreckensbotschaften eintrafen, zu hoffen gewagt, daß das alles ein so schnelles und gutes Ende nehmen würde.« Es sei wirklich wie ein Wunder. Wäre Hitler gestorben, dann hätte das Volk an ein Gottesurteil geglaubt. »Die Folgen wären unabsehbar gewesen. In der Geschichte haben eben nur Tatsachen Beweiskraft. Und die stehen diesmal auf unserer Seite.« Dann ordnete er an, daß die Presse die Bedeutung der Verschwörung herunterspielen sollte.[61]

Bormann in der Wolfsschanze erließ immer noch Anweisungen an seine Gauleiter. Um 3.40 Uhr morgens teilte er ihnen mit, daß der Putsch als beendet angesehen werden könne, und um 11.35 Uhr gab er, einer dringenden Aufforderung Himmlers folgend, die Anweisung, daß jedes selbständige Vorgehen gegen Offiziere, deren Haltung undurchsichtig sei, und sogar gegen diejenigen, die als offene Gegner angesehen werden müßten, eingestellt werden sollte.[62] Mit anderen Worten, der Reichsführer hatte selbst die Aufgabe übernommen, die Ordnung wiederherzustellen und eine gründliche Untersuchung durchzuführen. Mit der ihm eigenen methodischen Art hatte er schon einen aus vierhundert Beamten und elf Abteilungen bestehenden Apparat zusammengestellt.

In Paris tat der Generalstabschef Kluges – dem die beiden einflußreichsten SS-Führer in Frankreich, Oberg und Knochen, immer noch dabei halfen – sein Äußerstes, die Spuren Kluges und Stülpnagels zu verwischen. Als der letztere jedoch den Befehl erhielt, sich in Berlin zu melden, glaubte er – kurz vorher noch der mächtigste Mann in der französischen Hauptstadt – jede Hoffnung aufgeben zu müssen. Anstatt ein Flugzeug zu nehmen, bestieg Stülpnagel am späten Vormittag einen Kraftwagen und befahl seinem Fahrer, den Weg über die Schlachtfelder des Ersten Weltkriegs zu nehmen. Er führte über Château-Thierry und den Argonner Wald nach Sedan durch eine Gegend, wo so viele seiner Kameraden von den Darmstädter Grenadieren 1916 gefallen waren. Die sentimentale Reise in die Vergangenheit dauerte den ganzen Nachmittag. Schließlich ließ der General den Wagen halten, um »einen kleinen Spaziergang« zu machen. Nachdem er hinter einer Anhöhe in der Nähe des Maaskanals verschwunden war, hörte der Fahrer einen Schuß – vielleicht waren es auch zwei. Als er hinüberging, sah er Stülpnagel mit dem Gesicht nach oben im Kanal treiben. Der General war noch am Leben, aber weil er versucht hatte, sich das Leben zu nehmen, stand seine Schuld außer Zweifel. Er wurde später zum Tode verurteilt und gehenkt.

In der Wolfsschanze zeigte es sich jetzt, daß die Kopfverletzung Hitlers schwerer war als man zunächst angenommen hatte. Auf dem rechten Ohr war er taub, und seine Augen wichen ständig nach rechts ab. Auf einem kurzen Spaziergang am Abend kam er zweimal vom Wege ab. Dr. Karl Brandt riet ihm dringend, sich einige Tage ins Bett zu legen. Aber Hitler wollte nicht auf ihn hören. »Das ist unmöglich.« Er behauptete, zuviel zu tun zu haben. Außerdem würden es ausländische Gäste als lächerlich empfinden, einen so gesunden Mann im Bett anzutreffen.

Am folgenden Tag bestand er trotz heftiger Kopfschmerzen darauf, seine verletzten Offiziere im nahe gelegenen Feldlazarett zu besuchen. Zwei von ihnen waren so schwer verwundet, daß man mit ihrem Tode rechnen mußte. General Schmundt befand sich in kritischer Verfassung. Zutiefst beunruhigt machte Hitler seinem Herzen gegenüber den beiden Seeoffizieren Luft, die gemeinsam in einem Zimmer lagen. Es waren Puttkamer und Assmann. Auf dem Bett des letzteren sitzend sagte Hitler, es tue ihm leid, daß sie die Opfer der Verschwörung seien. »Allein auf mich hatten es die Herren abgesehen, einzig und allein auf mich.« Er habe jedoch wie durch ein Wunder auch diesen Anschlag überlebt. »Sagen Sie selbst, muß ich dies nicht als einen Wink des Schicksals ansehen, daß es mich für die mir gestellte Aufgabe erhalten will?« Der 20. Juli, so meinte er, bestätige ihn nur in der Überzeugung, daß der Allmächtige ihn dazu bestimmt habe, das deutsche Volk nicht in die endgültige Niederlage zu führen, sondern zum Sieg.[63]

Im weiteren Verlauf des Tages wurden seine Ohrenschmerzen so stark, daß Morell beschloß, den bekannten Berliner Hals-Nasen-Ohrenspezialisten

November 1943 – 21. Juli 1944 1011

Professor van Eicken zu konsultieren, der 1935 bei Hitler eine Halsoperation vorgenommen hatte. Da van Eicken nicht erreichbar war, wurde der Hals-Nasen-Ohrenspezialist Dr. Erwin Giesing aus dem nächsten Feldlazarett zur Wolfsschanze befohlen. Er war für diese Aufgabe bestens geeignet, denn vor Eröffnung seiner eigenen Praxis hatte er zwei Jahre an der Klinik von Professor van Eicken gearbeitet. Giesing stellte fest, daß das Trommelfell gerissen und das Innenohr verletzt war. Er sagte jedoch, die Verletzung sei nicht gefährlich, vorausgesetzt, es käme nicht zu einer Mittelohrentzündung.

In diesem Augenblick betrat Dr. Morell schwer atmend das Zimmer. Er machte Giesing Vorwürfe, weil er sich nicht gleich bei ihm gemeldet habe, doch dieser erwiderte scharf, ein Offizier brauche sich nur bei seinem Vorgesetzten und nicht bei irgendeinem Zivilisten zu melden. Hitler verstand kaum etwas von dieser erregten Auseinandersetzung, sah aber das beleidigte Gesicht von Morell. Er versuchte, die beiden zu beruhigen. »Nun Schluß mit dem Zank, mein lieber Professor, der Dr. Giesing war Assistent bei van Eicken, und er hat mir erklärt, daß er morgen eine leichte Trommelätzung machen müsse, wenn die Blutung nicht aufhöre.« Morell wollte Hitler ein blutstillendes Mittel injizieren, erklärte sich dann aber widerwillig bereit, das von seinem Rivalen empfohlene Medikament aus Berlin kommen zu lassen.[64]

Zwar war Hitler überzeugt, er werde nie wieder auf dem rechten Ohr hören können, blieb aber doch recht zuversichtlich. Er nahm sich die Zeit, an sein »liebes Tschapperl« – das war der Kosename, den er häufig für Eva Braun benutzte – einen kurzen Brief auf der Schreibmaschine zu schreiben. Er legte eine Skizze der von der Bombe zerstörten Baracke dazu und versicherte ihr, es ginge ihm gut, er sei nur etwas erschöpft. »Ich hoffe, bald heimzukommen und mich dann in Deinen Armen ausruhen zu können. Ich habe ein großes Bedürfnis nach Ruhe...«

Sie antwortete sofort auf ihrem blauen, mit einem Monogramm versehenen Briefpapier: »Geliebter, ich bin außer mir. Ich sterbe vor Angst, jetzt wo ich Dich in Gefahr weiß... Du weißt, ich habe es dir immer gesagt, daß ich sterbe, wenn Dir etwas zustößt. Von unserer ersten Begegnung an habe ich mir geschworen, Dir überall hin zu folgen, auch in den Tod. Du weißt, daß ich nur lebe für Deine Liebe.«[65]

Am 23. Juli entdeckten Agenten der Gestapo zufällig belastende Tagebücher in den Ruinen eines bombardierten Hauses, die Canaris und andere einflußreiche hohe Beamte mit dem Staatsstreich in Verbindung brachten. Der Admiral wurde festgenommen, ebenso auch der ehemalige Wirtschaftsminister Schacht. Zunächst konnte Hitler nicht glauben, daß so hochgestellte Persönlichkeiten – und so viele – an der Sache beteiligt gewesen waren. Das war ein Schlag gegen seine Überzeugung, es habe nur eine kleine Clique von Verrätern gegeben, und die neuen Enthüllungen taten ihm

1012 *Das Attentat*

weh. Zu Traudl Junge sagte er, er habe soviel Schmerz erfahren und sein Leben sei so mit Sorgen belastet, daß der Tod für ihn eine Erlösung sein würde. Eine andere Sekretärin hörte, wie er mit seinem Hund sprach, der ihm nicht gehorchen wollte: »Schau mich an, Blondi, oder bist du etwa auch so ein falscher Generalstäbler?«

Bei der Lagebesprechung am folgenden Morgen erklärte er, die Engländer hätten hinter Stauffenberg gestanden, und versuchte dann, seine Zuhörer davon zu überzeugen, daß die Verschwörung keine weiten Kreise gezogen habe. Das Wichtigste sei, der ganzen Welt klarzumachen, daß die Mehrheit des Offizierskorps mit »diesen Schweinen« nichts zu tun gehabt habe. In der Presse sollte mit besonderem Nachdruck erklärt werden, die Befehlshaber in der Bendlerstraße hätten sich geweigert, der Handvoll von Verrätern zu folgen, und vier von ihnen an Ort und Stelle erschießen lassen. Zum Schluß erklärte er, er sei ein zu guter Psychologe, um nicht zu erkennen, daß die Hand Gottes diesen Mann mit der Bombe in dem für Hitler günstigsten Zeitpunkt hergeführt habe. Wenn er und sein gesamter Stab dabei getötet worden wären, dann wäre es in der Tat zu einer unausdenkbaren Katastrophe gekommen.[66]

Goebbels befolgte die Anordnungen Hitlers in einer über alle deutschen Rundfunkstationen verbreiteten Sendung. Es war eine intelligente Rede, die in dramatischer Weise an die Moral und die Emotionen der Bevölkerung appellierte. Er stellte Stauffenberg als den satanischen Führer einer verhältnismäßig kleinen Offiziersclique dar, die in keiner Weise die ganze Wehrmacht repräsentiere. Er behauptete, Stauffenberg habe mit den Westalliierten konspiriert, und versuchte das mit vier Umständen zu beweisen; in der westlichen Presse würde ständig von einer Gruppe deutscher Generäle gesprochen, die Hitler ablehnten; die Bombe sei englischen Ursprungs gewesen; Stauffenberg habe Beziehungen zur englischen Aristokratie gehabt und die Zeitungen in London hätten sofort nach Bekanntwerden des Bombenanschlags der Hoffnung Ausdruck verliehen, der Zusammenbruch Deutschlands stünde bevor.

Stimmungsberichte, die den Gauleitern zugingen, ließen erkennen, daß die Propaganda von Goebbels die Gemüter erregte. So schmückten zum Beispiel die Patienten in einem Krankenhaus in Braunschweig spontan alle Hitlerbilder mit Blumen. In vielen Städten kam es zu Treuekundgebungen. Oberschullehrer sagten ihren Schülern, die Verschwörung erkläre die militärischen Niederlagen in Nordafrika und Rußland. Verräter hätten verhindert, daß die Befehle des Führers bis hinunter zu den Divisionen gelangten.

Am 25. Juli traf Professor van Eicken aus Berlin kommend in der Wolfsschanze ein und wurde herzlich von Hitler begrüßt, der ihm sagte, mit all seinem Kummer und Ärger habe er ohnedies »nur noch zwei bis drei Jahre zu leben«. Es gäbe jedoch einen Trost; bis dahin werde er seine Aufgabe gelöst haben, und andere könnten an seine Stelle treten. Ächzend ließ er sich

November 1943 – 21. Juli 1944   1013

in einen Stuhl fallen und schilderte dem Arzt seine Beschwerden in allen
Einzelheiten.

Dr. Giesing, der besonders stolz auf sein gutes Gedächtnis war, notierte
alles, was Hitler sagte, in einem gelben Taschenbuch. Um zu verhindern,
daß Unberufene seine Notizen entzifferten, verwendete er einen Geheim-
schlüssel. Er schrieb in lateinischer Sprache und benutzte eine Kombination
selbsterfundener Symbole. Professor van Eicken bestätigte die Diagnose von
Giesing und sagte, auch die Therapie sei richtig gewesen. Doch Hitler weigerte sich, die Anordnung der Ärzte zu befolgen und wenigstens eine Woche
Bettruhe zu halten. »Ihr habt euch alle miteinander verabredet, daß ihr aus
mir einen kranken Mann machen wollt.«

Am folgenden Tag beschwerte sich Hitler bei Giesing darüber, daß sein
Innenohr noch blute, und verlangte, er solle es ohne Rücksicht auf die
Schmerzen noch einmal ausätzen. »Der Schmerz sei ja auch dazu da, um
einen Menschen hart zu machen.« Er bewies es eine Minute später, als ein
Adjutant Berichte über den Attentatsversuch hereinbrachte. »Ja«, sagte er,
während er die Akte durchblätterte, »ich hätte nicht gedacht, daß der Hell-
dorf solch ein Lump ist.« Dann versicherte er, er würde die Verräter »mit
Stumpf und Stiel ausrotten« und verhöhnte Stauffenberg als einen Feigling.
»Hätte der wenigstens den Schneid gehabt, und wäre mit seiner Aktentasche neben mir stehen geblieben. Aber so war die Kugel, die ihn traf, viel
zu schade.«

Zwei Tage später beschwerte sich Hitler über Schlaflosigkeit, und als
Giesing ihm empfahl, auf die abendliche Teestunde zu verzichten, sagte er,
er habe das schon versucht; aber dann könne er noch weniger gut einschlafen. »Ich muß mich vorher noch entspannen und von etwas anderem
reden, ich sehe sonst im Dunkeln dauernd die Generalstabskarten vor mir
und mein Gehirn arbeitet weiter, und es dauert Stunden, bis ich davon
loskomme. Wenn ich dann Licht mache, kann ich genaue Karten von jeder
Heeresgruppe zeichnen, ich weiß dann, wo jede Division steht und so geht
es stundenlang weiter, bis ich schließlich gegen 5 oder 6 Uhr einschlafe. Ich
weiß, daß das für meine Gesundheit schlecht ist . . ., aber ich kann es nicht
ändern.«[67]

8

Am Tag nach dem Bombenanschlag löste Hitler seinen kränkelnden Chef
des Generalstabes, Zeitzler, durch einen Mann ab, den er im Winter
1941/42 von der Front nach Hause geschickt hatte, weil er mit den Ansichten Hitlers nicht übereinstimmte. Als General Heinz Guderian, der vielleicht
angesehenste Panzerfachmann der Wehrmacht, in Rastenburg eintraf, um
seinen neuen Posten zu übernehmen, stellte er fest, daß die Büros des OKH
fast verwaist waren. Zeitzler war schon fort und halbwegs in Ungnade

gefallen. Auch Heusinger war nicht mehr da, und viele Abteilungschefs waren von der Gestapo festgenommen worden.

Eine der ersten Maßnahmen Guderians bestand darin, einen Tagesbefehl zu erlassen, in dem die Generäle, das Offizierkorps und alle Mannschaften des Heeres Hitler ihre unverbrüchliche Treue bestätigten. Am Wochenende ging Guderian noch weiter. »Jeder Generalstabsoffizier hat ein national-sozialistischer Führungsoffizier zu sein«, befahl er, »nicht nur... durch beispielhafte Haltung gegenüber politischen Fragen, sondern auch durch aktive Mitwirkung bei der politischen Schulung jüngerer Kommandeure im Einklang mit den Lehren des Führers.«[68] Jeder Offizier, der diese Aufgabe nicht übernehmen könne, sollte sofort seine Versetzung beantragen. Niemand tat es. In der Wehrmacht wurde der deutsche Gruß eingeführt. Die Unterwerfung der Elite des deutschen Offizierskorps, die 1933 begonnen hatte, kam zu einem schmählichen Abschluß.

Inzwischen zerbrach die Westfront angesichts einer mit starken Kräften geführten amerikanischen Offensive am Westflügel des Brückenkopfs in der Normandie. In der Abenddämmerung des 30. Juli fand bei Avranches eine schwere Panzerschlacht statt, und die letzte Barriere, die sich einem amerikanischen Durchbruch in das offene französische Hinterland noch in den Weg gestellt hatte, war überwunden. Warlimont und andere rieten dringend zu einer sofortigen Räumung Frankreichs solange es noch Zeit sei, aber Jodl gab sich damit zufrieden, Hitler den Entwurf eines Befehls vorzulegen, in dem von einem möglichen Rückzug aus dem Küstenabschnitt gesprochen wurde.

Am folgenden Abend drangen amerikanische Panzer in Avranches ein. Hitler wollte sich an die Westfront begeben, um dort die Führung zu übernehmen, aber sowohl Giesing als auch van Eicken untersagten es ihm, zu fliegen. In der Wolfsschanze festgehalten, konnte er nichts unternehmen, während sechs Divisionen unter George Patton durch die Lücke bei Avranches vorstießen und das Schicksal der deutschen Armeen in Frankreich besiegelten. Aber das war nur eine von zahlreichen Sorgen. Am 1. August griffen 35 000 schlechtbewaffnete Polen jeder Altersgruppe die deutsche Besatzung von Warschau an, und am folgenden Tag brach die Türkei die diplomatischen Beziehungen zum Deutschen Reich ab.

Irgendwie ließ er alle diese Sorgen hinter sich und spielte am 2. August die Rolle des interessierten Medizinstudenten. Er überschüttete Giesing mit Fragen über die Anatomie des Ohrs, zog sich einen weißen Arztkittel an und versuchte, mit einem am Kopf befestigten Spiegel in das rechte Ohr Linges zu sehen. Er konnte nichts erkennen. Nach dem zweiten vergeblichen Versuch schlug Giesing vor, er solle einen elektrischen Spiegel nehmen. »Ja!« rief er begeistert aus, »jetzt kann ich etwas sehen. Ich sehe deutlich den kleinen hellgelben Strich, das soll wohl der berühmte Hammergriff sein.« Nun mußte sich Linge umdrehen, und Hitler führte das Orthoskop in dessen

November 1943 – 21. Juli 1944   1015

linkes Ohr ein. Die Untersuchung fesselte ihn so sehr, daß er noch das Gehör
Linges mit einer Stimmgabel und einer Stoppuhr untersuchte. Fast schüchtern sagte er: »Wissen Sie, Doktor, als ich jung war, habe ich immer Arzt
werden wollen. Aber dann kam mein wirklicher Beruf auf mich zu, und ich
wußte, wo meine Aufgabe lag.« Kaum hatte Giesing ihn verlassen, als Hitler
seine Untersuchungen wieder aufnahm. Er ließ Linge und zwei SS-Ordon-
nanzen kommen und untersuchte sie so lange, bis er die Verwendung des
elektrischen Spiegels beherrschte. Dann forderte er ein Exemplar des Lehr-
buchs von Professor Knick über Hals-Nasen-Ohrenheilkunde an.[69]

Zwar hatte sich Hitlers Stimmung gebessert, aber er war immer noch so
benommen, daß er wie ein Matrose an Deck eines schlingernden Schiffs
breitbeinig gehen mußte. Trotzdem bestand er darauf, am 4. August mit
seinen Gauleitern zu sprechen. Als sie sich bei ihm meldeten, ging er von
einem zum anderen und schüttelte jedem die Hand. Viele, wie zum Beispiel
Friedrich Karl Florian aus Düsseldorf, konnten die Tränen nicht zurückhalten, als sie sahen, in welchem Zustand sich ihr Führer befand. »Sie
werden mich nicht falsch verstehen«, sagte Hitler, »wenn ich Ihnen versichere, daß ich während der vergangenen achtzehn Monate fest davon
überzeugt gewesen bin, eines Tages von jemandem aus meiner unmittelbaren Umgebung erschossen zu werden.« Er forderte sie auf, sich vorzustellen, wie schrecklich es sei, wenn man erkennt, daß man jeden Augenblick mit einem gewaltsamen Tod rechnen muß. Wie viel Energie habe er
aufbringen müssen, um alles für die Versorgung und die Sicherheit des
Volkes zu tun. Er habe überlegt, nachgedacht und alle diese Probleme
gelöst; und er habe es alles selbst tun können, ohne daß andere ihm dabei
halfen, während er von schweren Depressionen bedrängt wurde. Nach
diesem Klagelied setzte er sich mit den Männern zu einem Eintopf zu Tisch.
Am Ende der Mahlzeit stand Hitler mühsam auf und sagte: »Jetzt werde ich
mich zurückziehen und Sie, meine Herren . . .« damit legte er zwei Finger an
den Mund, seine Gäste nahmen ihre Zigaretten heraus, und er ging langsam
aus dem Zimmer, darauf bedacht, nicht zu stolpern.[70]

Himmler hatte kurz vorher der gleichen Gruppe von Parteifunktionären
versichert, er werde nicht nur die an der Verschwörung beteiligten Verbrecher, sondern auch ihre Familien zur Rechenschaft ziehen. »Die Familie
Graf Stauffenberg wird ausgelöscht werden bis ins letzte Glied.« Seine
Zuhörer klatschten begeistert Beifall. »Das muß ein einmaliges warnendes
Beispiel sein.«[71] In diesem Sinne ließ er die Verfolgungen energisch voran-
treiben. Die nächsten Angehörigen und auch weitentfernte Verwandte der
Hauptverschwörer wurden verhaftet, unter ihnen wenigstens zwölf mehr als
siebzig Jahre alte Frauen. Ungezählte Geheimagenten durchleuchteten jeden
Aspekt der Verschwörung, und zwar mit solcher Hingabe und Gründlich-
keit, daß das erste Gerichtsverfahren am 7. August beginnen konnte. Acht
Offiziere wurden vor den Volksgerichtshof unter dem Vorsitz Roland

1016   *Das Attentat*

Freislers gestellt, der sich bemühte, den Stil der Schauprozesse Stalins zu kopieren. Der von Hitler als »unser Wyschinski« bezeichnete Mann war angewiesen worden, hart und »blitzartig« zuzuschlagen.

Die Angeklagten betraten den großen Sitzungssaal des Kammergerichts in Berlin in alten, abgetragenen Anzügen. Sie sahen elend und ungepflegt aus. Die Verhandlung wurde von Filmkameras aufgenommen, um dem deutschen Volk zu zeigen, womit ein Verräter zu rechnen habe. Feldmarschall von Witzleben, dem man seine Zahnprothese fortgenommen hatte, sah aus wie ein Landstreicher in einer Filmkomödie, als er versuchte, seine viel zu weiten Hosen festzuhalten. Freisler in der dramatisch wirkenden roten Robe begann, die Beschuldigten anzuschreien: »Sie dreckiger alter Kerl! Was haben Sie immer an Ihren Hosen herumzufummeln?«

Das waren der Ton und die Ebene, in denen dieser Prozeß geführt wurde. Ein Protokollführer erinnert sich: »Noch nie in der deutschen Rechtsgeschichte sind Angeklagte mit einer derartigen Brutalität, mit einer derart fanatischen Rücksichtslosigkeit behandelt worden wie in diesem Prozeß.« Das Urteil stand schon fest. Mit trompetender Stimme sprach Freisler alle acht Angeklagten des Verrats am Führer schuldig (womit er recht hatte) und auch des Verrats gegen die deutsche Geschichte (was falsch war). Den besonderen Anordnungen Hitlers folgend wurden die acht Männer in das Gefängnis Plötzensee gebracht und in einen kleinen Raum geführt, in dem acht Fleischerhaken von der Decke hingen. Hier wurden die Verurteilten bis zum Gürtel ausgezogen und an Klaviersaiten aufgehängt und erdrosselt.[72] Die Zuckungen des Todeskampfs wurden gefilmt, und noch am gleichen Abend wurden die Aufnahmen in der Wolfsschanze vorgeführt. Speer berichtet, Hitler sei von dem Film begeistert gewesen und habe ihn sich immer wieder zeigen lassen. Aber sein Adjutant von Below und andere Angehörige seines vertrauten Kreises bestreiten bis heute, den Film je gesehen zu haben.[73]

Es folgten weitere Untersuchungen und Prozesse, aber nur die Hinrichtung der ersten acht Opfer wurde öffentlich bekanntgegeben. Fast 5000 Männer und Frauen, von denen die meisten nicht unmittelbar an dem Aufstand vom 20. Juli beteiligt gewesen waren, wurden hingerichtet.

9

Am 15. August landeten die Alliierten in Südfrankreich. Guderians Bemerkung, die Tapferkeit der Panzertruppe genüge nicht, das Versagen der Luftwaffe und der Kriegsmarine auszugleichen, erzürnte Hitler. Bei dem Versuch, sich zu beherrschen, ging er in ein Nebenzimmer, um unter vier Augen mit Guderian zu sprechen. Aber ihre Stimmen wurden so laut, daß ein Adjutant Hitler zuflüstern mußte, man könnte draußen jedes Wort hören. Der Offizier bat um die Erlaubnis, das Fenster zu schließen.[74]

November 1943 – 21. Juli 1944   1017

Was hier geschah, war nichts im Vergleich mit einem Auftritt am späten
Abend, als Hitler erfuhr, daß Feldmarschall von Kluge auf geheimnisvolle
Weise verschwunden sei. Es hatte den Anschein, der Oberbefehlshaber West
sei am gleichen Morgen an die Front gefahren, um sich dort mit dem Befehlshaber der Panzertruppen zu treffen. Aber er war nicht am verabredeten
Ort angekommen. Hitler brüllte, Kluge müsse an dem Bombenattentat
beteiligt gewesen sein und habe sich jetzt wahrscheinlich aus dem Staube
gemacht, um geheime Kapitulationsverhandlungen mit dem Feind zu
führen.

In Wirklichkeit war Kluge an der Front durch einen feindlichen Jagdbom-
berangriff aufgehalten worden. Dabei waren sein Fahrzeug und die beiden
Funkgeräte zerstört worden. Er hatte keine Möglichkeit, sich mit seinem
Stab in Verbindung zu setzen oder auf den verstopften Straßen weiterzu-
kommen, befand sich aber auch in einem persönlichen Dilemma. Während
er sich mit allen Mitteln bemühte, den Durchbruch der Alliierten aufzuhalten, war er von der Hoffnungslosigkeit der Lage überzeugt. Seit einem
schweren Autounfall in Rußland litt er an Depressionen und ging oft wie ein
gefangenes Tier im Käfig in seinem Büro auf und ab, hin- und hergerissen
zwischen dem Eid, den er Hitler geschworen hatte, und seiner »Verantwortung vor Gott, vor seinem Volk und vor seinem Gewissen.«

Spät nachts kam Kluge endlich an dem verabredeten Treffpunkt an.
Inzwischen hatte Hitler ihn jedoch schon durch Feldmarschall Model
ablösen lassen. Am 17. August traf Model in Frankreich mit einer handge-
schriebenen Notiz Hitlers ein und übernahm den Oberbefehl an der Westfront. Von der unerwarteten Entlassung tief getroffen saß Kluge an seinem
Schreibtisch. Er zeigte auf die Karte und sagte seinem Chef des Generalstabs: »Hier bei Avranches geht mein guter Soldatenname zugrunde. Es ist
doch alles zu Ende.« Am folgenden Tag fuhr er – wie Stülpnagel – in
östlicher Richtung ab und unternahm eine Fahrt über die alten französischen
Schlachtfelder. Wie Stülpnagel wollte er sich das Leben nehmen. Aber Kluge
gelang das Vorhaben. Bei Clermont-en-Argonne gab er, nachdem er im
Schatten eines Baumes etwas gegessen hatte, seinem Adjutanten einen Brief
an seinen Bruder und nahm eine Zyankalikapsel.

Ein zweiter Brief an Hitler war schon unterwegs. Nachdem Kluge die
Gründe dafür dargelegt hatte, weshalb er die alliierte Offensive nicht hatte
aufhalten können, flehte er Hitler an, den Krieg und damit das unaussprech-
liche Leiden des deutschen Volkes zu beenden. Hitler las den Brief in der
Wolfsschanze und gab ihn dann ohne Kommentar an Jodl weiter, der überrascht war, daß Kluge Hitler in den letzten Zeilen wegen seines eisernen
Willens, seiner Genialität und des großen und ruhmreichen Kampfes lobte,
den er gekämpft habe. »Zeigen Sie sich jetzt auch so groß, dem hoffnungs-
losen Kampf, falls es notwendig ist, ein Ende zu setzen.«[75] Der Brief war wie
ein Symbol der absoluten Demütigung der Wehrmacht, aber er war nicht

1018   *Das Attentat*

aus opportunistischen Motiven geschrieben. Kluge konnte nichts mehr
gewinnen; er hatte nur einen letzten Versuch unternommen, seinem Land
durch eine ernste Warnung an Hitler zu dienen.

Der Versuch war vergeblich. Immer noch glaubte Hitler an seinen historischen Auftrag, die Welt von den Juden befreien zu müssen; eine Aufgabe,
die sich, wie Eichmann im August meldete, ihrem Ende näherte. Er berichtete an Himmler, sechs Millionen Juden seien schon vernichtet worden, vier
Millionen in den Todeslagern und die übrigen bei mobilen Einsätzen. Angetrieben durch den raschen Vormarsch der Roten Armee und den Untersuchungen Konrad Morgens, der ebenfalls berechnet hat, daß sechs Millionen Juden getötet worden seien, gab Hitler dem Führer der SS, Himmler,
den Auftrag, den Abbruch aller Todeslager vorzubereiten – mit Ausnahme
freilich von Auschwitz.* Es gab immer noch Juden in Ungarn, Lodz, der
Slowakei und Theresienstadt, die vergast werden sollten, und der Kommandant Höß hatte alle Vorrichtungen, diese Maßnahme durchzuführen, vorausgesetzt, die Front im Osten hielt, und es kam nicht zu einem sowjetischen Durchbruch.[76]

10

Die militärische Lage war so verzweifelt, daß nur ein Mann mit solchen
Motiven nicht an eine Kapitulation denken konnte. Von der Ostsee bis zur
Ukraine hatten die Angriffe der Roten Armee die Wehrmacht an der gesamten Ostfront zum Rückzug gezwungen oder eingekesselt. Im Süden eroberten sowjetische Truppen die rumänischen Ölfelder; im Norden hatten sie
kurz zuvor fünfzig deutsche Divisionen eingeschlossen, und im Mittelabschnitt stießen sie gegen Warschau vor. Auf Hitlers persönlichen Befehl
wurden alle Vorbereitungen getroffen, den Sarg Hindenburgs aus dem
Mausoleum im Tannenbergdenkmal – vom Ort seines größten Sieges im
Ersten Weltkrieg – nach Westen zu bringen.

Am 24. August proklamierte Goebbels das Inkrafttreten drakonischer
Notstandsmaßnahmen. Alle Theater, Vergnügungslokale, Schauspielschu-
len und Kabaretts waren innerhalb einer Woche zu schließen. Bald, so
warnte er, würden auch alle Orchester, Musikschulen und Konservatorien
(mit Ausnahme weniger führender) geschlossen und die Künstler entweder
in Uniform gesteckt oder in die Rüstungsfabriken kommandiert werden. Die
Veröffentlichung aller Romane und belletristischen Werke sowie aller illustrierten Zeitschriften bis auf zwei wurde eingestellt.

Am folgenden Tag wurde Paris nach vier Jahren deutscher Besetzung
befreit. Rumänien und Finnland suchten um einen Waffenstillstand nach.

---

* Der Befehl, die Todeslager zu schließen, wurde am 24. November 1944 von Himmler
weitergegeben.

November 1943 – 21. Juli 1944   1019

Vierundzwanzig Stunden später erklärte Rumänien, das sich des Marschalls Antonescu mit einem Staatsstreich entledigt hatte, Deutschland den Krieg. Doch obwohl die Niederlage an allen Fronten bevorstand, wollte sich Hitler nicht beugen. Seine Reaktion auf Zeichen der Auflösung innerhalb der Wehrmacht war die Drohung, die nächsten Verwandten aller Deserteure einsperren zu lassen.

Am 31. August sagte er Keitel und zwei anderen Generälen, die Zeit sei noch nicht reif für eine politische Entscheidung. »Solche Momente können sich ergeben, wenn man Erfolge hat.« Es gäbe immer noch Hoffnung auf den Erfolg. Die Spannungen zwischen den Alliierten würden bald so groß werden, daß das Bündnis auseinanderbrechen müßte. Man brauchte nur auf den richtigen Augenblick zu warten, wie schwer das auch immer sei. In trüber Stimmung beschäftigte er sich mit den Problemen, die ihn im Osten und Westen konfrontierten, und bemitleidete sich. »Denn daß dieser Krieg für mich nichts Angenehmes ist, kann sich jeder vorstellen. Ich bin seit 5 Jahren hier von der anderen Welt abgeschlossen, ich habe kein Theater besucht, kein Konzert gehört, keinen Film mehr gesehen.« Zornig hob er die Stimme und sagte, er klage den Generalstab an, weil er nicht den Eindruck eiserner Entschlossenheit vermittle und damit die Moral der Frontoffiziere schwäche. Wenn Generalstäbler an die Front gingen, dann verbreiteten sie dort Pessimismus. Aber: »Wir werden unter allen Umständen diesen Kampf so lange führen, bis ... wir ... einen Frieden bekommen, der der deutschen Nation für die nächsten 50 oder 100 Jahre das Leben sichert und der vor allem unsere Ehre nicht ein zweites Mal so schändet, wie es im Jahre 1918 geschehen ist.« Dann schweiften seine Gedanken auf das Attentat ab: »Wenn mein Leben beendet worden wäre, wäre es für mich persönlich – das darf ich sagen – nur eine Befreiung von Sorgen, schlaflosen Nächten und einem schweren Nervenleiden gewesen. Es ist nur der Bruchteil einer Sekunde, dann ist man von allem erlöst und hat seine Ruhe und den ewigen Frieden.«[77]

Diese fatalistische Stimmung war vielleicht die Folge seines immer schlechter werdenden Gesundheitszustands. Zwar scherzte er mit seinen Sekretärinnen über seine rechte Hand, die so stark zitterte, daß er sich nicht mehr rasieren konnte, aber er war zusätzlich schwer erkältet, und dieser Zustand verschlimmerte sich durch unaufhörliche Ohrenschmerzen. Wenige Tage darauf kamen neue Komplikationen. Er spürte einen leichten Druck im Kopf, besonders in der Gegend der Augenbrauen. Seine Stimme wurde rauh. Er fing auch an, sich über Magenschmerzen zu beklagen, beachtete aber die Warnung von Dr. Giesing nicht, daß dies die Auswirkung der vielen Medikamente sein könnte, die Dr. Morell ihm verschrieben hatte. Doch Anfang September befolgte er eine Anordnung Giesings und nahm eine zehnprozentige Kokainlösung zur Linderung seiner Kopfschmerzen. Außerdem saß er gehorsam morgens und abends stundenlang über einem Inhalationsapparat.

Die Besuche von Giesing waren Hitler so angenehm, daß er dem Arzt die gleiche Dankbarkeit zeigte wie Morell. Aus der Dankbarkeit wurde Vertrauen, und der neue Arzt erfreute sich einer selten engen Beziehung zu Hitler. Auf die Behandlung folgten jedesmal lange Gespräche über die verschiedensten Themen; von der Zukunft des deutschen Reiches bis zur Schädlichkeit des Rauchens. Während all dieser Unterhaltungen machte sich Giesing auch weiterhin genaue Notizen. Außerdem unternahm er etwas viel Gefährlicheres. Er stellte im geheimen psychologische Tests an. Er tat es so vorsichtig und über einen so langen Zeitraum hinaus, daß Hitler nicht auf den Gedanken kam, solchen Versuchen ausgesetzt worden zu sein. Wie Giesing meinte, waren es recht primitive psychologische Tests, und dabei kam er zu der Diagnose, Hitler litte unter »neurotischem Größenwahn.«

So empfindlich Hitler während dieser Zeit der Schmerzen und Depressionen auch war, verlor er gegenüber seiner jüngsten Sekretärin Traudl Junge doch nie die Beherrschung und kümmerte sich stets um ihr persönliches Wohlergehen. Aber während einer Mittagsmahlzeit stellte sie fest, daß er sich recht eigenartig verhielt. Er sprach kein Wort mit ihr, und als sich ihre Blicke kreuzten, sah er sie ernst und fragend an. Sie überlegte sich, ob irgend jemand über sie Klatsch verbreitet haben könnte. Noch am gleichen Tag rief der SS-General Otto Hermann Fegelein an und bat sie zu sich. In väterlicher Weise legte er den Arm um sie und teilte ihr mit, ihr Mann sei an der Front gefallen. Der Chef, so erklärte er, wisse es seit gestern, habe es aber nicht fertiggebracht, ihr die traurige Nachricht selbst zu übermitteln. Später ließ Hitler sie in sein Arbeitszimmer rufen. Er nahm sie bei den Händen und sagte sanft: »Ach, mein Kind, es tut mir so leid. Ihr Mann war ein feiner Kerl.« Er bat sie, ihre Stellung zu behalten und versprach, ihr »immer zu helfen«.[78]

Anfang September erschien Professor van Eicken, um Hitler noch einmal zu untersuchen, und als er von den Injektionen und Tabletten Morells hörte, hielt er diese Behandlung für ebenso bedenklich wie Giesing und die beiden anderen Ärzte Hitlers, Brandt und Hasselbach. Die vier Doktoren hatten ein vertrauliches Kolloquium, aber van Eicken zweifelte daran, daß der Patient auf ihn mehr hören würde als auf den Rat seiner drei Kollegen, da sich Morell des uneingeschränkten Vertrauens von Hitler erfreute.

Eine Woche später sagte Hitler, er könne fast überhaupt nicht mehr schlafen. Er läge die ganze Nacht wach und hätte ständig Magenkrämpfe. Auch die Stirnhöhlenentzündung mache ihm zu schaffen. Die linke Kopfseite schmerze unaufhörlich. Dabei störte ihn besonders das ständige Rattern und Kreischen der Preßluftbohrer der Bauarbeiter, die den Auftrag hatten, seinen Bunker gegen erwartete russische Luftangriffe zu verstärken. Eine Nebenwirkung seines schlechten Gesundheitszustands war das Nachlassen seines erstaunlichen Gedächtnisses. Bisher hatte er nur einen Blick auf ein langes Schriftstück werfen müssen, um es anschließend Wort für

November 1943 – 21. Juli 1944   1021

Wort wiederholen zu können. Jetzt bereitete es ihm Schwierigkeiten, Namen zu behalten. Traurig meinte er, es sei ein glücklicher Umstand, daß er es jetzt nur noch mit so wenigen Menschen zu tun habe.

Am 12. September erlitt Hitler plötzlich einen Schwindelanfall, nachdem Giesing ihm Kokain verabreicht hatte. Er behauptete, ihm würde schwarz vor Augen, und griff nach einem Tisch, um nicht zu fallen. Sein Puls hatte sich beschleunigt und war schwach. Aber innerhalb von neunzig Sekunden war der Anfall überwunden, und der Puls normalisierte sich. Vielleicht war es eine leichte Herzattacke gewesen. Am 14. wiederholte sich ein ähnlicher Anfall. Diesmal brach ihm der kalte Schweiß aus. Er ließ Morell kommen, der ihm drei Injektionen gab, die ihm zunächst Erleichterung verschafften. Aber am 16. September kam es zu einer dritten leichten Attacke. Diesmal war er endlich bereit, die schon lange von Giesing geforderte Röntgenaufnahme von seinem Schädel machen zu lassen.[79]

29. Kapitel
Ardennenoffensive
(September 1944–17. Januar 1945)

1

Am 16. September erließ Hitler einen Befehl, der von jedem einsatzfähigen Soldaten der Westfront »fanatische Entschlossenheit« verlangte.[1] Die Amerikaner hatten die Reichsgrenze erreicht und an einer Stelle, südlich von Aachen, durchstoßen. »Es kann auf unserer Seite keine großräumigen Operationen geben. Wir können nichts anderes tun, als unsere Position zu halten oder zu sterben.« Es hatte den Anschein, als ob Hitler dazu aufrief, das Vaterland bis zum letzten Mann zu verteidigen; doch in Wahrheit verbarg sich dahinter eine Kriegslist, um den Feind zu täuschen. Hitler fürchtete, die Alliierten würden von einem Spion im Führerhauptquartier mit sämtlichen grundlegenden Befehlen des deutschen Oberkommandos versorgt. Als die reguläre Lagebesprechung beendet war, bat er vier der anwesenden Militärs in einen gesonderten Raum. Keitel, Jodl, Generalstabschef Guderian und General Kreipe, der Vertreter Görings, versammelten sich in diesem schmucklosen Besprechungszimmer und mutmaßten in gedämpftem Ton, welche Überraschung der Führer wohl noch für sie bereithalte, als er selbst hinzukam – gebeugt, blaß und matt; die Nachwirkungen der dritten Herzattacke. Seine blauen Augen waren wässerig, sein Blick wirkte abwesend.

Hitler nickte Jodl zu, der in knapper Form noch einmal die Lage umriß: Die Verbündeten waren entweder am Ende, oder sie suchten Anschluß an das Lager der Alliierten. Während die Wehrmacht noch immer neun Millionen Mann unter Waffen hatte, betrugen die Verlustziffern der letzten drei Monate rund 1,2 Millionen – fast die Hälfte davon an der Westfront. Im Osten hatte sich die Lage etwas beruhigt, nachdem die sowjetische Sommeroffensive scheinbar die gesteckten Ziele erreicht hatte. »Doch im Westen werden wir in den Ardennen wirklich auf die Probe gestellt werden«, fuhr Jodl fort. Durch dieses bergige Gelände in Belgien und Luxemburg waren die deutschen Armeen 1940 zu ihrem Siegeszug nach Westen vorgestoßen.

Als das Wort »Ardennen« fiel, wurde Hitler von einem Augenblick zum

September 1944 – 17. Januar 1945   1023

anderen lebhaft, hob die Hand und rief: »Halt!« Nach einer beklemmenden
Pause meinte er schließlich: »Ich habe eine wichtige Entscheidung getroffen.
Ich werde wieder in die Offensive gehen. Hier – von den Ardennen aus!« Er
schlug mit der linken Faust auf eine vor ihm liegende, noch eingerollte
Lagekarte. »Über die Maas und dann nach Antwerpen!«[2] Die vier Militärs
schwiegen verblüfft. Hitlers Körper richtete sich auf, die Augen begannen
Zuversicht auszustrahlen, die physischen Anzeichen der Krankheit und
drückender Sorgen schienen zu verschwinden; nun erinnerte er wieder an
den dynamischen Hitler des Jahres 1940. In den nächsten Tagen zeigte er
tatsächlich seine frühere Energie und Entscheidungsfreude und trieb die
Vorbereitungen für die ehrgeizige Gegenoffensive voran: Er erteilte die
Befehle für die Aufstellung einer neuen Panzerarmee und ließ Pläne für den
Transport von 250 000 Mann samt Waffen und Gerät in die Ardennen
ausarbeiten; diese Bereitstellung sollte unter absoluter Geheimhaltung vor
sich gehen.

Erst dann löste er das Versprechen ein, das er seinen Ärzten gegeben
hatte: Er ließ seinen Kopf röntgen. Am späten Nachmittag des 19. September
wurde er in ein Lazarett in Rastenburg gefahren und dort zur Röntgenaufnahme geleitet – der Raum war zuvor sorgfältig nach Sprengladungen
abgesucht worden. Anschließend besuchte er noch einmal seine bei dem
Attentat verletzten Mitarbeiter; bei dem Anblick des sterbenden Generals
Schmundt kamen ihm die Tränen.*

Als Hitler das Lazarett verließ, wurde er von Zivilisten und genesenden
Soldaten mit lauten »Sieg Heil!«-Rufen begrüßt. Ihre Aufregung beim Anblick des Führers, den sie wahrscheinlich zum ersten Mal sahen, war verständlich; doch am meisten beeindruckte Dr. Giesing der Ausdruck glühender Begeisterung in den Augen der Amputierten und anderer Männer mit
schweren Verwundungen. Am nächsten Morgen prüfte Giesing gemeinsam
mit Morell die Röntgenaufnahmen und war erstaunt, daß der Leibarzt des
Führers die Jochbeinknochen als die Nebenhöhlen identifizierte. Dann
wurde der »Patient A« (Morell) in seinem Bunker, wie an jedem Tag, untersucht; Giesing fiel auf, daß Hitlers Gesicht in dem künstlichen Licht eine
rötliche Färbung annahm. Kurz darauf wurde der Führer wieder von seinen
Magenschmerzen heimgesucht und bestand darauf, mehr als ein halbes
Dutzend der »kleinen schwarzen Pillen« einzunehmen, die Morell ihm ver-
ordnet hatte. Besorgt über die ständige hohe Dosis, begann Giesing vertraulich Nachforschungen anzustellen. Linge zeigte ihm die Packung mit der
Aufschrift: »Dr. Kösters Antigas-Pillen (Extr. nuc. vom. 0,04, extr. bellad.
0,04.)«

---

* Als Hitler die Nachricht vom Tode Schmundts erhielt, weinte er. »Bitte erwarten Sie
nicht von mir, daß ich Sie tröste«, sagte er der Witwe des Generals. »Sie müssen mich
trösten wegen des großen Verlustes, den ich erlitten habe.«[3]

Dr. Giesing war entsetzt. Hitler setzte sich den Wirkungen zweier Gifte aus — Strychnin und Atropin. Vielleicht erklärte das seine Anfälle und die wachsende Hinfälligkeit, seine krankhafte Erregbarkeit, die Abneigung gegen das Sonnenlicht, seine Heiserkeit und die rötliche Hautfärbung. Am 24. September wurde ein Elektrokardiogramm gemacht, aus dem sich Verkalkungen der Herzkranzgefäße und krankhafte Veränderungen der linken Herzkammer ergaben. Insgesamt gesehen, hatte sich Hitlers Gesundheitszustand alarmierend verschlechtert. Er klagte über Schmerzen in den Eingeweiden: »Die Krämpfe sind so heftig, daß ich manchmal laut schreien möchte.«[4]

Nach der nächsten Behandlung am 25. September bemühte Dr. Giesing sich mit Erfolg, Hitler einmal außerhalb des Bunkers zu sehen. Er stellte überrascht fest, daß die Hautfarbe des Führers in Wahrheit nicht rötlich, sondern gelblich war, und auch die Augen begannen sich gelblich zu verfärben. Offenkundig litt Hitler an Gelbsucht. Nach einer Nacht, in der er von Schmerzen gepeinigt wurde, vermochte Hitler am nächsten Morgen das Bett nicht zu verlassen. Seine Sekretärinnen, Adjutanten und SS-Diener waren auf das Äußerste besorgt; keiner von ihnen konnte sich daran erinnern, daß der »Chef« jemals im Bett geblieben wäre — wie krank er auch gewesen sein mochte. Hitler wollte niemanden sehen und lehnte jede Nahrung ab. Otto Günsche, sein SS-Adjutant, schilderte Traudl Junge in großer Aufregung, er habe den Führer noch nie so hinfällig und desinteressiert gesehen. Selbst die kritische Lage an der Ostfront schien ihn nicht zu interessieren.

Morell riet Hitler, den Tag über im Bett zu bleiben, doch der Führer bestand darauf, zur regelmäßigen Untersuchung durch Dr. Giesing aufzustehen. Dieser erklärte dem Patienten, es sei besser, die Kokainbehandlung nicht fortzusetzen; doch Hitler schüttelte nur müde den Kopf: »Nein, lieber Doktor, machen Sie das nur ruhig weiter. Ich glaube, daß meine körperliche Schwäche in den letzten Tagen mit meiner schlechten Darmfunktion und den Krämpfen zusammenhängt.« Giesing äußerte Bedenken und warnte seinen Patienten dann, er müsse vorsichtig sein, um nicht einen weiteren Kollaps heraufzubeschwören. Dann verabschiedete sich der Arzt — nicht ohne zuvor eine Packung der von Morell verschriebenen Antigaspillen eingesteckt zu haben, die er anschließend Dr. von Hasselbach zeigte. Auch der war entsetzt, daß diese Medikamente Strychnin und Atropin enthielten, riet Giesing jedoch dringend, darüber zu schweigen, bis sie Gelegenheit hätten, die Sache mit Dr. Brandt zu besprechen.

Unterdessen hatte Leibarzt Morell Anweisung gegeben, kein anderer Arzt dürfe zu Hitler vorgelassen werden; und als Giesing sich am 27. September zu einer weiteren Behandlung meldete, wurde er von Kammerdiener Linge wieder fortgeschickt. Selbst Dr. van Eicken, der aus Berlin gekommen war, um die entzündeten Nasennebenhöhlen des Führers auszuspülen, wurde nicht vorgelassen. Morell tat, was er konnte, um den »Patienten A« von

September 1944 – 17. Januar 1945

anderen Ärzten zu isolieren. Er wies die Diagnose Giesings, Hitler leide an Gelbsucht, kategorisch zurück und erklärte, wahrscheinlich handele es sich um eine Gallenblasenentzündung. Hitler verlor in diesen Tagen sechs Pfund Gewicht und lag im Bett, von Schmerzen gepeinigt. Er aß nichts und zeigte kaum Interesse für die Lageberichte von den Fronten. Hin und wieder ließ er eine seiner Sekretärinnen rufen, entließ sie jedoch schon nach wenigen Minuten wieder. »Mich erfaßte ein Gefühl der Verzweiflung«, erinnerte sich Traudl Junge, »mitansehen zu müssen, wie der einzige Mann, der in der Lage gewesen wäre, diese Tragödie mit einem Federstrich zu beenden, apathisch in seinem Bett lag und mit müden Augen umherblickte – während ringsum die Hölle ausgebrochen war. Es schien mir, als ob sein Körper plötzlich gespürt hätte, wie sinnlos alle Anstrengungen des Intellekts und des Willens gewesen waren, und nun streikte. Er hatte sich einfach hingelegt und zu erkennen gegeben: ›Ich will überhaupt nichts mehr tun‹.«[5] Doch Hitlers depressive Verfassung war nicht allein die Folge ständiger Schmerzen. In einem Safe des OKH-Hauptquartiers in Zossen waren weitere Dokumente entdeckt worden, aus denen hervorging, daß eine große Gruppe von Offizieren des OKH zu den Mitwissern der Verschwörung gehört hatte. Hitler war zutiefst betroffen, und einige Mitglieder des damaligen »Hofes« behaupten, mehr als die Gelbsucht oder die Magenschmerzen habe diese Nachricht seinen Verfall beschleunigt.

Dr. Brandt kehrte am 29. September in die »Wolfsschanze« zurück. Erleichtert über die Möglichkeit, Morell endlich als Scharlatan entlarven zu können, ließ er sich am Nachmittag bei Hitler melden. Zunächst nahm der Führer Brandts Vorwürfe gegen Morell ernst; doch dem Leibarzt gelang es schnell, seinen Patienten wieder für sich einzunehmen und ihm die Überzeugung zu vermitteln, die gegen seine Behandlung erhobenen schweren Bedenken seien völlig grundlos. Mögliche Nachwirkungen der von ihm verschriebenen Antigas-Pillen seien darauf zurückzuführen, daß der Führer die tägliche Dosis auf eigene Faust erhöht habe. Brandt, der Verlierer dieser Auseinandersetzung, war verzweifelt und überließ es nun seinen Kollegen, Morell zu entmachten. Hasselbach wandte sich in dieser Angelegenheit an Bormann. Der Sekretär des Führers war der letzte, den die Ärzte sich als Bundesgenossen hätten aussuchen dürfen, denn Bormann hatte monatelang getan, was er konnte, um Brandt auszuschalten. Für ihn war dieser Arzt in erster Linie ein enger Vertrauter des Rüstungsministers Albert Speer, dessen »gefährlichen« Einfluß auf den Führer Bormann unter allen Umständen zu beseitigen trachtete. Nachdem er Hasselbachs Schilderung höflich zur Kenntnis genommen und seine Bestürzung über die Sache mit den Pillen zu erkennen gegeben hatte, ging Bormann prompt zu Hitler und warnte ihn, Hasselbach und Giesing hätten sich mit Brandt verbündet, um den armen Morell zu schädigen, und zwar zum eigenen Nutzen.[6]

Daraufhin wurde außer Morell zunächst kein anderer Arzt mehr zu Hitler vorgelassen; Bormann schien sein Spiel gewonnen zu haben. Doch am späten Nachmittag des 1. Oktober rief Kammerdiener Linge bei Dr. Giesing an: Der Führer leide an heftigen Kopfschmerzen und wünsche, daß Dr. Giesing unverzüglich zur Behandlung zu ihm komme. Hitler lag in einem einfachen Bett und trug ein Nachthemd. Er grüßte den Arzt, indem er den Kopf etwas hob, ließ ihn jedoch gleich wieder in das Kissen sinken. Seine Augen waren ausdruckslos. Er klagte über Druckgefühl im Kopf; durch das linke Nasenloch könne er nicht atmen. Als Giesing sich an das Bett setzte, wechselte Hitler abrupt das Thema: »Doktor, wie sind Sie auf die Geschichte mit den Antigastabletten gekommen?«

Giesing erläuterte den Hergang der Angelegenheit; doch Hitler nahm diese Darstellung mit einem Stirnrunzeln zur Kenntnis: »Weshalb sind Sie nicht direkt zu mir gekommen? Wußten Sie nicht, daß ich großes Zutrauen zu Ihnen habe?« Der Arzt spürte ein Frösteln – es lag nicht an der Temperatur in dem kleinen Bunkerraum. Er setzte Hitler auseinander, man habe ihn nicht vorgelassen. Doch der Führer tat das ebenso mit einem Achselzucken ab wie die von Giesing geäußerte Überzeugung, seine Darmbeschwerden seien eine Folge der Strychnin-Behandlung. Unter derartigen Krämpfen habe er häufiger gelitten, wenn auch nicht so schmerzhaft. »Es sind eben die dauernden Sorgen und Aufregungen, die mich keinen Augenblick zur Ruhe kommen lassen, und Tag und Nacht arbeite und denke ich nur für das deutsche Volk.« Doch nun fühle er sich schon sehr viel besser, und in ein paar Tagen werde er wieder aufstehen können. »Sie haben dem Morell einen großen Schrecken eingejagt«, meinte er, »er sieht ganz bleich und verstört aus und er macht sich selbst die größten Vorwürfe. Aber ich habe ihn schon beruhigt. Ich selbst habe immer geglaubt, es seien einfache Kohletabletten zum Aufsaugen meiner Darmgase, und ich habe mich immer besonders wohl danach gefühlt, wenn ich sie einnahm.«

Giesing entgegnete, dieses Gefühl des Wohlbefindens sei eine Illusion. »Was Sie sagen, Doktor, stimmt alles«, unterbrach Hitler ihn, »aber geschadet hat mir das Zeug sicher nicht viel, meine Darmkrämpfe hätte ich auch so bekommen, durch die dauernde nervöse Anstrengung der letzten Monate und einmal muß sich ja auch der 20. Juli bei mir irgendwie auswirken. Ich habe das bis jetzt mit Gewalt in mir selber zurückgehalten und jetzt ist es eben zum Ausbruch gekommen.«

Giesing wiederholte noch einmal seine Diagnose, es handele sich um Gelbsucht, doch Hitler wollte davon nichts wissen. »Nun machen Sie aus mir nicht noch einen gallenkranken Mann. Aber Sie können ja meine Gallenblase einmal untersuchen.« Hitler schlug die Bettdecke zurück, so daß Giesing beginnen konnte.

Der Arzt prüfte die neurologischen Reflexe und untersuchte nicht nur die Drüsen, sondern alle Teile des Körpers. Er überzeugte sich bei dieser Gelegenheit, daß die Gerüchte über anomal ausgebildete Sexualorgane Hitlers nicht

September 1944 – 17. Januar 1945　　　　　　　　　　　1027

den Fakten entsprachen; in dieser Hinsicht war Hitler körperlich intakt und völlig normal.*[7]

Hitler zeigte sich am Verlauf der Untersuchung sehr interessiert und erkundigte sich nach den Einzelheiten. »Sehen Sie, Doktor«, meinte er, als Linge und Giesing ihm wieder in das Nachthemd halfen, »abgesehen von dieser nervösen Übererregbarkeit habe ich doch ein ganz gesundes Nervensystem, und ich hoffe, daß auch bald wieder alles gut werden wird...« Er redete sich selbst in einen euphorischen Zustand hinein, dankte Giesing für alles, was er für ihn getan habe, und meinte dann: »Jetzt hat die Vorsehung Sie mir auch noch geschickt, daß Sie diese Antigasgeschichte gefunden haben, und Sie haben mich doch vor einem weiteren Körperschaden bewahrt, denn ich hätte die Tabletten ... sicher immer weiter gegessen.« Dieser paradoxen Schlußfolgerung schloß sich ein verblüffender Ausbruch von Dankbarkeit und Lob an, als Giesing bescheiden abwehren wollte: »Nein, lieber Doktor, das war eben die Bestimmung durch die Vorsehung, daß Sie darauf aufmerksam wurden, ein anderer Arzt hätte das vielleicht gar nicht bemerkt oder sich gar nichts dabei gedacht. Ich bin Ihnen jedenfalls sehr dankbar für alles und werde Ihnen gegenüber immer loyal bleiben, auch wenn Sie Morell angegriffen haben, und ich danke Ihnen nochmals für alles.« Er nahm die Hände des Arztes, drückte sie fest und meinte dann: »Sehen Sie bitte noch einmal in meine Nase und machen Sie das Kokainzeug hinein«. Hitler gab nach wenigen Augenblicken zu erkennen, daß es ihm bereits deutlich besser gehe; er sei zwar noch matt, doch sein Kopf werde frei, und bald könne er aufstehen, jedenfalls fühle er sich so. Doch dann wurden seine Worte schwächer, er schloß die Augen, und wurde blaß. Giesing fühlte sofort den Puls, der beschleunigt und schwach war. Er fragte: »Mein Führer, wie fühlen Sie sich?«, erhielt jedoch keine Antwort. Hitler hatte einen Schwächeanfall erlitten und war ohnmächtig geworden.

Der Arzt blickte sich um; Linge hatte den Raum verlassen, da irgend jemand an der Tür zum Wohnzimmer Hitlers geklopft hatte. Giesing schoß der Gedanke durch den Kopf, der Führer sei ihm nun völlig ausgeliefert. Er sah vor sich einen Tyrannen liegen, dessen Wissen über die Menschen ihm sehr ungenügend zu sein schien: »In diesem Augenblick«, so notierte er später in seinem Tagebuch, »wollte ich nicht mehr, daß ein solcher Mann weiter existiert und weiter in seiner rein subjektiven Art Todesurteile bestätigt oder begnadigt.«

Er tauchte – wie er berichtet – einen Tupferträger in das Kokainfläschchen. Eine zweite Dosis hätte tödlich sein können. Dann begann er, das

---

* Zumindest zwei weitere Ärzte haben Hitler gründlich untersuchen können. Dr. Morell kam zu dem Ergebnis, die Geschlechtsorgane seien »völlig normal«. Die gleiche Feststellung hatte kurz nach der Machtübernahme ein Arzt im Berliner Westend-Krankenhaus getroffen, der bei einer Untersuchung Hitlers wegen Behauptungen über homosexuelle Neigungen des Führers dem Penis und den Hoden besondere Aufmerksamkeit widmete.

Naseninnere mit der Substanz zu bestreichen, die Hitler eben hatte ohnmächtig werden lassen. Giesing war noch dabei, das linke Nasenloch mit Kokain zu bestreichen, als Linge zurückkam und ihn fragte, wie lange die Behandlung noch dauern werde. Der Arzt entgegnete, er sei gleich fertig. Hitler war unterdessen noch blasser geworden; im Gesicht und an den Beinen zeigten sich krampfartige Zuckungen. Linge meinte: »Nun bekommt der Führer wieder seine Darmkrämpfe. Lassen Sie ihn jetzt in Ruhe; er will wohl jetzt schlafen.« Äußerlich ruhig, verabschiedete Giesing sich von Linge und fuhr mit einem Fahrrad in raschem Tempo zum Lazarett – erfüllt von der bangen Überlegung, ob er jetzt Hitler umgebracht habe. Entsetzt rief er seinen Kollegen von Hasselbach an, erzählte ihm, was vorgefallen war, und kündigte an, er werde einen Tag abwesend sein, er müsse nach seiner Praxis in Berlin sehen.[8]

Am nächsten Tag rief Giesing von Berlin aus an und erfuhr, daß Hitler nicht nur am Leben war, sondern daß auch niemand eine doppelte Kokainbehandlung vermutete. Er konnte ohne Risiko in die »Wolfsschanze« zurückkehren. Dort traf er eine Stimmung an, die er als argwöhnisch empfand – doch nicht bei Hitler, der ihm mit der gleichen Freundlichkeit begegnete wie bisher. Er bekräftigte noch einmal, die Sache mit den Antigas-Pillen sei Vergangenheit; er habe »totales Vertrauen« zu Morell. Für den Nachmittag habe er Dr. Brandt zu sich bestellt, um die Sache abschließend zu bereinigen. Hitler tat das, indem er Brandt wie von Hasselbach fallenließ. Am frühen Abend wurde Giesing zu Bormann gerufen. »Aber, lieber Herr Doktor«, meinte Hitlers Sekretär leutselig, als er sah, daß der Arzt in Uniform erschienen war, »weshalb kommen Sie so offiziell? Ich wollte nur etwas mit Ihnen besprechen.« Er schien sich über Giesings Befürchtungen zu amüsieren. »Sie brauchen die ganze Sache nicht so tragisch zu nehmen. Wir haben hier nichts gegen Sie, im Gegenteil, der Führer ist des Lobes voll von Ihnen und er hat mich beauftragt, Ihnen zu danken, und ich überreiche Ihnen diesen Brief.« Der Umschlag enthielt ein Schreiben mit einem Dank für die ausgezeichnete Behandlung, und einen Scheck über 10000 Reichsmark. Giesing legte den Scheck auf den Tisch; er wollte das Geld nicht annehmen, woraufhin Bormann ihm bedeutete, das könne er nicht machen; eine Zurückweisung des Schecks würde Hitler kränken.

Nachdem er gepackt hatte, meldete Giesing sich im Führerbunker. Hitler reichte ihm die Hand und meinte: »Sie werden einsehen..., daß diese Antigaspillenangelegenheit einmal bereinigt werden muß. Ich weiß, daß Sie selbst nur aus Idealismus und rein ärztlichen Berufsmotiven gehandelt haben.« Erneut dankte er dem Arzt für die hervorragende Behandlung und beförderte ihn zum Oberstabsarzt.[9]

So endete die Sache mit den kleinen schwarzen Pillen – sie führte zur Entlassung von drei Ärzten, die sich eines ausgezeichneten Rufes erfreuten. Nur wenige Mitglieder des »Hofes« schenkten den Gerüchten Glauben,

September 1944 – 17. Januar 1945 1029

Morell habe absichtlich versucht, den Führer zu vergiften. Die meisten teilten die Meinung Gerda Christians, Morell sei trotz seiner ungepflegten äußeren Erscheinung und der darin zum Ausdruck kommenden Schlampigkeit ein guter Arzt. Und selbst die drei Mediziner, die ihn der Unfähigkeit bezichtigten, glaubten nicht, daß er geplant habe, Hitler durch die ständige Verordnung gifthaltiger Medikamente umzubringen. Sie erinnerten sich an die von Entsetzen geprägten Gesichtszüge Morells, als Brandt ihm erklärte, diese Pillen – die in kleinen Dosen genommen, harmlos waren – enthielten Strychnin. Der Leibarzt hatte offenbar die Angaben auf der Packung über die Zusammensetzung des Medikaments nicht oder nicht genau gelesen, und so traf ihn die Mitteilung Brandts wie ein Schlag.

Als Hitler das Krankenbett wieder verlassen hatte, lagen handfeste Beweise dafür vor, daß Feldmarschall Rommel zu den Mitwissern der Verschwörung vom 20. Juli gehörte. Daraufhin wurden zwei Generäle mit einer ungeheuerlichen Mission beauftragt: Sie erschienen am 14. Oktober bei Rommel, der sich von den bei einem Tieffliegerangriff erlittenen Verwundungen in seinem Haus in der Nähe von Ulm erholte. Als sie den Marschall nach einer Stunde wieder verließen, ging Rommel, fahl im Gesicht, zu seiner Frau und erklärte ihr: »In einer Viertelstunde bin ich tot«. Er werde der Teilnahme an der Verschwörung beschuldigt, und Hitler habe ihn vor die Wahl gestellt, entweder Gift zu nehmen, oder sich vor dem Volksgerichtshof verantworten zu müssen.

Nachdem er sich von seiner Frau und seinem Sohn verabschiedet hatte, nahm Rommel seinen Adjutanten Aldinger beiseite und sagte ihm: »Es ist soweit«. Er wiederholte die Alternative, die ihm von den beiden Generälen eröffnet worden war, und schilderte dem jungen Offizier, wie sie verwirklicht werden sollte: Er werde mit den beiden Besuchern in Richtung Ulm fahren und unterwegs Gift nehmen. Eine halbe Stunde später werde sein Tod gemeldet. Er erhalte ein Staatsbegräbnis, und seine Familie werde keinerlei Verfolgungen ausgesetzt sein. Aldinger versuchte Rommel zum Widerstand zu überreden, erhielt jedoch die Antwort, das sei unmöglich; das Dorf sei von SS-Einheiten umstellt, und die Verbindung zu den von ihm befehligten Truppen sei unterbrochen. Er habe sich daher entschlossen, das zu tun, was offenkundig unumgänglich sei.

Um 13.05 Uhr fuhr Rommel – er trug seine legendäre Lederjacke aus dem Afrika-Feldzug und seinen Marschallstab – mit den beiden Generälen davon. Auf dem Weg nach Ulm verübte er Selbstmord. Der Tod sei, wie es in einem ärztlichen Bulletin hieß, durch eine Embolie eingetreten, die auf die vorhergegangenen Schädelverletzungen zurückzuführen sei. Das Gesicht des Toten, so erinnerten sich seine Angehörigen, sei durch einen »Ausdruck ungeheurer Verachtung« geprägt gewesen.[10]

2

Ende September 1944 hatte Hitler drei Bündnispartner verloren: Finnland, Rumänien und Bulgarien. Im Oktober fiel ein weiterer Verbündeter ab: Horthy, der ungarische Admiral ohne Marine, der Reichsverweser eines Königreiches ohne König war, ließ in Moskau um einen Waffenstillstand ersuchen. Ohnehin war die Fiktion seiner politischen Unabhängigkeit mit der Besetzung seines Landes durch deutsche Truppen einige Monate zuvor zerstoben – nun stand die Rote Armee weniger als zweihundert Kilometer vor Budapest. Da in der Metropole politische Geheimnisse normalerweise laut und deutlich in den Cafés diskutiert wurden, war Hitler über die Verhandlungen Horthys mit Stalin genau informiert. Während die ungarischen Beauftragten in Moskau erfolglos bemüht waren, bessere Bedingungen auszuhandeln, schickte Hitler seinen besten Mann für handstreichartige Kommando-Unternehmen, Otto Skorzeny, mit dem Auftrag nach Budapest, die politische Führung des Landes zur Räson zu bringen. Skorzeny führte diesen Befehl mit einem Minimum an Blutvergießen aus. Er entführte Horthys Sohn Miki, der in einen Teppich gerollt – die Idee hatte Skorzeny Shaws Schauspiel »Caesar und Cleopatra« entnommen – und zum Flughafen transportiert wurde. Dann besetzte Skorzeny mit einem Fallschirmjäger-Bataillon die Zitadelle, in der Horthy lebte und arbeitete – das Unternehmen dauerte nur eine halbe Stunde und kostete sieben Menschenleben.

Sechs Tage später wurde Skorzeny von Hitler in der »Wolfsschanze« mit einem überaus freundlichen »Gut gemacht« begrüßt. Der Führer ließ sich die Einzelheiten schildern und amüsierte sich über die Umstände, unter denen der junge Horthy entführt worden war. Als Skorzeny sich schließlich erhob, um zu gehen, hielt Hitler ihn zurück: »Ich habe Ihnen heute den vielleicht wichtigsten Auftrag Ihres Lebens zu erteilen.« Er unterrichtete den SS-Offizier über die geplante Offensive in den Ardennen und erläuterte ihm, er sei dazu ausersehen, diejenigen Kommandos auszubilden, die hinter den feindlichen Linien in amerikanischen Uniformen und mit Fahrzeugen der US-Army operieren sollten, um Brücken über die Maas zu besetzen, Gerüchte auszustreuen, falsche Befehle zu erteilen und mit allen Mitteln Verwirrung und Panik zu erzeugen.[11]

Unterdessen hatte Jodl dem Führer die unter seiner Leitung ausgearbeiteten Pläne für die Offensive vorgelegt. Sie sollte zunächst die symbolische Bezeichnung »Christrose« erhalten; doch an diesem Morgen hatte Hitler sich für die »Wacht am Rhein« entschieden, um die feindlichen Nachrichtendienste zu täuschen. Vorgesehen war der Einsatz von drei Armeen mit zwölf Panzer- und achtzehn Infanteriedivisionen. Die »Wacht am Rhein« basierte auf zwei Voraussetzungen: vollständiger Überraschung und einer Wetterlage, die die alliierte Luftwaffe am Boden hielt. Die Planung sah einen Durchbruch auf breiter Front vor; die Maas sollte am zweiten Tag

September 1944 – 17. Januar 1945 1031

überquert, und am siebenten Tag sollte Antwerpen erreicht werden. Hitler wollte nicht nur mehr als dreißig amerikanische und britische Divisionen zerschlagen, sondern psychologisch und operativ einen großen Keil zwischen die Briten und die Amerikaner treiben. Diese Niederlage, so hoffte er, würde so verheerend sein, daß die Westmächte zu einem Separatfrieden bereit wären. Dann wollte er die gesamte Wehrmacht gegen die Rote Armee einsetzen. Um absolute Geheimhaltung sicherzustellen, wurden nur wenige Militärs in die Planung eingeweiht; auf jeder Befehlsebene lautete die Codebezeichnung anders und wurde alle zwei Wochen geändert. Telefon und Fernschreiber waren für die Informationsübermittlung verboten; statt dessen fungierten Offiziere mit einer besonderen Schweigeverpflichtung als Kuriere. Nur mit derartigen Vorsichtsmaßregeln, so erklärte Hitler, könne der gegnerische Agent, den er im Hauptquartier vermutete, in die Irre geführt werden.

Generalfeldmarschall Walter Model, den Hitler persönlich für die Leitung der Operationen ausgewählt hatte, studierte die Pläne mit Bestürzung. »Das verdammte Ding hat kein Bein, auf dem es stehen kann!« knurrte er.[12] Feldmarschall von Rundstedt teilte Models Bedenken und bot eine Alternativplanung an – in einem bescheideneren Rahmen, mit dem Einsatz von insgesamt zwanzig Divisionen auf einem rund 70 Kilometer breiten Frontabschnitt. Doch Hitler quittierte diesen Vorschlag mit sarkastischer Ablehnung: »Anscheinend erinnern Sie sich nicht an das Beispiel Friedrichs des Großen. Bei Rossbach und Leuthen schlug er Feinde, die doppelt so stark waren wie er. Und wie? Durch einen kühnen Angriff«. Es war immer wieder das Gleiche: Seinen Generälen fehlte der Einfallsreichtum für eine wirklich große Lösung. »Weshalb studieren Sie nicht die Geschichte?«

Geduldig setzte der Führer seinen Militärs auseinander, wie der große König ein enormes Risiko eingegangen sei, und wie sich plötzlich, gleichsam als Belohnung für so viel Wagemut, ein unvorhersehbares historisches Ereignis eingestellt habe: Die übermächtige Koalition gegen Preußen zerbrach. Und der König, der eben noch einer katastrophalen Niederlage entgegenzutreiben schien, errang statt dessen einen strahlenden Sieg.

»Die Geschichte wird sich wiederholen«, meinte er. Seine Augen glänzten. Dies war der alte Hitler, voller Selbstvertrauen, von Visionen erfüllt. »Die Ardennen werden *mein* Rossbach und Leuthen sein. Und im Ergebnis wird es wieder zu einem unvorhersehbaren historischen Vorgang kommen: Das Bündnis gegen das Reich wird plötzlich auseinanderbrechen!«

Sein eigenes Bündnis mit Japan hatte nur noch geringen Wert. Denn das Inselreich war gerade von einem verheerenden Schlag getroffen worden. Die Streitkräfte MacArthurs waren nicht nur erfolgreich auf der Philippinen-Insel Leyte gelandet, sondern in der darauffolgenden Seeschlacht hatte die japanische Marine rund 300 000 Tonnen Tonnage verloren: vier Flugzeugträger, drei Schlachtschiffe, sechs schwere und drei leichte Kreuzer und zehn

Zerstörer. Dieser Aderlaß bedeutete, daß die Kriegsmarine des Kaisers in der ohnehin hoffnungslos gewordenen Verteidigung des Mutterlandes künftig nur noch eine Statistenrolle spielen konnte. Und die japanischen Truppen in der Mandschurei waren für Hitlers Todfeind, die Rote Armee, keinerlei Bedrohung mehr, denn sie wurden in aller Eile eingeschifft, um gegen die Amerikaner in den Kampf geworfen zu werden.

Am 10. November unterzeichnete Hitler den entscheidenden Befehl für die Vorbereitungen zur Ardennenoffensive. Er brachte klar zum Ausdruck, daß nun alles auf eine Karte gesetzt wurde. Doch die ganze kategorische Diktion dieses Dokuments stieß bei den Befehlshabern an der Westfront auf Einwände, und so beschloß Hitler, das Hauptquartier »Wolfsschanze« zu verlassen und den Kommandeuren persönlich zu erläutern, worum es nun gehe – trotz eines plötzlichen Rückfalls, der nicht nur seinen körperlichen Zustand, sondern auch seine Psyche verschlechterte. Seine Heiserkeit hatte zugenommen, und eine Untersuchung durch Professor van Eicken ergab, daß sich am rechten Stimmband ein kleines Gewächs gebildet hatte. Er war reizbar und deprimiert; Besucher waren von seinem Anblick erschüttert. Entgegen den Anordnungen seines Leibarztes Morell schleppte er sich von dem einfachen Feldbett, auf dem er lag, zum Lageraum und ließ sich, schwer atmend, in einen Stuhl fallen. Um ihn für diese Konferenzen überhaupt aufrecht zu halten, mußte Morell ihm zahlreiche Injektionen verabreichen.

Den Rat, vor einer beschwerlichen, in seinem Zustand möglicherweise lebensgefährlichen Reise einen, wenn auch kurzen Erholungsurlaub zu machen, lehnte Hitler ab; er hielt es für unbedingt erforderlich, die militärischen Führer der geplanten Offensive mit Zuversicht, Schwung und Begeisterung zu erfüllen. Am 20. November bestieg er mit seiner Umgebung den Sonderzug. Er muß sich darüber im klaren gewesen sein, daß er das Hauptquartier »Wolfsschanze« nicht wiedersehen würde, doch er suchte die gegenteilige Vorstellung aufrechtzuerhalten, indem er die Genehmigung für die Fortsetzung der nach dem Attentat eingeleiteten Umbauarbeiten erteilte. Der Zug setzte sich im Morgengrauen in Bewegung, da Hitler nach Einbruch der Dunkelheit in Berlin eintreffen wollte. Bis zum Mittagessen blieben die Jalousien seines Abteils heruntergezogen, dann kam er in den Speisewagen und setzte sich zu den Mitgliedern des »Hofes«. Seine Sekretärin Traudl Junge hatte den »Chef« noch nie so niedergeschlagen und geistesabwesend erlebt. »Seine Stimme war nur noch ein leises Flüstern; seine Augen waren entweder auf seinen Teller oder auf einen Fleck auf dem weißen Tischtuch geheftet. Die Atmosphäre war so deprimierend, daß wir alle von merkwürdigen düsteren Ahnungen erfüllt waren.«

Ohne irgendeine einleitende Bemerkung kündigte Hitler an, Professor van Eicken werde ihn noch einmal operieren; in einem Ton, als ob er sich selbst Mut zusprechen wolle, meinte er, es sei nicht gefährlich, doch »es ist gut möglich, daß ich meine Stimme verliere, und dann . . .« Er vollendete

September 1944 – 17. Januar 1945

den Satz nicht. In den nächsten Tagen blieb er für sich; der »Hof« wußte nur, daß Professor van Eicken eine hirsekorngroße Wucherung entfernt hatte. Schließlich erschien Hitler wieder zum Frühstück, womit niemand gerechnet hatte; offenkundig suchte er Gesellschaft. Jeder drückte schleunigst seine Zigarette aus, die Fenster wurden eilends geöffnet, damit frische Luft hereinkam. Hitler konnte nur wispern; es sei eine Anweisung des Arztes, erklärte er entschuldigend. Es dauerte nicht lange, bis es ihm jeder unbewußt gleichtat. »Meine Ohren sind völlig in Ordnung; es ist nicht notwendig, sie zu schonen«, meinte er daraufhin flüsternd. Jeder lachte über diese Bemerkung – nicht über den Scherz, sondern eher aus Erleichterung darüber, daß er wieder in guter Stimmung war.[13]

Hitler ging mit einem Schwung an die Arbeit, der seine Umgebung erstaunte, und widmete sich mit großer Energie den Vorbereitungen für die Offensive, die endlich die Kriegswende erzwingen sollte. Am 7. Dezember genehmigte er den endgültigen Plan, der weitgehend dem von ihm stammenden ersten Entwurf glich. Um die Geheimhaltung zu sichern, setzten die Funker verschlüsselte Funksprüche an fiktive Hauptquartiere, fiktive Sprüche an echte Hauptquartiere, und echte Funksprüche an Hauptquartiere ab, die mehr als hundertundfünfzig Kilometer von ihrem angegebenen Standort entfernt waren. Es war ein grandioses Verwirrspiel. Um alliierte Agenten zu täuschen, wurden unter den Mannschaften, in Kneipen und Gaststätten falsche Gerüchte ausgestreut. Unterdessen hatte der Obersturmbannführer Otto Skorzeny, der größere Befehlsbefugnisse besaß als manche Generalobersten, in seiner »Schule für Amerikaner« gut die Hälfte des Unterrichtsprogramms erledigt. Der Lehrstoff: Die amerikanische Umgangssprache, insbesondere der Soldatenjargon, Gewohnheiten, dazu Tricks, mit denen hinter den feindlichen Linien Verwirrung und Panik erzeugt werden sollte. Am 11. Dezember war der Aufmarsch der für die Offensive vorgesehenen Verbände fast beendet. Die Reichsbahn hatte ein wahres Transportwunder vollbracht und die erste Welle der Truppen in die Bereitstellungsräume gefahren, ohne daß der Gegner diese Vorbereitungen erkannt hätte. Am Morgen dieses Tages bezog Hitler sein neues Hauptquartier mit dem Decknamen »Adlerhorst« in der Nähe des mittelalterlichen Schlosses Ziegenberg. Von dort aus hatte er im Jahr 1940 den Westfeldzug geleitet; doch nun begab er sich mit seinem Gefolge in einen Tiefbunker.

Im Laufe des Tages traf Hitler mit der Hälfte der in der Offensive eingesetzten Divisionskommandeure zusammen; die andere Hälfte sollte am nächsten Tag im Hauptquartier erscheinen. Als die erste Gruppe der Generäle und Stabsoffiziere eintraf, zeigte sich der hochnotpeinliche Charakter der angesetzten Führerbesprechung: Jeder Teilnehmer mußte, entsprechend den nach dem Attentat drastisch verschärften Sicherheitsvorkehrungen, seine Handwaffe und seine Aktentasche abgeben und unter Todesandro-

1034 *Ardennenoffensive*

hung schwören, nichts über das verlauten zu lassen, was in dieser Konferenz besprochen werden sollte. Niemand wußte, weshalb sie einberufen worden war. Bekannt war lediglich, daß jede Division sich seit Wochen im Kreise bewegte. Die Besprechung fand in einem großen Bunkerraum statt. Hitler saß an einem schmalen Tisch, flankiert von Keitel und Jodl. Gegenüber hatten die Feldmarschälle von Rundstedt und Model und Generalleutnant Hasso von Manteuffel Platz genommen, der die stärkste der drei für die Offensive bereitstehenden Armeen führen sollte. Abkömmling einer berühmten preußischen Soldatenfamilie, war der Baron von Manteuffel früher als Rennreiter und Deutscher Meister im Fünfkampf hervorgetreten. Der untersetzte, zähe General war hart, besaß beträchtliche Energie und galt als einer der wenigen Kommandeure, die es wagten, offen eine andere Meinung als Hitler zu vertreten.

Länger als eine Stunde hielt der Führer den mehr als sechzig hohen Offizieren einen Vortrag über Friedrich den Großen, die deutsche Geschichte, und den Nationalsozialismus. Seine Stimme klang voll, und seine Augen ließen seine innere Erregung erkennen, als er den Kommandeuren die politischen Motive erläuterte, die ihn zu dieser Offensive veranlaßten. Ausführlich verbreitete er sich über die »Operation Herbstnebel« – dieses Deckwort hatte sie inzwischen bekommen. Sie sollte am 15. Dezember frühmorgens um 5.30 Uhr beginnen. Die Divisionskommandeure nahmen die Ausführungen Hitlers mit ehrfürchtigem Schweigen entgegen – beeindruckt von dem grandiosen Konzept, das dieser Operation zugrundelag, und erleichtert über die Energie und offenbar gute Gesundheit des Führers. Doch Manteuffel saß in seiner unmittelbaren Nähe und sah, daß dies in Wahrheit »ein gebrochener Mann (war), mit ungesunder Gesichtsfarbe; sein Auftreten ließ Erschöpfung erkennen, seine Hände zitterten. Er saß da, als ob die Last der Verantwortung ihn niederdrückte; und verglichen mit dem Anblick, den er während der letzten Konferenz Anfang Dezember geboten hatte, schien sein Körper noch hinfälliger zu sein. Er war ein alter Mann geworden.« Manteuffel sah, daß Hitler seine Hände unter dem Tisch zu verbergen suchte, um mit der einen die andere bewegen zu können, die fast völlig gelähmt zu sein schien.[14]

Doch nur die wenigsten Zuhörer bemerkten diese Zeichen körperlichen Verfalls; die meisten Kommandeure blieben bis zum Schluß tief beeindruckt. Die bevorstehende Schlacht, so hämmerte Hitler ihnen ein, müsse mit äußerster Härte geschlagen werden. Es sei die ernsteste Stunde des Vaterlandes, in der er von jedem einzelnen seiner Soldaten Mut und noch einmal Mut erwarten müsse. »Der Feind muß geschlagen werden – jetzt oder nie! Es lebe Deutschland!«

Am nächsten Tag, dem 12. Dezember, hörte die zweite Gruppe der Kommandeure denselben Vortrag – mit einem Unterschied: Der Beginn der Offensive war (wie 1940) noch einmal verschoben worden. Der »Null-Tag«

September 1944 – 17. Januar 1945

war nun auf den 16. Dezember festgesetzt worden. Dies sei, so erklärte Hitler, das nunmehr endgültige Datum, doch immer unter der Voraussetzung, daß die Wetterlage die alliierte Luftwaffe am Boden festhielt.

3

Die Nacht zum 16. Dezember war kalt; an der Front in den Ardennen herrschte Ruhe. Auf diesem Abschnitt von rund 140 Kilometer Länge standen sechs amerikanische Divisionen. Drei waren neu, die übrigen erschöpft und durch einen hohen Blutzoll dezimiert. Die Amerikaner sprachen von der »Geisterfront« – schon seit über zwei Monaten beobachteten beide Seiten den Gegner mit gespannter Aufmerksamkeit und schienen bestrebt zu sein, ihn nicht zu reizen.

In dieser Nacht gab es auf alliierter Seite keinen Kommandeur, der ernsthaft einen deutschen Angriff befürchtet hätte. Stunden zuvor hatte Montgomery kurz und bündig festgestellt, Hitlers Wehrmacht sei »zu größeren offensiven Operationen nicht in der Lage«. Dementsprechend fragte »Monty« bei Eisenhower an, ob er irgendwelche Einwände hätte, wenn er in der nächsten Woche nach England fahre. Unterdessen waren drei deutsche Armeen mit 250 000 Mann und Tausenden von Fahrzeugen in aller Heimlichkeit zur Offensive formiert worden. Niedrigfliegende Flugzeuge hatten den Motorenlärm im Bereitstellungsraum übertönt. Um Mitternacht war der Aufmarsch abgeschlossen. Die Soldaten warteten frierend auf den Beginn des Angriffs. Die Offiziere verlasen einen Befehl des Feldmarschalls Rundstedt, der sie noch einmal zum äußersten Einsatz für Führer und Vaterland aufrief. Endlich, so dachten die meisten, lautete die Devise nicht mehr Rückzug, sondern Angriff; Siegeszuversicht erfaßte die Männer.

Am frühen Morgen um 5.30 Uhr erhob sich auf den 140 Kilometern der Geisterfront ein Feuerorkan. Artillerie aller Kaliber und Raketen ließen den Erdboden erzittern. Hunderte von Panzern bahnten sich rasselnd ihren Weg, während deutsche Eisenbahn-Ferngeschütze Ziele weit hinter den amerikanischen Linien beschossen.

Die Kanonade dauerte eine Stunde. Nach minutenlanger, gespenstischer Stille tauchten aus dem Dunst schemenhafte Gestalten in weißen Tarnanzügen auf, die vor dem frischgefallenen Schnee fast nicht zu erkennen waren, und rückten gegen die amerikanischen Linien vor. Als die deutschen Infanteristen in die vorgeschobenen Stellungen der Amerikaner eindrangen, tauchten aus östlicher Richtung mit unglaublicher Geschwindigkeit neuartige Flugzeuge auf, deren Geräusch seltsam pfeifend war. Die Deutschen sahen ihre neuen Düsenmaschinen, deren Einsatz sie mit Frohlocken zur Kenntnis nahmen: Hitlers »Wunderwaffen« waren also nicht nur schöne Worte, sondern Tatsachen.

Der Wucht und dem Überraschungseffekt des deutschen Angriffs begegneten die unerfahrenen oder ausgebluteten amerikanischen Truppen mit hartnäckigen, wenn auch hastigen Gegenmaßnahmen, die zunächst durch Aushilfen aller Art gekennzeichnet waren. Köche und Bäcker, Schreibstubenpersonal und Musiker, Lastwagenfahrer und Trainsoldaten wurden Hals über Kopf in die vordersten Linien geworfen, um die Deutschen zu stoppen. Manche dieser Männer liefen entsetzt davon, doch viele hielten stand und kämpften. Einige Abschnitte der Ardennenfront wurden von den Amerikanern gehalten, andere von den Deutschen fast ohne Widerstand überrannt. Im Norden hatten die Amerikaner ein schmales Tal, die Losheimer Schlucht, nur mit geringen Kräften geschützt, obwohl es sich um das klassische Einfallstor von Ost nach West handelte. Durch diesen gut zehn Kilometer breiten natürlichen Korridor hatten sich die deutschen Armeen 1914 ebenso wie 1940 nach Frankreich und Belgien ergossen, und wieder einmal drangen deutsche Truppen, nun mit Panzern, Schützenpanzerwagen und Sturmgeschützen, ohne nennenswerten Widerstand zu dieser Schlucht vor.

Als die Dunkelheit begann, glich die amerikanische Front im Norden einem Trümmerhaufen. Doch General Omar Bradley, dem mehr Kampftruppen unterstanden als irgendeinem amerikanischen Befehlshaber je zuvor, hatte so bruchstückhafte Berichte erhalten, daß er Eisenhower versicherte, es handele sich lediglich um einen begrenzten Angriff. Doch Eisenhower war ganz anderer Ansicht. »Dies ist kein örtlicher Angriff, Brad«, entgegnete er. »Es wäre nicht logisch, wenn die Deutschen an unserer schwächsten Stelle einen lediglich örtlichen Angriff starteten.« Er war der Meinung, sie könnten es sich nicht erlauben, untätig zu bleiben, bis sie einen genaueren Überblick hätten, und wies Bradley an, zwei Panzerdivisionen an diesen besonders gefährdeten Teil der Front zu werfen.[15]

Hitler war, nachdem ihm die Meldungen von dem Durchbruch im Norden vorgelegt worden waren, in gehobener Stimmung. Nachts rief er den Befehlshaber der Heeresgruppe B im Süden der Ardennen an. »Von jetzt an, Balck«, erklärte er ihm, »wird kein Fußbreit Boden mehr aufgegeben. Heute marschieren wir!«[16] Er erwähnte, daß seine Panzer bereits die Anhöhen über der Straße nach Bastogne erreicht hätten. Und noch immer herrschte »Hitler-Wetter«. Die Meteorologen sagten voraus, es werde weiter neblig und dunstig bleiben, der Nieselregen werde anhalten, und damit, so schien es, war die gegnerische Luftwaffe zur Untätigkeit verurteilt. »Balck, Balck«, rief Hitler aus, »alles im Westen hat sich gewandelt! Der Erfolg – ein vollständiger Erfolg – liegt jetzt in unserer Reichweite!«

Die Offensive kam gut voran, und in den Mittagsstunden des 18. Dezember wurden die Hoffnungen der deutschen Bevölkerung durch Rundfunkmeldungen beflügelt: »Unsere Truppen sind wieder auf dem Vormarsch«, teilte ein Sprecher den Hörern mit: »Wir werden dem Führer Antwerpen zum Weihnachtsfest schenken.« Im Hauptquartier »Adlerhorst« erhielt

September 1944 – 17. Januar 1945 1037

Hitler die Meldung, daß ein Stoßkeil der Verbände Manteuffels sich den Zugang zur Straße nach Bastogne erkämpft habe. Die Durchbrüche der deutschen Truppen entsprachen etwa dem, was in der Planung vorgesehen war, und so sprach Hitler zuversichtlich von einem Sieg, der das Kriegsgeschick wenden werde. Er fühlte sich so gut, daß er einen Spaziergang in der Umgebung des Hauptquartiers unternahm, und empfand ihn als so erfrischend, daß er beschloß, es jeden Tag so zu halten.

In Paris brach in vielen Regierungsbehörden fast so etwas wie eine Panik aus. Der Blitzkrieg von 1940 war noch in frischer und bitterer Erinnerung. Eine Delegation hoher französischer Offiziere, angeführt von General Juin, wurde im Alliierten Hauptquartier in Versailles vorstellig, um herauszufinden, was in den Ardennen vor sich ging. Die Franzosen waren erstaunt, als sie überall einen ruhigen und geordneten militärischen Bürobetrieb feststellten. »Ich verstehe nicht«, erklärte ein General aufgeregt, »daß Sie nicht packen!«

Um Mitternacht herrschte im Kampfgebiet der Ardennen ein völliges Durcheinander von Freund und Feind, mit Hunderten von Einzelgefechten und unbeschreiblicher Verwirrung. Niemand – weder die Deutschen noch die Amerikaner, ob einfacher Soldat oder General – wußte, was wirklich vor sich ging. In den folgenden beiden Tagen wurden die Alliierten von einer ganzen Serie harter Schläge getroffen. Auf den Höhen der Schnee-Eifel nahmen Hitlers Truppen mindestens 8000 Amerikaner gefangen – vielleicht waren es auch 9000, denn die verworrene Lage machte genauere Feststellungen unmöglich.

Nur sieben der von Skorzeny ausgebildeten Kommandotrupps gelang es, in amerikanischen Uniformen durch die gegnerischen Linien zu kommen; doch die Verwirrung, die diese achtundzwanzig Mann auf alliierter Seite anrichteten, war dazu angetan, Skorzenys kühnste Erwartungen zu übertreffen. Der Anführer einer dieser Gruppen dirigierte ein ganzes US-Regiment in die falsche Richtung, während seine Kameraden unterdessen Wegweiser veränderten und Telefonkabel zerschnitten. Ein anderer Trupp, der von einer amerikanischen Kolonne angehalten wurde, um Auskünfte zu geben, trug so überzeugend Furcht und Entsetzen vor den Deutschen zur Schau, daß die Amerikaner in panischer Angst Fersengeld gaben. Einer dritten Gruppe gelang es, an das Hauptkabel heranzukommen, das die Hauptquartiere Bradleys und seines nördlichen Befehlshabers, General Courtney Hodges, miteinander verband. Damit war die Telefonverbindung lahmgelegt.

Doch den größten Schaden richtete ein Trupp an, der gefangengenommen worden war. Als die vier Mann im Verhör durch einen amerikanischen Abwehroffizier ihren Auftrag gestanden, wurde sogleich auf alliierter Seite zur Warnung die Meldung verbreitet, Tausende von Deutschen in amerikanischen Uniformen operierten als Saboteure hinter den amerikanischen

Linien. Hinzu kam ein von den zuständigen alliierten Stellen bestätigter Bericht über nördlich von Malmedy abgesprungene deutsche Fallschirmjäger – es handelte sich um einen fehlgeschlagenen Luftlandeangriff. Auch dieses Fiasko wurde also letztlich zu einem deutschen Erfolg.

Am 20. Dezember war die Verwirrung auf alliierter Seite so groß, daß 500 000 Amerikaner überall in den Ardennen sich gegenseitig argwöhnisch musterten – auf einsamen Landstraßen, in dichten Tannenwäldern und verlassenen Dörfern. Die Parole oder die Erkennungsmarke reichte zur Identifizierung nicht mehr aus. Amerikaner war nur, wer Vorgänge oder Personen kannte, die in der Zeit nach Kriegsausbruch jedem Amerikaner in den USA geläufig waren – etwa die allbekannte Comic-Figur »Pruneface« oder Ergebnisse vom Baseball.

In Paris erzeugte die Skorzeny-Truppe den Höhepunkt panischer Angst. Ein Bericht, der alle Anzeichen der Hysterie enthielt, wollte wissen, Skorzenys Kommandotrupps seien, als Nonnen und Priester verkleidet, mit dem Fallschirm abgesprungen; ihr Sammelpunkt sei das Café de la Paix. Von dort aus würden sie versuchen, Eisenhower zu entführen. Das Alliierte Hauptquartier wurde daraufhin mit Stacheldrahtverhauen umgeben, die Wachen wurden vervierfacht. An den Toren standen Panzer, und die Ausweise wurden mehrfach geprüft. Eisenhowers Dienststelle wurde mit Anrufen überschüttet, ob er noch am Leben sei. Die achtundzwanzig Mann aus der Gruppe Skorzenys hatten ihre Sache gut gemacht.

Am nächsten Morgen, dem 21. Dezember, hatte sich eine erkennbare Front entwickelt; sie verlief in einem riesigen Bogen. In der Mitte, in dem völlig eingeschlossenen Bastogne, hielt sich eine zusammengewürfelte amerikanische Truppe, die von dem stellvertretenden Kommandeur der 101. Luftlandedivision, Brigadegeneral Anthony McAuliffe, dem Artillerieführer der Division, befehligt wurde. Von einem deutschen Parlamentär zur Übergabe aufgefordert, begnügte er sich mit einer lapidaren Antwort: »Quatsch!« Diese Szene verbreitete sich in Windeseile unter allen amerikanischen Soldaten in den Ardennen und stärkte ihren Widerstandsgeist ebenso wie das abrupte Ende des »Hitler-Wetters«. Am nächsten Morgen herrschte zum ersten Mal strahlender Sonnenschein, und noch vor dem Mittag warfen sechzehn große C-47-Transportmaschinen für die eingeschlossenen Männer in Bastogne Nachschub- und Versorgungsgüter ab.

Nun drohten die Deutschen aus der Offensive in die Defensive zu geraten, doch Hitler wußte es noch nicht. Manteuffels Panzer hatten Bastogne schon weit hinter sich gelassen und näherten sich der Maas. Doch Manteuffel selbst war besorgt; die deutschen Infanteriedivisionen an seiner linken Flanke waren weit zurückgeblieben. Am 24. Dezember rief er von einem Schloß in der Nähe von La Roche das Führerhauptquartier an. »Die Zeit ist knapp«, warnte er Jodl. Seine linke Flanke sei ungedeckt, und nun sei die Zeit für einen völlig neuen Plan gekommen. Er könne nicht weiter in Rich-

September 1944 – 17. Januar 1945 1039

tung auf die Maas vorrücken und dabei noch Bastogne nehmen. Als Jodl ihn darauf hinwies, der Führer werde auf keinen Fall den Vorstoß auf Antwerpen aufgeben, hielt Manteuffel ihm entgegen, es gebe noch immer eine Möglichkeit für einen großen Erfolg, wenn man seinem Plan folge: »Ich werde diesseits der Maas nach Norden abdrehen. Wir werden die Alliierten östlich vom Fluß umzingeln.« Der Vorschlag erschien Jodl zwar als sehr bedenklich, doch er versprach, ihn Hitler vorzutragen.[17]

Doch Hitler wollte nicht wahrhaben, daß seine Offensive nicht mehr zum Sieg führen konnte. Er blieb bis zum Weihnachtsfest, an dem er zum Erstaunen seiner Umgebung mit offenkundigem Genuß ein Glas Wein zu sich nahm, weiter zuversichtlich. Und er lehnte einen erneuten Antrag Manteuffels, den Angriff auf Bastogne aufzugeben, kategorisch ab, obwohl die am weitesten nach Westen vorgestoßene deutsche Panzerdivision unterdessen von amerikanischen Panzerverbänden abgeschnitten worden war und nun zerschlagen wurde. Am 26. Dezember trat die materielle Überlegenheit der Alliierten klar zutage. Überall in den schneebedeckten Ardennen fanden heftige Kämpfe statt; sie verliefen am blutigsten innerhalb des nur wenige Kilometer von der Maas entfernten Kessels, in dem die von General Harmon geführte 2. US-Panzerdivision Manteuffels 2. Panzerdivision in zahllosen Gefechten zusammenschoß.

Im Hauptquartier »Adlerhorst« war es unterdessen am Vormittag zu einer Kontroverse über die Operation »Herbstnebel« gekommen. Jodl hielt Hitler vor: »Mein Führer, wir müssen nüchtern die Tatsachen sehen. Wir schaffen den Vorstoß bis zur Maas nicht.« Die 2. Panzerdivision befand sich am Rande der Vernichtung; und General Patton hatte gerade aus südlicher Richtung einen Korridor zum belagerten Bastogne freigekämpft. Überall in den Ardennen bot sich das gleiche Bild. Im Augenblick sah es so aus, als ob die deutsche Offensive zum Stillstand gekommen sei.

Jeder Teilnehmer der Lagebesprechung hatte eigene Vorstellungen, die Hitler sich sämtlich anhörte. Schließlich sprach er: »Wir hatten unerwartete Rückschläge – weil mein Plan nicht aufs Wort genau befolgt wurde.« Er runzelte die Stirn; doch dann ließ seine Miene neue Hoffnung erkennen: »Noch ist jedoch nicht alles verloren.« Er erteilte neue Befehle: Manteuffel sollte nach Nordosten vorstoßen und damit das Gros der Amerikaner in der nördlichen Hälfte des riesigen Bogens umgehen. »Ich wünsche, daß drei neue Divisionen und mindestens 25 000 Mann frische Verstärkungen in die Ardennen gebracht werden«, erklärte er den in einem Halbkreis um ihn herumstehenden, ernst dreinblickenden Militärs. Selbst wenn man davon ausgehe, daß die alliierten Truppen nicht mit einem einzigen dramatischen Schlag, wie er ihn geplant habe, vernichtet werden könnten, so lasse sich die Operation »Herbstnebel« doch in eine erfolgreiche Abnutzungsschlacht verwandeln; und das werde Deutschland sicher einen substantiellen politischen Sieg bringen.[18] Diese Befehle wurden dem militärischen Nachrichtendienst der Alliierten bekannt und ihr Inhalt Eisenhower vorgelegt, der daraus die Überzeugung gewann, daß die Deutschen sich mit ihrer Offensive übernommen hatten. Was der alliierte Nachrichtendienst nicht erfuhr, war die Tatsache, daß es zwischen Hitler und seinem designierten Nachfolger Hermann Göring zu einer heftigen Auseinandersetzung gekommen war. Heftig war jedenfalls Hitler geworden, als der Reichsmarschall ihm vorschlug, mit dem Feind über einen Waffenstillstand zu verhandeln. »Der Krieg ist verloren«, erklärte er zur Begründung. »Wir müssen jetzt Verbindung mit dem Grafen Bernadotte aufnehmen.« Folke Bernadotte, dessen Vater ein Bruder des schwedischen Königs Gustav V. war, würde nach Görings Überzeugung sicherlich als Vermittler für Waffenstillstandsverhandlungen tätig werden.

Hitler habe, so schilderte Göring den Verlauf dieses Streits kurz darauf seiner Frau, getobt und solche Überlegungen schreiend als Zeichen von Feigheit und Verrat bezeichnet; er selbst habe jedoch darauf ruhig und ernst erwidert: »Mein Führer . . ., niemals würde ich etwas hinter Ihrem Rücken tun können«. Er habe Hitler versichert, er werde in schlechten wie in guten Zeiten treu an seiner Seite stehen, dann jedoch seine Überzeugung wiederholt, ein unverzüglicher Waffenstillstand sei unumgänglich. Darauf habe Hitler sich etwas beruhigt, ihm dann jedoch in scharfem Ton erklärt: »Ich verbiete Ihnen jeglichen Schritt in dieser Richtung. Wenn Sie trotzdem etwas unternehmen, was meinen Anordnungen widerspricht, dann muß ich Sie erschießen lassen.« Nie zuvor hatte Frau Göring ihren Mann so aufgewühlt gesehen. »Es ist der Bruch«, sagte er. »Es hat keinen Sinn mehr, zu einer Lagebesprechung zu gehen. Er glaubt mir nicht mehr. Er hört nicht mehr auf mich.«[19]

4

Am 28. Dezember zeichnete sich die Schlußphase des waghalsigen Unternehmens ab. An diesem Tag gab Hitler auf einer Geheimkonferenz gegenüber den Divisionskommandeuren zu, daß die Lage verzweifelt war; doch er habe den Begriff »Kapitulation« nie kennengelernt und werde sein Ziel mit Fanatismus verfolgen: »Ich könnte noch so von Sorgen gequält sein und meinetwegen auch von Sorgen gesundheitlich erschüttert werden: es würde das nicht im geringsten etwas an meinem Entschluß ändern, zu kämpfen.«[20] Daher werde er am Neujahrstag südlich der Ardennen eine neue Offensive mit dem Decknamen »Nordwind« beginnen; die Chancen für einen Erfolg stünden ausgezeichnet. Die Bereitstellung der Truppen sei von den Alliierten nicht bemerkt worden; der Feind habe in diesem Gebiet nicht einmal Luftaufklärung betrieben: Offenkundig habe man dies auf alliierter Seite nicht mehr für notwendig gehalten, da man angenommen habe, die Deutschen seien nicht mehr in der Lage, erneut die Initiative zu ergreifen; viel-

September 1944 — 17. Januar 1945   1041

leicht habe »auch die Überzeugung mitgewirkt, daß ich an sich bereits tot bin, oder jedenfalls irgendwo an Krebs leide . . ., so daß also an sich auch diese Gefahr ausgeschaltet ist.« Es ist sehr wahrscheinlich, daß es die Erinnerung an den Tod seiner Mutter war, die ihn in diesen Tagen so unvermittelt vom Krebs sprechen ließ.

Das erste Ziel, so erklärte Hitler in der Besprechung weiter, bestehe jetzt darin, die Situation im Westen durch offensive Kampfführung zu bereinigen. Dafür sei fanatische Entschlossenheit notwendig. Sarkastisch ließ er sich über die Ratschläge aus, die er Jahre zuvor von seinen Militärs für den Krieg im Westen bekommen habe. Vielleicht sei auch jetzt dieser oder jener skeptisch und frage sich: »Schön und gut; aber wird es gelingen? Meine Herren, der gleiche Einwand wurde im Jahr 1939 erhoben. Schriftlich und mündlich wurde mir damals vorgetragen, die Sache könne nicht gemacht werden; es sei unmöglich. Selbst im Winter 1940 bekam ich noch zu hören: ›Das können Sie nicht machen. Weshalb bleiben wir nicht hinter dem Westwall?‹« Sein Ton wurde schärfer. »Was wäre mit uns geschehen, wenn wir sie nicht angegriffen hätten? Genau die gleiche Situation haben Sie heute.«

An diesem Tag machte der Feldmarschall von Rundstedt den Fehler, Hitler den Abbruch der Operation »Herbstnebel« und den Rückzugsbefehl vorzuschlagen, um einer Gegenoffensive der Alliierten zuvorzukommen. Aufbrausend entgegnete der Führer, das komme überhaupt nicht in Frage; sobald die Operation »Nordwind« angelaufen sei, werde er einen neuen Vorstoß zur Maas befehlen; dabei stieß er mit dem Zeigefinger auf einen Punkt der riesigen Landkarte, etwa 160 Kilometer südlich des riesigen Bogens. In der deutschen Geschichte sei der Jahreswechsel noch immer ein gutes Omen für den Erfolg eines Waffenganges gewesen, und zu diesem Jahresanfang werde der Feind eine unangenehme Überraschung erleben. Das sichere Gelingen der Operation »Nordwind« werde die Gefahr an der linken Flanke der Ardennen-Offensive beseitigen, die dann mit neuen Erfolgsaussichten fortgesetzt werde — diese letzteren Worte formulierte er mit besonderem Nachdruck. Die Teilnehmer der Besprechung waren von der Härte und Selbstsicherheit, die seine Ausführungen erkennen ließen, sehr beeindruckt, obwohl seine zitternde linke Hand und die erkennbar schlechte körperliche Verfassung zeigten, wie es um ihn stand. Der Feldmarschall Model, so fuhr er fort, werde unterdessen die Verbände umgruppieren, einen neuen Vorstoß an die Maas vorbereiten und zugleich Bastogne angreifen; diese Stadt gelte es unter allen Umständen zu erobern. Um Mitternacht begannen neun Panzer- und Volksgrenadierdivisionen diesen Angriff.[21]

Am nächsten Abend enthüllte Hitler in einem Gespräch mit dem Panzerinspekteur General Thomale die Motive seiner unnachgiebigen Haltung. »Die soldatischen Qualitäten«, so meinte er, »zeigen sich nicht in einem Spiel auf irgendeinem Sandkasten, sondern sie zeigen sich letzten Endes doch in der moralischen Qualität des Durchstehens, in der Zähigkeit und Beharrlichkeit. Das ist überhaupt das Entscheidende bei jedem Erfolg. Genialität ist etwas Irrlichterndes, wenn sie nicht durch Beharrlichkeit und fanatische Zähigkeit untermauert ist. Das ist das Wichtigste, was es im ganzen menschlichen Leben gibt.«

Weltgeschichte, so belehrte Hitler den Panzergeneral, könne nur machen, wer fanatisch entschlossen sei und den Mut zur eigenen Überzeugung habe. Jetzt komme es entscheidend auf das Durchhaltevermögen an; wenn die Amerikaner aufgäben, würde den USA nichts passieren, New York bliebe New York, doch »wenn wir heute sagen würden, wir haben es satt..., dann hört Deutschland auf zu existieren«.[22] Das war der Grund, weshalb Hitler einen Krieg fortsetzte, der verloren zu sein schien. Für einen Spieler wie ihn war selbst eine Chance von eins zu tausend es wert, wahrgenommen zu werden. Was jedem anderen als purer Wahnsinn erschien, war für einen Mann mit derartigen Zwangsvorstellungen nur logisch.

Der Chefpropagandist des Regimes, das nun der Katastrophe entgegentrieb, teilte Hitlers Optimismus ganz und gar nicht – zumindest nicht im privaten Gespräch. Dr. Joseph Goebbels, Reichsminister für Volksaufklärung und Propaganda, hatte zum Jahreswechsel einige Gäste, unter ihnen der deutsche Kampfflieger Hans Ulrich Rudel, in sein Landhaus in Lanke, nordöstlich von Berlin, eingeladen. Während eines Essens im kleinen Kreis meinte Goebbels sarkastisch, sein Titel »Reichsbevollmächtigter für den totalen Kriegseinsatz« sei völlig sinnlos geworden, denn es gebe eigentlich nichts mehr einzusetzen. Die britischen Bomber hätten alles, selbst die Blumenläden, geschlossen.

Daraufhin suchte Magda Goebbels ihren Mann mit einer Bemerkung zu unterstützen, die die Gäste kaum glauben konnten: »Weshalb sagst du diesen alten Soldaten nicht, daß es dir in den vergangenen dreieinhalb Jahren nur selten möglich war, den Führer allein zu sprechen?« Goebbels war sehr unangenehm berührt und versuchte seiner Frau das Wort abzuschneiden, doch sie beharrte auf ihrem Standpunkt: »Diese Männer haben ein Recht darauf, das zu wissen.« Daraufhin wandte Goebbels sich an Hein Ruck, der ihn in den ersten Tagen der Kanzlerschaft Hitlers gewarnt hatte, viele SA-Männer seien ebenso wie er selbst alles andere als glücklich über Hitlers Kompromiß mit den deutschen Nationalisten. Eine solche Politik werde irgendwann zum Tod des Nationalsozialismus führen. Damals hatte Goebbels Ruck ärgerlich erwidert, er sei ein Opportunist, doch nun meinte der Propagandaminister: »Ich hätte damals, 1933, Ihre Worte ernster nehmen sollen.«[23] Das Gespräch kreiste dann um die politischen und militärischen Fehler der letzten Jahre, und fast alle Gäste waren der Meinung, das Ende sei nahe – nur Rudel teilte diese Beurteilung nicht; er glaubte an die Geheimwaffen des Führers und einen überraschenden Sieg.

Kurz vor Mitternacht begann die Operation »Nordwind«, die zu einer

September 1944 – 17. Januar 1945　　　　　　　　　　　1043

Entlastung der deutschen Offensive in den Ardennen führen sollte. Acht deutsche Divisionen griffen von ihren Stellungen am Westwall aus die 7. US-Armee in der Nähe der Grenze des nördlichen Elsaß an. Im Norden der Ardennen begann unterdessen um Mitternacht ein Trommelfeuer der alliierten Artillerie. Es war General George Patton, der in seinem Befehlsbereich jedes verfügbare Geschütz für diesen Neujahrssalut zusammengezogen hatte.

Fünf Minuten nach dem Jahreswechsel sendeten alle deutschen Rundfunkstationen eine Neujahrsansprache Adolf Hitlers. Seine Stimme wirkte etwas rauh und heiser; er war um Zuversicht bemüht. Deutschland werde sich wie ein Phönix aus der Asche seiner zertrümmerten Städte erheben und trotz allem dem Endsieg entgegengehen. Anschließend versammelten sich die Mitglieder des »Familienkreises« bei ihm in seinem Privatbunker. Jedermann war durch den Sekt aufgelockerter als sonst, dennoch wollte sich keine rechte Stimmung einstellen. Euphorisch war nur Hitler, der keinen Alkohol brauchte, um in diesen Zustand zu geraten. Schweigend vernahm seine Umgebung die Voraussage, Deutschland werde 1945 einen großen Erfolg erringen. Anfangs stimmte – bezeichnenderweise – nur Bormann dieser Auffassung zu, doch als Hitler sich länger als eine Stunde in solchen optimistischen Darlegungen erging, pflichteten ihm auch andere bei. Um 4.35 Uhr verließ der Führer das gesellige Beisammensein, um die ersten Meldungen über die Operation »Nordwind« zu studieren. Der Beginn des Unternehmens schien vielversprechend zu sein, doch der alliierte Nachrichtendienst hatte Hitlers Weisungen aufgefangen und Eisenhower vorgelegt, der unverzüglich die Front der 7. US-Armee zurücknahm und so die Deutschen daran hinderte, einen Frontvorsprung abzuschneiden. Auf diese Weise gelang es den Amerikanern, einen deutschen Panzerangriff abzuschlagen, der nach etwa zwanzig Kilometern Geländegewinn zum Stillstand kam.

In den Ardennen begannen die Alliierten am 3. Januar mit einer Gegenoffensive, deren Ziel darin bestand, den riesigen Frontbogen zu spalten. Die Deutschen leisteten hartnäckigen Widerstand, wobei sie das Gelände, wie üblich, hervorragend nutzten, und verteidigten unter schweren Verlusten für beide Seiten jeden Meter. Dichter Nebel beraubte die amerikanischen Truppen überdies der Luftunterstützung und beschränkte den Artillerieeinsatz. Auf den vereisten Straßen und Wegen kamen die Panzer und die Geschütze auf Selbstfahrlafetten immer wieder ins Rutschen, zahlreiche Unfälle waren die Folge.

Churchill flog in das Operationsgebiet, um die Gegenoffensive der Alliierten zu beobachten, die durch einen britischen Angriff am westlichen Ende des Bogens unterstützt wurde. Am 6. Januar traf er mit Eisenhower zusammen, der über die langsamen und verlustreichen Geländegewinne der britischen und amerikanischen Truppen beunruhigt war. Er warf im Gespräch mit dem britischen Premier die Frage auf, ob man die Russen dazu bewegen könne, durch eine Offensive im Osten die Deutschen zur Schwächung ihrer Kräfte im Westen zu zwingen. Churchill wußte, daß Stalin eine großangelegte Operation vorbereitete, jedoch kannte er nicht das Datum, an dem sie beginnen sollte. »Es mag auf der Stabsebene viele Verzögerungen geben«, meinte er. »Doch ich glaube, daß Stalin mir den Stand der Dinge mitteilen würde, wenn ich ihn fragen würde. Sollte ich es versuchen?« Eisenhowers Antwort war ein erleichtertes »Ja«, und noch am selben Tag ersuchte Churchill die Russen um eine Offensive auf breiter Front im Januar. Die Antwort aus Moskau traf unverzüglich ein: Stalin versicherte, spätestens in der zweiten Januarhälfte werde ein sowjetischer Großangriff beginnen.[24]

Zugleich kamen die alliierten Vorstöße aus nördlicher und südlicher Richtung, die den Frontbogen auseinanderbrechen sollten, voran; und am 8. Januar sah Hitler sich gezwungen, einen Antrag auf Rücknahme der deutschen Verbände auf der Westseite zu genehmigen. Innerhalb einer Stunde mußten Panzereinheiten, die eben noch im Begriff waren, zur Maas vorzustoßen, völlig die Richtung wechseln und sich in aller Eile hinter die Straße Bastogne-Lüttich zurückziehen. Es war das stillschweigende Eingeständnis Hitlers, daß seine letzte große Offensive gescheitert war. Nun ging es darum, ob seine Truppen sich rechtzeitig nach Osten absetzen konnten oder in einem Kessel aufgerieben würden. Stand ein Stalingrad im Westen bevor?

Am 9. Januar erschien Generalstabschef Guderian noch einmal im Hauptquartier »Adlerhorst« und warnte Hitler zum dritten Mal vor der bevorstehenden sowjetischen Großoffensive. Er legte dem Führer Karten und graphische Darstellungen vor, die der Generalmajor Reinhardt Gehlen, Chef der Abteilung »Fremde Heere Ost«, ihm mitgegeben hatte; sie ließen den Aufmarsch der Sowjets bis in alle Einzelheiten erkennen. Guderian trug dazu die ebenfalls von Gehlen stammende Empfehlung vor, Ostpreußen unverzüglich zu räumen, wenn Berlin gehalten werden solle.

Als der Generalstabschef seine Unterlagen ausbreitete, reagierte Hitler äußerst gereizt, nannte das Material »völlig idiotisch« und forderte Guderian auf, den Verfasser in ein Irrenhaus zu sperren. Daraufhin verlor Guderian die Geduld. Scharf erwiderte er Hitler, dieser Mann sei der Generalmajor Gehlen, einer seiner besten Generalstabsoffiziere. Er selbst sei vollkommen von der Richtigkeit dieser Unterlagen überzeugt, sonst würde er sie nicht vorgetragen haben. »Wenn Sie verlangen, daß der General Gehlen in ein Irrenhaus kommt, dann sperren Sie mich gleich dazu!«

Hitlers Zorn legte sich schnell, und um Guderian zu beschwichtigen, lobte er ihn: »Die Ostfront hat noch nie so viele Reserven gehabt wie jetzt. Das ist Ihr Verdienst. Ich danke Ihnen dafür.« Doch der Generaloberst blieb hart: »Die Ostfront ist wie ein Kartenhaus. Wird die Front an einer einzigen Stelle durchstoßen, so fällt sie zusammen, denn zwölfeinhalb Divisionen sind für die gewaltige Ausdehnung der Front viel zuwenig.« Wie üblich, behielt

September 1944 – 17. Januar 1945   1045

Hitler das letzte Wort. Er lehnte die Forderung, aus den Ardennen Reserven abzuziehen, mit der Begründung ab, dort gebe es noch immer Hoffnung auf einen begrenzten Erfolg. »Der Osten«, so beschied er Guderian, »muß sich allein helfen und mit dem auskommen, was er hat.«[25] Deprimiert fuhr Guderian in sein Hauptquartier nach Zossen zurück. Er wußte, daß Hitler und Jodl sich ebenso wie er selbst darüber im klaren waren, wie leicht jede größere Offensive der Russen die schwache deutsche Front durchstoßen konnte; und er fragte sich, ob beide die Augen vor der heraufziehenden Katastrophe im Osten nur deshalb verschlossen, weil sie nicht aus diesem Teil Deutschlands stammten. Für einen Preußen wie ihn war dieses Land Heimat, unter großen Opfern errungen – es galt, sie mit allen Mitteln zu verteidigen.

Drei Tage später löste Stalin die Zusage ein, die er Churchill gegeben hatte. Fast drei Millionen Rotarmisten – eine mehr als zwölfmal so große Streitmacht wie die der westlichen Alliierten am Invasionstag – griffen rund 750 000 schlecht bewaffnete Deutsche an, die an einer 650 Kilometer langen Front zwischen der Ostsee und den Karpaten standen. Hinter einem scheinbar endlosen Strom von »Stalin«- und »T-34«-Panzern und massiver Artillerieunterstützung stürmten die sowjetischen Elitedivisionen das erschütternd unzureichende Verteidigungssystem, das Guderian mit den schwachen, ihm zur Verfügung stehenden Kräften organisiert hatte. Obwohl das schlechte Wetter den größten Teil der sowjetischen Luftwaffe auf den Feldflugplätzen hielt, hatte die erste Welle der Angreifer am Abend an vielen Stellen mehr als 15 Kilometer Gelände gewonnen.

Deutschland war nun mächtigen Schlägen aus dem Osten und aus dem Westen ausgesetzt, denn an diesem Tag hatten auch die Alliierten in den Ardennen einen wichtigen Erfolg errungen. Gemeinsam mit der 6. Panzerdivision schlossen amerikanische Infanteriedivisionen östlich von Bastogne einen Teil der kampfkräftigsten deutschen Einheiten ein.

Im Hauptquartier »Adlerhorst« wirkte Hitler auf Traudl Junge, die gerade von ihrem Weihnachtsurlaub aus München zurückgekehrt war, geradezu heiter. Während des Essens schilderte sie ihm die Auswirkungen der schweren Luftangriffe auf die bayrische Metropole; er entgegnete ihr: »Mit diesem Alptraum wird in wenigen Wochen schlagartig Schluß sein. Unsere neuen Düsenjäger kommen jetzt in Massen aus den Fabriken, und dann werden die Alliierten sich hüten, über Deutschland zu fliegen«.[26] Mitte Januar verließ Hitler mit seiner Umgebung den »Adlerhorst«, um ein neues Hauptquartier in Berlin zu beziehen. Er gab sich nicht deprimiert und lachte mit anderen, als irgend jemand scherzhaft meinte, Berlin sei der am besten geeignete Standort dafür, denn dort könne man bald mit der U-Bahn von der Westfront zur Ostfront fahren.

Die Alliierten hatten unterdessen eine neue Zangenoperation eingeleitet; und am 16. Januar vereinigten sich beide Stoßkeile nördlich von Bastogne.

1046 *Ardennenoffensive*

Damit war die Hälfte des großen Frontbogens beseitigt, und rund 20 000 Deutsche waren abgeschnitten. Dieser wichtige Erfolg wurde freilich von einem bitteren Streit zwischen Amerikanern und Engländern überschattet. Er hatte einige Tage zuvor begonnen, als Montgomery, dem der nördliche Teil der Streitkräfte unterstand, im Gespräch mit Militärkorrespondenten den Eindruck erweckte, er habe persönlich den Sieg sichergestellt, und die britischen Truppen seien es gewesen, die den Amerikanern aus der Klemme geholfen hätten. Die meisten amerikanischen Korrespondenten zeigten sich über den von ihnen als überheblich empfundenen Ton dieser Erklärung irritiert, denn es war allgemein bekannt, daß an der Operation nur relativ wenige britische Einheiten beteiligt waren, und daß die amerikanischen Generäle sich überwiegend durch Montgomerys vorsichtige und bedächtige Taktik behindert fühlten. Einige Tage hindurch schien es so, als ob Hitlers Traumvorstellung, er könne einen Keil zwischen die Alliierten treiben, aus Gründen menschlicher Unvollkommenheit Wirklichkeit würde. Doch Eisenhower, der ebenso Diplomat wie Soldat war, besänftigte in beiden Lagern die aufgeregten Gemüter.

Auch der 17. Januar brachte für Hitler keinen Lichtblick. Manteuffels Armee hatte sich dem allgemeinen Rückzug angeschlossen. Offenbar besonders ausgesuchte Infanteristen bildeten die Nachhut – sehr junge und daneben Männer in reiferen Jahren, die offenbar für nutzlos gehalten wurden und dennoch in allzu häufig hoffnungsloser Lage tapfer kämpften: Die vorrückenden Alliierten fanden sie – gefallene Jünglinge von vierzehn und fünfzehn Jahren, das Gewehr in den erstarrten Händen; Männer in den Fünfzigern, die tot in den Kellern lagen, hatten faulige Füße. Die zurückflutenden deutschen Kolonnen waren das Ziel alliierter Tiefflieger und der schweren Artillerie der Amerikaner. Panzer, Lastwagen, Geschütze auf Selbstfahrlafetten rumpelten über vereiste Straßen und Wege nach Osten, häufig durch Schneetreiben und Verwehungen behindert. Besonders bitter war dieser Rückzug für die langen Infanteriekolonnen, die dem Winter und dem nachstoßenden Gegner noch schutzloser ausgesetzt waren; viele Szenen erinnerten an den napoleonischen Rückzug aus Rußland.

Die Schlacht in den Ardennen war vorüber. Was blieb, war verwüstetes Land, zerstörte Häuser und Gehöfte, von der Furie des Krieges gezeichnete Menschen – und mehr als 75 000 Tote.

30. Kapitel
›Nicht fünf Minuten vor Mitternacht aufgeben‹
(17. Januar – 20. April 1945)

1

Am 17. Januar 1945 hatte die Rote Armee die deutschen Truppen im Baltikum überrannt oder umgangen und aus dem Raum Warschau die Weichsel in Richtung Niederschlesien überschritten. Die sowjetischen Divisionen hatten sich dem Konzentrationslager Auschwitz so weit genähert, daß die Insassen das dumpfe Grollen der Artillerie hörten. In den letzten Wochen waren die SS-Wachmannschaften damit beschäftigt gewesen, große Mengen an Schuhen, Bekleidung und Menschenhaar zu verbrennen, um die Spuren des Massenmords zu verwischen. Innerhalb von zwei Tagen flüchteten die meisten deutschen Beamten aus diesem Gebiet, und der aus betagten Männern gebildete »Volkssturm« löste sich auf. Am Nachmittag des 17. Januar trieben die Wachen 58000 zerlumpte, hungrige Insassen zusammen und führten sie in westlicher Richtung ab, um sie eventuell als Geiseln zu benutzen. Etwa 6000 weitere Häftlinge, deren körperlicher Zustand für diesen Marsch zu schlecht war, wurden zurückgelassen; man hoffte, sie würden durch das Artilleriefeuer der vorstoßenden Russen und die Kampfhandlungen selbst erledigt.

Als die Einheiten der Roten Armee jedoch zehn Tage später, am 27. Januar, endlich durch das große Tor fuhren, hielten sich in dem Lager noch immer fast 5000 ausgemergelte Überlebende auf, die so entkräftet waren, daß sie ihrer Freude über die Befreiung durch die Russen kaum Ausdruck geben konnten. Die fieberhaften Bemühungen der SS, alle Spuren zu vernichten, hatten noch bis zum Morgen dieses Tages angehalten, als die Gaskammern und fünf Krematorien gesprengt wurden; doch auch damit konnten die Beweise für die grauenhaften Vorgänge in der Todesfabrik von Auschwitz nicht beseitigt werden. Trotz dieser Aktion fanden Beauftragte des Roten Kreuzes in dem Lager 368 820 Anzüge, 836 255 Damenmäntel, 13 964 Decken und sieben Tonnen Haar – Hinterlassenschaften der Opfer wie die Berge von Zahnbürsten, Brillen, Schuhen, Prothesen. In den Massengräbern lagen hunderttausende Opfer.

In Berlin begab sich Generalstabschef Guderian am Nachmittag dieses 17. Januar mit seinem Adjutanten und einer Ordonnanz in die Reichskanzlei, um an der Lagebesprechung bei Hitler teilzunehmen. Der Generaloberst und die beiden Offiziere konnten das Arbeitszimmer Hitlers, in dem die Konferenz stattfinden sollte, nur auf einem Umweg durch den langgestreckten Bau an der Voßstraße erreichen; der direkte Zugang war durch Bombentreffer unpassierbar geworden. Sie gingen an großen Fenstern vorbei, deren Scheiben durch Pappe oder Holz ersetzt worden waren, durch endlose Korridore und hohe Räume, aus denen die Bilder, Teppiche und Wandbehänge verschwunden waren, und erreichten schließlich einen Vorraum, in dem mit Maschinenpistolen bewaffnete SS-Wachen standen. Ein SS-Offizier ersuchte höflich um Aushändigung der Handwaffen und der Aktentaschen; die Mappen wurden durchsucht. Dieser Prozedur mußte sich auch der Generalstabschef unterziehen; sie war unmittelbar nach dem Attentat vom 20. Juli angeordnet worden.

Um 16 Uhr hatten sich in dem Vorraum zahlreiche Militärs versammelt, unter ihnen Göring, Keitel und Jodl. Wenige Augenblicke später wurden die Türen zum riesigen Arbeitszimmer Hitlers, einem hohen Saal mit eher spärlicher Möblierung, geöffnet. An einer Wand stand der schwere Schreibtisch des Führers, dahinter ein schwarz gepolsterter Sessel, von dem aus man durch bis auf den Boden reichende Fenster in den nun schon verwüsteten Garten blickte. Die Marschälle und Generäle setzten sich in schwere Ledersessel, während ihre Adjutanten und die Ordonnanzen auf einfachen Stühlen Platz nahmen oder stehen blieben.

Um 16.20 Uhr kam Hitler herein — mit gebeugten Schultern und einem wie leblos herabhängenden linken Arm. Er begrüßte einige Konferenzteilnehmer mit einem schlaffen Händedruck und ließ sich dann in einen Stuhl fallen, der ihm hingeschoben wurde. Die Besprechung begann mit einem ungeschminkten Bericht Guderians über den bevorstehenden Zusammenbruch an der Ostfront. Hitler unterbrach den Generalobersten bemerkenswert selten; das dramatische Geschehen in Ostdeutschland schien fast jenseits seines Gesichtskreises zu liegen. Als jedoch die Situation auf dem westlichen Kriegsschauplatz erörtert wurde, belebte sich sein Interesse spürbar; kritische Bemerkungen verband er mit nostalgischen Erinnerungen an seine Erfahrungen im Ersten Weltkrieg (»1915 und 1916 — da hatten wir wirklich eine Munitionszuteilung, bei der Ihnen die Haare zu Berge stehen würden«). Dann ließ er sich auf einen langwierigen Disput mit Göring über die Frage ein, welcher Rang reaktivierten Offizieren zugebilligt werden könne. Die Konferenz war um 18.50 Uhr beendet; Guderian fuhr zurück nach Zossen. Er war deprimiert und von einem Gefühl des Widerwillens erfüllt. Man hatte zweieinhalb Stunden geredet, ohne daß auch nur eine einzige wichtige Entscheidung über die Probleme der bedrohten Ostfront getroffen worden wäre.

17. Januar – 20. April 1945　　　　　　　　　　　　　　　　　1049

Eines dieser Probleme war Himmler, der eben die Führung einer hastig zusammengestellten »Heeresgruppe« übernommen hatte und mit diesen Einheiten den Hauptstoß der Truppen Marschall Schukows aufhalten sollte. Nach Ansicht Guderians war die Ernennung Himmlers purer Schwachsinn, doch Hitler hatte sie mit dem Argument begründet, der Reichsführer sei der einzige, der über Nacht eine respektable Streitmacht aus dem Boden stampfen könne; sein Name allein genüge, um die Soldaten und Offiziere für einen Kampf mit äußerster Härte zu begeistern. Bormann hatte die Ernennung unterstützt; doch in der Umgebung Himmlers war man überzeugt, es handele sich dabei um ein Komplott, um ihn zu entmachten. Mit der Führung der Heeresgruppe Weichsel werde er vom Führerhauptquartier ferngehalten; dies erlaube es Bormann, seinen ständig wachsenden Einfluß auf Hitler noch weiter zu verstärken, und überdies solle damit Himmlers militärische Unfähigkeit schlagend demonstriert werden.

Heinrich Himmler, der Fahnenjunker des Ersten Weltkriegs, der seit langem den heimlichen Wunsch hegte, eine Armee in die Schlacht zu führen, ließ sich – wenn auch widerstrebend – ködern. Zwar fürchtete er Bormann, doch der Gedanke, daß dieser Rivale auf seinen Sturz hinarbeite, kam ihm nicht. Himmler begab sich in seinem Sonderzug nach Pommern, um die Russen an der Weichsel aufzuhalten. Für diese Aufgabe standen ihm einige Stabsoffiziere, ein Stoß überholter Lagekarten, und eine Bezeichnung für seine Streitkräfte zur Verfügung: Heeresgruppe Weichsel. Von einigen hier und dort bereitstehenden Einheiten abgesehen, bestand sie zunächst nur auf dem Papier. Und als ihm neue Divisionen zugeführt wurden, begann Himmler törichterweise eine Verteidigungslinie in Ost-West-Richtung aufzubauen, die von der Weichsel zur Oder verlief und lediglich als Schutz für das nördlich gelegene Pommern diente. Mit anderen Worten: Der Oberbefehlshaber Himmler verbarrikadierte eine Seitentür, während der Haupteingang weit offenblieb.

Dementsprechend führte Marschall Schukow seine Panzer- und Schützendivisionen um diesen Riegel herum, und es gab auf deutscher Seite keinen zusammenhängenden Widerstand mehr. Als Hitler die Lagebesprechung vom 27. Januar schloß, standen die sowjetischen Truppen 160 Kilometer vor Berlin. Als letztes natürliches Hindernis auf dem Weg zur Reichskanzlei hatten sie nur noch die Oder zu überwinden.

Drei Tage später sprach Hitler anläßlich des zwölften Jahrestages der Machtergreifung zum deutschen Volk. Noch einmal beschwor er die Gefahren durch das internationale Judentum und den asiatischen Bolschewismus, und dann appellierte er an jeden Deutschen, seine Pflicht bis zum Äußersten zu tun. »Wie schwer auch die Krise im Augenblick sein mag«, so erklärte Hitler, »sie wird durch unseren unabänderlichen Willen, durch unsere Opferbereitschaft und durch unsere Fähigkeiten am Ende trotzdem gemeistert werden. Wir werden auch diese Not überstehen. Es wird auch in diesem Kampf nicht Innerasien siegen, sondern Europa – und an der Spitze jene Nation, die seit eineinhalbtausend Jahren Europa als Vormacht gegen den Osten vertreten hat und in alle Zukunft vertreten wird: Unser Großdeutsches Reich, die deutsche Nation!«[1]

Während des Nachmittags fand Bormann Zeit, seiner Frau den brieflichen Rat zu geben, sie möge einen Vorrat an Dörrgemüse und »sagen wir, fünfzig Pfund Honig« anlegen; er sprach auch von »Greueln im Osten, wo die Bolschewisten jedes Dorf verwüsten«, und mahnte, sie und die Kinder dürften »niemals in die Hände dieser wilden Tiere« fallen.[2]

Trotz der katastrophalen Entwicklung an den Fronten war Hitler in guter Stimmung. Nach der abendlichen Lagebesprechung blieben einige der Konferenzteilnehmer noch, während er sich über die politische Situation verbreitete. Ruhig und innerlich entspannt, gab er sich wie ein Professor, der eine Gruppe von ihm ausgewählter Studenten um sich versammelt hat, und erläuterte zunächst, er habe die Operation »Herbstnebel« durchgeführt, um die Alliierten zu entzweien. Zwar sei das Unternehmen militärisch nicht erfolgreich gewesen, doch die Amerikaner und die Engländer lägen sich in dieser Angelegenheit bereits öffentlich in den Haaren, und ein Bruch zwischen beiden Bündnispartnern stehe unmittelbar bevor.

Guderian sah ungeduldig auf die Uhr, doch die jüngeren Offiziere waren offenkundig fasziniert, als Hitler voraussagte, der Westen werde in Kürze erkennen, daß sein wirklicher Feind der Bolschewismus sei, und dann gemeinsam mit Deutschland gegen diesen Gegner ins Feld ziehen. Churchill wisse so gut wie er, so fuhr Hitler fort, daß die Eroberung Berlins durch die Rote Armee gleichbedeutend mit der Machtergreifung des Kommunismus in halb Europa sei, und es werde dann nur wenige Jahre dauern, bis auch die andere Hälfte verschlungen sei. »Ich wollte niemals gegen den Westen kämpfen«, sagte er bitter. »Sie haben mich dazu gezwungen.« Es werde doch immer deutlicher, was die Russen wollten, und Roosevelt müßten die Augen geöffnet worden sein, als Stalin die von den Kommunisten gestützte Lubliner Regierung in Polen anerkannt habe. »Die Zeit ist unser Verbündeter«, meinte Hitler. Das sei der Grund, weshalb er im Osten die Verteidigung bis zum letzten Mann fordere. Denn war es nicht einleuchtend, daß jede von den Deutschen gehaltene Festung schließlich ein Stützpunkt in dem deutsch-amerikanisch-britischen Kreuzzug zur Vernichtung des jüdischen Bolschewismus war? Hitlers Stimme hob sich, als er seine Zuhörer daran erinnerte, 1918 sei der Generalstab dem Vaterland in den Rücken gefallen; anstelle der Kapitulation hätte Deutschland einen ehrenhaften Frieden erlangen können, und es hätte kein Nachkriegschaos, keine kommunistischen Versuche zur Machtergreifung, keine Inflation und keine wirtschaftliche Depression gegeben. »Diesmal«, so wiederholte Hitler sein früheres Gelöbnis, »werden wir nicht fünf Minuten vor Mitternacht kapitulieren!«[3]

17. Januar – 20. April 1945   1051

Am 31. Januar wurden Hitler vormittags alarmierende Meldungen vorgelegt: Feindliche Panzer hatten die Oder überquert! Damit war das letzte natürliche Hindernis auf dem Weg nach Berlin überwunden. Drei Tage danach wurde die Stadt von einem furchtbaren Schlag getroffen: Alliierte Bomberverbände flogen den schwersten Luftangriff des ganzen Krieges gegen Berlin. Fast tausend US-Maschinen legten einen großen Teil der Innenstadt in Schutt und Asche. Zu den Opfern dieses Angriffs gehörte Roland Freisler, der Präsident des Volksgerichtshofes, vor dem sich Fabian von Schlabrendorff wegen seiner Beteiligung an der Verschwörung des 20. Juli verantworten mußte. Freisler war von einem riesigen Balken erschlagen worden; die Hände des Toten umkrampften noch die Akte Schlabrendorffs, in der sich die Beweise für die Beteiligung des Offiziers an der Erhebung befanden. »Gottes Weg ist wundersam«, dachte Schlabrendorff, »ich war angeklagt, er war der Richter, nun ist er tot, und ich lebe.«

Zusammen mit zwei anderen Angeklagten wurde Schlabrendorff in aller Eile in einem kleinen Wagen in das Gestapo-Gefängnis gebracht. Es war noch früh am Nachmittag, doch der Himmel war durch die Qualmwolken und die in die Luft gewirbelte Asche verdunkelt. Überall brannte es. Auch das Gestapo-Hauptquartier in der Prinz-Albrecht-Straße stand in Flammen, doch der Luftschutzkeller war nur leicht beschädigt, und als Schlabrendorff an einem anderen Häftling, Admiral Wilhelm Canaris, vorbeigeführt wurde, rief er ihm zu: »Freisler ist tot!« Diese gute Nachricht verbreitete sich in Windeseile unter den übrigen Gefangenen. Wenn sie Glück hätten, so dachten sie, würden die Alliierten sie befreien, bevor die nächsten Verhandlungen beginnen könnten.[4]

Auch die Reichskanzlei hatte während dieses Luftangriffs schwere Schäden davongetragen, deren Folgen Bormann am nächsten Tag in einem Brief an seine Frau beschrieb. Die normalen Verbindungen zur Außenwelt seien unterbrochen worden, die Versorgung aus dem städtischen Elektrizitätsnetz oder dem Wasserleitungssystem funktioniere nicht mehr, vor der Reichskanzlei stehe nun ein Wasserwagen, »und das ist unserer einziger Vorrat zum Kochen und Aufwaschen!« Ganz schlimm sei der Zustand der Toiletten.[5] Der Reichsleiter, der nun zum festen Teilnehmerkreis der militärischen Lagebesprechungen gehörte, hatte unterdessen Hitlers Vertrauen in einem Maße gewonnen, das seine Stellung unangreifbar machte. Göring, Speer und Himmler waren als Rivalen um die Gunst Hitlers abgeschlagen, und Goebbels hatte begriffen, daß sein eigener Einfluß von der Fortsetzung seines argwöhnischen Bündnisses mit Bormann abhing.

Anfang Februar wurde Bormann eine weitere Ehre zuteil – es war die letzte, die Hitler noch zu vergeben hatte: Der Führer und Reichskanzler begann ihm ein politisches Testament zu diktieren. Wenn das Reich wirklich unterging – noch sah Hitler eine geringe Möglichkeit für ein geschichtliches Wunder –, so wollte er jedenfalls für die Nachwelt darlegen, wie nahe er der

Verwirklichung seines großartigen Traums gekommen war. Es war typisch für ihn, daß er auch am Ende seines Lebens das letzte Wort behalten wollte. Und so begann der unermüdliche Bormann am 4. Februar, als die Rote Armee schon vor den Toren Berlins stand, Hitlers Rechtfertigungsversuch vor der Geschichte aufzuzeichnen. Die Engländer, so behauptete Hitler, hätten dem Krieg Anfang 1941 ein Ende machen können, doch die Juden hätten nichts dergleichen gewollt, und ihre Lakaien Churchill und Roosevelt hätten es verhindert. Wäre damals Frieden geschlossen worden, so hätte das die Einmischung Amerikas in europäische Angelegenheiten verhindert und zur raschen Einigung unter deutscher Führung geführt. Nach der Beseitigung des jüdischen Gifts wäre eine solche Einigung einfach gewesen. Und Deutschland, ihr Garant, würde den Sinn seines Lebens und die Daseinsberechtigung des Nationalsozialismus erfüllt haben — die Zerstörung des Bolschewismus. Wie einfach wäre das alles gewesen, wenn die englische Politik nur logisch und vernünftig gewesen wäre; doch sie war es nicht, und so war Hitler als Wächter der fundamentalen deutschen Interessen gezwungen, den totalen Krieg zu führen.

Zwei Tage später setzten Hitler und Bormann sich erneut zusammen, um die Rechtfertigungs-Legende zu schreiben. Die Feinde hätten alle Streitkräfte für den letzten und endgültigen Angriff zusammengezogen; die Situation sei verzweifelt. Deutschland, so ließ Hitler seinen Sekretär Bormann niederschreiben, stehe einer durch Gegensätzlichkeiten geprägten Koalition gegenüber, die durch Haß, Eifersucht und Angst vor den Lehren des Nationalsozialismus zusammengehalten werde. Ihre Entschlossenheit, das Dritte Reich auszulöschen, lasse nur eine Alternative: den Kampf bis zum Ende. »Vor dem Schlußpfiff ist kein Kampf verloren.« Wenn zum Beispiel Churchill plötzlich abtreten würde, so könnte sich alles im Nu ändern. Hitler begann laut über die Möglichkeit eines Meinungsumschwungs innerhalb der britischen Aristokratie nachzudenken und meinte, auch auf der Zielgeraden könne man den Sieg noch erringen.[6]

Außer Bormann stand ihm in diesen letzten Monaten seines Lebens der Architekt Paul Giesler besonders nahe. Mit ihm verbrachte er viele Stunden vor einem beleuchteten Holzmodell des neuen Linz, das als das künftige Juwel Österreichs der Hauptstadt Wien den Rang ablaufen sollte; bis in die frühen Morgen unterhielten sich die beiden Männer über Architektur und über Bolschewismus, über die Kunst, über die westlichen Alliierten, und über den Traum, Europa zu retten und für eine weltpolitische Rolle zu einigen. Das große Holzmodell von Linz erwies sich für Hitler als ein Quell der Inspiration, und zuweilen ließ er Goebbels aus dem Bett holen, um ihm mit Lichteffekten vorzuführen, wie Linz morgens, mittags und abends aussehen würde. Die Begeisterung Hitlers für diese Phantastereien erinnerte an den Eifer des jungen Adolf, der August Kubizek vorgeschwärmt hatte, wie er einst Linz zu einer der schönsten Städte umgestalten werde.[7]

2

Am 12. Februar 1945 erklärten Roosevelt, Churchill und Stalin zum Abschluß der Konferenz von Yalta, bei den Besprechungen sei völlige Einigkeit über die Niederlage der Achsenmächte und die künftige Weltordnung erzielt worden. Das Kommuniqué von Yalta wurde in den Vereinigten Staaten, in England und in der Sowjetunion weithin begrüßt. Auch Goebbels war von diesem Konferenzergebnis angetan, denn es gab ihm die Möglichkeit, die alliierte Forderung nach der bedingungslosen Kapitulation Deutschlands erneut als Argument für seine Durchhaltepropaganda zu benutzen. Der Beschluß der Großen Drei, Deutschland aufzuteilen und mit drückenden Reparationen zu belasten, zeige, daß die Deutschen mit äußerster Energie kämpfen müßten – oder das Reich werde verschwinden.

Hitlers Befriedigung über die propagandistischen Chancen der Konferenz von Yalta wurde freilich während der Mittagskonferenz am nächsten Tag durch einen scharfen Zusammenstoß mit Generalstabschef Guderian beeinträchtigt. Völlig ungerührt hatte der General während der Konferenz in Anwesenheit Himmlers erklärt, der Reichsführer besitze weder die notwendige Erfahrung noch den notwendigen Stab, um den Gegenangriff an der Oder zu führen, der Schukows Stoßkeile zurückschlagen sollte. Daraufhin erregte sich Hitler: »Ich verbiete Ihnen, mir vorzuwerfen, daß der Reichsführer seiner Aufgabe nicht gewachsen ist.« Guderian war zu weit gegangen, als daß er jetzt noch seinen Standpunkt hätte ändern können, und beharrte darauf, sein eigener Stellvertreter, General Walter Wenck, müsse den Befehl über die Operation erhalten. Hitler war außer sich, und die Auseinandersetzung zwischen ihm und Guderian wurde so heftig, daß einer der Konferenzteilnehmer nach dem anderen den Raum verließ, bis nur noch Himmler, Wenck und einige Adjutanten anwesend waren. Der Streit zog sich über zwei Stunden hin. Jedesmal, wenn Hitler schrie: »Wie können Sie es wagen...«, wiederholte Guderian seine Forderung, daß Wenck dem Oberbefehlshaber Himmler an die Seite gestellt werde. Und jedesmal schien Himmler eine Spur blasser zu werden.

Schließlich hielt Hitler, der erregt auf und ab gegangen war, vor dem Sessel des Reichsführers inne und meinte mit einem resignierenden Seufzer: »Also, Himmler, der General Wenck tritt noch heute nacht zu Ihrem Stabe und leitet den Angriff.« Er setzte sich, sichtlich erschöpft. »Bitte, fahren Sie in Ihrem Vortrag fort«, meinte er mit einem verzerrten Lächeln. »Der Generalstab hat heute eine Schlacht gewonnen.«[8]

Am nächsten Tag fand Hitler wieder Zeit, Bormann weiter zu diktieren. Die Nationalsozialisten hätten Deutschland nicht durch Worte, sondern durch Taten vom jüdischen Gift gereinigt. Das sei ein notwendiger Desinfektionsprozeß gewesen, der bis zur äußersten Grenze durchgeführt worden sei; andernfalls würde das deutsche Volk erstickt sein und sich selbst zerstört haben. Die Ausmerzung der Juden, so enthüllte er weiter, sei das wichtigste Ziel des Krieges gewesen. Am Vorabend des Angriffs auf Polen habe er sie gewarnt, sie würden nicht verschont bleiben, wenn sie einen weiteren Krieg heraufbeschwören sollten, und dann würde er das Ungeziefer ausrotten, und zwar ein für allemal. Dies sei keine Drohung, sondern seine historische Aufgabe gewesen. Nun sei das jüdische Geschwür geöffnet worden, und die »Welt der Zukunft wird uns ewig dankbar dafür sein«.[9]

Am nächsten Abend hatte Dr. Giesing Gelegenheit, mit Hitler im Luftschutzbunker der Reichskanzlei zu sprechen. Der Führer war blaß, sein rechter Arm zitterte, und auch wenn er nur kurze Entfernungen zurücklegen wollte, mußte er sich irgendwo abstützen. Hitler wirkte geistesabwesend und stellte mehrfach dieselbe Frage, etwa im Gespräch mit dem Arzt: »Woher stammen Sie, Doktor? Oh ja, Krefeld, Krefeld, ja, Krefeld . . .« Was er sagte, wirkte unkonzentriert, weitschweifig, und zuweilen fehlte auch der Zusammenhang. Zuerst versicherte er Dr. Giesing, die Amerikaner würden den Westwall niemals bezwingen können; dann erklärte er, wenn Deutschland den Krieg verlieren sollte, werde er mit seinen Truppen untergehen, und schließlich pries er eine neue Waffe, eine Atombombe, die er einsetzen werde, »selbst wenn Englands weiße Klippen ins Meer sinken sollten«. Dann ging er hinaus, ohne sich zu verabschieden.[10]

Auch andere Besucher stellten diese Geistesabwesenheit fest; und seine zunehmende Reizbarkeit wurde noch verschlimmert, als er die Meldung vom alliierten Bombenangriff auf Dresden am 13. Februar erhielt. Ein entsetzlicher Feuersturm hatte die alte Residenzstadt fast völlig vernichtet. In den ersten Berichten hieß es, während der zwei aufeinanderfolgenden Angriffe seien mindestens 100 000 Menschen, wahrscheinlich aber mehr, ums Leben gekommen. Der abschließende Bericht des Polizeipräsidenten sprach von 25 000 Todesopfern, »vor allem Frauen und Kinder«, und 35 000 Vermißten.

Goebbels weigerte sich zunächst zu glauben, daß Dresden zerstört worden war; dann brach er in Tränen aus. Als er schließlich seine Fassung wiedergewonnen hatte, schmähte er Göring, den er als einen Parasiten bezeichnete. Durch seine Schlaffheit und seine Eigensucht habe der Reichsmarschall schwere Schuld auf sich geladen. »Weshalb hat der Führer nicht auf meine früheren Warnungen gehört?«[11] Hitlers Wut konzentrierte sich unterdessen auf die britischen und amerikanischen Bomberpiloten, die an den Angriffen auf Dresden beteiligt gewesen waren; doch er lehnte Goebbels' Vorschlag ab, zur Vergeltung unverzüglich die in deutsche Kriegsgefangenschaft geratenen alliierten Luftwaffenangehörigen hinrichten zu lassen. Prinzipiell, so erklärte Hitler dazu, stimme er zwar mit derartigen Überlegungen überein; doch wolle er vor einer endgültigen Entscheidung noch abwarten. Ribbentrop und anderen gelang es, ihn von solchen Plänen abzubringen.

17. Januar 1944 – 20. April 1945   1055

Im Februar veröffentlichten Zeitungen des neutralen Auslands Berichte über die Anbahnung von Waffenstillstandsverhandlungen. Sie hatten ihren Ursprung in den jüngsten Bemühungen von Peter Kleist, der von Hitler ausdrücklich angewiesen worden war, die Gespräche mit den Russen abzubrechen. Er hielt sich daran, knüpfte aber auf eigene Faust neue Kontakte in Schweden, diesmal mit dem Ziel, einen Frieden mit den Westmächten auszuhandeln. Zunächst sprach er mit Gilel Storch, einem wichtigen Vertreter des Jüdischen Weltkongresses. Bei der ersten Begegnung in einem Stockholmer Hotel schlug Storch vor, man solle zunächst über die Freilassung von 4300 Juden aus verschiedenen Konzentrationslagern verhandeln.

Kleist entgegnete, es sei unmöglich, das jüdische Problem durch derlei Einzeloperationen zu lösen; dies könne nur auf politischem Wege geschehen. »Wenn die Rettung der Juden zur Rettung Europas genutzt werden kann«, stellte er fest, »dann haben wir es mit einem Geschäft zu tun, das es wert ist, wenn ich mein Leben riskiere.«

Storch war begeistert. Er schlug Kleist vor, darüber mit dem amerikanischen Diplomaten Ivor Olson von der Stockholmer US-Botschaft zu sprechen, der als persönlicher Berater Präsident Roosevelts für europäische Flüchtlingsfragen fungierte. Storch stellte den Kontakt her und berichtete aufgeregt, der Präsident habe die Bereitschaft erkennen lassen, für die Rettung von eineinhalb Millionen Juden aus den Konzentrationslagern »mit Politik« zu bezahlen. Genau das hatte Kleist beabsichtigt. Er leitete die Mitteilung, die er von Storch erhalten hatte, an Werner Best, Hitlers Bevollmächtigten für Dänemark, weiter, der vorschlug, in dieser Sache Himmlers Vertrauten, Kaltenbrunner, anzusprechen.[12]

Nach Berlin zurückgekehrt, folgte Kleist diesem Ratschlag – mit dem Ergebnis, daß er unter Hausarrest gestellt wurde, wie damals, als er mit Clauß verhandelt hatte. Doch nach einigen Tagen ließ Kaltenbrunner ihn wissen, Himmler sei »bereit, diese schwedische Möglichkeit aufzugreifen«. Kleist solle wieder nach Stockholm reisen, Besprechungen über diese Frage aufnehmen, und als Zeichen des guten Willens zweitausend Juden »mitbringen«. Der Gedanke, Menschenleben und insbesondere Juden als Handelsobjekt zu benutzen, war für Himmler nicht neu. Er hatte die Bereitschaft zu einem derartigen Geschäft schon in anderen Bereichen erkennen lassen, um Wege für einen Verhandlungsfrieden zu ebnen. Dabei hatten ihn zwei Männer von durchaus dubiosem Charakter ermutigt: sein Masseur Felix Kersten, ein Arzt ohne Diplom aus Estland, und sein Auslandsspionagechef Walter Schellenberg, der ihm ebenfalls eine humanitäre Geste gegenüber politischen und Kriegsgefangenen nahegelegt hatte, damit die Welt erkennen könne, der Reichsführer sei keinesfalls ein Ungeheuer. Schellenberg war überzeugt, daß Hitler sich selbst und Deutschland in den Abgrund führe, und hatte Himmler dementsprechend immer wieder aufgefordert, jeden möglichen Weg für einen Friedensschluß auszunutzen.

Das war freilich alles andere als leicht, denn Verhandlungen mit diesem Ziel konnten nur ohne Wissen Hitlers geführt werden; und es war ferner alles andere als hilfreich, daß Kaltenbrunner seinem Führer treu ergeben war und überdies Schellenberg mit Antipathie und Mißtrauen gegenüberstand. Kaltenbrunner hatte Himmler immer wieder aufgefordert, sich nicht in Bestrebungen verwickeln zu lassen, die Hitlers Mißbilligung finden oder eine noch schärfere Reaktion des Führers nach sich ziehen müßten. Von diesem Standpunkt ging er erst ab, als er von den Möglichkeiten hörte, die sich durch Kleist in Stockholm eröffneten. Er vertraute Kleist, und unzweifelhaft war das einer der Gründe dafür, daß Himmler sich hatte überreden lassen, diesen Diplomaten wieder nach Schweden zu entsenden.

Die innerhalb der SS wuchernden Intrigen führten jedoch dazu, daß Kleist, der schon seine Reisevorbereitungen traf, zu Kaltenbrunner gerufen wurde, der ihm eröffnete, mit den zu führenden Verhandlungen werde er, Kleist, nicht mehr befaßt sein. Kaltenbrunner konnte nicht erklären, daß sein Feind Schellenberg Himmler gerade eben davon überzeugt hatte, es sei besser, an einem möglichen Erfolg das Auswärtige Amt nicht zu beteiligen. So wurde statt des Diplomaten Kleist der Himmler-Vertraute Kersten nach Stockholm entsandt. Er begann unverzüglich Verhandlungen mit dem schwedischen Außenminister über die Freilassung skandinavischer Häftlinge aus den Konzentrationslagern. Sie verliefen so günstig, daß beide Seiten überein kamen, Graf Folke Bernadotte solle zum Abschluß der Vereinbarungen mit Himmler persönlich nach Berlin kommen.[13]

Da Kleist gewarnt worden war, er habe in dieser Angelegenheit nicht weiter tätig zu werden, wußte sein eigener Chef, Außenminister von Ribbentrop, von diesen Verhandlungen nichts – bis der schwedische Botschafter in Berlin Himmler in einem offiziellen Schreiben bat, Bernadotte zu einem Gespräch zu empfangen. Dieses Ersuchen wurde auf dem diplomatisch korrekten Wege über das Auswärtige Amt geleitet; so erfuhr Ribbentrop davon. Der Außenminister ließ unverzüglich Fritz Hesse kommen, der vor dem Krieg so unermüdlich für einen Ausgleich zwischen Deutschland und England gearbeitet hatte, und fragte ihn, ob der Graf Bernadotte nach seiner Auffassung ein geeigneter Mittelsmann für deutsche »Friedensfühler« zu den Alliierten sei. Hesses Antwort bestand in der Gegenfrage, ob der Führer solche Initiativen genehmigt habe. Ribbentrop räumte ein, das sei nicht der Fall, aber möglicherweise könne man ihn überreden. Daraufhin verfaßten beide ein Memorandum, das Hitler vorgelegt wurde. Obwohl das Wort sorgfältig ausgespart worden war, erkannte dieser sofort, daß es sich praktisch um ein Kapitulationsangebot handelte. Andererseits aber wollte er Ribbentrop nicht davon abhalten, etwas zu unternehmen: »Na ja, Sie können es ja versuchen, ich verspreche mir allerdings nicht viel davon.«[14]

Ribbentrop besprach sich zunächst mit seinem persönlichen Feind Himmler und stellte überrascht fest, daß der Reichsführer mehr als bereit

17. Januar – 20. April 1945   1057

war, in dieser Sache mit ihm zusammenzuarbeiten. Himmler war allerdings
von der Sorge erfüllt, Hitler könne herausbekommen, daß der Graf Bernadotte zu Verhandlungen über andere als rein humanitäre Fragen nach Berlin
kommen würde. Er sicherte dem Auswärtigen Amt zunächst seine volle
persönliche Unterstützung zu und versprach Ribbentrop dann, er werde
Hitlers Befehl, Kriegsgefangene und KZ-Häftlinge seien zu liquidieren,
bevor sie den feindlichen Truppen lebend überstellt werden müßten, außer
Kraft setzen. Ribbentrop hatte Mühe, Freudentränen zurückzuhalten, als er
Hesse von dem Ergebnis des Gesprächs berichtete: »Jetzt können wir wenigstens den Versuch machen, das deutsche Volk zu retten«, meinte er. Am 17.
Februar reiste Hesse nach Stockholm ab. Himmler hat die eiligen Zusagen,
die er Ribbentrop gab, offenkundig sehr schnell bereut. Wieder plagte ihn
die Sorge, der Führer könne von seinen Handlungen erfahren – und sie mißverstehen.

Als ihm mitgeteilt wurde, Bernadotte sei in Berlin eingetroffen, weigerte
er sich, ihn zu empfangen; zunächst müsse der Graf mit Kaltenbrunner und
Ribbentrop sprechen – beide, so kalkulierte er, könnten dann nicht zu seinen
Lasten Hitler informieren. Sie waren nur zu gern bereit, mit dem Gast aus
Stockholm zu konferieren. Bernadotte sah zunächst Kaltenbrunner, dem er
jedoch so wenig wie möglich mitteilte, da er entschlossen war, direkt mit
Himmler zu verhandeln. So beschränkte er sich auf den Vorschlag, das
Schwedische Rote Kreuz solle die Genehmigung erhalten, in den Konzen-
trationslagern humanitäre Hilfe zu leisten. Kaltenbrunner nickte zustimmend und fügte hinzu, er sei »völlig einverstanden«, daß Bernadotte
mit Himmler persönlich zusammentreffe.

Anschließend sprach der Graf im Auswärtigen Amt mit Ribbentrop –
genauer gesagt, er hörte dem Außenminister zu. Neugierig, wie lange die
Aussprache wohl dauern würde, drückte er heimlich auf seine Stoppuhr.
Ribbentrop sprang von einem Thema zum anderen, gab pausenlos national-
sozialistische Phrasen von sich und erklärte schließlich, der Mann unter den
Lebenden, der am meisten für die Menschlichkeit getan habe, sei »Adolf
Hitler, ohne Zweifel Adolf Hitler!« Dann fiel er in Schweigen; Bernadotte
drückte wieder auf die Stoppuhr: 67 Minuten.

Am nächsten Tag fuhr Bernadotte zu Himmler nach Hohenlychen, nördlich von Berlin, wo der Reichsführer in dem SS-Sanatorium von Professor
Gebhardt sein inoffizielles Hauptquartier aufgeschlagen hatte. Der Graf traf
einen beunruhigend freundlichen und leutseligen Himmler an – ruhig, höflich, die kleinen Hände sorgfältig maniküt, eine Erscheinung ohne jeden
diabolischen Zug. Bernadotte hielt ihm vor, in Schweden habe die Ermordung unschuldiger Menschen und die Methode, zu erpresserischen Zwecken
Geiseln in Haft zu halten, Entrüstung und Empörung ausgelöst. Himmler
entgegnete darauf in allem Ernst, offensichtlich sei der Graf falsch informiert, und fragte seinen Gast dann, ob er konkrete Vorschläge habe.

Bernadotte erwiderte, der Reichsführer könne doch zum Beispiel die Freilassung norwegischer und dänischer Häftlinge aus den Konzentrationslagern und ihre Überstellung nach Schweden veranlassen, wo sie in Gewahrsam genommen würden. Doch die Forderung nach diesem eher bescheidenen Zugeständnis beantwortete Himmler mit einer Flut heftiger Vorwürfe gegen die Schweden, die Bernadotte als völlig unsinnig empfand; vermutlich waren sie dadurch ausgelöst worden, daß Himmler wieder einmal, wie so häufig, von plötzlicher Furcht erfüllt war. »Wenn ich Ihren Vorschlägen zustimmen würde«, meinte er mit einem nervösen Augenblinzeln, »würden die schwedischen Zeitungen mit großen Schlagzeilen melden, der Kriegsverbrecher Himmler wolle sich aus Angst vor einer Bestrafung für seine Verbrechen die Freiheit erkaufen.« Doch dann kam er zur Sache und meinte, er könne auf Bernadottes Vorschlag eingehen – allerdings unter der Voraussetzung, daß Schweden und die Alliierten dem Reich zusicherten, in Norwegen würden die Sabotageakte aufhören.

»Das ist undenkbar«, erwiderte der Graf, und brachte dann einige Forderungen zur Sprache, die weniger gewichtig waren; Himmler sagte ihre Erledigung zu. Dadurch ermutigt, fragte Bernadotte ihn, ob Schwedinnen, die mit deutschen Männern verheiratet waren, in ihre Heimat zurückkehren könnten. Diesen Vorschlag lehnte Himmler brüsk ab. Offenkundig war die Grenze seiner Konzessionsbereitschaft erreicht, und seine Stimmung schlug um: »Sie mögen es als sentimental und vielleicht sogar als absurd empfinden; aber ich habe Adolf Hitler Treue geschworen, und als Soldat wie als Deutscher kann ich meinen Eid nicht zurücknehmen. Aus diesem Grund ist es mir auch nicht möglich, irgend etwas gegen die Pläne und Wünsche des Führers zu tun.« Minuten zuvor hatte er noch positiv auf Forderungen reagiert, die Hitler in Wut versetzt haben würden; doch nun begann er sich, wie sein Herr und Meister, langatmig über die »bolschewistische Gefahr« zu verbreiten, und prophezeite das Ende Europas, falls die deutsche Ostfront zusammenbreche. Dann schwelgte er in sentimentalen Erinnerungen an die »ruhmreiche« Frühzeit der nationalsozialistischen Bewegung – »die wundervollsten Jahre meines Lebens«.

Bernadotte gelang es, den Redestrom mit einer höflich formulierten Frage nach der Behandlung der Juden durch die Deutschen zu unterbrechen: »Würden Sie nicht zugeben, daß es unter den Juden, wie unter allen Rassen, sehr anständige Leute gibt? Ich habe viele jüdische Freunde«.

»Sie haben Recht«, entgegnete Himmler, »doch Sie in Schweden haben kein Judenproblem und können daher den deutschen Standpunkt nicht verstehen.« Zum Abschluß des zweieinhalbstündigen Gesprächs sagte Himmler dem Grafen zu, ihm noch vor dessen Rückkehr nach Schweden eine definitive Antwort zu übermitteln. Bernadotte schenkte seinem Gastgeber, der ein besonderes Interesse an skandinavischer Volkskunst bekundet hatte, ein aus dem 17. Jahrhundert stammendes Werk über dieses Thema.[15]

17. Januar – 20. April 1945　　　　　　　　　　　　　　　　　1059

Bernadotte kehrte ins Auswärtige Amt zurück. Ribbentrop zeigte sich hilfsbereiter als zuvor, doch seine überströmende gute Laune irritierte den Grafen, und er entschuldigte sich so schnell, wie es aus Gründen der Höflichkeit möglich war. Ribbentrop ließ unverzüglich Kleist zu sich rufen und fragte ihn, wer hinter Bernadotte stehe und was der Graf, abgesehen von der Rettung der Skandinavier, *wirklich* wolle. Kleist bemerkte auf einem Stuhl eine Ledermappe, prall mit Papieren gefüllt; sie gehörte Bernadotte. Er übergab sie Ribbentrop und nahm an, der Außenminister werde die darin befindlichen Unterlagen studieren; doch Ribbentrop schob die Mappe in einen großen Umschlag und veranlaßte, daß sie unverzüglich dem Eigentümer zugestellt werde. Kleist war beeindruckt und fand, dies sei inmitten der Auflösungserscheinungen eines totalen Krieges eine »Geste der Ritterlichkeit« gewesen.[16]

Ribbentrops Beauftragter in Stockholm, Fritz Hesse, fand in einem Gespräch mit dem schwedischen Bankmagnaten Wallenberg nur wenig Ermutigung für die Mission, die ihn in die schwedische Hauptstadt geführt hatte. Der Bankier erklärte ihm, sowohl Roosevelt als auch Churchill seien entschlossen, Deutschland zu zerstören, und schlug Hesse dann vor, die Deutschen sollten versuchen, mit den Russen ins Geschäft zu kommen. Ein klar definierter Vorschlag könne möglicherweise Erfolg haben. »Stalin«, so fügte er hinzu, »ist nicht auf den Westen festgelegt.«

Einige Tage danach sah Hesse in den schwedischen Zeitungen ein Bild, das seine Hoffnungen beflügelte. Es zeigte Wallenbergs Bruder Arm in Arm mit der sowjetischen Botschafterin Madame Kollontai vor dem Eingang des Missionsgebäudes. Hier könne es sich um ein Signal handeln, so dachte Hesse, daß der Kreml mit den Westmächten unzufrieden und daher bereit sei, mit Hitler zu verhandeln. Optimistisch kehrte er nach Berlin zurück, fand jedoch seinen Chef Ribbentrop an irgendwelchen Mitteilungen aus Schweden gänzlich desinteressiert. Der Außenminister war krank, deprimiert und lag im Bett. Es sei alles umsonst, meinte er düster. In Wahrheit gebe es überhaupt keine Chance, mit den Westmächten ins Gespräch zu kommen. »Man will Deutschland eben ganz vernichten und lehnt daher auch jede Gelegenheit zum Verhandeln ab, die deutsches Menschenleben sparen könnte.«

Als Hesse entgegnete, immerhin gebe es doch noch zwei echte Chancen, um Gespräche zu eröffnen, und zwar eine mit dem Westen (Olson, Roosevelts persönlicher Berater, hatte ihm versichert, der Präsident sei zu Verhandlungen bereit) und eine andere mit dem Osten, wurde Ribbentrop lebhafter. Im Bett liegend, erörterte er dieses Thema bis in die Nachtstunden mit Hesse, und schon am Morgen ließ er ihn wieder zu sich rufen. Der 16. März war ein klarer, sonniger Tag; Ribbentrop war aufgestanden und ging ungeduldig auf und ab. »Ich habe mir Ihre Berichte und die Ergänzungen ... genauestens durch den Kopf gehen lassen und habe dann ... zweimal mit dem Führer ... gesprochen.« Dann wies er den erstaunten Hesse an, nach Stockholm zurückzukehren und Besprechungen mit Madame Kollontai aufzunehmen. »Ich habe Ihre Instruktionen bereits ausgearbeitet, sie werden in wenigen Stunden fertig sein, ich schicke sie dann nochmals zum Führer hinüber. Das Flugzeug ist bereitgestellt, Sie können entweder heute abend oder heute nacht noch nach Stockholm fliegen.«

Bis in die späten Abendstunden besprachen Ribbentrop und seine Berater mit Hesse die Marschroute für die anzubahnenden Verhandlungen mit den Sowjets. Kurz nach Mitternacht wurde diese Konferenz durch einen Telefonanruf unterbrochen. Es war Walter Hewel, Ribbentrops ständiger Vertreter im Führerhauptquartier, und noch immer einer der engsten Vertrauten Hitlers. Ribbentrop ging an den Apparat; wenige Augenblicke später wurde sein Gesicht kreideweiß: »Bitte wiederholen Sie noch einmal«, stieß er hervor, und legte kurz darauf auf. Er gab sich Mühe, ruhig und gefaßt zu wirken; doch seine Stimme ließ erkennen, daß er es nicht war: »Meine Herren, der Führer hat jede weitere Besprechung mit dem Ausland verboten. Ich danke Ihnen, Sie können gehen.«

Später erfuhr Hesse von Hewel, was sich in der Reichskanzlei abgespielt hatte. Hitler war zunächst mit einem Kontakt zu den Russen einverstanden gewesen; doch als er die Instruktionen las, hatte er seinen Entschluß offenbar revidiert. Er war in seinem Arbeitszimmer auf und ab gegangen, während von einem Plattenspieler Musik aus der »Götterdämmerung« erklang; dann hatte er die Weisungen für Hesse zerrissen, eine Seite nach der anderen. »Ich verbitte mir jede weitere Fühlungnahme mit dem Feinde«, erklärte er Hewel. »Es hat alles keinen Sinn. Wer jetzt noch mit dem Feinde spricht, ist ein Verräter an der Idee. Wir fallen im Kampfe gegen den Bolschewismus, aber wir verhandeln nicht mit ihm! ... Gute Nacht!«[17]

3

In diesen Tagen des nahenden Endes klagte Hitler im Gespräch mit seiner Sekretärin Christa Schröder, er werde von allen Seiten belogen und könne sich auf niemanden mehr verlassen. Wenn ihm etwas zustoße, dann sei »Deutschland führerlos; denn einen Nachfolger habe ich nicht«. Der erste, Heß, sei wahnsinnig geworden; der zweite, Göring, habe sich die Sympathien des Volkes verscherzt; und der dritte, Himmler, werde von den Parteikreisen abgelehnt. Hitler entschuldigte sich, weil er während des Mittagessens über Politik gesprochen habe, und meinte dann: »Zerbrechen Sie sich mal ... den Kopf darüber, wer mein Nachfolger werden soll. Ich tue es schon die ganze Zeit über und komme zu keinem Ergebnis.«[18]

Seine Stimmung hob sich, als Eva Braun nach Berlin zurückkehrte. Er hatte ihr befohlen, in der relativen Sicherheit Münchens Schutz zu suchen; doch nach zwei Wochen hatte sie in ihrem Freundeskreis verkündet, sie

17. Januar – 20. April 1945   1061

gehöre an die Seite des Mannes, den sie liebe – ganz gleich, was geschehe. Sie wolle Hitlers Schicksal teilen; der Tod schrecke sie nicht. Hitler tat so, als ob er ungehalten sei, als Eva Braun wieder in der Reichskanzlei erschien, und machte ihr auch Vorhaltungen, doch immer wieder hob er noch am selben Abend hervor, wie stolz er über ihre Ergebenheit sei.

Ende Februar hatte Hitler noch einmal die Gauleiter zusammenrufen lassen. Seine Statthalter waren alarmiert durch den Anblick, den er bot. Schaub mußte ihn stützen. Seine Stimme war matt, das Zittern der linken Hand hatte sich verstärkt. Sie erwarteten irgendeine sensationelle Ankündigung des Führers, doch statt dessen hielt er eine Rede, die sie ermutigen sollte und zugleich deprimierte. Zunächst versicherte Hitler, auch wenn das Reich nicht im letzten Augenblick durch eine Wunderwaffe gerettet werde, könne der Krieg immer noch so lange gewonnen werden, wie es ihnen gelänge, im deutschen Volk eine »teutonische Wut« zu erzeugen. Wenn die Nation sich jedoch derlei Appellen versage, dann habe sie keinen moralischen Wert mehr und verdiene es unterzugehen. Er dankte den Gauleitern für ihre Zusammenarbeit und Treue und tat dann etwas gänzlich Unerwartetes: Er erwähnte ganz offen seinen schlechten Gesundheitszustand.

Das Zittern im Bein, so bekannte er, habe seinen linken Arm erfaßt; dann flocht er einen matten Scherz ein: Er hoffe, das Zittern werde seinen Kopf nicht erreichen. Seine letzten Sätze waren vage und voll düsterer Andeutungen: Er werde künftig gezwungen sein, harte Maßnahmen zu ergreifen, und er hoffe, sie würden sich nicht verraten fühlen, wenn er sich zu Schritten entschließe, die ihnen unverständlich seien.[19]

Ständig mit Meldungen über eine katastrophale Zuspitzung der Lage konfrontiert, verfiel Hitler in diesen Märzwochen in eine Stimmung, die durch Trotz und Zorn gekennzeichnet war. Er verfluchte die alliierten Piloten, die bereits eine halbe Million Zivilisten getötet hätten, und ließ sich voller Verachtung über diejenigen Deutschen aus, die die vorrückenden Amerikaner in einer Art und Weise begrüßten, als ob es sich um Befreier handele. Am 7. März hatte seine Wut keine Grenzen mehr gekannt. Einheiten der von General Hodges befehligten 1. US-Armee hatten die Eisenbahnbrücke über den Rhein bei Remagen erobert, bevor sie von den Verteidigern in die Luft gejagt werden konnte. Für Hitler war das ein weiteres Zeichen des Verrats, und er ließ einige der Offiziere, die er (zu Unrecht) für die unterbliebene Zerstörung der Brücke verantwortlich machte, füsilieren. Die strategische Schlappe von Remagen nahm er überdies zum willkommenen Anlaß, sich des alternden Feldmarschalls von Rundstedt zu entledigen, der immer nur zum Rückzug entschlossen sei. Dann befahl er dem Soldaten, den er für fähig hielt, auch die schwierigsten Aufgaben zu lösen, die Brücke zu zerstören: Otto Skorzeny. Dessen »Froschmännern« gelang es, sich der Brücke mit einem Spezialsprengstoff zu nähern, doch sie wurden von den Alliierten entdeckt, bevor sie Hitlers Befehl ausführen konnten.

Unterdessen war das gesamte deutsche Verteidigungssystem im Westen in äußerste Gefahr geraten. Die Heeresgruppe B des Feldmarschalls Model war zerschlagen worden; die Überreste fluteten über den Rhein nach Osten. Im Süden war die Heeresgruppe G des Generalobersten Hausser gegen das westliche Rheinufer zurückgedrängt worden und von der Umzingelung bedroht. Im Osten war die Lage nicht besser. Hitler beschloß, den Widerstandsgeist seiner Soldaten und Offiziere an der Oderfront zu stärken, indem er ihnen einen Besuch abstattete. Seine Generäle warnten ihn, die Lage sei so unübersichtlich, daß er Gefahr laufe, von den Russen gefangengenommen oder getötet zu werden, doch er tat derlei Einwände ab. Immerhin wies er Kempka an, ihn nicht in dem berühmten Mercedes, sondern in einem Volkswagen an die Oder zu fahren. Ziel war ein Schloß in der Nähe der Front, in dem die Führung der 9. Armee ihr Hauptquartier aufgeschlagen hatte. Hitler beschwor die Kommandeure, den erwarteten Großangriff der Russen auf Berlin zurückzuschlagen; jeder Tag, jede Stunde sei kostbar, damit die neuen Geheimwaffen noch fertiggestellt werden könnten.

Auf der Rückfahrt nach Berlin saß er schweigend neben Kempka, tief in Gedanken versunken.[20] Er wußte, daß die von ihm erwähnten Geheimwaffen eine Fata Morgana waren – seinen Gauleitern hatte er es erst kurz zuvor eingestanden. Die Atombombe war glücklicherweise von einer Fertigstellung noch weit entfernt, und die anderen Geheimwaffen bestanden in unrealistischen politischen Hoffnungen – etwa darauf, die Westmächte würden sich an dem Kreuzzug gegen den Bolschewismus beteiligen. Als Hitler in seine zerstörte Hauptstadt zurückkehrte, hatte er genug von der Front gesehen. Er hat das Gelände der Reichskanzlei nicht mehr verlassen. Seine einzige Hoffnung bestand in dem Gedanken an ein politisches Wunder in letzter Minute.

Hitler war sich der Tatsache, daß hinter seinem Rücken und entgegen seinen ausdrücklichen Weisungen Verhandlungen mit dem Feind angestrebt wurden, durchaus bewußt. Das galt für Ribbentrops Versuche in Schweden ebenso wie für Himmlers Überlegungen, die in seiner Hand befindlichen Juden als Handelsobjekt für politische Zugeständnisse zu benutzen. Er schritt nicht ein, weil er bei einem Fehlschlag stets sagen konnte, er habe nichts davon gewußt, während er einen Erfolg, der immerhin nicht völlig auszuschließen war, für sich reklamieren konnte.

Es ist jedoch nicht sicher, ob Hitler wußte, daß der von ihm jahrelang mit besonderen Gunstbeweisen bedachte Albert Speer Befehlshaber wie den General von Manteuffel beschwor, die Führerbefehle zur Zerstörung der Industriebetriebe, Verkehrsanlagen und Nachrichtenmittel im eigenen Land zu mißachten. Am 18. März formulierte der Rüstungsminister seinen Protest gegen diese »Politik der verbrannten Erde« in einem Memorandum, das er Hitler persönlich übergab. Die Denkschrift schloß mit den mahnenden Worten: »Wir haben kein Recht dazu, in diesem Stadium des Krieges von

17. Januar – 20. April 1945   1063

uns aus Zerstörungen vorzunehmen, die das Leben des Volkes treffen könnten.« Wenn Hitler in seiner Entschlossenheit, die »Nero-Befehle« durchzusetzen, je schwankend gewesen war, so erreichte Speer jedenfalls das Gegenteil dessen, was er beabsichtigt hatte. Nachdem Hitler das Papier entgegengenommen hatte, erklärte er Speer in eisigem Ton: »Wenn der Krieg verlorengeht, wird auch das Volk verloren sein. Es ist nicht notwendig, auf die Grundlagen, die das deutsche Volk zu seinem primitivsten Weiterleben braucht, Rücksicht zu nehmen. Im Gegenteil ist es besser, selbst diese Dinge zu zerstören. Denn das Volk hat sich als das schwächere erwiesen, und dem stärkeren Ostvolk gehört ausschließlich die Zukunft. Was nach diesem Kampf übrigbleibt, sind ohnehin nur die Minderwertigen, denn die Guten sind gefallen!«[21]

4

Im Jahr 900 verliefen Deutschlands Grenzen an der Oder und am Rhein. Anfang März 1945 hatten Adolf Hitler und der Nationalsozialismus dasselbe wieder erreicht, und das »Tausendjährige Reich« stand vor dem Zusammenbruch. Im Osten und im Westen holten seine Feinde zu mächtigen Schlägen aus, um den Sieg zu erringen. In den Morgenstunden des 3. März stießen die Truppen Montgomerys über den Rhein nach Osten vor. Zwei Luftlandedivisionen sprangen jenseits des Flusses ab, um die Infanterie zu unterstützen, und als die Nacht hereinbrach, befanden sich die deutschen Einheiten in vollem Rückzug. Zweihundert Kilometer stromaufwärts hatte auch General George Patton in einer kühnen und improvisierten Operation, ohne Artillerievorbereitung und mit Verlusten von nur achtundzwanzig Mann, zur Überraschung Montgomerys wie der deutschen Führung den Rhein überschritten. In aller Eile hatten Pioniere eine Pontonbrücke errichtet.

Der schnelle Vormarsch der Verbände Montgomerys und Pattons in den Märzwochen wurde im Führerhauptquartier mit Bestürzung zur Kenntnis genommen. Besonders erregt war Hitler über die Initiative des Kardinals Galen, der die Übergabe Münsters an die Amerikaner in die Wege geleitet hatte. »Wenn ich den Kerl noch einmal erwischen sollte«, sagte er mit wutverzerrtem Gesicht, »lasse ich ihn hängen.«[22] Auch seine Geduld gegenüber dem freimütigen und leicht reizbaren Generalstabschef Guderian war jetzt erschöpft. Der Generaloberst wußte das und fuhr in den Vormittagsstunden des 28. März von Zossen aus mit dem festen Entschluß nach Berlin, in der Lagebesprechung auch einer Konfrontation mit Hitler nicht auszuweichen. Besonders erregt war er über das Schicksal der 200000 deutschen Soldaten, die weit östlich der Oderfront, in Kurland, sinnlos ausharren mußten, weil Hitler den Abtransport dieser Armee nach Westen bislang nicht genehmigt hatte. In der Reichskanzlei wurden Guderian und sein

Adjutant durch ein Labyrinth von Gängen und Treppen in die Bunkeranlage tief unter dem Garten geführt. Dies war nun Hitlers Domizil und Hauptquartier zugleich, nachdem angesichts der alliierten Bombenangriffe in der Reichskanzlei selbst seine Sicherheit nicht mehr gewährleistet war.

Von dem knapp drei Meter höher gelegenen Vorbunker, in dem sich die Wirtschaftsräume befanden, gelangten Guderian und sein Adjutant über eine Wendeltreppe in den eigentlichen Führerbunker mit den Schlaf- und Wohnräumen für Hitler und Eva Braun, dem Lagezimmer, der Maschinen- und Telefonzentrale sowie Räumen für die Ordonnanzen und Wachmannschaften. Vom Führerbunker, dessen Betondecke dreieinhalb Meter stark war, führten vier Treppen zu einem Notausgang im Garten der Reichskanzlei. Im Bunker sorgten Ventilatoren, deren monotones Geräusch jeden der Räume erfüllte, für Frischluft, und doch empfanden die meisten Besucher, es sei dort unten stickig und dumpf. Die Mittagskonferenz des 28. März begann um 14 Uhr. Wichtigster Punkt war das Scheitern eines deutschen Gegenangriffs bei Küstrin, das schon am Vortag zu einer scharfen Auseinandersetzung zwischen Guderian und Hitler geführt hatte. Daraufhin war General Theodor Busse, der Oberbefehlshaber der 9. Armee, von Hitler zur Berichterstattung in den Bunker zitiert worden. Busse hatte seine Schilderung des Angriffs kaum begonnen, als Hitler ihn unterbrach und ihm eine mangelnde Vorbereitung dieser Operation vorwarf. Guderian, der glaubte, er habe diese Anschuldigungen am Vortag entkräftet, wurde zornig.

»Gestatten Sie, daß ich unterbreche, ich habe Ihnen gestern mündlich und schriftlich eingehend vorgetragen, daß der General Busse an dem Mißerfolg des Angriffs bei Küstrin nicht schuld ist. Die 9. Armee hat zu dem Angriff die Munition eingesetzt, die ihr zugewiesen war. Die Truppe hat ihre Pflicht getan. Das beweisen ihre ungewöhnlich hohen Verluste. Ich bitte daher, dem General Busse keine Vorwürfe zu machen.« Darauf Hitler: »Ich bitte alle Herren, den Vortragsraum zu verlassen, außer dem Feldmarschall (Keitel) und dem Generaloberst!« Nachdem das zahlreiche Auditorium in den Vorraum gegangen war, sagte Hitler kurz: »Generaloberst Guderian! Ihre Gesundheit erfordert einen sofortigen Erholungsurlaub von sechs Wochen!« Guderian erhob die rechte Hand: »Ich melde mich ab« und ging zur Tür. In diesem Augenblick besann Hitler sich und ersuchte Guderian, bis zum Ende der Lagebesprechung zu bleiben. Der Generaloberst ging schweigend auf seinen Platz zurück, die übrigen Konferenzteilnehmer wurden wieder in den Raum gerufen, und die Lagebesprechung wurde fortgesetzt. Als sie beendet war, bat Hitler Keitel, Jodl, den General Burgdorf und Guderian, noch für einige Minuten zu bleiben. Ruhig sagte er zu seinem Generalstabschef: »Bitte, sorgen Sie für die Wiederherstellung ihrer Gesundheit. In sechs Wochen wird die Lage sehr kritisch sein, dann werde ich Sie dringend brauchen . . .« Guderian hob den Arm zum Gruß und war entlassen.[23]

17. Januar – 20. April 1945 1065

Am Ostersonntag brach der deutsche Widerstand im Ruhrgebiet zusammen, und Hitler wurde endgültig mit der Realität einer totalen Niederlage konfrontiert: Die Sieger waren im Begriff, das Reich zu zerschlagen, und das Volk war den Ausschreitungen sowjetischer und amerikanischer Truppen ausgesetzt. Während das Reich zerfiel, setzte Hitler seine politischen Betrachtungen fort, die er Bormann diktierte. Die Gesetzmäßigkeiten der Geschichte und der Geographie würden die beiden Großmächte zu einem Wettkampf zwingen, und zwar entweder militärisch oder auf dem Felde der Wirtschaft und der Ideologie. Dieselben Gesetze machten es nach Hitlers Ansicht auch unausweichlich, daß beide Mächte zu Gegnern Europas würden. Ebenso sicher würden sie es früher oder später für wünschenswert erachten, die Unterstützung der einzigen überlebenden Nation in Europa, nämlich des deutschen Volkes, zu gewinnen: »Ich sage mit allem Nachdruck, der mir zu Gebote steht, daß die Deutschen unter allen Umständen vermeiden müssen, die Rolle einer Schachfigur im einen oder anderen Lager zu spielen.«[24]

An diesem 2. April beschrieb Bormann in einem Brief an seine Frau den jüngsten Luftangriff auf Berlin und die Atmosphäre der Verzweiflung in der Stadt. Er warnte sie davor, das Ende in Wien zu erwarten; wenn die Russen im Begriff seien, die österreichische Hauptstadt zu erobern, solle sie mit den Kindern zum Obersalzberg flüchten. Wenige Tage später rückten die Einheiten der Roten Armee fast nach Belieben nach Wien ein, während Widerstandskämpfer sich ungehindert auf den Straßen bewegten und jeden beschossen, der eine deutsche Uniform trug. Der ohnehin schon chaotische Exodus aus der Stadt schwoll weiter an, als nun auch Feuerwehrmänner, Luftschutzwarte und sogar Polizisten mit der Masse der Flüchtlinge aus der österreichischen Hauptstadt zu entkommen suchten.

5

Selbst als ringsum die Fronten zusammenbrachen, tat Hitler noch, was in seinen Kräften stand, um Hoffnungen auf ein Wunder in letzter Minute zu wecken. Er versicherte, jenes neue Europa, auf das sich seine Feinde in Yalta geeinigt hätten, beginne bereits auseinanderzubrechen. Das war nicht nur Wunschdenken. Die Großen Drei hatten ihre Besprechungen in relativer Einmütigkeit abgeschlossen; doch als es um die Verwirklichung der getroffenen Vereinbarungen ging, zeigten sich bereits ernste Schwierigkeiten. Ihre Beauftragten verhandelten in Moskau über die Bildung einer neuen polnischen Regierung und gerieten dabei sogleich in eine Sackgasse, als Molotow behauptete, die (vom Kreml unterstützte) Lubliner Regierung repräsentiere das polnische Volk, während Roosevelts Vertreter Averell Harriman und der britische Botschafter darauf bestanden, es müsse eine Regierung gebildet werden, die auch für die Emigranten sprechen könne.

Der Interessengegensatz, der sich hier zeigte, war nur ein Vorspiel für eine sehr viel heftigere Auseinandersetzung. Seit Monaten verhandelte der SS-General Karl Wolff, früher Himmlers Adjutant und nun Chef der SS in Italien, mit den Amerikanern. Sein Gesprächspartner war ein Mitarbeiter von Allen Dulles, dem OSS-Vertreter in der Schweiz. Wolff hatte von Hitler die vage Zustimmung erhalten, die Möglichkeiten für einen Friedensschluß auszuloten, bot den Amerikanern jedoch auf eigene Faust die Kapitulation aller deutschen Truppen in Italien an und führte darüber geheime Besprechungen mit zwei alliierten Generälen im schweizerischen Ascona. Es ging um die Frage, wie diese Teilkapitulation bewerkstelligt werden könne, ohne daß Hitler vorher davon erfuhr.

Von Anfang an hatten die Alliierten ihren russischen Bündnispartner über diese »Operation Sunrise« informiert, und Stalin hatte sofort seinen Anspruch angemeldet, die Sowjets müßten durch einen Offizier der Roten Armee an den Gesprächen mit Wolff beteiligt werden. Die Amerikaner beantworteten diese Forderung mit dem — zutreffenden — Hinweis, es sei ausgeschlossen, daß der SS-General dann noch zu weiteren Treffen erscheinen werde; doch im Kreml wurde man zusehends mißtrauischer. Als Stalin von der Zusammenkunft in Ascona erfuhr, reagierte er äußerst heftig. Er beschuldigte die Alliierten, »hinter dem Rücken der Sowjetunion, die die Hauptlast des Kampfes gegen Deutschland trägt«, mit den Deutschen gemeinsame Sache zu machen, und nannte die Angelegenheit »nicht etwa ein Mißverständnis, sondern etwas Schlimmeres«.[25]

Ende März hielt Stalin den Alliierten vor, wegen der Gespräche in Ascona hätten sich die Deutschen in der Lage gesehen, drei Divisionen aus Italien abzuziehen und an der Ostfront einzusetzen. Weiter behauptete er, die Vereinbarung von Yalta, das Reich aus dem Osten, dem Westen und dem Süden anzugreifen, werde von den Alliierten jedenfalls in Italien nicht beachtet. Als Roosevelt darauf mit einer erläuternden Botschaft reagierte, schickte Stalin dem Präsidenten ein zorniges Telegramm, in dem er die westlichen Verbündeten beschuldigte, sie trieben ein falsches Spiel. Roosevelt war so empört, daß er in einer weiteren Botschaft an Stalin die schärfsten Töne anschlug, die er bislang gegenüber einem Bündnispartner für notwendig erachtet hatte: »Offen gesagt, kann ich angesichts derartig niederträchtiger Falschdarstellungen meiner Handlungen oder der meiner Untergebenen, die mein Vertrauen besitzen, ein Gefühl der bitteren Entrüstung über Ihre Informanten, wer sie auch sein mögen, nicht unterdrücken.« Stalin beeilte sich zu erwidern, er habe niemals Roosevelts Integrität oder Vertrauenswürdigkeit anzweifeln wollen. Doch diese beschwichtigende Reaktion war zugleich aggressiv; Stalin fügte hinzu, ein russischer Vertreter hätte zu den Besprechungen in Ascona hinzugezogen werden müssen, und sein Standpunkt in dieser Sache sei »der einzig korrekte«.[26]

Hitler kannte zwar die Einzelheiten dieses Zwists im feindlichen Lager

17. Januar – 20. April 1945 1067

nicht, doch er wußte jedenfalls, daß es in der Koalition seiner Feinde zu Auseinandersetzungen gekommen war, und hatte sie vorhergesagt. Diese Entwicklung beflügelte seine Hoffnungen auf ein Wunder, und er war in einer empfänglichen Stimmung, als Goebbels ihm Carlyles Schilderung der verzweifelten Tage des Siebenjährigen Krieges vorlas: Friedrich der Große, angesichts der scheinbar unabwendbaren Niederlage Preußens deprimiert, faßte den Entschluß zum Selbstmord durch Gift, falls die verzweifelte Lage sich nicht bis zum 15. Februar zum Besseren wende. »Tapferer König«, schrieb Carlyle, »warte noch eine kleine Weile, dann sind die Tage deines Leidens vorbei. Schon steht hinter den Wolken die Sonne deines Glücks und wird sich dir bald zeigen.« Am 5. Januar 1762 war die Zarin gestorben, und das Wunder des Hauses Brandenburg trat ein.[27]

»Bei dieser ergreifenden Schilderung«, so berichtete Goebbels später Schwerin von Krosigk, »kamen dem Führer die Tränen.« Angesichts dieser historischen Parallelen interessierte Hitler sich erneut für seine Horoskope; zwei wurden in einer Himmler unterstehenden »Forschungsabteilung« unter Verschluß gehalten. Hitler ließ sie holen.[28] Beide Horoskope sagten übereinstimmend den Kriegsausbruch 1939, Siege bis 1941, dann eine Serie von Rückschlägen mit einer verheerenden Niederlage in der ersten Aprilhälfte 1945 und einen überwältigenden Sieg in der zweiten Aprilhälfte voraus. Die Entwicklung werde bis zum Frieden im August stagnieren. Dann würden für Deutschland drei schwere Jahre folgen, bis zum Wiederaufstieg, der 1948 beginnen werde.

Goebbels, der geborene Skeptiker, war gleichwohl nicht abgeneigt, nach jedem Strohhalm zu greifen. Die angebliche Parallele zwischen der Lage des großen Preußenkönigs und der Situation Hitlers beeindruckte ihn dermaßen, daß er am 13. April, einem Freitag, bei einem Frontbesuch im Hauptquartier des Generals Busse nahe der Oder seine Hoffnung auf ein neues Wunder des Hauses Brandenburg wie im Siebenjährigen Krieg zum Ausdruck brachte. Einer der Stabsoffiziere fragte ihn daraufhin leicht ironisch: »Und welche Zarin soll diesmal sterben?« Goebbels entgegnete: »Das weiß ich nicht; das Schicksal hat die verschiedensten Möglichkeiten in der Hand.«[29] Als die Abenddämmerung einsetzte, fuhr er zurück nach Berlin.

Jenseits des Atlantiks, in Warm Springs im US-Bundesstaat Georgia, hatte Präsident Franklin Delano Roosevelt am 12. April leise geklagt: »Ich habe entsetzliche Kopfschmerzen.« Dann verlor er das Bewußtsein. Nach zwei Stunden und zwanzig Minuten trat der Tod ein. Goebbels erhielt die Nachricht, als er abends in seinem Ministerium eintraf. »Das ist der Wendepunkt!« rief er emphatisch aus; dann fragte er ungläubig: »Ist es wirklich wahr?« Umgeben von seinen Mitarbeitern, rief er Hitler an: »Mein Führer, ich gratuliere Ihnen! Roosevelt ist tot. In den Sternen steht geschrieben, daß die zweite Aprilhälfte für uns eine Wende bringen wird. Heute ist Freitag, der 13. April. Es ist der Wendepunkt!«[30] In verhaltener Erregung hörte Goebbels Hitlers Reaktion auf die sensationelle Nachricht und meinte dann, möglicherweise sei der neue Präsident Harry S. Truman in seiner Haltung gegenüber Deutschland maßvoller als Roosevelt. Nun schien alles möglich zu sein. Goebbels legte auf; seine Augen glänzten, als er eine improvisierte Ansprache vor seinen Mitarbeitern hielt. Er tat so, als ob der Krieg schon fast vorüber sei.

Ribbentrop freilich teilte diese Begeisterung überhaupt nicht. Am nächsten Morgen, es war der 14. April, kehrte er in düsterer Stimmung von einem kurzen Besuch bei Hitler zurück. »Der Führer ist mit den Beinen nicht mehr auf der Erde. Er schwebt irgendwo im Himmel«, meinte er im Gespräch mit seinen Beamten. »Goebbels, diese Kanaille, hat ihm eingeredet, daß der Tod Roosevelts die große Wende sei ... Was für ein Unsinn, und was für ein Verbrechen! Wo soll denn noch bei uns eine Wende kommen?«[31] Goebbels wies die Presse an, objektiv über Truman zu berichten, den neuen Präsidenten nicht zu schmähen und keinerlei Freude über das Ende Roosevelts erkennen zu lassen. Doch schon am selben Nachmittag begann die Hochstimmung des Propagandaministers zu schwinden. Als General Busse ihn anrief und sich erkundigte, ob der Tod Roosevelts das Ereignis gewesen sei, auf das er während des Besuches in seinem Hauptquartier angespielt habe, entgegnete Goebbels: »Oh, das wissen wir noch nicht. Wir müssen abwarten«.[32] Die von den Fronten einlaufenden Meldungen ließen nicht erkennen, daß der Wechsel in Washington irgendeinen Einfluß auf die militärischen Operationen der Alliierten haben würde. Im kleinen Kreis meinte Goebbels deprimiert, vielleicht sei das Schicksal wieder einmal grausam gewesen und habe die Deutschen genarrt.

Wenn Hitlers Hoffnungen ähnlich in sich zusammenfielen, verstand er es jedenfalls, das zu verbergen. Er entwickelte in diesen Tagen eine bizarre Strategie zur Rettung Berlins: Die nach Westen zurückweichenden Truppen der deutschen Ostfront würden rings um die Reichshauptstadt einen harten Verteidigungskern bilden, der unweigerlich das Ziel der sowjetischen Verbände sein müsse. Dadurch werde der Druck der Russen in anderen Frontbereichen nachlassen und dort die deutschen Divisionen in die Lage versetzen, die Sowjets von außen anzugreifen. Die Entscheidungsschlacht, so verkündete er, werde in Berlin geschlagen – und natürlich gewonnen – werden; er selbst werde in der Hauptstadt bleiben, um die Verteidiger zu ermutigen. Dringende Ratschläge seiner Militärs und langjähriger Weggenossen, er solle sich statt dessen nach Berchtesgaden begeben, wies er zurück. Als Oberster Befehlshaber der Wehrmacht und Führer seines Volkes, so erklärte er, sei es seine Pflicht, in der Hauptstadt auszuharren. Am 13. April, kurz vor dem zu erwartenden Großangriff der Russen auf Berlin, diktierte Hitler einen Tagesbefehl an seine Truppen an der Ostfront, eine Proklamation von acht Seiten, und schickte sie Goebbels. Selbst dem Pro-

17. Januar – 20. April 1945   1069

pagandaminister war dieser Durchhalte-Appell zu bombastisch. Er begann den Text mit einem Grünstift zu korrigieren, doch dann verlor er die Geduld und warf das Manuskript in den Papierkorb – um es dann doch wieder herauszuholen und einige Sätze zu ändern. Ohne sich mit einer Endfassung noch sonderliche Mühe zu geben, ließ Goebbels diesen Tagesbefehl am 15. April an die Soldaten der Ostfront verteilen. »Wenn in diesen kommenden Tagen und Wochen«, so hieß es in Hitlers Aufruf, »jeder Soldat an der Ostfront seine Pflicht tut, wird der letzte Ansturm Asiens zerbrechen, genauso, wie am Ende auch der Einbruch unserer Gegner im Westen trotz allem scheitern wird... In dem Augenblick, in dem das Schicksal den größten Kriegsverbrecher aller Zeiten (gemeint war Präsident Roosevelt) von dieser Erde weggenommen hat, wird sich die Wende des Krieges entscheiden.«[33]

Es war unglaublich, doch viele Soldaten fühlten sich durch Hitlers Worte ermutigt. Die Mehrheit des Volkes glaubte noch immer an ihn – trotz des gnadenlosen Luftkrieges in der Heimat und der Hiobsbotschaften von den Fronten. Für die Durchschnittsdeutschen war Hitler noch immer ein Phänomen – ein Mensch mit nahezu übernatürlichen Eigenschaften; unverwundbar und offenkundig mit der Vorsehung im Bunde, wie der 20. Juli 1944 gezeigt hatte. Das war der psychologische Hintergrund, vor dem Goebbels Parolen wie »Hitler ist der Sieg selbst« verkünden konnte – allen Rückschlägen zum Trotz.

Er selbst freilich hatte den Glauben an Hitlers Endsieg verloren und begann mit den Vorbereitungen für den letzten Akt der Tragödie. Am Abend des 18. April saß er in seinem Arbeitszimmer und verbrannte im Kamin seine persönlichen Papiere und Erinnerungsstücke; sein Pressereferent Wilfred von Oven half ihm dabei. Als Goebbels ein Porträtfoto seiner großen Liebe, der Filmschauspielerin Lida Baarova, zur Hand nahm, zögerte er einige Augenblicke, betrachtete es versonnen, und meinte: »Sehen Sie, das ist eine vollendet schöne Frau«.[34] Dann zerriß er es und warf die Stücke ins Feuer.

Am Vortag hatte sich die ohnehin schon katastrophale Lage weiter dramatisch zugespitzt: Feldmarschall Models Heeresgruppe B war im Ruhrkessel zerschlagen worden und hatte den Widerstand eingestellt, und an der Ostfront hatten Schukows Truppen die schwachen deutschen Verteidigungslinien westlich der Oder durchbrochen; der Weg nach Berlin schien frei.

Obwohl er immer noch vom Endsieg redete, traf Hitler nun, wie Goebbels, Vorkehrungen für den Abschluß seiner Karriere. Einem Parteifunktionär, der ihn besuchte, übertrug er zwei wichtige Aufgaben: Den Abtransport der deutschen Goldreserven, die in einem Salzbergwerk in Thüringen gelagert werden sollten, und die sichere Verwahrung eines versiegelten Pakets, das Bormann ihm geben werde. Es enthielt die Niederschriften der

1070 *Nicht fünf Minuten vor Mitternacht aufgeben*

rückblickenden politischen Betrachtungen Hitlers, die der Reichsleiter in den vergangenen Monaten angefertigt hatte.*

Eine weitere wichtige Entscheidung Hitlers betraf einen der bekanntesten Soldaten des Reiches – den Kampfflieger Hans Ulrich Rudel. Er sollte nach dem Willen des Führers den Befehl über alle mit Strahlflugzeugen ausgerüsteten Luftwaffeneinheiten übernehmen. Rudel, mittlerweile zu einer legendären Figur geworden, hatte mit seinem Sturzkampfbomber ein sowjetisches Kriegsschiff versenkt und rund 500 Panzer abgeschossen. Nach einem Absturz hatten die Ärzte ihm ein Bein amputieren müssen; doch er war inzwischen so weit genesen, daß er meinte, wieder einsatzfähig zu sein. Görings Generalstabschef war entsetzt, als er von der Entscheidung erfuhr, denn Rudel verstand kaum etwas von Strahlflugzeugen; doch Hitler wollte derlei Einwände nicht hören: »Rudel ist ein großartiger Bursche.« Ansonsten bestehe die Luftwaffe nur aus Schauspielern und Clowns.

Rudel selbst wehrte sich nach Kräften gegen den Posten, den Hitler ihm zugedacht hatte, denn er wollte weiter fliegen, und weigerte sich unter allerlei Ausflüchten, ihn zu übernehmen. Er hielt Hitler vor, es sei doch nur noch eine Frage der Zeit, bis sich die Russen und die Amerikaner im Herzen Deutschlands träfen; dann sei das Reich in zwei große Kampfräume auseinandergebrochen, und das mache den Einsatz von Düsenjägern unmöglich. Rudel fragte Hitler, weshalb er nicht im Westen einen Waffenstillstand zu erreichen versuche, um dann im Osten zu siegen. »Sie haben gut reden«, entgegnete Hitler mit einem melancholischen Lächeln. Seit 1943 habe er versucht, mit den Alliierten zu einem Frieden zu kommen; doch sie hätten stets auf der bedingungslosen Kapitulation bestanden. »Daher müssen wir alles tun, um die jetzige Krise zu überwinden, damit entscheidende Waffen uns noch den Sieg bringen können.«[35] Es war schon spät – nach Mitternacht – als Rudel sich von Hitler verabschiedete. Als er in den Korridor trat, hatten sich dort schon die ersten Gratulanten zum 56. Geburtstag des Führers eingefunden – es war der 20. April 1945.

Im SS-Sanatorium Hohenlychen, seinem derzeitigen provisorischen Hauptquartier, fühlte Himmler sich an diesem Führergeburtstag durchaus unbehaglich. Sein Gesicht war von Sorgen gezeichnet; nervös fingerte er an seinem Schlangenring herum. Wie Hitler, schien auch er sich am Rande des körperlichen Zusammenbruchs zu bewegen. Das hatte durchaus seine

---

* Der Parteifunktionär verwahrte das Dokument im Tresor einer Bank in Bad Gastein. Er wurde später als Kriegsverbrecher zu einer Freiheitsstrafe verurteilt. Aus Furcht, die Papiere könnten ihn noch weiter belasten, bat er einen befreundeten Anwalt, sie zu vernichten. Das geschah, doch der Anwalt fertigte zuvor eine Photokopie an. Dieses Dokument, dessen Echtheit auf jeder Seite durch Bormanns Unterschrift erwiesen ist, wurde 1959 unter dem Titel »Das Politische Testament Adolf Hitlers – die Hitler-Bormann-Dokumente« veröffentlicht.

17. Januar – 20. April 1945   1071

Gründe. Sein Hauptquartier war zum Zentrum der Verschwörung geworden. Einige seiner Leute verhandelten heimlich und mit seiner widerstrebend erteilten Genehmigung in Schweden, während der SS-General Wolff noch immer mit alliierten Beauftragten in der Schweiz zusammentraf, obwohl der Reichsführer ihm kategorisch befohlen hatte, diese Kontakte abzubrechen.

Himmler war nicht klar, wieviel Hitler von diesen Friedensfühlern wußte, und empfand das als äußerst beunruhigend. In den letzten Monaten war er immer wieder gedrängt worden, auf der Stelle Entscheidungen zu treffen. Jedermann, so schien es, verlangte von ihm, er solle handeln. Kersten und Schellenberg suchten ihn zu einem Staatsstreich gegen Hitler zu überreden, während der Finanzminister, Graf Schwerin von Krosigk, ihn drängte, er solle Hitler vorschlagen, einen Verhandlungsfrieden durch Vermittlung des Papstes anzustreben. Himmler hatte darauf nur entgegnet, der Führer habe eine andere Idee, doch »er will nicht enthüllen, welche«.

Der Graf war außer sich. »Dann müssen Sie den Führer beseitigen, auf welchem Wege auch immer!«[36]

»Alles ist verloren! Und solange der Führer lebt, gibt es keine Möglichkeit, den Krieg zu einem geordneten Ende zu bringen!« Himmler schien von einer derartigen Angst erfüllt zu sein, daß Schwerin von Krosigk sich fragte, ob der Reichsführer »auf einmal den Verstand verloren« habe. Himmler wurde hysterisch und wiederholte mehrfach, er könne nicht versprechen, daß er etwas unternehmen werde. Statt dessen war er nun nach Hohenlychen geflüchtet, wo ihn neue Probleme erwarteten. Kersten war gerade in Tempelhof gelandet, begleitet von einem Vertreter des Jüdischen Weltkongresses, Norbert Masur, der in letzter Minute für Storch eingesprungen war.[37] Doch das war noch nicht alles. In Kürze wurde Graf Bernadotte in Berlin erwartet; er wünschte ein weiteres Gespräch mit dem Reichsführer. Alle Probleme Himmlers schienen sich zuzuspitzen.

Deprimiert und nervös begann Himmler nach Ausflüchten zu suchen. Er könne schließlich nicht zwei Besucher zur selben Zeit empfangen; es sei das beste, beide Begegnungen zu verschieben. Verzweifelt bat er schließlich Schellenberg, ein »Vorgespräch« mit Masur zu führen. Schellenberg war einverstanden, und da Mitternacht schon vorüber war, stießen beide mit Sekt auf den Geburtstag des Führers an.

31. Kapitel
Fünf Minuten nach Mitternacht
(20.–30. April 1945)

1

Die Geburtstagsgabe der Alliierten bestand in einem weiteren Tausend-Bomber-Angriff auf die Reichshauptstadt. Doch nichts schien Hitlers Zuversicht und Selbstvertrauen erschüttern zu können. Am 20. April versicherte er den Gratulanten, er sei nach wie vor davon überzeugt, daß die Russen in Berlin eine entscheidende Niederlage erleiden würden. Am Nachmittag begrüßte er im Garten der Reichskanzlei zwanzig Hitlerjungen, die elternlos aus Breslau geflüchtet waren und für ihren Einsatz im Kampf gegen die Sowjets das Eiserne Kreuz erhalten hatten. Dann begab er sich wieder in den Bunker und empfing Großadmiral Karl Dönitz, der von ihm den Eindruck eines Mannes gewann, auf dessen Schultern eine nicht mehr zu tragende Last lag. Der nächste Besucher war Feldmarschall Keitel, den er mit Herzlichkeit begrüßte: »Ich werde nie vergessen, daß Sie mich bei Gelegenheit des Attentats retteten und mich aus Rastenburg herausbrachten. Sie haben damals die richtigen Entscheidungen getroffen und danach gehandelt.«

Innerlich erregt, warf Keitel ein, nach seiner Meinung sollten unverzüglich Friedensverhandlungen eingeleitet werden, bevor Berlin zum Schlachtfeld werde. Doch Hitler unterbrach ihn: »Keitel, ich weiß, was ich will, ich werde mich vor, in oder hinter Berlin schlagen.«[1] Nach einem weiteren Gespräch unter vier Augen mit Jodl stellten sich die militärischen und politischen Paladine – darunter Bormann, Ribbentrop und Speer – in einer Reihe auf, und er begrüßte jeden einzelnen mit Handschlag und wechselte ein paar Worte mit ihnen. Die auf ihn einstürmenden Ratschläge, nach Berchtesgaden auszuweichen, solange die Landverbindung nach Süden noch offen sei, lehnte Hitler ab. Von jetzt an solle das Reichsgebiet in zwei getrennte Befehlsbereiche aufgeteilt werden, erklärte er weiter. Das Gebiet im Norden werde Dönitz übernehmen. Feldmarschall Albrecht Kesselring, der Oberbefehlshaber der Westfront, kam logischerweise für den südlichen Bereich in Frage, doch Hitler zog – vielleicht aus politischer Berechnung – auch Göring in Betracht und meinte dann, er wolle die endgültige Entscheidung »der

20. – 30. April 1945 1073

Vorsehung« überlassen. Auch die Stäbe sollten aufgeteilt werden, und für den Abend ordnete Hitler den Abzug wichtiger Dienststellen nach Süden an. Göring fragte, ob er sich ebenfalls nach Berchtesgaden begeben oder seinen Stabschef General Karl Koller dorthin entsenden solle; die Antwort lautete: »Sie gehen.« Die beiden »alten Kämpfer«, die sich einst so nahe gestanden hatten, schieden mit eisiger Höflichkeit voneinander. Es war ihre letzte Begegnung. Göring fuhr sofort zu seinem Landsitz »Karinhall« in der Schorfheide, überzeugte sich davon, daß seine Möbel, Gemälde und sonstigen unermeßlichen Wertsachen ordnungsgemäß in einer langen Kolonne von Möbelwagen verstaut worden waren, und jagte dann höchstpersönlich die Gebäude in die Luft.

Hitler nahm unterdessen mit Eva Braun und seinen Sekretärinnen die Mahlzeit ein. Wieder drangen sie in ihn, sich nach Süden abzusetzen, doch er meinte resignierend, damit komme er in die Lage eines tibetanischen Mönches, der unaufhörlich eine leere Gebetsmühle dreht. »Ich muß hier in Berlin eine Entscheidung erzwingen – oder ich werde untergehen!«[2] Nach Mitternacht bat Hitler seine beiden ältesten Sekretärinnen zu sich und informierte sie darüber, daß sie zusammen mit Admiral von Puttkamer und achtzig anderen Militärs und Zivilisten in knapp einer Stunde in einer Autokolonne nach Berchtesgaden fahren sollten.*

Die beiden Frauen nahmen diese Mitteilung mit Erstaunen entgegen und baten darum, weiter in Berlin bleiben zu dürfen. Doch Hitler lehnte ab: sie hätten ihm am längsten gedient, und überdies müsse Johanna Wolf ihre Mutter unterstützen. Er fügte hinzu: »Ich komme so bald wie möglich nach.« Seine Stimme klang fast tonlos; vergeblich versuchte er, das Zittern seiner linken Hand zu verbergen. Ihm entfuhr ein Seufzer; Fräulein Schröder dachte: Dies ist die Reaktion eines Mannes ohne jede Hoffnung. Kurz darauf rief er sie noch einmal an und meinte, Berlin sei nun eingeschlossen, eine Fahrt mit dem Wagen nicht mehr möglich, und sie könnten die Stadt erst morgen früh bei Tagesanbruch mit dem Flugzeug verlassen. Minuten später meldete er sich noch einmal: Die Maschine werde gegen zwei Uhr, gleich nach dem Ende des Luftalarms, starten. Die Sekretärin hatte seine letzten Worte, die in ein unverständliches Gemurmel übergegangen waren, nicht ganz verstanden, und bat ihn, sie noch einmal zu wiederholen. Doch Hitler schwieg. Ihrer Kollegin Johanna Wolf sagte er zum Abschied: »Es ist alles aus.«[4]

---

* Zu dieser Gruppe gehörte auch Hitlers Leibarzt Dr. Theodor Morell. Er war in Ungnade gefallen, weil er Hitler vorgeschlagen hatte, ihm Koffein gegen seine Müdigkeit und Erschöpfung zu injizieren. Darauf schrie Hitler ihn an: »Sie werden mir wahrscheinlich Morphium geben!« und befahl ihm, auf der Stelle seine Uniform als Leibarzt des Führers abzulegen. »Und Sie verhalten sich so, als ob Sie mich nie gesehen hätten!« Morell erlitt daraufhin einen Schwächeanfall und mußte hinausgeführt werden. Er starb als gebrochener Mann bald nach Kriegsende.[3]

1074　　　　　　　　　　　　　　　　　　*Fünf Minuten nach Mitternacht*

Abgereist war Stunden zuvor nach der Geburtstagsvisite beim Führer auch Heinrich Himmler. Er fuhr mehrere Stunden durch strömenden Regen nach Norden, um Norbert Masur, den Repräsentanten des Jüdischen Weltkongresses, zu treffen. Himmler setzte ihm auseinander, er sei seinerzeit beauftragt worden, das Judenproblem zu lösen, und habe dies zunächst auf humanem Wege, durch eine Auswanderungsaktion, erreichen wollen. Doch selbst diejenigen Staaten, die bei jeder Gelegenheit öffentlich ihr Wohlwollen und Verständnis für die Juden bekundet hätten, seien nicht bereit gewesen, den Worten auch Taten folgen und sie einwandern zu lassen. »Während des Krieges«, so fuhr Himmler fort, »kamen wir dann mit den Massen an Juden aus dem osteuropäischen Proletariat in Berührung, und dadurch entstanden für uns neue Probleme. Wir konnten einen solchen Feind nicht in unserem Rücken haben.« Diese Juden hätten nicht nur die Partisanen unterstützt, sondern auch Typhus und andere Seuchenkrankheiten verbreitet. »Um diese Epidemien einzudämmen«, fuhr Himmler fort, »mußten wir Krematorien bauen, in denen wir die Leichen der vielen Juden verbrennen konnten, die an diesen Krankheiten gestorben waren. Und nun will man uns ausgerechnet dafür an den Kragen!«

»Es haben sich viele Dinge ereignet, die nicht ungeschehen gemacht werden können«, entgegnete Masur. »Aber wenn wir jemals wieder für die Zukunft eine Brücke zwischen unseren Völkern bauen wollen, dann müssen alle Juden, die sich zur Zeit in den von Deutschland beherrschten Gebieten aufhalten, am Leben bleiben.« Daraufhin hielt Himmler seinem Gesprächspartner vor, er habe stets die Absicht gehabt, den Alliierten die Lager ohne Widerstand zu übergeben. War es nicht genauso gewesen, in Bergen-Belsen und Buchenwald? Aber man habe ja gesehen, welche Gegenleistung ihm daraufhin zuteil geworden sei: Die Amerikaner verbreiteten gestellte Greuelbilder! Und als er 2700 Juden in die Schweiz entkommen ließ, habe die ausländische Presse behauptet, das habe er nur gestattet, um sich selbst ein Alibi zu verschaffen. »Ich brauche kein Alibi. Ich habe stets das getan, was ich im Interesse meines Volkes für notwendig hielt, und dafür übernehme ich die volle Verantwortung. Ein reicher Mann bin ich dabei wahrlich nicht geworden.«[5]

Als Masur das Zimmer für einen Augenblick verlassen hatte, fragte Himmler seinen Masseur Felix Kersten unvermittelt, ob er bereit wäre, in das Hauptquartier General Eisenhowers zu fliegen und dort über eine sofortige Einstellung der Feindseligkeiten zu verhandeln. »Versuchen Sie Eisenhower mit allen Mitteln davon zu überzeugen, daß der wirkliche Feind der Menschheit die Sowjetunion ist, und daß nur wir Deutschen in einer Lage sind, gegen diese Macht zu kämpfen. Ich würde den westlichen Alliierten den Sieg überlassen. Sie müßten mir nur Zeit genug einräumen, um die Russen zurückzuwerfen. Wenn sie mir das notwendige Material geben, kann ich es noch schaffen.«

20. – 30. April 1945   1075

Nachdem Masur wieder Platz genommen hatte, bot Himmler ihm als Zeichen seines guten Willens an, sofort tausend jüdische Frauen aus Ravensbrück freizulassen. Er verlangte jedoch, die Ankunft dieses Transports in Schweden müsse geheimgehalten werden und schlug vor, die Frauen als Polinnen statt als Jüdinnen auszugeben. Kurz vor Morgengrauen verabschiedete Himmler sich von Masur und fuhr zusammen mit Schellenberg zum Sanatorium Hohenlychen, wo er mit dem Grafen Bernadotte für 6 Uhr früh zum Frühstück verabredet war. Himmler war erschöpft, doch schien das seinen Appetit nicht zu beeinträchtigen. Er legte ein seltsames Verhalten an den Tag: Die bescheidene Forderung Bernadottes, man möge den skandinavischen Häftlingen erlauben, sich aus Dänemark nach Schweden zu begeben, lehnte er ab, bot dann aber ganz spontan an, das schwedische Rote Kreuz könne alle Frauen in Ravensbrück unter seine Obhut nehmen; dann erklärte er, er sei übermüdet, und zog sich zurück. Am frühen Nachmittag rief Himmler Schellenberg zu sich in sein Schlafzimmer und erklärte ihm, er fühle sich krank; und als beide in Himmlers Wagen saßen und über die verstopften Straßen zu ihrem nahe gelegenen Hauptquartier fuhren, meinte er: »Schellenberg, ich fürchte mich vor dem, was kommt.«[6]

»Das sollte Sie ermutigen, zu handeln.«

Himmler schwieg, und als Schellenberg die Pläne zur Evakuierung sämtlicher Konzentrationslager als unrealistisch kritisierte, schmollte er wie ein gescholtenes Kind. »Schellenberg, fangen Sie nicht auch noch an«, hielt er ihm vor. »Hitler hat tagelang getobt, weil Buchenwald und Bergen-Belsen nicht vollständig geräumt worden sind.«

In demselben Augenblick, in dem Himmler seinem Gesprächspartner Masur versicherte, alle Evakuierungsmaßnahmen in den Konzentrationslagern seien eingestellt worden, wurden die Insassen des Lagers Sachsenhausen aus den Baracken getrieben; sie mußten sich zum Abmarsch in Kolonnen aufstellen. In der Ferne war das dumpfe Grollen der sowjetischen Artillerie zu hören; die Front rückte stündlich näher. Der Beauftragte des Roten Kreuzes forderte den Lagerkommandanten auf, seiner Organisation das gesamte KZ Sachsenhausen zu übergeben, doch die Antwort war negativ: Himmler habe den strikten Befehl erteilt, das gesamte Lager – ausgenommen das Lazarett – zu räumen, bevor die Russen kämen. Und so formierten sich fast 40 000 ausgehungerte, kranke und zerlumpte Häftlinge zu zwei riesigen Marschkolonnen – ein Elendszug, der sich, von den Wachmannschaften brutal vorwärts getrieben, in strömendem Regen nach Nordwesten in Marsch setzte. Wer nicht Schritt halten konnte, wurde erschossen und blieb liegen.

»Was wollen Sie noch mit einem Volk erreichen, dessen Männer sogar dann nicht mehr kämpfen, wenn ihre Frauen vergewaltigt werden!« Es war

Goebbels, der an diesem Tag vor seinen Mitarbeitern offen zugab, daß der Krieg unwiderruflich verloren war – nicht etwa deshalb, weil Hitler, sondern weil das Volk versagt habe: Alle Pläne, alle Ideale des Nationalsozialismus seien zu erhaben, zu edel für dieses Volk; es verdiene das Schicksal, das ihm nun bevorstehe. Dann wandte er sich an seine Vertrauten: »Und Sie – warum haben Sie mit mir zusammengearbeitet? Jetzt wird Ihnen das Hälschen durchgeschnitten! Aber wenn wir abtreten, dann soll der Erdkreis erzittern!«[7] Während des ganzen Tages verfiel Goebbels in wechselnde Stimmungen – zwischen Verzweiflung und Haß. Als ihm gemeldet wurde, zwei Sekretärinnen hätten sich mit Fahrrädern davongemacht, um auf dem Lande Zuflucht zu suchen, empörte er sich: »Nun frage ich Sie, wie konnte so etwas überhaupt passieren? Wie soll man da noch einen ordnungsgemäßen Bürobetrieb sicherstellen?«

An der Ostfront lief das Gerücht um, die Führung in Berlin habe jede Hoffnung aufgegeben, und das OKW setze sich nach Berchtesgaden ab. Die Rote Armee hatte die Front der Heeresgruppe Weichsel an mehreren Stellen durchbrochen, und eine sowjetische Kampfgruppe war nur noch knapp vierzig Kilometer von Berlin und der Reichskanzlei entfernt. In den Mittagsstunden des 21. April lag der Führerbunker bereits in der Reichweite sowjetischer Fernartillerie, und die Detonationen russischer Granaten waren sogar schwach im Bunker zu hören, als Jodl berichtete, ein Stoßkeil Schukows drohe Manteuffels 3. Panzerarmee einzuschließen. Um das zu verhindern, war die letzte Reserve unter SS-General Felix Steiner in den Raum nördlich Berlins befohlen worden.

Hitler schöpfte noch einmal Hoffnung. Wie Skorzeny und Rudel war Steiner für ihn ein magischer Name. Im Februar hatte der SS-Obergruppenführer in Pommern durch einen verzweifelten Angriff Schukows Vormarsch aufgehalten. Hitler vertiefte sich in eine Lagekarte; dann blickte er auf und stieß mit steigender Erregung hervor: »Gegenangriff!« Steiner sollte nach Südosten vorstoßen und Schukows Speerspitze abtrennen: Mit einem kühnen Schlag würde auf diese Weise Berlin gerettet und Manteuffel vor der Umzingelung bewahrt werden. In einem persönlichen Befehl verbot Hitler Steiner jeden Rückzug nach Westen. »Offiziere, die diesem Befehl nicht bedingungslos folgen, sind festzunehmen und auf der Stelle zu erschießen. Sie, Steiner, sind mir mit Ihrem Kopf für die Ausführung dieses Befehls verantwortlich.«[8] Von all den unmöglichen Befehlen, die Steiner erhalten hatte, war dies der unsinnigste. Seine Truppen waren nur der Bezeichnung nach noch ein Panzerkorps. Er hatte nicht die Absicht, seine Soldaten in einem so aussichtslosen Angriff zu opfern, und befolgte den Befehl Hitlers nur zum Schein – eine leichte Entscheidung für einen Mann, der erkannt hatte, daß alles verloren war.

Auch Bormann wußte, daß es keine Hoffnung mehr gab. Er rief seine Frau in Berchtesgaden an und berichtete ihr, er habe ein »wunderbares Versteck«

20. – 30. April 1945

für sie und die Kinder in Tirol ausfindig gemacht. Sie solle sich als die Leiterin einer Gruppe von ausgebombten Kindern ausgeben, die irgendwo Zuflucht suchten. Um diese Legende glaubwürdiger zu machen, hatte Bormann aus dem Parteikindergarten in Garmisch sechs Kinder entführt.[9]

2

Steiner war am Morgen des 22. April das wichtigste Gesprächsthema im Führerbunker. War sein Angriff aus nördlicher Richtung zum Entsatz Berlins in Gang gekommen, und wenn ja, wo standen seine Einheiten jetzt? Von Stunde zu Stunde reagierte Hitler aufgebrachter, wenn General Hans Krebs, Guderians Nachfolger als Generalstabschef des Heeres, ihm sagen mußte, es gebe zur Zeit keine definitiven Neuigkeiten über Steiner zu berichten. Als Hitler am Nachmittag in der Lagebesprechung erfuhr, daß Berlin bereits zu Dreivierteln eingeschlossen war, hatte seine Geduld ein Ende: Er verlangte auf der Stelle rückhaltlose Auskunft darüber, wie weit Steiners Angriff inzwischen vorangekommen war. Krebs mußte zugeben, daß Steiners Verband noch in der Aufstellung begriffen war und überhaupt noch keine Meldungen vorliegen konnten.

Hitler bewegte seinen Kopf ruckartig und begann schwer zu atmen. In barschem Ton befahl er allen, außer den Generälen und Bormann, den Lageraum zu verlassen. Diejenigen, die hinausgewiesen worden waren, konnten nicht schnell genug hinauskommen – so erleichtert waren sie, den Anfall nicht miterleben zu müssen; schweigend und gespannt standen sie im Vorzimmer. Als die Tür geschlossen war, sprang Hitler auf. Hin und her schwankend und mit dem rechten Arm wild gestikulierend, schrie er, er sei nur von Verrätern und Lügnern umgeben. Alle seien zu niedrig und zu mittelmäßig, um seine große Mission zu begreifen. Er sei das Opfer von Korruption und Feigheit, und nun sei er von allen im Stich gelassen worden. Die Zeugen dieses Auftritts – außer Bormann die Generäle Keitel, Burgdorf, Jodl, Krebs und die beiden Stenografen Herrgesell und Hagen – hatten noch nie erlebt, daß Hitler so völlig die Selbstbeherrschung verlor. Anklagend deutete er mit dem Finger auf die Generäle und schrie sie an, ihre Kaste sei für die Katastrophen dieses Krieges verantwortlich. Der einzige Protest wurde aus dem Munde Bormanns laut. Die Militärs waren überrascht, doch die Worte des Reichsleiters dienten zweifellos nicht dem Zweck, die Generäle zu verteidigen, sondern Hitler zu beruhigen.

Hitler schrie noch etwas über Steiners Angriff in den Raum und fiel dann erschöpft in seinen Sessel: »Der Krieg ist verloren.« Mit zitternder Stimme fügte er hinzu, das Dritte Reich sei zusammengebrochen, und ihm bleibe jetzt nichts anderes übrig, als zu sterben. Sein Gesicht war weiß geworden, und sein Körper begann krampfartig zu zittern, als wenn er von einem Schlag getroffen sei. Doch plötzlich war er still. Sein Unterkiefer entspannte

1078   *Fünf Minuten nach Mitternacht*

sich, und erschöpft, mit trüben Augen, saß er in seinem Sessel und starrte vor sich hin. Diese Reaktion fanden die Augenzeugen noch alarmierender als seinen Wutausbruch zuvor. Eine Minute nach der anderen verstrich – nachher konnte sich niemand mehr daran erinnern, wie lange diese Schweigephase dauerte. Schließlich wich die fahle Blässe von Hitlers Wangen, und er zuckte zusammen – vielleicht hatte er einen Herzanfall erlitten, oder es zeigte sich bei ihm Herzflattern. Bormann, Keitel und General Burgdorf, der Chef des Heerespersonalamtes, redeten auf ihn ein, den Glauben nicht zu verlieren. Wenn er aufgebe, dann sei in der Tat alles verloren. Sie baten ihn, sich unverzüglich nach Berchtesgaden zu begeben, doch Hitler schüttelte nur den Kopf und erklärte ihnen in einem müden resignierten Tonfall, wer gehen wolle, dem sei das freigestellt, doch er werde hier in Berlin sein Ende finden. Dann ließ er Goebbels rufen.

Diejenigen, die sich in dem Warteraum aufgehalten hatten, waren zwar nicht Augen-, wohl aber Ohrenzeugen dieser Konferenz geworden. Himmlers Adjutant Fegelein stürzte zum Telefon und berichtete seinem Chef, was sich zugetragen hatte. Der Reichsführer war schockiert und bat Hitler sofort in einem Telefongespräch, die Hoffnung nicht zu verlieren. Er versprach, unverzüglich SS-Truppen zum Entsatz nach Berlin in Marsch zu setzen. Auch Dönitz, von Vizeadmiral Voss alarmiert, rief zurück und bot Marineeinheiten an. Hitler ließ unterdessen Traudl Junge, Gerda Christian und seine neue Köchin Constanze Manziarly zu sich rufen. Sie kamen in das Vorzimmer, wo er sie mit Eva Braun erwartete. Sein Gesicht war ausdruckslos, seine Augen wirkten tot. In einem unpersönlichen und gebieterischen Ton forderte er die vier Frauen auf, sich innerhalb einer Stunde auf den Abflug nach Süddeutschland vorzubereiten: »Alles ist verloren, hoffnungslos verloren«, fügte er hinzu.

Die Frauen waren starr vor Schreck. Eva Braun war die erste, die ihre Fassung zurückgewann. Sie trat zu Hitler, ergriff seine beiden Hände, und sagte mit einem sanften Lächeln: »Aber Du weißt doch, daß ich bei Dir bleibe, warum willst Du mich also wegschicken.« Bei diesen Worten belebten sich seine Augen, und er tat etwas, was die Mitglieder des innersten Kreises um den Führer noch nie zuvor gesehen hatten: Er küßte Eva Braun auf die Lippen.

Auch Traudl Junge hatte unterdessen ihren Entschluß gefaßt: »Ich bleibe ebenfalls.« Gerda Christian und die Köchin äußerten sich ebenso. Noch einmal befahl Hitler ihnen, nach Süddeutschland zu fliegen, doch sie blieben fest. Daraufhin ergriff er ihre Hände und meinte: »Wenn meine Generäle nur so tapfer wären wie ihr!« Dann schleppte er sich in den Warteraum, wo eine Gruppe hoher Offiziere versammelt war. Er sagte: »Meine Herren, das ist das Ende. Ich werde hier in Berlin bleiben und mich erschießen, wenn die Zeit dafür gekommen ist. Jeder von Ihnen muß seine eigene Entscheidung treffen, wann er aufbrechen will.«[10]

20. – 30. April 1945   1079

Goebbels war noch in seiner Residenz, als er erfuhr, der Führer wünsche ihn sofort zu sprechen. Und als er sich gerade anschickte, das Propagandaministerium zu verlassen, bekam er die Nachricht, Hitler wünsche auch Magda Goebbels und die Kinder zu sehen. Es war fünf Uhr, als Frau Goebbels dem Kindermädchen ruhig auftrug, die Kinder für einen Besuch beim Führer fertigzumachen. Würde »Onkel Adi« ihnen wieder Schokolade und Kekse schenken, wie sonst? Die Mutter, die vermutete, sie würden nun alle zusammen in den Tod gehen, lächelte und antwortete: »Jeder von euch kann ein Spielzeug mitnehmen, aber nicht mehr.«[11]

Im Führerbunker hatte unterdessen Keitel den Konferenzsaal räumen lassen, so daß er allein mit Hitler sprechen konnte – Jodl war gerade ans Telefon gerufen worden. Der Feldmarschall begann Hitler vorzutragen, er müsse unter allen Umständen entweder die Kapitulation anbieten, bevor Berlin Schlachtfeld würde, oder noch in der Nacht nach Berchtesgaden fliegen, um von dort aus sofort Verhandlungen einzuleiten. Doch Hitler unterbrach ihn sogleich: »Ich weiß schon, was Sie sagen wollen: Es muß jetzt ein ganzer Entschluß gefaßt werden!« Mit rauher Stimme fuhr er fort: »Diesen ganzen Entschluß habe ich bereits gefaßt. Ich gehe aus Berlin nicht mehr hinaus; ich werde die Stadt bis zum Letzten verteidigen!«[12] Als Jodl zurückkehrte, wiederholte Hitler seinen Entschluß, zu sterben. »Ich hätte diese Entscheidung, die wichtigste meines Lebens, schon im November 1944 treffen und das Hauptquartier in Ostpreußen nicht mehr verlassen sollen.«[13]

Hitler rief Bormann herein und befahl ihm, mit Jodl und Keitel nach Berchtesgaden zu fliegen. Von dort aus solle der Feldmarschall mit Göring als dem persönlichen Vertreter die militärische Führung übernehmen. Als Keitel ihm erklärte, diesen Befehl werde er auf keinen Fall ausführen, und er, Hitler, könne und dürfe die Wehrmacht erst recht in dieser Lage nicht im Stich lassen, gab Hitler ihm zur Antwort: »Jetzt bricht ohnehin alles zusammen, und ich kann nichts mehr tun. Ich bleibe hier, das steht fest.« Was jetzt noch zu erledigen sei, so fuhr er fort, solle Göring überlassen werden: »Es muß ja jetzt auch mit den Feinden verhandelt werden, und das kann Göring sowieso besser als ich. Entweder ich gewinne die Schlacht um Berlin, oder ich falle in Berlin.« Er könne keinesfalls das Risiko laufen, dem Feind in die Hände zu fallen, und werde sich infolgedessen im allerletzten Augenblick erschießen: »Das ist mein unabänderlicher Entschluß!« Die Militärs beschworen ihn, die Lage sei noch nicht vollständig verloren. Die von General Wenck geführte 12. Armee könne durchaus ihre bisherige Stoßrichtung umkehren und Berlin entsetzen. Im selben Augenblick knüpfte Hitler an diese vage Aussicht neue Hoffnungen, und seine Resignation wich. Er begann Fragen zu stellen und entwarf dann einen Plan, wie Berlin gerettet werden könne.[14] Doch als Keitel den Führerbunker verlassen hatte, um persönlich General Wenck die entsprechenden Befehle zu überbringen, verfiel Hitler in eine erneute Depression. Seiner engsten Umgebung erklärte er, es gebe trotz allem keinerlei Hoffnung mehr. Als irgend jemand auf das an der Wand hängende Gemälde Friedrichs des Großen deutete und Hitler fragte, ob er den Glauben an eine ähnliche wunderbare Rettung aus einer verzweifelten Lage, wie sie der große Preußenkönig erlebt hatte, aufgegeben habe, bejahte er das mit einer müden Geste: »Die Wehrmacht hat mich verraten, meine Generäle sind zu nichts nütze. Meine Befehle wurden nicht ausgeführt. Es ist alles zu Ende. Der Nationalsozialismus ist tot und wird nie wieder auferstehen!« Vielleicht werde in hundert Jahren eine ähnliche Idee mit der Kraft einer Religion sich über die Welt verbreiten. »Aber Deutschland ist verloren. Es war nicht bereit oder nicht stark genug für die Aufgabe, die ich der Nation gestellt hatte.«[15]

3

Mit der Nachricht über die dramatischen Vorgänge im Führerbunker kam General Eckard Christian, der Chef des Luftwaffenführungsstabes, am Abend des 22. April in das Hauptquartier des Generalstabschefs der Luftwaffe, General Karl Koller, außerhalb Berlins: »Der Führer ist zusammengebrochen.« Christian berichtete erregt über die Einzelheiten. Koller fuhr daraufhin in das inzwischen nach Krampnitz verlegte Hauptquartier des OKW und fragte Jodl, ob diese unglaublich anmutende Geschichte den Tatsachen entspreche. Der Generaloberst erwiderte ruhig, so sei es gewesen. Daraufhin wollte Koller wissen, ob Hitler seine Drohung, sich im letzten Augenblick umzubringen, ernstgemeint habe und sie wahrmachen werde. Jodl entgegnete, in diesem Punkt habe Hitler in der Tat seinen Entschluß gefaßt und sei offenbar auch nicht mehr umzustimmen. Koller war außer sich und erklärte, er müsse sofort zu Göring nach Berchtesgaden fliegen und dem Reichsmarschall berichten, daß Hitler erklärt habe, wenn es zu Verhandlungen mit dem Feind komme, dann könne Göring das ohnehin besser als er selbst. Jodl stimmte dem Entschluß Kollers zu.

Kurz vor dem Morgengrauen des 23. April starteten mehr als ein Dutzend Ju-52-Transportmaschinen vom Flugplatz Gatow aus in Richtung München. Zu den Passagieren gehörten auch Koller und mehrere Offiziere seines Stabes. Göring hatte aber schon einen großen Teil dessen erfahren, worüber Koller ihn informieren wollte. Schon am Morgen hatte er seinem Hausverwalter – sonst jedoch niemandem – von einem geheimen Funkspruch Bormanns erzählt, demzufolge Hitler einen Nervenzusammenbruch erlitten habe und er, Göring, die Führung übernehmen solle. Der Reichsmarschall fühlte sich zwischen seinem Mißtrauen gegenüber dem langjährigen Intimfeind Bormann und der Bereitschaft, ihm in dieser ernsten Situation Glauben zu schenken, hin und her gerissen. Was sollte er tun – abwarten oder sofort handeln?

General Koller erschien gegen 12 Uhr mittags in dem bequemen, jedoch

20. – 30. April 1945   1081

nicht pompösen Haus Görings auf dem Obersalzberg. Aufgeregt berichtete
er über Hitlers Zusammenbruch. Göring, dem das ja nicht mehr neu war,
reagierte zu Kollers Überraschung gleichmütig und fragte zunächst, ob
Hitler noch am Leben sei, und ob der Führer vielleicht Bormann zum Nachfolger bestimmt habe. Der General erwiderte, zum Zeitpunkt seines Abfluges
aus Berlin sei Hitler mit Sicherheit noch am Leben gewesen, und zur Zeit
seien noch zwei oder drei Landverbindungen zwischen Berlin und Süddeutschland offen. Die Stadt werde sich noch eine Woche halten können.
Dann meinte er: »Wie dem auch sei, Herr Reichsmarschall, es ist jetzt an
Ihnen, zu handeln!«
   Göring war unschlüssig. Noch einmal wollte er wissen, ob Hitler nicht
doch Bormann zum Nachfolger bestimmt haben könnte. Der Reichsleiter, so
überlegte er, könnte ihm das Telegramm in der Absicht geschickt haben, ihn
zu einem voreiligen Griff nach der Macht zu verleiten: »Handle ich jetzt,
stempelt man mich zum Verräter, handle ich nicht, macht man mir zum
Vorwurf, in schwerster Stunde versagt zu haben!« Göring ließ zunächst
Reichsminister Hans Heinrich Lammers, den Chef der Reichskanzlei, rufen,
um diesen Rechtsexperten zur staatsrechtlichen Situation zu befragen.
Lammers verwahrte jene beiden Erlasse vom Juni 1941, in denen Hitler die
Nachfolgefrage geregelt hatte. Beide bestimmten Göring zum Nachfolger –
der erste für den Fall, daß Hitler starb, der zweite im Hinblick auf eine
Situation, in der Hitler zeitweise oder dauernd daran gehindert war, sein
Amt auszuüben.
   Göring wollte nun zunächst wissen, ob die militärische Situation in Berlin
es rechtfertige, wenn er die Macht übernahm; doch Lammers konnte diese
Frage nicht entscheiden. Der Reichsmarschall, der genau wußte, daß sein
Einfluß auf Hitler in dem Maß abgenommen hatte, wie Bormanns Macht
gestiegen war, fragte nun, ob der Führer seit 1941 irgendwelche Weisungen
erlassen habe, die seine Nachfolge anders geregelt hätten. Lammers verneinte das; von Zeit zu Zeit habe Hitler deutlich gemacht, daß die seinerzeit
gefertigten Dokumente unverändert gültig seien. Die Erlasse, so fügte
Lammers hinzu, hätten Gesetzeskraft und brauchten nicht einmal neu veröffentlicht zu werden.
   Daraufhin wurde der Vorschlag diskutiert, Hitler einen Funkspruch zu
senden und ihn um Auskunft darüber zu ersuchen, ob er weiterhin den
Reichsmarschall als seinen Nachfolger betrachte. Koller und Görings Adjutant Oberst von Brauchitsch verfaßten Entwürfe, aus denen schließlich diese
Endfassung entstand: »Mein Führer, sind Sie einverstanden, daß ich nach
Ihrem Entschluß, im Gefechtsstand in der Festung Berlin zu verbleiben,
gemäß Ihres Erlasses vom 29. Juni 1941 als Ihr Stellvertreter sofort die
Gesamtführung des Reiches übernehme?« Göring setzte diesem Text hinzu:
». . . mit voller Handlungsfreiheit nach innen und außen?« Er meinte damit
die Ermächtigung, mit den Alliierten über ein Ende der Feindseligkeiten zu

verhandeln. Doch er war noch immer besorgt und warf die Frage auf: »Nehmen wir an, ich bekomme darauf keine Antwort. Wir müssen einen Zeitpunkt festlegen, bis zu dem die Antwort vorliegen muß.«

Koller schlug vor, dafür einen Zeitraum von acht Stunden zu nehmen. Göring fügte daraufhin die Sätze ein: »Falls bis 22.00 keine Antwort erfolgt, nehme ich an, daß Sie Ihrer Handlungsfreiheit beraubt sind. Ich werde dann die Voraussetzung Ihres Erlasses als gegeben ansehen und zum Wohle von Volk und Vaterland handeln.« Hastig setzte er hinzu: »Was ich in diesen schwersten Stunden meines Lebens für Sie empfinde, wissen Sie, und kann ich durch Worte nicht ausdrücken. Gott schütze Sie und lasse Sie trotz allem baldmöglichst hierherkommen. Ihr getreuer Hermann Göring.« Der massige Reichsmarschall lehnte sich zurück und stöhnte: »Es ist furchtbar.« Wenn eine Antwort nicht bis 22 Uhr vorliege, wolle er etwas Entscheidendes unternehmen: »Ich werde den Krieg sofort beenden.«[16]

Dieses Telegramm Görings schien im Berliner Führerbunker niemanden so zu empören wie Bormann. Er beschuldigte den Reichsmarschall sofort des Verrats und verlangte seine Hinrichtung. Doch so weit wollte Hitler nicht gehen; statt dessen ließ er Göring durch Funksprüche, deren Text Bormann entworfen hatte, unmißverständlich mitteilen, er verbiete jede eigenmächtige Maßnahme. Ferner wurden Göring die Nachfolgerechte genommen. Die angesichts des »Verrats am Führer und am Nationalsozialismus« verwirkte Todesstrafe werde nicht verhängt, wenn er sofort von allen Ämtern zurücktrete. Doch Bormann fürchtete, Hitlers Weigerung, den Reichsmarschall exekutieren zu lassen, könne der Beginn einer Versöhnung sein, und so wies er eigenmächtig die Führer des auf dem Obersalzberg stationierten SS-Kommandos an, Göring und seinen Stab, auch Lammers und Koller, zu verhaften, was mitten in der Nacht auch geschah.[17]

Unterdessen rief General Krebs aus dem Bunker den Feldmarschall Keitel an und unterrichtete ihn detailliert über den erzwungenen Ämterverzicht Görings. Bestürzt meinte Keitel, hier müsse es sich um ein Mißverständnis handeln. Plötzlich hörte er Bormanns Stimme, der Krebs zurief, Göring sei abgesetzt, »auch als Reichsjägermeister«. Keitel reagierte nicht auf diese Bemerkung. Die Situation, so dachte er, sei zu ernst für »solche Zwischenbemerkungen, die ich als zynisch empfand«. Nach einem kurzen, ergebnislosen Gespräch im Bunker unter vier Augen mit Hitler über die Möglichkeit von Friedensverhandlungen fuhr Keitel zusammen mit Jodl zum OKW-Hauptquartier nach Krampnitz zurück: »Auf der Fahrt sprachen wir ganz offen darüber, daß wir die Dinge so nicht laufenlassen könnten und den Führer eventuell mit Gewalt aus dem Bunker der Reichskanzlei herausholen müßten.« Doch die beiden Militärs ließen den Gedanken wieder fallen, »angesichts der starken SS-Bewachung und der auf Hitler eingeschworenen Umgebung auch des Sicherheitsdienstes (SD), ohne deren Mitwirkung jeder Versuch scheitern müßte«.[18]

20. – 30. April 1945   1083

4

Je mehr sich der Ring um Berlin schloß, desto deutlicher verlor Eva Braun ihren fröhlichen Optimismus; sie hatte Angst, blieb aber beherrscht. Einmal ergriff sie die Hände von Traudl Junge und gestand ihr, wieviel Furcht sie vor dem empfand, was kommen würde: »Wenn nur endlich alles vorbei wäre!«[19] Ihrer besten Freundin Herta Ostermayr schrieb sie am 22. April einen Abschiedsbrief: »Dies werden wohl die letzten Zeilen und damit das letzte Lebenszeichen von mir sein«, begann sie und bat dann darum, ihren Schmuck nach den in ihrem Testament enthaltenen Anweisungen zu verteilen. Sie entschuldigte sich für den »etwas konfusen« Brief, »aber um mich sind die 6 Kinder von G. (Goebbels), und die sind beileibe nicht ruhig. Was soll ich Dir noch sagen? Ich kann nicht verstehen, wie alles so kommen konnte, aber man glaubt an keinen Gott mehr.« In einem Postskriptum fügte sie hinzu, auch Hitler habe nun »den Glauben verloren und wir, fürchte ich, hoffen umsonst.«[20] Doch am folgenden Tag – es war Montag, der 23. April – schrieb Eva Braun ihrer Schwester Gretl, die kurz vor der Entbindung stand, noch gebe es Hoffnung, aber es sei »auch selbstverständlich, daß wir uns nicht lebend fangen lassen«. Sie bat darum, ihre Privatkorrespondenz und vor allem »die geschäftlichen Sachen« zu vernichten, die Briefe Hitlers und ihre Antwortentwürfe aber wasserdicht zu verpacken und eventuell zu vergraben. Der Brief endete mit einem Nachsatz, der neuerlich aufkeimende Hoffnung verrät: »Eben habe ich den Führer gesprochen. Ich glaube auch, er sieht heute schon heller als gestern in die Zukunft.«[21]

Zur selben Zeit eruierte Himmler seine persönlichen Aussichten, das bevorstehende Ende des Regimes zu überleben. Kurz vor Mitternacht traf er noch einmal mit dem Grafen Folke Bernadotte zusammen – diesmal im schwedischen Konsulat in Lübeck. »Der Krieg muß beendet werden«, meinte er mit einem resignierten Seufzer. »Ich gebe zu, daß Deutschland geschlagen ist.« Der Führer sei wohl nicht mehr am Leben, und so sei er persönlich nicht mehr durch seinen Eid an Hitler gebunden. Er sei bereit, an der Westfront zu kapitulieren, aber nicht gegenüber den Sowjets: »Ich war stets ein eingeschworener Feind des Bolschewismus und werde es stets sein.« Himmler fragte seinen Gesprächspartner, ob der Graf bereit sei, diesen seinen Vorschlag an den schwedischen Außenminister weiterzuleiten, damit dieser ihn den Westmächten übermitteln könne.

Bernadotte hielt nicht viel von diesem Plan, doch er versprach, seine Regierung zu informieren. Freilich – eine Frage war noch zu klären: Wie würde Himmler reagieren, wenn sein Angebot abgelehnt werden sollte? »In diesem Fall«, so lautete die Antwort, »werde ich den Oberbefehl über die Ostfront übernehmen und im Kampf fallen.« Himmler fügte hinzu, er hoffe Eisenhower zu treffen und sei bereit, ihm gegenüber bedingungslos und ohne Verzögerung zu kapitulieren. Auch das Protokollarische einer solchen Begegnung beschäftigte den Reichsführer zu dieser Stunde bereits: »Unter Männern von Welt – sollte ich Eisenhower als erster die Hand geben?«[22]

Nachdem er abschließend festgestellt hatte, dies sei der bitterste Tag seines Lebens gewesen, ging Himmler entschlossen zu seinem Wagen und setzte sich hinter das Steuer. Er trat so hastig auf das Gaspedal, daß das Fahrzeug gegen eine Hecke und dann in einen Stacheldrahtzaun fuhr. Vereint machten Schweden und Deutsche den Wagen wieder flott, und Himmler trat die Rückfahrt an. Graf Bernadotte fand den Verlauf des Treffens symbolisch.

In der Lagebesprechung des nächsten Vormittags, es war der 24. April, wurde Hitler vorgetragen, Manteuffels Armee sei durch einen sowjetischen Panzervorstoß abgeschnitten worden. Nach einigen Minuten unheilvollen Schweigens hielt er seinem Generalstabschef Hans Krebs vor: »Der ganze russische Erfolg bei der 3. Panzerarmee ist angesichts des breiten Naturhindernisses der Oder nur auf die Unfähigkeit der dortigen deutschen militärischen Führer zurückzuführen.« Krebs versuchte vorsichtig, auf den Unterschied zwischen den Eliteverbänden des Marschalls Rokossowksi und den zusammengewürfelten und ausgebluteten deutschen Truppen hinzuweisen, doch das alles erinnerte Hitler nur an Steiners Angriff, der nicht stattgefunden hatte. Er wies mit einer kategorischen Bewegung auf die Lagekarte und erklärte, spätestens morgen müsse ein neuer Angriff aus dem Raum nördlich Berlins eingeleitet werden: »Die 3. Armee setzt alle verfügbaren Kräfte unter rücksichtsloser Schwächung der nicht angegriffenen Frontabschnitte zu diesem Angriff ein. Es muß gelingen, bis morgen aber die Verbindung mit Berlin von Norden wiederherzustellen. Lassen Sie das sofort durchgeben.« Ein Vorschlag des Generals Wilhelm Burgdorf, den SS-General Felix Steiner als Führer dieses Angriffes zu bestimmen, löste bei Hitler empörte Ablehnung aus: »Ich kann diese arroganten, langweiligen, entschlußlosen SS-Führer nicht mehr gebrauchen.«[23]

Goebbels hatte unterdessen die Besprechung verlassen, um den Text eines Extrablatts zu verfassen, das er als Reichsverteidigungskommissar von Berlin an die Einwohner der zerbombten Metropole verteilen lassen wollte. Er hoffte, sie zur Fortsetzung des Kampfes anspornen zu können, indem er ihnen die Nähe der Russen vorhielt: »Seid wachsam! Verteidigt mit der letzten Hingabe das Leben eurer Frauen, Mütter und Kinder. Die Bolschewisten führen einen Krieg ohne Gnade.«[24] Hitler selbst traf indessen zu diesem Zeitpunkt schon die Vorbereitungen für sein Ende: Sein Adjutant, der SS-Gruppenführer Julius Schaub, verbrannte des Führers persönliche Papiere. Nachdem das erledigt war, befahl Hitler ihm, so schnell wie möglich nach München zu fliegen und auch dort sowie auf dem Berghof wichtige Dokumente zu vernichten.

5

Der SS-Kommandant auf dem Obersalzberg, Obersturmbannführer Dr. Frank, hatte nach dem Empfang des von Bormann abgesetzten Funkspruchs unverzüglich gehandelt und Göring samt Familie und Beratern unter Hausarrest gestellt. Die vergangenen zwei Tage waren die stürmischsten in der dramatischen Laufbahn Görings gewesen: Der Führer hatte einen Nervenzusammenbruch erlitten; er selbst glaubte, nun sei er aufgerufen, um in letzter Minute die Führung des Dritten Reiches zu übernehmen; dann empfing er Hitlers Funksprüche, die solche Überlegungen mit einem Schlag vom Tisch fegten, und nun mußte er befürchten, hingerichtet zu werden. An diesem Morgen des 25. April versuchten mehrere SS-Offiziere, Göring in Anwesenheit seiner Frau und seines Dieners zur Unterzeichnung eines Schriftstücks zu überreden, in dem er wegen seiner »angegriffenen Gesundheit« auf alle seine Ämter verzichtete. Doch Göring weigerte sich zunächst; trotz der Funksprüche aus dem Führerbunker vermochte er nicht zu glauben, daß Hitler dies alles wirklich so gemeint habe. Doch als die SS-Offiziere schließlich ihre Pistolen zogen, beeilte sich Göring zu unterschreiben. Das Dröhnen anfliegender Bomber unterbrach das Schauspiel.

Auf dem Flug zu ihren Zielen in Salzburg, Linz und anderen Städten der Umgebung hatten die alliierten Bombergeschwader häufig den Luftraum über Berchtesgaden berührt, doch bislang war Hitlers Berghof noch unbeschädigt geblieben. An diesem Tag jedoch erschienen über dem Obersalzberg 318 Maschinen vom Typ »Lancaster«, um das Gelände in eine Mondlandschaft zu verwandeln. Die erste Welle klinkte ihre Bomben um 10 Uhr vormittags aus, die zweite, größere, folgte eine halbe Stunde später. Das Bombardement dauerte länger als eine Stunde. Als der Angriff vorüber war, fuhr Generaloberst Robert Ritter von Greim, Befehlshaber der Luftflotte 6 in München, zum Berghof. Er stand vor einer Ruine.

Greim, ein überzeugter Nationalsozialist (in einer von ihm geflogenen Maschine hatte Hitler 1921 seinen ersten Flug absolviert), hatte soeben einen Funkspruch aus Berlin erhalten, der ihm befahl, sich im Führerbunker zu melden; nun besprach er sich zunächst mit General Koller, der eine ähnliche Order bekommen hatte. Greim begann Göring zu attackieren, dem er das Verlassen Berlins und »verräterische« Handlungen vorwarf. Koller suchte den Reichsmarschall zu verteidigen, doch Greim war davon überhaupt nicht beeindruckt. Was Göring getan habe, solle man nicht noch zu rechtfertigen suchen, rief er aus, und machte sich auf den Weg nach Berlin.

Am Vormittag dieses 25. April hatte sich die Zange der roten Armee um die Reichshauptstadt Berlin fast geschlossen. Die Teilnehmer der Lagebesprechung, die um 10.30 Uhr beginnen sollte, warteten in gedrückter Stimmung, und als Hitler erschien, zeigte sich, daß auch er die Lage für hoffnungslos hielt – bis der Presse-Adjutant Heinz Lorenz, der Hitler und

Goebbels mit Nachrichtenmaterial aus westlichen Presse-Agenturen und Rundfunksendungen versorgte, um das Wort bat: Er habe soeben mit seinem Nachrichtengerät aus dem Rundfunksender eines neutralen Landes die Meldung aufgenommen, daß es während der ersten Begegnung amerikanischer und sowjetischer Einheiten bei Torgau an der Elbe zwischen den Kommandeuren beider Seiten zu Auseinandersetzungen gekommen sei, und zwar über die von Amerikanern und Rotarmisten zu besetzenden Abschnitte. Die Russen beschuldigten ihre Verbündeten, sie hätten in diesem Bereich die Abmachungen von Jalta nicht eingehalten.

Hitler schien wie elektrisiert zu sein. Er richtete sich auf, seine Augen glänzten, und dann stieß er hervor: »Meine Herren, das ist wieder ein ganz eklatanter Beweis für die Uneinigkeit unserer Feinde. Würde das deutsche Volk und die Geschichte mich nicht zum Verbrecher stempeln, wenn ich heute Frieden schließen würde und noch morgen die Möglichkeit bestünde, daß unsere Feinde uneinig werden?« Aus dieser Möglichkeit schien er neue Kraft zu schöpfen: »Kann nicht täglich, ja stündlich der Krieg zwischen den Bolschewiken und Angelsachsen um die Beute Deutschland ausbrechen?« Dann wandte er sich an Krebs, dem er zunickte und damit das Zeichen zum Beginn der Lagebesprechung gab. Der amtierende Generalstabschef begann seinen Bericht, doch Hitler unterbrach ihn zweimal: Wo stand General Wenck, und wie weit war der befohlene Angriff der 3. Armee von Norden her auf Berlin gekommen? Krebs mußte dem Führer antworten, es gebe keine Meldungen.

Die Nachricht, die Lorenz gebracht hatte, nahm Hitlers Denken und Trachten in den nächsten Stunden völlig gefangen und ließ ihn von einem neuen Wunder in allerletzter Minute fabulieren. Er meinte, die Zeit sei gekommen, daß die Angelsachsen den Bolschewisten aus reinem Selbsterhaltungstrieb würden entgegentreten müssen: »Wenn es wirklich stimmt, daß in San Franzisko (dort hatten sich die Delegationen für die erste UN-Konferenz versammelt) unter den Alliierten Differenzen entstehen – und sie werden entstehen –, dann kann eine Wende nur eintreten, wenn ich dem bolschewistischen Koloß an einer Stelle einen Schlag versetze. Dann kommen die anderen vielleicht doch zu der Überzeugung, daß es nur einer sein kann, der dem bolschewistischen Koloß Einhalt zu gebieten in der Lage ist, und das bin ich und die Partei und der heutige deutsche Staat.«[25] Die Wahrheit freilich sah anders aus, als der von Heinz Lorenz aufgefangene Bericht vermuten ließ. Es gab keine Meinungsverschiedenheiten zwischen russischen und amerikanischen Vorausabteilungen. Erst am nächsten Tag, dem 26. April, trafen Soldaten beider Seiten aufeinander, als zwei amerikanische Patrouillen in Strehla und Torgau an der Elbe mit Rotarmisten Kontakt aufnahmen. Hitlers verbleibender Herrschaftsbereich war damit in zwei Teile geschnitten.

Am späten Vormittag schien es so, als ob General Wencks Armee die

20.–30. April 1945   1087

Rettung Hitlers gelingen könnte. Rundfunkmeldungen über ihren stetigen Vormarsch gaben den Berlinern neuen Mut. Niemand erwartete Nachrichten darüber begieriger als Hitler. Er hoffte, es werde Wenck gelingen, die Kämpfe wenigstens bis zum 5. Mai hinauszuzögern, damit er selbst am gleichen Jahrestag in den Tod gehen könnte, zu dem Napoleon gestorben war. Doch Hitlers Hoffnung erwies sich als unrealistisch. Nur ein einziges, schon schwer dezimiertes Korps der Armee Wenck kämpfte sich in Richtung Berlin vor, und seine begrenzte Aufgabe bestand darin, Potsdam zu entsetzen und einen Korridor für den Rückzug der Verteidigungskräfte aus Berlin offenzuhalten. Das Gros der Truppen Wencks versuchte – entgegen einem ausdrücklichen Befehl Hitlers – eine Verbindung zu der von den Russen eingeschlossenen 9. Armee des Generals Busse herzustellen, von der erschütternde Funksprüche über die Verfassung der Truppen und über das Elend der Zivilbevölkerung vorlagen.

Am frühen Abend dieses Tages riskierte ein anderer General den Tod, um sich – wie befohlen – bei seinem Führer zu melden: Robert Ritter von Greim. Er war in Begleitung der Testpilotin Hanna Reitsch von München nach Gatow geflogen und dort wegen der bereits unterbrochenen Straßenverbindung zum Stadtzentrum in einen Aufklärer vom Typ »Fieseler Storch« umgestiegen. In Baumwipfelhöhe flog die kleine Maschine in die umkämpfte Reichshauptstadt. Greim saß am Steuerknüppel, Hanna Reitsch hinter ihm. Plötzlich klaffte im Boden der Pilotenkanzel ein Loch, und Greim fiel vornüber; die Maschine geriet außer Kontrolle. Geistesgegenwärtig ergriff die hinter ihm sitzende Hanna Reitsch den Steuerknüppel und brachte es fertig, den Flug zu stabilisieren und den »Storch« auf der Ost-West-Achse vor dem Brandenburger Tor zu landen. Sie stoppte ein Kraftfahrzeug, half dem durch ein Geschoß am Fuß verwundeten Greim aus der Maschine, und beide fuhren zur Reichskanzlei.

Nachdem seine Verletzung versorgt worden war, wurde Greim auf einer Tragbahre in den Führerbunker gebracht, begleitet von Hanna Reitsch. Die Gruppe hatte Hitlers Räume noch nicht erreicht, als Magda Goebbels diesem Verwundetentransport begegnete – die Verblüffung darüber, daß überhaupt noch Menschen von außen hereinkamen, stand ihr im Gesicht geschrieben. Sie hatte Hanna Reitsch noch nie zuvor persönlich gesprochen, doch nun umarmte sie die Testpilotin und begann zu schluchzen. Kurz darauf erschien Hitler – er ließ den Kopf hängen, seine Arme zuckten, seine Augen wirkten glasig. Doch Greims Bericht, den der Generaloberst, auf einem Feldbett liegend, erstattete, gab Hitler neue Zuversicht – jedenfalls schien es so. Er ergriff Greims Hände und wandte sich dann an Hanna Reitsch: »Sie tapfere Frau! Es gibt noch Treue und Mut auf der Welt!«

Hitler zog den Funkspruch Görings aus der Tasche und sagte dann gepreßt: »Ein Ultimatum, ein zum Himmel schreiendes Ultimatum! Es bleibt mir nichts auf der Welt erspart, keine Enttäuschung, kein Treuebruch, keine

Ehrlosigkeit und kein Verrat. Und nun zu allem noch dies.« Er hielt inne, als ob er nicht in der Lage sei, weiterzusprechen. Dann sagte er leise, Greim aus halbgeschlossenen Augen anblickend: »Ich ernenne Sie hiermit zum Nachfolger Görings als Oberbefehlshaber der Luftwaffe. Im Namen des deutschen Volkes reiche ich Ihnen die Hand.« Tief bewegt baten der General und die Pilotin darum, im Bunker bleiben und damit für Görings Verrat büßen zu dürfen; und Hitler willigte ein. Ihre Entscheidung, so meinte er, werde einen festen Platz in der Geschichte der Luftwaffe finden.[26]

Als der Morgen des 27. April heraufzog, war Berlin völlig eingeschlossen; die Rote Armee hatte die beiden letzten Flughäfen erobert. Ein Funkspruch von General Wenck, das XX. Korps sei nur noch wenige Kilometer von Potsdam entfernt, ließ im Führerbunker noch einmal einen Hauch von Hoffnung entstehen. Auf Weisung von Goebbels wurde sogleich eine Rundfunkmeldung verbreitet, die Armee Wenck stehe in Potsdam und werde in kurzer Zeit die Reichshauptstadt erreicht haben. Und wenn das dem General Wenck möglich war, warum nicht auch anderen Armeeführern? »Die Situation hat sich entscheidend zu unseren Gunsten geändert«, erfuhren die Berliner. »Die Amerikaner marschieren nach Berlin. Die große Wende des Krieges steht unmittelbar bevor. Berlin muß gehalten werden, bis die Armee Wenck zur Stelle ist, gleich um welchen Preis!«

Der Wehrmachtsbericht dieses Tages enthielt eine genaue Angabe der von der Armee Wenck erreichten Position. Der General war außer sich: »Wir werden morgen nicht einen einzigen Schritt vorankommen!« erklärte Wenck seinem Chef des Stabes. Denn die Russen, so war anzunehmen, hatten diese Meldung auch aufgefangen und würden nun alles aufbieten, um die Deutschen zurückzuschlagen. Es sei fast Verrat, meinte Wenck.[27]

In der Lagebesprechung am Mittag machte Hitler deutlich, welches Vertrauen er in General Wenck setzte, der »eben ein wirklicher Mann« sei. Doch schon wenige Minuten später meinte er melancholisch und in dem klaren Bewußtsein, daß jede Hoffnung auf Rettung gänzlich illusorisch war: »Ich werde mich heute ein klein wenig beruhigter hinlegen und möchte nur aufgeweckt werden, wenn ein russischer Panzer vor meiner Schlafkabine steht, damit ich Zeit habe, meine Vorbereitungen zu treffen.« Doch schon im nächsten Atemzug brachte er die Hoffnung zum Ausdruck, die Rote Armee könne in Berlin zum Ausbluten gezwungen werden. Dann schloß er die Lagebesprechung unvermittelt mit einem philosophischen Zitat Richelieus: »Was habe ich verloren! Teuerste Erinnerungen! Aber was heißt das alles. Einmal muß man doch den ganzen Zinnober zurücklassen.«[28]

Nach der Lagebesprechung heftete Hitler einem Jungen in viel zu großer, verdreckter Wehrmachtsuniform, der noch fast wie ein Kind wirkte und kurz zuvor einen russischen Panzer abgeschossen hatte, ein Eisernes Kreuz an. Schweigend drehte der Junge sich um und ging in den Bunkerkorridor, wo er vor Müdigkeit und Erschöpfung fast zusammenbrach. Der Adjutant

20. – 30. April 1945   1089

des Generals Krebs, Major Bernd von Freytag-Loringhoven und Rittmeister
Gerhard Boldt, wurden Zeugen dieser Szene, die sie als Offiziere mit jahre-
langer Fronterfahrung als unerträglich empfanden, und das sprachen sie
auch offen aus – nicht wissend, daß Bormann ihr Gespräch mithörte. Der
»Sekretär des Führers«, der vor allem in den Kriegsjahren nie einen Hehl
aus seinem tiefen Mißtrauen gegenüber Berufssoldaten gemacht hatte, kam
auf den Major und den Rittmeister zu, legte beiden den Arm um die Schulter
und meinte in einem unnatürlich optimistischen Tonfall, noch gebe es
Hoffnung; die Armee Wenck sei auf dem Wege nach Berlin und werde die
Rettung bringen. Dann fügte er hinzu: »Ihr, die ihr hier in Treue zu unserem
Führer gemeinsam mit ihm seine schwersten Stunden aushaltet, werdet,
wenn dieser Kampf bald siegreich beendet sein wird, hohe Stellungen im
Staat bekleiden und als Dank für eure treuen Dienste Rittergüter bekommen.« Die beiden Männer waren so verblüfft, daß sie Bormann nichts ent-
gegneten.[29]

Hanna Reitsch verbrachte einen großen Teil des Tages in den Räumen der
Familie Goebbels. Der Propagandaminister ließ sich immer wieder über
Görings »Verrat« aus. Der Reichsmarschall, so erklärte er, sei unfähig; mit
seiner Dummheit und Faulheit habe er das Vaterland ruiniert, und nun
wolle ausgerechnet dieser Mann die ganze Nation führen. Das allein beweise
schon, daß er »im Herzen stets schwach und ein Verräter war«. Goebbels
stützte die Hände auf eine Stuhllehne, als ob er hinter einem Rednerpult
stünde, und rief pathetisch aus, wer jetzt bei dem Führer im Bunker ausharre
und ihm bis in den Tod treu bleibe, der mache Geschichte, zum Ruhm des
Reiches, auf daß Deutschlands Name niemals untergehe.

Hanna Reitsch empfand Goebbels' Tiraden als peinlich und theatralisch,
doch für seine Frau hegte sie die größte Bewunderung. In Gegenwart ihrer
sechs Kinder war Magda Goebbels stets fröhlich; und wenn sie spürte, daß
ihre Selbstkontrolle nachzulassen drohte, verließ sie das Zimmer. »Meine
liebe Hanna«, so meinte sie an einem dieser letzten Tage im Bunker, »Sie
müssen mir beistehen, den Kindern aus diesem Leben zu helfen. Sie gehören
dem Dritten Reich und dem Führer; und wenn beide nicht mehr da sind, gibt
es auch keinen Platz mehr für die Kinder.« Ihre größte Sorge war, daß sie
schwach werden könnte, wenn der Moment gekommen war, dem Vorsatz
die Tat folgen zu lassen. Hanna Reitsch erzählte den Kindern von abenteuer-
lichen Flugerlebnissen und brachte ihnen Lieder bei, die sie später »Onkel
Adi« vorsingen wollten. Sie unterhielt sich auch mit Eva Braun, von der sie
den Eindruck einer oberflächlichen jungen Frau gewann, die ihre Zeit vornehmlich damit zuzubringen schien, sich die Fingernägel zu polieren, die
Garderobe zu wechseln und ihre Frisur in Ordnung zu halten. Vielleicht war
bei diesem Urteil unbewußt Eifersucht im Spiel, denn Hanna Reitsch ver-
ehrte Hitler und war möglicherweise unangenehm davon berührt, daß er
offen mit einer Frau zusammenlebte.[30]

In der zweiten Lagebesprechung dieses 27. April kam Hitler nach einer kritischen Bemerkung des Kampfkommandanten der Reichskanzlei, des SS-Brigadeführers Wilhelm Mohnke – »Was wir 1933 wollten, haben wir nicht ganz geschafft, mein Führer!« –, auf die Monate vor und nach der Machtergreifung zu sprechen. Damals habe er sich von einem Kompromiß zum anderen durchlavieren müssen, bis zum Tod des Reichspräsidenten von Hindenburg. Er sei nicht in der Lage gewesen, so durchgreifen zu können, wie es eigentlich notwendig gewesen sei. Damit kam Hitler noch einmal auf seinen Entschluß zu sprechen, in Berlin zu bleiben; denn nur dann könne er mit Härte gegen jede Schwäche vorgehen: »Ich habe sonst das moralische Recht nicht. Ich kann nicht dauernd andere bedrohen, wenn ich selbst in der kritischen Stunde von der Reichshauptstadt weglaufe ... in dieser Stadt habe ich das Recht gehabt zu befehlen, jetzt habe ich auch den Befehlen des Schicksals zu gehorchen. Auch wenn ich mich retten könnte, so tue ich dies nicht. Der Kapitän geht auch mit seinem Schiffe unter.«

In der dritten Lagebesprechung am Abend verfiel Hitler in Betrachtungen voller Selbstmitleid: »Viele können mich in meiner Verbitterung nicht verstehen. Ich kann mir nicht vorstellen, daß ein Parteiführer, dem ich einen Befehl gab, sich unterstehen könnte, das nicht zu tun. Das Gesamtresultat wird dadurch geschädigt, und der einzelne leidet wieder unter dem Gesamtresultat. Je größer der Verantwortungsbereich ist, um so mehr muß der Gehorsam geübt werden.« Er erwähnte den Feldmarschall Werner von Blomberg, der ihm einmal gesagt habe, der Gehorsam gehe nur bis zum General. Sarkastisch meinte er: »Es war ein Mechanismus, der es fertigbrachte, falls Schwierigkeiten auftauchten, durch Falschmeldungen und so weiter eine Geschichte zu umgehen.«[31]

Hitler begann sich Sorgen um sein Ende zu machen. Er wollte Stalin auf keinen Fall die Möglichkeit geben, ihn in einem Käfig ausstellen zu lassen: »Ich muß die absolute Gewißheit haben, daß ich nicht durch irgendeinen schlauen Streich eines Russenpanzers hier herausgeholt werde.« Noch einmal bekräftigte er seine Absicht, die Hauptstadt nicht zu verlassen. Wie könne er noch von seinen Soldaten verlangen, außerhalb zu kämpfen, »wenn ich selbst nicht einmal im Zentrum des Reiches kämpfen will?«

Während einer dieser Phantasien des Führers wurde Werner Naumann, als Staatssekretär im Reichspropagandaministerium einer der engsten Mitarbeiter von Goebbels, wegen eines Telefonanrufs aus dem Zimmer gebeten. In diesem Gespräch erfuhr er von Berichten in amerikanischen Zeitungen, denen zufolge »eine Gruppe von hohen Nazis, die ohne Autorisierung durch Hitler, aber mit der Unterstützung des Oberkommandos handeln, soeben die Kapitulation gegenüber den westlichen Alliierten angeboten« habe. Himmlers Vorschlag, den die schwedische Regierung weitergeleitet hatte, war bekannt geworden, jedoch wurde dabei weder sein Name noch die Quelle der Darstellung erwähnt.

20. – 30. April 1945   1091

Naumann kehrte in den Konferenzraum zurück und flüsterte diese Nachricht Hitler zu, der sich daraufhin sofort hinter vorgehaltener Hand mit Goebbels besprach. Der Führer beendete die Konferenz. General Weidling, der Berliner Befehlshaber, ging in den Vorraum, wo er Bormann, Hitlers Adjutanten und die beiden Sekretärinnen in einer Unterhaltung antraf. Weidling war frustriert über das, was er eben gesehen und gehört hatte. Nun sagte er Hitlers Umgebung das, was der Führer selbst offenkundig nicht hatte zur Kenntnis nehmen wollen: Die einzige Hoffnung bestehe darin, Berlin zu verlassen, bevor es zu spät sei. Jeder stimmte zu, selbst Bormann. Das ermutigte Weidling, sich noch einmal an Krebs zu wenden, als dieser aus dem Konferenzraum kam. Und auch Krebs war für Weidlings Plan durchaus empfänglich und versprach, das Thema »Ausbruch« bei der nächsten Lagebesprechung detailliert zur Sprache zu bringen.[32]

Hundert Kilometer von der Reichskanzlei entfernt, im Hauptquartier der 12. Armee des Generals Walter Wenck, saß unterdessen ein Funker an seinem Gerät, und setzte diesen Funkspruch an General Weidling ab: »Gegenangriff der 12. Armee südlich von Potsdam zum Stehen gekommen. Truppen in sehr schwere Abwehrkämpfe verwickelt. Vorschlage Durchbruch zu uns. Wenck.«

Der Funker wartete auf Empfangsbestätigung – vergeblich.[33]

6

Auch Hitlers engster Bundesgenosse stand vor dem Ende. Seit seiner Rettung durch Skorzeny hatte Benito Mussolini die Hoffnung auf eine »politische Lösung«, die jedenfalls für Italien zum Ende dieses katastrophalen Krieges führen würde, nicht aufgegeben. Und als sich das ganze Ausmaß der verheerenden Niederlage der Achsenmächte klar abzeichnete, war er zu dem Entschluß gekommen, seinen Sohn Vittorio mit mündlichen Vorschlägen für Verhandlungen zwischen Italien und den Alliierten zum Erzbischof von Mailand zu schicken, der sie an die westlichen Regierungen weiterleiten sollte. Der Vatikan kam der Bitte Mussolinis nach; doch die Antwort der Westmächte bestand in einer summarischen Ablehnung.

Der Duce unterrichtete Hitler, mit dem er nur noch wenig Kontakt hatte, nicht von diesem Vorstoß und dem negativen Ergebnis. Zugleich übte er vor Journalisten scharfe Kritik an Hitlers »megalomanischem« Angriff auf die Sowjetunion. Er sei, so gestand er ein, wenig mehr als ein Gefangener der Deutschen, und sein Stern sei im Sinken. Am 25. April verließ Mussolini in einer Autokolonne von zehn Fahrzeugen Mailand, um sich, umgeben von seinen treuesten Schwarzhemden, zu einem letzten Zufluchtsort im Norden zu begeben. In einem der Autos, einem Alfa-Romeo mit spanischem Kennzeichen, saß Clara Petacci, seine Geliebte. »Ich folge meiner Bestimmung«, schrieb sie einem Freund. »Ich weiß nicht, was aus mir werden wird, doch ich kann mein Schicksal nicht in Frage stellen.« Mussolini hatte seiner Frau Dokumente, darunter auch Briefe von Churchill, zurückgelassen, von denen er hoffte, sie würden ihr dazu verhelfen, mit den Kindern sicher auf die andere Seite der Front zu gelangen: »Wenn sie versuchen sollten, Dich aufzuhalten oder Dich zu drangsalieren, dann bestehe darauf, den Engländern übergeben zu werden.«

Am frühen Morgen des 26. April befand sich Mussolinis Wagenkolonne auf der kurvenreichen Straße am Westufer des Comer Sees, die selbst jetzt, im Nieselregen, einen wunderbaren Ausblick gewährte. Knapp fünfzig Kilometer entfernt hielt die Kavalkade vor einem Hotel, um auf die 3000 Schwarzhemden zu warten, die Mussolinis persönlichen Schutz übernehmen wollten. Doch niemand erschien, und am nächsten Tag fuhr die Kolonne weiter in Richtung Norden. In der Nähe von Dongo fielen Mussolini, Clara Petacci und die Begleitung Partisanen in die Hände, unter denen es sofort zu einer Auseinandersetzung zwischen denen kam, die den Duce und seine Gefolgsleute auf der Stelle umbringen wollten, und einer anderen Gruppe, die seine Auslieferung an die Alliierten verlangte. Am 28. April wurde dieser Streit entschieden. Ein dreiköpfiges Partisanenkommando erschoß Mussolini und Clara Petacci mit Maschinenpistolen. Die Leichen wurden unter dem Jubel einer großen Menschenmenge mit den Füßen an dem Stahlgerüst einer halbfertigen Tankstelle in Mailand aufgehängt.[34]

Am Morgen dieses 28. April konnte von einer einheitlichen Führung der deutschen Truppen an der Ostfront keine Rede mehr sein; die Befehlshaber standen am Rande der offenen Auflehnung gegen Hitler. Manteuffels 3. Panzerarmee zum Beispiel zog sich im Gegensatz zu dem Befehl Hitlers, kein Gelände preiszugeben, kämpfend nach Westen zurück. Ihr Ziel war die Kapitulation vor den westlichen Alliierten.

Der Zerfall der militärischen Hierarchie zeigte sich auch im Führerbunker selbst. Dort waren Bormann, Krebs und Burgdorf nach einem Zechgelage in Streit geraten. Verbittert hatte Burgdorf in einer Lautstärke, die andere Bunkerinsassen zu Ohrenzeugen machte, Bormann ins Gesicht geschrien: »Vor einem dreiviertel Jahr bin ich mit meiner ganzen Kraft und mit grenzenlosem Idealismus an meine jetzige Aufgabe herangegangen. Ich habe mir immer wieder das Ziel gesetzt, Partei und Wehrmacht aufeinander abzustimmen.« Dabei sei er so weit gegangen, daß er sich die Verachtung seiner Offizierskameraden aus der Wehrmacht zugezogen habe. »Man hat mich schließlich in der Wehrmacht einen Verräter am deutschen Offiziersstand gescholten. Heute muß ich einsehen, daß diese Vorwürfe zu Recht bestehen, daß meine Arbeit umsonst, mein Idealismus falsch, ja, nicht nur das, daß er naiv und dumm war.«

Krebs versuchte, den aufgebrachten General zu beruhigen, doch Burgdorf ließ sich nicht mehr beschwichtigen: »Einmal muß das doch alles gesagt werden. Vielleicht ist es in achtundvierzig Stunden schon zu spät. Unsere jungen Offiziere sind . . . zu Hunderttausenden in den Tod gegangen. Aber wofür denn? Für ihr Vaterland, für unsere Größe und Zukunft? Für ein anständiges, sauberes Deutschland? In ihrem Herzen ja, aber sonst nein. Für euch sind sie gestorben!« Millionen von unschuldigen Menschen seien geopfert worden, während die Führer der Partei sich am Volksvermögen bereichert und im Überfluß geschwelgt hätten: »Der Mensch war für euch nur noch das Werkzeug eurer unersättlichen Machtgier. Unsere jahrhundertealte Kultur, das deutsche Volk habt ihr vernichtet. Das ist eure furchtbare Schuld!«[35]

»Aber mein Lieber«, entgegnete Bormann, »du mußt doch nicht gleich persönlich werden. Wenn sich die anderen auch alle bereichert haben, so bin ich doch frei von Schuld. Das schwöre ich bei allem, was mir heilig ist. – Prost, mein Lieber!« Major von Freytag-Loringhoven und der Rittmeister Boldt, die im Nebenraum auf den Disput aufmerksam geworden waren, hörten Gläserklingen, dann war es still.

General Weidling hatte an diesem Morgen an seinem Plan gearbeitet, der einen Ausbruch in drei Gruppen vorsah. Es war offenkundig, daß die Russen in kurzer Frist die Reichskanzlei erreichen würden, und Weidling war so sicher, in der Lagebesprechung am Abend Hitlers Zustimmung zu bekommen, daß er seine Kommandeure für Mitternacht zu einer Besprechung in seinen eigenen Befehlsbunker bestellte. Frau Goebbels schrieb unterdessen ihrem Sohn aus erster Ehe, der sich in alliierter Kriegsgefangenschaft befand, einen Abschiedsbrief, den Hanna Reitsch mitnahm. Der Nationalsozialismus, diese »herrliche Idee«, gehe nun zugrunde, und mit ihm »alles, was ich Schönes, Bewundernswertes, Edles und Gutes in meinem Leben gekannt habe«. Eine Welt ohne den Führer und den Nationalsozialismus sei es nicht wert, darin zu leben. Aus diesem Grunde habe sie auch die Kinder mit in den Bunker genommen; sie seien zu schade für das, was sie nach der Niederlage erwarte, »und ein gnädiger Gott wird mich verstehen, wenn ich selbst ihnen die Erlösung geben werde . . . Gott gebe, daß mir die Kraft bleibt, das Letzte und Schwerste zu tun.«[36] Auch Bormann ließ seine Frau in einem Funkspruch wissen, es sei »alles verloren«, und es gebe keine Hoffnung mehr für ihn. Sie solle sich sofort mit den Kindern nach Tirol auf den Weg machen.

7

In San Franzisko, wo die Konferenz zur Gründung der Vereinten Nationen tagte, erfuhr ein Reporter der Nachrichtenagentur Reuter, Himmler habe soeben die bedingungslose Kapitulation Deutschlands angeboten. Das Blitztelegramm des Journalisten an seine Agentur wurde nicht zensiert und wenig später als Eilmeldung in der ganzen Welt verbreitet. Der Presse-

1094 *Fünf Minuten nach Mitternacht*

referent Heinz Lorenz, der im Bunker täglich eine Art Nachrichtenspiegel für Hitler und Goebbels zusammenstellte, erfuhr davon am Abend des 28. April aus den Nachrichten der BBC und brachte Hitler eine entsprechende Meldung. Dieser las sie, ohne irgendeine Gefühlsregung erkennen zu lassen; er schien sich mit dem unmittelbar bevorstehenden Ende abgefunden zu haben. Dann ließ er Goebbels und Bormann zu einer Konferenz hinter verschlossenen Türen rufen.

Bormann hatte in diesen letzten Tagen – neben dem Zechen – kaum noch etwas anderes getan, als andere der Treulosigkeit am Führer zu bezichtigen; etwa am Abend dieses Tages in einem Funkspruch an Dönitz: »Die Treue scheint vor der Untreue zu weichen!«[37] Einer derjenigen, der nach der Meldung vom Kapitulationsangebot Himmlers unter schweren Verdacht geriet, war Eva Brauns Schwager Hermann Fegelein, SS-Gruppenführer und Verbindungsoffizier Himmlers im Führerhauptquartier. Der Reichssicherheitsdienst (RSD) hatte ihn in seiner Privatwohnung in der Berliner Innenstadt aufgegriffen. Da er Zivilkleidung trug und beträchtliche Bestände an Juwelen und ausländischem Geld, zum Beispiel Schweizer Franken, im Besitz hatte, schlußfolgerten die Beamten, er bereite seine Flucht in ein neutrales Land vor. Sie nahmen ihn fest und brachten ihn in den Bunker, wo er zunächst durch die Fürsprache seiner Schwägerin Eva Braun vor einer sofortigen Liquidierung bewahrt wurde; sie hatte für Fegelein um Gnade gebeten, weil ihre Schwester Gretl ein Kind erwartete. Fegelein wurde zunächst nur degradiert, und es wurden ihm Orden und Ehrenzeichen aberkannt; dann ließ Hitler ihn einsperren. Doch die Meldung vom Abfall Himmlers brachte den Führer zu der Gewißheit, daß Fegeleins Fluchtvorbereitungen mit diesem Vorgang in einem ursächlichen Zusammenhang stünden – Himmler, so schien es, wollte seinen Vertrauten Fegelein zu Friedensverhandlungen in die Schweiz entsenden. Innerhalb einer Stunde wurde Fegelein vor ein Kriegsgericht gestellt, des Verrats für schuldig befunden und zum Tode verurteilt. Ein zweites Mal setzte Eva Braun sich nicht für ihn ein; sie hatte erfahren, daß ein Teil der in Fegeleins Besitz festgestellten Juwelen ihr gehörte – und daß er ihre Schwester betrog. In seiner Wohnung hatte sich die Ehefrau eines ungarischen Diplomaten aufgehalten.

Als General Weidling zur abendlichen Lagebesprechung im Führerbunker erschien, herrschte dort große Erregung. Er unterrichtete Hitler über die militärische Lage in der Stadt, die durch ein offenbar unaufhaltsames Vordringen der Roten Armee in Richtung auf die Zitadelle gekennzeichnet war. Alle Munitions- und Nachschubdepots waren entweder in feindlicher Hand oder sie lagen unter schwerem Artilleriefeuer. In zwei Tagen, so erklärte Weidling, werde seinen Truppen die Munition ausgegangen sein, und dann sei an Widerstand nicht mehr zu denken: »Als Soldat schlage ich daher vor, den Ausbruch aus dem ›Berliner Kessel‹ zu wagen.« Weidling hatte eine bereits vorbereitete Karte mitgebracht und erläuterte Hitler den Plan.

20. – 30. April 1945 1095

Doch der Führer und General Krebs hatten sich noch nicht dazu geäußert, als Goebbels mit Kraftausdrücken über General Weidling herfiel; es kam zu einer heftigen Auseinandersetzung, die Krebs schließlich durch die Feststellung beendete, unter militärischen Gesichtspunkten sei der Plan des Generals absolut realistisch. Doch er beeilte sich hinzuzufügen: »Natürlich muß ich die Entscheidung dem Führer überlassen.« Hitler schwieg zunächst; dann fragte er schließlich: »Und wie sehen die Dinge aus, wenn der Ausbruch erfolgreich verläuft? Wir würden einfach nur aus einem Kessel in einen anderen geraten. Soll ich, der Führer, dann etwa auf freiem Feld oder in einem Bauernhaus kampieren und dort das Ende abwarten?«[38]

Hitler verließ die Konferenz, um den verwundeten Greim aufzusuchen; Hanna Reitsch war bereits bei ihm. Er setzte sich auf eine Ecke des Feldbettes, in dem der neuernannte Oberbefehlshaber der Luftwaffe lag, und verbreitete sich mit aschfahlem Gesicht über Himmlers Verrat. »Unsere einzige Hoffnung ist Wenck«, meinte er, und mit der Hilfe der Luftwaffe sei es vielleicht doch noch möglich, seinen Vormarsch nach Berlin zu erzwingen. Er befahl Hanna Reitsch, Greim nach Rechlin zu fliegen, um die auf dem dortigen Flugplatz vorhandenen Maschinen einzusetzen. »Das ist der erste Grund, weshalb Sie den Bunker verlassen müssen. Der zweite ist, daß Himmler verhaftet werden muß.«

Seine Lippen und die Hände zitterten, als er schrie: »Niemals darf ein Verräter mir als Führer nachfolgen. Sie müssen hinausgehen und dafür sorgen, daß dies nicht geschieht.« Greim begann, von Schmerzen gepeinigt, sich anzuziehen. Hanna Reitsch bat mit Tränen in den Augen um die Erlaubnis, im Bunker bleiben zu dürfen, doch Hitler lehnte ab: »Gott schütze Sie.«[39]

Das Dunkel der Nacht wurde überall von brennenden Gebäuden erhellt, und Greim und Hanna Reitsch hörten Gewehr- und MG-Feuer, als ein Panzerspähwagen sie zu einem in der Nähe des Brandenburger Tores getarnt stehenden Schulflugzeug vom Typ Arado 96 brachte. Die Pilotin rollte mit der kleinen Maschine auf die Ost-West-Achse und startete. Das Flugzeug gewann schnell an Höhe, doch russische Scheinwerfer erfaßten die Maschine und explodierende Flakgeschosse ließen sie wie eine Feder auf und ab tanzen. Mit Vollgas entschwand das Flugzeug in nördlicher Richtung aus dem Hexenkessel Berlin – einem Flammenmeer.

8

Die Nachricht vom Abfall Himmlers war für Hitler das Ereignis, das allen zögernden Erwägungen und auch der letzten Hoffnung ein Ende setzte. Zwar hatte er sich vor Greim und Hanna Reitsch noch zuversichtlich gezeigt; doch sich selbst gestand er ein, daß auf eine Rettung durch Wenck nicht mehr zu rechnen war, und daß es nun Zeit wurde, sich auf das Ende vorzubereiten. Hitler ließ Traudl Junge rufen. Sie fragte sich, was er jetzt noch zu diktieren habe, und sah zu ihrem Erstaunen eine festlich gedeckte Tafel: Das Tischtuch mit den Initialen AH, Silberbestecke, Champagnergläser. Wollte Hitler seinen Abschied von den Lebenden feiern?

Mit einer kurzen Kopfbewegung meinte er: »Vielleicht können wir jetzt beginnen.« Dann ging er voran in den Konferenzraum. Er stellte sich an seinen Platz vor dem großen Kartentisch, der nun leer war, und begann mit dem Diktat: »Mein politisches Testament.« Traudl Junge zitterten die Hände, als sie diese Worte niederschrieb — sie empfand die Szene als einen historischen Vorgang, und sie war sicher, daß es sich um ein politisches Bekenntnis, eine Rechtfertigung handeln würde; denn wer würde mit Lügen aus dem Leben gehen wollen? Statt dessen brachte sie nur Beschuldigungen zu Papier.

Normalerweise pflegte Hitler sich während des Diktats immer wieder zu korrigieren, jeden Satz noch einmal zu überdenken und neu zu formulieren. In dieser Nacht aber diktierte er ohne Pause, den Blick auf den Kartentisch geheftet. Weder er, so behauptete er, noch irgend jemand sonst in Deutschland habe den Krieg gewollt; er sei hingegen angestiftet worden »ausschließlich von jenen internationalen Staatsmännern, die entweder jüdischer Herkunft waren oder für jüdische Interessen arbeiteten«.

Hitler versicherte, er sterbe »mit freudigem Herzen«, habe jedoch »viele tapferste Männer und Frauen« gebeten und ihnen endlich befohlen, »am weiteren Kampf der Nation teilzunehmen«.

In dem zweiten Teil dieses Testaments begann er zur weiteren Verwunderung seiner langjährigen Sekretärin eine neue Reichsregierung zu benennen. Als seinen Nachfolger im Amt des Reichspräsidenten und Obersten Befehlshabers der Wehrmacht ernannte er den Großadmiral Karl Dönitz. Zugleich stieß er »den früheren Reichsmarschall Hermann Göring« aus der Partei aus und entzog ihm noch einmal alle Rechte aus dem Nachfolgeerlaß vom 29. Juni 1941. Goebbels wurde Reichskanzler und Bormann Parteiminister. Traudl Junge hatte noch Hitlers Worte im Ohr, Deutschland sei vernichtet, der Nationalsozialismus für immer erledigt und alles sei verloren; sie verstand nicht, was dieser neuen Regierung dann noch zu tun übrigbleiben sollte.

Hitler stand noch immer an dem Kartentisch, als er zum Schluß kam. Er schwieg für einige Augenblicke und begann dann sein persönliches Testament zu diktieren: »Da ich in den Jahren des Kampfes glaubte, es nicht verantworten zu können, eine Ehe zu gründen, habe ich mich nunmehr vor Beendigung dieser irdischen Laufbahn entschlossen, jenes Mädchen zur Frau zu nehmen . . .« Traudl Junge sah verblüfft auf und verstand nun, weshalb Hitler die Tafel hatte festlich decken lassen. Sie erinnerte sich an eine kryptische Bemerkung, die Eva Braun eine Stunde zuvor im Gespräch mit ihr und Gerda Christian hatte fallenlassen: »Heute abend werden wir weinen.«

20. – 30. April 1945   1097

Doch Traudl Junge weinte nicht. ». . . zur Frau zu nehmen«, fuhr Hitler fort, »das nach langen Jahren treuer Freundschaft aus freiem Willen in die schon fast belagerte Stadt hereinkam, um ihr Schicksal mit dem meinen zu teilen. Sie geht auf ihren Wunsch als meine Gattin mit mir in den Tod. Er wird uns das ersetzen, was meine Arbeit im Dienst meines Volkes uns beiden raubte.« Seine persönlichen Habseligkeiten vermachte Hitler der Partei, und sollte »diese nicht mehr existieren, dem Staat, sollte auch der Staat vernichtet werden, ist eine weitere Entscheidung von mir nicht mehr notwendig . . .« Zum Testamentsvollstrecker ernannte er »meinen treuesten Parteigenossen Martin Bormann«. Hitler schloß das persönliche Testament mit wagnerianischen Sätzen – sie hätten aus jenem Opernlibretto stammen können, an dem er sich als junger Mann in Wien versucht hatte: »Ich selbst und meine Gattin wählen, um der Schande des Absetzens oder der Kapitulation zu entgehen, den Tod. Es ist unser Wille, sofort an der Stelle verbrannt zu werden, an der ich den größten Teil meiner täglichen Arbeit eines zwölfjährigen Dienstes an meinem Volke geleistet habe.«[40]

Während Traudl Junge sich in einen kleinen Raum des Bunkers zurückzog, um die beiden Dokumente auf der Maschine zu schreiben, gesellte Hitler sich zu den Hochzeitsgästen im Konferenzraum. Seinen politischen Weggenossen langer Jahre hatte er häufig erklärt, er könne die »Verantwortung für eine Ehe nicht übernehmen«. Vielleicht war dafür auch die Befürchtung maßgebend, daß ein verheirateter Führer jenes Charismas verlustig gehen würde, das ihn in den Augen vieler Deutscher zu einer messianischen Gestalt hatte werden lassen. Doch nun war all das vorbei, er brauchte Rücksichten dieser Art nicht mehr zu nehmen; und nun brachten ihn tiefverwurzelte bürgerliche Wesenszüge, die ihm bei aller Radikalität stets zu eigen gewesen waren, zu dem Entschluß, seine treue Geliebte durch eine Eheschließung, wenn auch am Ende ihres und seines Lebensweges, zu belohnen.

Es war eine Hochzeit mit acht Gästen: Bormann, das Ehepaar Goebbels, Gerda Christian, die Generäle Burgdorf und Krebs, Arthur Axmann, der Reichsjugendführer, und Hitlers Köchin Constanze Manziarly. Der für die Zeremonie notwendige Standesbeamte wurde in einer in der Nähe kämpfenden Volkssturmeinheit gefunden und in den Führerbunker geholt – sein Name war, beziehungsreich genug, Wagner. Eva Braun trug ein langes, hochgeschlossenes Kleid aus schwarzem Seidentaft, das Hitler besonders schätzte; er selbst war in Uniform. Die Trauungszeremonie war kurz und, abgesehen von den Umständen, nur deshalb bemerkenswert, weil es zu zwei kleinen Pannen und einer geringfügigen Verwicklung kam: Die Ringe, hastig aus einem Depot der Gestapo besorgt, erwiesen sich als zu groß; und als Eva Braun die Trauungsurkunde unterzeichnete, unterlief ihr wie vielen anderen Frauen in einem solchen Augenblick ein Fehler: Nervös begann sie ihren Namen zu schreiben – »Eva B . . .«. Hastig strich sie das B durch und

1098   *Fünf Minuten nach Mitternacht*

schrieb »Eva Hitler geb. Braun«. Dann unterzeichneten Goebbels und Bormann als Trauzeugen. Es war der 28. April, kurz vor Mitternacht.*

Arm in Arm mit seiner Frau ging Hitler nun, gefolgt von den anderen Gästen, zum Hochzeitsmahl in sein Arbeitszimmer. Er scherzte und trank sogar ein kleines Glas Tokaier. Eva Hitler strahlte. Sie ließ von einer Ordonnanz ein Grammophon mit der einzigen dafür verfügbaren Schallplatte holen: »Rote Rosen«, und nahm dann auf dem Korridor die Glückwünsche der übrigen Bunkerinsassen entgegen. Die Nachricht von dieser Eheschließung verbreitete sich rasch in der Katakombe unter der Reichskanzlei, und auch in anderen Bunker- und Kellerräumen begannen Soldaten und Zivilisten in einer Weltuntergangsstimmung zu feiern. Hitler erwies sich als freundlicher Gastgeber, doch immer wieder verließ er die Festtafel, um sich zu vergewissern, wie weit Traudl Junge mit dem Schreiben der Dokumente gekommen war. Sie hatte ihre Arbeit kaum beendet, als Goebbels in ihr Zimmer kam. Blaß und aufgeregt erklärte er, der Führer habe ihm befohlen, Berlin zu verlassen und in der neuen Regierung das Amt des Reichskanzlers zu übernehmen. Doch wie könne er von der Seite des Führers weichen? Er hielt abrupt inne: »Der Führer hat so viele Entscheidungen zu spät getroffen! Warum jetzt diese, die letzte, zu früh?« Goebbels bat die Sekretärin, den Platz hinter der Schreibmaschine zu verlassen, um nun einen Nachtrag zum politischen Testament Hitlers, nämlich *seinen* letzten Willen, mitzustenographieren. »Zum ersten Mal in meinem Leben«, so diktierte er Traudl Junge, »muß ich mich kategorisch weigern, einem Befehl des Führers Folge zu leisten. Meine Frau und meine Kinder schließen sich dieser Weigerung an.« In dem »Delirium von Verrat«, das nun, am Ende des Krieges, Hitler umgebe, müßten wenigstens einige bedingungslos und bis zum Tode zu ihm halten.[41]

Als Traudl Junge auch dieses Dokument geschrieben hatte, kamen Bormann, Goebbels und Hitler zu ihr ins Zimmer, und einer von ihnen zog den letzten Bogen aus der Schreibmaschine. Die drei kehrten in den Konferenzraum zurück, wo Hitler sein politisches Testament unterzeichnete. Er hatte darin noch einmal dem besessenen Haß seines Lebens Ausdruck gegeben und es sich als Verdienst angerechnet, die Juden ausgerottet zu haben. Denn sie seien es gewesen, die den Krieg begonnen hätten. Er habe sie dafür bezahlen lassen, »wenn auch durch humanere Mittel«, wie er beteuerte. Ihn

---

* Im allgemeinen wird angenommen, daß die Hochzeit am frühen Morgen des 29. April stattfand, da die Trauungsurkunde dieses Datum enthält. In seiner Nervosität hatte Wagner die beiden Blätter des Dokuments aufeinandergelegt, bevor die Tinte getrocknet war. Etwa eine halbe Stunde danach bemerkte er, daß dabei das Datum unleserlich geworden war, und beschloß, die Ziffern nachzuzeichnen. Doch bevor er das tat, sah er auf die Uhr und stellte fest, daß es mittlerweile 0.35 Uhr geworden war. So trug er als Datum den 29. April ein. Diese Nachbesserung ist auf dem Originaldokument, das sich in der Eisenhower-Library befindet, deutlich zu erkennen.

20.–30. April 1945   1099

plagte keine Reue über das, was er getan hatte. Er war stolz darauf, nie schwach geworden zu sein, und verlangte die gleiche Härte auch von denen, die ihn überlebten: »Vor allem verpflichte ich die Führung der Nation und die Gefolgschaft zur peinlichen Einhaltung der Rassegesetze und zum unbarmherzigen Widerstand gegen den Weltvergifter aller Völker, das internationale Judentum.« Er war stolz darauf, seine selbstgestellte »Aufgabe« gelöst und die Juden Europas ausgerottet zu haben. Seine Worte bestätigten erneut, daß er zwar viele Helfershelfer gehabt hat, daß es ohne ihn aber wohl keine »Endlösung« gegeben hätte.

9

Am Vormittag des 29. April stießen die sowjetischen Angriffskeile in erbitterten Straßenkämpfen aus östlicher, südlicher und nördlicher Richtung auf die Reichskanzlei vor. Der Ring um das Regierungsviertel zog sich immer enger zusammen; schon waren russische Einheiten in den Zoo eingedrungen. In dem knapp zwei Kilometer entfernten Führerbunker traf Martin Bormann Vorbereitungen, um die beiden Testamente Hitlers an seinen designierten Nachfolger, Großadmiral Karl Dönitz, weiterleiten zu können. Um sicherzugehen, daß die Dokumente den Empfänger erreichten, beschloß Bormann, zwei Kuriere zu schicken: den SS-Standartenführer Wilhelm Zander, seinen persönlichen Berater, und Heinz Lorenz. Auch Goebbels wollte sicherstellen, daß sein Testament die Außenwelt erreichte, und gab Lorenz eine Kopie mit auf den Weg. Eine dritte Abschrift des politischen Testaments Hitlers händigte General Burgdorf dem Heeresadjutanten des Führers, Major Willi Johannmeier, aus. Sie war für den neuernannten Oberbefehlshaber des Heeres, Feldmarschall Ferdinand Schörner, bestimmt. Der Major erhielt dazu einen handschriftlichen Begleitbrief, in dem Burgdorf dem Feldmarschall erläuterte, Hitler habe das Testament »unter der niederschmetternden Nachricht über den Treuebruch des RfSS« geschrieben, und es sei »sein unabänderlicher Entschluß«. Das Testament solle veröffentlicht werden, »sobald es der Führer befiehlt oder sobald sein Tod feststeht«.

Eva Hitler stand an diesem Tag erst mittags auf. Sie wurde von einer Ordonnanz mit der etwas verlegenen Anrede »gnädiges Fräulein« begrüßt. Lächelnd entgegnete sie, sie könne nun mit Frau Hitler angesprochen werden. Sie bat ihr Dienstmädchen Liesl Ostertag, ihren Ehering und ihr Nachthemd zu verwahren und beides ihrer Freundin Herta Schneider in München zu überbringen; dann schenkte sie ihr zum Abschied einen ihrer Ringe. Wenig später nahm sie ihren Silberfuchsmantel aus dem Schrank und gab das wertvolle Stück Traudl Junge: »Ich habe immer gern gutgekleidete Menschen um mich gehabt, nehmen Sie den Mantel; ich hoffe, Sie werden viel Freude daran haben.« Traudl Junge war zu bewegt, als daß sie in diesem Augenblick darüber hätte nachdenken können, wie absurd die

Vorstellung war, sie könne sich mit einem Silberfuchsmantel auf den Schultern aus dem brennenden Berlin nach Bayern durchschlagen.[42]

Für die Insassen des Bunkers zog sich der Tag hin. Es gab nur wenig zu tun; man unterhielt sich, man rauchte, und hin und wieder wurde getrunken. Selbst Eva griff jetzt, wie alle anderen, zur Zigarette, ohne das noch zu verheimlichen. Der Zigarettengeruch schien Hitler nicht mehr zu stören. Gegen 18 Uhr bat er schließlich seine persönliche Umgebung in das Arbeitszimmer; es war durch einen roten Samtvorhang mit goldenen Borten vom Vorraum aus zu betreten. Hitler erklärte ruhig, Wenck sei seine letzte Hoffnung gewesen, und wenn kein Wunder geschehe, sei alles verloren. Er werde mit seiner Frau sterben. Dann gab er Giftkapseln aus; seinen beiden Sekretärinnen Traudl Junge und Gerda Christian überreichte er die kleinen, mit einer Kupferkapsel verschlossenen Glasröhrchen mit der Bemerkung, es sei ein armseliges Abschiedsgeschenk; er pries noch einmal ihren Mut. Goebbels stellte die Frage, ob das Gift mit der Zeit seine tödliche Wirkung verloren haben könnte. Auch Hitler hatte seine Zweifel — allerdings aus einer ganz anderen Erwägung: es war der Verräter Heinrich Himmler gewesen, der die Kapseln besorgt hatte. Der Führer beauftragte daraufhin seinen Begleitarzt im Bunker, Dr. Ludwig Stumpfegger, ihm in dieser Sache Gewißheit zu verschaffen. Der Arzt schlug vor, das Gift an der Schäferhündin Blondi auszuprobieren. Hitler stimmte zu; dann bedachte er jedoch, daß auch Stumpfegger der SS angehörte, und ließ einen Arzt aus dem Lazarett unter der Reichskanzlei rufen. Es erschien sein einstiger Begleitarzt Professor Dr. Werner Haase, ein bekannter Berliner Chirurg. Er flößte dem Hund das Gift ein; es wirkte sofort.

Am frühen Abend verbreitete sich im Bunker die Nachricht, daß Mussolini und seine Geliebte von italienischen Partisanen umgebracht worden waren. Hitler sagte: »Ich will dem Feind weder tot noch lebendig in die Hand fallen! Nach meinem Ende soll mein Körper verbrannt werden und so für immer unentdeckt bleiben.«[43] Die Nachricht vom Tode Mussolinis deprimierte Hitler — eine andere Nachricht aus Italien erreichte ihn an diesem Abend nicht: Der SS-General Karl Wolff hatte gegenüber den Alliierten die Kapitulation aller deutschen Streitkräfte in Italien erklärt.

In der letzten Lagekonferenz dieses Tages, die um 22 Uhr begann, berichtete General Weidling über die verlustreichen Kämpfe in den Straßen der Reichshauptstadt. Seine Divisionen hätten nur noch Bataillonstärke; die Kampfmoral sei nur noch gering, die Munition fast erschöpft. Er verwies auf eine Frontzeitung für die Verteidiger Berlins, in der optimistische Berichte über den unmittelbar bevorstehenden Entsatz durch die Armee Wenck veröffentlicht worden waren. Doch die abgekämpften Truppen wüßten es besser und würden durch derartige Täuschungen nur verbittert. Goebbels nahm das zum Anlaß, den General in scharfem Ton des Defätismus zu beschuldigen; wieder kam es zu einer lautstarken Auseinander-

20.–30. April 1945

setzung. Es war Bormann, der die Wogen schließlich so weit glättete, daß Weidling mit seinem Bericht fortfahren konnte. Der General schloß mit der niederschmetternden Voraussage, die Schlacht um Berlin werde in vierundzwanzig Stunden vorüber sein.

Die Teilnehmer der Besprechung schwiegen wie gelähmt. Mit müder Stimme fragte Hitler den Befehlshaber der Zitadelle, SS-Brigadeführer Wilhelm Mohnke, ob er die Lage genauso beurteile. Der General bejahte. Weidling wiederholte seinen Vorschlag für einen Ausbruch der deutschen Truppen aus Berlin. Hitler deutete daraufhin auf die Lagekarte und meinte resignierend und zugleich sarkastisch, er habe die Positionen der eigenen Verbände aus den Meldungen ausländischer Rundfunkstationen entnommen, da seine eigenen Stäbe sich nicht einmal mehr die Mühe machten, ihm exakt über die Lage zu berichten; seine Befehle würden ohnehin nicht mehr ausgeführt, und so sei es sinnlos, noch irgend etwas zu erwarten.

Als Hitler sich mühsam aus seinem Sessel erhob, um sich zu verabschieden, bat General Weidling ihn noch einmal, seine Meinung über einen eventuellen Ausbruch zu ändern, bevor die Munitionsvorräte gänzlich erschöpft seien. Hitler murmelte ein paar Worte zu General Krebs und wandte sich dann an Weidling: »Ich gestatte einen Ausbruch in kleinen Gruppen«, doch er fügte hinzu, eine Kapitulation komme nicht in Frage. Damit war die Besprechung beendet. Weidling verließ den Bunker und fragte sich, was Hitler eigentlich gemeint habe. War der Ausbruch in kleinen Gruppen nicht mit einer Kapitulation gleichzusetzen? Über Funk beorderte der General seine Kommandeure für den nächsten Morgen zu einer Besprechung in seinen Gefechtsstand in der Bendlerstraße.[44]

In der Nacht fand eine Abschiedszeremonie statt, zu der Hitler etwa zwanzig Offiziere und Sekretärinnen in jenen Korridor im oberen Teil des Bunkers hatte beordern lassen, in dem die Mahlzeiten eingenommen wurden. Schweigend schritt er die Reihe der Bunkerinsassen ab, schüttelte Hände, murmelte hin und wieder ein Wort und ging dann die Wendeltreppe hinunter in den unteren Bunkerteil, in dem sich seine Privaträume befanden.

In der Katakombe wurde dieser Auftritt so interpretiert, daß der Selbstmord des Führers bevorstand. Diese Erkenntnis hatte bemerkenswerte psychologische Konsequenzen: Die bis dahin streng gewahrte Hierarchie des Bunkers begann sich aufzulösen, und hohe Offiziere plauderten leutselig mit Soldaten und Ordonnanzen. In der Kantine begann ein spontanes Tanzvergnügen, dessen Lärm schließlich Bormann einschreiten ließ: Er befahl, mehr Ruhe zu halten. Bormann versuchte den Text eines Telegramms an Großadmiral Dönitz zu entwerfen, der sich zu diesem Zeitpunkt in seinem Hauptquartier in Plön aufhielt. »Nach unseren immer klareren Eindrücken«, so Bormann, »treten die Divisionen vom Kampfraum Berlin seit vielen Tagen auf der Stelle, statt den Führer herauszuhauen.« Der Bunker erhalte nur Nachrichten, die »kontrolliert, unterdrückt oder gefärbt

werden«. Und schließlich übermittelte Bormann dem Großadmiral den
Befehl Hitlers, er solle »schnellstens und rücksichtslos gegen alle Verräter
vorgehen.«

10

Am Vormittag des 30. April war der Tiergarten in der Hand der Roten
Armee, und eine ihrer Angriffsspitzen wurde in der Nähe des Reichskanzlei-
geländes gesichtet. Diese Meldung schien jedoch bei Hitler keinen äußerlich
erkennbaren Eindruck zu hinterlassen. Als er mit den beiden Sekretärinnen
und der Köchin Constanze Manziarly das Mittagessen einnahm, plauderte
er mit den drei Frauen über dieselben Dinge wie an den Tagen zuvor. Er
wirkte ruhig und beherrscht, war vielleicht etwas stiller als sonst. Auf
Traudl Junge wirkte diese Szene wie »ein Bankett des Todes unter der
freundlichen Maske von Resignation und Gelassenheit«. Doch die drei
Frauen hatten Hitlers Tafel kaum verlassen, als er sie wieder zu sich bat,
dazu Bormann, das Ehepaar Goebbels und einige weitere Insassen des
Führerbunkers. Gebeugter als je, kam er langsam mit Eva Hitler – sie trug
jenes schwarze Kleid, das er so schätzte, ihr Haar war sorgfältig frisiert –
aus seinen Privaträumen. Blaß und mit feuchten Augen begann er, jedem die
Hand zu geben. Als er sich von Traudl Junge verabschiedete, blickte er ihr
direkt ins Gesicht und schien sie doch nicht zu sehen. Er murmelte ein paar
unverständliche Worte. Sie stand regungslos, wie in einem Trancezustand,
und bemerkte nichts von dem, was um sie herum vorging. Dieser Bann
wurde etwas gebrochen, als Eva Hitler ihr mit einem traurigen Lächeln den
Arm um die Schulter legte: »Bitte versuchen Sie wenigstens, hier her-
auszukommen.« Aus ihren Worten wurde ein Schluchzen. »Und bitte
grüßen Sie München von mir.«[45]

Hitler nahm Otto Günsche, seinen SS-Adjutanten, beiseite und sagte
ihm, er und seine Frau würden nun Selbstmord verüben; die Leichen sollten
verbrannt werden: »Ich wünsche nicht, nach meinem Tode in einem russischen Panoptikum ausgestellt zu werden.«[46] Günsche rief daraufhin Hitlers
Chauffeur Erich Kempka an, dessen Bunkerraum sich unter der SS-Kaserne
der Reichskanzlei befand, bat darum, ihm etwas zu trinken zu besorgen, und
kündigte an, er komme herüber. Kempka entnahm daraus, daß irgend etwas
nicht in Ordnung sei; er fand irgendwo eine Flasche Kognak und wartete.
Wieder läutete das Telefon; es war noch einmal Günsche: »Ich muß sofort
zweihundert Liter Benzin von dir haben.« Kempka hielt das für einen Scherz
und wollte wissen, welchem Zweck der Treibstoff dienen solle. Günsche
erwiderte, das könne er am Telefon nicht sagen: »Ich muß es sofort hier am
Führerbunkerausgang haben.« Kempka entgegnete, der einzige Benzinvor-
rat – etwa 40 000 Liter – befinde sich in einem unterirdischen Tank am
Rande des Tiergartens. Man müsse etwa bis 17 Uhr warten; dann werde das

20. – 30. April 1945   1103

Artilleriefeuer nachlassen. Doch Günsche ließ nicht locker: »Ich kann nicht eine einzige Stunde mehr warten. Versuche, was du aus den Benzintanks deiner zusammengeschossenen Wagen noch herausholen kannst.«[47]

Hitlers Abschied von seinem langjährigen Chefpiloten Hans Baur gestaltete sich zu einem gefühlsbetonten Zwiegespräch. Als Hitler in einer Geste der Verbundenheit Baurs Hände ergriff, redete der Generalleutnant auf ihn ein, es seien doch noch Maschinen einsatzbereit, mit denen er ihn nach Argentinien, nach Japan oder in eines der arabischen Länder fliegen könne, wo seine Feindschaft gegenüber den Juden ihm verläßliche Freunde geschaffen habe. Doch der Führer hielt nichts von diesen Ratschlägen: »Man muß den Mut haben, die Konsequenzen zu ziehen. Ich mache Schluß! Ich weiß, morgen schon werden mich Millionen Menschen verfluchen – das Schicksal wollte es nicht anders.« Er dankte Baur für seine Dienste und bot ihm das berühmte Gemälde Friedrichs des Großen von Anton Graff als Abschiedsgeschenk an: »Ich will nicht, daß das Bild verlorengeht. Ich möchte, daß es der Nachwelt erhalten bleibt. Es hat einen großen historischen Wert.« Baur erwiderte, er wolle das Gemälde gern annehmen, um es später einer Galerie oder einem Museum zu übergeben. Doch Hitler meinte: »Es ist für Sie persönlich bestimmt.« Dann erinnerte er den Piloten daran, wie häufig er über dieses Bild und andere Gemälde verärgert gewesen sei, wenn er sie in der Führermaschine von einem Hauptquartier zum anderen transportieren mußte. Verbittert meinte Hitler mit einem Händedruck: »Baur, man müßte mir auf meinen Grabstein setzen: ›Er war das Opfer seiner Generale!‹«[48]

Das Ehepaar Hitler saß nebeneinander auf dem Sofa im Wohnzimmer des Führerbunkers. Eva ging zuerst in den Tod – durch Gift. Es war etwa 15.30 Uhr. Hitler nahm seine 7,65-mm-Pistole vom Typ Walther (mit einer solchen Waffe hatte Geli Raubal sich erschossen, und Eva hatte es einmal vergeblich versucht). Eine Pistole hatte ihn vom Anbeginn seiner politischen Laufbahn begleitet: Zur Verteidigung gegen die Roten in den Jahren der Kampfzeit und 1923 im Bürgerbräukeller. Er hatte während einiger depressiver Phasen seines Lebens damit gedroht, sich umzubringen. Doch diesmal war es ein echter Entschluß. Auf einer Konsole stand eine Fotografie, die seine Mutter als junge Frau zeigte. Er setzte den Lauf an seine rechte Schläfe und drückte ab. Im oberen Teil des Bunkers las Traudl Junge den Goebbels-Kindern ein Märchen vor, um sie abzulenken, als sie den Schuß hörte. Der kleine Helmuth dachte, es sei eine feindliche Bombe, und sagte: »Volltreffer!«

Im Konferenzraum hielten Goebbels, Bormann, Axmann und Günsche für einen Augenblick inne und eilten dann in den Vorraum der Führerwohnung, Goebbels voran. Günsche sah Hitler zusammengesunken und vornübergebeugt in der rechten Sofaecke. Neben ihm hockte Eva Hitler mit geschlossenen Lippen, die Nase war leichenblaß. Ihr schwarzes Kleid war an einer Stelle durchnäßt, doch nicht mit Blut; eine auf dem Tisch stehende Vase war umgestürzt. Verstört trat Günsche in das Konferenzzimmer zurück. Im Vorraum traf er auf Kempka. »Um Gottes willen, was ist denn passiert, Otto? Du bist wohl wahnsinnig geworden, von mir zu verlangen, daß ich dir bei einem derartigen Artilleriebeschuß Benzin hierher bringe und das Leben von einem halben Dutzend Männern gefährde!« Günsche stürzte an ihm vorbei, schloß die Türen, drehte sich um und sagte mit weitaufgerissenen Augen: »Der Chef ist tot.« Kempka vermochte sich in diesem Augenblick nur vorzustellen, daß Hitler vielleicht einem Herzanfall erlegen sei. Günsche fand keine Worte. Zwar hatte er die Einschußöffnung in Hitlers rechter Schläfe gesehen, doch er hob die zu einem Pistolengriff geformte Faust und deutete damit auf seinen Mund – eine Geste, die sehr bald zu der weithin kolportierten Mutmaßung führen sollte, Hitler habe sich durch einen Schuß in den Mund getötet.

»Wo ist Eva?«

Günsche deutete auf die Tür zur Führerwohnung: »Sie ist bei ihm.« Der SS-Adjutant brauchte mehrere Minuten, um Kempka zu berichten, was geschehen war.

Hitlers Diener Heinz Linge fragte nach den Benzinkanistern. Kempka erklärte, er habe etwa 170 Liter auftreiben können, die Kanister stünden oben am Notausgang. Linge und Dr. Stumpfegger trugen Hitlers Leiche in einer dunkelbraunen Wehrmachtswolldecke hinaus. Das Gesicht des Toten war halb verdeckt, sein linker Arm hing herab. Dann folgte Bormann, der die tote Eva trug. Dieser Anblick – Bormann, in den Armen eine junge Frau, die ihn gehaßt hatte – war zuviel für Kempka. Er dachte: »Nicht einen Schritt mehr« und rief Günsche zu: »Ich nehme Eva!« Dann nahm er Bormann die Leiche ab. Doch der Weg die vier Betontreppen hoch kostete so viel Kraft, daß Kempka nach zwei Treppen innehalten mußte, bis Günsche ihm zu Hilfe kam. Gemeinsam trugen sie die Tote ins Freie.

Das Reichskanzleigelände lag wieder unter schwerem sowjetischem Artilleriefeuer; die Detonationen ließen die mächtigen Mauern erzittern. Durch eine Staubwolke sah Kempka die Leiche Hitlers wenige Meter vom Bunkerausgang entfernt liegen. Die schwarzen Hosen waren nach oben geschoben, der rechte Fuß des Toten war nach innen gedreht – Kempka erinnerte sich an die charakteristische Fußhaltung Hitlers auf langen Autofahrten.

Günsche und Kempka legten Evas Leiche zur Rechten Hitlers auf den Erdboden. In diesem Augenblick nahm das Artilleriefeuer derartig zu, daß sie im Bunkereingang Schutz suchen mußten. Kempka wartete einige Minuten, griff sich dann einen Benzinkanister und lief zu den Toten. Er schob Hitlers linken Arm näher an den Körper heran – zunächst konnte er es nicht über sich bringen, den Benzinkanister über den Leichen zu entleeren. Ein

20.–30. April 1945 1105

Windstoß bewegte Hitlers Haare. Kempka öffnete den Verschluß. In der Nähe explodierten Granaten; Splitter und Trümmerbrocken flogen ihm um den Kopf. Wieder suchte er im Bunkereingang Schutz.

Günsche, Kempka und Linge warteten dort auf eine Feuerpause. Als der Beschuß nachließ, stürzten sie wieder hinaus zu den Leichen. Zitternd leerte Kempka einen Kanister nach dem anderen; er dachte: »Ich bringe es nicht fertig, doch ich tue es.« In den Gesichtern von Linge und Günsche, die ebenfalls Kanister in der Hand hatten, las er die gleiche Reaktion. Vom Bunkereingang aus verfolgten Goebbels, Bormann und Dr. Stumpfegger mit versteinerten Mienen die grausige Szene. Die Kleidung der Toten war schließlich so sehr mit Benzin durchtränkt, daß auch ein heftiger Windstoß nichts mehr bewegte. Das Artilleriefeuer setzte wieder ein, doch die drei Männer leerten sämtliche Kanister, bis die flache Mulde, in der die Leichen lagen, mit Benzin gefüllt war. Günsche schlug vor, das Feuer durch eine Handgranate zu entzünden, doch Kempka widersprach; die Vorstellung, die Verbrennung auf diese Weise einzuleiten, fand er abstoßend. Herumblickend entdeckte er einen großen Lappen, der neben einem Feuerwehrschlauch am Eingang lag. Er machte Günsche darauf aufmerksam, der den Fetzen mit Benzin tränkte. Goebbels reichte Kempka Streichhölzer. Er entzündete den Lappen und warf ihn auf die Toten. Im selben Augenblick loderten die Flammen empor, dann bildete sich dunkler Qualm. Es war ein kleines Feuer in einer Stadt, die an unzähligen Stellen brannte; doch der Anblick war schaurig.

Erstarrt sahen die Männer, wie die Flammen langsam die Leichen erfaßten. Dann zogen Günsche und Kempka sich in den Bunkereingang zurück. Unterdessen brachten SS-Männer weitere Kanister, und in den nächsten drei Stunden wurde die Leichenverbrennung fortgesetzt. Benommen und verwirrt ging Günsche schließlich wieder in den Bunker hinunter. In dem oberen Teil der Katakombe Hitlers sah er Traudl Junge auf einer kleinen Bank sitzen, neben sich eine Flasche Steinhäger. Er trank ein Glas, seine großen Hände zitterten. »Ich habe den letzten Befehl des Führers ausgeführt«, sagte er leise. »Sein Körper ist verbrannt«. Sie schwieg. Doch als Günsche wieder in den Garten ging, um zu sehen, wie weit die Verbrennung fortgeschritten war, konnte sie nicht anders, als Hitlers Wohnung zu betreten. Die Tür stand offen. Auf dem Teppichboden lag neben dem Sofa die Metallhülse einer Giftkapsel. Sie sah aus wie ein leerer Lippenstift. Auf dem rechten Sofapolster sah sie Blut. An einem Kleiderhaken hingen die Hundeleine und Hitlers grauer Mantel, darüber seine Mütze mit dem goldgestickten Emblem, und seine leichten Wildlederhandschuhe. Sie beschloß, die Handschuhe oder zumindest einen davon als Erinnerungsstück mitzunehmen, doch irgend etwas ließ sie innehalten. Dann sah sie in der Garderobe den Silberfuchsmantel, den Eva ihr vermacht hatte; doch sie ließ ihn hängen. Was sollte sie in dieser Stunde damit? Sie brauchte nichts weiter als eine Giftkapsel. Am Abend wurden die Überreste der beiden Leichen mit einem Spaten auf eine Zeltplane geschoben und, wie Günsche sich erinnert, in einen Trichter in der Nähe des Bunkerausgangs hinabgelassen, mit Erde bedeckt, und dann wurde der Boden mit einem hölzernen Stampfer planiert.[49]

Hitler wurde begraben in den Trümmern einer Niederlage, die in der Geschichte ohne Beispiel ist. In seinem ersten Testament aus dem Jahr 1938 hatte er verfügt, sein Leichnam solle in der Münchner Feldherrnhalle aufgebahrt und im rechten Tempel der Ewigen Wache beigesetzt werden. Einer seiner Gefolgsleute hätte dem Führer zu diesem furchtbaren Ende eines beispiellosen Lebensweges als Grabspruch jenes Gedicht nachrufen können, das Baldur von Schirach aus Hitlers eigenen Worten gestaltet hatte:

> *Kann sein, daß die Kolonnen, die hier halten,*
> *Daß diese endlosen braunen Reihn*
> *In alle Winde wehn, zerspellen, spalten*
> *Und von mir gehn. Kann sein, kann sein . . .*
> *Ich bleibe treu! Verlassen auch von allen,*
> *Trag' ich die Fahne wankend und allein.*
> *Mein Mund mag lächelnd irre Worte lallen,*
> *Doch erst mit mir wird diese Fahne fallen*
> *Und wird des Toten stolzes Bahrtuch sein!* [50]

Die Fahne fiel, wo Adolf Hitler starb. Mit ihm ging der Nationalsozialismus und das Dritte Reich zugrunde, das tausend Jahre währen sollte. Seinetwegen lag Deutschland in Trümmern. Seinetwegen waren Millionen Soldaten gefallen.

Die Ausrottung von sechs Millionen Juden aber, von denen Hitler die Welt zu »reinigen« geglaubt hatte, sollte zum Entstehen des jüdischen Staates Israel führen.

Epilog

1

Zur Überraschung der ganzen Welt war Hitlers Tod gleichbedeutend mit dem abrupten Ende des Nationalsozialismus. Ohne ihren Führer zerplatzte die Bewegung wie eine Seifenblase. Es gab keine Schlupfwinkel fanatischer Gefolgsmänner, die Hitlers Kreuzzug hätten fortsetzen wollen; die gefürchtete »Alpenfestung« erwies sich als ein Hirngespinst. Was als die mächtigste und furchtbarste politische Gewalt des zwanzigsten Jahrhunderts gegolten hatte, verschwand über Nacht. Seit dem Ende Napoleons hat kein Tod eines Herrschers das von ihm errichtete Regime so schnell und so vollständig zusammenbrechen lassen.

Nach seinem Tod blieb Hitler geheimnisvoll, sein Ende Gegenstand höchst widersprüchlicher Darstellungen. Das Verbrennen seiner Leiche war noch nicht beendet, als im Bunker bereits das Gerücht die Runde machte, der Reichsjugendführer Arthur Axmann habe einen Teil der Asche in einen Behälter gefüllt und werde ihn, einem Befehl folgend, außerhalb Berlins verbergen. Als bekannt wurde, daß Hitler Selbstmord verübt hatte, nahmen viele Deutsche diese Nachricht ungläubig auf. Die Eltern Fegeleins zum Beispiel versicherten einem amerikanischen Abwehroffizier, sie hätten auf dem Kurierwege von ihrem Sohn die Nachricht erhalten, er befinde sich mit Hitler »sicher und wohlauf in Argentinien«.[1] Auch Stalin äußerte Zweifel. Gegenüber Harry Hopkins meinte er, Hitlers Ende erscheine ihm »ungewiß«. Er sei wohl entkommen und halte sich zusammen mit Bormann verborgen. Diese Version war fast zwei Jahrzehnte hindurch ein Teil der offiziellen sowjetischen Geschichtsschreibung über das Ende in Berlin, bis 1968 der sowjetische Journalist und Deutschlandexperte Lew Besymenski ein Buch mit der Enthüllung veröffentlichte, daß die Russen tatsächlich die Leichen von Adolf und Eva Hitler am 4. Mai 1945 in der Nähe des Bunkereingangs gefunden hatten. Als Beweise publizierte Besymenski, der das Kriegsende als Offizier der Roten Armee in Berlin erlebt hatte, die Autopsieberichte sowjetischer Militärärzte, die sämtlich Gerichtsmediziner waren und die

Leichen in Berlin-Buch seziert hatten. Dem Bericht zufolge stellten sie in Hitlers Mundhöhle die Splitter einer Giftkapsel fest – und der Schädel habe keine Einschußöffnung aufgewiesen. Mit anderen Worten: Die Russen unterstellten, Hitler habe den »feigen« Tod durch Gift gesucht, statt sich ehrenhaft durch eine Kugel zu töten. Der Obduktionsbericht enthielt ferner die Feststellung, Hitler habe nur einen Hoden besessen – eine schon früher erhobene Behauptung, die viele Autoren beschäftigte. Aus den Berichten von drei Ärzten, die Gelegenheit hatten, Hitler eingehend zu untersuchen, geht aber eindeutig hervor, daß sein Körper in dieser Hinsicht völlig normal war. Die vom Kreml nach so langem Schweigen zur Veröffentlichung durch Besymenski freigegebenen Unterlagen wurden überwiegend mißtrauisch aufgenommen. Zwar trug der Autopsiebericht die Unterschriften von fünf Pathologen und Gerichtsmedizinern, doch er wurde im übrigen nur durch Fotografien der Überreste gestützt. Die Leichen selbst wurden nach Angaben Besymenskis »völlig verbrannt; die Asche überließ man den Winden«.

Skeptiker stellten daraufhin die Frage, weshalb Stalin 1945 die Behauptung in die Welt gesetzt hatte, Hitler sei entkommen, wenn er doch andererseits gewußt haben muß, daß die Leiche gefunden worden war. Die Erklärung, die Besymenski für diesen Widerspruch gab, schien wenig überzeugend zu sein: »Erstens wurde beschlossen, vorerst keine Ergebnisse der gerichtsmedizinischen Expertise zu veröffentlichen, sondern sie für den Fall ›zurückzuhalten‹, daß irgend jemand in die Rolle des ›durch ein Wunder geretteten Führers‹ schlüpfen würde. Zweitens wurde beschlossen, die Untersuchung weiterzuführen, um auch wirklich jede Möglichkeit eines Fehlers oder der Irreführung auszuschließen.«[2] Weder der eine noch der andere Grund erklärt plausibel die lange Zeitspanne von dreiundzwanzig Jahren, in der die Russen offiziell an Stalins Version aus dem Jahre 1945 festhielten; und auch für die Verbrennung der Überreste gab Besymenski keine plausible Begründung.

Aufnahmen der in den Leichen sichergestellten Gebisse nahmen die Russen zu den Akten. 1972 stellte Dr. Reidar Soggnaes, ein international renommierter Zahnmediziner mit langer gerichtsärztlicher Erfahrung, bei einem Vergleich mit Röntgenaufnahmen, die 1943 von dem Kopf Hitlers angefertigt worden waren, mit an Sicherheit grenzender Wahrscheinlichkeit fest, daß es sich bei dem von den Russen fotografierten Gebiß um die Zähne Hitlers handelte. Auf dieses Ergebnis gestützt, führte Dr. Soggnaes auf dem 6. Internationalen Kongreß für Gerichtsmedizin in Edinburgh den Nachweis, daß Hitler tot ist und daß die Russen seine Leiche gefunden und obduziert haben.[3] Doch wie stand es um den Beweis für die These der Sowjets, Hitler habe sich nicht erschossen? Den Schädel, an dem eine Einschußöffnung angeblich nicht festzustellen war, hatten die Russen verbrannt. Überdies hatte keiner der Augenzeugen im Bunker, die Hitlers Leiche sahen, an seinen Lippen jene typischen Verfärbungen beobachtet, die Blausäure bei

Epilog 1109

Selbstmördern zu erzeugen pflegt; und es war nur *eine* leere Giftampulle
gefunden worden.

Das Ende der Familie Goebbels hingegen ließ sich nahezu lückenlos auf-
klären. Am Abend des 1. Mai gestand Goebbels, der zuvor als letzter
Reichskanzler noch vergeblich versucht hatte, durch General Hans Krebs
mit der sowjetischen Führung zu verhandeln, seinem Adjutanten Günther
Schwägermann ein: »Es ist alles verloren.« Er schenkte ihm zum Abschied
eine Fotografie Hitlers im Silberrahmen und dankte ihm für seine Dienste.
Frau Goebbels weckte ihre sechs Kinder, die schon in ihren Betten gelegen
hatten. »Kinder, habt keine Angst,« beruhigte sie die Kleinen, »der Doktor
gibt euch jetzt eine Spritze, die jetzt alle Kinder und Soldaten bekommen.«
Dann injizierte ein Zahnarzt namens Dr. Kunz ihnen Morphium, und als sie
eingeschlafen waren, steckte die Mutter ihnen zerdrückte Zyankalikapseln
in den Mund.[4]

Kurz darauf ging Kempka zu Joseph und Magda Goebbels, um sich von
ihnen zu verabschieden. Die Kinder waren tot. Magda bat Kempka in
ruhigem Ton, ihrem Sohn Harald Grüße auszurichten und ihm zu erzählen,
wie sie in den Tod gegangen sei. Das Ehepaar verließ den Führerbunker Arm
in Arm.[5] Äußerlich gefaßt, dankte Goebbels seinem Staatssekretär Naumann für die Loyalität und das Verständnis, das er ihm entgegengebracht
habe; Magda vermochte Dr. Naumann nur die Hand zu geben; er führte sie
an die Lippen. Goebbels fügte hinzu, sie würden jetzt die vier Treppen in den
Garten hinaufgehen, damit ihre Freunde sie nicht nach oben zu schleppen
brauchten. Nach einem letzten Händedruck mit Naumann geleitete er seine
schweigende, totenblasse Frau zum Ausgang. Sie verschwanden auf der
Betontreppe.[6] Kurz darauf fiel ein Schuß, dem ein zweiter folgte. Schwägermann lief mit dem Chauffeur des Propagandaministers nach oben und
sah das Ehepaar Goebbels tot im Garten liegen. Zusammen mit einem SS-
Mann, von dem es später hieß, er habe Joseph und Magda Goebbels auf ihren
Wunsch erschossen, gossen sie vier Kanister Benzin über die beiden Körper
und entzündeten sie. Ohne abzuwarten, wie weit die Verbrennung gelingen
würde, kehrten sie in den Bunker zurück, um die Einrichtung befehlsgemäß
zu zerstören. Den letzten Kanister leerten sie im Konferenzraum aus und
legten auch dort Feuer.

In den Kellerräumen der neuen Reichskanzlei versammelten sich unterdessen Offiziere, Parteifunktionäre, Soldaten und Zivilisten, unter ihnen
auch eine Gruppe von Männern und Frauen aus der engsten Umgebung
Hitlers im Führerbunker, an der Spitze Martin Bormann. Es war 23 Uhr, als
die erste von insgesamt zehn Gruppen, angeführt von dem letzten Kampfkommandanten der Berliner »Zitadelle« und der Reichskanzlei, Brigade-
führer Wilhelm Mohnke, aus einem Kellerfenster kletterte und über den
Wilhelmplatz rannte, um in dem zerschossenen Eingang des U-Bahnhofs
Kaiserhof zu verschwinden. Sie kamen im U-Bahntunnel bis zum Bahnhof

1110   *Epilog*

Friedrichstraße, wo ihnen geschlossene Schotten den Weitermarsch verwehrten, und stiegen daraufhin nach oben, um auf einem eisernen Laufsteg die Spree zu überqueren. Durch ein ausgedehntes Trümmergelände schlugen sie sich zunächst in nordwestlicher Richtung durch, doch die Hoffnung, auf diese Weise durch die russischen Linien zu kommen, erfüllte sich nicht. Die erste Gruppe unter Mohnkes Führung marschierte zum Humboldthain und von dort in den Keller einer nahe gelegenen Brauerei, um zunächst eine Zuflucht zu finden. Am Nachmittag des 2. Mai nahmen Rotarmisten die Gruppe Mohnke gefangen – mit einer Ausnahme: Botschafter Walter Hewel, einer der langjährigen Gefolgsleute Hitlers, zerbiß seine Giftampulle und schoß sich im selben Augenblick eine Kugel in den Kopf.

Auch die Durchbruchsversuche der anderen Gruppen scheiterten. Einigen Teilnehmern gelang es auf eigene Faust, sich nach Nordwesten in Richtung Hamburg und Schleswig-Holstein durchzuschlagen; manche fielen, und ein Teil geriet in russische Gefangenschaft, darunter Männer, die Hitler viele Jahre in Vertrauensstellungen gedient hatten, wie sein Chefpilot Baur.

Das Schicksal Martin Bormanns hat die Weltöffentlichkeit weit länger beschäftigt als das Ende Hitlers. Im allgemeinen wurde vermutet, er sei bei dem Versuch, aus Berlin zu fliehen, ums Leben gekommen; doch Unterlagen des amerikanischen und des britischen Geheimdienstes, die nach und nach zur öffentlichen Auswertung freigegeben wurden, enthielten Hinweise darauf, daß der Reichsleiter nach Bozen entkommen sein könnte, wohin seine Frau mit ihren neun Kindern schon von Berchtesgaden aus geflohen war. Siebenundzwanzig Jahre hindurch erschienen immer wieder Berichte über einen insbesondere in Argentinien aufgetauchten Bormann. 1972 schließlich behauptete der amerikanische Autor Ladislas Farago, er sei im Besitz definitiver Beweise dafür, daß Bormann sich in Südamerika aufhalte. Dieser sensationellen Ankündigung folgte wenige Monate später, am 11. April 1973, eine amtliche Erklärung der hessischen Generalstaatsanwaltschaft in Frankfurt, nach der Bormann »in der Nacht zum 2. Mai 1945 zwischen 1 und 3 Uhr auf der Eisenbahnbrücke der Invalidenstraße in Berlin... gestorben ist«.[7] Im Dezember 1972 waren auf dem Gelände des früheren Landesausstellungsparks in der Nähe des Lehrter Bahnhofs in West-Berlin zwei Skelette gefunden worden. Das eine wurde sehr bald als die Leiche des letzten Hitler-Begleitarztes Dr. Ludwig Stumpfegger identifiziert. Eingehende Untersuchungen durch Gerichtsmediziner, Zahnärzte und Anthropologen ergaben, daß der andere Tote Bormann war. Dr. Soggnaes ersuchte um die Genehmigung, den Schädel noch einmal untersuchen zu können, um die bereits vorliegende zahnmedizinische Identifizierung überprüfen und gegebenenfalls bestätigen zu können. Zunächst wurde ihm diese Erlaubnis verweigert, was den Verdacht erzeugte, es handele sich möglicherweise doch nicht um den Schädel Bormanns. Im Sommer 1973 erhielt Dr. Soggnaes jedoch die Möglichkeit, das Skelett und die zum Oberkiefer

Epilog 1111

gehörende Schneidezahnbrücke zu untersuchen, die drei Monate nach dem Schädel gefunden worden war. Im September 1974 legte Dr. Soggnaes die Ergebnisse auf dem Internationalen Zahnärztekongreß in London vor. Es gab keinen Zweifel mehr: der Schädel gehörte Bormann. Das Geheimnis um das Ende eines der mächtigsten Männer des NS-Regimes war endlich enthüllt.[8]

2

Heinrich Himmler hoffte bis zum Ende auf irgendeine Vereinbarung mit den Alliierten, doch zugleich fürchtete er, daß es dabei Schwierigkeiten und Fehlschläge geben würde. Nach dem Tode Hitlers hatte er sich nach Schleswig-Holstein begeben und sein Hauptquartier zunächst in einer Kaserne in Lübeck aufgeschlagen. Bei einer Besprechung mit dem inzwischen durch das Testament Hitlers zum Reichspräsidenten ernannten Großadmiral Dönitz bat Himmler, in dem neuen Staat der »zweite Mann« werden zu können. Doch Dönitz erwiderte kühl: »Das ist unmöglich. Ich habe keine Verwendung für Sie.«[9] Deprimiert wandte Himmler sich an Schwerin von Krosigk und bat ihn um Rat: »Bitte sagen Sie mir, was aus mir werden soll?« Der neue Außenminister erwiderte kalt: »Es interessiert mich nicht im mindesten, was mit Ihnen oder irgend jemand anderem geschieht. Mich interessiert nur unsere Aufgabe, nicht unser persönliches Schicksal.« Krosigk gab Himmler zu verstehen, er habe eigentlich nur zwei Möglichkeiten: entweder Selbstmord zu verüben oder mit einem falschen Bart zu verschwinden. Doch nein, es gab noch einen dritten Weg: »Wenn ich an Ihrer Stelle wäre, würde ich zu Montgomery fahren und sagen, ›hier bin ich, der SS-Führer Himmler, und ich bin bereit, die Verantwortung für meine Männer zu übernehmen.‹«[10]

Am Abend deutete Himmler im Gespräch mit seiner engsten Umgebung in geheimnisvollen Wendungen eine wichtige neue Aufgabe an, die ihm gestellt sei; einige wenige könnten ihn begleiten. Er rasierte sich seinen Schnurrbart ab, band sich eine Augenklappe um, legte sich einen anderen Namen zu und ging – gefolgt von etwa neun Begleitern, unter ihnen sein Waffen-SS-Adjutant Werner Grothmann – in den Untergrund. Als Grothmann gewahr wurde, daß sein Chef eine Giftkapsel besaß und die Absicht hatte, im Notfall von dieser Möglichkeit auch Gebrauch zu machen, hielt er Himmler vor, in einem solchen Fall würde er sich auf einem leichten Weg davonmachen, der seinen Gefolgsleuten nicht offenstehe. Es sei die Pflicht des Reichsführers, so fuhr Grothmann fort, nicht nur für seine Männer die Verantwortung zu übernehmen, sondern auch klarzumachen, daß es sich bei der Waffen-SS, dem SD und den Bewachungsmannschaften der Konzentrationslager um grundverschiedene Einheiten handele. Doch Himmler erhob Einwände. »Wenn ich Gift nehme, dann müßt ihr jungen Offiziere der Welt sagen, was ich getan und was ich nicht getan habe.«[11]

1112   *Epilog*

Zwei Wochen später wurde Himmler von den Engländern gefaßt. Ein Militärarzt untersuchte ihn und entdeckte dabei, daß er etwas in seinem Mund verbarg, doch als er den Gegenstand herausholen wollte, zerbiß Himmler blitzschnell die Giftkapsel und starb in Sekunden. Auch andere Anhänger und Nutznießer des Regimes wählten den Freitod; doch es waren weniger, als erwartet worden war, insbesondere aus der Führungsgruppe. Robert Ley etwa verübte während der Vorbereitungen für den Nürnberger Prozeß Selbstmord.

Göring erwies sich im Nürnberger Gerichtssaal als der Angeklagte mit dem bei weitem größten Selbstbewußtsein. Als er in das Gefängnis eingeliefert wurde, brachte er einen unglaublichen Vorrat an Paradocin-Tabletten mit und nahm davon vierzig pro Tag. Doch als er als Zeuge aussagte, hatte er seine Drogenabhängigkeit durch eine Radikalkur vollständig überwunden und sein Körpergewicht um mehr als vierzig Prozent auf etwa 70 kg verringert. Er war fast der einzige im Gerichtssaal, der seinen Führer verteidigte. Anders als andere Angeklagte, versuchte er niemals, die Verantwortung abzuwälzen oder sich hinter der Person Hitlers zu verstecken. Er beherrschte die Anklagebank und versuchte seinen Mitangeklagten in aggressiver Weise eine abgestimmte Verteidigungsstrategie aufzuzwingen. Wenn er wieder in seine Zelle zurückgeführt worden war, rieb er sich häufig begeistert die Hände, nannte sich den Mannschaftskapitän, und führte es auf seine Regie zurück, daß die Ankläger und die Zuhörer etwas für ihr Geld zu sehen bekämen. Wenn sich bei einem der Mitangeklagten Protest regte oder Mutlosigkeit bemerkbar machte, versuchte Göring ihn einzuschüchtern oder durch Beleidigungen zum Schweigen zu bringen. »Mir wird schlecht, wenn ich sehe, wie die Deutschen ihre Seelen an den Feind verkaufen!« meinte er einmal voller Empörung während des Mittagessens, und dann schlug er mit der Faust auf den Tisch: »Verdammt! Ich wünschte, wir hätten alle zusammen den Mut, unsere Verteidigung auf vier einfache Worte zu beschränken: Leck mich am Arsch!«[12]

Von den zweiundzwanzig Hauptangeklagten wurden nur drei (Schacht, von Papen und Fritzsche) freigesprochen. Acht erhielten langjährige Haftstrafen; alle übrigen wurden zum Tode verurteilt. Am 15. Oktober 1946, kurz vor 23 Uhr, kam Göring dem Henker zuvor: er zerbiß eine Giftkapsel. Zwei Stunden später begannen die Hinrichtungen. Der erste, der die dreizehn Stufen zum Galgen hinaufgehen mußte, war Ribbentrop. »Gott schütze Deutschland!« sagte er mit lauter Stimme. »Mein letzter Wunsch ist, daß Deutschlands Einheit erhalten bleibe, und daß zwischen Ost und West eine Verständigung hierüber erzielt werde.« Es hatte der unbestreitbaren Beweise des Nürnberger Gerichtsverfahrens bedurft, um ihn davon zu überzeugen, daß die Juden in Massen umgebracht worden waren, denn Hitler hatte ihm immer wieder versichert, das jüdische Problem würde durch Deportationen gelöst. »Ich hätte mir niemals träumen lassen«, so

Epilog 1113

meinte er im Gespräch mit dem amerikanischen Psychiater G.M.Gilbert, »daß alles einmal so enden würde!«[13]

Der nächste war Keitel. Als der Geistliche ihm Minuten zuvor die letzte Segnung gab, hatte der Feldmarschall leise geschluchzt. Doch nun trat er den letzten Gang in männlicher Haltung an: »Ich bitte den allmächtigen Gott um seinen Segen für das deutsche Volk. Alles für Deutschland. Ich danke Ihnen!« Dann wandte er sich an den Geistlichen, einen Amerikaner. »Ich möchte Ihnen und denen, die Sie geschickt haben, von ganzem Herzen danken.« Der Henker, der Oberfeldwebel John Woods, hatte den Hinrichtungen mit Vergnügen entgegengesehen. Er legte Keitel den Strick um den Hals und zog ihm dann eine schwarze Kapuze über den Kopf. Noch im allerletzten Augenblick seines Lebens rief der Feldmarschall: »Deutschland über alles!« Während des Prozesses hatte Keitel dem Psychiater Gilbert erklärt, Hitler habe ihn betrogen. »Wenn er uns nicht durch vorsätzliche Lügen getäuscht hat, dann dadurch, daß er uns absichtlich im Ungewissen hielt und uns unter einem falschen Eindruck kämpfen ließ!«[14]

3

Eine überraschend große Zahl von Männern und Frauen aus dem engsten Mitarbeiterkreis um Hitler überlebte die letzten infernalischen Tage: die vier Sekretärinnen; die beiden Architekten, die in seiner besonderen Gunst standen, Speer und Giesler; sein Chefpilot Hans Baur; sein Chauffeur Erich Kempka; sein Diener Linge; die beiden Protokollführer Heim und Köppen, die seine Tischgespräche aufzeichneten; es überlebten das Ende seiner Herrschaft die Frauen, die er besonders schätzte: Leni Riefenstahl, Gerdy Troost und Helene Hanfstaengl.

Und auch zwei Soldaten, denen er die höchsten Auszeichnungen verlieh, kamen mit dem Leben davon: Otto Skorzeny, der Mussolini-Befreier, und der Jagdflieger Hans Ulrich Rudel.

Einige seiner Adjutanten und Ordonnanzoffiziere waren nach 1945 bereit, freimütig über ihre Erfahrungen zu sprechen: von Puttkamer, Engel, Below, Wünsche, Schulze und Günsche. Zwölf Jahre verbrachte Otto Günsche, Hitlers SS-Adjutant, in sowjetischen und ostdeutschen Gefängnissen und Lagern. Als er schließlich in die Bundesrepublik zurückkehren konnte, war er verblüfft, und wohl auch etwas bestürzt über den Anblick der jungen Männer mit Bärten und langem Haar, was Richard Schulze zu der Bemerkung veranlaßte: »Lieber Freund, wir haben den Krieg verloren, und alles hat sich geändert. Die jungen Leute leben anders als wir damals.«[15]

Schulze fuhr mit Otto Günsche zum Obersalzberg. Die Amerikaner hatten die Trümmer von Hitlers Berghof nahezu abgetragen, die unmittelbare Umgebung wirkte so verändert, daß es schwierig war, auch nur den Verlauf der Treppe ausfindig zu machen, die zum Landsitz Hitlers geführt hatte.

1114   *Epilog*

Schweigend standen die beiden Männer vor diesem Anblick. Monika
Schulze-Kossens, Richards Frau, griff zum Fotoapparat, um die Szene im
Bild festzuhalten.

Auf dem Obersalzberg, wo Hitler gelebt hatte, und in der Reichskanzlei,
wo er Entscheidungen fällte, die Millionen Menschenleben zerstörten, war
kein Stein auf dem anderen geblieben. Hitler verschwand spurlos aus dieser
Welt, und nur wenige Gefolgsleute haben sein Ende beklagt.

ANHANG

Vorbemerkung

Ohne die Unterstützung durch zahlreiche Institutionen und Einzelpersonen in der Bundesrepublik Deutschland, Österreich, Großbritannien und den Vereinigten Staaten wäre die Entstehung dieses Buches nicht möglich gewesen. Bibliotheken und Archive haben einen unschätzbaren Beitrag geleistet, vor allem: die National Archives (John E. Taylor, John Mendelsohn, Robert Wolfe, George Wagner); die Library of Congress; die New York Public Library; die Danbury, Ct., Public Library; die Yale University Library; die Franklin D. Roosevelt Library (Bettie Sprigg, Robert Parks); die Wiener Library, London; das Imperial War Museum, London (Rose Coombs); das Institut für Zeitgeschichte, München (Frl. Danzl); das Bayerische Hauptstaatsarchiv, München; die Forschungsstelle für die Geschichte des Nationalsozialismus, Hamburg (Werner Jochmann); die Bibliothek für Zeitgeschichte, Stuttgart (Werner Haupt, Gerhard Buck, Dr. Jürgen Röhwer); das Bundesarchiv, Koblenz; das Institut für Zeitgeschichte, Wien (Dr. Ludwig Jedlicka); und das Landesarchiv, Linz (Dr. Hans Sturmberger).

Auch verschiedene andere Einrichtungen, Organisationen und Einzelpersonen haben wichtige Beiträge geleistet.

In den Vereinigten Staaten:
Charles MacDonald und Hannah Zeidlik vom Office of the Chief of Military History, Department of the Army; U. S. Army Intelligence Command, Fort Holabird, Md. (Elaine M. Pospishil); Autorenkollegen und Historiker: Richard Hanser, Telford Taylor, Richard Walton, Dr. John Lukacs, Dr. Harold J. Gordon, Jr., Dr. Eberhard Jäckel, Dr. Ernst Deuerlein, Dr. Dietrich Orlow, Dr. Reginald Phelps, Dr. Oron Hale, Dr. Bradley F. Smith; Personen, die mir Einsicht in Dokumente gewährten: Edward Whalen, Dave Staton, Peter Thayer und Ben E. Swearingen; Psychiater und Ärzte: Drs. R. Walzer, Richmond Hubbard, Jay Weiner und Warren Sherman; Edward Weiss; Raymond Garthoff; Michael Erlanger; Arthur Shilstone; Sig Muller; Otto Zundricht; Peter Repetti; John Stillman und Stewart Richardson von Doubleday & Company.

In Österreich:
Alfred Janicek, Heimleiter, Männerheim, Wien; Josef Adler, Asylum, Wien; Dr. Wilfried Daim; und Dr. Eleonore (Kandl) Weber.

Großbritannien:
Ellic Howe, Walter Henry Nelson und Hugh Trevor-Roper

Spanien:
Otto Skorzeny

1118 *Vorbemerkung*

Bundesrepublik Deutschland:

Bavaria Atelier (Dr. Helmut Pigge); Bayerischer Rundfunk (Thilo Schneider und Dietmar Ebert); Prof. Gerdy Troost; Nerin Gun; Egon Hanfstaengl; Harry Schulze-Wilde (H. S. Hegner); Günter Syrup; Klaus Wiedemann; Generalmajor Gustav Lombard; Erich Kempka; Dr. Werner Koeppen; Heinrich Heim; Erich Kernmayer; Helmut Sündermann; Admiral Karl Jesko von Puttkamer; General Hasso von Manteuffel; Frau Luise Jodl; Dr. H. D. Röhrs; Hein Ruck; Richard Schulze-Kossens; Max Wünsche; Hans Ulrich Rudel; Frau Ilse (Braun) Fucke-Michels; und Inge Gehrich und Wolfgang Glaser, die für mich recherchiert und übersetzt haben.

Schließlich möchte ich noch elf anderen danken, die auf hervorragende Weise zur Entstehung dieses Buches beigetragen haben: Roger Bell von der Society for the Studies of the E. T. O. 1944–45, London, der mir zahlreiche Bücher besorgte; Dr. Rudolph Binion, John Jamieson, Dr. George Breitbart und Dr. Eric Roman, die das gesamte Manuskript lasen und wertvolle Anregungen gaben; meiner Hauptforschungsassistentin und Übersetzerin in Deutschland, Karola Gillich, die sich seit 1957 um meine Arbeit bemüht hat; meiner Sekretärin und Übersetzerin Ann Thomas, deren Vorschläge und Verbesserungen von unschätzbarem Wert waren; den beiden Lektoren Carolyn Blakemore und Ken McCormick vom Doubleday Verlag und meiner Frau Toshiko, die Adolf Hitler fünf Jahre lang als Thema meiner Gespräche ertrug.

Bibliographie

A. Gespräche des Autors mit Augenzeugen (Auszug)

Dieter Allers (SA), 1971
Haiga von Arco auf Valley, 1971
Stefan Bauchner (Leonding), 1971
Flugkapitän Hans Baur, 1970
Oberst Nicolaus von Below, 1971
Werner Beneke (SA), 1971
Gräfin Estelle Manville Bernadotte, 1963
Generalleutnant Günther Blumentritt (2 Interviews),·1957
Wolfgang Boigs (DNB), 1963
Otto Bräutigam (Amt Rosenberg), 1971
Carl J. Burckhardt, 1963
General Theodor Busse, 1963
Gerda Daranowsky Christian (2), 1971
Wilfried Daim (3), 1971
Léon Degrelle (2), 1963, 1971
General Erich Dethleffson, 1971
Wallace Deuel (Chicago Daily News), 1972
Prof. Ernst Deuerlein, 1971
SS-Oberstgruppenführer Josef (Sepp) Dietrich, 1963
Eugen Dollmann (3), 1971
Großadmiral Karl Dönitz (2), 1963, 1971
Allen Dulles, 1963
Hans Ehard, 1971
General Gerhard Engel (2), 1971
Hermann Esser (2), 1971
Hildegard Fath (3), 1971
Werner Finck, 1971
F. K. Florian (Gauleiter), 1971
André François-Poncet, 1971
Albert Frauenfeld (2), 1971
Walter Frentz, 1971
Helmuth Fuchs (SS), 1971
Gero von Gaevernitz (4), 1963–64
General Adolf Galland, 1971
General R. Chr. von Gersdorff, 1971
Dr. Erwin Giesing (3), 1971

1120   *Bibliographie*

Hermann Giesler (2), 1971
G. M. Gilbert, 1972
Walter Görlitz (Historiker), 1971
SS-Oberstleutnant Werner Grothmann (2), 1971
Nerin Gun (4), 1970–71
SS-Major Otto Günsche (2), 1963, 1971
Dolly Haas, 1971
Otto von Habsburg, 1971
General Franz Halder, 1963
Egon Hanfstaengl (4), 1971
Ernst Hanfstaengl (15), 1970–71
Helene Hanfstaengl, 1971
Heinrich Härtle (2) (Amt Rosenberg), 1970–71
Prof. Hanskarl von Hasselbach, 1971
SS-General Paul Hauser, 1963
Prof. Heinz Haushofer, 1971
Heinrich Heim (6), 1971, 1974–75
Richard Helms (2), 1971–72
Ilse Heß, 1971
Fritz Hesse (2), 1971
General Adolf Heusinger, 1971
Hans Hitler, 1971
Wilhelm Hoegner, 1971
Ellic Howe (Autor), 1971
Werner Huppenkothen (SS), 1971
Werner Jochman, 1971
Frau Luise Jodl (5), 1970–71
Rudolf Jordan (Gauleiter), 1970
Traudl Junge (2), 1971
Erich Kempka (3), 1963, 1971
Robert M. W. Kempner, 1970
Josef Keplinger (Linz), 1971
Erich Kernmayr (Historiker), 1970
General H. Kissel, 1971
August Klapprott (2) (Deutsch-Amerikanischer-Bund), 1971–72
Ewald Heinrich von Kleist (2), 1971
Peter Kleist (4), 1963, 1970–71
Werner Koeppen (4), 1971
Admiral Theodor Kranke, 1971
Carl-Vincent Krogmann (Bürgermeister von Hamburg), 1971
Robert Kropp (Göring's Butler), 1963
G. Wilhelm Kunze (Deutsch-Amerikanischer-Bund), 1972
Helmut Kurth (Göring's Fotograf), 1971
Hermann Lauterbacher (Gauleiter) (2), 1971
Georg Leibbrandt (Amt Rosenberg), 1971
General Gustav Lombard (2), 1970–71
Major Bernd Freytag von Loringhoven, 1963
SS-Major Heinz Macher, 1971
Feldmarschall Erich von Manstein, 1971
General Hasso von Manteuffel (5), 1956, 1963, 1970, 1971
Fräulein Johanna Mayrhofer (Leonding), 1971
Dennis McEvoy, 1971
Hubert Meyer (SS), 1971
General W. Meyer-Detring, 1971
Feldmarschall Erhard Milch (4), 1971

Bibliographie

1121

Konrad Morgen, 1971
Lady Diana Mosley, 1972
Sir Oswald Mosley (3), 1971–72
Josef (Ochsensepp) Müller (2), 1963
Johannes von Müllern-Schönhausen, 1971
Werner Naumann (2), 1971
Theodor Oberlaender (2), 1971
Piotr Olender (Auschwitz), 1971
Dr. Raimund von Ondarza (Göring's Doktor), 1971
Botschafter Hiroshi Oshima (4), 1966–67, 1971
General Eugen Ott (Dt. Botschafter in Japan), 1963
General Albert Praun, 1971
Admiral Karl Jesko von Puttkamer (7), 1970–71
Botschafter Graf Edward Raczynski, 1963
General Otto Remer (3), 1971
Annelies von Ribbentrop, 1971
Leni Riefenstahl (6), 1971
Botschafter Emil von Rintelen, 1971
Frau Annalies Röhm, 1971
Robert Röhm, 1971
Dr. H. D. Röhrs, 1971
Hein Ruck (3), 1961
Oberst Hans Ulrich Rudel (2), 1963, 1971
Admiral Friedrich Ruge, 1971
Hjalmar Schacht (2), 1963
Prinz Schaumburg-Lippe, 1971
Gustav Scheel (Gauleiter), 1971
Dr. Ernst Schenck, 1971
Fabian von Schlabrendorff, 1963
Dr. Gustav Schlotterer (2), 1971
General Arthur Schmidt (2), 1971
Frau Anneliese Schmundt, 1971
Frau Herta Schneider (4), 1971
Feldmarschall Ferdinand Schörner (2), 1963
Professor Percy Ernst Schramm (2), 1963
General Wilhelm Ritter von Schramm, 1971
Frau Ada Schultze (3), 1974
Prof. Walter Schultze (4), 1974
Sigrid Schulz (3), 1971–72
Harry Schulz-Wilde (2), 1971
Richard Schulze (Schulze-Kossens) (6), 1971, 1973–74
Kurt von Schuschnigg, 1971
Martin Schwaebe, 1971
Graf Lutz Schwerin von Krosigk (2), 1963, 1971
Vera Semper (Lambach), 1971
Ramon Serrano Suñer, 1963
SS-Standartenführer Otto Skorzeny (7), 1956, 1963, 1971
Albert Speer (2), 1970–71
SS-General Felix Steiner, 1963
Otto Strasser (2), 1971
Johann Stütz (Spital), 1970–71
Helmut Sündermann (3), 1970–71
Günter Syrup (5), 1971
General Wolfgang Thomale, 1963
Professor Gerdy Troost (4), 1971

1122   *Bibliographie*

Olga Tschechowa, 1971
Ignacio, Marquis de Valdeglesias, 1971
Admiral Gerhard Wagner, 1971
General Walter Warlimont, 1971
Ralf Wehser, 1971
General Walter Wenck, 1963
Klaus Wiedemann, 1971
Oberst Otto Wien (2), 1971
Johann Wiesinger (Leonding), 1971
SS-General Karl Wolff, 1963
Leutnant Max Wünsche (2), 1971
Dr. Werner Zabel, 1971
Hans Severus Ziegler, 1971

B. Dokumente, Aufzeichnungen und Berichte

Akten zur Deutschen Auswärtigen Politik 1918–1945,
Serie D: 1937–1945, Baden-Baden 1950 ff. (ADAP)

British Government Archives:
The Cabinet Minutes and Memoranda, 1937–39
Foreign Office, 1937–39
Minutes of the Foreign Policy Committee of the Cabinet and Memoranda, 1937–39
Papers of the Prime Minister's Office, 1937–39
Records of the Committee of Imperial Defense. London: Her Majesty's Stationery Office.

Correspondence Between the Chairman of the Council of Ministers of the U.d.S.S.R. and the Presidents of the U.S.A. and the Prime Ministers of Great Britain during the Great Patriotic War of 1941–1945, Moskau: Foreign Language Publishing House 1957

Correspondence between Göring and Negrelli 1924–25. Ben E. Swearingen collection.

Der Hitler-Prozeß, München 1924

Documents and Materials relating to the Eve of the Second World War, 1937–39, Moskau: Foreign Language Publishing House 1948

Dokumente aus der Bibliothek für Zeitgeschichte, Stuttgart; dem Institut für Zeitgeschichte, München; dem Institut für Zeitgeschichte, Wien; dem Imperial War Museum, London; den National Archives, Washington; der Library of Congress, Washington; U. S.-Army Military History Research Collection, Carlisle Barracks, Pa. (including dossiers of U. S. Army Intelligence); dem Bayerischen Hauptstaatsarchiv, München; dem Bundesarchiv, Koblenz.

Documents on British Foreign Policy 1919–1939, 7 London: Her Majesty's Stationery Office

Documents on German Foreign Policy, Series C, The Third Reich: Bd. I–IV. Washington: U. S. Dept. of State.

Documents on German Foreign Policy, Series D, Bd. V–XII. Washington: U. S. Dept. of State.

The French Yellow Book, diplomatic documents, 1938–39, London: Hutchinson 1940

Halder, General Franz: *Kriegstagebuch*, Stuttgart: Jacobsen 1962

Hitler Diary (1. Januar 1934, 12. Juni 1943). *Sekretär des Führers. Führers Tagebuch.* Washington, Library of Congress, Appendix 5, Sage 5,5.

Hitler e Mussolini-Lettere e documenti, Milan: Rissoli 1946

Hitler's Reden:
Baynes, Norman H. (Hrsg.): *The Speeches of Adolf Hitler, April 1922–August 1939*, New York 1942. Prange, Gordon W., (Hrsg.): *Hitler's Words*, Washington 1944

Bibliographie 1123

Domarus, Max: *Hitler. Reden und Proklamationen, 1932–1945*, 4 Bde., München 1965

Hitler War Directives 1939–1945. London: Sidgwick and Jackson 1964

Hitlers Weisungen für die Kriegsführung, hrsg. von Walther Hubatsch, München 1965

International Military Tribunal, *Trial of the Major War Criminals before the International Military Tribunal*, 14 November 1945 to 1 October 1946, 42 Bde.

Der Prozeß gegen die Hauptkriegsverbrecher vor dem Internationalen Militärgerichtshof, Nürnberg 1947 (IMT)

Koeppen, Werner: Hitler's Tabletalk. 28 surviving reports. National Archives.

Linge, Heinz, *Tagebücher*, März 1943, Februar 1945, National Archives.

Lochner, Louis: Letters and Papers. State Historical Society of Wisconsin, Madison, Wisc.

Nazi Conspiracy and Aggression, 10, Washington: U. S. Government Printing Office 1946.

OSS *Hitler Source Book*, 1943

Smith, Captain Truman: *Notebook and Report*, 15.–22. November 1922 Yale University Library

Trials of War Criminals before the Nuremberg Military Tribunals, 15. Bde., Washington: U. S. Government Printing Office, 1951–52

U. S. Embassy, Berlin Reports 1930–1939. National Archives.

Wehrmacht, Oberkommando der. *Kriegstagebuch des Oberkommandos der Wehrmacht 1940–1945*. Frankfurt/M. 1961–65

C. Zeitschriftenaufsätze

Assmann, Heinz: »*Adolf Hitler*«, U. S. Naval Institute Proceedings, Bd. 79, No. 12

Bach-Zelewski, Erich von dem: »Life of an SS-General«, *Aufbau*, 23. August 1946

Binion, Rudolph: »Hitler's Concept of *Lebensraum*: The Psychological Basis«, *History of Childhood Quarterly*, Fall 1973

Bloch, Dr. Edward: »My Patient Hitler«, *Collier's*, 15. und 22. März 1941

Deuerlein, Ernst: »Hitlers Eintritt in die Politik und die Reichswehr«, *Vierteljahreshefte für Zeitgeschichte*, April 1959

Earle, George H: »F. D. R.'s Tragic Mistake« *Confidential*, 1958

Eastman, Lloyd E: »Fascism in Kuomintang China: The Blue Shirts«, *China Quarterly*, Januar/März 1972

Elstein, David: »Operation Sea Lion«, *History of the Second World War*, Teil 8.

Glaser, Kurt: »World War II and the War Guilt Question«, *Modern Age*, Winter 1971

Goldhagen, Erich: »Albert Speer, Himmler, and the Secrecy of the Final Solution«, *Midstream*, Oktober 1971

Hale, Oron James: »Gottfried Feder Calls Hitler to Order«, *Journal of Modern History*, Dezember 1958

Hanisch, Reinhold: »I Was Hitler's Buddy«, *New Republic*, 5., 12. und 19. April 1939

Hoffmann, Peter C.: »The Attempt to Assassinate Hitler on March 21, 1943«, *Canadian Journal of History*, No. 1, 1967

Kempner, Robert M. W.: »Blueprint of the Nazi Underground«, *Research Studies of the State College of Washinton*, Juni 1945

Linge, Heinz: »The Hitler I Knew«, *Daily News*, Chicago, Oktober–Dezember 1955

Loewenberg, Peter: »The Unsuccessful Adolescence of Heinrich Himmler«, *Journal of Modern History*, September 1959

Bibliographie

Mayr, Captain Karl: »I Was Hitler's Boss«, *Current History*, Nobember 1941

Morell, Dr. Theodor: Interview, *New York Times*, 22. Mai 1945

Nyomarkay, Joseph L.: »Factionalism in the National Socialist German Workers' Party, 1925–26«, *Political Science Quarterly*, März 1965

Orlow, Dietrich: »The Conversion of Myths into Political Power«, *American Historical Review*, April 1967

Phelps, Reginald H.: »Hitler als Parteiredner im Jahre 1920«, *Vierteljahreshefte für Zeitgeschichte*, 1963, Nr. 3

————: »Hitlers grundlegende Rede über den Antisemitismus«, op. cit., 1968. Nr. 4

————: »Hitler und die Deutsche Arbeiter Partei«, *American Historical Review*, Juli 1963

Sauer, Wolfgang: »National Socialism: Totalitarianism or Fascism?« *American Historical Review*, Dezember 1967

Speer, Albert: Interview, *Playboy*, by Eric Norden, Juni 1971

Thompson, Sarry V.: »*Lebensborn* and the Eugenies Policy of the Reichsführer-SS«, *Central European History*, März 1971

D. Biographien, Tagebücher, Erinnerungen, historische Untersuchungen

Absagen, Karl Heinz: *Canaris, Patriot und Weltbürger*, Stuttgart 1959

Alfieri, Dino: *Dictators Face to Face*, New York 1955

Allen, William Sheridan: »*Das haben wir nicht gewollt!*« *Die nationalsozialistische Machtergreifung in einer Kleinstadt*, Gütersloh 1966

Andrus, Burton: *I was the Nuremberg Jailer*, New York 1969

Ansel, Walter: *Hitler Confronts England*, Durham N.C. 1960

————: *Hitler and the Middle Sea*, Durham N.C. 1972

Ansubel, Nathan: *Voices of History*, New York 1946

Bahnsen, Uwe and James P. O'Donnell: *Die Katakombe*, Stuttgart 1975

Barnett, Corelli: *The Collapse of British Power*, London 1972

Baur, Hans: *Ich flog die Mächtigen der Erde*, Kempten 1960

Berndt, A. I.: *Der Marsch ins Großdeutsche Reich*, München 1939

Best, S. Payne: *The Venlo Incident*, London 1950

Besymenski, Lew: *Der Tod des Adolf Hitler*, Hamburg 1968

Bewley, Charles: *Hermann Göring and the Third Reich*, Devin-Adair 1962

Blackstock, Paul W.: *The Secret Road to World War II*, Chicago 1969

Boelcke, Willi A. (Hrsg.): »*Wollt Ihr den totalen Krieg?*« *Die geheimen Goebbels-Konferenzen 1939–1943*, Stuttgart 1967

Boldt, Gerhard: *Hitler – Die letzten zehn Tage*, Frankfurt/M. – Berlin 1973

Bormann, Martin und Gerda: s. Trevor-Roper, H. R.

Bracher, Karl Dietrich: *Die deutsche Diktatur*, Köln/Berlin 1969

Bramsted, Ernest K.: *Goebbels und die nationalsozialistische Propaganda*, Frankfurt/M. 1971

Bräutigam, Otto: *So hat es sich zugetragen*, Würzburg 1968

Breker, Arno: *Im Strahlungsfeld der Ereignisse*, Preußisch Oldendorf 1972

Brook-Shepherd, Gordon: *Der Anschluß*, Graz, Wien, Köln 1963

Broszat, Martin: *Der Staat Hitlers*, München 1969

Brown, Anthony Cave: *Bodyguard of Lies*, New York 1975

Bullit, Orville (Hrsg.): *For the President, Personal and Secret*, Boston 1972

Bibliographie 1125

Bullock, Alan: *Hitler. Eine Studie über Tyrannei*, Düsseldorf 1969

Burckhardt, Carl J.: *Meine Danziger Mission 1937–1939*, München 1960

Burdick, Charles B. und Lutz, Ralph H. (Hrsg.): *The Political Institutions of the German Revolution 1918–1919*, New York/Washington 1966

Cadogan, Sir Alexander: *The Diaries of Sir Alexander Cadogan 1938–1945*, New York 1972

Carell, Paul: *Sie kommen*, Frankfurt/M. / Berlin / Wien 1973
————: *Unternehmen Barbarossa*, Frankfurt/M. / Berlin / Wien 1963
————: *Verbrannte Erde*, Frankfurt/M. / Berlin / Wien 1966
————: *Invasion:* New York 1963

Carr, William: *A History of Germany 1815–1945*, New York 1969
————: *Arms, Autarky and Aggression*, London 1972

Cecil, Robert: *The Myth of the Master Race*, New York 1972

Cervi, Mario: *The Hollow Legions*, Garden City 1971

Chambers, Frank: *This Age of Conflict*, New York 1962 (1943)

Churchill, Winston S.: *Reden 1938–45*, 6 Bde., Zürich 1946–50

Ciano, Graf Galeazzo: *Tagebücher 1937–1938*, Hamburg 1949
————: *Tagebücher 1939–1943*, Bern 1946

Colvin, Ian: *The Chamberlain Cabinet*, London 1971
————: *Hitler's Secret Enemy*, London 1957

Compton, James V.: *The Swastika and the Eagle*, Boston 1967

Craig, Gordon: *The Politics of the Prussian Army / 1650–1945*, London/Oxford/New York 1968

Creveld, Martin van: *Hitler's Strategy 1940–1941*, Cambridge 1973

Dahlerus, Birger: *Der letzte Versuch*, München 1948

Dahrendorf, Ralf: *Gesellschaft und Demokratie in Deutschland*, München 1965

Daim, Wilfried: *Der Mann, der Hitler die Ideen gab*, München 1958

Dallin, Alexander: *Deutsche Herrschaft in Rußland 1941–1945*, Düsseldorf 1958

Dallin, David: *Soviet Russia's Foreign Policy 1939–1942*, New Haven 1942

Davidson, Eugene: *The Trial of the Germans*, New York 1966

Dawson, Raymond: *The Decision to Aid Russia 1941*, Chapel Hill 1959

Deakin, F. W.: *Die brutale Freundschaft*, Köln 1962

Delarue, Jacques: *The Gestapo*, New York 1964

Delmer, Sefton: *Die Deutschen und ich*, Hamburg 1963

Dennis, Peter: *Decision by Default*, London 1972

Deuerlein, Ernst: *Der Aufstieg der NSDAP 1919–1933 in Augenzeugenberichten*, Düsseldorf 1968
————: *Der Hitler-Putsch*, Stuttgart 1962
————: *Hitler*, München 1969

Dickinson, John K.: *German and Jew*, Chikago 1967

Dietrich, Otto: *Mit Hitler in die Macht*, München 1934
————: *12 Jahre mit Hitler*, München 1955

Dirksen, Herbert von: *Moscow, Tokyo, London*, Norman 1952

Dodd, Martha: *My Years in Germany*, London 1938

Dönitz, Karl: *Zehn Jahre und zwanzig Tage*, Frankfurt/M. – Bonn 1964

Dollmann, Eugen: *Dolmetscher der Diktatoren*, Bayreuth 1963

Domarus, Max: *Hitler-Reden und Proklamationen 1932–1945*, 4 Bde., München 1965

Dorpalen, Andreas: *Hindenburg in der Geschichte der Weimarer Republik*, Berlin 1966

1126   *Bibliographie*

Douglas-Hamilton, James: *Motive for a Mission*, London 1971
Eden, Anthony: *Facing the Dictators*, London 1962
————: *The Reckoning*, Boston 1965
Eich, Hermann: *The Unloved Germans*, New York 1965
Engel, Gerhard: *Heeresadjutant bei Hitler 1938–1943*, Stuttgart 1974
Falls, Cyril: *The Great War*, New York 1959
Feiling, Keith: *The Life of Neville Chamberlain*, London 1946
Fest, Joachim: *Das Gesicht des Dritten Reiches*, München 1963
————: *Hitler*, Frankfurt/M. – Berlin – Wien 1973
Fischer, Fritz: *Griff nach der Weltmacht*, Düsseldorf 1961
Fischer, Louis: *Russia's Road from Peace to War*, New York 1969
Flaunery, Harry: *Assignment to Berlin*, London 1943
François-Poncet, André: *Botschafter in Berlin 1931–1938*, Berlin/Mainz 1962
Frank, Hans: *Im Angesicht des Galgens*, München 1953
Franz-Willing, Georg: *Die Hitlerbewegung. Der Ursprung*, Hamburg/Berlin 1962
Fredborg, Arvid: *Behind the Steel Wall*, New York 1944
Feund, Gerald: *Unholy Alliance*, New York 1957
Friedländer, Saul: *Auftakt zum Untergang. Hitler und die Vereinigten Staaten*, Stuttgart
1965
————: *Pius XII. and the Third Reich*, New York 1966
————: *Kurt Gerstein: The Ambiguity of Good*, New York 1969
Frischauer, Willi: *Hermann Göring*, New York 1951
————: *Himmler*, New York 1962
Fromm, Bella: *Blood and Banquets*, London 1943
Gallagher, Matthew: *Soviet History of World War II.*, New York 1963
Galland, Adolf: *Die Ersten und die Letzten*, 5. Aufl., München 1974
Gallo, Max: *Der schwarze Freitag der SA*, Oldenburg 1970
Gasman, Daniel: *Scientific Origins of National Socialism*, New York 1971
Gatzke, Hans (Hrsg.): *European Diplomacy Between Two Wars 1919–1939*, Chicago
1972
Gedye, G. E. R.: *Betrayal in Central Europe*, New York 1939
Gehlen, Reinhard: *Der Dienst*, Mainz – Wiesbaden 1971
Giesing, Dr. Erwin: *Tagebuch*, unveröffentlicht
Gilbert, Felix: *Hitler Directs His War*, New York 1950
Gilbert, G. M.: *Nürnberger Tagebuch*, Frankfurt/M. 1962
————: *The Psychology of Dictatorship*, New York 1950
Gisevius, Hans Bernd: *Bis zum bittern Ende*, 2 Bde., Hamburg 1947
Goebbels, Joseph: siehe Heiber, Helmut
————: *Vom Kaiserhof zur Reichskanzlei*, München 1936
Görlitz, Walter (Hrsg.): *Generalfeldmarschall Keitel. Verbrecher oder Offizier?* Göttingen
1961
————: *Kleine Geschichte des deutschen Generalstabes*, Berlin 1967
————: *Paulus und Stalingrad*, 2. Aufl., Frankfurt/M. – Bonn 1965
Goodspeed, D. I.: *Ludendorff*, London 1966
Gordon, Harold J.: *Hitlerputsch 1923*, Frankfurt/M. 1971
Gosztony, Peter (Hrsg.): *Der Kampf um Berlin 1945*, Düsseldorf 1970
Greiner, Joseph: *Das Ende des Hitler-Mythos*, Wien 1947

Bibliographie 1127

Griffiths, Richard: *Marshal Pétain*, London 1970

Grunberger, Richard: *Das zwölfjährige Reich. Der Deutschen Alltag unter Hitler*, Wien/München/Zürich 1972

Guderian, Heinz: *Erinnerungen eines Soldaten*, Heidelberg 1951

Gun, Nevin E.: *Eva Braun-Hitler*, Velbert und Kettwig 1968
————: *The Day of the Americans*, New York 1966

Halder, General Franz: *Kriegstagebuch*, Stuttgart 1962/64
————: *Hitler as Warlord*, London 1950

Hale, Oron J.: *The Captive Press in the Third Reich*, Princeton 1964

Hamilton, Alistair: *The Appeal of Fascism*, London 1971

Hanfstaengl, Egon: Erinnerungen, unveröffentlicht

Hanfstaengl, Ernst: *Zwischen Weißem und Braunem Haus*, München 1970 (Hanfstaengl)
————: *Hitler. The Missing Years*, London 1957 (MY)
————: Biographische Skizze Hitlers und Himmlers, OSS-Bericht vom 3. Dezember 1943, unveröffentlicht
————: *Out of the Strong*, unveröffentlichte Erinnerungen

Hanfstaengl, Helene: Erinnerungen, unveröffentlicht

Hanser, Richard: *Putsch!* New York 1970

Hassell, Ulrich von: *Vom anderen Deutschland*, Zürich/Freiburg 1946

Hegner, H. S. (Harry Schulz-Wilde): *Die Reichskanzlei*, Frankfurt 1959

Heiber, Helmut: *Josph Goebbels*, Berlin 1962
————: (Hrsg.): *Hitlers Lagebesprechungen*, Stuttgart 1962
————: (Hrsg.): *Das Tagebuch von Joseph Goebbels 1925/26*, Stuttgart (Schriftenreihe der Vierteljahreshefte für Zeitgeschichte. 1.) (GTB)

Heiden, Konrad: *Der Führer*, Boston 1944

Hedin, Sven: *Germany and World Peace*, London 1937

Heinz, Heinz A.: *Germany's Hitler*, London 1934

Henderson, Archibald: *GBS. Man of the Century*, New York 1956

Henderson, Nevile: *Failure of a Mission*, New York 1940

Herzstein, Robert: *Adolf Hitler and the Third Reich*, Boston 1971

Heß, Ilse: *Gefangener des Friedens*, Leoni am Starnberger See 1955

Hesse, Fritz: *Hitler and the English*, London 1954
————: *Das Spiel um Deutschland*, München 1953 (Hesse)

Higgins, Trumbull: *Hitler and Russia*, New York 1966

Hilberg, Raul: *The Destruction of the European Jews*, Chicago 1967

Hildebrand, Klaus: *Deutsche Außenpolitik 1933–1945*, Stuttgart 1971

Hillgruber, Andreas: *Staatsmänner und Diplomaten bei Hitler*, 2 Bde., Frankfurt/M. 1967–70
————: *Hitlers Strategie*, Frankfurt/M. 1965

Hills, George: *Franco*, New York 1967

Himmler, Heinrich: siehe Smith, Bradley

Hirszowicz, Lukasz: *The Third Reich and the Arab East*, London 1966

Hitler, Adolf: *Hitler's Secret Conversations*, New York 1961 (HSC)
————: *Hitler's Secret Book*, New York 1961 (HSB)
————: *Hitlers Zweites Buch*, hrsg. v. Gerhard L. Weinberg, Stuttgart 1961
————: *Mein Kampf*, 183.–184. Aufl., München 1936 (MK)
————: *The Testament of Adolf Hitler*, London 1961

1128 *Bibliographie*

Hitler, Brigid: My Brother-in-law Adolf, unveröffentlicht. Main Branch NYPL Manuscript and Archives Room

Hoare, Samuel: *Complacent Dictator*, New York 1947

Hoffmann, Hans Hubert: *Der Hitlerputsch*, München 1961

Hoffmann, Heinrich: *Hitler, wie ich ihn sah*, München 1974 (Hoffmann)

Höhne, Heinz: *Der Orden unter dem Totenkopf*, Gütersloh 1967
————: *Kennwort: Direktor*, Frankfurt/M. 1972

Hoeppener-Flatow, W.: *Stoßtrupp Markmann greift ein!* Berlin 1939

Holborn, Hajo (Hrsg.): *Republic to Reich*, New York 1972
————: *Germany and Europe*, Garden City 1970

Horthy, Admiral Nikolaus von: *Ein Leben für Ungarn*, Bonn 1953

Howe, Ellic: Rudolph von Sebottendorf, unveröffentlicht
————: *Urania's Children*, London 1967

Howe, Quincy: *Ashes of Victory*, New York 1972

Hubatsch, Walter (Hrsg.): *Hitlers Weisungen für die Kriegführung*, München 1965 (HWK)
————: *Hindenburg und der Staat*, Göttingen 1966

Hull, David: *Film in the Third Reich*, Berkeley 1969

Huss, Pierre: *Heil and Farewell*, London 1943

Ingrim, Robert: *Hitlers glücklichster Tag*, Stuttgart 1962

Irving, David: *Die Geheimwaffen des Dritten Reiches*, Gütersloh 1965
————: *Hitler und seine Feldherren*, Berlin 1975
————: *Die Tragödie der Deutschen Luftwaffe*, Frankfurt/M. – Berlin – Wien 1970

Isherwood, Christopher: *The Berlin Stories*, New York 1963

Jäckel, Eberhard: *Hitlers Weltanschauung*, Tübingen 1969

Jenks, William A.: *Vienna and the Young Hitler*, New York 1972

Jetzinger, Franz: *Hitlers Jugend*, Wien 1956

Jones, Ernest: *The Life and Work of Sigmund Freud*, Bd. I und II, New York 1953

Jones, Thomas: *A Diary with Letters 1931–1950*, London 1954

Jünger, Ernst: *Der Kampf als inneres Erlebnis*, Berlin 1933

Junge, Gertraud: Erinnerungen, unveröffentlicht

Kallenbach, Hans: *Mit Adolf Hitler auf Festung Landsberg*, München 1943

Keitel, Wilhelm: siehe Görlitz, Walter

Kele, Max H.: *Nazis and Workers*, Chapel Hill 1972

Kelem, Emery: *Peace in Their Time*, New York 1963

Kelley, Douglas M.: *22 Cells in Nuremberg*, New York 1947

Kempka, Erich: *Die letzten Tage mit Adolf Hitler*, Preußisch Oldendorf 1975

Kennan, George F.: *From Prague After Munich*, Princeton 1968
————: *Memoirs 1925–1950*, Boston 1967
————: *Memoiren eines Diplomaten*, Stuttgart 1968

Kirkpatrick, Clifford: *Nazi Germany, Its Women and Family Life*, Indianapolis/New York 1938

Kirkpatrick, Ivone: *Mussolini*, New York 1964

Klein, Burton: *Germany's Economic Preparations for War*, Cambridge 1959

Kleist, Peter: *European Tragedy*, London 1965

Knickerbocker, H. R.: *Is Tomorrow Hitler's?* New York 1941

Koehl, Robert L.: *RKFDV, German Resettlement and Population Policy 1939–1945*, Cambridge 1957

Bibliographie 1129

Koehler, Hans Jürgen: *Inside Information*, London 1940

Koller, General Karl: *Der letzte Monat*, Mannheim 1949

Kotze, Hildegard von und Helmut Kraussnick (Hrsg.): »*Es spricht der Führer*«, Gütersloh 1966

Kramary, Joachim: *Stauffenberg*, New York 1967

Krause, Karl: *Zehn Jahre Kammerdiener bei Hitler*, Hamburg 1949

Krausnick, Helmut et al.: *Anatomie des SS-Staates*, Olten/Freiburg 1965

Krebs, Albert: *Tendenzen und Gestalten der NSDAP*, Stuttgart 1959

Kubizek, August: *Adolf Hitler. Mein Jugendfreund*, Graz/Göttingen 1953

Kuby, Erich: *Mein Krieg*, München 1975

Kühnl, Reinhard: *Die nationalsozialistische Linke. 1925–1930*, Meisenheim am Glan 1966 (Phil. Diss. Marburg 1965)

Lammers, Donald: *Explaining Munich*, Stanford 1966

Lane, Barbara Miller: *Architecture and Politics in Germany 1918–1945*, Cambridge 1968

Langer, Walter C.: *The Mind of Adolf Hitler*, New York 1972

Laqueur, Walter: *Deutschland und Rußland*, Berlin 1965

Levin, Nora: *The Holocaust*, New York 1973

Lewy, Günter: *The Catholic Church and Nazi Germany*, New York 1964

Lochner, Louis: *Always the Unexpected*, New York 1946
——: *What about Germany?* New York 1942

Ludendorff, Erich: *Auf dem Weg zur Feldherrnhalle*, München 1938

Luedecke, Kurt G. W.: *I knew Hitler*, London 1938

Lukacs, John: *The Last European War*, Garden City 1976
——: *The Passing of the Modern Age*, New York 1970

Maass, Walter: *Assassination in Vienna*, New York 1972

MacLeod, Ian: *Neville Chamberlain*, New York 1962

Macmillan, Harold: *Winds of Change*, New York 1966
——: *The Blast of War*, New York 1968

Maisky, Ivan: *Memories of a Soviet Ambassador*, New York 1968

Manchester, William: *The Arms of Krupp*, New York 1970

Mandell, Richard D.: *The Nazi Olympics*, New York 1971

Manvell, Roger und Heinrich Fraenkel: *Dr. Goebbels*, New York 1960
——: *Heß*, London 1971
——: *Himmler*, New York 1965

Maschmann, Melitta: *Account Rendered*, London 1964

Maser, Werner: *Die Frühgeschichte der NSDAP*, Frankfurt/M. 1965
——: *Adolf Hitler*, 6. Aufl. München/Esslingen 1974
——: *Hitlers Briefe und Notizen*, Düsseldorf 1973 (HBN)

McRandle, James: *The Track of the Wolf*, Evanston 1965

McSherry, James: *Stalin, Hitler and Europe. 1933–1939*, Cleveland 1968
——: *Stalin, Hitler and Europe. 1939–1941*, Cleveland 1970

Meißner, Otto und Harry Wilde: *Die Machtergreifung*, Stuttgart 1958

Mellow, James R.: *Charmed Circle*, Washington 1974

Mend, Hans: *Adolf Hitler im Felde*, München 1931

Meskill, Johanna: *Hitler and Japan*, New York 1966

Milch, Feldmarschall Erhard: Papiere und Erinnerungen, unveröffentlicht

Milward, Alan S.: *The German Economy at War*, London 1965

Mitchell, Allan: *Revolution in Bavaria*, Princeton 1965

Mitchell, David: *1919 Red Mirage*, New York 1970

Mosley, Philip: *The Kremlin and World Politics*, New York 1960

Mosley, Sir Oswald: *My Life*, London 1970

Mosse, George: *Nazi Culture*, New York 1966

Müller, Karl Alexander von: *Mars und Venus*, Stuttgart 1954
———: *Im Wandel einer Welt*, München 1966

Müllern-Schönhausen, Dr. Johannes von: *Die Lösung des Rätsels Adolf Hitler*, Wien 1959

Murphy, Robert: *Diplomat Among Warriors*, Garden City 1964

Mussolini, Benito: *Memoirs 1942–1943*, London 1949

Nelson, Walter: *The Soldier Kings*, New York 1970

Nicolson, Harold: *The War Years 1939–1945*, New York 1967

Nogueres, Henri: *Munich*, New York 1965

Nolte, Ernst: *Der Faschismus in seiner Epoche*, München 1963
———: *Die faschistischen Bewegungen*, München 1966

Nyomarkay, Joseph: *Charisma and Functionalism in the Nazi Party*, Minneapolis 1967

Oechsner, Frederick: *This is the Enemy*, Boston 1942

Offner, Arnold A.: *America and the Origins of World War II*, Boston 1971

O'Neill, Robert: *The German Army and the Nazi Party*, New York 1966

Orlow, Dietrich: *The History of the Nazi Party, 1919–1933*, Newton Abbot 1971
———: *The History of the Nazi Party, 1933–1945*, Pittsburgh 1973

Oven, Wilfred von: *Mit Goebbels bis zum Ende*, 2 Bde., Buenos Aires 1949–50

Papen, Franz von: *Der Wahrheit eine Gasse*, München 1952
———: *Vom Scheitern einer Demokratie*, München 1968
———: *Memoirs*, London 1952

Parkinson, Roger: *Peace for Our Time*, New York 1971

Peterson, Edward: *Limits of Hitler's Power*, Princeton 1966

Phillips, Peter: *The Tragedy of Nazi Germany*, New York 1969

Piotrowski, Stanislaw: *Hans Frank's Diary*, Warschau 1961

Pope, Ernest: *Munich Playground*, New York 1941

Price, G. Ward: *I know These Dictators*, London 1937

Pridham, Geoffrey: *Hitler's Rise to Power*, New York 1973

Raczynski, Count Edward: *In Allied London*, London 1962

Reitsch, Hanna: *Flying Is My Life*, New York 1954

Remak, Joachim: *Nazi Years*, Englewood Cliffs/N.I. 1969

Ribbentrop, Annelies von: *Die Kriegsschuld des Widerstandes*, Leoni am Starnberger See 1974

Ribbentrop, Joachim von: *Zwischen London und Moskau*, Leoni am Starnberger See 1961

Rich, Norman: *Hitler's War Aims*, 2 Bde., New York 1973/1974

Riess, Curt: *Joseph Goebbels*, New York 1948

Ringelblum, Emmanuel: *Notes from the Warsaw Ghetto*, New York 1958

Roberts, Stephen: *The House That Hitler Built*, London 1937

Röhl, J. C. G.: *From Bismarck to Hitler*, New York 1970

Rosenberg, Alfred: *Letzte Aufzeichnungen*, Göttingen 1955
———: *Das politische Tagebuch Rosenbergs*, Göttingen 1956
———: *Alfred Rosenberg. Selected Writings*, London 1970

Bibliographie 1131

Rothenbücher, Karl: *Der Fall Kahr*, Tübingen 1924

Rudel, Hans Ulrich: *Stuka Pilot*, New York 1958

Rumpf, Hans: *The Bombing of Germany*, New York 1963

Ryder, A. I.: *The German Revolution of 1918*, Cambridge 1967

Santoro, Cesare: *Hitler Germany*, Berlin 1938

Sayers, Michael und Albert Kahn: *The Plot Against the Peace*, New York 1945

Schacht, Hjalmar: *Abrechnung mit Hitler*, Hamburg/Stuttgart 1948
————: *Account Settled*, London 1948
————: *76 Jahre meines Lebens*, München 1953
————: *Confessions of the Old Wizard* , Cambridge 1956

Schellenberg, Walter: *Memoiren*, Köln 1959
————: *Hitler's Secret Service*, New York 1958

Schirach, Henriette von: *Der Preis der Herrlichkeit*, Wiesbaden 1956

Schlabrendorff, Fabian von: *Offiziere gegen Hitler*, Frankfurt/M.–Hamburg 1959

Schmidt, Paul: *Statist auf diplomatischer Bühne 1923–1945*, Bonn 1950

Schramm, Percy: *Hitler als militärischer Führer*, Frankfurt/M. 1962

Schramm, Wilhelm Ritter von: *Der 20. Juli in Paris*, Bad Wörishofen 1953

Schuschnigg, Kurt von: *Ein Requiem in Rot-Weiß-Rot*, Zürich 1946

Schweitzer, Arthur: *Big Business in the Third Reich*, Bloomington 1964

Seaburg, Paul: *The Wilhelmstrasse*, Berkeley 1954
(Dt. Ausg.: *Die Wilhelmstraße*, Frankfurt/M. 1956)

Seaton, Albert: *The Russo-German War, 1941–1945*, London 1971

Sender, Toni: *Autobiography of a German Rebel*, New York 1939

Serrano Suñer, Ramon: *Entre les Pyrénées et Gibraltar*, Genf 1947

Shirer, William L.: *Berlin Diary*, New York 1941
————: *End of a Berlin Diary*, New York 1947
————: *Aufstieg und Fall des Dritten Reiches*, München und Zürich 1963

Siemsen, Hans: *Hitler, Youth*, London 1940

Simpson, Amos: *Why Hitler?*, Boston 1971

Skorzeny, Otto: *Skorzeny's Special Missions*, London 1957
————: *Lebe gefährlich*, Sieburg-Niederpleis 1962
————: *Wir kämpften – wir verloren*, Siegburg-Niederpleis 1962

Smith, Bradley: *Adolf Hitler*, Stanford 1967
————: *Heinrich Himmler*, Stanford 1971
————: und Agnes F. Peterson: *Heinrich Himmler Geheimreden 1933 bis 1945*, Frankfurt/M. 1974

Smith, Howard K.: *Last Train from Berlin*, New York 1942

Sontag, Raymond James und James Stuart Beddie (Hrsg.): *Nazi-Soviet Relations 1939–1941*, New York 1948 (Dt. Ausgabe: *Das nationalsozialistische Deutschland und die Sowjetunion*, Berlin: Department of State 1948)

Speer, Albert: *Erinnerungen*, Frankfurt/M.–Berlin–Wien 1969

Starhemberg, E. R. von: *Between Hitler and Mussolini*, London 1942

Stein, George: *Hitler*, Englewood Cliffs 1968

Stern, Fritz: *Kulturpessimismus als politische Gefahr*, Bern/Stuttgart/Wien 1963
————: *The Failure of Illiberalism*, New York 1972

Strasser, Otto: *Mein Kampf*, Frankfurt/M. 1969
————: *Ministersessel oder Revolution?* Berlin 1930
————: *Hitler and I*, London 1940

1132 *Bibliographie*

Tobias, Fritz: *Der Reichstagsbrand*, Rastatt 1962

Toland, John: *Ardennenschlacht*, Bergisch Gladbach 1977
————: *Das Finale*, München/Zürich 1968
————: *The Rising Sun*, New York 1970

Trevor-Roper, H. R. (Hrsg.): *The Bormann Letters*, London 1954
————: *Hitlers letzte Tage*, Frankfurt 1973

Trunk, Isaiah: *Judenrat*, New York 1972

Wagner, Dieter: *Anschluß*, New York 1971

Wagner, Friedelind: *The Royal Family of Bayreuth*, London 1948

Waite, Robert G. L.: *Vanguard of Nazism*, New York 1952

Warlimont, Walter: *Im Hauptquartier der Wehrmacht 1939–1945*, Bonn 1964

Watt, Richard: *The Kings Depart*, London 1968

Weinberg, Gerhard L.: *The Foreign Policy of Hitler's Germany*, Chikago 1970

Weiner, Jan: *The Assassination of Heydrich*, New York 1969

Weiss, John: *Nazis and Fascists in Europe 1918–1945*, New York 1967

Weizsäcker, Ernst von: *Erinnerungen*, München/Leipzig/Freiburg 1950

Werth, Alexander: *France, 1940–1955, New York 1956*
————: *Russia at War, 1941–1945*, New York 1964

Wheeler-Bennett, John: *Munich. Prologue to Tragedy*, London 1966
————: *Die Nemesis der Macht*, Düsseldorf 1954

Wiedemann, Fritz: *Der Mann der Feldherr werden wollte*, Velbert 1964

Williams, Robert C.: *Culture in Exile*, Ithaca 1972

Windsor, Duke of: *A King's Story*, London 1951

Winterbotham, F. A.: *The Ultra Secret*, London 1974

Wiskemann, Elizabeth: *The Rome-Berlin Axis*, London 1966

Wulff, Wilhelm: *Zodiac and Swastika*, New York 1973

Zeller, Eberhard: *Geist der Freiheit*, 4. Aufl., München 1963

Ziegler, Hans Severus: *Wer war Hitler?* Tübingen 1970

Zoller, Albert: *Hitler privat. Erlebnisbericht seiner Geheimsekretärin*, Düsseldorf 1949

Anmerkungen

Abkürzungen

ADAP   Akten zur Deutschen Auswärtigen Politik
BA   Bundesarchiv, Koblenz
BH   Bayerisches Hauptstaatsarchiv, München
CAB   Britisch Cabinet Papers
CIC-PH CIC-Interview mit Paula Hitler vom 5. Juni 1946. US-Army Military History Research Collection, Carlisle Baracks, Pa.
GFP   Documents on German Foreign Policy
HA   Hauptarchiv der NSDAP
HBN   Maser, *Hitlers Briefe und Notizen*
HSB   OSS *Hitler Source Book*
HSC   *Hitler's Secret Conversations*
IMT   Internationaler Militärgerichtshof, Nürnberg
MK   *Mein Kampf*
MY   Hanfstaengl, *The Missing Years*
NA   National Archives, Washington
ND   Nürnberger Dokumente
OCMH Office, Chief of Military History, US-Army, Washington, D. C.
PHP   Protokoll des Hitler-Prozesses
TAH   *The Testament of Adolf Hitler*
TMWC *Trial of the Major War Criminals before the International Military Tribunal*
VB   *Völkischer Beobachter*

1134   *Anmerkungen zu den Seiten 11 bis 16*

Prolog

1 Heinz, S. 83

2 Heinz, S. 83

3 Brief an Josef Popp vom 4. Dezember 1914. – Aus den militärischen Unterlagen ergibt sich freilich eine niedrigere Gefallenenzahl. Danach fielen am 29. Oktober 1914, als das Regiment seine Feuertaufe erlebte, 349 Mann, und von diesem Tag bis zum 24. November 1914 weitere 373 Mann. HBN, S. 63.

4 Gespräch Julius Hagemanns mit Ignaz Westenkirchner. Die Information stammt aus dem »Harry Schulze-Wilde«-Archiv.

5 Chambers, S. 84

6 MK, S. 221

7 Die Angaben über Dr. Forster stammen aus einem Bericht des US-Marine-Geheimdienstes vom Jahr 1943, der sich im Nationalarchiv in Washington befindet und für den Autor zur Auswertung freigegeben wurde. Der Titel lautet: »*A Psychiatric Study of Hitler*«. Verfasser ist Dr. Karl Kronor, ein früherer Wiener Nervenspezialist. Er war offenbar bei der medizinischen Untersuchung Hitlers in Pasewalk anwesend. Nach seiner Darstellung stimmte Dr. Forsters Diagnose mit einer Definition des Psychopathen überein, derzufolge es sich dabei um einen Menschen »mit geistiger Unterlegenheit handelt, die im allgemeinen erblich bedingt ist. Sie zeigt sich besonders in Form von Willensschwäche und der Unfähigkeit, sich der Gesellschaft anzupassen, und erzeugt letztlich eine Neigung zur Straffälligkeit, ja zum Verbrechen«. Weitere Informationen über Dr. Forster stammen aus einem Brief von Dr. Rudolph Binion und einem Artikel aus seiner Feder im *History of Childhood Quarterly*, S. 203–206.

8 MK S. 221

9 Protokoll des Hitler-Prozesses in München, 16. Februar 1924. PHP

10 MK S. 222

11 MK S. 223

12 PHP, 16. Februar 1924

13 U. S. Navy Intelligence Report 31963, NA.

14 HSB, S. 901; Karl H. von Wiegand, »Hitler Foresees His End«, *Cosmopolitan*, April 1939, S. 152; *Frankfurter Zeitung* vom 27. Januar 1923, S. 1; Ludwell Denny, »France and the German Counter-Revolution«, *The Nation*, 14. März 1923, S. 295; Adolf-Viktor von Koerber, *Adolf Hitler. Sein Leben und seine Reden*, München 1923, S. 6–7.
Die Vermutung, daß Dr. Forster Hitler durch Hypnose zum Halluzinieren gebracht

Anmerkungen zu den Seiten 16 bis 38   1135

haben könnte, wird auch in einem Roman aufgegriffen, den der Arzt Dr. Ernst Weiss,
ein Freund Forsters, der später zum Schriftsteller wurde, über Hitler und Forster ver-
faßt hat. In seinem Buch *Der Augenzeuge* läßt er einen Soldaten »A. H.« 1918 ins Lazarett Pasewalk kommen, der behauptet, unter einer Gasvergiftung zu leiden. Der
Psychiater diagnostiziert hysterische Blindheit und führt durch Hypnose Halluzinatio-
nen herbei. (Hinweis von Dr. Rudolph Binion)

Erstes Kapitel: Die Wurzeln reichen tief (1889–1907)

1 Die Angaben über die Namensänderung Alois Schicklgrubers basieren auf Dokumenten im Institut für Zeitgeschichte, Wien.

2 MK, S. 2

3 Jetzinger, S. 55

4 Protokoll Fräulein Schichtl; HA, NA, F. 17, R. 1

5 Jetzinger, S. 88 ff.

6 MK, S. 3

7 HSB, S. 913 und 924

8 Gilbert, *Psychology*, S. 18

9 MK, S. 4

10 Auskunft von Helene Hanfstaengl, 1971

11 CIC-PH

12 Auskunft von Helene Hanfstaengl, 1971

13 Zoller, S. 46

14 MK, S. 4

15 MK, S. 6

16 MK, S. 8

17 Heinz, S. 25

18 Heinz, S. 26

19 Auskunft von Josef Keplinger, 1971

20 »Lohengrin«, Dritter Aufzug, dritter Auftritt.

21 Jetzinger, S. 73

22 Bradley Smith, *Adolf Hitler*, S. 100

23 Heinz, S. 26 ff. Abweichend von dieser Darstellung vertritt Franz Jetzinger die Auffassung, Hitler habe in dieser Zeit keinesfalls in Linz, sondern bei seiner Mutter in
   Leonding gewohnt und in Linz möglicherweise einen Kostplatz für das Mittagessen
   gehabt. Vergl. dazu Jetzinger, S. 103 ff.

24 Hitlers Ferienerlebnisse mit den Kindern der Familie Schmidt wurden im Oktober 1938
   von Maria Schmidt Koppensteiner und Johann Schmidt geschildert. HA, F. 17, R. 1

25 HSC, S. 625

26 Jetzinger, S. 105 ff.

27 MK, S. 12

28 Jetzinger, S. 115 ff.

29 HSC, S. 201

30 Der Text des Gedichts befindet sich im Bundesarchiv, R. 43 II/957, S. 71. Den Hinweis
   verdanke ich Dr. Eberhard Jäckel.

31 Zitiert nach Maser, *Adolf Hitler*, S. 69 ff.; s. a. Zoller, S. 49

1136　　　　　　　　　　　　　　　*Anmerkungen zu den Seiten 39 bis 48*

32 CIC-PH

33 HSC S. 202

34 Dieses und die folgenden Kubizek-Zitate sind entnommen aus: Kubizek, S. 19 ff.

35 CIC-PH

36 Kubizek, S. 147

37 CIC-PH

38 Kubizek, S. 140

39 CIC-PH

40 Jetzinger, S. 159

41 Kubizek, S. 162

42 Schilderung Dr. Blochs in *Collier's*, 1941

43 Kubizek, S. 76 ff.

44 Kubizek, S. 118

45 HA, F. 17, R. 1, »Adolf Hitler in Urfahr«.

46 Auskunft von Johanna Mayrhofer.

47 Kubizek, S. 158.

48 MK, S. 19

49 Auskunft von Dr. Bloch gegenüber dem OSS.

50 Viele Historiker sind der Auffassung, Hitler sei erst nach dem Tod der Mutter aus Wien zurückgekehrt. Franz Jetzinger zum Beispiel schließt das aus den Schilderungen von Zeugen, die Frau Presenmayer, die Ehefrau des Postmeisters, nach 1938 dazu befragt haben. Jetzinger zufolge »erzählte sie in ihrer senilen Art breitspurig, wie sie gemeinsam mit der Tante Johanna die Schwerkranke pflegte; dabei betonte sie immer, daß Adolf erst nach dem Tode seiner Mutter gekommen sei; sie bedauerte ihn, daß er die Mutter nicht mehr lebend getroffen habe«. In dem Artikel »Adolf Hitler in Urfahr!« (HA, F. 17, R. 1), berichtete dieselbe Frau jedoch, sie sei es gewesen, die Hitler über den Zustand seiner Mutter benachrichtigt habe, und er »unterbrach sein Studium und eilte an das Krankenlager seiner Mutter«. Zugleich bestätigte sie die Schilderung von Dr. Bloch über die Zeichnung. »Um die geliebten Züge seiner Mutter noch einmal einzuprägen, hat er sie auf dem Totenbette gezeichnet.« Überdies erzählt sie 1938 einem Reporter, Hitler sei vor dem Tod seiner Mutter zurückgekehrt und habe sie mit der ganzen Fürsorge eines liebenden Sohnes gepflegt (HA, F. 17 a). Jetzinger ist zu der Auffassung gekommen, daß sowohl der Bericht von Dr. Bloch wie die Schilderung Kubizeks nicht den Tatsachen entsprechen. Es trifft zu, daß Dr. Blochs Darstellung in *Collier's* zahlreiche Fehler enthält, besonders im Hinblick auf die Vorgänge, die er nicht selbst erlebt hat. Es ist auch richtig, daß Kubizeks Darstellung des jungen Hitler, sowohl in seinen *Erinnerungen* wie in dem Buch *Adolf Hitler – mein Jugendfreund* eine Anzahl von Irrtümern enthält, besonders bei den Daten. Kubizek sollte mit Vorsicht gelesen werden; er zeigt eine Neigung zu Übertreibungen, und gelegentlich geht die Phantasie mit ihm durch. Maser, *Adolf Hitler*, S. 307–308, weist darauf hin, daß Kubizeks Erinnerungen bereits 1938 mit Historikern des NSDAP-Hauptarchivs »abgestimmt« worden seien. Die Kritik Jetzingers an Kubizek ist nach meiner Auffassung zum größten Teil gerechtfertigt, doch er selbst zeigt die Tendenz, diejenigen Vorgänge überzubewerten, die Hitler in einem schlechten Licht erscheinen lassen. (Jetzinger war während des NS-Regimes in Wien inhaftiert.) Sein eigenes Buch, das sich ausführlich auf Dokumente stützt, übernimmt einen großen Teil der Darstellung von Kubizek, der zugegebenermaßen die beste direkte Quelle im Hinblick auf Hitler als jungen Mann darstellt.

Weitere Beweise, die das bestätigen, was Dr. Bloch und Kubizek zum Verhalten Hitlers gegenüber seiner Mutter in ihren letzten Lebenswochen mitgeteilt haben, ergaben sich

Anmerkungen zu den Seiten 48 bis 65   1137

während der Vernehmung Paula Hitlers durch einen CIC-Beamten im Jahre 1946:
»Mein Bruder half mir und verwöhnte meine Mutter in dieser letzten Zeit ihres Lebens
mit überströmender Zärtlichkeit. Er war unermüdlich in seiner Fürsorge, wollte ihr
jeden Wunsch erfüllen, den sie vielleicht hatte, und tat alles, um ihr seine große Liebe
zu zeigen.« Eine weitere Bestätigung stammt von Dr. Rudolph Binion, der kürzlich das
Patientenbuch von Dr. Bloch für das Jahr 1907 auswertete und dabei die Kranken-
geschichte Klara Hitlers rekonstruierte. Aus dem Patientenbuch ergibt sich, daß Dr.
Bloch am 22. Oktober 1907 in Linz mit Hitler über seine Mutter gesprochen hat.

51 Kubizek, S. 164

52 Dr. Rudolph Binion, *History of Childhood Quarterly*, S. 197—201

53 Kubizek, S. 166 ff.

54 Dr. Bloch, *Collier's*

55 Kubizek, S. 169

56 Dr. Bloch, *Collier's*

Zweites Kapitel: ›Die Schule meines Lebens‹ (Dezember 1907 — Mai 1913)

 1 Kubizek, S. 170

 2 Kubizek, S. 181 ff.

 3 William Patrick Hitler gegenüber dem OSS. HSB 925—926

 4 Maser, HBN, S. 18 f.

 5 Kubizek, S. 186 ff.

 6 Kubizek, S. 194 ff., 199 ff.

 7 Auskunft von Albert Frauenfeld, 1971

 8 Kubizek, S. 192 ff.

 9 »Die Meistersinger von Nürnberg«, Zweiter Aufzug, dritter Auftritt.

10 Kubizek, S. 236 ff.

11 Kubizek, S. 251

12 Arthur J. May, The Habsburg Monarchy (Cambridge, Mass., 1951) S. 308

13 MK, S. 23

14 Kubizek, S. 208

15 Kubizek, S. 196

16 Kubizek, S. 239 ff.

17 Brief Hitlers an Kubizek vom 18. oder 19. April 1908
   Maser, HBN, S. 20 ff.

18 Kubizek in einem Brief an Jetzinger vom 6. Mai 1949. Oberösterreichisches Landesarchiv.

19 Kubizek, S. 282 ff.

20 Kubizek, S. 305

21 Der Text dieser Postkarte Hitlers an Kubizek bei Jetzinger, S. 202

22 Hitler schrieb diesen Brief am 17. Juli 1908. Siehe Maser, HBN, S. 23 ff.

23 Maser, HBN, S. 26 ff.

24 CIC-PH

25 MK, S. 28

26 MK, S. 18

27 MK, S. 20

1138   *Anmerkungen zu den Seiten 67 bis 85*

28 Hanisch, S. 240

29 Hanisch, S. 272, 297

30 Hanser, S. 31

31 Ernest Jones, I, S. 292 ff., 330, II, S. 261

32 Auskunft von Helene Hanfstaengl, 1971

33 CIC-PH

34 v. Müllern-Schönhausen, *Die Lösung des Rätsels Adolf Hitler*, S. 195. Das Buch stellt
    eine verwirrende Mischung aus Tatsachen und Fantastereien dar. Ich bin jedoch davon
    überzeugt, daß Müllern-Schönhausens Sammlung von Hitler-Briefen, -Dokumenten
    und -Gemälden zum größten Teil echt ist. Obwohl M.-Sch. mit mir die Wiener Bank
    aufsuchte, in der die Dokumente verwahrt werden, und einige photokopieren ließ,
    zeigte er mir die Originale nicht. Er erklärte mir, er habe die Papiere von Hans Bleyer-
    Härtl erhalten — einem österreichischen Nationalsozialisten, der als Anwalt die Doll-
    fuß-Mörder verteidigt hatte. Nach dem Anschluß Österreichs habe Bleyer-Härtl sich mit
    den Nazis überworfen, habe sich dann später als eine »Form des Selbstmords« an die
    Front gemeldet und sei gefallen. Professor Ernst Deuerlein von der Universität Mün-
    chen erklärte mir kurz vor seinem Tod, er habe einen Teil der Dokumente geprüft und
    ihre Echtheit festgestellt. Er empfahl mir, mit M.-Sch. in Kontakt zu treten. Das Ge-
    spräch wurde durch Dr. Wilfried Daim, Wien, vermittelt.

35 Jetzinger, S. 226 ff., Auskunft von Johanna Mayrhofer.

36 Greiner, S. 30

37 Greiner, S. 39—42

38 Diese Auskunft stammt von Karl Honisch, einem Mitbewohner des Männerheimes.
    HA, F. 17, R. 1

39 Ebd.

40 MK, S. 73

41 Honisch, op. cit.

42 Greiner, S. 81

43 MK, S. 137

Drittes Kapitel: ›Überwältigt von stürmischer Begeisterung‹ (Mai 1913 — November 1918)

 1 MK, S. 138

 2 MK, S. 138

 3 Heinz, S. 50

 4 MK, S. 138

 5 Vgl. dazu Richard Seewald, *Der Mann von Gegenüber*. München 1963

 6 MK, S. 169 ff.

 7 Maser, *Adolf Hitler*, S. 122

 8 Heinz, S. 51 ff.

 9 MK, S. 138

10 MK, S. 139

11 Maser, HBN, S. 40 ff.

12 Maser, HBN, S. 42

13 MK, S. 177

14 Sayers, S. 91

Anmerkungen zu den Seiten 86 bis 96   1139

15 Gespräch Julius Hagemanns mit Ignaz Westenkirchner. Die Information stammt von Harry Schulze-Wilde.

16 Mend, S. 15

17 Heinz, S. 53

18 Maser, HBN, S. 55 ff.

19 Maser, HBN, S. 78 ff.

20 s. Prolog, Anm. 3.

21 Wiedemann, S. 28

22 Maser, HBN, S. 67

23 Mend, S. 25

24 Maser, HBN, S. 68

25 HSC, S. 236

26 Maser, HBN, S. 70 ff.

27 Maser, HBN, S. 100

28 Auskunft von Ignaz Westenkirchner, a. a. O.

29 HSC, 662

30 Wiedemann, S. 79

31 Gespräch Julius Hagemanns mit Ernst Schmidt. Die Information stammt von Harry Schulze-Wilde.

32 Mend, S. 124

33 Price, S. 40

34 Müllern-Schönhausen, S. 210

35 Mend, S. 165 f.

36 Heinz, S. 70 ff.

37 Wiedemann, S. 29

38 MK, S. 209

39 MK, S. 211

40 Auskunft von Ignaz Westenkirchner, a. a. O.

41 Hitlers Regiment war für seine tapferen jüdischen Offiziere bekannt. Zwei von ihnen hat Fritz Wiedemann in seinem Buch namentlich erwähnt: Der Reserveleutnant Kuh war Führer eines Sturmtrupps und galt als ein Mann ohne Nerven. Er war Kunstmaler wie Hitler. Wiedemann überliefert von ihm den Ausspruch: »Das Schönste ist doch die Nacht vor einem Sturmangriff!« Der jüdische Bataillonsarzt Dr. Krohn, der ebenfalls dem Regiment angehörte, war mit dem bayrischen Militär-Sanitätsorden ausgezeichnet worden. Die jüdischen Soldaten und Offiziere im deutschen Heer zeigten sich häufig als besonders tapfere Soldaten, um antisemitische Vorurteile zu widerlegen. Bei Mend, S. 161, findet sich die Darstellung eines Zwischenfalls, der häufig als Beweis für Hitlers Antisemitismus schon während des Ersten Weltkriegs zitiert wird: Hitler, so heißt es da, habe sich geweigert, den jüdischen Adjutanten Hugo Gutmann zu grüßen, und Mend gegenüber später erklärt: »Diesen Juden erkenne ich als Offizier nur im Feuerbereich an. Hier kann er seiner jüdischen Frechheit Ausdruck verleihen, wenn er wirklich einmal in die Stellung muß, dann möchte er sich in jedes Mausloch verkriechen, da ist ihm auch das Grüßen Nebensache.« Die Glaubwürdigkeit dieses Berichts hat Mend freilich selbst später in dem sogenannten »Mend-Protokoll« wieder in Frage gestellt. Westenkirchner ist der Ansicht, der Zwischenfall habe nichts mit Antisemitismus zu tun gehabt. Gutmann sei allgemein unbeliebt bei der Mannschaft gewesen.

42 Wiedemann, S. 30

43 HSC, S. 236

1140 *Anmerkungen zu den Seiten 96 bis 104*

44 Heinz, S. 75

45 In seinen unveröffentlichten Tagebüchern hat der Bühnenbildner Gordon Craig diese Bilder Hitlers als bemerkenswerte künstlerische Werke bezeichnet. Dieses Lob war allerdings wohl durch die Dankbarkeit Craigs gegenüber Hitler beeinflußt, der ihn während des Zweiten Weltkriegs in Paris unterstützte. Am 31. 12. 1940 bedankte sich Sylvia Beach bei Heinrich Heim dafür, daß er im Auftrag Hitlers Bilder und Skizzen Craigs gekauft habe.

46 HSC, S. 236

47 Faktisch bezeichnet der Diebstahl das Ende des Malers Hitler, obwohl er nach dem Ende des Krieges noch gelegentlich zeichnete und malte. Die Bilder und Malutensilien, die ihm 1917 gestohlen worden waren, tauchten Jahre später in einem Münchner Kuriositätengeschäft wieder auf. Hitler erhielt sie zurück.

48 Auskunft von Ernst Schmidt, a. a. O.

49 Maser, HBN, S. 106 ff.

50 Frank, S. 46 ff.

51 MK, S. 213 ff.

52 Goodspeed, S. 207

53 Ebd., S. 209

54 Auskunft von Ernst Schmidt, a. a. O.

55 Dr. Rudolph Binion von der Brandeis University ist der Ansicht, daß Hitlers »Vision« in Pasewalk auf unbewußte Haßgefühle gegenüber dem jüdischen Arzt Dr. Bloch hinweist. »Hitler war beim Tod seiner Mutter beinahe neunzehn, aber da er jahrelang müßig in bedrückender Enge mit seiner verwitweten Mutter gelebt hatte, war er emotional und geistig zurückgeblieben. Bewußt liebte er Dr. Bloch wie einen Vater; unbewußt aber machte er ihn für die Krebserkrankung der Mutter, die schmerzhafte toxische Behandlung und die hohe Abschlußrechnung verantwortlich. Nach 1918 kam dieses Gefühl als Haß auf den jüdischen Kriegsgewinnler, das jüdische Gift, das jüdische Krebsgeschwür an die Oberfläche seines Bewußtseins. Die Hinweise darauf, daß er trotz verschiedener Behauptungen in *Mein Kampf* bis zum Ende des Ersten Weltkriegs *kein* Antisemit war, sind durchaus schlüssig. Sein eigentlicher Haß auf »den Juden« und seine politische Berufung als solche können jedenfalls sehr genau datiert werden. Sie fallen mit seinem Lazarettaufenthalt im Oktober/November 1918 zusammen. Das Senfgas war ein flüssiges Sprühmittel, das sich ähnlich wie das Jodoform in die Haut einbrannte. Seine Gasvergiftung assoziierte Hitler mit der Jodoformvergiftung seiner Mutter. Als er in Pasewalk im Lazarett war, muß er phantasiert haben, denn er wurde psychiatrisch behandelt. Der Psychiater hielt seine Blindheit für hysterisch – was falsch war. Als Hitler sein Augenlicht aber wiedergewonnen hatte, erblindete er erneut, als er vom Waffenstillstand und der Revolution hörte. Dieser Rückfall *war* hysterisch ...
In seiner Halluzination wurde Hitler aufgefordert, Deutschlands Niederlage ungeschehen zu machen. Deutschland, das er rächen und wiederherstellen sollte, war offensichtlich seine Mutter: das geht aus einer eigenen Darstellung der Vision Anfang der zwanziger Jahre und aus einer parteioffiziellen Darstellung hervor, die Hitler gebilligt haben muß. Hitler wurde in seinem Trancezustand nicht ausdrücklich aufgefordert, Juden zu töten, aber er erwachte in dem Bewußtsein, Deutschlands Niederlage dadurch rächen zu müssen, daß er Juden umbrachte.« »Hitler's Concept of Lebensraum: The Psychological Basis«, ein unveröffentlichter Aufsatz von Dr. Rudolph Binion.

56 Deuerlein, *Hitler*, S. 68

57 MK, S. 226

58 Heinz, S. 89

Anmerkungen zu den Seiten 106 bis 114 1141

59 Spengler, S. 69 ff.

60 Rosenberg, *Letzte Aufzeichnungen*, S. 65

61 Rosenberg, *Dietrich Eckart: Ein Vermächtnis*, München 1927, S. 45

62 *Vorwärts*, 10. März 1919

63 Hanser, S. 182

64 David Mitchell, S. 119

65 Gustav Noske, *Von Kiel bis Kapp*, Berlin 1920, S. 136

66 Thor Goote in: *Aus der Geschichte der Bewegung*, Deutsche Arbeitsfront November 1934. Ferner: Brief von Ernst Schmidt an Werner Maser vom 16. August 1962. Trotz Hitlers Stellungnahme muß man davon ausgehen, daß er sich den herrschenden Verhältnissen so weit angepaßt hatte, daß er die rote Armbinde der Revolution trug. Vgl. Maser, *Adolf Hitler*, S. 159

67 Alan Mitchell, S. 319

68 Ebd., S. 329

69 Ambroise Got, *La Terreur en Bavière*, Paris 1922, S. 269 ff.

70 David Mitchell, S. 190

71 Ernst Jünger, *Der Kampf als inneres Erlebnis*, Berlin 1933, S. 76 ff.

72 Mayr, S. 194

73 MK, S. 239

74 Auch in anderen Ländern betrachteten führende Politiker damals die Juden als den eigentlichen Quell der Revolution und des Kommunismus. Churchill etwa meinte im Juli 1919 bei einem Treffen im Londoner Anglo-Russian Club, es komme darauf an, in Rußland den »weißen« General Denikin gegen Lenin, Trotzky und die »finstere Bande jüdischer Anarchisten«, von denen sie umgeben seien, zu unterstützen. Und einige Monate später erklärte Churchill im Unterhaus: »Kaum war Lenin erschienen, als er auch schon obskuren Leuten, die in New York, in Glasgow, in Bern und in anderen Ländern Zuflucht gefunden hatten, mit dem Finger winkte, und dann versammelte er die führenden Geister einer äußerst mächtigen, ja der mächtigsten Religionsgemeinschaft überhaupt um sich.« (Laqueur, S. 313 ff.) Churchill rief zu einem antibolschewistischen Kreuzzug auf, an dem sich nach seiner Meinung vierzehn Nationen beteiligen sollten. Ziel war die Unterstützung der »weißen« Streitkräfte in Rußland gegen die Sowjets. Er erklärte, es sei eine Selbsttäuschung, zu »glauben, daß wir in diesem Jahr die Schlachten der antibolschewistischen Russen geschlagen haben. Im Gegenteil, sie haben unsere geschlagen: Diese Wahrheit wird in schmerzlicher Weise deutlich werden, wenn sie ausgerottet sein werden und die bolschewistischen Armeen das ganze riesige Territorium des russischen Reiches in der Hand haben.« (Mitchell, S. 236 ff.)
Der Gedanke eines antibolschewistischen Kreuzzugs hatte unterdessen auch jenseits des Atlantik Anhänger gefunden. Der amerikanische Justizminister A. Mitchell Palmer schlug dem Kongreß vor, eine Kommunistenjagd zu finanzieren und J. Edgar Hoover mit deren Leitung zu betrauen. Überall in der westlichen Welt besagte eine Flüsterkampagne, die russische Revolution werde mit jüdischem Geld finanziert: Ein Deutscher, der vor allem als Geldgeber Lenins betrachtet wurde, war Max Warburg, dessen Bruder Paul Direktor des amerikanischen Zentralbanksystems war. War nicht der Bruder Felix Warburg ein Schwiegersohn jenes Jacob Schiff von der Firma Kuhn, Loeb and Company, der angeblich die bolschewistische Revolution finanziell unterstützt hatte? Jahrzehnte später, am 3. Februar 1939, wurde diese falsche Beschuldigung im New Yorker *Journal American* wiederholt: »Der Enkel von Jacob Schiff, John Schiff, schätzt heute, daß der alte Herr rund 20 Millionen Dollar für den Sieg des bolschewistischen Systems in Rußland zur Verfügung gestellt hat.« Quelle dieser Verleumdungen waren rechtsradikale, weißrussische Kreise, die später auch einige Zeit engen Kontakt mit der NSDAP pflegten (s. Laqueur, a. a. O.).

1142   *Anmerkungen zu den Seiten 114 bis 141*

75 MK, S. 227

76 MK, S. 229

77 MK, S. 234

78 Karl Alexander von Müller, *Mars und Venus*, Stuttgart 1954, S. 338

79 MK, S. 235

80 Oskar Maria Graf, *Gelächter von außen*, München 1966, S. 114 f.

81 Mayr, S. 194

82 Zitiert nach: Deuerlein, *Der Aufstieg der NSDAP*, S. 88

83 Heinz Zarnke in einem Brief an seine Eltern. BA, NS 26/107. »Ich kam eines Tages zu einer Versammlung, bei der 23 Personen anwesend waren; und denkt euch: Herr Gottfried Feder, seine Frau ist eine Richter, war ebenfalls dort. Ein gewisser Herr Hitler sprach sehr gut. Er soll ein ›Bauarbeiter‹ sein, ist aber wahrscheinlich ein Kollege von Herrn Feder, denn nur ein gebildeter Mann kann so sprechen. Herr Hitler diente während des ganzen Krieges und wurde schwer verwundet. Für eine kurze Zeit war er sogar erblindet, und er nahm sehr lebhaften Anteil an meinem Augenleiden.«

84 Ellic Howe, *Rudolph von Sebottendorf*, S. 38

85 Heinz, S. 106 ff.

86 MK, S. 238

87 MK, S. 238

88 MK, S. 239

89 HA, F. 17, R. 1

90 MK, S. 241

91 MK, S. 243

92 Mayr, S. 195

93 Deuerlein, *Der Aufstieg der NSDAP*, S. 93

Viertes Kapitel: Geburt einer Partei (1919–1922)

1 *Illustrierter Beobachter*, Nr. 31, vom 3. August 1929

2 Ebd.

3 MK, S. 389 ff.

4 MK, S. 390

5 MK, S. 393

6 Deuerlein, »Hitlers Eintritt«, S. 207

7 Deuerlein, *Der Aufstieg*, S. 99

8 MK, S. 663

9 Heinz, S. 140

10 Heinz, S. 141

11 MK, S. 392. Die gleiche Formel sollte später auch für die Hitlerjugend benutzt werden.

12 Frank, S. 39

13 Ebd. S. 40 f.

14 Ebd. S. 42

15 Deuerlein, *Der Aufstieg der NSDAP*, S. 108

16 Ernst Röhm, *Die Geschichte eines Hochverräters* (München 1928)

17 Dietrich, *Hitler*, S. 178

Anmerkungen zu den Seiten 142 bis 168   1143

18 »Berlin simultan«, in: Walter Mehring, *Großes Ketzerbrevier*. München und Berlin: Herbig 1974. S. 26 ff.

19 Hans Spethmann, *Zwölf Jahre Ruhrbergbau*, II. (Berlin 1928) S. 133 ff.

20 Maximilian Scheer ed., *Blut und Ehre*, Paris 1937, S. 43

21 Dietrich, S. 178

22 Heinz, S. 240

23 Rosenberg, *Letzte Aufzeichnungen*, S. 91 f.

24 Heinz, S. 240

25 Phelps, »Hitlers ›grundlegende‹ Rede über den Antisemitismus«; Franz-Willing, S. 150, 152

26 Sayers, S. 91

27 Maser, HBN, S. 229–259

28 Phelps, »Hitler als Parteiredner«, S. 314

29 Maser, HBN, S. 305

30 Heinz, S. 143

31 Die Schilderung der Begegnung zwischen Strasser und Hitler basiert auf der Darstellung in: Otto Strasser, *Mein Kampf*, S. 14 ff.

32 Das Zitat von Ulrich Graf stammt aus Egon Hanfstaengls unveröffentlichten Memoiren, S. 101

33 MK, S. 539

34 Deuerlein, *Der Aufstieg*, S. 128

35 MK, S. 558

36 Ebd., S. 560

37 Ebd., S. 561

38 Hanser, S. 285

39 E. J. Gumbel, *Vier Jahre politischer Mord* (Berlin 1923)

40 Franz-Willing, S. 111

41 Deuerlein, *Der Aufstieg*, S. 138 ff.

42 Maser, *Die Frühgeschichte*, S. 270

43 Ebd., S. 273

44 Deuerlein, *Der Aufstieg*, S. 144

45 Ebd., S. 145

46 Heinz, S. 119

47 Heiden, S. 117

48 HSC, S. 428

49 Hitlers Rede vom 28. Juli 1922: Baynes S. 28–41

50 Das entsprechende Quellenmaterial befindet sich im Institut für Zeitgeschichte, München, ZS 640, Blatt 6, Josef Hell.

51 Luedecke, S. 22 ff.

52 Ebd., S. 60 ff.

53 Hamilton, S. 125

54 Luedecke, S. 74

55 Ebd., S. 81

56 Hitler zu Jürgen von Ramin.

1144   *Anmerkungen zu den Seiten 169 bis 187*

Fünftes Kapitel: ›Dieser konsequente und fanatische Mann‹ (1922—1923)

1 Gilbert, *Psychology*, S. 93

2 Ebd., S. 91 ff. Unveröffentlichte Eintragung in Gilberts Nürnberger Tagebuch am 3. Februar 1946

3 Ebd., S. 93

4 Heiden, S. 98 ff.

5 Philipp Bouhler, *Kampf um Deutschland*, München 1938, S. 83

6 HSC, S. 168

7 Ebd., S. 223 ff.

8 Bouhler, *op. cit.*, S. 78

9 Bericht von Truman Smith

10 Hanfstaengl, S. 35

11 HSB, S. 891

12 Hanfstaengl, S. 39

13 VB, 22. Nov. 1922

14 Hanfstaengl, S. 39

15 MY, S. 35; Hanfstaengl, S. 39

16 HSC, S. 534

17 HSB, S. 892; Vgl. Hanfstaengl, S. 40

18 HSB, S. 892; Vgl. Hanfstaengl, S. 40

19 NA, Bericht der Berliner US-Botschaft, Archiv des US-Außenministeriums.

20 Karl Alexander von Müller, *Im Wandel einer Welt*, München 1966, S. 144 f.

21 Denny, *The Nation*, S. 295

22 Hanfstaengl, S. 53

23 HSC, S. 249

24 Sammlung Rehse, S. 791, Kongreßbibliothek.

25 HSC, S. 22

26 Hanfstaengl, S. 49

27 MY, S. 49

28 Hanfstaengl, S. 55

29 Hanfstaengl, S. 56

30 MY, S. 39

31 Helene Hanfstaengl, Notes, S. 281 ff. Helene Niemeyer, die frühere Frau Helene Hanfstaengl, vereinbarte 1940 mit Lippincott, ein Buch zu schreiben. »Sie kam bis zum Ende der Darstellung des Putsches«, so erläuterte ihr Sohn Egon, »und ließ Lippincott dann wissen, sie wolle die Arbeit nicht fortsetzen. Sie zeigte den Leuten auch nicht, was sie geschrieben hatte ... Heute sagte sie, 1940 habe sie von dem Nazi-Thema genug gehabt, und überdies habe sie sich überlegt, daß die Nazis eine Veröffentlichung der ganzen Geschichte zum Anlaß für Repressalien gegenüber ihren Verwandten nehmen könnten.« Brief vom 16. Februar 1973 an den Autor.

32 Hanfstaengl, OSS Biography, S. 48

33 Ebd., S. 31 ff.

34 Hanfstaengl, S. 61

35 Nerin Gun, *Eva Braun*, S. 24, 61

36 Hanfstaengl, OSS Biography, op. cit., S. 12

Anmerkungen zu den Seiten 188 bis 199   1145

37 Hanfstaengl, S. 67

38 Ebd., S. 72

39 MY, S. 61

40 MY, S. 65

41 Hanfstaengl, S. 79

42 Baynes, S. 51 ff.

43 Hanfstaengl, S. 86

44 MY, S. 268

45 HSC, S. 183

46 Hanfstaengl, S. 82

47 HSC, S. 270

48 F. W. Heinz, *Sprengstoff*, Berlin 1930, S. 222

49 NA. Akten des US-Außenministeriums.

50 HSC, S. 218

51 Hanfstaengl, OSS Biography, op. cit., S. 35—37

52 Deuerlein, *Der Aufstieg*, S. 181 f.

53 Hanser, S. 321 ff.

54 VB, 7. September 1923

55 Dem SPD-Politiker Wilhelm Hoegner zufolge, der in den Jahren der Weimarer Republik eine ausführliche Untersuchung über die Geldquellen der NSDAP geleitet hat, reiste
   Hitler 1921 und 1922 in die Schweiz, um für die Partei Spendengelder zu bekommen,
   die ihm den Kampf gegen die Katholische Kirche im Deutschen Reich ermöglichen
   sollten. (Auskunft Hoegners aus dem Jahr 1971). Am 25. November 1924 behaupteten
   zwei Genfer Zeitungen, im September 1923 habe Hitler sich im Hotel St. Gotthard in
   Zürich aufgehalten und dort Zuwendungen in Höhe von 33 000 Schweizer Franken erhalten; ein Teil dieses Betrages sei aus französischen Quellen geflossen. Weitere Sum-
   men stellte Frau Gertrud Seydlitz, die Papierfabriken in Finnland besaß, zur Verfügung; zu den Spendern zählten ferner das Ehepaar Bechstein, der Lokomotivfabrikant
   Borsig und der Münchner Industrielle Hermann Aust. Die höchste Einzelspende,
   100 000 Goldmark, soll Hitler von dem Industriellen Fritz Thyssen, dem Chef der Vereinigten Stahlwerke, erhalten haben. Zu diesem Zeitpunkt konnte der Schatzmeister
   der NSDAP über schätzungsweise 170 000 Goldmark verfügen.

56 BH, MA 103476, 1020 und 751

57 Hanfstaengl, S. 120

58 Helene Hanfstaengl, Aufzeichnungen

59 BH, MA 103476, 1151

Sechstes Kapitel: Der Putsch (1923)

Für Informationen über den Putsch bin ich insbesondere den Herren Prof. Ernst Deuerlein,
Richard Hanser und Dr. Harold J. Gordon jr. zu Dank verpflichtet.

1 Brief von Maria Heiden, München, 30. September 1923

2 Ellic Howe, *Urania's*, S. 90 ff.

3 Wulff, S. 39

4 Howe, *Urania's*, S. 98

5 F. Wagner, S. 8

1146   *Anmerkungen zu den Seiten 199 bis 221*

6 Ebd., S. 9

7 HSB, S. 933

8 Röhl, S. 52 ff.

9 Helene Hanfstaengl, Aufzeichnungen

10 *New York Times*, 4. Oktober 1974

11 Zitiert nach: Deuerlein, *Der Aufstieg*, S. 186

12 Carl Zuckmayer, *Als wär's ein Stück von mir*, Frankfurt/Main 1966, S. 384

13 Eduard Hamm in einem Brief an Theodor Wolff, 3. Januar 1922, BA, R. 431, 2681

14 NA, Bericht der Berliner US-Botschaft vom 22. Oktober 1923

15 *Münchener Zeitung*, 22. Oktober 1923, BA, R. 431, 2264

16 Die Angaben stammen aus einer Fernsehsendung des Bayerischen Rundfunks zum Thema »Der frühe Hitler«.

17 MY, S. 90

18 Ernst Röhm, *Die Geschichte eines Hochverräters*, S. 229

19 BH, MA 103476, 691

20 PHP

21 Gordon, S. 232

22 Egon Hanfstaengl, Erinnerungen

23 Hanfstaengl, S. 129

24 Persönliche Auskunft von Hermann Esser, 1971

25 BH, MA 103476, 691

26 Heinz, S. 154

27 NA, EAP, 10517, I, 97

28 Ebd., S. 98

29 Ebd.

30 Müller, *Im Wandel*, S. 162 ff.

31 Bullock, S. 89

32 MY, S. 100

33 Müller, op. cit., S. 163

34 Ein Zuhörer, den Hitler an diesem Abend nicht hatte gewinnen können, war Müllers Tischnachbar Dr. Max von Gruber, Professor für »Rassenhygiene« an der Universität München. Selbst ein glühender Nationalist, war er durch diesen ersten Anblick Hitlers nicht beeindruckt: »Gesicht und Kopf: Schlechte Rasse, Mischling. Niedrige, fliehende Stirn, häßliche Nase, breite Backenknochen, kleine Augen, dunkles Haar; Gesichtsausdruck nicht der eines Mannes, der mit voller Selbstbeherrschung befiehlt, sondern er verrät irrsinnige Erregung. Schließlich, ein Ausdruck freudvoller Selbstüberhebung.« Heiden, S. 190

35 Goodspeed, S. 239

36 Bullock, S. 90

37 Bayerisches Staatsdokument, H. 72, Allgemeines Staatsarchiv, München.

38 Gordon, S. 264 ff.

39 NA, Dokumente des US-Außenministeriums.

40 Murphy, S. 22

41 Hanser, S. 356

42 BH, MA 104221, Bericht Wilde

43 Hanser, S. 356

Anmerkungen zu den Seiten 221 bis 254   1147

44 Hanser, S. 359
45 Heiden, S. 193
46 Frank, S. 61 ff.
47 BH, MA 104221, Bericht Goebel
48 Hanser, S. 362
49 Heinz, S. 159
50 Ludendorff, S. 65
51 PHP
52 Hitler in seiner Rede vom 11. November 1935
53 BH, MA 104221 Bericht Eckart
54 BH, MA 104221 Bericht Eckart
55 Ludendorff, S. 67
56 BH, MA 104221 Bericht Godin
57 Murphy, S. 22
58 Persönliche Auskünfte von Dr. Schultze, 1974/75
59 Undatierte Aufzeichnungen Frankels, BA, NS 26/115
60 BH, MA 104221 Bericht Salbey
61 BH, Bericht Aigner
62 Persönliche Auskünfte von Dr. Schultze, 1974/75
63 Aussage Haushofers vom 7. Oktober 1945 in Nürnberg.
64 Persönliche Auskunft von Ilse Heß, 1971; Briefe an den Autor, 1975
65 Aus den Aufzeichnungen von Helene Hanfstaengl.
66 Persönliche Auskünfte von Dr. Schultze, 1974/75
67 Heinz, S. 170
68 Fritz Stern, *The Politics of Cultural Despair* (Univ. of Calif., 1961), S. 237 ff.
69 Möller, *Das Dritte Reich*, Hamburg 1931, S. 3, 7 ff.
70 BH, Generalstaatskommissariat, 575

Siebtes Kapitel: In der Festung Landsberg (1923—1924)

1 Helene Hanfstaengl, Aufzeichnungen, S. 333
2 Persönliche Auskunft von Helene Hanfstaengl, 1971
3 Bericht Dr. Brinsteiners vom 8. Januar 1924: Otto Lurker, *Hitler hinter Festungs-
   mauern, ein Bild aus trüben Tagen* (Berlin 1933), S. 9 ff. Dr. Walter Schultze, der Hitler
   vom 9. bis zum 11. November behandelte, erklärte 1974, ein Bruch, wie Dr. Brinsteiner
   ihn glaubte festgestellt zu haben, sei ausgeschlossen gewesen; Schultze hielt Dr. Brinsteiner entweder für unfähig oder für einen Lügner. Persönliche Auskunft von Dr.
   Schultze, 1974.
4 BH, MA 104221, Bericht Drexler
5 Schlabrendorff, S. 345 ff.
6 MY, S. 113
7 Persönliche Auskunft Ehards, 1971
8 Sammlung Hans Hitler
9 Sammlung Edward Whalen
10 Rosenberg, *Letzte Aufzeichnungen*, S. 108

1148   *Anmerkungen zu den Seiten 254 bis 275*

11 Luedecke, S. 186

12 Hoffmann, S. 57

13 Schacht, *Old Wizard*, S. 181 ff.

14 Bericht Dr. Brinsteiner, op. cit.

15 Prange, S. 160

16 Gordon, S. 367

17 Frank, S. 47

18 Persönliche Auskunft Hanfstaengls, 1971

19 Howe, *Urania's*, S. 92 ff.

20 Bewley, S. 56 ff.

21 Spengler, *Politische Schriften*, München 1932, S. 148

22 PHP

23 Frank, S. 52

24 Rosenberg, S. 110

25 Hanfstaengl, Memoirs; ferner persönliche Auskünfte aus dem Jahr 1971; MY, S. 113

26 PHP

27 Hans von Hülsen, *Zwillings-Seele*, München 1947, I, S. 207 ff.

28 PHP

29 HSC, S. 282

30 BA, NS 26/114

31 Heinz, S. 171

32 Müllern-Schönhausen, S. 116

33 Heinz, S. 174, 182. Der von Heinz beschriebene Tagesablauf während der Zeit der
    Festungshaft findet seine Bestätigung in dem Buch von Hans Kallenbach, *Mit Adolf
    Hitler auf Festung Landsberg.*

34 Persönliche Auskunft von Dr. Weber, Sammlung Schulze-Wilde

35 Heinz, S. 183 ff.

36 Bewley, S. 58; Gräfin von Wilamonitz-Moellendorff, *Carin Göring* (Stockholm 1933)

37 NA, Mikrokopie T-81, R. 116, Fr. 136437

38 Frank, S. 49

39 Luedecke, S. 210

40 Lurker, S. 56

41 HSC, S. 46

42 Heinz, S. 179, 181 ff.

43 Hanfstaengl, S. 157

44 Persönliche Auskunft von Ilse Heß, 1971

45 Zeugenaussage Karl Haushofers in Nürnberg, am 7. Oktober 1945.

46 Briefe von Heß an Heinrich Heim, der später für Bormann tätig war und in dieser
    Funktion Hitlers Tischgespräche aufzeichnete. BAK, NS 26—1182.

47 *Der Nationalsozialist*, eine in Leipzig erschienene Zeitschrift, vom 17. August 1924.
    Bibliothek für Zeitgeschichte, Stuttgart, Flugblattsammlung, Karton: Deutschland IV.

48 BH, Akten des Bayerischen Staatsministeriums des Inneren

49 Lurker, a. a. O.

50 Heinz, S. 192

51 Sammlung Ben E. Swearingen

Anmerkungen zu den Seiten 276 bis 304 1149

52 HSC, S. 282

53 Hoffmann, S. 61

54 HSC, S. 282 ff.

55 HSC, S. 284

56 HSC, S. 284

57 Hanfstaengl, 163 ff.; HSB S. 893; Persönliche Auskünfte von Helene Hanfstaengl und Egon Hanfstaengl, 1971

Achtes Kapitel: Das geheime Buch Hitlers (1925–1928)

1 Hoffmann, S. 145

2 Strasser, *Hitler und ich*, S. 82

3 Luedecke, S. 257

4 Luedecke, S. 249 ff.

5 *Völkischer Beobachter*, 7. 3. 1925

6 BH, Bericht der Münchner Polizei vom November 1929

7 Persönliche Auskunft von Heinz Haushofer, 1971. Schriftliche Mitteilung aus dem Jahr 1975

8 Ernst Röhm, *Die Memoiren des Stabschefs* (Saarbrücken 1934), S. 160

9 Luedecke, S. 265

10 HSC, S. 586

11 Hanfstaengl, S. 175, 174

12 Gun, *Eva Braun*, S. 62 ff.

13 F. Wagner, S. 30, 41

14 MK, S. 70

15 Richard Hunt, *Joseph Goebbels*, Phil. Diss., Harward 1960, S. 101

16 Das Tagebuch von Goebbels aus den Jahren 1925/26 stellt trotz seiner schwülstigen Übertreibungen ein enthüllendes Selbstporträt des Autors dar. Es wurde erst nach dem Krieg entdeckt und Ex-Präsident Herbert Hoover übergeben.

17 GTB, S. 55

18 Orlow I, S. 70

19 GTB, S. 72

20 Müllern-Schönhausen, S. 118

21 GTB, S. 84

22 Deuerlein, *Der Aufstieg*, S. 264 f.

23 Tell, S. 136

24 MK, S. 742

25 E. A. Walsh, *Total Power* (Garden City, Garden City Publishing Co, 1948)

26 Frank, S. 45 f.

27 BH, Sonderabgabe I, H. 1762

28 Persönliche Auskunft von Erich Kempka, 1971

29 GStA. München, MA 1943, A. V. Nr. 427

30 Riess, S. 32

31 Bramsted, S. 20

32 Strasser, *Mein Kampf*, S. 30

1150   *Anmerkungen zu den Seiten 305 bis 322*

33 Heiber, S. 51 ff., Riess, S. 33 ff.

34 Ebd., S. 40

35 Albert Krebs, *Tendenzen und Gestalten der NSDAP* (Stuttgart 1959), S. 131 ff.

36 Strasser, *Mein Kampf*, S. 40, 38

37 *Der Angriff*, 2. April 1928

38 HSC, S. 221

39 Persönliche Auskünfte von Ilse Heß, Ernst und Helene Hanfstaengl, 1971; Hoffmann, S. 48, Schirach, S. 210

40 Es war Hitler, der den Vorschlag machte, Heß und Ilse Pröhl sollten doch heiraten: Zunächst war Heß alles andere als glücklich über diese Initiative des »Chefs«; doch schließlich nahm er das Ganze lächelnd hin. Frau Heß erklärte dem Autor dazu 1971 in einem Gespräch: »Hitler nahm an uns allen, die wir ihn seit den Anfängen seiner Laufbahn begleitet hatten, ein persönliches Interesse. Wir waren ein sehr enger Kreis. Wir waren auch enge Freunde von Geli. Was meinen Mann und mich betraf, so waren wir eigentlich zu beschäftigt; er war stets unterwegs, und ich arbeitete. Er widmete seine Zeit mehr der Politik und hatte nicht viel Privatleben.«

41 Persönliche Auskunft von Ilse Heß, 1971

42 *Hitlers Zweites Buch*, S. 46 f.

43 Ebd., S. 66

44 Ebd., S. 220

45 »Nie zuvor war Hitler in seinem Vergleich der Juden mit anderen Völkern so weit gegangen. Aber worin lag dann der Unterschied? War es nur das Fehlen eines territorialen Staates? Nein, der Unterschied wurde im Kampf ums Dasein gefunden.« Jäckel, S. 103. Der Autor ist Professor Jäckel für Informationen zu diesem Problem zu Dank verpflichtet.

46 *Hitlers Zweites Buch*, S. 221

47 Ebd., S. 61 f. und 75

48 Persönliche Auskunft von Professor Ernst Deuerlein, 1971

Neuntes Kapitel: Ein Todesfall in der Familie (1928—1931)

 1 *Der Angriff*, 19. November 1928

 2 Prange, S. 40 ff.

 3 *Der Angriff*, 19. November 1928

 4 Lochner, *What about Germany*, S. 102 ff.

 5 Speer, S. 32 ff.

 6 Hanfstaengl, S. 237

 7 Hoffmann, S. 124

 8 Schirach, S. 83 f.

 9 Gun, *Eva Braun*, S. 37

10 Ebd., S. 46 ff.

11 G. M. Cathorne — Ardy, *A Short History of International Affairs* (London 1950), S. 357

12 MY, S. 149

13 Heiber, S. 78

14 *Der Angriff*, 27. Februar 1930

Anmerkungen zu den Seiten 322 bis 350 1151

15 Hanfstaengl, S. 204

16 Heiber, S. 79

17 Strasser, S. 50–69

18 Kühnl, S. 374

19 Ebd. S. 253

20 BA, Slg. Ach F. 313: Brief Gregor Strassers an Rudolf Jung vom 22. Juli 1930

21 Unveröffentlichter Brief vom 7. April 1930. Sammlung Ben. E. Swearingen

22 *Der Angriff*, 14. September 1930

23 HSC, S. 179

24 Hanfstaengl, S. 208

25 Frank, S. 86

26 Baynes, S. 994 ff.

27 Baynes, S. 192

28 Sender, S. 276

29 Persönliche Auskunft von Hans Hitler, 1971; OSS-Befragung W. P. Hitlers, HSB
   S. 926 ff., *Paris Soir*, 5. August 1939

30 Frank, S. 330 ff.

31 Briefwechsel zwischen Dr. Hans Dietrich Röhrs und Rittmeister von Schuh, sowie zwischen Dr. Röhrs und dem Verfasser, 1972

32 Frank, S. 93 ff.

33 Heiden, S. 409

34 Höhne, *Der Orden unter dem Totenkopf*, S. 67 ff.; persönliche Auskünfte von Hein Ruck, 1971

35 Hanfstaengl, S. 226 f.

36 Persönliche Auskunft von F. K. Florian, 1970

37 Führer-Konferenz vom 13./14. Juni; SS HQ Report, Berlin Documentary Center, Mikrofilm 87

38 *Münchener Post*, 11./12. April 1931

39 3. Februar 1931; NA, German Documents, R. 85

40 Delmer, S. 107 f., S. 116

41 Gun, *Eva Braun*, S. 24 ff.

42 Ebd., S. 24

43 OSS-Befragung William Patrick Hitlers, HSB S. 929 ff.

44 Persönliche Auskünfte von Ernst und Helene Hanfstaengl, 1970, 1971; Hanfstaengl, S. 237

45 Gun, *Eva Braun*, S. 25 ff.

46 Hoffmann, S. 124

47 Hoffmann, S. 127

48 Auskunft von Frau Reichert, Sammlung Schulze-Wilde

49 Gun, *Eva Braun*, S. 28

50 Hoffmann, S. 128

51 Es gibt verschiedene Versionen über die Entdeckung der Leiche. Frau Winter berichtete, sie habe an die Tür geklopft, und als Geli nicht antwortete, ihren Mann gerufen; gemeinsam hätten sie gewaltsam die Tür geöffnet. Frau Heß hingegen erklärte dem Verfasser, ihr Mann sei von Frau Winter gerufen worden, und *er* habe die Tür aufgebrochen. Eva Braun erzählte ihren beiden Schwestern, nach Hitlers Darstellung habe Geli

1152   *Anmerkungen zu den Seiten 350 bis 373*

die Pistole mit einem Waschlappen umwickelt, um den Schuß zu dämpfen, und sich
dann in den Mund geschossen. Ferner gab es einen Bericht über einen unvollendeten
Brief Gelis an einen Musikprofessor in Wien, den sie darüber informiert haben soll,
daß sie bei ihm Unterricht nehmen wolle. Ein Wahrsager (so Hitler im Gespräch mit
Friedelind Wagner) soll einmal prophezeit haben, eine Pistolenkugel werde Gelis Leben
beenden, und seitdem sei sie von einer »hysterischen Furcht« vor Pistolen beherrscht
gewesen. Wagner OSS S. 938

52 Frank, S. 98

53 Persönliche Auskünfte von Frauenfeld, 1971; Briefwechsel mit Frauenfeld, 1975

54 Hoffmann, S. 133

55 Gilbert, *Psychology*, S. 62

56 Persönliche Auskunft von Frau Heß, 1971

Zehntes Kapitel: ›Es ist fast wie ein Traum‹ (1931 – 30. Januar 1933)

1 VB, 31. Oktober 1931

2 Zit. bei Werner Conze in: *Vierteljahreshefte für Zeitgeschichte*, 1. Jahrgang (1953),
   S. 269

3 Goebbels, *Vom Kaiserhof zur Reichskanzlei* (München 1936), S. 20

4 Domarus, S. 67–90

5 Frank, S. 101

6 Isherwood, S. 86

7 Goebbels, *Vom Kaiserhof*, S. 62

8 Dietrich, S. 15

9 Frank, S. 88

10 Delmer, S. 155

11 Krebs, *Tendenzen*, S. 136 ff.

12 A. M. Koktanek, *Oswald Spengler in seiner Zeit* (München 1968), S. 247

13 Hamilton, S. 142 ff.

14 Papen, *Vom Scheitern*, S. 201

15 Dorpalen, S. 315

16 Persönliche Auskunft von Hans Baur, 1970; Baur, S. 89 f.

17 Egon Hanfstaengl, Erinnerungen, S. 95

18 Papen, S. 251

19 Memorandum Meißners, in: Walther Hubatsch, *Hindenburg und der Staat*
   (Göttingen 1966), S. 338 f.

20 HSB, S. 911

21 MY, S. 188

22 Rudolf Olden, Hitler (New York, 1936)

23 Dorpalen, S. 336

24 Hanfstaengl, S. 279

25 Dietrich, S. 31

26 Stein, S. 111

27 Wisconsin Magazine of History, Sommer 1967, S. 286 ff.

28 Persönliche Auskunft von Otto von Habsburg, 1971

Anmerkungen zu den Seiten 374 bis 393 1153

29 Hoffmann, S. 137 f.

30 Goebbels, *Vom Kaiserhof,* S. 181

31 Delmer, S. 174

32 Vernehmung des Kronprinzen Friedrich Wilhelm von Preußen in Nürnberg. Dieser Satz wurde auf sein Verlangen aus dem Protokoll gestrichen, jedoch in die einleitenden Bemerkungen aufgenommen, Wiedemann, S. 199

33 Papen, S. 213

34 Hegner, S. 16

35 HSC, S. 226 ff.

36 Dorpalen, S. 358 f., Deuerlein, *Aufstieg,* S. 404; Hegner, S. 18 f.

37 H. A. Turner, »Fritz Thyssen and ›I paid Hitler‹«, in: *Faschismus und Kapitalismus in Deutschland,* S. 24 f.

38 Dorpalen S. 365

39 Aufzeichnungen Meißners vom 2. Dezember 1932 in: *Vierteljahreshefte,* VI, 1958, S. 105 ff.; Papen, *Wahrheit,* S. 243 ff.

40 Dorpalen, S. 372 f.

41 Frank, S. 108

42 Goebbels, *Vom Kaiserhof,* S. 218 ff.

43 Orlow I, S. 293

44 Goebbels, *Vom Kaiserhof,* S. 206

45 MY, S. 190 ff., Heiber, S. 111

46 Goebbels, *Vom Kaiserhof,* S. 209

47 Domarus, S. 165

48 VB, 18./19. Dezember 1932

49 Krause, S. 52

50 Wagner, S. 73

51 Bullitt, S. 23

52 Müllern-Schönhausen, S. 137

53 Hanfstaengl, S. 287

54 HSC, S. 467

55 Dorpalen, S. 393

56 Ribbentrop, *London und Moskau,* S. 39

57 Meißner, IMT, XXXII, 152; ebd., Case Nr. 11 L Transkript, 4494, Hans Otto Meißner und Harry Wilde, *Die Machtergreifung,* Stuttgart 1958, S. 161 ff. Papens Bericht in seinen Memoiren über die Verhandlungen vom Januar ist nicht korrekt. Er behauptet zum Beispiel, mit Hitler zwischen dem 4. und dem 22. Januar keinerlei Kontakt gehabt zu haben – eine offenkundige Unwahrheit. Ferner verschweigt er, daß er sich Hitler am Abend des 22. Januar zur Verfügung gestellt hat.

58 Ribbentrop, S. 40

59 Unsigniertes Protokoll der Besprechung zwischen Hindenburg und Schleicher vom 28. Januar 1933. In: Thilo Vogelsang, *Reichswehr, Staat und NSDAP* (Stuttgart 1962), S. 490 ff.

60 Protokoll Hammersteins, zitiert in: John Wheeler-Bennett, *Nemesis,* S. 301 f.

61 Papen, S. 239

62 Dorpalen, S. 415

63 Dorpalen, S. 416 f.

1154   *Anmerkungen zu den Seiten 393 bis 417*

64 Hoffmann, S. 48

65 *Memoirs*, S. 191

66 Hoffmann, S. 49

67 Papen, *Wahrheit*, S. 297; Vgl. auch englische Ausg., London 1952, S. 264

68 Frank, S. 111

69 Persönliche Auskunft von Hein Ruck, 1971

70 Maschmann, S. 10 ff.

71 François-Ponçet, *Botschafter*, S. 81

72 Frank, S. 129 f.

Elftes Kapitel: Eine unbewachte Stunde (1933 — Juni 1934)

 1 Ziegler, S. 102

 2 Ewald von Kleist-Schmenzin, »Die letzte Möglichkeit«, *Politische Studien*, X, 1939,
    S. 92

 3 *New York Times*, 31. Januar 1933

 4 NA, US Department of State file, Berlin Embassy Report, 2. Februar 1933

 5 Institut für Zeitgeschichte, ZS 105 ff., Horstom Mellenthin; O'Neill, S. 125 ff.

 6 Heiden, *A History of National Socialism*, S. 216

 7 Bewley, S. 97 ff.

 8 Persönliche Auskunft von Ernst Hanfstaengl, 1970; Hanfstaengl, S. 294 f.

 9 Delmer, S. 191; Papen, *Wahrheit*, S. 302 f.; Tobias, S. 112—115

10 Tobias, S. 112 ff.; Holborn, *Republic*, S. 168

11 HSC, S. 604

12 Tobias, S. 120

13 Holborn, Republic, S. 183

14 Bewley, S. 100 ff.

15 Delmer, S. 196

16 Bullock, S. 246

17 Persönliche Auskunft von Kurt Schuschnigg, 1971

18 Bullock, S. 241

19 Persönliche Auskunft von Hjalmar Schacht, 1963; Manchester, S. 407

20 Eich, S. 92

21 Frank, S. 137 f.

22 Persönliche Auskunft von Ehard, 1971

23 Frank, S. 156

24 François-Poncet, S. 121

25 Domarus, S. 228

26 Domarus, S. 237

27 Bullock, S. 252; Fest, S. 561; Domarus, S. 246

28 Fest, S. 562; Wheeler-Bennett, *Der hölzerne Titan. Paul von Hindenburg*, Tübingen 1969,
    S. 452 ff.

29 Persönliche Auskunft von Schwerin von Krosigk, 1971

30 R. Binding, *Die Briefe*, Hamburg 1957, S. 182

31 Isherwood, S. 180 ff.

Anmerkungen zu den Seiten 418 bis 438 1155

32 E. De Felice, *Storia degli ebrei italiani sotto il fascismo*, Turin 1961, S. 113
33 Isherwood, S. 183
34 Walter Hubatsch, *Hindenburg und der Staat*, S. 375 f.
35 Baynes, S. 729
36 ADAP, C, I/1, 188
37 François-Poncet, S. 130
38 Domarus, S. 277
39 Brief Lochners vom 28. Mai 1933
40 *New York Times* vom 10. Juli 1933
41 HSC, S. 470
42 VB, 6. Juli 1933
43 Papen, *Wahrheit*, S. 341
44 Domarus, S. 286
45 Domarus, S. 289
46 Heinz, S. 232
47 Spengler, Letters, S. 290
48 Koehler, S. 67 ff.
49 Papen, *Wahrheit*, S. 314
50 Persönliche Auskunft von Stütz, 1971
51 F. Wagner, S. 89
52 Egon Hanfstaengl, *Memoirs*, S. 216 ff.
53 *Literary Digest*, 26. August 1933, S. 13
54 J. R. M. Butler, *Lord Lothian*, London 1960, S. 206
55 Herzstein, S. 24
56 Papen, *Wahrheit*, S. 335
57 Martin Gilbert, *Plough My Own Furrow*, London 1965, S. 340 ff.
58 *Freiburger Studentenzeitung*, 10. November 1933
59 ADAP, C, II/1, 18
60 *Amtsblatt Passau*, Heft 25, vom 10. November 1933
61 Domarus, S. 330
62 Dorpalen, S. 447
63 Domarus, S. 336
64 Zit. bei: Grunberger, S. 320
65 Tobias, S. 219
66 Ebd., S. 224
67 Bräutigam, S. 228
68 Hanfstaengl, S. 296
69 Martha Dodd, S. 58
70 Ebd., S. 58 ff.
71 Eden, *Facing*, S. 61 ff.
72 ADAP, C, II/2, 325
73 François-Poncet, S. 200 ff.
74 ADAP, C, II/1, 40
75 Hanfstaengl, S. 330

1156   *Anmerkungen zu den Seiten 439 bis 460*

76 Bojano, S. 30 ff.

77 Knickerbocker, S. 5 ff.

78 Sisley Huddleston, *In My Time*, London 1938, S. 309

79 Wiedemann, S. 64

80 Bojano, S. 31

81 ADAP, C, III/1, 10

82 Weizsäcker, S. 122

Zwölftes Kapitel: Die zweite ›Revolution‹ (Februar — August 1934)

1 Dies war der Inhalt des »Abkommens« vom 28. Februar 1934, das Hitler der SA auf-
   zwang.

2 Bullock, S. 265

3 Höhne, *Orden*, S. 93; Helmut Krausnick, »Der 30. Juni 1934«, in: *Das Parlament*, 30. 6.
   1954, S. 320

4 Ansprache Röhms v. 18. April 1934, Max Gallo, *Der schwarze Freitag der SA*, S. 297 f.

5 Domarus, S. 418 f.

6 Auskunft von Annelies Röhm, 1971

7 Papen, *Wahrheit*, S. 346—349

8 Lutze Tagebuch, s. *Frankfurter Rundschau*, 14. Mai 1957

9 VB, 26. Juni 1934

10 Delmer, S. 234—236

11 Lutze Tagebuch, a. a. O.

12 Ebd.

13 Unveröffentlichte eidesstattliche Erklärung von Feldmarschall Ewald von Kleist in
    Nürnberg, 1946. Inst. für Zeitgesch. München

13a Ernst von Salomon, *Der Fragebogen*, Hamburg 1951, S. 449

14 Höhne, *Orden*, S. 107; Anklageschrift gegen Josef Dietrich, Landgericht München I,
    4. Juli 1956, S. 58, 80

15 Domarus, S. 421

16 Lutze Tagebuch, a. a. O.

17 Gallo, S. 207

18 Lutze Tagebuch, a. a. O.

19 Interviews mit Kempka, 1971

20 Lutze Tagebuch, a. a. O.; Gallo, S. 215

21 Brückner-Verhör durch die CIC, a. a. O.; Kempka-Interview, 1971

22 Domarus, S. 421

23 Urteil Dietrich, S. 60

24 Delmer, S. 237

25 Urteil Dietrich, S. 12, 13

26 Frank, S. 149—154

27 Urteil Dietrich, S. 15—16

28 Urteil Dietrich, S. 61

29 Gisevius, S. 210; Wheeler-Bennett, *Nemesis*, S. 346

30 Ebd., S. 216

Anmerkungen zu den Seiten 460 bis 491   1157

31 Dorpalen, S. 451 f.
32 Höhne, *Orden*, S. 120 f.
33 Martha Dodd, S. 136
34 Höhne, *Orden*, S. 121
35 Delmer, S. 238
36 Wheeler-Bennet, *Nemesis*, S. 325–326
37 Papen, S. 318
38 Interview mit Schwerin von Krosigk, 1971
39 Frank, S. 152–154
40 Domarus, S. 424
41 Dönitz, S. 301
42 Gallo, S. 289
43 Assmann, S. 289 ff.
43a Wheeler-Bennet, *Nemesis*, S. 353
44 Interview mit Ruck, 1971; Interview mit Naumann, 1971
45 Bericht von Robert Schulz, 21. August 1935, RFSS microfilm 33 beim NA (Gruppe
    T-175)
46 ADAP, C, III/1, 115
47 Papen, S. 381–385
47a Hjalmar Schacht, *76 Jahre meines Lebens*; München 1953, S. 404
48 Zit. nach: Nolte, S. 288
49 MY, 262
50 Wheeler-Bennett, *Nemesis*, S. 362
51 Domarus, S. 447 f.
51a Papen, *Wahrheit*, S. 373 f.
52 Hanfstaengl, S. 355

Dreizehntes Kapitel: Triumph des Willens (1934–1935)

 1 *Harper's Bazaar*, Dez. 1934
 2 William Dodd, S. 154
 3 Aussage von Max Jüttner, Landgericht I München, 8. 4. 1949
 4 Speer, S. 71
 5 Mündliche Auskunft Leni Riefenstahl, 1971
 6 Domarus, S. 448
 7 Frank, S. 154 f.
 8 Speer in: *Playboy* 78
 9 Shirer, *Berlin Diary*, S. 22
10 Unveröffentlichte Erinnerungen Feldmarschall von Weichs; BA, H 07-19/1, 19/14
11 William Dodd, S. 164
12 Mündliche Auskunft Leni Riefenstahl, 1971
13 Aussage von Friedelind Wagner vor dem OSS: HSB 939
14 Wiedemann, S. 70
15 Zoller, S. 92

1158   *Anmerkungen zu den Seiten 491 bis 520*

16 HSB 927; Aufzeichnungen Brigid Hitler
17 Mündliche Auskunft von Hans Hitler, 1971
18 Weinberg, S. 202
19 Price, S. 31
20 Shirer, *Berlin Diary*, S. 27
21 Ebd., S. 29
22 Mündliche Auskunft François-Poncet, 1971
23 ADAP, C, III/2, 555
24 Eden, *Facing*, S. 134, 133, 135
25 Schmidt, S. 297. Die Ausführungen Schmidts sind sämtlich durch mündliche Auskünfte
    aus dem Jahr 1963 ergänzt worden.
26 Eden, *Facing*, S. 138 f.
27 Schmidt, S. 302
28 F. Wagner, S. 129
29 Mosley, S. 365; Mündliche Auskunft Mosley, 1971/1972
30 ADAP, C, IV/1, 27
31 Brief Lochners an seine Tochter, April 1935. State Historical Society of Wisconsin
32 Robert Ingrim, *Hitlers glücklichster Tag*, Stuttgart 1962, S. 127
33 Schmidt, S. 311–314
34 Windsor, S. 254
35 ADAP, C, IV/1, 159
36 Wiedemann, S. 69
37 HSC, S. 247 f.
38 Speer, S. 118
39 N. Gun, *Eva Braun*, S. 87 f.
40 Domarus, S. 537
41 Orlow, II, S. 138
42 ADAP, C, IV/2, 507
43 ADAP, C, IV/2, 531, S. 1041
44 Domarus, S. 580
45 Eden, *Facing*, S. 337 f.
46 Hoffmann, S. 94
47 Wiedemann, S. 188
48 Eden, *Facing*, S. 338 f.
49 Ebd., S. 343
50 Mündliche Auskunft Helms, 1971

Vierzehntes Kapitel: Mit der Sicherheit eines Schlafwandlers (März 1936 – Januar 1937)

1 Schmidt, S. 320
2 Frank, S. 211
3 Shirer, *Aufstieg*, S. 283
4 Feiling, S. 279
5 Domarus, S. 606

Anmerkungen zu den Seiten 521 bis 543 1159

6 HSC, S. 259

7 Thomas Jones, S. 197–198

8 Ebd., S. 198–201

9 Ivone Kirkpatrick, *The Inner Circle*, London 1959, S. 97–98

10 F. Wagner, S. 127

11 Ribbentrop, *London*, S. 89

12 Mandell, S. 227

13 Dietrich, S. 45

14 *Current History*, Juli 1936

15 Ziegler, S. 101

16 Mündliche Auskunft Hans Hitler; CIC-PH.

17 Mündliche Auskunft Dieter Allers, 1971

18 Mündliche Auskunft Hildegard Fath, 1971

19 Mündliche Auskunft Helene Hanfstaengl, 1971; Korrespondenz mit Egon Hanfstaengl, 1973

20 Egon Hanfstaengl, *Memoirs*, 362 ff.; Hanfstaengl, S. 362–370

21 Gerhard Meinck, *Hitler und die Deutsche Aufrüstung*, Wiesbaden 1959, S. 165

22 Thomas Jones, S. 245–246

23 Linge, Nr. 12

24 Schmidt, S. 340

25 Mündliche Auskunft Helms, 1971

26 Wiskemann, S. 90

27 *Ciano's Diplomatic Papers*, London 1948, S. 60

28 Ivone Kirkpatrick, S. 347

29 IMT, IX, S. 48 f.

30 Shirer, *Aufstieg*, S. 290

31 Windsor, S. 332

32 Hesse, S. 81 f.

33 Windsor, S. 411

34 Hesse, S. 84

35 Mündliche Auskunft Dr. Giesing, 1971

36 Domarus, S. 667

37 *New York Times Book Review*, 22. April 1973

38 HSC, S. 425

39 *Hans Schemm spricht: Seine Reden und sein Werk*, Gauverlag Bayerische Ostmark 1935, S. 175–178

40 CAB 27/599

41 Siemsen, S. 145 u. 154; Mündliche Auskunft Lauterbacher, 1971; Lauterbacher Aussagen in Nürnberg, 27. Mai 1946, 534

42 Santoro, S. 416

43 David Schoenbaum, *Hitler's Social Revolution*, Garden City 1966, S. 105

44 Domarus, S. 666

45 *New York Times Magazine*, Oct. 28, 1934

46 Kennan, S. 126 f.

47 Carr, S. 52–61

1160   *Anmerkungen zu den Seiten 544 bis 566*

48 28. Okt. 1936, nachgedruckt in: *Der Vierjahresplan*, Jan. 1937, S. 33–35

49 Domarus, S. 658

50 *Account*, S. 98–99

51 Archibald Henderson, GBS, S. 311

52 Hedin, S. 71, 99

53 Mündliche Auskunft Degrelle, 1971

54 Vgl. Eastman, S. 4 f. Neben der Nazi-Philosophie exportierte Deutschland auch
   Waffen nach China. Schon 1929 wurde Hermann Kriebel, der militärische Leiter des
   Marsches auf die Feldherrnhalle von 1923, deutscher Berater von *Tschiang Kai-schek*.
   Vgl. »The Development of German Chinese Military Relations 1928 – 1936«, Diss.
   Duke University, 1967.

Fünfzehntes Kapitel: ›So ein kleiner menschlicher Wurm‹ (1937 – Februar 1938)

1 *Es spricht der Führer*, hrsg. v. Hildegard von Kotze und Helmuth Krausnick, Gütersloh 1966, S. 123–177. Die Aufnahmen dieser Reden wurden nach dem Zusammenbruch in einem Graben gefunden. Sie befinden sich jetzt im Bundesarchiv.

2 Speer, S. 54

3 Mündliche Auskunft Gerdy Troost 1971; Korrespondenz, 1975

4 *Entartete »Kunst«*, Ausstellungsführer (München 1937), S. 26 f.

5 vgl. Grunberger, S. 442

6 Schmidt, S. 365 f.

7 Schmidt, S. 368 ff.

8 Knickerbocker, S. 49 f.

9 Domarus, S. 745

10 IMT, IX, S. 344 f. (14. 3. 1946)

11 Hoßbach, *Zwischen Wehrmacht und Hitler*, Hannover 1949, S. 207–220; ADAP, D,
   I, 19

12 IMT, XIV, S. 45 (16. Mai 1946)

13 Adolf von Kielmansegg, *Der Fritsch Prozeß 1938*, Hamburg 1949, S. 34 f.

14 CAB 27–626, FP (36) 23

15 Feiling, S. 319

16 Londoner *Times*, 28. Mai 1973

17 Lord Birkenhead, *Halifax*, London 1965, S. 373

18 Schmidt, S. 377

19 Kirkpatrick, *Inner Circle*, S. 94–98

20 Schmidt, S. 379

21 CAB 43 (37)

22 Londoner *Times*, 28. Mai 1973

23 Günsche Aussage. Zit. bei: Besymenski, S. 34

24 Krause, S. 53–55

25 CAB 237, 626, FP (36) 41

26 Wiedemann, S. 112

27 Wiedemann, S. 113

28 Keitel, S. 105 f.

Anmerkungen zu den Seiten 568 bis 594   1161

29 Wiedemann, S. 118
30 Guderian, S. 40
31 Annelies von Ribbentrop, S. 80

Sechzehntes Kapitel: ›In meiner Heimat Ordnung und Ruhe‹ (Februar bis April 1938)

 1 Papen, *Wahrheit*, S. 458 ff.
 2 IMT, XVI, S. 152
 3 Schuschnigg, *Requiem*; Mündliche Auskunft Schuschnigg, 1971
 4 *Keitel*, S. 177; IMT, X, 568 (3. 4. 46)
 5 Schuschnigg, *Requiem*
 6 Papen, *Wahrheit*, S. 475; Schuschnigg, *Requiem*
 7 Müllern-Schönhausen, S. 162
 8 Schuschnigg, *Im Kampf*, S. 269
 9 Domarus, S. 801 f.
10 *Living Age*, August 1938, S. 512—514
11 Gedye, S. 233
12 Schuschnigg, *Im Kampf*, S. 273 f.
13 Brook-Shepherd, S. 144 ff.
14 Ebd., S. 126
15 Toland, *Rising Sun*, S. 49
16 Schmidt, S. 390
17 N. Henderson, S. 115—116
18 Schuschnigg, *Im Kampf*, S. 292 ff.
19 Starhemberg, S. 272
20 Shirer, *Aufstieg*, S. 322
21 GFP, D, I, 352
22 Schuschnigg, *Im Kampf*, S. 305 f.
23 Brook-Shepherd, S. 205; IMT, XIV, S. 132 ff. (12. 6. 46)
24 Cadogan, S. 60
25 BFP, 3rd, I, 13
26 Schuschnigg, *Requiem*, S. 50
27 Schuschnigg, *Requiem*, S. 48—52; Mündliche Auskunft Schuschnigg, 1971;
    Shirer, *Berlin Diary*, S. 99; Guido Schmidt Verhandlungsprotokoll Nürnberg, 290;
    Domarus, S. 810
28 Eichstaedt, *Von Dollfuß zu Hitler*, Wiesbaden 1955, S. 411
29 Wiedemann, S. 122
30 Schuschnigg, *Requiem*, S. 82 f.
31 W. Görlitz, *Keitel*, Göttingen 1961, S. 179
32 Domarus, S. 816 f.
33 Guderian, S. 44
34 *Keitel*, S. 180
35 Linge, Nr. 21
36 Guderian, S. 44

1162   *Anmerkungen zu den Seiten 595 bis 621*

37 Brook-Shepherd, S. 254
38 Domarus, S. 821
39 BFP, III/1, No. 46
40 Memorandum von Seyß-Inquart, 9. Sept. 1945; ND, 3254 PS, IMT, XXXII, S. 66 ff.
41 Ernest Jones, S. 294
42 Gedye, S. 299
43 BFP, I, 44
44 Huss, S. 19—20, IMT, XV, S. 688
45 Papen, S. 432—433; Schmidt Verhandlungsprotokoll, S. 383
46 Gun, *Eva Braun*, S. 125
47 Lochner Brief vom 15. 3. 38
48 Domarus, S. 829—832
49 Domarus, S. 833
50 Mündliche Auskunft Schuschnigg, 1971
51 Brook-Shepherd, S. 266
52 Kubizek, S. 328—333
53 Domarus, 849, 850

Siebzehntes Kapitel: ›Auf Messers Schneide‹ (Mai — Oktober 1938)

1 Linge, Nr. 22
2 Baur, S. 163; Mündliche Auskunft Baur, 1970; Ciano, *Tagebücher 1938*, S. 158 f.;
   Persönliche Auskunft Dollmann, 1971
3 Lochner, *Germany*, S. 11
4 Wiedemann, S. 142
5 Ciano, *Tagebücher 1938*, S. 158
6 Ciano, *Tagebücher 1938*, S. 157
7 Chamberlain Brief vom 20. 3. 1938; *Private Collection* der *Birmingham University
   Library*
8 Louis Fischer, S. 311
9 Wheeler-Bennett, *Munich*, S. 57
10 ADAP, D, II, Nr. 154
11 Weizsäcker, S. 166
12 *Nazi Conspiracy and Aggression*, V, 3037—PS, 743—44; Zeugenaussage Wiedemann,
    Nürnberg, 24. Okt. 1945, 3; Braddick, S. 22
13 O'Neill, S. 155—156
14 *Keitel*, S. 184
15 ADAP, D, II, Nr. 221
16 Ebd., Nr. 223
17 Wiedemann, S. 160, 166
18 Hesse, S. 126 ff.; Brief von Hesse, 1974
19 O'Neill, S. 157—58; Wolfgang Förster, *Ein General kämpft gegen den Krieg*, München
    1949, S. 117, 122
20 McSherry I, 63

Anmerkungen zu den Seiten 621 bis 642 1163

21 BFP, 3 II–683–86

22 Ebd., 118

23 Mündliche Auskunft Schwerin von Krosigk

24 Wiedemann, S. 170

25 BFP, II, 257

26 Frank, S. 320

27 ADAP, D, II, Nr. 448

28 Keitel, S. 191

29 IMT XXVIII, 1780 PS

30 Nogueres, S. 107

31 Shirer, *Berlin Diary*, S. 125

32 BFP, II, 680–682

33 Feiling, S. 360

34 Domarus, S. 904 f.

35 Nogueres, S. 116

36 BFP, II 314

37 L. B. Namier, *Diplomatique prelude*, London 1948, S. 35

38 Ciano, *Tagebücher 1938*, S. 225 (14. 9. 1938)

39 Nogueres, S. 124

40 Schmidt, S. 396–398; Feiling, S. 366–367

41 London *Times*, 16. Sept. 1938

42 Ickes Tagebuch, 18. Sept. 1938

43 BFP, II, 387–396

44 Feiling, S. 368

45 BFP, II, 416–417

46 Nogueres, S. 148

47 BFP, II, 425

48 Nogueres, S. 155

49 MacLeod, S. 242

50 Schmidt, S. 400 f.; GFP, II, 876, II, 472

51 Schmidt, S. 402–407; BFP, II, 502; MacLeod, S. 246; ADAP, D, II, Nr. 583

52 CAB 23/95, 42 (38); BFP, II, 510; Parkinson, S. 41 f.

53 Parkinson, S. 43; CAB 23/95, 43 (38); Barnett, S. 540

54 Parkinson, S. 47

55 Parkinson, S. 48

56 Colin Cross, *Adolf Hitler*, London 1973, S. 268

57 Schmidt, S. 407 f.; GFP, II, 555–557

58 Domarus, S. 927–933

59 Bullitt, S. 296

60 BFP, II, 565; Schmidt, S. 409; Bullock, S. 445 ff.; GFP, II, 965

61 Shirer, *Berlin Diary*, S. 141, 143

62 Wiedemann, S. 175 f.

63 Fest, *Face*, S. 43; Domarus, S. 937 f.

64 Feiling, S. 372; Nogueres, S. 212–213

1164   *Anmerkungen zu den Seiten 642 bis 660*

65 Domarus, S. 934
66 Feiling, S. 373
67 Feiling, S. 373
68 Weizsäcker, S. 187
69 N. Henderson, S. 167
70 Schmidt, S. 410
71 Wiedemann, S. 179 f.
72 Schmidt, S. 411
73 N. Henderson, S. 168—169
74 MacLeod, S. 249—250; Domarus, S. 940
75 Bullitt, S. 297
76 BFP, II, 604
77 Ciano, *Tagebücher 1938*, S. 240 (29. Sept. 1938)
78 I. Kirkpatrick, *Mussolini*, S. 383
79 Nogueres, S. 250—251
80 Schmidt, S. 415
81 Mündliche Auskunft Dollmann, 1971
82 Dollmann, S. 131—132; Interview mit Dollmann, 1971
83 G. M. Gilbert, *Nürnberger Tagebuch*, S. 94 f.
84 Shirer, *Rise*, S. 418
85 François-Poncet, S. 385
86 Schmidt, S. 417; Feiling, S. 376—377
87 Linge, Nr. 13
88 Engel, *Heeresadjutant bei Hitler*, S. 40 f.
89 Feiling, S. 377—379
90 London *Times*, 1. Okt. 1938
91 Feiling, S. 381
92 Gatzke, S. 214
93 Nelson, S. 447
94 Wiedemann, S. 185 f.
95 Feiling, S. 377
96 Parkinson, S. 69
97 Ebd., S. 70
98 Irving, *Breach*, S. 50
99 François-Poncet, S. 388
100 *French Yellow Book*, S. 22—26
101 Blanton, S. 101—102
102 Knickerbocker, S. 45—46

Achtzehntes Kapitel: Kristallnacht (November 1938 — März 1939)

1 Schacht-Konferenz am 20. 8. 1935: ND, NG-4067
2 Streicherrede vor der DAF am 4. 10. 1935: ND, M-35
3 Fromm, S. 235 f.

Anmerkungen zu den Seiten 660 bis 678   1165

4 Arthur Morse, *While Six Million Died*, New York 1967, S. 222

5 Eidesstattliche Erklärung von Schallermeier, 5. 7. 1946: ND SS (A) 5

6 *Himmlers Geheimreden*, S. 38

7 ND, PS-3051

8 Levin, S. 80

9 *New York Times*, 11. 11. 1938

10 Eidesstattliche Erklärung von Louise Funk, 5. 11. 1945, Funk-3

11 IMT, IX, S. 312 f. (14. 3. 1946)

12 Mündliche Auskunft von Frau Gerdy Troost, 1971

13 Hesse, S. 152

14 Hassell, S. 123

15 Hesse, S. 153 f.

15a Eidesstattliche Erklärung vom 19. 10. 1947, Neuengamme. Notar: Moritz Augustus von Schirrmeister

16 Levin, S. 87

17 *Die Welt*, 10. 11. 1962

18 GFP, D, IV, Nr. 501

19 Morse, a.a.O., S. 231

20 Hassell, S. 43

21 Gun, *Eva Braun*, S. 102 f.

22 Schacht, *Account*, S. 134 ff.

23 Wiedemann, S. 235

24 Mündliche Auskunft von Frau Gerdy Troost, 1971

25 French Yellow Book, S. 210; Krausnick et al., Bd. II, S. 340

26 GFP, IV, S. 932 f.

27 Reichstagsrede vom 30. 1. 1939: Domarus, III, S. 1058

28 Ciano, S. 17

29 Cadogan, S. 151 f.

30 BFP, 3rd, IV, S. 165

31 Henderson, S. 209

32 BFP, IV, S. 183 f.

33 Ebd. S. 210 f.

34 Ebd. S. 223 f.

35 BFP, IV, S. 439; GFP, D, IV, S. 243 ff.

36 BFP, IV, S. 250

37 Schmidt, S. 428 f.; GFP, IV, S. 263 ff.; HSC, S. 211; *French* Yellow Book, S. 96

38 IMT, IX, S. 341 (14. 3. 1946)

39 Zoller, S. 84

40 Hoffmnn, S. 99

41 Kennan, Memoirs, S. 98

42 BFP, IV, S. 255, 257

43 Ebd., S. 595

44 Linge, Nr. 14

45 Persönliche Auskunft von Erich Kempka, 1971; Görlitz, S. 203

46 Ciano, S. 53; Bullock, S. 470

1166   *Anmerkungen zu den Seiten 678 bis 702*

47 Erich Kordt, *Nicht aus den Akten*, Stuttgart 1950, S. 298
48 BFP, IV, S. 271
49 British Blue Book, S. 5

Neunzehntes Kapitel: Fuchs und Bär (Januar — 24. August 1939)

 1 BFP, IV, 596
 2 Polish White Book, S. 47
 3 Ebd., S. 64
 4 Domarus, S. 1117
 5 Ebd., S. 1121 f.
 6 Gisevius, Bd. II, S. 107
 7 *Keitel*, S. 205
 8 IMT, XXXIV, S. 388 f. (120—C)
 9 Höhne, *Orden*, S. 215
10 Kleist, S. 29
11 *Das nationalsozialistische Deutschland und die Sowjetunion*, Berlin: Department of
    State 1948, S. 2
12 Grégoire Gafencu, *Derniers jours de l'Europe*, Paris 1946, S. 89; Domarus, S. 1143
13 *Schwarzes Korps*, 31. 7. 1935; Grunberger, S. 94
14 *Amtsblatt Mainz*, Nr. 7, 17. 4. 1939
15 *New York Post*, 1974; Korrespondenz mit Senator Cranston, 1975
16 Domarus, S. 1138
17 Ebd., S. 1148—1179
18 Kleist, S. 38; Gustav Hilger und Alfred Meyer, *The Incompatible Allies*, New York
    1953, S. 293—297; McSherry I, S. 149 f.
19 Domarus, S. 1196—1201; ADAP, D, VI, 433
20 Louis Fischer, S. 337. Diese Anweisungen sind in keiner offiziellen Dokumenten-
    sammlung enthalten. Sie wurden 1966 von Fischer in den Akten des Auswärtigen
    Amtes in Bonn entdeckt.
21 McSherry I, S. 153
22 *Das nationalsozialistische Deutschland und die Sowjetunion*, S. 17
23 CAB 23/100, Cabinet 33 (39)
24 Deakin, S. 8
25 Kubizek, S. 341
26 *Das nationalsozialistische Deutschland und die Sowjetunion*, S. 44 ff.
27 Speer, S. 176
28 Burckhardt, S. 339—348
29 Hesse, S. 180—188; mündliche Mitteilungen, 1971
30 Wiskemann, S. 191—192
31 Dollmann, S. 168; Schmidt, S. 440; Domarus, S. 1216; Ciano, S. 123
32 Hesse, S. 192
33 *Das nationalsozialistische Deutschland und die Sowjetunion*, S. 67—69
34 Ebd., 92 und 76
35 Speer, S. 176

Anmerkungen zu den Seiten 702 bis 723   1167

36 Hoffmann, S. 101—103
37 HSC, S. 38
38 Baur, S. 179
39 HSC, S. 190—191
40 Domarus, S. 1237; IMT, IX, S. 547
41 IMT, IX, 492
42 Kleist, S. 55
43 Domarus, S. 1242
44 ADAP, D, VII, 200; Weizsäcker, S. 252
45 ADAP, D, VII, 200
46 Ribbentrop, *London und Moskau,* S. 179
47 Ebd., S. 179 ff.; *Das nationalsozialistische Deutschland und die Sowjetunion,* S. 80—86;
   Mündliche Auskunft von Richard Schulze, 1971; ADAP, D, VII, 228
48 TAH, S. 99—100
49 Dietrich, S. 64
50 Speer, S. 177

Zwanzigstes Kapitel: ›Ein Unglück ohne Beispiel‹ (24. August — 3. September 1939)

 1 BFP, VII, 212
 2 Toland, *Rising,* S. 59
 3 Delmer, S. 394
 4 Hoffmann, S. 111
 5 Zoller, S. 126
 6 Schmidt, S. 449
 7 ADAP, D, VII, 265
 8 Schmidt, S. 449 f.; Dt. Weißbuch Z/1939, S. 293 f. (Nr. 457)
 9 ADAP, D, VII, 280
10 ADAP, D, VII, 271
11 Schmidt, S. 451 f.
12 IMT, X, S. 554
13 Warlimont, S. 42
14 Engel, S. 60
15 Dahlerus, S. 54
16 ADAP, D, VII, 307
17 ADAP, D, VII, 341
18 Dahlerus, S. 54—68
19 ADAP, D, VII, 354
20 Dahlerus, S. 76 f.
21 Henderson, S. 276, BFP, VII, 351, 381—382, 388; Schmidt, S. 454
22 Engel, S. 60 f.
23 N. Henderson, S. 280; Schmidt, S. 455; Domarus, S. 1286 f.
24 Dahlerus, S. 98
25 BFP, VII, 395

1168   *Anmerkungen zu den Seiten 724 bis 740*

26 Dahlerus, S. 104

27 Schmidt, S. 456

28 BFP, VII, 415—417

29 Schmidt, S. 457 f.; J. von Ribbentrop, S. 197

30 Irving, Breach, S. 113, 32

31 BFP, VII, 442

32 Hesse, S. 208

33 HWK, Weisung Nr. 1, 31. 8. 1939

34 IMT, XXXI, S. 90 f; Höhne, S. 261

35 Schmidt, S. 460; ADAP, D, VII, 476

36 ADAP, D, VII, 418

37 German White Book, S. 35 f.

38 Fest, Hitler, S. 800

39 Mündl. Auskunft von Engel, Below, Puttkamer, 1970—71

40 Kesselring, S. 51

41 Domarus, S. 1307

42 ADAP, D, VII, 500

43 Domarus, S. 1314; Gun, S. 147; ADAP, D, VII, S. 473

44 D. H. Lawrence, *Movements in European History*, S. 306

45 Gun, S. 147

46 BFP, VII, 517

47 Dahlerus, S. 126

48 Kleist, S. 95 f.

49 Raczynski 25

50 ADAP, D, VII, 549

51 Domarus, S. 1323

52 Hesse, S. 209 f.; und mündl. Auskunft von Hesse, 1970. Annelies von Ribbentrop, S. 380; Mündl. Auskunft von Frau von Ribbentrop, 1971

53 Nicolson, *Diaries and Letters*, 1930—1939, S. 412

54 BFP, VII, 521

55 Parkinson, S. 521

56 Hesse, S. 213 f.; Mündl. Auskunft von Hesse, 1971

57 CAB 23/100, Cabinet 49 (39); Parkinson, S. 216

58 Schmidt, S. 463 f.

59 Dahlerus, S. 138

60 Henderson, S. 300

61 Feiling, S. 415 f.; Colvin, *Chamberlain Cabinet*, S. 253 f.

62 ADAP, D, VII, 567

63 ADAP, D, VII, 565

64 Zoller, S. 156

65 Linge, Nr. 15

Anmerkungen zu den Seiten 743 bis 768　　　　　　　　　　　　1169

Einundzwanzigstes Kapitel: Sieg im Westen (3. September 1939 – 25. Juni 1940)

1 Zoller, S. 138
2 Hesse, S. 219
3 Hesse, S. 222 f.
4 Schmidt, S. 162
5 ADAP, D, VIII, 943
6 Ribbentrop, *London*, S. 205 f.
7 ND, EC-307, PS-3362
8 Irving, *Hitler*, S. 28
9 Mündl. Auskunft von Richard Schulze, Helmuth Fuchs, Hubert Meyer, 1971;
　 Höhne, *Orden*, S. 31
10 Hesse, S. 230 f.
11 Dahlerus, S. 112
12 Warlimont, S. 51
13 Cadogan, S. 220
14 Domarus, S. 1393
15 Domarus, S. 1395 f.
16 Domarus, S. 1394
17 *Nazi Conspiracy and Agression*, VII, S. 800–814
18 IMT, IX, 60; Mündl. Auskunft von Milch, 1971
19 Irving, S. 139
20 Mündl. Auskunft von Müller, 1963
21 Halder, Nov. 4–5, 1939; IMT, XX, S. 628
22 Wheeler-Bennett, *Nemesis*, S. 471
23 Howe *Urania's*, S. 169
24 Mündl. Auskunft von Gerdy Troost, 1971
25 Mündl. Auskunft von Mosley, 1971–72
26 Höhne, S. 264
27 Mündl. Auskunft von H. Ruck, 1971
28 Mündl. Auskunft von Kempka und Wünsche, 1971
29 Zoller, S. 181 Höhne, S. 265
30 Schellenberg, S. 90 f.
31 Wheeler-Bennett, *Nemesis*, S. 481
32 Lewy, S. 119
33 Frank, S. 408
34 Hoffmann, S. 119 f.
35 Shirer, *Berlin*, 9. und 10. 11. 1939
36 ADAP, D, 384; Mündl. Auskunft von Warlimont, 1971
37 IMT, XX, S. 628
38 Ciano, S. 178
39 Ciano, S. 185; ADAP, D, VIII, 504
40 Shirer, *Berlin*, S. 234
41 J. Lukacs, *The Last European War*

1170 *Anmerkungen zu den Seiten 768 bis 789*

42 Mündl. Auskunft von Naumann, 1971

43 Boelcke, S. 8

44 Irving, S. 140

45 CAB 65/5, War Cabinet 30 (40)

46 HWK, Weisung Nr. 10

47 Rich I, S. 142

48 ADAP, D, 584; Mündl. Auskunft von Schlotterer, 1971

49 Higgins, S. 34

50 ADAP, D, 636

51 Zoller, S. 178

52 Ciano, S. 210 f.; Schmidt, S. 480

53 Schirach, S. 201

54 Shirer, *Aufstieg*, S. 640

55 Warlimont, S. 93

56 Warlimont, S. 95; Mündl. Auskunft von Warlimont, 1971

57 Irving, *Tragödie*, S. 148

58 Mündl. Auskünfte von Wünsche, Below, Puttkamer, Manstein, 1970—71; *Keitel*, S. 226 f.

59 Mündl. Auskunft von Dulles, 1963; A. Dulles, *Germany's Underground*, S. 58 f.

60 HSC, S. 93

61 HSC, S. 94

62 London Times, 7. Nov. 1938

63 Boelcke, S. 40

64 F. J. P. Veale, S. 120

65 Boelcke, S. 54

66 IMT, XXVIII, S. 1809

67 Engel, S. 80

68 Irving, S. 150

69 Halder, 24. Mai 1940; Engel, S. 81

70 Mündl. Auskunft von Puttkamer, 1971

71 Mündl. Auskunft von Gerdy Troost, 1971; Briefwechsel, 1975

72 Engel, S. 85

73 Mündl. Auskunft von Mosley, 1971—72

74 Domarus, S. 1398

75 Belgian Rapport, Annexes, S. 69 f.

76 Engel, S. 82

77 Warlimont, S. 116 f.; Zoller, S. 85

78 Ciano, S. 249

79 Müllern-Schönhausen, S. 159

80 Ciano, S. 249

81 Shirer, *Berlin*, S. 422

82 Linge, S. 17

83 *Schmidt*, S. 488 ff.

84 Breker, S. 157 f.

Anmerkungen zu den Seiten 789 bis 811   1171

85 Giesler, S. 327 f.
86 Mündl. Auskunft von Giesler, 1971
87 Giesler, S. 329; Speer, S. 185 f.
88 Breker, S. 165 f.; Speer, S. 186 f.

Zweiundzwanzigstes Kapitel: Vom Siege werden auch Sieger verwirrt
(Juni — 28. Oktober 1940)

1 Hoffmann, S. 187
2 Hesse, S. 264
3 Halder, 13. Juli 1940
4 Schmidt, S. 492
5 Delmer, S. 420 f.
6 Shirer, *Diary*, S. 453
7 ADAP, D, X, 199
8 Ebd., 230
9 Ansel, *Hitler Confronts*, S. 163—165; Halder, 22. Juli 1940
10 Orwell, *New English Weekly*, Mar. 21, 1940
11 Kubizek, S. 345
12 Mündl. Auskunft von Warlimont, 1971; Ansel, *op. cit.*, 181
13 Ansel, *op. cit.*, 184—189; Shirer, S. 697—99; Domarus, S. 1564 f.; *Lagevorträge des Oberbefehlshabers der Marine vor Hitler*, hrsg. von G. Wagner, S. 126
14 HWK Nr. 17
15 Irving, S. 163
16 Shirer, *Diary*, S. 486
17 Domarus, S. 1580
18 *Lagevorträge des Oberbefehlshabers der Marine vor Hitler*, hrsg. von G. Wagner, S. 136; Ansel, *op. cit.*, S. 284—286; Mündl. Auskunft von Puttkamer, 1971
19 Ansel, S. 250
20 Churchill, *Their Finest Hour*, New York Bantam 1962, S. 282
21 Mündl. Auskunft von Puttkamer, 1971; Bullock, S. 578 f.
22 Brown, S. 41
23 ADAP, XI, 93—98; Bullock, S. 587 f.
24 ADAP, XI 70; 88
25 Domarus, S. 1589
26 ADAP, D, XI, 109
27 Ansel, *Hitler and Middle Sea*, S. 33; ADAP, XI, 250—251
28 HSC, 532; Schmidt, S. 500 f.; Hills 342; ADAP, D, XI, 220, 221; Mündl. Auskunft von Puttkamer, Schulze (1971) and Serrano Suñer (1963); Linge, S. 19; Keitel, S. 126
29 Francisco Franco, *Discursos y mensajes del Jefe del Estado, 1951—1954* (Madrid 1955), S. 41
30 Hamilton, S. 231—232; Griffiths, S. 271; Schmidt, S. 504
31 Ciano, S. 281 f.; Martin van Creveld, *Hitler's Strategy 1940—1941*, London 1973, S. 43—47
32 Schmidt, S. 505

1172   *Anmerkungen zu den Seiten 812 bis 833*

33 Weizsäcker, S. 303
34 Engel, S. 88
35 Keitel, S. 248 f.; Linge, S. 19; NB.-951 D; ADAP, D, XI, 246

Dreiundzwanzigstes Kapitel: Die Welt wird den Atem anhalten
(12. November 1940 — 22. Juni 1941)

 1 Schmidt, S. 519 f.; ADAP, D, XI. 1, 326
 2 Schmidt, S. 520 ff.; ADAP, D, XI. 1, 328
 3 ADAP, D, XI, 1, 329; Louis Fischer, S. 431
 4 TAH 65—66
 5 Public Record Office, London FO 800/316, H/XV/212
 6 GFP, XI, S. 598 ff.; *Staatsmänner und Diplomaten*, S. 320 ff.; Hills, S. 348;
    HSC, S. 567
 7 Mündl. Auskunft: Marquis de Valdeglesias, 1971
 8 Mündl. Auskunft: Otto Skorzeny, 1971 Hoare, S. 31
 9 Halder, S. 211, 5. 12. 1940
10 McSherry II, S. 191
11 Domarus, S. 1627
12 Boelcke, S. 110 f.
13 HWK 21, 18. 12. 1940
14 TAH 17
15 Flannery, S. 107 f; Domarus, S. 1663
16 ND, 872-PS; Shirer, *Aufstieg*, S. 749
17 TAH 97—98
18 Lochner, *What About Germany*, S. 122
19 ADAP, D, XII. 1, 217; Domarus, S. 1672 ff.; Keitel, S. 261 ff.; Aussage Jodls
    in Nürnberg, 5. Juni 1946, IMT, XV, S. 520 f.
20 Schmidt, S. 227
21 Toland, *Rising*, S. 65—66; GFP, XII, 376—383, 386—394
22 Domarus, S. 1681
23 TAH, S. 97
24 Keitel, S. 258; Warlimont, S. 175 f.; Aussage Halders in Nürnberg, 31. Oktober 1945;
    Domarus, S. 1682
25 ADAP, D, XII. 1, 160
26 Carell, S. 59
27 Toland, *Rising*, S. 66 f.
28 ADAP, D, XII, 2, 333
29 Briefe von Trevor-Roper und Lee, 1975
30 J. von Ribbentrop, *Memoiren*, S. 238
31 ADAP, D, XII. 2, 423
32 Guderian, S. 137; Hanfstaengl, S. 324
33 Mündl. Auskunft: Hildegard Fath, 1971
34 Briefwechsel mit Frau Heß, 1975

Anmerkungen zu den Seiten 834 bis 845   1173

35 Engel, S. 103; Speer, S. 189
36 Schmidt, S. 537
37 Domarus, S. 1714
38 Mündl. Auskunft: Frau Fath, 1971; Briefwechsel mit Frau Heß, 1975
39 Douglas-Hamilton, S. 163
40 Domarus, S. 1715
41 Boelcke, S. 167
42 Frank, S. 411
43 Douglas-Hamilton, S. 167
44 Mündl. Auskunft: Heinz Haushofer, 1971; Briefwechsel, 1975
45 Engel, S. 105
46 Ebd., S. 105
47 Ciano, S. 321
48 Mündl. Auskunft: Schwaebe und Florian, 1971
49 Domarus, S. 1683
50 Bullock, S. 627
51 Bullock, S. 627, Keitel, S. 258
52 ADAP, D, XII, 2, 547
53 Shirer, *Aufstieg*, S. 755
54 Ciano, S. 330
55 Mündl. Auskunft: Oshima, 1966
56 Domarus, S. 1723
57 Werth, *Russia*, S. 125 f.
58 A. M. Nekrich, *22. Juni 1941*, Moskau 1965, S. 144 f.
59 Frank, S. 414
60 Maisky, S. 156
61 ADAP, D, XII, 2, 660
62 ADAP, D, XII, 2, 662
63 Carell, *Unternehmen Barbarossa*, S. 13
64 Dietrich, S. 81
65 Mündl. Auskunft: Puttkamer, 1971
66 Ciano, S. 337, Domarus, S. 1736
67 Domarus, S. 1734
68 Schmidt, S. 538 f.
69 DNB-Text vom 22. 6. 1941

Vierundzwanzigstes Kapitel: ›. . . was hinter dem Dunkel verborgen ist‹
(22. Juni — 19. Dezember 1941)

1 Boelcke, S. 181 f.
2 Mündl. Auskunft: Olga Tschechowa, 1971
3 Churchill, *Reden Bd. 2*, S. 258 ff.
4 Kennan, *Memoirs*, S. 133
5 James M. Burns, *Roosevelt: the Soldier of Freedom*, New York 1970, S. 103

1174 *Anmerkungen zu den Seiten 846 bis 873*

6 Friedländer, *Pius*, S. 78

7 Bullock, S. 638

8 Zoller, S. 142

9 Dietrich, S. 104

10 Warlimont, S. 194

11 Höhne, S. 327 f.

12 Leo Alexander, *Journal of Criminal Law and Criminology*, Sept.–Okt. 1948, S. 315

13 ND, RSHA IV-A-1, *Operational Report*, 12. Sept. 1941, No. 3154

14 Bach-Zelewski, *Aufbau*, 23. Aug. 1946; Höhne, S. 336

15 GFP, D, XIII, 149–156; 606–608; Mündl. Auskunft: Koeppen, Bräutigam und Leibbrandt, 1971

16 Befragung von Steengracht am 4. Sept. 1945 im U.S. State Dept.

17 Maser, S. 379 f.

18 Engel, S. 110; Halder, *Hitler*, S. 193

19 Dollmann, S. 191 f.; Alfieri, S. 159

20 Zoller, S. 143

21 Mündl. Auskunft: Koeppen und Heim, 1971, 1974–75

22 HSC, S. 58 ff.

23 HSC, S. 66

24 HSC, S. 69 f.

25 Fabian von Schlabrendorff, *Offiziere gegen Hitler*, Zürich 1946, S. 75

26 Domarus, S. 1758 ff.

27 Koeppen, Notizen, 9. Oktober 1941

28 Smith, S. 86 f.

29 Boelcke, S. 189 ff.

30 Hesse, S. 299 f.

31 Koeppen, Notizen; Mündl. Auskunft: Koeppen, 1975; HSC, S. 91 ff.

32 Werth, *Russia*, S. 246

33 Ebd., S. 248 f.

34 Domarus, S. 1778

35 Mündl. Auskunft: Oshima, 1966

36 Guderian, *Erinnerungen*, S. 228

37 Shirer, *Aufstieg*, S. 785

38 IMT, XV, 658

39 Percy Schramm, S. 26 f.

40 Hassell, S. 218 f.

41 *Brassey's Naval Annual*, S. 232 f.

42 Domarus, S. 1778

43 Huss, S. 208–222

44 Mündl. Auskunft: Oshima, 1966; Nachricht von Oshima an Tokyo, 29. Nov. 1941, ND, D-656, IMT, XXXV

45 Nachricht an Oshima, 30. Nov. 1941: ND, 3598-PS

46 Dietrich, S. 85

47 *Keitel*, S. 285

48 Irving, *Hitler*, S. 354

Anmerkungen zu den Seiten 874 bis 893　　　　　　　　　　　1175

49　HWK, Weisung Nr. 39, 8. 12. 1941

50　TAH, S. 87 f.

51　Shirer, *Aufstieg*, S. 816 f.

52　Domarus, S. 1807

53　Warlimont, S. 221 f.

54　*Keitel*, S. 287–290

55　Halder, *Hitler*, S. 45

Fünfundzwanzigstes Kapitel: Und die Hölle folgte ihm nach (1941–1943)

1　IMT, XXVI, PS–710

2　IMT, XI, 440

3　HSC, S. 91

4　Ebd., S. 108 ff.

5　IMT, III, 599/600 und XIX, 580, PS–2233

6　*Der Nationalsozialismus*, Dokumente 1933–1945, hrsg. von W. Hofer, S. 303 ff.;
　　Mündl. Auskunft: Leibbrandt und Hesse

7　*Life*, 28. Nov. 1960, pp. 24, 101

8　HSC, S. 238

9　Domarus, S. 1828 f.

10　Fredborg, S. 69

11　Guderian, *Erinnerungen*, S. 242

12　Irving, *Hitler*, S. 357; Mündl. Auskunft: Milch, 1971

13　HSC, S. 257; Percy Schramm, S. 28

14　Hesse, S. 305

15　Speer, *Erinnerungen*, S. 210

16　Mündl. Auskunft: Richard Schulze, 1973; Briefwechsel: 1975; v. Kotze/Krausnick, »*Es
　　spricht der Führer*«, 1966, S. 325 f.

17　HSC, S. 309

18　Ebd., S. 327

19　Mündl. Auskunft: Koeppen, 1971, 1975

20　Domarus, S. 1844

21　IMT, XVII, S. 191 f.

22　Goebbels Tagebücher, S. 114 ff.

23　Domarus, S. 1873 ff.

24　Ciano, S. 431

25　Mündl. Auskunft: Syrup, 1971

26　Jan Wiener, *The Assassination of Heydrich*, New York, 1969, S. 82–90; Höhne, S. 459

27　Schellenberg, *Memoiren*, S. 261

28　Höhne, S. 460

29　Merin, *Commentary*, Dez. 1958, S. 481 ff.

30　IMT, IV, S. 398 f.; Levin, S. 300

31　Himmler an Berger, 28. Juli 1942; ND, NO–626

32　Friedländer, *Kurt Gerstein*, S. 104 ff., Höhne, S. 346 f.

1176   *Anmerkungen zu den Seiten 894 bis 912*

33 Toland, *Rising*, S. 476

34 Mündl. Auskunft: Richard Schulze, 1972

35 Halder, *Kriegstagebuch*, 24. Aug. 1942

36 IMT, XV, S. 330 f; Mündl. Auskunft: Warlimont, Heusinger und Wien, 1971

37 Mündl. Auskunft: Warlimont, 1971

38 Warlimont, S. 269

39 Engel, S. 127 f.

40 Halder, *Kriegstagebuch*, 24. Sept. 1942; *Keitel*, S. 309; Briefwechsel mit Halder, 1971; Shirer, *Aufstieg*, S. 836

41 Mündl. Auskunft: Heusinger, 1971

42 Warlimont, S. 260

43 Domarus, S. 1920 f.

44 IMT, XXV, ND, PS-294; Mündl. Auskunft: Bräutigam, 1971

45 Heckmann, *Rommels Krieg in Afrika*, 1976, S. 437

46 Mündl. Auskunft: Warlimont, 1971; Briefwechsel, 1975

47 »*Answers to Questions Put to General Jodl*«, OCHM, MS A–914

48 Domarus, S. 1935 ff.

49 Percy Schramm, S. 27

50 J. von Ribbentrop, S. 262

51 Mündl. Auskunft: Oshima, 1966

52 Gehlen, S. 69

53 Percy Schramm, S. 109

54 Ebd., S. 113

55 G. K. Schukow, *Memoirs of Marshal Zhukov*, New York, 1971, S. 409

56 *Paulus*, S. 202

57 Carell, *Unternehmen Barbarossa*, S. 519

58 *Paulus*, S. 221; Mündl. Auskunft: Schmidt, 1971

59 Engel, S. 139

60 *Paulus*, S. 222

61 Warlimont, S. 302

62 *Paulus*, S. 256

63 Ebd., S. 258; Mündl. Auskunft: Schmidt, 1971; Briefwechsel, 1975; Mündl. Auskunft: Manstein, 1971

64 Boelcke, S. 316 f.

65 Carell, *Unternehmen Barbarossa*, S. 543; *Paulus*, S. 242 f.; Mündl. Auskunft: Schmidt, 1971

66 Domarus, S. 1974

67 Carell, S. 546 f.; *Paulus*, S. 92 f.

68 29. Jan. 1943

69 Mündl. Auskunft: Hans Hitler, 1971; Svetlana Alliluyeva, *Twenty Letters to a Friend*, New York, 1967, S. 161 ff.

70 Carell, S. 548

71 Mündl. Auskunft: Schmidt, 1971

72 Warlimont, S. 319 f.

73 William Craig, *Enemy at the Gates*, New York, 1973, XV

Anmerkungen zu den Seiten 914 bis 937 1177

Sechsundzwanzigstes Kapitel: Der Familienkreis (1943)

1 Unveröffentlichte Memoiren von Gertraud (Humps) Junge; Mündliche Auskunft: 1971
2 A. Zoller, S. 146 f.
3 *Bormann*, S. 6 f.
4 Holborn, *Republic*, S. 316, Domarus, S. 1990
5 *Goebbels Diaries*, S. 266—269
6 Mündliche Auskunft: Milch, 1971; Irving, *Aufstieg*, S. 275
7 Lochner, *Always the Unexpected*, S. 294 f.
8 Mündliche Auskunft: Schlabrendorff, 1963
9 Mündliche Auskunft: Gersdorff, 1971; Briefwechsel, 1975; Peter Hoffmann, *Canadian Journal of History*, 1967
10 Junge, *Memoirs*
11 Bormann, S. 42 f.
12 Mündliche Auskunft: Herta Schneider, 1971; Gun, S. 102 ff.
13 A. Pozzi, *Come li ho visto Io*, 1947, S. 147 f.
14 HSC, S. 306
15 Junge, *Erinnerungen*; Briefwechsel, 1975
16 Schirach, S. 231
17 Junge, *Memoirs*
18 *Goebbels Diaries*, S. 354 f.
19 Mündliche Auskunft: Zabel, 1971
20 Domarus, S. 2014 f.
21 Junge, *Memoirs*; Briefwechsel, 1975
22 Mündliche Auskunft: Manstein und Puttkamer, 1971; Guderian, S. 280 f.; Seaton, S. 356; Gehlen, S. 82 f.
23 *Hitler e Mussolini*, S. 165—190; Alfieri, S. 237—248
24 Warlimont, S. 358—369
25 Junge, *Memoirs*
26 Felix Gilbert, S. 44
27 Wilfred von Oven, S. 77 f., 4. Aug. 1943
28 Galland, *Die Ersten und die Letzten*, 1966, S. 238 f.
29 Hesse, S. 314; Mündliche Auskunft: Hesse, 1971
30 Ebd., S. 317 f.
31 Kleist, S. 240 f. und S. 275; Mündliche Auskunft: 1963, 1970—1971; Vojtech Mastny, »*Stalin and the Prospects of a Separate Peace*«, Dez. 1942, 1371, 1387
32 Domarus, S. 2033
33 *Goebbels Tagebücher*, S. 392 ff.
34 Domarus, S. 2038
35 Skorzeny, *Wir kämpften, wir verloren*, S. 235 ff.; Mündliche Auskunft: Skorzeny, 1956, 1963, 1971; Briefwechsel: 1975
36 F. Anfuso, *Da Palazzo Venezie al Lago di Garda*, Cappelli, 1975, 326—327; Zoller, S. 161; J. von Ribbentrop, S. 265
37 Domarus, S. 2042 f.
38 Kleist, S. 275 ff.
39 Konferenz in Teheran, 27. 11. — 2. 12. 1943

1178   *Anmerkungen zu den Seiten 939 bis 965*

Siebenundzwanzigstes Kapitel: Die ›Endlösung‹ (April 1943 — April 1944)

1 IMT, XI, S. 61—64

2 Mündliche Auskunft G. M. Gilbert, 1972; Gilbert, *Nürnberg*, S. 268—270

3 Piotrowski, S. 281—282

4 Krausnick, S. 371

5 Ebd., S. 123

6 TAH 57

7 Hilberg, S. 320—326; Ringelblum, S. 310, 326; IMT, XXII, S. 632—642

8 Alexis Curvers, *Pie XII, Le Pape outragé*, Paris 1964, S. 139

9 Mündliche Auskunft Morgen, 1971; IMT, XX, S. 535—561

10 Höhne, *Orden*, S. 33; Mündliche Auskunft Gudrun Himmler 1974, Wehser 1971

11 Höhne, *Orden*, S. 44

12 Larry V. Thompson, S. 54 ff.; *Himmler Geheimreden*, S. 38

13 Toland, *Last*, S. 132—133; Mündliche Auskunft Hausser, 1963, Sündermann 1970, Richard Schulze, Milch, Wehser, Grothmann 1971

14 Gilbert, *Nürnberg*, S. 252 f.

15 *Die Zeit*, 25. Juni 1965

16 Krausnick, S. 315

17 *Himmler Geheimreden*, S. 75, 89

18 4. Okt. 1943: ND. 1919—PS, IMT, XXIX, S. 145 f.

19 *Himmler Geheimreden*, S. 169 ff.

20 Kleist, S. 222 ff.; Mündliche Auskunft, 1971

21 *Goebbels Diaries*, S. 279

22 Müllern-Schönhausen, S. 219—224

23 Mündliche Auskunft Gersdorff, 1971; Kunrat von Hammerstein, *Spaehtrupp*, Stuttgart 1963, S. 192—193; *Himmler Geheimreden*, S. 201

24 16. Dez. 1943, Ebd.

25 5. Mai 1944, Ebd., S. 202

26 Mündliche Auskunft Morgen, 1971; Aussage in Nürnberg, IMT, XX, S. 535—561 (7.—8. Aug. 1946)

Achtundzwanzigstes Kapitel: Das Attentat (November 1943 — 21. Juli 1944)

1 Shirer, *End*, S. 279—286

2 Assmann, a. a. O.; Mündliche Auskunft Manstein, 1971

3 Junge, Erinnerungen

4 Reitsch, S. 212

5 Aufzeichnungen Hoffmann über den 3. 3. 1944 von Heinrich Heim

6 Horthy, S. 266; Warlimont, S. 442

7 Gehlen, S. 96

8 Junge, Erinnerungen

9 Mündliche Auskunft Günsche, 1971

10 Speer, *Erinnerungen*, S. 357 f.

11 Percy Schramm, S. 37

Anmerkungen zu den Seiten 966 bis 1004   1179

12 Mündliche Auskunft Warlimonts beim Verhör durch Major Kenneth Hechler, 19. 7. 1945

13 Mündliche Auskunft Heusinger, 1971

14 Carell, *Invasion*, S. 14 ff.

15 Linge 34; Mündliche Auskunft Günsche, 1971

16 Mündliche Auskunft Warlimont, 1971; Fest, 963

17 Oven, I, S. 284 f. (6. 6. 1944)

18 Hassell, S. 350 ff.

19 Hans Speidel, *Invasion 1944*, Tübingen/Stuttgart 1961, S. 113 f.; Speer, S. 366; OCMH, Speidel monograph

20 Assmann, a. a. O.

21 Junge, Erinnerungen

22 Domarus, S. 2113–2117

23 Speidel, *Invasion*, S. 128

24 Chester Wilmot, *Der Kampf um Europa*, Frankfurt/M. 1953, S. 347

25 Mündliche Auskunft Manstein, 1971

26 Desmond Young, *Rommel*, Wiesbaden 1950, S. 263

27 Speidel, *Invasion*, S. 90

28 Zeller, S. 360

29 Rainer Hildebrandt, *Wir sind die Letzten*, Berlin 1950, S. 135–137; Allen Dulles, *Germany's Underground*, S. 153–163; Douglas-Hamilton, S. 219–223

30 Wulff, S. 97

31 Zoller, S. 184

32 *Walküre*, Drehbuch des Bavaria-Dokumentarfilms, der auf Augenzeugenberichten beruht; Zeller, S. 379–382

33 Mündliche Auskunft Heusinger, 1971

34 Mündliche Auskunft Puttkamer, 1973, und Günsche, 1971

35 Zeller, S. 415 ff.; *Walküre*, a. a. O.

36 Zeller, S. 381 f.

37 Mündliche Auskunft Hasselbach, 1971

38 Junge, Erinnerungen

39 Zeller, S. 434; Peter Hoffmann

40 Zoller, S. 183 f.

41 Dollmann, S. 324; Mündl. Auskunft Dollmann, 1971; Schmidt, S. 582; Zeller, S. 420 f.

42 Zeller, S. 384; Fabian von Schlabrendorff, *They almost killed Hitler*, New York 1947

43 Zeller, S. 384, *Walküre*, a. a.O.

44 Mündliche Auskunft Remer, 1971

45 *Walküre*, a. a. O.; Zeller, S. 441 f.; Bramsted, S. 448 ff.

46 Irving, *Luftwaffe*, S. 365

47 Mündl. Auskunft Remer, 1971; Zeller, S. 430 ff.; *Walküre*, a. a. O.; Bramsted, S. 448 ff.; Oven, II, S. 20. 7. 44

48 Brassey, S. 408

49 OCMH, MS Nr. B-272; Mündliche Auskunft Blumentritt, 1957

50 Bormann, S. 61 f.

51 Skorzeny, *Wir kämpften – wir verloren*, S. 48; Mündliche Auskunft Skorzeny, 1971

1180   Anmerkungen zu den Seiten 1005 bis 1027

52 Zeller, S. 307; Höpner Aussage TMWC XXXIII, 299—530
53 Zeller, S. 399
54 Mündliche Auskunft Remer, 1971
55 Mündliche Auskunft Skorzeny, 1971
56 Zeller, S. 399; Mündliche Auskunft Remer, 1971
57 Zeller, S. 435
58 Junge, Erinnerungen; Mündliche Auskunft Christian, 1971
59 Zeller, S. 428 f.
60 Wilhelm von Schramm, *Der 20. Juli in Paris*, Bad Wörishofen 1953; S. 184;
   Mündliche Auskunft von Schramm, 1971
61 Oven, II, S. 88 (21. 7. 44)
62 Bormann, S. 64 f.
63 Assmann, a. a. O.; Mündliche Auskunft Puttkamer
64 Giesing Tagebuch, S. 15; Mündliche Auskunft, 1971
65 Gun, *Eva Braun*, S. 164
66 Junge, Erinnerungen; Zoller, S. 172; *Walküre*, a. a. O.
67 Giesing Tagebuch, S. 32 ff.; NA Film, ML/125, 131; Eicken-Verhör durch
   U. S. Armee, 30. 9. 45
68 Shirer, *Aufstieg*, S. 985 f.
69 Giesing Tagebuch, S. 51; Mündliche Auskunft Giesing, 1971
70 Mündliche Auskunft Florian, 1971
71 *Vierteljahreshefte für Zeitgeschichte*, 1953, S. 363—394
72 Zeller, S. 461 ff.; IMT, XXXIII, 2999; Shirer *Aufstieg*, S. 976
73 Speer, *Playboy*, S. 193; Mündliche Auskunft Below, 1971; Brief von
   Hasselbach, 1975
74 Guderian, S. 334
75 Wilhelm von Schramm, S. 326—332; Carell, *Invasion*, S. 260; Percy Schramm,
   S. 167—168
76 Mündliche Auskunft Morgen, 1971
77 Domarus, S. 2146; Warlimont, S. 483—485
78 Junge, Erinnerungen
79 Giesing Tagebuch

Neunundzwanzigstes Kapitel: Ardennenoffensive (September 1944 — 17. Januar 1945)

1 HWD, S. 197
2 OCMH, A — 862, »The Preparations for the German Offensive in the Ardennes« von
  Percy Ernst Schramm; *Persönliche* Auskünfte von Schramm, 1957
3 Persönliche Auskünfte von Frau Schmundt
4 Tagebuchaufzeichnungen Dr. Giesings, S. 128—141; Kardiogramme in: »Hitler as Seen
  by His Doctors«, NA USFET, OI/CIR/4
5 Junge, Erinnerungen
6 Bormann, S. 79 ff.; Tagebuch von Dr. Erwin Giesing, S. 160 f.
7 Tagebuch von Dr. Erwin Giesing, S. 148—152; dazu *persönliche* Auskünfte des Arztes,
  1971

Anmerkungen zu den Seiten 1028 bis 1056   1181

8 Dr. von Hasselbach glaubt nicht, daß Giesing die doppelte Kokaindosis verabreichte. (Schriftliche Auskunft aus dem Jahr 1975)

9 Tagebuch von Dr. Giesing, S. 162–168; dazu *persönliche* Auskünfte des Arztes, 1971

10 Speidel, op. cit., S. 178 ff.; Desmond Young, op. cit., S. 251 ff.; Milton Schulman, *Defeat in the West*, New York 1948, S. 138 ff.; Zeller, S. 378 ff.; Shirer, Rise, 1077 ff.

11 *Persönliche* Auskünfte von Skorzeny, 1957, 1963, 1971; Skorzeny, *Wir kämpften*, S. 97 f.

12 *Persönliche* Auskunft von Percy E. Schramm, 1957. Schramm, »Preparations«, op. cit.

13 Junge, Erinnerungen

14 Persönliche Auskünfte von Manteuffel, Blumentritt und Percy E. Schramm, 1957; OCMH, MS H.B–151, Manteuffel; Percy E. Schramm, op. cit.

15 Dwight D. Eisenhower, *Crusade in Europe*, Garden City 1948, S. 350; Persönliche Auskunft von Bradley, 1957.

16 Toland, *Battle*, S. 51; Persönliche Auskunft von Balck, 1963

17 Persönliche Auskunft von Manteuffel, 1957

18 OCMH, A 858, »The Course of Events of the German Offensive in the Ardennes« von Percy E. Schramm.

19 Ziegler, S. 107 f.

20 Felix Gilbert, S. 158 ff.

21 Percy E. Schramm, op. cit.; *Persönliche* Auskunft von Blumentritt, 1957

22 Warlimont, S. 525

23 *Persönliche* Auskunft von Hein Ruck, 1971

24 Churchill, *Triumph and Tragedy*, New York 1962, S. 240 ff.

25 Guderian, S. 350 f.; *Persönliche* Auskunft von Praun, 1971

26 Junge, Erinnerungen

Dreißigstes Kapitel: ›Nicht fünf Minuten vor Mitternacht aufgeben‹
(17. Januar – 20. April 1945)

1 Domarus, S. 2198

2 Bormann, S. 164

3 *Persönliche* Auskünfte von zwei früheren SS-Offizieren, die anwesend waren, jedoch nicht genannt zu werden wünschen, aus dem Jahr 1963

4 Persönliche Auskunft, 1963

5 Bormann, S. 168 ff.

6 TAH, S. 33 ff., 38 ff.

7 Persönliche Auskunft Paul Gieslers, 1971

8 Persönliche Auskünfte der Generäle a. D. Wenck und Thomale sowie Bernd Freytag von Loringhovens, 1963; Guderian, S. 376 f.

9 TAH, S. 50 ff.

10 Tagebuch Dr. Giesings, S. 175 f.; Persönliche Auskunft Dr. Giesings, 1971

11 Rudolf Semmler, *Goebbels: The Man Next to Hitler* (London 1947)

12 Kleist, S. 184 ff.; Persönliche Auskünfte Kleists, 1963, 1970

13 Der Bericht, den Kersten in seinem Buch über das gibt, was er damals erreicht habe, ist nicht verläßlich. So behauptet er zum Beispiel, er habe Himmler überredet, Hitlers Befehle zur Massendeportation holländischer Zivilisten nicht auszuführen. Demgegenüber

1182 — *Anmerkungen zu den Seiten 1056 bis 1068*

hat der bekannte niederländische Historiker Professor Lou de Jong 1972 enthüllt, Kersten habe vier Dokumente zu dem Zweck gefälscht, seine Verdienste in dieser Angelegenheit zu untermauern, die ihm Hollands höchsten Orden eintrug und ihm einen ehrenvollen Platz in den Schulbüchern des Landes sicherte.

14 Hesse, S. 398 ff.; Persönliche Auskunft von Hesse, 1971

15 Folke Bernadotte, *The Curtain Falls* (New York, 1945), S. 25 ff.
Persönliche Auskunft von Estelle Bernadotte, 1963

16 Kleist, S. 191 ff.; Persönliche Auskunft Kleists, 1970

17 Hesse, S. 414—425; Persönliche Auskunft von Hesse, 1971. Nachdem er die ihn betreffenden Passagen des Manuskriptes gelesen hatte, schrieb Hesse dem Verfasser im März 1975: »Ich war gezwungen, meine ›Stockholmer Mission‹ als Folge einer Indiskretion in der schwedischen Presse aufzugeben ... Dort wurde behauptet, ich hätte die britische Gesandtschaft in Stockholm aufgesucht, der Gesandte habe sich jedoch geweigert, auch nur mit mir zu sprechen. Dies war gänzlich unwahr. Ich habe in Stockholm keinen Engländer gesprochen. Die Indiskretion war tatsächlich von niemandem anders als von Schellenberg lanciert worden. Das fand ich jedoch erst Jahre nach der Veröffentlichung meines Buches durch Dr. Kleist heraus. Schellenberg erklärte Kleist, er und Himmler könnten es nicht zulassen, daß Ribbentrop Verhandlungen zugunsten der Juden führe oder Friedensfühler ausstrecke; er hielt es daher für notwendig, meine Verhandlungen in Stockholm durch eine gezielte Indiskretion zu torpedieren. Jedoch wollten beide mir keinesfalls persönlich schaden. Das erklärt, weshalb Schellenberg am Ende des Krieges versuchte, die Verhandlungen aufzunehmen – natürlich erfolglos –, und, was wichtiger ist, weshalb Himmler den Befehl, die Ermordung der Juden einzustellen, nicht widerrief. So kam es, daß schätzungsweise drei Millionen Juden lebend (noch lebend) in die Hände der siegreichen Russen fielen, und daß später annähernd zwei Millionen Juden nach Israel auswandern konnten.«

18 Zoller, S. 204 f.

19 Persönliche Auskünfte von Florian, Jordan und Scheel, 1971

20 Persönliche Auskunft Kempkas, 1971

21 Speer, Erinnerungen, S. 443 ff.

22 Boldt, S. 96

23 Guderian, S. 388; Persönliche Auskünfte von Puttkamer, 1971, Freytag von Loringhoven, Thomale und Busse, 1963.

24 TAH, S. 104 ff.

25 Persönliche Auskünfte der Generäle Wolff, Airey und Lemnitzer, ferner von Allen Dulles und Gero von Gaevernitz, 1963/64.

26 Correspondence Between the Chairman of the Council of Ministers of the U.S.S.R. and the Presidents of the U.S.A. and the Prime Ministers of Great Britain during the Great Patriotic War of 1941—1945, II, S. 206 ff.

27 Tagebuch Schwerin von Krosigk (Shirer, S. 193).

28 Hanussen hatte in dem am 1. Januar 1933 erstellten Horoskop Hitlers vorausgesagt, der Führer werde in dreißig Tagen an die Macht kommen und überwältigende Erfolge erzielen, bis der »Bund der Drei« zerbreche; dann werde sein Werk im Frühjahr 1945 in »Rauch und Flammen« vergehen. Obwohl Hitler sich im kleinen Kreis häufig spöttisch über die Astrologie äußerte, zeigte er nicht nur für das Horoskop Hanussens, sondern auch für das der Frau Ebertin aus dem Jahr 1923 echtes Interesse.

29 Persönliche Auskunft von Busse, 1963

30 Semmler, op. cit., 192 ff.

31 Hesse, S. 218 ff.

32 Persönliche Auskunft von Busse, 1963

Anmerkungen zu den Seiten 1069 bis 1086   1183

33 Domarus, S. 2223 ff.

34 Tagebuch Oven, 18. April 1945

35 Rudel, S. 217 ff.; Persönliche Auskunft, 1963

36 Persönliche Auskunft Schwerin von Krosigk, 1963

37 Storch schrieb dem Autor dazu 1965: »Ich war aus mehreren Gründen nicht in der
   Lage, Schweden zu verlassen. Erstens erhielt ich in letzter Minute nicht den schwedischen Paß, doch das war nicht der Hauptgrund. Zweitens hatte Kleist erfahren, daß ich
   im Begriff war zu fahren, und daher wollte ich Stockholm nicht verlassen. Drittens
   hatten wir unsere Ziele, die Übergabe der Konzentrationslager und die Überführung
   von zehntausend Juden nach Schweden, schon erreicht. Der einzige Grund war, einer
   Gegenaktion Kaltenbrunners, etwa wie zuvor im Hinblick auf Buchenwald, vorzu-
   beugen . . . Als ich verhindert war, wählte ich in letzter Minute Masur aus, und zwar
   deshalb, weil er einen Schnurrbart trug und älter aussah als die anderen. Unglücklicher-
   weise war Masur jedoch über unsere Verhandlungen nicht informiert, und angesichts
   der kurzen Zeit (2 Stunden) konnte ich ihn auch nicht mehr unterrichten.«

Einunddreißigstes Kapitel: Fünf Minuten nach Mitternacht (20.–30. April 1945)

1 *Keitel*, S. 343

2 Junge, Erinnerungen

3 *New York Times*, 21. April 1945

4 Zoller, S. 237

5 Norbert Masur, *En Jood talar med Himmler* (Stockholm 1946); *The Memoirs of Doc-
   tor Felix Kersten* (Garden City, 1947), S. 284 ff.; Schellenberg, S. 359 ff.

6 Schellenberg, S. 361; Trevor-*Roper*, S. 130

7 Semmler, op. cit.

8 Persönliche Auskunft von Felix Steiner, 1963

9 CIC-Dokument 03649, 12. Oktober 1945, Carlisle Barracks

10 Trevor-Roper, S. 131 ff.; Persönliche Auskunft von *Bernd Freytag von Loringhoven*;
   Junge, Erinnerungen.

11 Semmler, op. cit., Trevor-*Roper*, S. 133

12 Keitel, S. 347

13 Schilderung Jodls während des Nürnberger Prozesses, 1946. Zitiert bei Schramm, S. 204

14 Görlitz, *Generalfeldmarschall Keitel, Verbrecher oder Offizier?* S. 348

15 Junge, Erinnerungen

16 Koller, *Der letzte Monat* (Mannheim 1949); Trevor-*Roper*, S. 140 ff.

17 Trevor-*Roper*, S. 147 ff.

18 Görlitz, *Generalfeldmarschall Keitel*, op. cit., S. 359

19 Junge, Erinnerungen

20 Gun, *Eva Braun*, S. 189 ff.; Auskunft von Herta Schneider, 1971

21 Gun, S. 190 ff.

22 Bernadotte S. 106 ff.

23 Boldt, S. 109 f.; Persönliche Auskunft von *Bernd von Freytag-Loringhoven*, 1963

24 Werner Haupt, *Das Ende im Osten*, Dorheim 1970, S. 346

25 *Der Spiegel*, 3/1966

1184   *Anmerkungen zu den Seiten 1088 bis 1113*

26 Reitsch, S. 229; Protokolle der Vernehmung von Hanna Reitsch vom 8. Oktober 1945
   Ref. AJU/3 S/1
27 Persönliche Auskunft von Wenck, 1963
28 *Der Spiegel*, op. cit.
29 Persönliche Auskunft von *Bernd v. Freytag-Loringhoven*, 1963; Boldt, S. 127
30 Protokoll der Vernehmung von Hanna Reitsch, op. cit.
31 *Der Spiegel*, op. cit.
32 Persönliche Auskunft von Werner Naumann, 1971
33 Persönliche Auskunft von Walter Wenck, 1963
34 F. Bandini, *Le Ultime Ore de Mussolini*, S. 95; (Suger ed., 1959); Deakin, S. 814 ff.
35 Persönliche Auskunft von *Freytag-Loringhoven*; Boldt, S. 170 ff.
36 Fraenkel, Manvell, *Goebbels*, S. 341 ff.
37 CIC, Akte Bormann, Band 03649, Carlisle Barracks
38 Zitiert nach dem Tagebuch General Weidlings
39 Vernehmung Hanna Reitsch, op. cit.
40 Junge, Erinnerungen. Der Text der beiden Testamente Hitlers nach: Maser, HBN 356 ff.;
   Trevor-*Roper* 177 ff.
41 Junge, Erinnerungen. Fraenkel, Manvell, *Goebbels*
42 Junge, Erinnerungen
43 Junge, Erinnerungen
44 Zitiert nach dem Tagebuch General Weidlings
45 Junge, Erinnerungen
46 Persönliche Auskunft von Otto Günsche, 1963
47 Persönliche Auskünfte von Otto Günsche und Erich Kempka, 1963
48 Baur, S. 275; Persönliche Auskunft von Hans Baur, 1971
49 Junge, Erinnerungen; Persönliche Auskünfte von Kempka und Günsche, 1963, 1971
50 Schirach, S. 226

Epilog

 1 CIC, Vernehmungsakte Fegelein, Carlisle Barracks
 2 Besymenski, S. 85 f.
 3 Auskunft von Dr. Soggnaes, 1973
 4 Besymenski, S. 82 f.
 5 Auskunft von Kempka, 1971
 6 Auskunft von Dr. Naumann, 1971
 7 Zitiert nach: *Frankfurter Allgemeine Zeitung* vom 12. April 1973
 8 Auskunft von Dr. Soggnaes, 1975
 9 Auskunft von Dönitz, 1963
10 Auskunft von Schwerin von Krosigk, 1963
11 Auskunft von Grothmann, 1971
12 Gilbert, *Psychology*, S. 109–110
13 Gilbert, *Tagebuch*, S. 230
14 Andrus, S. 195 ff.; Gilbert, S. 300
15 Auskunft von Richard und Monika Schulze-Kossens, 1973

Namenregister

Abetz, Otto 733, 1008
Abt Theodorich 27
Aga Khan 694
Aigner, Johann 219, 228, 231
Aldinger 1029
Alexander, König (Jugoslawien) 764
Alexander der Große 813
Altenberg, Jacob 76
Amann, Max 89, 167, 177, 210, 216, 231,
   242, 253, 268, 281, 284, 312, 319, 350,
   792, 943
Antonescu, Jon 840, 968, 1019
Arco-Valley, Anton Graf von 108, 244
Arden, Elizabeth 913
Arnim, von 924
Assmann, Kurt 1010
Astachow, Georgij 685 f., 693, 695 f.
Attolico, Bernardo 644, 647 f., 692, 714,
   716, 729 f., 767
August Wilhelm (Auwi), Prinz 326, 346,
   404
Augustus 472
Axmann, Arthur 1097, 1103, 1107

Baarova, Lida 667 f., 1069
Bach, Johann Sebastian 184
Bach-Zelewski, Erich von dem 847 f.
Backhaus, Wilhelm 177
Badoglio, Pietro 927 f., 932, 935 f.
Bahr, Hermann 57

Baker, Josephine 594
Baldwin, Stanley 511, 514, 520 ff., 535,
   560, 644
Ball, Rudi 524
Ballerstedt, Otto 158
Ballin, Robert 229
Barbarossa, Kaiser 822
Barlach, Ernst 551
Baur, Hans 9, 365, 366, 452, 458, 502, 788,
   831, 859, 908, 1103, 1110, 1113
Bechstein, Helene 143, 184, 251, 490
Beck, Josef (poln. Außenminister) 681 f.,
   684, 718
Beck, Leonhard 263
Beck, Ludwig 450, 499, 558, 568, 583, 617,
   619 f., 622, 720, 725, 994, 997, 1002 ff.
Benn, Gottfried 416
Beer-Hofmann, Richard 57
Beethoven, Ludwig van 57, 184, 420, 573
Below, Nicolaus von 9, 502, 709, 921,
   1016, 1113
Beneš, Eduard 606 f., 625, 629, 631 f., 636,
   639 f., 645, 674, 684
Bergmann, Dr. Gustav von 537
Bernadotte, Graf Folke 1040, 1056—1059,
   1071, 1075, 1083 f.
Berndt, A. I. 727 f.
Berning, Bischof 419
Bernstorff, Albrecht Graf von 760
Best, S. Payne 763 f.
Best, Werner 1055
Besymenski, Lew 1107 f.

Beumelburg, Werner 416
Binding, Rudolf 416
Bismarck, Otto Prinz von 33, 103, 256, 381, 400, 491, 590, 625, 678, 694, 721, 843
Blaschke, Dr. Hugo 537
Bloch, Dr. Eduard 43 f., 48—51, 72 f., 455
Blomberg, Werner von 390 f., 399, 443, 447, 450, 461, 463, 466, 481f., 494, 499, 512, 519 f., 535, 543, 556—559, 564—567, 569, 1090
Blücher, Gebhard Leberecht von 495, 721
Blunck, Hans Friedrich 416
Bochow, Walter 449
Bock, Fedor von 593, 598, 784, 862, 867 f., 876, 894 f., 897
Bojano, Filippo 438, 440
Boldt, Gerhard 1089, 1093
Boris, König (Bulgarien) 865
Bormann, Albert 456 f., 600, 788 f., 833
Bormann, Martin 502, 528, 664, 709, 782, 817, 821, 834 f., 837, 838, 848, 857, 860, 874, 886 f., 898, 901, 914, 919, 921, 924, 939 f., 949, 961, 993, 1003, 1009, 1025 f., 1028, 1043, 1049, 1050—1053, 1065, 1069 f., 1072, 1076—1082, 1085, 1089, 1091—1105, 1109—1111
Bosch, Dr. Karl 378
Bouhler, Philipp 174, 286, 299
Bracher, Karl-Dietrich 434
Bradley, Omar N. 1036
Bräutigam, Otto 901
Brandt, Dr. Karl 523, 732, 1010, 1020, 1024 f., 1028 f.
Braque, Georges 551
Brauchitsch, Walter von 568, 569, 592, 617, 620, 622—625, 672 f., 724, 766, 774, 779, 782, 787, 793, 795, 819, 824, 830, 838, 858, 866, 867 ff., 876, 1081
Braun, Eva 319 f., 349, 373 f., 385, 490 f., 504, 506—508, 527, 537, 555, 596, 599, 603, 666, 694, 698, 731 f., 759, 760 f., 763, 796, 918—921, 923, 962, 964, 969, 1009, 1011, 1060 f., 1064, 1073, 1078, 1083, 1089, 1094, 1096—1099, 1102—1105, 1107

Braun, Fritz 508
Braun, Gretl (verh. Fegelein) 508, 920, 1083
Braun, Ilse 507 f., 599, 666, 731
Braun, Otto 364
Bredow, Kurt von 459, 466, 565
Breithaupt 955
Breker, Arno 788 ff.
Brinsteiner, Dr. 250, 255 f.
Browder, Earl 710
Bruckmann, Hugo und Elsa 184, 549, 666
Brückner, Wilhelm 454, 469, 603
Brüning, Heinrich 325, 356, 363 f., 421
Bühler 881 ff.
Bülow, B. W. von 470
Bürckel, Joseph 672
Bullitt, William 384, 640, 645
Burckhardt, Carl J. 696 f., 943
Burgdorf, Wilhelm 1064, 1077 f., 1084, 1092, 1097, 1099
Busch, Ernst 620
Busch, Wilhelm 177
Bussche, Axel von dem 974
Busse, Theodor 1064, 1066 f., 1086
Buttmann, Dr. Rudolf 284, 302

Cadogan, Sir Alexander 670 f., 678, 719 f., 724, 756
Cäcilie, Kronprinzessin 375
Cäsar, Gaius Julius 373, 424, 472, 557, 889
Canaris, Wilhelm 568, 608, 621 f., 683, 776, 818, 929, 1051
Carlyle, Thomas 1067
Caprivi, Leo von 381
Carol, König (Rumänien) 694
Cerruti, Vittorio 418
Cézanne, Paul 551
Chamberlain, Houston Stewart 182, 199, 256
Chamberlain, Neville 520, 559, 564, 579, 587, 593, 606, 619—622, 625—642,

Namenregister 1187

644–653, 670, 673, 678, 682, 684, 686, 697, 699, 705 f., 711, 715 ff., 719 f., 723 f., 733–736, 739, 744, 756, 758, 769, 777, 806, 815, 872

Chopin, Frédéric 184

Christian, Eckard 923, 1080

Christian, Gerda Daranowsky 9, 496, 740, 913, 925, 1029, 1078, 1096 f., 1100

Churchill, Sir Winston 9, 496, 501, 622, 626, 645, 652 f., 757, 770, 777 ff., 782, 785, 793, 799–802, 808, 831, 835, 845, 870 ff., 930, 936 f., 941, 1043 f., 1045, 1050, 1052 f., 1059, 1092

Chvalkovsky, František 669, 674 f.

Ciano, Graf Galeazzo 533 f., 605 f., 627, 645, 648, 670, 677 f., 698 f., 713 f., 716, 766 f., 786, 811 f., 843, 890, 903, 995

Class, Heinrich 147

Clauß, Edgar 930 ff., 937, 1055

Cooper, Sir Alfred Duff 637, 652 f.

Cooper, James Fenimore 31

Coulondre, Robert 713 f., 734, 739

Cox, G. S. 542

Craigie, Sir Robert 501

Cranston, Alan 688

Cripps, Sir Stafford 829

Cross, Colin 639

Csillag, Anna 79

Cuno, Wilhelm 188, 378

Dagover, Lil 489

Dahlerus, Birger 715, 717–720, 723 f., 727, 732, 738, 756

Daladier, Edouard (franz. Ministerpräsident) 607, 620, 627, 630 f., 638, 644, 646–649, 719, 736, 757, 872

Daluege, Kurt 305

Daranowsky, Gerda (siehe Christian, Gerda Daranowsky)

Darlan, Jean 792

de Gaulle, Charles 785, 810, 912

Degrelle, Léon 545

Dekanosow, V. G. 843, 931 f.

Delmer, Sefton 316, 346 f., 361, 375, 404, 408, 449, 456, 462, 673, 794

Dempster, Carol 201

Denny, Ludwell 182

Dessauer, Prof. Heinrich 40

Dewey, Thomas E. 665

Dieckhoff, Hans 664, 794

Diels, Rudolf 405

Diesing, Chefmeteorologe 769, 776

Dietl, Eduard 773 ff., 972

Dietrich, Joseph (Sepp) 451, 455–458, 868

Dietrich, Otto R. 368, 452, 503, 526, 842, 846, 864, 873, 919

Dimitrov, Georgi 434

Dingfelder, Dr. Johannes 137

Dirksen, Herbert von 429

Dodd, Martha 435

Dodd, Thomas (Botschafter) 435 f., 461, 465, 484, 489

Dönitz, Karl 10, 399, 466, 972, 996, 1008, 1072, 1078, 1094, 1096, 1099, 1101, 1111

Dohnany, Hans von 917

Dollfuß, Engelbert 367, 469–472, 571 f., 574, 578, 589, 600

Dollmann, Eugen 648, 698

Donskoi, Dimitri 867

Doumergue, Gaston 437

Dowling, Brigid Elizabeth (siehe Hitler, Brigid)

Drexler, Anton 116–119, 128 f., 145, 148, 151 f., 156 f., 177, 194, 241, 251 ff., 268, 283

Dulles, Allen 979, 1066

Duesterberg, Theodor 318

Dwinger, Edwin Erich 416

Earle, George 929

Eberstein, Freiherr von 448

Ebert, Friedrich 103, 105 f., 141 f., 148, 219, 262, 284, 311

Ebertin, Elsbeth 198 f., 257

Eckart, Dietrich 107, 118, 140 f., 143 f.,
140 ff., 156, 167, 173 f., 184, 187, 194,
222, 225, 227, 231, 254, 334, 414
Eden, Sir Anthony 435 f., 494—497, 513 f.,
520, 560, 561, 564, 579, 622, 653, 845
Edler, Conrad 37
Edward VIII. (Duke of Windsor) 497, 507,
511, 535
Ehard, Hans 252 f., 258, 263, 412
Eichmann, Adolf 883, 892, 955, 1018
Eicke, Theodor 460 f.
Eicken, Professor Karl van 507 f.,
1011—1014, 1020, 1024, 1032 f.
Einstein, Albert 418
Eisenhower, Dwight D. 967, 1036, 1038,
1040, 1043 f., 1046, 1074, 1083 f., 1098
Eisner, Kurt 102, 104, 107 f., 110, 114,
162, 244
Elisabeth, Zarin 257
Elser, Georg 762 ff.
Engel, Gerhard 9, 570, 650, 714, 722, 780,
782, 784, 812, 820, 833 f., 836 f., 858,
864, 899, 904, 906, 939, 1113
Engelhardt, Oberstleutnant 88
Epp, Franz Ritter von 152, 411, 450, 454,
458, 560, 952
Erlanger, Hauswirt 143, 145
Ernst, Karl 451, 459
Erzberger, Matthias 103, 160
Esser, Hermann 158 ff., 167 f., 208, 214,
216, 231, 243, 253, 268, 273, 280, 281 ff.,
285, 294, 528
Eugen, Prinz 952
Exner, Marlene von 924, 961

Fabre-Luce, Alfred 793
Farago, Ladislas 1110
Fath, Hildegard 528, 832, 834
Faulhaber, Michael Kardinal 431, 764
Faupel, Wilhelm 534 f.
Feder, Gottfried 114 f., 118, 267 f., 293
Fegelein, Otto Hermann 1020, 1078, 1094
Feininger, Lyonel 549, 551
Fellgiebel, Erich 981, 983 f., 993 f., 1007

Finkenstein, Graf 481
Flandin, Pierre E. 520
Flisges, Richard 292
Florian, Friedrich Karl 1015
Foch, Ferdinand 13, 103
Forster, Professor Edmund 15 f.
Franco, Francisco 524, 534 f., 553, 683,
803—810, 813, 817 ff., 826
François-Poncet, André 395, 413, 420, 437,
482, 494, 496, 519, 623, 642 ff., 646 f.,
649, 653 f., 782
Frank, Hans 98, 138 f., 222, 256 f., 259,
268, 302, 332, 334, 350 f., 358, 360 f.,
381, 395, 412, 457, 464, 487, 533, 624,
765, 835, 840, 881, 939, 1085
Frank, Karl Hermann 888
Frankenberger 332
Franz Ferdinand, Erzherzog 84, 764
Franz Josef, Kaiser 87
Frauenfeld, Alfred 351 f.
Fredborg, Arvid 884
Friedrich der Große 257, 289, 333, 412 f.,
428, 702, 722, 766, 886, 944, 960, 1031,
1034, 1079, 1103
Friedrich III. 506
Friedrich Wilhelm I. 413
Freisler, Roland 1016, 1051
Freud, Sigmund 58, 72, 300, 596, 655
Freyend, Ernst John von 981 f.
Freytag-Loringhoven, Bernd von 1089,
1093
Frick, Wilhelm (Innenminister) 154 f.,
206, 216, 221, 267, 388, 398, 406, 459,
659, 903
Fritsch, Werner Freiherr von 400, 448, 450,
463, 494, 511, 512, 535, 556—559,
564—569, 599
Fritzsche, Hans 864, 887, 1112
Fromm, Bella 660
Fromm, Friedrich 400, 976 f., 984, 997 f.,
1004, 1005 ff., 1009
Fuchs, Eduard 182
Fürstner, Wolfgang 524, 526
Funk, Walter 662, 903, 915
Funk, Wilhelm 184

Namenregister

Gabcik, Josef 890, 891
Gafencu, Grégoire 686
Galbraith, J. Kenneth 538
Galen, Bischof Clemens August 1063
Gamelin, Maurice 519
Garbo, Greta 201, 523
Gebhardt, Dr. Karl 1057
Gedye, G. E. R. 578, 597
Gehlen, Reinhard 904, 963, 1044
Gemlich, Adolf 120
George, David Lloyd 531 ff., 793 f.
George, Stefan 80
George V., König 511, 777
Gersdorff, Rudolf Christoph Freiherr von 917, 953
Gerstein, Kurt 892 f., 948, 954
Giesing, Dr. Erwin 9, 1011, 1013 ff., 1019 ff., 1023–1028, 1054
Giesler, Hermann 10, 502, 788 f., 866, 978, 1113
Gilbert, G. M. 1113
Giraudoux, Jean 793
Glaise-Horstenau, Edmund von 586
Globocnik, Odilo 588
Gneisenau, August Graf von 975
Gobineau, Joseph Arthur 145
Godin, Michael Freiherr von 228
Goebbels, Joseph 292–299, 303–310, 315 f., 318, 321–324, 327, 333, 335 f., 345, 347, 356, 358 ff., 362 f., 366, 368–371, 373 f., 381 ff., 391, 394 ff., 403 f., 406, 410–413, 428, 432, 446 f., 450, 453 ff., 458, 466, 468, 486 f., 489, 494, 502, 513, 523, 526, 545, 549, 560, 580, 607, 621, 624, 640, 661 f., 664, 667 f., 670, 680, 696, 738, 753, 763, 768 f., 778 f., 788, 796, 820, 822, 827, 835, 844, 846, 887 f., 890, 908, 914 f., 918, 921, 923, 928, 933, 936, 952, 963, 969 f., 978, 999–1002, 1006 f., 1009, 1012, 1018, 1042, 1051–1054, 1067 ff., 1076, 1078 f., 1083 f., 1086, 1088 f., 1090 f., 1094–1100, 1102 f., 1105, 1109
Goebbels, Magda 391, 667, 1042, 1079, 1087, 1089, 1093, 1097, 1109

Göring, Carin 169 f., 257, 267, 271, 498
Göring, Emmy 397, 498, 536, 1040
Göring, Hermann 10, 169 ff., 173, 192, 206, 208, 210, 212, 223, 226, 229, 231, 254, 267, 274 f., 322, 352, 367, 372 f., 381, 388, 391 f., 395, 398, 400–410, 414 f., 427, 430, 433, 435, 438, 444, 446, 448 ff., 454 ff., 458–461, 485 f., 498, 502, 524, 530, 534 f., 543, 556, 558 ff., 562, 564–569, 585 f., 588–591, 594 ff., 601, 605, 608, 617 ff., 624 f., 643, 647 ff., 662 ff., 666, 675, 680, 689, 696, 703 f., 714 f., 717 f., 720, 723 f., 727, 730, 732, 738, 756, 759, 761, 765, 769 f., 776, 780 ff., 784, 787, 795, 799–802, 805, 824 f., 834, 857, 879, 882, 888 ff., 905 f., 909, 915, 917 f., 928 f., 945, 952, 965, 970, 977, 996, 1004, 1008, 1022, 1040, 1048, 1051, 1054, 1060, 1070, 1072 f., 1079 ff., 1085, 1087 ff., 1096, 1112
Goethe, Johann Wolfgang von 420
Gogh, Vincent van 552
Goldschmidt, Jakob 306
Graf, Ulrich 151, 165, 167, 210 f., 226, 228, 232
Graff, Anton 1103
Grawitz, Dr. Ernst 507, 537
Greene, Graham 10
Greenwood, Arthur 735
Greim, Robert Ritter von 141, 1085, 1087 f., 1095
Greiner, Josef 76
Grieg, Edward H. 57
Grierson, John 785
Griffith, D. W. 201
Gröner, Pater Bernhard 27
Gropius, Walter 549
Grothmann, Werner 1111
Gruhn, Erna 564
Grynszpan, Herschel 660
Guderian, Heinz 569, 593 f., 830, 863, 867 ff., 884, 914, 925, 1013 f., 1016, 1022, 1044 f., 1048 ff., 1053, 1063 f., 1077

Günsche, Otto 9, 983, 1024, 1102–1106, 1113
Günther, Otto 286
Gürtner, Franz 215, 259, 277, 281, 350, 659
Gundorf 292
Gustav V., König 1040
Gutmann, Hugo 100
Gutterer, Leopold 663

Haakon VII., König 774
Haase, Paul von 997, 999–1002, 1100
Habicht, Theo 470
Habsburg, Otto von 373, 583
Hacha, Emil 671–677, 681, 687, 724
Hagen, Hans 999 f., 1077
Haile Selassie 510
Hailsham, Lord 638
Halder, Franz 622, 624 f., 645, 731, 759 ff., 766, 773 f., 780 ff., 793, 798, 819 f., 824, 846, 858, 860, 866 ff., 874, 876, 895 f., 898 f., 913
Hale, William Bayard 184
Halifax, Lord 560–564, 587, 597, 618, 621 f., 627, 632, 638, 644, 650, 671 f., 676 ff., 693, 696, 715–719, 724, 733, 756, 770, 777
Halstead 218
Hamilton, Duke of 831 ff., 835 f.
Hammerstein-Equord, Kurt Freiherr von 392, 399, 589, 622
Hammitzsch, Professor Martin 528
Hanfstaengl, Egon 186, 208, 241, 243, 260, 278, 366, 399, 426 ff., 529 f., 922
Hanfstaengl, Erna 249
Hanfstaengl, Ernst (Putzi) 10, 176–179, 182, 184, 185–190, 192, 194, 199, 204, 207–210, 221, 216, 231 f., 242 f., 253, 256, 260 f., 268, 271, 278, 281, 288 f., 311, 318, 321, 328 f., 336, 347, 351, 366, 368, 370 f., 381, 385, 403, 426, 428, 435, 438, 482, 486, 528 ff., 655, 831
Hanfstaengl, Helene (später Helene Niemeyer) 10, 27, 30, 72, 185 f., 192, 197,

199 f., 204, 232, 241 ff., 249, 251 f., 278 f., 289, 311, 348, 426 f., 529, 885, 1113
Hanfstaengl, Herta 278
Hanisch, Reinhold 66–71, 73
Hanussen, Erik Jan 297, 303, 384 f., 393, 402
Harmon, Ernest 1039
Harnack, Mildred 897
Harrer, Karl 117, 119, 126, 140
Harriman, Averell 1065
Harris, Sir Arthur 928
Hasselbach, Dr. Hanskarl von 9, 993, 1020, 1024 f., 1028
Hassell, Ulrich von 512, 568, 871, 970
Haug, Jenny 186
Hauptmann, Gerhart 416, 424, 664
Haushofer, Albrecht 831, 836
Haushofer, Heinz 285
Haushofer, Professor Karl 172, 269, 301, 622, 831, 835
Hausser, Paul 1062
Haydn, Joseph 33, 589
Hays, Arthur Garfield 434
Hearst, William Randolph 356, 371, 665
Hecht, Ben 109
Hedin, Sven 545
Heidegger, Professor Martin 430
Heidenaber, Fräulein von 319
Heim, Heinrich 860 f., 898
Heine, Ferdinand 189
Heine, Heinrich 396
Heines, Edmund 453 f.
Held, Heinrich 281 f., 411
Hell, Josef 163
Helms, Richard 515, 532 f.
Hemingway, Ernest 200
Hemmrich, Franz 244, 264, 266, 270 f., 275
Henderson, Sir Nevile 580 f., 607, 621, 623 f., 628, 635, 641 f., 644, 670 ff., 676 ff., 705 ff., 710, 712 f., 717–723, 725 ff., 732, 734, 736 ff.
Henlein, Konrad 603, 627
Hepp, Ernst 88 f., 91

Namenregister

Heß, Alfred 834 f., 837
Heß, Ilse 172, 232, 241, 271, 311, 352,
  834 f.
Heß, Rudolf 169, 171 ff., 209 f., 215, 231 f.,
  241, 269, 271 f., 274, 278 f., 288, 299, 301,
  311, 317, 328, 333, 350, 383, 385, 395, 444,
  448, 456 f., 463, 486 ff., 502, 511, 528, 596,
  622, 666, 731, 740, 763, 787, 831–837, 839,
  887, 1060
Heß, Wolf 832
Hesse, Fritz 536, 619, 662 f., 697 ff., 734,
  735 ff., 744, 755 f., 865, 883, 885, 929 f.,
  1056 f., 1059 f.
Hessen, Philipp Prinz von 326, 583, 591,
  595, 677
Heusinger, Adolf 966, 982 f., 1014
Heuss, Theodor 411
Hewel, Walther 697, 714, 734, 744, 755 f.,
  873, 879, 885, 925, 1060, 1110
Heydrich, Reinhard 444 f., 448 f., 455, 565,
  577, 596, 600, 661, 684, 728, 754, 764,
  847, 879, 881 ff., 887, 890 f., 931, 938,
  943
Hiedler, Georg 19
Hiedler, Johann Georg 20
Hiedler, Johann Nepomuk 20 f.
Hierl, Konstantin 118
Hilger, Gustav 689 f., 707
Himmler, Heinrich 10, 198, 215, 292, 345,
  351, 387, 444, 446, 448–451, 455, 459 f.,
  467 f., 486, 563, 565, 568, 596, 600, 621,
  648, 653, 661 f., 668, 680, 755, 761,
  763 f., 838, 841, 847 f., 879 f., 883,
  886 f., 890 ff., 901, 915, 917, 922, 938 ff.,
  943–949, 953 ff., 974, 977, 979, 981, 993,
  1003, 1007 ff., 1015, 1018, 1049, 1051,
  1053, 1055–1058, 1060, 1062, 1066 f.,
  1070 f., 1074 f., 1078, 1083 f., 1090,
  1093 ff., 1100 ff.
Hindenburg, Oskar von 359, 379, 387–391,
  413, 472, 482 f.
Hindenburg, Paul von 101, 284, 355 f.,
  359 f., 362–365, 367–370, 372 f.,
  376–381, 385–395, 397 f., 400, 404, 407,
  410–413, 415, 419, 422, 432, 435, 447,

449, 460, 462 f., 466 f., 472, 481 ff., 503,
  694, 1018, 1090
Hiranuma, Ministerpräsident 711
Hitler, Alois (Vater) (siehe Schicklgruber,
  Alois)
Hitler, Alois jr. 22 ff., 26, 30 f., 52 f., 63,
  253, 330 ff., 491, 603, 910
Hitler, Angela (verh. Raubal) 22–25, 35,
  48 f., 52 f., 62 ff., 74, 253, 311, 318, 331,
  348, 491, 527 f.
Hitler, Brigid (geb. Dowling) 330 f., 491
Hitler, Edmund 25, 31
Hitler, Franziska Matzelsberger (Fanni)
  22 f.
Hitler, Georg 21
Hitler, Hans 351, 528, 910
Hitler, Heinz 910 f.
Hitler, Klara Pölzl (Mutter) 22 ff., 26, 34 f.,
  37, 39, 41, 43 f., 47 f., 51 f., 72–75
Hitler, Paula 10, 26, 30, 39, 41–44, 47, 49,
  52 f., 55, 63, 72, 139, 332, 528
Hitler, William Patrick 330–333, 351, 491
Hodges, Courtney 1037, 1061
Hodža, Milan 631 f.
Hoesch, Leopold von 497, 501, 513 f.
Höß, Rudolf Franz 879 f., 946, 954 f.,
  1018
Hofer, Andreas 579, 582
Hoffmann, Heinrich 185, 208, 218, 231 f.,
  241, 254, 276, 280 f., 311, 319 f., 349 ff.,
  374, 393, 508, 513, 527, 536, 550, 676,
  702, 711, 765, 772, 791, 978
Hoffmann, Henriette (verh. Schirach)
  311, 319, 922
Hoffmann, Johannes 108, 110 f.
Hofmannsthal, Hugo von 57 f.
Hohenlohe, Stephanie Prinzessin von
  492, 618
Hollweg, Nikolaus 228
Honisch, Karl 77 f.
Hood, Robin 560
Hoover, J. Edgar 665, 694
Hopkins, Harry 1107
Horn, Alfred 833
Horne, Ida 484

Horthy, Miki 1030
Horthy, Miklós 694, 963, 968, 1030
Hoßbach, Friedrich 512, 535, 556 ff., 565
    bis 569, 943
Hube, Hans 908
Hülsen, Hans von 261
Huemer, Prof. Dr. Eduard 36, 596
Hugenberg, Alfred 318, 321, 376, 389,
    391 f., 398
Hull, Cordell 418
Humps, Gertraud (Traudl) siehe Junge,
    Gertraud (Traudl)
Huntziger, Charles 787 f.
Hurtwood, Lord Allen of 492
Huss, Pierre 598, 872

Ickes, Harold 630, 870
Innitzer, Kardinal Theodor 599 f.
Isherwood, Christopher 358, 417 ff.

Jansten, Stephanie 44 f., 48, 53
Jeremenko, General 828
Jetzinger, Franz 20
Jodl, Alfred 565, 592, 625, 774 f., 779 f.,
    797, 824, 830, 846, 858, 865, 869, 873,
    875, 884 f., 890, 895, 897 f., 902, 905,
    913, 927 f., 959 f., 968, 1003, 1006 f.,
    1014, 1017, 1022, 1030, 1034, 1038 f.,
    1045, 1048, 1064, 1072, 1076 f., 1079 f.,
    1082
Johannmeier, Willi 1099
Jones, Dr. Ernest 596
Jones, Thomas 521 f.
Jouvenel, Bertrand de 512
Jünger, Ernst 113
Jüttner, Max 485
Juin, Alphonse 1037
Jung, Dr. Carl Gustav 198, 555, 655
Jung, Edgar 459
Junge, Gertraud (Traudl) 9 f., 913 f.,
    918, 922–925, 962 f., 964, 972, 978,

993, 1012, 1020, 1024 f., 1032, 1045,
    1078, 1083, 1095 f., 1098 ff., 1102 f.,
    1105
Junge, Hans 923 f.

Kaas, Prälat Ludwig 425
Kahr, Gustav Ritter von 155, 159, 175,
    196, 202–206, 210–214, 216 f., 219 ff.,
    225, 230, 232, 261, 263 f., 463
Kai-schek, Tschiang 546
Kaltenborn, H. V. 371
Kaltenbrunner, Ernst 931, 943, 955,
    1055 ff.
Kamenew, L. B. 114
Kammerhofer, Ignaz 37
Kandinsky, Wassily 549
Kannenberg, Willy 702
Kapp, Wolfgang 141 f., 148, 150
Karl der Große 952
Keitel, Wilhelm 566 f., 569, 574 f., 583,
    592, 617, 623 ff., 672, 674, 676 f., 683 f.,
    691, 714, 724, 728, 774 f., 787 f., 790,
    799, 809 f., 824, 831, 859, 873, 876,
    898 f., 902, 917, 925, 950, 965, 968,
    981 ff., 996 ff., 1002 f., 1007, 1019, 1022,
    1034, 1047, 1064, 1072, 1077 ff., 1082,
    1113
Kempka, Erich 9, 365, 426, 452 ff., 677,
    763, 1062, 1102, 1104 f., 1109, 1113
Kennan, George 542, 676, 845
Kennedy, Joseph 630, 640, 735
Kent, Duchess of 644
Keplinger, Josef 33
Keppler, Wilhelm 581, 590 ff., 594
Kersten, Felix 1055 f., 1071, 1074
Kesselring, Albert 933, 1072
Kessler, Karl 208
Khun, Bela 109, 114
Kirkpatrick, Sir Ivone 523, 561 f., 634 f.,
    836
Kitchener, Lord 764
Klagges, Dietrich 358
Klee, Paul 80, 549

Namenregister

Kleist, Eberhard von 450

Kleist, Peter 685 f., 689, 695, 705, 718 f. 930 ff., 936 f., 949 f., 1055 f., 1059

Kleist-Schmenzin, Ewald Heinrich von 621 f., 725, 974

Kluge, Günther von 917, 925, 973, 975, 978, 1002 f., 1010, 1017 f.

Knappertsbusch, Hans 385

Knickerbocker, H. R. 208, 249, 439, 655

Knilling, Eugen von 196, 204, 207, 215

Knirsch, Hans 251 f.

Knochen, Helmut 1008, 1010

Koch, Ilse 955

Koch, Karl 887, 901, 942 f., 953 ff.

Koeppen, Werner 860 f., 863, 887, 898, 1113

Köster, Dr. 537

Koestler, Arthur 433

Kokoschka, Oskar 58, 552

Kolbenheyer, Erwin Guido 416

Koller, Karl 1073, 1080 ff., 1085

Kollontai, A. M. 903, 931, 1059 f.

Kordt, Erich 670

Kordt, Theodor 622

Kortzfleisch, Joachim von 997, 1009

Krafft, Karl Ernst 761

Krause, Karl Wilhelm 523, 563

Krebs, Albert 308, 361 f.

Krebs, Hans 829, 1077, 1082, 1084, 1086, 1089, 1091 f., 1095, 1097, 1101, 1109

Kreipe, Werner 1022

Kriebel, Hermann 206, 224—227, 264 f., 276

Krosigk, Lutz Graf von Schwerin 401, 410, 416, 622, 659, 666, 831, 1067, 1071, 1111

Krupp, Alfried 779

Krupp von Bohlen und Halbach, Gustav 378, 410, 415

Kubis, Jan 890 f.

Kubizek, August (Gustl) 39—49, 51—65, 600 f., 694, 796, 831, 1052

Kugler, N. S. 273

Kutusow, Michail 866 f.

Lacroix, Victor de 631 f.

La Guardia, Fiorello 437

Lammers, Hans 503, 571, 938 f., 1081 f.

Langbehn, Carl 979

Lauterbacher, Hartmann 540

Laval, Pierre 498, 793, 806, 810, 813

Lawrence, D. H. 732

Lebeda, Alois 38

Le Bon, Gustave 300

Lee, Asher 829

Leeb, Wilhelm Ritter von 400

Lehmann, Lilly 117

Leibbrandt, Georg 882 f., 901

Lenin, Wladimir Iljitsch Uljanow 81, 108, 112, 149, 256, 417, 424, 557, 858, 865 f.

Leviné, Eugen 110, 114

Lewis, Fulton jr. 794

Ley, Robert 293, 382, 466, 540 f., 915, 1112

Leybold, Otto 270, 274, 276

Liebenfels, Lanz von 71 f., 148

Liebknecht, Karl 106

Lindbergh, Charles 630

Linge, Heinz 532, 596, 740, 782, 924, 993, 1014 f., 1026 ff., 1104 f.

Lipp, Franz 110

Lipski, Josef 681, 728 f.

List, Sigmund Wilhelm 897 f.

Litwinow, Maxim 689

Lloyd George, David (siehe George, Lloyd David)

Lochner, Louis 316 f., 371, 421, 482, 494, 498, 599, 605, 823, 916

Lorenz, Heinz 1085 f., 1094, 1099

Lossberg, Oberst 797

Lossow, Otto von 202—206, 208, 211 ff., 215—218, 220 ff., 225, 232, 261, 263 f., 399

Lothian, Lord 428, 492, 520

Lubbe, Marinus van der 402 f., 405 f., 409, 434

Ludendorff, Erich von 13 f., 100 f., 120, 143, 149 f., 175 f., 187, 203, 205 f., 209, 211—214, 216 f., 220 ff., 224—232, 241, 244, 253, 256—259, 263 f., 267 ff., 282 f.

Ludwig III. 86 f., 102
Luedecke, Kurt 164—167, 232, 251, 254, 268, 282 f., 287
Lueger, Karl 70
Lüttwitz, Walther von 141
Lugert, Emmanuel 37
Lurker, Otto 269, 274
Luther, Hans 137, 284, 380, 511
Luther, Martin 145, 191, 882 f.
Lutze, Viktor 444, 448 f., 452 f., 458, 468, 661, 923
Luxemburg, Rosa 106, 114

MacArthur, Douglas 1031
MacDonald, Ramsey 492, 498 f.
Macchiavelli, Niccolo 547
Mackensen, August von 466 f., 713
Magnus, Professor 761
Mahler, Gustav 57 f.
Maiski, Iwan 621, 693, 841
Makart, Hans 46
Malraux, André 454
Mann, Heinrich 664
Mann, Thomas 278, 664
Mannerheim, Carl Gustav Freiherr von 840
Manstein, Erich von 10, 775, 864, 906—909, 916, 925, 961, 975
Mantel, Polizeipräsident 215
Manteuffel, Hasso von 10, 1034, 1037, 1046, 1062, 1076, 1084, 1092
Manziarly, Constanze 1078, 1097, 1102
Maria Theresia, Kaiserin 578
Marx, Groucho 605
Marx, Karl 81, 115, 256, 775
Marx, Dr. Martin 507
Mary, Königin 644, 651
Masaryk, Jan 638, 674
Maschmann, Melitta 395
Masefield, John 630
Maser, Werner 333
Masur, Norbert 1071, 1074 f.
Matisse, Henri 551

Matsuoka, Yosuke 824 f., 829
Maugham, Lord 638
Maurice, Emil 187 ff., 265 f., 269, 347 f.
Maurras, Charles 545
Max, Prinz von Baden 15, 102 f.
May, Karl 31, 427
Mayer, Helene 524
Mayr, Karl 113, 115 f., 120, 128, 140
Mayrhofer, Johanna 75
Mayrhofer, Josef 47, 52 f., 55 f., 75
McAuliffe, Anthony 1038
McDougall, William 300
Mehring, Walter 142
Meißner, Otto 376—379, 387—392, 407, 460, 483, 503
Mend, Hans 86, 90
Mendelssohn-Bartholdy, Felix 57
Merekalow, Alexeij 686
Merin, Moses 892
Messe, General 924
Messerschmidt, Willy 831
Metternich, Klemens Fürst von 547
Meyer, Dr. Alfred 883
Mihailovic, D. 951
Miklas, Wilhelm 574 ff., 586—589, 595
Milch, Erhard 10, 759, 769, 774 f., 780, 884, 909, 915 f., 925, 928, 945 f., 949, 970 f., 1000
Milgram, Stanley 946
Mitford, Lady Diana 523, 545, 761, 783
Mitford, Lady Unity 490, 523, 618 f., 761, 782
Model, Walter 926, 1017, 1031, 1034, 1041, 1062, 1069
Möller, Arthur van den Bruck 165, 244
Mohnke, Wilhelm 1090, 1101, 1109 f.
Molotow, W. M. 689 f., 692, 695, 700 f., 707 f., 729, 754, 804, 814—817, 819, 839, 841 ff., 1065
Mommsen, Hans 434
Mondrian, Piet 549
Montgomery, Sir Bernard 901, 932, 967, 1035, 1046, 1063, 1111

Namenregister

Morell, Dr. Theo 536 f., 603, 675 f., 857, 921, 924, 964, 993, 1008, 1010 f., 1019 ff., 1023–1029, 1032, 1073
Morgen, Konrad 942 f., 947 f., 953 ff., 1018
Mosley, Lady Diana (siehe Mitford, Lady Diana)
Mosley, Sir Oswald 497, 545, 783
Mozart, Wolfgang Amadeus 184, 572
Müller, Adolf 276, 327, 351
Müller, Josef 759, 773, 883
Müller, Karl Alexander von 114 f., 181, 212, 214
Müllern-Schönhausen, Johannes von 73, 296, 384, 952
Murillo, B. E. 59
Murphy, Robert 175, 193, 202, 218, 228, 968
Mussolini, Benito 9, 166 ff., 176, 179, 191, 197, 232, 256, 274 f., 323, 333, 368, 372, 418, 421, 431, 438–441, 446 f., 468 f., 471 f., 498, 509–512, 524 f., 533 ff., 545 f., 552–555, 582 f., 591, 595, 604, 606 f., 626 f., 642, 644–647, 651, 666, 670, 677, 688, 690, 693, 698, 703, 711, 713 f., 716, 727, 731, 734, 758, 766 f., 771 f., 784, 786, 804, 811 ff., 817, 823, 825 f., 828, 837, 839, 844, 859, 889 f., 902, 921, 924, 926 ff., 934 ff., 981, 983, 995 f., 1091 f., 1100, 1113
Mussolini, Vittorio 1091

Nagai, Yatsugi 825, 829
Nansen, Fridtjof 177
Napoleon I. (Napoleon Bonaparte) 197, 208, 289, 481, 542, 557, 582, 784, 789, 798, 813, 818 f., 821, 830, 842, 844, 867, 869, 884, 886, 888 f., 905, 952, 975, 1087, 1107
Naumann, Werner 467, 768, 1007, 1090 f., 1109
Nebe, Arthur 954
Negrelli, Leo 10, 275
Negri, Pola 489

Neithardt, Georg 252, 258–261, 263 f.
Neumann, Heinrich von 507
Neumann, Josef 71, 73, 78
Neurath, Konstantin Baron von 436, 440, 466, 493, 494, 520, 533 f., 556–559, 561 f., 569, 590, 643
Newsky, Alexander 867
Newton, Sir Basil 631 f.
Nikolaus II., Zar 145, 711
Niemeyer, Helene (siehe Hanfstaengl, Helene)
Nietzsche, Friedrich 256
Nolde, Emil 551
Norman, Montagu 255
Noske, Gustav 106, 109, 111
Nye, Gerald P. 871

Oberg, Karl 1008, 1010
Oka, Arata 500
Olbricht, Friedrich 977 f., 996 ff., 1004 ff.
Olden, Rudolf 370
Olson, Ivor 1055
Orleans, Johanna von 16
Orwell, George 795
Oshima, Hiroshi 692, 705, 825, 839, 867, 870, 872 ff., 894, 903
Oster, Hans 759 f., 773, 776, 917, 974
Ostermayr, Herta (siehe Schneider, Herta)
Ostertag, Liesl 1099
Ott, Eugen 894
Oven, Winfried von 969, 1069
Owens, Jesse 525 f.

Papen, Franz von 363 ff., 368–371, 373, 375 f., 378–381, 385–392, 394, 397 f., 400, 404, 407, 410, 414, 423, 425, 430, 445 ff., 449, 455 f., 459, 461, 463 ff., 470 f., 481 f., 571 f., 575, 586, 590, 597, 599, 1112
Patton, George S. 1014, 1039, 1043, 1063
Paul, Prinzregent (Jugoslawien) 823

Pauli, Fritz 528
Paulus, Friedrich 898, 903–912, 966
Perth, Lord und Lady 727
Petacci, Clara 1091 f.
Pétain, Henri Philippe 793, 805 f., 809 ff.,
    813, 817, 833
Peter der Große 702
Pfannenstiel, Professor 892 f.
Pfeffer, Franz von 299, 334
Phayre, Ignatius 527
Phipps, Sir Eric 494, 496, 539, 680
Picasso, Pablo 551
Picker, Henry 860
Piechler, Arthur 668
Pilsudski, Józef 421, 683
Pittinger, Dr. Otto 165
Pius XI. 425
Pius XII. 759, 765
Plate, Dr. 374
Pleiger, Paul 965
Pöhner, Ernst 154 f., 206, 211, 216, 221 ff.,
    264, 280
Pölzl, Johanna 23, 44, 49, 52, 67, 74 f.
Pölzl, Klara (siehe Hitler, Klara Pölzl)
Pötsch, Dr. Leopold 36
Pohl, Oswald 943
Popitz, Johannes 663
Popp, Josef 12, 79, 81, 90
Popp, Frau 79, 81, 84, 86, 87
Porsche, Ferdinand 538
Potthast, Hedwig 945
Prentz, Walter 785
Price, G. Ward 93, 259, 431, 492
Princip, Gavrilo 84
Prinz, Johann 41
Prinz, Johanna 41
Pritt, D. N. 434
Pröhl, Ilse (siehe Heß, Ilse)
Puttkamer, Karl-Jesko von (Puma) 9, 782,
    793, 798, 801, 802, 809, 866, 983, 1010,
    1073, 1113

Quisling, Vidkun 774

Raczynski, Edward 733
Raeder, Erich 400, 481, 558 f., 691, 739,
    787, 795, 797 f., 800 ff., 831, 838 f., 871
Rath, Ernst 660 f.
Rathenau, Walther 161 f.
Raubal, Angela Hitler (siehe Hitler,
    Angela)
Raubal, Angela Maria (Geli) 311 f., 318 f.,
    347–352, 355, 373, 427, 491, 600, 910,
    922, 1103
Raubal, Friedl 311
Raubal, Leo 36, 47, 52, 62, 910
Redesdale, Lord 490
Reichenau, Walther von 568, 620, 651, 680,
    864, 868
Reichert, Frau 182, 318, 349 f.
Rheinberger, Helmut 769 f.
Reiter, Anni 289
Reiter, Mitzi (Maria) 289 f., 311
Reitsch, Hanna 962, 1087, 1089, 1093,
    1095
Rembrandt 188
Remer, Otto 999–1002, 1004, 1006
Reynaud, Paul 779, 784
Ribbentrop, Annelies von 387
Ribbentrop, Joachim von 371, 387–390,
    451, 492, 494, 500 f., 520 ff., 524, 533,
    536, 569, 573 f., 584, 587, 594 f.,
    605–608, 618 f., 622, 628, 635, 642 f.,
    653, 663, 672 f., 675, 680 ff., 685 f., 690,
    692, 695–701, 703, 705, 707 f., 711,
    716, 718 f., 721 f., 725–729, 732–739,
    753 f., 756, 772, 786 f., 793, 804, 806,
    808–811, 814, 816, 824 f., 830 f., 834,
    843, 857, 859, 865, 872 ff., 894, 902 f.,
    913, 918, 928 f., 931 f., 936, 963, 996,
    1056 f., 1059 f., 1062, 1068, 1072, 1112
Richter, Josef 208
Riefenstahl, Leni 10, 485, 487, 489, 526,
    1113
Rieth, Minister 470
Rilke, Rainer Maria 80
Ritschel, Professor 74
Rocque, François de la 545
Roder, Dr. Lorenz 36

Namenregister

Röhm, Ernst 140 f., 152, 157, 174, 192, 203, 214—219, 221, 225, 227, 230, 253, 267, 283, 287 f., 334 f., 345 f., 351, 360 f., 381, 387, 395, 411, 442—458, 460 ff., 467 f., 484 f., 488, 505, 923

Rössler, Rudolf 897

Rokossowskij, Konstantin 1084

Roller, Alfred 53, 55, 57

Rommeder, Josef 20

Rommel, Erwin 828, 839, 862, 885, 894, 896, 901, 902, 933, 966, 967, 970, 975, 1029

Roosevelt, Franklin Delano 9, 384, 421, 436, 538, 541, 544, 580, 630, 640, 645, 688 f., 710, 733, 736, 784, 794, 822, 845, 859, 869—875, 881, 916, 929 f., 937, 941, 1050, 1052 f., 1059, 1066—1070

Rosenberg, Alfred 106 f., 144 f., 147, 152, 167, 170, 175, 187, 189, 203 f., 207 f., 219, 226, 243, 253 ff., 260, 266, 268, 281 ff., 286, 288, 510, 528, 668, 774, 830, 838, 848, 857, 860, 882 f., 887, 901, 931 f., 950, 952, 975

Rossbach, Gerhard 217, 220

Rothermere, Lord 492, 499

Rubens, Peter Paul 46

Ruck, Hein 467, 1042

Rudel, Hans Ulrich 9, 1040, 1070, 1076, 1113

Rundstedt, Gerd von 568, 864, 868, 899, 967, 970—974, 976, 978, 1031, 1034 f., 1041

Rupprecht, Kronprinz 175, 203, 215, 220, 232

Rust, Bernhard 659

Sauckel, Fritz 365

Sauerbruch, Dr. Ferdinand 241, 903

Schacht, Dr. Hjalmar 255, 378, 398, 410, 416, 471 f., 542 ff., 608, 622, 659, 666 f., 759, 1011, 1112

Schaub, Julius 469, 641, 730, 761, 763, 860, 924, 945, 1061, 1084

Scheidemann, Philipp 103, 107

Schellenberg, Walter 891, 979, 1003 f., 1055 f., 1071, 1075

Scheubner-Richter, Max Erwin von 175 f., 187, 195 f., 203, 206 f., 209 f., 213, 215, 217, 219, 221, 226 ff., 230, 254

Schicklgruber, Alois (Vater) 19—27, 31 bis 34, 331, 367

Schicklgruber, Maria Anna 19—27, 332

Schiller, Friedrich 137

Schirach, Baldur von 540, 772, 949, 1106

Schirach, Henriette von (siehe Hoffmann, Henriette)

Schlabrendorff, Fabian von 917, 1051

Schlageter, Albert Leo 194

Schleicher, Kurt von 355, 363 f., 367 f., 370 f., 379 ff., 385—391, 399, 456, 458 f., 462, 466 f., 485, 565

Schmid, Dr. Willi 463

Schmidt, Anton 35

Schmidt, Arthur 905—908, 911

Schmidt, Charlotte 568

Schmidt, Ernst 96, 97, 98, 101, 104, 105, 106

Schmidt, Guido 571 f.

Schmidt, Maria 35

Schmidt, Paul 494 f., 497, 500 f., 522, 532, 553, 561, 575, 580, 628 f., 633, 635 f., 639 f., 643 f., 647 f., 650, 675, 699, 712 ff., 721, 724, 726, 729, 737 f., 753, 772, 787 f., 793, 804, 806 f., 810 ff., 814 f., 843, 963

Schmitz, Dr. O. A. H. 198

Schmundt, Rudolf 569, 623, 714, 910, 917, 939, 1010, 1023

Schneider, Herta 599, 763, 919, 1083, 1099

Schneidhuber, August 452, 457 f.

Schnitzler, Arthur 57 f.

Schnurre, Julius 696

Schoenbeck, General von 530

Schönberg, Arnold 58

Schörner, Ferdinand 1099

Schopenhauer, Arthur 92, 98, 194

Schreck, Julius 167, 349 ff., 365, 371, 383, 522

Schreyer, Karl 461
Schröder, Christa 348, 453, 491, 503 f.,
    676, 711, 740, 743, 771, 914, 980, 994,
    1060, 1073
Schröder, Kurt Baron von 385
Schukow, Grigori 1049, 1053, 1069, 1076
Schulenburg, Friedrich von der 618,
    690–693, 695, 700 f., 707, 739, 829 f.,
    839, 842 f., 932
Schulte, Karl Josef, Kardinal von Köln 336
Schultze, Dr. Walter 229, 231 f., 241, 243
Schulze-Kossens, Monika 1114
Schulze (-Kossens) Richard 9, 708, 886,
    913, 945, 1113
Schumilow, General 911
Schuschnigg, Kurt von 571–579, 581 f.,
    584–591, 597, 599 f., 681
Schutzbar, Margot Baronesa von 559
Schwägermann, Günther 1109
Schwandner, Max 217 ff.
Schwarz, Franz Xaver 286, 299, 350, 420
Schwenninger, Dr. Alfred 314
Schweyer, Magdalena 158 f.
Seabury, Samuel 437
Sebottendorff, Rudolf Freiherr von 116 f.
Seeckt, Hans von 142, 161, 684
Seißer, Hans Ritter von 204 ff., 211 ff.,
    216–221, 225, 232, 261, 263
Sekira, Frau 35
Sender, Toni 330
Serrano Suñer, Ramon 803 f., 808 f., 817 f.
Seyß-Inquart, Arthur 574, 576, 579, 582,
    584 ff., 588–592, 594 ff., 598, 672
Shaw, George Bernard 434, 545, 783
Shirer, William L. 434, 486, 488, 493, 589,
    625, 641, 649, 688, 765, 767, 786, 794,
    800, 822
Simon, Sir John A. 492–497, 500 f., 644,
    733, 736
Simpson, Wallis Warfield (Duchess of
    Windsor) 535
Sinowjew, Gregorij 114, 148
Skorzeny, Otto 9, 467, 934 f., 1003 f.,
    1006, 1009, 1030, 1033, 1037 f., 1061,
    1091, 1113

Smith, Howard K. 864
Smith, Truman 174–177, 179
Soggnaes, Dr. Reidar 1108,
    1110 f.
Sophie, Frau von Franz Ferdinand 84
Sorge, Richard 840
Speer, Albert 10, 317, 485, 487, 502 f., 506,
    549 f., 696, 702, 709, 788 f., 884 f., 915,
    949, 965, 999, 1006 f., 1016, 1025,
    1062 f., 1072, 1113
Speidel, Dr. Hans 970 f., 976, 978
Spengler, Oswald 80, 106, 258, 291, 362,
    373, 424 f., 484
Stalin, Joseph 9, 421, 464, 607 f., 672,
    683–686, 689–693, 695 f., 699–703,
    707–711, 716, 729, 744, 753 f., 756, 766,
    770 f., 778, 788, 796 f., 804, 817, 819,
    821, 825, 828 ff., 837, 839–842, 844 f.,
    861, 865 ff., 874, 889, 895, 902 f., 911,
    923, 929 f., 932 f., 936 f., 941, 1030,
    1044 f., 1050, 1053, 1066, 1108
Stalin, Yasha 910
Stallings, Laurence 785
Stanhope, Lord 638
Starhemberg, Ernst Rüdiger Prinz von 471,
    582 f.
Stauffenberg, Claus Graf Schenk von
    975–984, 993 f., 996 ff., 1002, 1004 f.,
    1012 f., 1015
Stein, Gertrude 545
Steiner, Felix 1076 f., 1084
Steinhardt, Laurence 828
Steinmann, Msgr. 419
Stempfle, Pater Bernhard 288
Stenglein, Ludwig 252, 258, 263
Stennes, Walter 335 f., 345 ff., 395
Stevens, R. 763 f.
Stieff, Helmuth 974, 980
Storch, Gilel 1055, 1071
Strasser, Gregor 149 f., 152, 193, 215, 223,
    230, 260, 266, 269 f., 283, 286, 291–297,
    299, 303 ff., 307, 309, 315, 318, 323 ff.,
    330, 347, 367, 379, 381 ff., 386, 458
Strasser, Otto 149 f., 152, 286, 309, 323 ff.,
    348, 764

Namenregister

Strauss, Richard 80, 177, 184, 425, 525
Streicher, Julius 173, 223 f., 253, 285, 294, 524, 659 f.
Stresemann, Gustav 202, 320, 421
Stropp, Jürgen 940 f.
Student, Kurt 1004
Stülpnagel, Karl von 976, 997 f., 1008, 1010, 1017
Stütz, Johann 426
Stumpfegger, Dr. Ludwig 1100, 1104 f., 1110
Suworow, Alexander 866 f.
Syrovy, Jan 651
Syrup, Friedrich 367, 891

Tedder, Sir Arthur 967
Thälmann, Ernst 362
Thiele, Fritz 115, 897
Thiersch, Urban 977
Thoma, Ludwig 162
Thomale, Wolfgang 1041
Thompson, Dorothy 249, 484
Thomsen, Hans 870
Thyssen, Fritz 323, 356, 378
Tiso, Josef 672 f., 678, 681, 724, 968
Tito, Josip Broz 951
Tobias, Fritz 434
Todt, Fritz 617, 885
Tojo, Hideki 894
Tolischus, Otto 662
Toller, Ernst 109 ff., 114
Toynbee, Arnold 321, 531
Treitschke, Heinrich von 256
Tresckow, Henning von 917
Trevor-Roper, Hugh 829
Troost, Gerdy 10, 549 f., 662, 668, 761, 782, 1113
Troost, Professor Paul Ludwig 549 f.
Trotzki, Leo 114, 771, 930
Truman, Harry S. 1068
Tschechowa, Olga 489, 844
Tubeuf, Anton Freiherr von 96, 100

Tuchatschewski, Michail 684
Turner, H. A. 378
Twain, Mark 117

Udet, Ernst 759, 834
Uhl, Julius 454
Urban, Dr. Karl 44

Valdeglesias, Marquis Ignacio de 818
Vansittart, Sir Robert 621
Veale, F. J. P. 778
Verdi, Giuseppe 56 f.
Victor Emmanuel III., König 604, 927
Viktoria, Königin 326
Vogel, Max 454

Wagner (Standesbeamter bei Hitler und Eva Braun) 1097 f.
Wagner, Adolf 411, 451 f., 487, 552
Wagner, Cosima 199, 426
Wagner, Eva 199
Wagner, Friedelind 199, 490, 523
Wagner, Klaus 301
Wagner, Richard 33, 43, 56, 59, 80, 98, 184, 188 f., 199, 387, 426, 438, 469 f., 694
Wagner, Siegfried 199, 426
Wagner, Winifred 199, 227, 253, 269, 284, 290, 384, 426, 497
Wales, Prinz von s. unter Edward VIII.
Walewska, Gräfin 481
Wallenberg 1059
Wallenstein 30
Walter, Bruno 58
Warlimont, Walter 10, 535, 714, 756, 784, 797, 875, 898 f., 902, 968, 1003, 1014
Washington, George 289
Weber, Christian 174
Weber, Dr. Friedrich 264 ff., 857

Wedekind, Frank 61, 80, 319
Wehser, Rolf 946
Weichs, Maximilian von 443, 898
Weidling, Helmuth 1091, 1093 ff., 1100 f.
Weinberger, Johann 30 f.
Weingartner, Felix von 57, 177
Weiss, Dr. Bernhard 323
Weizsäcker, Ernst Baron von 441, 608, 622,
  635, 642, 647, 686, 705 f., 811
Wellington 495, 721
Wels, Otto von 414 f.
Wenck, Walter 1053, 1079, 1086–1089,
  1091, 1095, 1100
Wessel, Horst 321 ff., 394, 415, 420, 525
Westenkirchner, Ignaz 114
Weygand, Maxim 788
Wiedemann, Fritz 87, 89, 92, 95 ff., 440,
  490, 503, 513, 565 ff., 590, 603, 605, 608,
  618, 623, 641, 643, 651, 667, 831
Wiegand, Karl von 371, 785
Wilhelm, Kronprinz 651
Wilhelm I., König von Preußen 590
Wilhelm II., Kaiser 15, 84 f., 87, 101 ff.,
  145, 326, 391, 678, 696, 902
Wilson, Sir Arnold 540
Wilson, Sir Horace 638–641, 697, 699,
  724, 727, 735 ff., 744, 815
Wilson, Woodrow 102 f., 184, 329
Windsor, Herzog von 952
Windsor, Herzogin von 694
Winter, Anny 347–350, 603
Winterbotham, F. W. 802

Winterton, Lord 638
Wirth, Christian 892 f., 954 f.
Wirth, Josef 160
Wisliceny, Dieter 892
Wittelsbach, Heinrich Prinz von 944
Witzleben, Erwin von 622, 994, 1002, 1016
Wölke, Hans 525
Wolf, Johanna 503, 676, 1073
Wolfers, Dr. Arnold 321
Wolff, Karl 1066, 1071, 1100
Wood, Kingsley 768
Woods, John 1113
Wünsche, Max 9, 762 f., 1113
Wulff, Wilhelm 198, 980

Yeats-Brown, Francis 577

Zabel, Dr. Werner 919, 924
Zakreys, Frau 47, 53 f., 61, 63 f.
Zander, Wilhelm 1099
Zeitzler, Kurt 899 f., 906, 909, 911, 925,
  1013
Zetlmeier, Josef 180
Ziegler, Adolf 550
Zimmermann, Christian 263
Zitzewitz, C. von 909
Zuckmayer, Carl 201
Zweig, Stefan 664

Namenregister der Abbildungen

Amann, Max 135, 235
Arden, Elizabeth 613

Below, Nicolaus von 611, 613, 986
Bloch, Dr. Eduard 133
Bodenschatz, Karl Heinrich 611, 614,
  987
Bormann, Albert 745, 752
Bormann, Gerda 853
Bormann, Martin 133, 478, 611, 613 f.,
  616, 745, 751, 853, 986
Brandt, Dr. Karl 611, 752
Brauchitsch, Walter von 610
Braun, Eva 849 ff., 986, 992
Braun, Gretl 849, 986
Braun, Ilse 849
Breker, Arno 613 f.
Brückner, Wilhelm 611

Chamberlain, Neville 609
Christian, Gerda Daranowsky 613,
  854
Ciano, Graf Galeazzo 749

Daranowsky, Gerda (siehe Christian,
  Gerda Daranowsky)
Dietrich, Otto R. 611
Dönitz, Karl 986
Dreesen, Maria 849

Elser, Georg 610
Engel, Gerhard 611, 614 f., 745,
  751 f.

Fath, Hildegard 616
Fegelein, Otto Hermann 986
Forster, Professor Edmund 136
Franco, Francisco 614
Frentz, Walter 612
Fritsch, Werner Freiherr von 610
Fugger, Frl. 751

Giesing, Dr. Erwin 987
Giesler, Hermann 614, 990
Goebbels, Joseph 479, 986
Göring, Hermann 474 f., 611, 746, 986
Graf, Ulrich 235
Günsche, Otto 750, 856, 986, 992

Hagen, Hans 986
Halder, Franz 610
Hanfstaengl, Egon 343
Hanfstaengl, Ernst 479
Hanussen, Erik Jan 340
Heim, Heinrich 751
Heß, Ilse (Pröhl, Ilse) 239, 616
Heß, Rudolf 239, 616
Hewel, Walther 611, 751 f.

Himmler, Heinrich 613, 986, 991
Hindenburg, Oskar von 473
Hindenburg, Paul von 473
Hitler, Alois (Vater) (siehe Schicklgruber, Alois)
Hitler, Alois jr. 130, 132, 752
Hitler, Angela (verh. Rauba) 130, 238, 342
Hitler, Heinz 752
Hitler, Klara Pölzl (Mutter) 129, 133
Hitler, Paula 132, 342
Hoffmann, Erna 849
Hoffmann, Heinrich 611, 849

Jodl, Alfred 611, 746, 986
Junge, Gertraud (Traudl) 854
Junge, Hans 854

Keitel, Wilhelm 475, 611, 613 f., 745, 986
Krause, Karl Wilhelm 989
Kriebel, Hermann 239
Kubizek, August 132

Linge, Heinz 745
Lörzer, General 986
Lorenz, Heinz 611

Manteuffel, Hasso von 988
Maurice, Emil 239
Model, Walter 987
Molotow, W. M. 615
Morell, Hanni 849
Morell, Dr. Theo 611, 849, 989
Mussolini, Benito 748 f., 985 f.

Papen, Franz von 615
Pfeffer, Franz von 338
Pölzl, Klara (siehe Hitler, Klara)
Pröhl, Ilse (siehe Heß, Ilse)

Puttkamer, Karl-Jesko von (Puma) 611, 613, 615, 746, 752, 989

Raubal, Angela Maria (Geli) 341 f.
Raubal, Leo 130
Remer, Otto 986
Ribbentrop, Joachim von 609, 749
Richthofen, Wolfram von 987
Riefenstahl, Leni 476
Röhm, Ernst 338, 475
Rommel, Erwin 987
Rosenberg, Alfred 338

Schaub, Julius 611, 614, 751 f.
Schicklgruber, Alois (Vater) 129 f.
Schmidt, Ernst 135
Schmundt, Rudolf 611, 749
Schneider, Herta 849
Schönemann, Marion 849
Schröder, Christa 752, 854
Schultze, Dr. Walter 474 f.
Schulze, Hansgeorg 611
Schulze, Richard 611, 745, 747, 749, 752, 992
Schwarz, Franz Xavier 235
Skorzeny, Otto 985
Speer, Alfred 614, 747, 750
Strasser, Gregor 235
Streicher, Julius 237

Todt, Fritz 747
Troost, Gerdy 480
Troost, Prof. Paul Ludwig 475

Wahlmann, Frl. 751
Wagner, Richard 238
Wagner, Winifred 238
Weber, Dr. Friedrich 239
Wolf, Johanna 752, 854
Wolf 611
Wünsche, Max 610 f., 856

Biographie

Als Band mit der Bestellnummer 61 164 erschien:

Das ebenso einfühlsame wie kritische Portrait eines Politikers und Staatsmannes, der die deutsche und europäische Geschichte gleichermaßen gestaltet hat wie vor ihm nur Adenauer.

Zeitgeschichte

Als Band mit der Bestellnummer 65089 erschien:

Packend und detailliert
schildern die beiden namhaften Fernsehautoren
den rasanten Ablauf der Ereignisse in den
letzten Friedensmonaten.

Zeitgeschichte

Als Band mit der Bestellnummer 65 085 erschien:

Ein außergewöhnliches Dokument subjektiv und spontan erzählter Zeitgeschichte, das einen Einblick ermöglicht in die Wertmaßstäbe und Verhaltensprinzipien, die in jenen Jahren in Deutschland weit verbreitet waren und für manche bis heute noch nichts von ihrer Gültigkeit verloren haben.

Zeitgeschichte

Als Band mit der Bestellnummer 65 084 erschien:

Die faszinierende, mit eindrucksvollen Fotos illustrierte Darstellung eines Jahrzehnts, das gekennzeichnet war von großen politischen und gesellschaftlichen Umwälzungen, aber auch zaghaften Friedenshoffnungen und zukunftsweisenden Impulsen.

Zeitgeschichte

Als Band mit der Bestellnummer 65090 erschien:

Vierzig Jahre Teilung,
und dennoch vierzig Jahre gemeinsamer Geschichte:
Ein spannendes, faktenreiches Tagebuch
dreier deutscher Generationen.